规范研究文库

徐梦秋 主编

规 范 通 论

徐梦秋 等著

商务印书馆
2011年·北京

图书在版编目(CIP)数据

规范通论/徐梦秋等著.—北京:商务印书馆,2011
(规范研究文库)
ISBN 978-7-100-06844-4

I.规… II.徐… III.规范—研究 IV.B

中国版本图书馆 CIP 数据核字(2009)第 200968 号

所有权利保留。
未经许可,不得以任何方式使用。

国家社会科学基金 2001 年度项目结题成果
厦门大学人文学院"211 工程"三期建设项目成果

GUĪFÀN TŌNGLÙN
规 范 通 论
徐梦秋 等著

商 务 印 书 馆 出 版
(北京王府井大街36号 邮政编码 100710)
商 务 印 书 馆 发 行
北京瑞古冠中印刷厂印刷
ISBN 978-7-100-06844-4

2011 年 3 月第 1 版　　开本 880×1230　1/32
2011 年 3 月北京第 1 次印刷　印张 22⅝

定价:46.00 元

《规范研究文库》
总　序

　　20世纪90年代以来,关于规范的种种问题,一直在我的心中盘旋,并且渐渐地成为我思考和写作所环绕的中心。

　　造成这种状况的原因有二。首先是20世纪90年代初学界关于自由的本质所发生的激烈争论。当时,有的观点认为,自由是对必然的认识,是对规律的认识和利用。有的观点则认为,自由有两种,一种是相对必然和规律而言的,另一种是相对规范而言的(如法律自由就是相对法律规范而言的),不可混为一谈。这一争论引起了我的思考:自由真的能分成并列的两类吗?如果能,相对于规律而言的自由与相对于规范而言的自由,有什么区别与联系?规律和规范的关系如何?自由、规范、规律三者的关系如何?这些问题多年来一直萦绕于心,把我引向对规范的思考的深处。①

　　其次,20世纪80年代以来,当代中国的社会转型、转型时期社会规范大系统的激烈变更和巨大调整,也是促使我持续关注规范问题的重要原因,而且使我意识到这一问题的重大的理论意义和现实意义。从历时态的角度来看,在改革开放以来的社会转型过程中,原有的社会规范系统,包括经济体制、政治体制和教科文

---

　　① 关于这些问题的最初的思考和心得记载于《自由的结构性分析》(《厦门大学学报》(哲社版),1992年第2期)、《自由论》(福建人民出版社,1993年)、《伦理学原理》(厦门大学出版社,1994年)等论著中。

卫体制,包括法律、道德、政策、民俗等,都受到了前所未有的冲击,而新的规范系统也在改革的阵痛中萌生、成型,日渐丰满。新旧规范系统和它们所体现的不同阶层或区域的利益及价值的冲突,乃是造成当今中国种种不和谐现象的重要原因之一。妥善解决这些冲突乃是实现社会和谐的前提。从共时态的角度看,邓小平提出了"一国两制"统一中国的构想,"两制"也就是两类不同的社会规范系统。如何调整两岸三地的社会规范系统,使之共生共存于一个中国的框架之中,也是构建和谐社会的题内应有之义。此外,在全球化的浪潮中,不同文明的差异巨大的社会规范系统之间存在着激烈的冲突,意识形态截然不同的国家制度之间也存在着激烈的冲突,该如何去协调和解决这些冲突?这关系到各大文明和不同国家的共存与共荣。这些都使我深深地意识到规范研究的当代意义。

我们知道,规范或规范系统的存、废、立、改,不应该随心所欲,而应该有充分的理由、客观的根据与合理的程序。即使在专制的时代,规范的变更也是有理由和根据的,只不过理由和根据未必充分、合理,有时甚至很奇特,如"奉天承运"。但在民主社会,规范变更的充分理由、客观根据与合理程序则是必不可少的,而且是不可突破的底线。否则就会倒退到专制社会和极权时代。而为了在实践中为社会规范系统的改造、完善或建构,提供充分的理由、客观的根据与合理的程序,就必须在理论上对规范问题展开深入的研究。

而当我们对规范问题做初步的学术调查和研判的时候,却发现,规范领域极其广阔,涉及社会的每一个方面、每一个领域、每一个单位、每一个人。可以说人类社会的每一个领域都有规范和规范问题,而且规范的种类也极其繁多,有道德规范、法律规范、行政规章、组织纪律、技术规范、科学规范、艺术规范、宗教规范,民俗、禁忌、礼仪,等等,不胜枚举。同时我们还发现,关于规范的总体性、统摄性、融贯性研究,在国内学界还是个空白。各个学科的学者关于各种具体规范的研究,如法律规范研究、道德规范研究、宗教规范研究、民俗研究,等等,都处在一种彼此隔绝、互不通气的状态。我们没有找到能够把各种类型的规范整合在一起的综合性、贯通性的研究成果。对于贯穿规范领域的许多具有普遍性的学理问题,如规范和自由的关系问题、规范与规律的关系问题、规范与利益或价值的关系问题、规范的合理性及其判定问题、规范的类型与功能问题、规范形成的条件和程序问题、规范形成与应用中的逻辑问题、规范判断和事实判断的关系问题、规范命题及其价值词的意义分析,等等,几乎无人问津,有些问题甚至还没有提出来。随着国内价值哲学研究的兴起和发展,学者们在阐述价值与规范的关系时,对规范问题有所阐述,但落墨不多,研究尚未深入。这表明,在当时,规范领域是一片几乎未进入国内学界视野的处女地。[①] 只要敢于进入,必定大有可为。

可是,一旦你单枪匹马地闯入这片荒漠,面对如此广阔的一个领域,考虑到可供借鉴的成果少之又少,则难免心生畏惧,忐忑不安。课题的难度很大,个人的力量有限,能做得好吗? 不会是不自量力蛇吞象吧? 但是,既然已经开始,就只能义无反顾地朝前走。我和自己的同事、学友、学生组成了一个团队,开始了长期的合作与开拓。经过十几年的努力,随着研究的开展和深入,我们逐渐地

[①] 后来,我们对国外相关研究的了解逐渐增加。我们发现,除了有对各种规范作分立的研究的各种成果可供学习、借鉴之外,也有一些学者对规范问题进行了综合性的研究,如维特根斯坦、哈贝马斯、凯尔森(Hans Kelsen)、拉兹(Joseph Raz)、威尔(Frederick L. Will)等,他们的研究成果,是西方规范研究的重要成就,我们将在《西方规范学说史》一书中进行阐述。近几年国内已有关于规范问题的一些文献发表。这表明规范研究已成为时代的需要。

阐明了"规范论"这个新的学术方向(或许有一天会被学界承认为一个新的学科)的研究对象、研究方法、学科的性质与特点、学科的基本问题,并且把规范论的一般范式和方法,运用于各类具体规范,如科学规范、技术规范、宗教规范、法律规范的研究。我们坚持逻辑和历史统一的原则,运用发生学的方法,研究个体的规范意识和行为的生成、变化和发展,研究人类社会规范系统的形成、演进与变更,研究中西规范学说的发展史。这些研究有的已获得了相应的成果,有的即将出成果。

我们先后完成了两项国家社会科学基金课题和一项省级社会科学基金课题,分别为《规范论——规范的发生学研究与合理性研究》、《默顿的科学规范论研究和科学规范的当代建构》、《规范的基础与自由的中介》。参加项目成果鉴定的专家给予了高度评价:

复旦大学陈学明教授认为:"规范论是一个全新的研究课题。纵观目前国内外学术界,还未见有人对此作过研究。因此该课题是个创新性研究,填补了学术研究的空白。……本课题的理论价值就在于使今后的哲学领域有了一个全新的主题,而且对这一主题的整个理论有了一个较为成熟的框架。"

南京大学唐正东教授认为:"该成果的主要建树是:1.对规范论这一学术方向的基本问题进行了全面的梳理和系统的总结,……这是独创性的,并为此方向的下一步发展奠定了基础。2.从人类发生学的角度对规范的历史演变进行了探讨,这种梳理与对规范的一般问题的研究相得益彰,为规范的研究提供了一个历史发生学的基础。3.从个体发生学的角度对规范的演进历程进行了梳理。规范问题的研究要深化,就必须在社会历史性梳理的基础上,加入个体发生学的线索,只有这样才能在正确处理个人与社会的辩证关系的基础上,深化对规范问题的研究。4.对规范的五大基本类型进行了深化性研究,尤其是对技术规范和科学规范的探讨,特别显示了作者的原创性。该成果的学术价值在于通过交叉性、综合性、总体性的研究,把对规范问题的探讨提升到了一个很高的层次,并为建构规范学这一新的研究方向奠定了重要的学术基础。同时该成果也具有很强的应用价值。面对转型期的中国在历史性维度所凸现出来的新旧规范的冲突和局部失范现象,以及在共时性维度出现的一国两制建设过程中的不同规范的共生问题,本成果都有较强的指导意义。"

中山大学王晓升教授认为:"本来,规范主要是哲学中实践哲学研究的课题,这主要包括政治哲学、法哲学和道德哲学。作者对于规范的研究显然突破了传统实践哲学研究的范围,从广泛的宏观的角度来研究规范,作者广泛吸收了价值哲学、语言哲学、社会学、民俗学等多学科的知识来进行研究。应该说这在理论上是有价值的。作者试图从形式合理性和实质合理性的角度来研究规范的合理性。应该说后一个方面的研究涉及当代哲学、特别是道德哲学、法哲学和政治哲学中的一个重大问题。作者从多角度涉及了这一问题,这为进一步广泛地研究这一问题提供了基础。作者还对规范演进的历史脉络进行了梳理,揭示了规范的理性化过程的特征。这也是有一定价值的。该成果的学术价值表现在作者初步建构了规范论的理论体系,给我们进一步深入研究社会规范奠定了理论基础。基于这样一个理论体系,我们可以进一步就制定社会规范、进行社会规范教育等开展更加具体的研究,从而指导我们的具体工作,因而具有重要的实践意义。该研究在国内的同类研究中居于前列。"

对于我们的工作,福建哲学界的关家麟教授和王岗峰教授也多有鼓励和指正。

在上述研究基础上,在商务印书馆的大力支持下,我们推出了

《规范研究文库》。这是一个开放性的文库,以反映和包容关于规范研究的优秀成果为宗旨。现在的计划包括如下 16 部专著(随着研究的进展和变化,可能会有所变化和增减):

规范研究文库(16 部)

第一部　　规范通论

第二部　　人类规范演进论

第三部　　个体规范形成论

第四部　　规范与逻辑

第五部　　规范与语言

第六部　　道德规范论

第七部　　法律规范论

第八部　　技术规范论

第九部　　科学规范论

第十部　　宗教规范论

第十一部　艺术规范论

第十二部　民俗规范论

第十三部　礼仪规范论

第十四部　西方规范学说史

第十五部　中国规范学说史

第十六部　哈贝马斯的规范学说

我们诚挚地欢迎学界的朋友加入我们的团队,为我们的文库提供新的成果,共同推进这个领域的研究。我们也深知自己的研究成果只是初步的,有很多错漏和不足,渴望得到前辈与时贤的批评和指导。

文库主编　徐梦秋

2009 年 3 月 5 日

目　　录

第一篇　规范的基本问题研究

第一章　规范论的对象、性质、问题与方法 ……………… 1
　第一节　规范论的对象、性质与基本问题 …………… 1
　第二节　规范研究的方法与途径 ……………………… 5

第二章　规范何以可能 ………………………………… 14
　第一节　规范概念的界定与"规范何以可能"的涵义 … 14
　第二节　规范与规律 …………………………………… 18
　第三节　规范与价值 …………………………………… 23
　第四节　规范成因理论的运用与解释力 ……………… 28

第三章　规范与自由 …………………………………… 33
　第一节　规范与自由的关系 …………………………… 33
　第二节　规范的类型与自由的类型 …………………… 35
　第三节　规范与权利、义务 …………………………… 38

第四章　规范的合理性及其判定 ……………………… 43
　第一节　规范的可行性与可接受性 …………………… 44
　第二节　规范合理性的判定程序及其标准 …………… 47

第五章　规范的功能与类型 …………………………… 55
　第一节　规范的基本功能 ……………………………… 55
　第二节　规范的类型 …………………………………… 59

第二篇 规范的演变

第六章 规范的类型化 …… 72
- 第一节 混融性的界域与界域的分化 …… 72
- 第二节 演替中的技术型规范 …… 122
- 第三节 演变中的伦理型规范 …… 126
- 第四节 演变中的法律型规范 …… 144

第七章 规范演变的基本方向 …… 158
- 第一节 作为起点的原始规范的基本特征 …… 158
- 第二节 规范演进的基本方向 …… 168
- 第三节 规范体系的发展阶段 …… 183
- 第四节 传播论还是进化论：法律史的一些转承起合点的启示 …… 202

第八章 规范演进动力机制的若干方面 …… 222
- 第一节 仪式化：整合行为的信息装置 …… 223
- 第二节 生存博弈与社会协调 …… 234
- 第三节 产权激励、交易成本与制度绩效 …… 252
- 第四节 路径依赖、基本价值与制度创新的可能性 …… 262

第三篇 个体规范意识及行为的形成与发展

第九章 乳儿期(0-1岁)：个体规范意识及行为形成的起点 …… 293
- 第一节 乳儿生理心理机能的发展对其规范意识及行为形成的影响 …… 293
- 第二节 乳儿动作的发展对其规范意识及行为形成的影响 …… 298
- 第三节 乳儿的社会交往对其规范意识及行为形成

目 录

的影响……………………………………………… 301

第十章 婴儿期(1-3岁):个体规范意识及行为初步形成……………………………………… 304

第一节 婴儿生理心理机能的发展对其规范意识及行为形成的影响……………………………… 305

第二节 婴儿的试错与模仿对其规范意识及行为的影响……………………………………… 311

第三节 婴儿在与他人的相互作用中初步形成规范意识及行为………………………………… 315

第十一章 学龄前儿童期(3-8岁):个体规范意识及行为开始发展…………………………… 320

第一节 幼儿生理心理机能的发展对其规范意识及行为发展的影响……………………………… 320

第二节 幼儿与成人、同伴的相互作用对其规范意识及行为发展的影响………………………… 325

第十二章 学龄儿童期(8-12岁):个体规范意识及行为进一步发展…………………………… 344

第一节 小学儿童生理心理机能的发展对其规范意识及行为发展的影响………………………… 345

第二节 小学儿童与他人的相互作用对其规范意识及行为发展的影响…………………………… 351

第十三章 青少年期(13-18岁):个体规范意识及行为由他律向自律发展……………………… 360

第一节 青少年生理心理机能的发展对其规范意识及行为的影响……………………………… 361

第二节 青少年的技术操作对其规范意识及行为

的影响……………………………………………………… 365
　　第三节　青少年与他人的相互作用对其规范意识及行为
　　　　　　的影响……………………………………………………… 368
　　第四节　青少年对规范的反思与内化……………………………… 371

第四篇　规范与逻辑

第十四章　规范形成的逻辑线索…………………………………………… 379
　　第一节　理性与规范意识：西方与中国…………………………… 379
　　第二节　关于规范的合理性的几个问题…………………………… 383
第十五章　科学取向：规范的道义逻辑探索……………………………… 392
　　第一节　道义逻辑研究的起点和发展……………………………… 392
　　第二节　道义逻辑的创立…………………………………………… 394
　　第三节　道义逻辑的现代发展……………………………………… 398
第十六章　两种取向的整合：规范的论证逻辑探索……………………… 413
　　第一节　诠释学转向与生活形式哲学……………………………… 413
　　第二节　规范论证理论概述………………………………………… 416
　　第三节　道德论证理论……………………………………………… 420
　　第四节　法律论证理论……………………………………………… 432

第五篇　规范的类型

第十七章　道德规范………………………………………………………… 445
　　第一节　道德规范的性质…………………………………………… 445
　　第二节　道德规范的功能…………………………………………… 454
　　第三节　道德规范的类型…………………………………………… 460
　　第四节　道德规范的形成…………………………………………… 465
第十八章　法律规范………………………………………………………… 472
　　第一节　法律规范的性质与构成…………………………………… 472

目录

　　第二节　法律规范的类型与功能…………………………482
　　第三节　法律规范何以可能………………………………492
　　第四节　法律规范与自由…………………………………504
　　第五节　法律规范的合理性………………………………516
第十九章　技术规范……………………………………………528
　　第一节　技术规范的特征与内涵…………………………528
　　第二节　技术规范的类型…………………………………544
　　第三节　技术规范的形成…………………………………557
第二十章　科学规范……………………………………………575
　　第一节　默顿的科学规范论的形成………………………575
　　第二节　默顿科学规范论的价值要素与行为规范………594
　　第三节　科学规范的内涵、逻辑结构与形态 ……………614
　　第四节　科学规范的类型与功能…………………………621
第二十一章　宗教规范…………………………………………634
　　第一节　宗教规范的类型…………………………………634
　　第二节　宗教规范的起源与演变…………………………654
　　第三节　宗教规范的功能…………………………………675

参考文献…………………………………………………………693
后记………………………………………………………………707

第一篇　规范的基本问题研究

第一章　规范论的对象、性质、问题与方法

一个新的、独立的学科或学术方向必须满足四个基本条件。首先,必须有自己专属的研究对象。其次,应该有自己的基本问题。第三,形成由专属的对象和问题决定的方法和工具。最后,由此而形成这个学科或方向的独特的性质。如果说规范论是一个新的学科或学术方向,那它就必须满足这四个基本条件。

第一节　规范论的对象、性质与基本问题

一、规范论的对象

对于"知识何以可能"这一问题,自康德以来国内外已有充分的研究,形成了认识论和知识论这两门成熟的学科。而对于"规范何以可能"的探索,尽管国外已有较丰富的成果,国内却比较薄弱。这与中国长期是个"朕即法"的国家有关。既然统治者就是立法

者，而立法者的主观意志和特殊利益就是立法的根据，那就没有必要去考虑立法的客观根据、充分理由与合理程序，甚至必须阻止这方面的思考和探究，才可以无所顾忌地为所欲为。

改革开放以来，随着计划经济向市场经济过渡，作为社会调控系统的整个规范系统的各个部分，都受到了不同程度的冲击。它们有的必须废止，有的必须修改，有的可以保留。此外，还必须确立一系列新的规范，以适应新的时代。在当今中国，由于社会分层的加剧和利益的多元化，以及社会各阶层的壮大和博弈，使得规范的存、废、立、改，再也难以由少数人随心所欲地操作了，人们日益重视规范确立的客观的根据、充分的理由与合理的程序。这表明，探索和解决规范何以可能的问题，建立关于规范的科学理论，已成为时代的迫切要求。它对于中国从人治向法治转变，对于加强法制建设和道德建设，对于经济体制、政治体制、文化体制的改革，都具有重要的理论意义和现实意义。

从整个人类，特别是近代以来的历史进程来看，规范的确立，已从最初的自然而然地生成或"朕即法"式的形成，愈来愈成为自觉的有组织的行为，成为市场行为、民间行为、国家行为和民主程序的协调运作。因此，如何建立一套科学、合理的程序，并使之制度化，从而保证规范的制定和履行的正当性、合理性、公平性、普适性和有效性，早已成为西方有识之士愈来愈重视而且处置妥当的问题。在我国，改革开放以来，由于经济转型而导致的原有规范系统的日益加剧的混乱和调整，使得这一问题日益凸显出来，引起各方人士的关注。这表明建立规范理论的社会条件已经逐渐成熟。

社会生活可分为两个领域，一个是实然领域，另一个是应然领域，前者受规律支配，后者受规范调控。相应的，人们也把人文社会科学分为两类，一类以实然领域如经济领域的客观规律为研究对象，形成经济学等学科，另一类以应然领域如道德领域和法律领域的规范为研究对象，形成伦理学、法学等学科。规范论是以规范的总体为研究对象的，规范的总体包括道德规范、法律规范、技术规范、科学规范、艺术规范、宗教规范、政策规章、团队纪律、风俗习惯和社交礼仪等等。规范论与伦理学和法学等学科的区别在于，后者是以某一特殊领域的规范如道德规范或法律规范为研究对象的，而规范论则以所有规范构成的规范总体为研究对象。规范论的研究成果对伦理学、法学、政策科学、越轨社会学、制度经济学等关于规范的具体学科有指导意义，而伦理学、法学、政策科学和越轨社会学等学科的成果则为规范论提供研究的素材和概括的基础。

二、规范论的性质

关于规范的研究是涉及多学科的综合性研究。

在一级学科之间，规范论与自然科学中的技术科学有关（技术规范的研究必须以技术科学与工程学为基础），也与社会科学中的法学、政治学、社会学、人类学、宗教学、民俗学、语言学、教育学、心理学和制度经济学等许多学科有关。

在哲学内部，规范论与本体论、认识论、价值论、伦理学、法哲学、社会哲学、历史哲学、科学哲学、技术哲学、现代逻辑和语言哲学等二、三级学科有关。规范论和本体论、历史哲学及认识论的区别在于，后者是关于世界包括人的历史及认识"是如何"的理论，而前者则是关于"应如何"的理论。规范论与价值论关系最密切，但它们也是有区别的，价值论重在探讨客体对主体的价值关系，而规范论则要对调整主客体之间关系、主体之间关系、客体之间关系的一切规范加以研究，而不仅仅研究主客体之间的价值关系。

规范论这个学科或方向，是生长在哲学和诸多学科交叉地带的跨学科研究,是横跨形上、形下二界的研究,这样的研究需要多学科的专家通力合作才能做好。我们期盼有志于此的前辈、时贤关注或继续关注这一领域,为建立科学的规范理论而共同努力。

有的学者认为,客观规律是不以人的主观意志为转移的,因此研究规律的学科具有客观性,而规范是由人来确立和改变的,因此研究规范的学科不具有客观性。我们认为,关于规范的学科也是有客观性的。规范论不仅仅把各类规范作为现象来描述,它还要深入研究规范领域的规律,如各类规范的形成、发展、变化和消亡的一般规律与特殊规律。正像经济学是通过研究纷繁复杂的经济现象来揭示经济规律一样,规范论也是通过研究各种各样的规范现象,来揭示规范领域的规律的。尽管规范论是关于"应如何"的学科,但是它也要客观说明"应如何"深处的"是如何",客观地说明指导人们"应如何"的各种规范,如《婚姻法》"是如何"形成的,"是如何"变化的,又"是如何"发挥作用的。而这一工作就是我们准备尝试地去做的。

三、规范论的基本问题

经过长久的思考,我们提出了规范论所要研究的一些基本问题:

1. 规范何以可能(规范形成的机制、条件与程序)
2. 规范与规律的关系(包括规范和理性的关系)
3. 规范与价值的关系(包括规范和欲望、需要的关系)
4. 规范与社会的关系
5. 规范与自然的关系
6. 规范与"超自然"的关系
7. 规范与自由的关系
8. 规范的类型与功能

9. 规范的合理性及其标准

10. 规范的冲突与解决

11. 规范与语言

12. 规范与逻辑

13. 个体规范意识和行为的形成与发展

14. 人类规范系统的形成与发展

15. 规范学说的形成与发展

第二节 规范研究的方法与途径

一、发生学意义上的规范研究

规范论所要研究的最基本问题可概括为"规范何以可能"。规范何以可能有两层含义,一是发生学意义上的,二是合理性意义上的。规范研究可循这两条路径展开。

发生学意义上的规范研究又可分为两个层次,一是类的发生学层次上的研究,二是个体发生学层次上的研究。

类发生学层次上的研究主要描述人类社会的各种规范怎样形成,如何变化;阐述规范形成及变化的充分而且必要的条件(主要是经济、政治、文化等方面的条件);揭示规范形成的方式与机制。既要研究各类规范形成的特殊的方式和机制(如道德规范形成的方式和机制就与法律规范不一样),也要从中概括出规范形成的一般机制。发生学意义上的研究是历史的、实证的研究,可以借助道德、法律、政策、民俗和宗教规范的形成变迁史来研究。这种研究的特点在于,如实地、中立地描述规范的形成、变化、发展和消亡,就像生物进化论描述物种的起源和进化一样。它对规范的正确或错误、合理或不合理、可行或不可行,不作评价,不置可否,只是客观地阐述各类规范产生的必要性、可能性,及其是如何由可能变为现实的。例如,它对"切勿乱伦"、"严禁近亲结婚"等一系列性规范的正确与否不作评价,只是客观地说明,是什么情境使得人类获得了从滥交走向有节制的性行为的可能性和必要性,并使之实现在制约性行为的一系列规范中;而在当代,又是什么情境,使得原有的一些性规范在"性解放"中逐渐崩解。对规范的人类发生学研究,包括对人类社会错综复杂、千差万别的规范系统的静态的记录、描述、分类与说明。中国社会科学出版社 2004 年出版的《中国民间禁忌》、民族出版社 2001 年出版的《当代中国宗教禁忌》等著作,都是这方面研究的作品。静态研究是动态研究的基础和有机组成部分。

　　个体发生学层次的规范研究,主要利用发生认识论、儿童心理学、脑科学、教育学的丰富成果,探讨个体的规范意识和规范行为的形成、发展与变化。无知无识的乳儿是如何形成规范意识的,幼儿是如何在游戏中掌握技术规范并学会适应社会规范的,神经系统的发育、认知的发展、语言的形成、权威的灌输、同伴的互动等因素对个体规范意识及行为的形成与变化有什么影响,青少年"反叛期"的心理冲突的价值层面和规范层面,等等,这些都是个体发生学意义上的规范研究所要探讨的问题。而哲学层面的思辨也经由发生学意义的上述两种研究而进入实证领域,与实证研究发生良性互动。以上两个层次的研究都是实证研究,充分体现了规范论这个学科的客观性。

　　当我们从发生学的角度考察规范形成的可能性和必要性,及其如何从可能转变为现实的时候,规范的功能与作用这一问题就凸显出来了。规范具有调控、指导、制止、鼓励、许可人们的行为,调整社会关系和人与自然关系的功能和作用,正是因为具有这一作用,才使得规范的产生成为必要,也具备了可能。不同的规范的功能和作用是不同的。规范大体可分为技术规范和社会规范。技术规范的作用在于调整人与自然的关系,社会规范的作用在于调整人与人之间的关系。社会规范又可分为风俗习惯、道德规范、法律规范、规章制度,等等,它们又各有自己的作用、作用方式和作用范围。从另一个角度来划分,规范还可分为肯定性规范、否定性规范和授权性规范。肯定性规范(如"儿女应孝敬父母")、否定性规范(如"切勿偷盗")、授权性规范(如"凡公民皆有选举权和被选举权"),也各有其特殊的作用、作用范围和作用方式。对规范进行分门别类的、深入的研究,揭示各类规范的特殊本质和特殊作用,并在此基础上,揭示各类规范共同的本质和功能,这是在发生学研究的基础上才能完成的理论建构的重要任务。关于规范的功能和作用的研究也是实证的、客观的。

二、合理性意义上的规范研究

合理性意义上的规范研究,同发生学研究对规范的对错不置可否不同,它要反思规范得以成立的理由和根据,考虑什么样的规范是正确的,什么样的规范是错误的;它要对规范的正确与不正确、合理与不合理、可行与不可行进行评价,并提供评价的理由和根据。换句话说,这种研究必须对规范进行辩护或反驳,并为这种辩护或反驳提供相应的证据或理由。它应提供判定各种规范正确与否的根本标准,但这种标准在不同的派别那里是不同的。如,神学家把神的意志视为判别一切规范正确与否的终极标准,大部分功利主义哲学家则把符合"最大多数人的最大利益"当作根本标准,还有某些哲学家把规范系统本身是否融贯一致作为基本标准,而马克思主义则把社会实践作为检验一切规范正确与否的根本标准。也有否定终极标准存在的,就像存在主义者萨特或后现代主义那样,但这也必须提供充足的理由。

如果说,发生学意义上的规范研究,旨在说明规范是怎么形成变化的,那么,合理性意义上的规范研究,则重在说明规范要怎样才能够是正确的。自有人类以来就有了规范,不同的人群有不同的规范。面对各种各样,甚至互相矛盾的规范,该如何判别其对错,该如何取舍,而不至于无所适从,这就是合理性意义上的规范研究所关心并力图解决的问题。它力图给人们提供据以判别、取舍各种规范的阿基米德点。具体说来,一个规范可因其形式的因素(如语言表达式的对错或逻辑结构有否矛盾)而对错,也可因其实质内容(如对某些人的利益的增进或损害)而对错,还可因其作为"应然"与"实然"、"必然"的协调或不协调而对错(协调未必就对,不协调未必就错)。如何才能避免这三方面的错误而确立正确的规范,这是合理性意义上的规范研究所要考虑的三个主要问题,而这种研究也因此可分为三个层次:

其一,规范的形式因素研究。对规范及规范系统所由构成的概念、命题及命题系统,进行逻辑分析;对规范的语言表达式及其所由构成的语词,进行语形学、语义学、语用学的分析,这是规范研究的重要方面。规范形成过程中的逻辑问题、规范确证过程中的逻辑问题、规范系统建构中的逻辑问题、规范运用于具体场景的逻辑问题;"善"的意义、"正当"的意义、"应当"的意义、"禁止"的意义、"许可"的意义、事实判断、价值判断、评价判断、规范判断的联系和区别,等等,都是必须研究或澄清的。当代西方分析哲学(如元伦理学)和现代逻辑(如广义模态逻辑中的道义逻辑),在这方面有丰富的成果可供学习、借鉴和吸取。摩尔的《伦理学原理》、斯蒂文森的《伦理学与语言》、赫尔的《道德语言》,就是这方面研究的范例。语言形式和逻辑形式的正确,是规范正确的必要条件,但不是充要条件。我们可以根据一个或一组规范的语言形式或逻辑形式的错误而否定这个或这组规范的合理性,但不能够仅仅根据形式的正确就断言规范是合理的或正当的。例如,世界上有一些政治组织,它一方面要求其成员"永远忠于人民",另一方面又要求他们"永远忠于领袖"。这两个规范在逻辑上就是互相矛盾的,因为一个政治组织的领袖有可能背离人民的利益。所以,仅仅根据逻辑,我们就可以断定这两个规范不可能一贯同时正确或正当,要求人们永远同时遵循是不可能的。如果把这两个规范分离来看,各自的语言形式和逻辑结构都没有什么毛病,但并不能因此就断言它们各自都是正确的。"永远忠于人民"之所以是正确的,不是因为它的形式,而是有别的理由;"永远忠于领袖"之所以是错误的,也不是因为它的形式,同样是出于其他理由。所以,语言形式和逻辑形式的正确,只是规范正确的必要条件,而不是充要条件。显而易见,关于规范的语言形式和逻辑形式的研究,是一种客观的研究。

其二,规范与利益、价值的关系研究。规范的作用在于调整人们之间的关系(如"仁者爱人"的规范起的就是这样的作用),鼓励或授权人们去追求、创造、维护某种物质或精神的价值(如"舍生取义、杀身成仁"),禁止某些人对公众或他人的利益的损害(如"切勿偷盗"、"勿损坏公物")。所以,规范的形成、变化和消亡总是与一定的利益、价值相联系的。由于不同的社会集团、社会阶层各自的利益不同,由于它们所要维护的价值不同,甚至互相冲突,因而同一个规范在维护了某一群人的利益的同时,往往会损害另一群人的利益。如宋代的梁山泊好汉奉行"替天行道,劫富济贫"的规范,这就损害了富人和官家的利益,因而招致了富人的反对和官家的围剿。在类似这样的情况下,如何判定一个规范或一组规范的正当不正当、合理不合理,判定的标准是什么,往往成为一个"公说公有理,婆说婆有理"因而很棘手的问题。这个问题也是合理性意义上的规范研究所要关注和力图解决的。在西方,近代以来,由于民主体制的建立和言论自由的确立,关于这个问题的探究和讨论呈百家齐放的态势,康德的"绝对命令"和穆勒的"最大多数人的最大利益",就是关于这个问题的两种基本观点。在中国,自粉碎"四人帮"以来,由于新旧规范系统的激烈冲突,关于这个问题的探索和争论,在理论和实践两个层面上展开,且伴随着激烈的政治斗争。从实践标准的讨论,到生产力标准的讨论,再到邓小平的"三个有利于"标准的提出和传播,这个过程实质上就是中国人结合自己的国情,对这个问题的思考和回答。

利益的多元化和社会的分层,导致了规范的多元化和冲突,使得人类社会至今未能形成统一的规范体系,将来能否在全球化的历史进程中达到这一目的,也没有定论。这似乎否定了规范论这一学科的客观性。实则不然,无论各民族、各时代、各阶层的各种规范,差别有多大,冲突有多激烈,归根到底都是各种利益的反映,各种规范的差别和冲突,说到底都是利益的差别和冲突的反映。这一点是确定不移的,它构成了规范论这一学科的客观性的根据之一。规范论关于规范与利益及价值的关系的研究,充分地证明了这一点。它不仅要描述各种规范的差别和冲突,而且要揭示这种差别与冲突的根源,寻求解决冲突的合理方式。否则,对规范的研究就失去了意义。至于最后能否形成全人类共同的根本利益,并在此基础上形成全人类都认同的若干基本行为规范,我个人对此是持肯定态度的。而世界各国的有识之士对普世伦理的研讨和建构,国际法学界对国际法的建构和推行,就代表了这样一种努力和趋势,并已有相当的成效。

其三,规范与事实的关系研究,即应然与实然的关系研究。由于事实是由规律来支配的,因此,规范与事实的关系研究,内在地包含着规范与规律的关系研究,即应然与必然的关系研究。自休谟以来,围绕规范与事实的关系,形成了观点对立的两大派。一派认为可以从事实引出规范,从实然引出应然,从"是"引出"应当"。另一派则否认这种可能性。主张从事实引出规范的派别所面临的难题是:如果可以从事实引出规范,从实然引出应然,从规律引出规范,那么,从事实判断引出规范判断的逻辑通道如何建立?表达"是如何"的事实判断和表达"应如何"的规范判断有什么区别?关于规范的科学如伦理学和法理学与关于事实的科学如物理学和生物学的区别何在?如果规范判断和事实判断都是从事实中引申出来的,那么,这两种判断在它们与事实的关系上便无法区分,这也使得关于规范的科学与关于事实的科学难以区分。反对从事实引出规范的派别所面临的难题是:如果规范不能从事实中引出,如果应然、"应如何"不能在客观事实及其所蕴含的必然性中找到根据,那么,规范的客观根据何在?只好在神的意志或先天的人性或"社会契约"中寻找。而不同的民族有不同的神,不同的人种有遗传上的不同,不同的群体也会达成不同的契约,于是,在规范问题上,只好否认一致性、齐一性、绝对性、客观性,强调差异性、多元性、相对性、主观性,导致"公说公有理,婆说婆有理"的局面,使人无所适从。马克思主义经典著作家主张从实然、必然中引出应然,从事实尤其是经济事实中引出规范。例如,马克思从商品经济形成、发展的客观要求,从价值规律贯彻的必然性,引申出"自由、平等、博爱"这一近代工商伦理的基本规范。恩格斯说"自由就在于根据对自然界的必然性的认识来支配我们自己和外部自然",[1]这实际上是

---

[1] 《马克思恩格斯选集》第3卷,1995年,第456页。

要求我们通过对客观规律、客观必然性的把握,获得"应如何"去做的指导,也就是从实然、必然中引出应然,从事实及其规律中引出规范。这是为规范寻求客观性的奠基性的工作、范例和原则性的指示,但相当简约而未充分、完全地展开。把这种原则性的主张具体化,揭示从实然、必然到应然的一系列中间环节,揭示事实与规范、规范与规律的内在联系,从而科学地阐明规范的客观性,并在此基础上阐明规范的一致性和差异性、齐一性和多元性、绝对性和相对性的辩证统一,是马克思主义规范理论的重要任务,也是至今仍做得很不够的一项工作。

关于规范的合理性研究,可分为形式合理性研究和实质合理性研究。以分析哲学和逻辑学为工具的研究,以规范的意义分析和逻辑分析为内容的工作,可称为形式合理性研究。关于规范与利益的研究、关于规范与事实及其必然性的研究,可称为实质合理性研究。形式合理性研究和实质合理性研究共同为规范的合理性的判定提供根据或理由。

对于规范的发生学意义上的研究与合理性意义上的研究,必须严格区分,但也应该辩证统一起来。发生学意义上的研究为合理性意义上的研究,提供经验的基础和历史的佐证;而合理性意义上的研究为发生论意义上的研究,提供指导、方法和工具。历史和逻辑统一的原则是我们开展规范问题研究的主要方法论原则之一。马克思、恩格斯为我们提供了进行这两层意义上的研究并把它们统一起来的范例。恩格斯在《家庭、私有制和国家的起源》,马克思在《摩尔根〈古代社会〉一书摘要》,对一夫一妻制这一私有制社会的婚姻规范及其各种补充形式的产生、发展和变化,作了发生学、民俗学意义上的研究和描述,并立足于生产力的发展导致私有制的形成这一阿基米德点,对一夫一妻制产生的必要性、合理性及其对男性的制约的虚伪性,作了科学的评价和褒贬,做到了发生学和合理性这两层意义上的研究的有机结合,实现了客观描述和科学评价的统一。

其他学科关于规范研究的各种方法和路径,特别是实验的方法,也是值得关注和借鉴的。据说,"第一次用实验研究了社会规范形成过程的是美国社会心理学家谢里夫"[①]。国内也有通过实验来研究规范问题的。[②] 此外,社会调查的方式、个案研究的方式等等,都是可以利用的。哲学的规范研究,应充分借鉴和吸收其他学科同类研究的方法和成果,他山之石可以攻玉。

[①] 详见郑晓明、方俐洛、凌文辁:"社会规范研究综述",《心理学动态》,1997年第5卷第4期,第17页。

[②] 参见王健敏:"社会规范学习认同心理过程研究",《教育研究》,1998年第1期,第36—41页。

第二章 规范何以可能

第一节 规范概念的界定与"规范何以可能"的涵义

人们对"道德何以可能"、"法律何以可能"的问题,已有过较深入的思考和阐述,但对于由道德规范、法律规范、行政规章、技术规范、科学规范、艺术规范、宗教规范、组织纪律、礼仪、民俗等等所由构成的规范总体的来龙去脉、功能作用、内部结构,却可能尚未作过总体的、深入的探讨。因此,有必要提出"规范何以可能"这一问题来加以研究。这一问题应该是规范研究的基本问题。

一、规范概念的界定

在回答"规范何以可能"这一问题之前,应该先回答"规范是什么"。规范属于社会生活的应然领域,往往用祈使句来表达,它告诉人们应该做什么(如"应该孝敬父母"),不应该做什么(如"切勿损人利己"),可以做什么(如"年满18岁的公民都有选举权和被选举权")。因此,规范是以促成、制止、许可等方式指导、调控人们的各类行为的指示和指示系统。但是,并非所有的指示都能够成为规范。父母经常向自己的子女发布指示,上级也经常对下级发布指示,但超出了个别的家庭或单位,这些指示便失去效力和作用,而且即使在这样狭小的范围,它们也可能今天适用,明天就不适用了。所以,它们要么不是规范,要么是某些规范在具体场合的体现和运用(如,"快把张大爷扶起来",就是"助人为乐"这一规范的运用)。与这种偶发的、特殊的指示不同,规范所指示的是具有普适性的行为模式,如"尊老爱幼"、"爱护公物"、"保护自然"等。它们不仅适用于相关的个别场合,而且适用于相关的一切场合,是每个人在各种相关的场合都应该做到的。所以,规范是具有普适性的指示或指示系统。而且,这种指示是靠着某种精神的力量或物质的力量来维系的。"精神力量"包括对神灵或世俗权威的敬畏感、道德良心、社会舆论、心理定势等。物质力量包括直接的暴力、私刑、宗教裁判所、军队、警察、法庭、监狱等。至此,我们可以试着给规范下一个定义:规范是调控人们行为的、由某种精神力量或物质力量来支持的、具有不同程度之普适性的指示或指示系统。

有些种类的规范仅仅是对人的行为的指示和要求,如法律规范,只对人的行为作出规定,至于人的内心怎么想,感情如何变化,它一般是不过问的。各种技术规范也是如此。如电工操作规程中的"火线进开关,零线进灯头"这一规范,是对操作者的行为而不是心态的指导。但有一些种类的规范,不仅是对人的行为的指示和要求,而且也是对人们的心态包括思想、感情、欲望、动机的要求。道德规范、宗教戒律和社交礼仪就具有这样的特征。"热爱祖国"这一道德规范中的"热爱",在字面上首先就是对国民的思想和感情的要求。"百行孝为先"既是对心态的要求,也是对行为的要求。世界上各主要宗教都有戒淫、戒盗、戒杀的律令,这不仅是对教徒行为的要求,而且也是对教徒心态的要求。"觊觎"他人的财产、"意淫"、"有恨意",都是不允许的。例如,《马太福音》第五章第28节记载着耶稣的这样一句话:"凡看见妇女就动淫念的,这人心里已犯奸淫了";《约翰一书》第3章第5节有这样一句话:"恨人就是杀人"。作为礼仪的各种规范,如迎接国家元首的仪式,则主要是通过行为来表达感情如敬意的行为模式。因为只有上述部分而不是全部规范具有对心态提出要求的性质,所以我们只能把规范定义为关于行为而不是心态的指示或指示系统。而对行为的指示和要求则是所有规范都具有的共性。

规范不仅是一种指示而且是一种标准。《现代汉语词典》是这样界定"规范"的:"约定俗成或明文规定的标准。"①词典的编者用"标准"来定义"规范",那么,什么是"标准"?编者是这样界定的:"衡量事物的准则。"②我们认为,规范首先是对人们的行为的指示或要求,作为一种指示要求,它先于行为而存在,期待着某种行为及其结果的发生。但在行为发生、完成之后,它就转化为一种标准,人们可以根据它来对已发生的行为和结果进行评价和褒贬,于是规范就转化为评价人们的行为及其结果的标准。例如,"必须讲究押韵、平仄和对仗",这是作格律诗必须遵循的艺术规范,而关于押韵、对仗、平仄的种种规范或规则又会成为评价诗词作品的格律是否严整的艺术标准。律诗的平仄,如果不符合"粘对"的标准,就叫作"失粘"、"失对"。凡是诗句的平仄不依"常格"的,就叫作"拗句",等等③。又如,"勿损人利己,应助人为乐"这一道德规范,也时常被用来评价人的行为,成为区分和评价好人好事、坏人坏事的标准。上述情况普遍地存在于各类规范当中,工人操作时必须遵守的技术规范(如"螺杆直径的误差不得超过正负 1 微米"),在质检员的工作中就成了产品检验的标准;刑法的规范在法庭上,就变成量刑的标准;道德规范在道德评价活动中,就成为道德评价的标准;文艺创作规范,如浪漫主义和现实主义相结合的创作原则,在

---

① 中国社会科学院语言研究所词典编辑室编:《现代汉语词典》,商务印书馆,2007 年,第 513 页。
② 中国社会科学院语言研究所词典编辑室编:《现代汉语词典》,第 89 页。
③ 详见王力:《诗词格律》,中华书局,1977 年,第 26、31 页。

文艺评论中,就成为评价文学艺术作品的价值的标准。

二、"规范何以可能"的涵义

在界定了"规范"这一概念之后,就可以来分析"规范何以可能"这一命题的含义。康德提出"数学何以可能"和"自然科学何以可能"这两个问题,它们可合并为"知识何以可能"这一问题。康德对这个问题的答案是:自在之物作用于人的感官,为知识的形成提供感性质料,先天的感性形式和知性形式为知识的形成提供整理感性质料的框架,二者共同构成知识形成的充分而且必要的条件。因此"知识何以可能"的确切含义是:"知识形成的充分而且必要的条件是什么"。借鉴康德的思路,我们提出了"规范何以可能"这一命题,并仿照他的做法,把"规范何以可能"的意义,转换为"规范形成的充要条件是什么",也可以更确切地表达为:

"使规范从无到有的充分而且必要的条件是什么?"

再换一种表达式,就是:

"规范的成因是什么?"

在现实生活中,我们看到,规范要么是约定俗成的,要么是权力机构制定的。是否因此就可以说,众人的约定或权力机构的制定,是规范得以形成的充分而且必要的条件?这样说,在直观的层面上,当然没有错,但没有说到底。对此,我们要提出两组问题:1.如果规范是约定的,那么,是什么原因使得人们聚集在一起,作出这样的约定?在约定时,人们为什么要这样约定而不那样约定?2.如果规范是由权力机构制定的,那么,是什么原因促使它去制定规范?为什么要制定这样的规范,而不制定那样的规范?显然,在"约定"或"制定"的背后,有某种因素或力量在决定着为什么约定、约定什么,为什么制定、制定什么。

这种因素或力量是什么?古往今来,有一种很普遍的观点认为,它是神的意志。如果我们考察一下各民族的规范的形成史,就会发现,维持初民的公共生活的各种基本规范,几乎都是以神的名义发布的。如基督教的"摩西十诫",按《圣经》的记载,是耶和华和以色列的先知摩西在西奈山上约定的。而佛教中的戒律大全《律藏》,据说是由严守戒律的波离索背出的释迦牟尼的教导。记载着伊斯兰教的各种规范的《可兰经》,据说也是由穆罕默德背出的安拉的启示。对于这些传说,我们要提出一个问题:证实了没有?有神论者认为证实了,无神论者则认为没有。

神创论把制定规范的权力归于至高无上的神,加强了规范的权威性、强制性和有效性,后来的约定论或社会契约论则把神的权力收回来,交给民众和他们的政治代表,把规范作为社会契约。而我们要由此出发,进一步探讨作为社会契约的规范的成因。

第二节 规范与规律

行为规范五花八门、种类繁多,但根据其所处理的对象和关系,可分为两大类。一类是技术规范,适用的对象是自然物、工具设备和操作者,调整的是人与自然的关系。还有一类是社会规范,适用的对象是人和社会机构,调整的是人与人之间关系。通过对这两类规范形成的根源的探讨,可以揭示规范与规律、应然与必然的关系,揭示规范形成的一个必要条件。除了这两类规范,有神论者认为还有第三类规范——调整人与神之间关系的规范,而且是更重要的规范。这里暂且不表,留待《宗教规范》这一章来讨论。

从技术规范的形成来看,最初,它主要产生于日常生活和生产劳动,是人们通过对日常生活经验和生产实践经验的总结而形成的,反映了自然界的客观规律或某种因果必然性。指导中国传统

第二章 规范何以可能

农业的一些农谚,如"清明前后种瓜种豆"、"七葱八蒜"(七月种葱八月种蒜)等,就是农民在长年的农耕活动中,根据他们对农作物生长规律和气候变化周期的掌握而确立起来的。近代以来,由于科学特别是技术科学的发展,技术规范的形成主要是科学原理和技术原理的应用。人们先认识到自然过程或生产过程的某种规律或因果必然性,再运用于生产或其他相应的领域,才形成相应的技术规范。例如,电工的操作规范,就是在技术专家把握了电流的变化规律和各种材质的导电或绝缘性能之后,根据电学原理制定出来的。体育运动的许多技术规范,如链球甩掷的要领和规则,也是根据力学、材料学、几何学和运动生理学等一些学科的原理制定出来的。关于家具和办公家具的各种技术规范、关于各种工具设备的技术标准,都必须使产品达到用起来舒适、顺手的要求,这就要符合研究人体自然的人体工程学原理,从而符合人的生理心理特点及其规律。由此可见,对自然规律(包括人体自然)的把握,是调整人与自然关系的技术规范得以形成的前提之一,是技术规范从无到有的一个必要条件。这也就是说,技术规范是由人们对自然及人体的规律的认识转化而来的,这就是自然的必然性同调整人与自然关系的技术规范的内在联系。通过这一联系,自然界的"自在的必然性"就转化成"为我的必然性",即合规律的为使用者服务的技术规范,进入生产和生活的领域。

至于调整人与人之间关系的社会规范的形成,是否同样必须以认识和把握客观规律或客观必然性为前提,则是一个相当复杂的问题。中国农村娶媳妇必须送彩礼,这样的习俗(规范的一种类型),反映了何种客观必然性?对于这一类规范,我们暂且按下不表。先来考察认同度较高的某些社会规范(包括道德规范、法律条款和组织纪律等几种类型)。

进入私有制社会,任何民族、任何国家都有禁止偷盗的道德规范或法律规范。这一人定的禁止性规范,实际上反映了社会生活的某种客观必然性。在私有制社会,偷盗行为必然导致财产的无序转移;如果普遍化了,必然危及生产资料的私有制和消费资料的个人所有制。对这两个必然性的认识形成以后,就会在社会多数成员和统治集团中形成反偷盗的共同意向,从而形成"切勿偷盗"的道德规范,进而制定禁止和惩罚偷盗的法律规范。这是社会生活的某种必然性通过共同意志转化为道德规范与法律规范的一个范例。

世界各民族都有禁止乱伦的禁忌。这一禁忌是调整两性关系和家庭关系的一个重要的道德规范,后来又成为法律规范。这一规范是怎样形成的呢?文化人类学家对此有多种说法。摩尔根认为,乱伦、近亲交配与遗传病高发生率、人种退化、氏族衰败之间存在着因果必然性,我们的祖先在生活和繁衍的漫长历程中,逐渐地认识到这一点;为了防止这种因果必然性反复起作用而危及后代和氏族,先民们逐渐形成了血亲之间不性交的习俗,最终确立起不准乱伦的禁忌。在此,我们看到了对因果律的认识是如何转化为道德律的。马林诺夫斯基对乱伦禁忌的形成,有另一种说法。他认为,家庭内部的性自由势必导致家庭成员在性方面的竞争、妒忌和冲突,一旦矛盾激化,就会导致家庭的瓦解。这也就是说,乱伦与家庭的矛盾及解体有着一定的因果联系,所以,必须确立乱伦禁忌,以调整家庭内部的两性关系,防止乱伦所导致的恶果。如果马林诺夫斯基的观点立得住,我们又看到了人类是如何在把握某种因果关系的基础上,确立起禁止性规范的。实际情况很可能是乱伦所必然产生的自然后果(人种退化)和社会后果(家庭解体)共同导致了乱伦禁忌的确立。

第二章 规范何以可能

任何社会组织、社会团体都需要一定的组织纪律、规章制度才能维系,而组织纪律、规章制度也总是不同程度地反映着社会生活的某种因果必然性,而不是任意制定的。例如,在团体集会的场合,大声喧哗吵闹就会干扰发言,也会分散与会者的注意力,从而妨碍会议的正常进行。喧哗与它所造成的消极后果之间有着一种必然的因果联系,当人们认识到这种必然联系的时候,就会把这种认识转化为一种硬性规定即会场纪律。它规定:与会者不得喧哗吵闹(禁止性规范),举手经主席同意可以发言(授权性规范),从而保证会议的正常进行。由此,我们看到了社会活动的某种因果必然性是如何转化为团体的纪律的。

如果把我们对上述三种规范的发生学考察,以逻辑的方式表达出来,可得到如下若干依次递进的判断:

1. 乱伦会导致后代的退化和家庭的解体(事实判断,反映因果必然性)——这种状况危及后代与家庭(评价判断,对乱伦的后果进行评价)——不准乱伦(规范判断,调整两性关系)。①

2. 偷盗成风必然导致财产的无序转移(事实判断)——这种状况危及生产资料私有制和生活资料个人所有制(评价判断)——禁止偷盗(规范判断)。

3. 开会时大声喧哗吵闹必定会干扰发言并分散与会者的注意力(事实判断)——这会妨碍会议的正常进行(评价判断)——与会者不得喧哗吵闹(禁止性的规范判断),举手经主席同意可以发言(授权性的规范判断)。

由此可见,规范判断是事实判断和评价判断相结合的产物,是

---

① 判断可分为两类,一类是事实判断,另一类是价值判断。价值判断又可分为两类,一类是评价判断,另一类是规范判断。

真和善的统一。它所包含的真的成分,反映的是客观的因果必然性。这也就是说应然中有必然,规范中有规律。由此,我们就可以深刻地理解,为什么恩格斯强调,"如果不谈……自由和必然……等问题,就不能很好地议论道德和法的问题"①,因为在道德和法律当中蕴涵着对客观必然性、客观规律性的认识和遵循。恩格斯在论述法律的起源时说:"在社会发展某个很早的阶段,产生了这样一种需要:把每天重复着的产品生产、分配和交换用一个共同规则约束起来,借以使个人服从生产和交换的共同条件。这个规则首先表现为习惯,不久便成了法律。"②在这里,"每天重复着的生产、分配和交换产品的行为",是一种普遍存在的行为;约束着这种普遍行为的"共同规则",就是行为准则、行为规范;为什么要用一个共同规则约束"生产、分配和交换产品的行为"?是为了使"个人服从生产和交换的共同条件",而"生产和交换的共同条件"就是商品的生产和交换的一般规律——价值规律。恩格斯的意思是,约束着商品的生产和交换的共同规则的形成,经过了从习惯到法律这两个阶段,其作用在于"使个人服从生产和交换的一般条件"即价值规律。恩格斯关于法律规范的形成和作用的论述,对于说明其他社会规范的形成和作用也是适宜的。

综上所述,对于与人的行为相关的客观规律和客观必然的把握,不仅是技术规范,也是社会规范得以形成的一个必要条件。之所以如此,是因为,规范是一种告诉人们应如何作为且希望人们都如此作为的指示,它所指示的行为必须具有施为的可行性和达到预期效果的可能性。如果它所要求的行为不可行,或不具备达到

---

① 《马克思恩格斯选集》第3卷,1995年,第454页。
② 《马克思恩格斯选集》第3卷,1995年,第211页。

预期效果的可能性,那它就不可能为人们所认可和采行,从而也就失去了效力和存在的意义。而行为的可行性及其达到预期效果的可能性,必须以行为的合规律性为前提,不合规律的行为是不可行、无效果,甚至效果相反的。人不可能拔着自己的头发离开地球,是因为这样做违背了自由落体运动规律。

第三节 规范与价值

规范不仅包含真的成分,而且包含善的成分,这一成分就是规范中的价值因素。这个因素是往下我们所要阐述的规范得以形成的又一必要条件。

有一种观点认为,从实然和寓于实然中的必然推不出应然,从规律推不出规范,从自然律和因果律推不出道德律,从实然判断推不出应然判断。这是对的。所以我们始终只是说,对事实,对事实中所蕴含的客观规律或因果必然性的把握,是规范形成的必要条件而不是充分条件。那么,使规范得以形成的其他必要条件还有哪些呢?我们认为,对各种行为方式及其后果的评价,是规范得以形成的又一必要条件。对规律的认知和对行为价值的评价,共同构成了规范从无到有的充足而且必要条件。而从逻辑的角度看,规范判断则是以事实判断和价值判断为前提推出来的。

人的行为要达到预期的目的,就必须合乎规律。但是,合规律的行为方式未必都能成为规范。只有那些经常出现的对社会普遍有益或有害的行为方式,才会被社会所广泛地提倡或制止,从而转化为相应的行为规范。例如,关心、爱护、帮助他人的行为,对他人,对社会有益,值得鼓励和推广,所以就被提升为"助人为乐"的道德规范。在公共场合随地吐痰会污染环境,传染疾病,危害人类健康,因而在人口密集的城市被普遍禁止,形成了"不准随地吐痰"的禁止性规范。而"不许乱伦"、"切勿偷盗"等规范的形成,也和对乱伦与偷盗的否定性评价有关。任何一类行为都会产生一定的后果,这种后果对社会往往有益或有害。某一类行为能否转变为风俗习惯,或直接被提升为道德规范、法律规范,要看这一类行为的后果对社会的利弊。有利、有益的就会被提倡和鼓励,使人人觉得都应该如此,从而形成号召性或命令性规范。而对社会有害、有损的,就会被批评、制止,从而形成禁止性规范。可见,即使是合规律的行为方式,也必须经由社会自发的或有组织的评价这个环节,才可能转变为行为规范。

当我们对人们的行为后果进行分析的时候,便会发现,任何一类行为都有双重后果。一是自然后果,二是社会效果。如张三入室偷盗遇李四反抗便杀了李四,李四的死是张三行凶的自然后果,而李四的死给他个人及其家庭和单位所造成的破坏和痛苦,则是社会后果。张三的杀和李四的死是因果关系,李四的死对他个人及其家庭和单位的负面作用则是价值关系。立法者是在认识到杀人的自然后果及其恶劣的社会后果之后,才制定了严惩此类行为的法律规范的。而制定这一规范的目的也在于通过警吓去消除上述的自然的因果关系,从而消除相应的社会后果。由此可见,对与行为相关的因果关系的把握和对行为后果的价值评价,是形成相应的行为规范的两个缺一不可的条件。

社会通过对各种行为方式及其后果的评价,可以发现行为方式对他人和社会有三种影响:一是行为对社会有益,因而就肯定这种行为方式,把它提升为提倡性或命令性规范,其通用的表达式为"应该如何"或"必须如何";二是对社会有害,所以就否定这种行为

第二章 规范何以可能

方式,确立劝诫性或禁止性规范,其一般表达式为"不应该如何"、"严禁如何";三是对个人有益,对社会无害,所以就把作为或不作为的权利赋予个人,形成授权性规范,其常用的表达式是"可以如何"或"有什么什么权利"。由此可见,对行为及其后果的价值评价不仅是行为规范得以形成的必要条件,而且决定着我们所确立的规范的类型。

总之,对与行为相关的客观规律或客观的因果联系的把握,对行为及其后果之利弊或价值的评价,共同构成规范形成的充分而且必要的条件。

这里所说的对行为及其后果的利弊的评价,属于行为的价值评价。评价的主体应该是社会的全体或多数成员及其代表,他们是根据行为对社会的价值的有无、高低和损益来进行评价的。因此,这里所说的行为及其后果的价值是指行为对社会的价值,即公共价值或公共利益,而不是对个人或少数人而言的特殊价值和特殊利益(当然,公共价值和公共利益是一定包括个人价值和个人利益的相应部分的)。所以,关于规范形成的充要条件的表述应该略加修正:对与行为相关的客观规律或客观的因果联系的把握,对行为及其后果之公共价值的评价,共同构成规范形成的充分而且必要的条件。

必须指出,社会全体或多数成员及其代表作为评价的主体,是一种理想状态和应然状态。在历史和现实中,个别人或少数人,如独裁者和权势集团垄断评价的话语权,把自己的利益和价值观作为评价的根据,这还少见吗?应然与实然总是有差距的。

在上述的分析中,存在着三重关系:一是外部世界的因果关系,二是行为与行为后果之间的因果关系,三是行为后果对社会的影响。例如,春天,植物的种子落地,在适当的气候、水分、养分的条件下发芽、生长、结实,这就是外部自然的因果关系,是自在的因果关系;而"种瓜得瓜、种豆得豆",则是劳动者把握了自然界的上述因果关系,使之内化于劳动者的行为而形成的因果关系,是自为的因果关系;瓜果、粮食的收成对劳动者生活的影响,这是价值关系(在特定的意义上说也是一种因果关系,是为我的因果关系)。先民在长期的生活、生产实践中把握了上述的双重因果关系和价值关系,以之指导生产,并在"清明前后种瓜种豆"这一农谚(种植规范)中反应出来。我们认为,上述的三重关系广泛地存在于人类改造和利用世界的各种活动中,人类在长期的实践和生活过程中逐渐地把握了这三重因果关系和它们对人类的利弊,进而形成了指导他们的行为的各种规范。因此可以说,规范是在求真即把握客观规律的基础上形成的,引导人们趋利避害或向善去恶的指示或指示系统。至于这一指示系统是先知以神的名义发布的,还是约定俗成的,还是民意机关制定的,这是规范形成的方式和程序问题,是立规、立法的权限问题。

必须强调的是,我们所说的"规范是在把握因果必然性的基础上形成的",不仅包括对外部世界的因果必然性的把握,而且包括对人类行为过程的因果必然性的把握。行为规范作为行为模式,包含行为和效果这两个要件。只有行为和它的效果之间存在着比较确定或高概率的因果联系的行为,才有可能成为行为规范。如果某类行为时而产生这样的效果时而产生那样的效果,而不总是或高概率地导致某种比较确定的结果,怎么可以把它确立为行为规范呢?要知道,确立规范是为了引导行为,引导行为是为了达到预期的、确定的效果,如果行为与其后果之间没有确定或高概率的因果联系,引导行为就失去了意义,也无从引导。所以,凡规范所涵盖的行为,其行为与效果之间一定存在着某种程度的比较确定的因果联系,而这种"为我的因果性",如上所述,只能是"自在的因果性"的人化或内化。这就是规范或应然所蕴含的双重的因果必然性,即为我的必然性和自在的必然性。在社会生活的领域里,必然性只能是是一个相对的概念,高概率的因果性可视同相对的必然性。由此,我们就可以更进一步地理解,为什么恩格斯强调,"如果不谈……必然……等问题,就不能很好地议论道德和法的问题"。

至此,我们可以把必然转化为规范的过程图示如下:

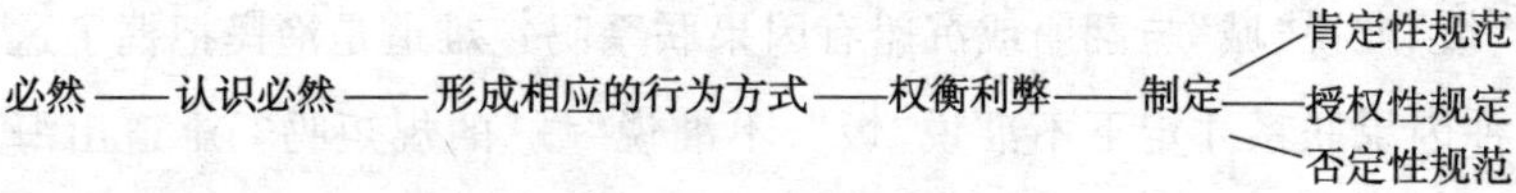

必然 —— 认识必然 —— 形成相应的行为方式 —— 权衡利弊 —— 制定 —— 肯定性规范 / 授权性规定 / 否定性规范

图 2-1　必然转化为规范的过程

这个式子用文字来表达就是:认识客观必然性,根据这种认识形成相应的行为方式,对行为方式的价值进行评价即权衡利弊,将有利于群体的行为方式提升为普遍的行为模式,形成肯定性规范;将不利于群体的行为方式加以禁止,形成否定性规范;将无损于他人和群体的行为,委诸个人的自由意志,形成授权性规范。换句话说,自在的因果必然性,经由认知的环节,内化为主体行为方式中的手段和效果之间的必然联系,即为我的必然性;为我的必然性经由行为者贯彻下去所产生的效果,作为价值客体,对作为价值主体的行为者和他所处的群体,会产生有利或不利的作用;因而人们会以这样或那样的方式,自觉或不自觉地对之进行评价,或肯定、褒扬、模仿、推广之,或否定、批评、禁止、惩处之,或听之任之许可之,久而久之便形成相应的行为规范。

第四节 规范成因理论的运用与解释力

对于上述关于规范形成的充要条件即规范成因的见解,人们肯定会提出这样的质疑:古往今来世界各民族有过无数千奇百怪的规矩和禁忌,难道它们都是在把握客观规律和客观必然性的基础上形成的吗?它们真的都能引导人们趋利避害吗?

例如,中国沿海某些地方的渔民出海前,不能说"饭",也不能说"城",因为"饭"与"翻"同音,"城"与"沉"谐音。这样的禁忌不是很荒唐吗?它合乎规律吗?遵守它真的会有什么好处吗?难道说"饭"或说"城"与翻船或沉船有因果联系吗?难道是渔民把握了这种因果联系才定下不准说"饭"、不准说"城"的规矩吗?难道出海前不说"饭",不说"城",船就不翻、不沉了吗?答案都是否定的。那么这样的禁忌有何价值,它的底蕴究竟是什么?能运用本章关于规范成因的理论来解释吗?

可以,但还要联系作为第二信号系统的语词的暗示功能,才能合理地解释。"饭"与"翻"同音,"城"与"沉"谐音,而"翻"与"沉"指的是最严重的海难——翻船、沉船、葬身海底。这是渔民最惧怕的事情。千百年来,频仍的海难、一幕幕家破人亡的惨相,给他们留下了难以治愈的心理创伤,因此一听到"翻"与"沉",他们便心惊胆战,进而扩展到听见同音、谐音的"饭"与"城",也会产生一定的心理反应。这也就是说,"饭"与"城"经由"翻"与"沉"的中介,给渔民一种消极的暗示,引起了不详、不快,甚至紧张、焦虑的心理反应。这种由联想所建立的心理联系和打断这种联系确保出海人的心境平和的努力,便是不准说"饭"、说"城",更不准说"翻"、说"沉"的禁忌的由来。由此,我们可以看到，虽然，说"饭"和说"城"与翻船和沉船没有什么因果联系，但与相应的不详、不快的心理反应却有因果联系。这种消极的、心理上的因果联系，对出海人确有不利的影响，为消除这种影响就自然而然地要禁止人们说"饭"、说"城"。这个禁忌确实反映了语言暗示与相应的心理反应之间的因果联系和渔民趋利避害的价值取向。如果这样的解释能够成立，那么，新郎、新娘要吃红枣、花生、桂圆、莲子的规矩（暗示"早生贵子"），大人不许小孩乱说"死"字的禁忌，现今国人喜"8"不喜"4"的习俗，都能得到解释，从而成为本文的例证。

在中国农村的许多地方，至今仍然存在着新娘出嫁时要哭，娘家人要"羞辱"来迎亲的新郎及其伙伴的习俗（民俗、习俗是规范的一种类型）。世界上其他民族也有类似的风俗。这样的习俗有什么价值？包含着什么样的必然性？学者金泽根据人类学的实证材料解释了这一现象。在旧石器时代，通行的是血缘家庭的内婚制。当一个血缘家庭的男性成员外出狩猎、打鱼或征战较长时间时，另一个血缘家庭的男性成员就有可能对这个血缘家庭的女性成员发动性侵袭。而外出的男性成员也可能对他们遇到的其他血缘家庭发动性侵袭。被侵袭者对侵袭者会有敌意和反抗，但由于双方都处在性饥渴状态，都有性要求，而且男女双方力量对比悬殊，因此这种敌意和反抗往往只是象征性的，即只是做做样子。各血缘家庭之间的性侵袭的意义是种内杂交，其自然结果是后代更强壮，基因更丰富，变异的机会更多；其社会后果则可能是两个血缘家庭结合，形成一个力量更强大的"准部落"。这其中既有生理学、生物学、社会学意义上的多重必然性（如，异性相吸的必然性、种内杂交与其后代变化的因果关系等），又好处多多且"性"趣盎然。于是，血缘家庭之间的性侵袭和幽会便逐渐地"正常化"了,最后就演变成外婚制,而形式上的反抗和敌意也随之演变成一种象征性的仪式流传下来,成为世界各地至今仍广泛存在的婚嫁习俗。① 从内婚制过渡到外婚制,是人种进化和社会进步的必然和优化,而相应的婚嫁习俗,则是这一历史必然性的伴生现象和表征仪式。可见,对于民间的各种风俗习惯,若能深究到底,也往往可以发现深藏于其中的社会生活之必然性和原初的价值取向。民间习俗无奇不有(如中国的产妇要坐月子),若要逐一揭示其必然性根源和价值取向,那是笔者力所不能及的,而是民俗学的任务。好在辩证法不是实例的总和,不是完全归纳法,而是一叶知秋的洞察。相信我们的见解能为民俗研究提供一个新的视角,而民俗学的成果也将印证我们的观点。

在汉传佛教中,有诸多禁忌,除了不得食肉之外,蒜、薤、兴渠等五种辛菜也不准食用——"当断世间五种辛菜"②。为什么别的蔬菜都可以食用,唯独这五种辛菜不能食用?《楞严经》对此有两点说明:一是食辛菜者因其臭秽,天神护法离之而去——"如是世界食辛之人纵能宣说十二部经,十方天仙嫌其臭秽,咸皆远离,福德日消,长无利益"③;二是五种辛菜激发性欲——"……是五种辛,熟食发淫,生啖增恚。"④(同上)。正因为食辛菜有这两点害处,妨碍了修行(价值为负),所以佛门便立个规矩把它禁掉。食辛菜激发性欲,古今中外的许多文献都有记载,民间也有传说。在中

---

① 详见金泽:《宗教禁忌》,社会科学文献出版社,1998年,第13-16页。
② 《楞严经》卷第八,李淼、郭俊峰主编:《佛经精华》下卷,时代文艺出版社,1998年,第1883页。
③ 《楞严经》卷第八,李淼、郭俊峰主编:《佛经精华》下卷,第1883-1884页。
④ 《楞严经》卷第八,李淼、郭俊峰主编:《佛经精华》下卷,第1883页。

国,韭菜又叫"起阳草"、"壮阳草"。笔者下乡时,当地的农妇有时会炒韭菜籽让老公下酒,当时不明就里,如今想来,目的在于增加"性趣"。而罗马帝国的贵族们则深信洋葱有神奇的催情作用。至于天神护法是否因学佛之人食辛菜而离去,无可考证。但笔者的学生曾就这个问题,请教过一位老和尚。这位僧人提供了一个类似的令人信服的解释,他说,吃大蒜、韭菜,嘴巴会有异味,早晚课僧人们聚集在一起诵经,食辛菜者嘴里发出的异味会干扰同伴念经。正因为食辛菜对学佛之人有上述两种副作用(价值为负),所以被严加禁止——"若佛子不得食五辛:大蒜、茗葱、慈葱、兰葱、兴渠"[①]。由此可见,食辛菜对学佛之人的负价值是不得食辛菜这一禁忌形成的一个必要条件。这一禁忌与规范形成的另一条件——对因果性的把握,沾得上边吗?当然有关系。吃辛菜与口臭的因果关系,是人们都能感受到的,而辛菜激发性欲的概率因果性也是许多人有亲身体会的。至于辛菜的多种营养成分中,哪一种会刺激性腺增加荷尔蒙的分泌,是僧人们所不了解的,笔者也没找到科学界的报道。如果哪一天,能够以生化实验、理化实验的方式来确定辛菜的某种成分与性腺分泌荷尔蒙的关系,那么,人们对辛菜与性欲之间关系的经验性把握也就转化为规律性的认识。通过对这一个案的剖析,我们可以体会到价值评价对宗教戒律形成的作用;还可以发现,对因果关系的把握,也是宗教戒律形成原因之一。可见,即使是某种初看起来很奇怪的戒律,深究下去,也可发现其中的价值因素与必然性,因而在某种信仰涵盖的范围内,它是合理的,也是现实的。如果我们把上述不得食辛菜的戒律的形成过程,

---

[①] 《梵纲经菩萨戒本》,高雄文殊讲堂,1999年,第24页。

用下图来表示，上述意思就更清楚了：

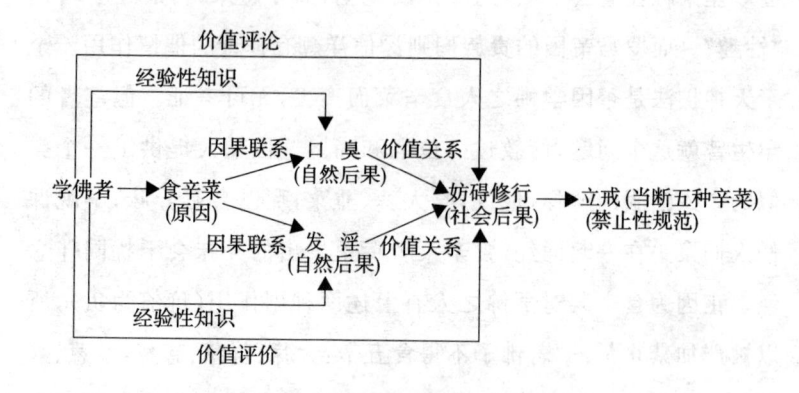

```
         价值评论
    ┌──经验性知识──┐
    │              │
    │   因果联系  口 臭  价值关系
    │  ┌────→(自然后果)────┐
学佛者→食辛菜              ↓
       (原因)              妨碍修行 → 立戒(当断五种辛菜)
        │                  (社会后果)   (禁止性规范)
        │  因果联系  发 淫  价值关系  ↑
        └────→(自然后果)────┘
    │              │
    └──经验性知识──┘
         价值评价
```

图 2-2　禁食辛菜戒律的形成过程

我们还可以举出各种规范系统中的许多现在看来或圈外人看来不合理的规范，如，中国古代的"三纲五常"、伊斯兰教徒不食猪肉的戒规。它们的形成有何必然性？当年是否也有正价值？可以用本文的模式来解释吗？我们热切地希望大家一起来思考这些问题。此外，由于人类分裂为利益互相冲突的许多社会集团，由于自然环境和社会环境不同，由于所处时代不同，还由于信仰不同，在价值评价的问题上，几千年来，人类就一直是分歧多于一致。在这种情况下，利益、价值的评价在规范形成过程中的作用便复杂化了，规范的多元化和冲突也出现了。这也是值得我们进一步研究的大问题。美国"911"事件以后，这个问题的意义就更加凸现出来了。

第三章　规范与自由

第一节　规范与自由的关系

在探讨了规范和规律、规范和价值的关系之后，我们可以进一步来考察规范与自由的关系。根据客观规律和因果必然性而确立一系列规范的目的在于，调控主体的行为，使之符合客观规律、客观必然性的要求，禁绝违背客观规律、客观必然性的行为，从而保障主体活动的顺利和预期目的的达到。可见，规范的作用在于保障主体活动的合规律性与合目的性，而合规律性与合目的性的统一就是自由，所以遵守一定的规范是进入自由境界的门户。必然性是通过规范这一中介而与自由发生联系的，而规范则是通过指导主体行为使之符合规律并实现目的所蕴含的价值从而与自由相联系的。

对于技术规范通过保障主体行为的合规律性与合目的性，从而达到自由这一点，人们应该不会有太多的质疑。但是，对于社会规范是否也是如此，则可能会有疑问，因此必须略加说明。在上一章，我们分析了社会规范形成的两个条件，一是对客观规律或因果必然性的把握，二是对行为及其结果的评价（也就是对主体行为结果是否符合主体包括个体与群体的目的的评价）。通过对"切勿偷盗"、"切勿乱伦"等一系列社会规范的形成的详细分析，我们已经说明，在社会规范中包含着对自然界和社会生活的各种因果必然性的认识,包含着对相应的各种行为方式的利弊得失的评价。确立社会规范的宗旨在于,指导人们在把握因果必然性的基础上选择适当的行为,达到趋利避害、向善去恶的目的。所以,在引导人们达到自由方面,社会规范与技术规范是有共性的。

孔子说他自己:"吾十有五而志于学,三十而立,四十而不惑,五十而知天命,六十而耳顺,七十而从心所欲,不逾矩。"能够随心所欲又不违反规矩(周礼),这就是孔子所达到的自由境界,"从心所欲"是合目的,"不逾矩"是合规范,可见,孔子所达到的自由是合目的与合规范的统一。而孔子之所以能达到合目的与合规范的统一,按他自己说,是因为他50岁的时候,就把握了"天命"。天命是古人对宇宙间不可抗拒的必然性的神秘化、人格化的理解。如果去掉它的神秘化、人格化成分,指的就是自然和社会的客观必然性。孔子关于他个人追求自由的若干阶段的自述,包含着由必然(天命)至规范(周礼)达自由(最高的价值目标)这三个环节。

对正确的规范的遵循,是达到自由的条件,但它只是必要条件,而不是充分条件;这是因为对规范的遵守有自愿、自觉和被迫、盲从两种情况。如果主体在某种外在因素的强制下遵守规范,那他是不自由的。只有在规范正确反映客观必然性,而且主体也自觉自愿地用它来约束、指导、调控自己的行为的情况下,规范才是通向自由的桥梁。而自觉自愿地以一定的规范来约束和调控自己行为的状态就是自律状态。所以,客观必然转化为行为规范之后,是通过主体的自觉遵守即自律而通向自由的,在规范和自由之间也有一个中介——自律。这种自律有两个基本特征:其一,以对客观必然性的认识为基础的行为规范,是行为者自己确立的,至少是认同的;其二,行为者对这些规范的遵循是自觉自愿自主的。这用康德的一句话来说就是:自己立法自己遵守。不过此处的"法"已不仅仅是康德所说的道德律令,还泛指各类行为准则、行为规范,而且立法的根据也不是"先验的自我"或"天意",而是客观规律、客观必然性。正确的行为规范,对于尚未认识到它们之所以确立的原因和客观根据的人们来说,是强制性的,他们对这些行为规范的遵守是被迫的,因而总觉得受到种种束缚,很不自由,很不自在。这是一种他律状态,但他律会向自律转化。当人们认识到正确的规范是客观必然性的反映,因而是行为目标实现的保障的时候,他们对行为规范和准则的遵守,就会由盲目变为自觉,由被迫变为自愿,由他律转化为自律,并养成习惯,渐渐达到"从心所欲而不逾矩"的境界。

遵循合理的规范之所以是达到自由的必要条件,还因为,合理的规范是经过价值评价而建立起来的,引导人们趋利避害、向善去恶的指示,按照规范的要求去做,才能够在工作和生活中比较顺利地实现自己的愿望,获得相应的物质利益或精神价值,达到快乐和幸福的境界。

第二节 规范的类型与自由的类型

如前所述,规范可以分成三类:肯定性规范(如,应助人为乐)、否定性规范(如,切勿偷盗)、授权性规范(如,公民有言论、集会、结社的自由),各种不同类型的规范对于引导主体走向自由的作用是不同的。

在履行肯定性规范的过程中,主体的自由表现在:(1)自律者对合规范从而合规律的行为方式的选择,对不合规范因而不合规律的行为方式的放弃,是自愿自觉自主的,这就是意志自由。(2)凡规范都有普遍意义,肯定性规范规定的只是一般的行为模式,而一般的行为模式在不同的场合可以有不同的施为方式。这就为主体在执行规范时,留下了自由设计、自主决定各种具体行为的充分余地。这也是意志自由的表现。例如,交通规则规定机动车经过教学区须减速至每小时××公里以下,至于减速到这个限制以下的哪个具体数值,这完全可由驾驶者本人自由自主地决定。

(3)肯定性规范所规定的行为方式和活动程序是合规律的,因而是最节省脑力、体力和资源并且能获得最佳效果的方式、方法和程序,相对于违反规范从而违反规律的蛮干及其恶果而言,这是行动的自由。

否定性规范对自由的作用在于限制那些不利于人的规律和必然性起作用。客观规律、客观必然性是不可抗拒的,是一定要贯彻下去的,这是通常的观点,难道它们是可以限制的吗?可以。规律是在一定的条件下起作用的,因果必然性的贯彻是以原因的出现为前提的。例如,缺乏一定的温度(缺乏条件),支配物体燃烧的规律就无法起作用;不下种(没有原因),种瓜得瓜种豆得豆的必然性就贯彻不下去。主体可以通过改变一定的条件或调控某种原因,来限制规律和因果链条发生作用。否定性规范的目的就在于,防止人们的行为成为某种规律和必然性起作用的条件和原因,因为这些规律和必然性起作用的结果是有害的。如防火条例的作用在于消除一切会引起"祝融"肆虐的条件(温度、氧气、可燃物),使得氧化燃烧的规律不能起作用。而不准近亲通婚的律令则能够部分消除引起遗传病的原因,使得导致遗传病发生的因果链条起不了作用。这种"禁止"表面上看是对行为自由的限制,但实质上是对导致客观规律、客观必然性起作用的条件和原因的限制。它表明主体既受规律的限制,也能限制规律。这是主体自由的突出表现。肯定性规范的作用是选择和利用规律,为主体服务;否定性规范的作用是限制规律,使它不能"为非作歹"。这表明主体已由规律的奴隶变成规律的主人,进入自由境界。

授权性规范对自由的作用在于把做什么或不做什么的选择权授予当事人,由他自主决定做或不做。在主体按照授权性规范自主决定自己行为的场合,主体的自由度显然比服从肯定性规范和否定性规范要大得多。如果说肯定性和否定性规范规定的是主体应该或不应该做什么的义务,那么,授权性规范则是把权利赋予主体。在遵守肯定性和否定性规范的场合,主体的自由主要表现在自觉自愿自主地履行某种义务如道德义务,以促进或限制某种因果性发生作用。例如,遵循了"孝敬父母"的道德规范就履行了子女应尽的义务,从而也就以孝敬父母的心态和行为(因)促进了父母的健康与长寿(果);遵循了"切勿说谎"的道德戒律,就履行了诚实的义务,从而也禁绝了由欺骗(因)而导致的种种恶果。而在按授权性规范行事的场合,自由则是一种权利。如政治自由就主要是政治上的权利。当公民能够充分地拥有和行使其政治权利的时候,他在政治上是自由的。有人以政治自由是一种权利为理由来反对自由是对必然的认识和利用。对此,我们要提出这样一个问题:为什么要在宪法中规定公民拥有选举权和被选举权等一系列政治权利?确立这一系列授权性规范的客观根据是什么?如果我们深入考察政治发展史,就会发现:如果一个国家的人民,没有按照自己的意志选择公职人员的权利,没有出任国家公职的权利,没有发表政见的权利,就像在封建时代那样,就必然导致独裁专制;如果人民获得并充分行使了选举权和被选举权等一系列政治权利,就必定能够建立起民主政府,实现人民当家做主。正是根据对这两种必然性的认识(这是一个漫长曲折、血泪斑斑的历程),人民才通过立法机关制定了赋予公民一系列政治权利的授权性规范。

当公民拥有并充分行使选举权和被选举权等一系列政治权利的时候,就限制了前一种必然性的作用(防止了专制独裁),并且贯彻了后一种必然性(建立起民主政府)。换句话说,当全体或多数公民自主地决定参选或不参选、选谁或不选谁的时候,他们是自由的,是根据他们的自由意志行事的,但他们的行为说到底仍然是对政治生活中的上述客观必然性的利用或限制。总之,赋予公民政治自由的各种授权性规范,是根据政治生活的各种客观必然性制定的;政治自由就是能够充分地拥有和行使各种政治权利,而行使各种政治权利的活动就是利用或限制政治领域的各种必然性的过程。由此可见,相对法律规范而言的、作为权利的政治自由,与作为对必然的认识和利用的自由,并不是不相干的,前者说到底也是对必然的认识和利用。

第三节 规范与权利、义务

在遵循肯定性或否定性规范的场合,主体是通过自律达到自由的,而自律就是自觉自愿地履行规范所规定的义务。肯定性规范要求履行做某事的义务,否定性规范要求履行不做某事的义务。所以,也可以说,肯定性规范和否定性规范,是通过履行义务这一中介来与自由发生关系的。而在按授权性规范所赋予的权利行动时,主体则是通过行使相应的权利来获得自由的。因此,授权性规范是经由权利的拥有和行使这一中介来与自由相联系的。综合这两个方面我们可以说,规范与自由的中介是义务和权利。义务和权利是相辅相成的。尽了义务,一般能获得相应的权利;行使权利,也须承担相应的义务。所以,自由是从一定的规范出发的履行义务和行使权利的统一,或者说自由是以履行义务为前提的权利。

而自觉履行义务就是自律,拥有和行使权利就是自主。所以,自由又是自律和自主的统一。这样,规范和自由的关系就可图示如下:

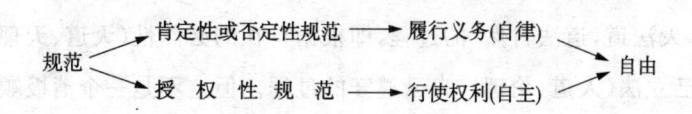

```
           ┌─ 肯定性或否定性规范 ──→ 履行义务(自律) ─┐
规范 ──────┤                                      ├──→ 自由
           └─ 授 权 性 规 范 ────→ 行使权利(自主) ─┘
```

图 3-1　规范和自由的关系

把该图与下图(即前一章的图 2-1)

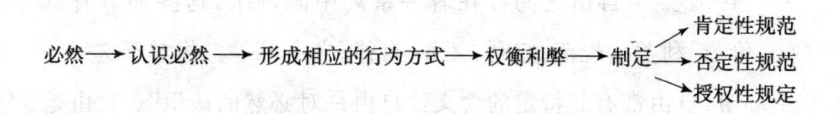

```
                                                    ┌─→ 肯定性规范
必然 ──→ 认识必然 ──→ 形成相应的行为方式 ──→ 权衡利弊 ──→ 制定 ──→ 否定性规范
                                                    └─→ 授权性规定
```

结合起来可以得到下图:

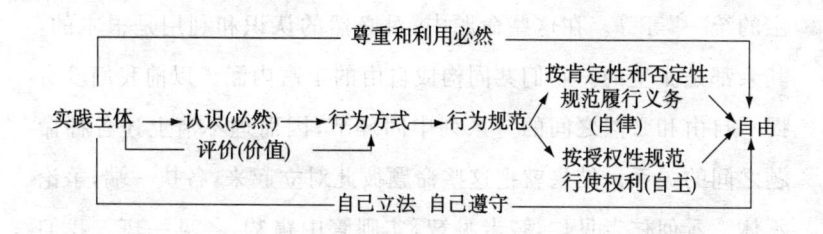

```
            ┌──────────── 尊重和利用必然 ────────────┐
            │                                       │
            │                        ┌─ 按肯定性和否定性 ─┐
            │                        │ 规范履行义务      │
            ↓                        │   (自律)         ↓
实践主体 ──→ 认识(必然) ──→ 行为方式 ──→ 行为规范 ─┤                ├──→ 自由
         └→ 评价(价值) ─┘                        │ 按授权性规范    │
            │                        └─ 行使权利(自主) ─┘
            │                                       │
            └──────────── 自己立法 自己遵守 ──────────┘
```

图 3-2　规律、规范和自由的关系

这个式子用文字表达就是:主体在实践中认识规律,并据之形成相应的行为方式;包括行为者在内的群体对行为方式的价值(利弊)作出评价,或禁止或许可或鼓励,从而形成相应的行为规范;人们依据一定的规范,自觉地履行义务,自主地行使权利,在调整群己关系、物我关系的过程中,创造幸福,达到自由。或者说,在把握自然与社会生活的各种必然性的基础上,确立相应的技术规范系统和社会规范系统,并据之去处理和调整人与自然关系、人与人之间关系(既包括改造与索取,也包括维护和协调),逐步达到人与自然、人与社会的和谐统一,进入自由境界。这是一个"人法地,地法天,天法道,道法自然"的过程,即根据自在的必然性(天道、天理),自己立法(人道、伦理),自己遵守的过程。但这不是一个消极顺应自然的过程,而是把自在的必然性化作为我的必然性而加以利用的过程。

讨论至此,可以得出如下几个结论:

1. 必然与自由之间存在着一系列中间环节,这些环节有认知、价值(利益)、规范、权利、义务、自律、自主等等。相对于这每一个环节,自由都有其特定的含义:"自由是对必然的认识"、"自由是创造价值(幸福)的活动"、"自由是相对于规范而言的"、"自由是义务和权利的统一"、"自由是自律和他律的统一"、"自由是自律和自主的统一"等等。在这些命题中,对必然的认识和利用是根本的,其余都是派生的。它们共同构成自由的丰富内涵。以前我们没有揭示自由和必然之间的一系列中间环节,因而理不清上述各种命题之间的关系。结果就把这些命题彼此对立起来,各执一端,争论不休。看似仁者见仁,智者见智,实则管中窥豹,各见一斑。我们应该把本体论、认识论、价值论、伦理学、法理学、自由论等等,贯通起来,进而把自由、必然、规律、认知、价值、利益、规范、权利、义务、自律、他律、自主等一系列范畴,有机地整合起来,形成关于自由及其各个侧面的总体性认识。

2. 自由和规范的关系,说到底就是自由和必然的关系,因为规范是在对必然的把握和利用的过程中形成的。政治自由、道德自由、生产领域的自由等等,当然都是相对特定的规范而言的,但由于各种类别的规范都不同程度地反映和体现了各相关领域的客观必然性,所以,各种自由和各种规范的关系,归根到底,都是自由和必然的关系。各具体领域的自由,说到底,都是对必然的认识和利用或限制。"自由是对必然的认识"和"自由是对规范而言的"这两个命题是一致的,后者是前者的展开,它们不是互不相干或相互对立的。所以,20纪90年代关于自由的本质的讨论所造成的两种观点的对立,即"自由是对必然的认识"和"自由是对规范而言的"这两种观点的对立,并不是真实的对立,而是可以消解和一致起来的。

3.哲学的自由和各个领域的自由的基本关系,是"理一分殊"、"月印万川"的关系,是一般和个别、普遍和特殊、抽象和具体的关系。不应在两者之间设下楚河汉界,前者只能寓于后者之中。正像找不到既不是苹果也不是梨子的"一般"的水果那样,我们也找不到既不是政治自由也不是道德自由或其他具体自由的一般自由。这种自由是为了研究而作的抽象,只存在于理论中而不能独立自存于现实中。例如,道德自由,按义务论的观点,是自觉履行道德规范所规定的道德义务,即自律,而与必然性无关。而本文第一部分关于"不准乱伦"的道德规范的讨论已表明,对这一规范的遵循,实质上是为了限制危害人类繁衍的某种自然必然性起作用,因而是与必然性相关的。所以,道德自由说到底也是对必然的认识和利用,它与一般自由的关系,是白马与马的关系。政治自由,按照权利论的观点,主要是行使法律所赋予的权利,也与必然性无关。而我们在讨论最重要的政治权利——选举权和被选举权的时候,已经阐明:赋予公民这些权利的授权性规范,也是根据政治生活中的客观必然性确立的。所以,政治自由也是与必然性相关的,它与哲学自由的关系是黑马与马的关系。而在生产领域,人类如何借助技术规范系统去驾驭客观规律,达到自由,更是显而易见的。即使是在艺术创造、学术创新这些充满灵感的领域,也不能天马行空,率性而为。作诗要依照格律,思维要遵循逻辑,表达要符合语法。各类学术规范、创作规范对创造主体的约束是不可摆脱的,因为它们是艺术规律、思维规律、语言规律的体现。所以精神领域的自由也是与必然性相关的,是自由之一般的殊相。限于篇幅,对这些问题在此只是点到即止,容当日后另文详述。

根据以上分析,市场经济条件下的各种利益主体,为了获得相应的自由,既要争取和维护自己应有的各种政治权利和经济权益,也要自觉地履行各种应尽的义务。由于规定人们的权利和义务的规范系统,在理想的状态下,是自然和社会的各种客观必然性的反映;由于遵守规范是自然、社会各领域的规律尤其是经济规律的客观要求;所以,市场经济是法制经济,竞争的自由是同遵守规范的自律互为前提的。而规范的制定者,也必须根据社会生活各领域的规律和社会多数成员的利益,来制定政策、法律和规章制度,而不能以"朕即法"的方式来宰制天下。

第四章　规范的合理性及其判定

人的行为既受规律的制约,也受规范的调控。如果作为人的行为的调控机制的规范和规范系统不合理,有错误,那么人的行为就会出偏差,甚至出大错。因此,对规范是否正当、是否合理的判别,是保障行为正确的前提。但是,要对如何判别规范的合理性给出一个大家都能接受的方案,却是一个难题。古往今来讨论或涉及这个问题的学者、政治家不可胜数,但至今仍是仁者见仁,智者见智。所以,对规范的合理性及其判别标准的深入研究,还是很有必要,也是很有意义的。在此,我们也提出一种方案,供学界和社会实践评判与检验。

关于规范合理性的确证有两种方式,一种是内部确证,另一种是外部确证。内部确证是规范系统内部的自证,即规范系统中的概括程度较低的规范通过其上的概括程度较高的规范来确证。例如,儒家道德规范系统中的"父慈子孝"这一概括程度较低的规范的合理性,是由"仁者爱人"这一概括程度较高的规范的合理性来支持的。而"仁者爱人"这一规范是儒家道德规范系统中概括程度最高的规范(概括程度较低的规范可称为"规则",概括程度最高的规范可称为"原则"),其上已无更高的规范可为其提供支持,因此必须在系统外寻找其合理性的根据。所以,儒家的亚圣孟子转而在人性中寻找"仁"的根据,以人皆有"恻隐之心"来证明"仁"的合理性。这种状况类似于数学公理系统中的定理由公理来证明,而公理只能在公理系统之外寻求证明。本章所提出的方案属于外在确证,我们只能在生活世界,在社会大众追求生存、发展和幸福的实践进程中,寻求规范的确证,寻求"应如何"的确证。

第一节 规范的可行性与可接受性

要解决这个问题,可以先将规范的合理性分解为规范的可行性与可接受性这两个构成要素,再通过论证或否证规范的可行性与可接受性来论证或否证规范的合理性。

规范的可行性是指规范所指引的行为是可以施为并达到预期效果的。换句话说,合理的规范所要求的行为,只要人们愿意做,都可以做得到;而且这种行为与特定类型的效果之间有着因果关系或高概率的因果关系。例如,"舍生取义,杀身成仁",这一规范所要求的行为和境界是很难达到的,"自古艰难唯一死",但是任何人,只要他愿意,还是可以做得到的。而且,作为原因的这种行为能对正义的弘扬(效果)起到推动的作用。所以这一规范具有可行性。如果一个规范要求的是人们即使愿意而且经过努力也做不到的事情,那么,这一规范就是不可行的。例如,关于"大跃进"的一系列红头文件(行政规范的一种形式)要求人们"苦干三年,赶美超英",这是做不到也达不到其预期效果的,因而是不可行的。

规范的可接受性指的是某一规范能够被这一规范所适用范围的全体成员或多数成员所认同并遵守。一个规范能得到广泛的认同和接受,意味着它在道义上得到了广泛的支持,其合理性便得到了较充分的论证。如果某一规范不被它适用范围内的人们所认同和遵守,它就形同虚设,即使在某种暴力的支撑下强制推行,也是兔子尾巴长不了。如果规范能够被人们所广泛认同和遵守，其效力必定广泛而持久。

把规范的合理性分解为可行性和可接受性这两个因素，使得对规范的合理性的考察变得容易入手，但这远未达到问题的根部。如果我们继续追问一个规范为什么能够是可行的，为什么能被广泛地接受，就会发现作为规范合理性之要素的可行性和可接受性，还可以化归为两个更深层次的要素——合规律性与合目的性。

一个规范之所以具有可行性，人们之所以能够按它的要求去做并有望达到预期的效果，是因为，这个规范所指示、所要求的行为模式是合乎规律的。不合规律的要求是不可操作的，即使勉强去操作，也达不到预期的效果，因此是不可行的。所以评价一个规范是否合理，首先必须评价它是否具有可行性，即它是否合乎规律。这是马克思主义的观点在这个问题上的贯彻。

规范可分为两类，一类是调整人与自然关系的规范，另一类是调整人与人之间关系的社会规范。前者的典型是技术规范，后者的典型是道德规范和法律规范。说技术规范的可行性在于它的合规律性，人们比较容易理解。例如，稀释浓硫酸的操作规范之所以规定"不能把水直接倒入硫酸，只能把硫酸慢慢倒入水里"，是因为如果把水直接倒入硫酸里，水就会与硫酸发生激烈的化学反应产生大量的热，这会使比重较轻、浮在硫酸面上的水迅速膨胀，四处飞溅，造成伤害；而把硫酸慢慢倒入水中，它会沉入水底，化学反应产生的热量会慢慢地向周遭的水传递，不会发生水花四溅的事故。显而易见，对化学反应规律和热运动规律的把握，是制定这一规范的根据，也是按这一规范去稀释浓硫酸之所以可行的根据。

把技术规范的可行性化归为技术规范的合规律性，应该没有什么疑问，但是把社会规范如道德规范和法律规范的可行性化归为合规律性，则必定遭到许多人的质疑。对此，我们已在《规范何以可能》(《学术月刊》2000年第7期)、《规范的基础与自由的中介》(《哲学研究》2001年第7期)、《法律规范何以可能》(《厦门大学学报》2007年第6期)等系列论文中作了详细的论述。在此，只能再简要地说明一下。"切勿偷盗"是在私有制社会广泛而长久地发挥作用的社会规范，它不但是道德规范和法律规范，而且也是世界三大宗教的基本戒律。为什么这一规范能有如此广泛、持久的可行性与效力？这是因为它的出现和长存，顺应了私有制的产生和发展这一历史的必然性。它符合在生产力有所发展又发展不足的基础上所形成的经济关系。这种经济关系以承认和维护私有财产为前提，而偷盗的泛滥必然导致私有财产的无序转移，必然导致私有制的瓦解。正是在把握了这一因果必然性的基础上，为了维护私有制，才形成了"切勿偷盗"这一戒律性的社会规范。它的长久而广泛的可行性和效力来源于它的合规律性，也就是说它是人类社会生产力和生产关系矛盾运动必然要产生的事物，而不是神学家、道德学家、法学家或帝王君主颁布给社会的。它的可行性和有效性并不来源于这些世俗或非世俗的权威。又如，"等价交换"是商品经济、市场经济中人人都必须遵守的一个基本规范，这一规范之所以可行和必须，就因为它是商品经济的基本规律——价值规律的体现。由于社会规范的合理性与可行性和社会规律或社会因果律的联系，往往要经过一系列中介才能建立起来，因而不是显而易见的，这也就是为什么人们大多不承认规范与规律的联系的认识根源。

作为规范合理性的另一个构成要素的可接受性，可化归为合目的性。这里的合目的性，指的不是个人或少数人的目的，而是规范适用范围内的全体或多数成员的目的，即公共意志。规范只有符合公共意志也就是全体或多数人的目的的情况下，才会被广泛认同、广泛接受。人们为什么要设定各种规范？设定规范有其目的，目的在于引导人们趋利避害、向善去恶，也就是追求和创造正价值，回避和消除负价值。利益和价值具有多元性，如果某一规范的形成和制定只是为了维护和增加个人或少数人的利益或价值量，那么这个规范就不可能被多数人所认同和遵守，因而也是不合理的。所以，一个规范的合理性不仅在于它是可行、可操作、可达到预期效果的，而且在于这一效果要符合全体至少是多数人的趋利避害、向善去恶的目的，也就是要体现全体人或多数人的共同利益，而共同利益就是与私利相对的"公益"。所以，规范之所以能被广泛地接受、广泛地认同和遵守，就在于它的"合公益性"（由于没有现成的概念可用，笔者自创了这个词）。"己所不欲，勿施于人"、"己欲立而立人，己欲达而达人"之所以被认为是合理的，之所以被广泛地接受，首先是因为它被广泛地认同，而它之所以被广泛地认同，又是因为它符合全体社会成员互助合作共谋幸福的目的，即符合全体社会成员的公共利益。这样，我们可以把规范的可接受性的这一化归过程线性地表达为：规范的可接受性→规范的认同度→规范的合目的性→规范的合公益性。①

综上所述，我们可以把规范的合理性分解为规范的可行性和可接受性，进而把规范的可行性化归为规范的合规律性，把规范的可接受性化归为合公众之目的性，再化归为合公益性。

第二节 规范合理性的判定程序及其标准

判定一个规范是否具有可行性，是否合乎规律，是相对容易的

---

① "→"表示化归。

事情。这主要是一个认识问题和技术问题。但是,判定一个规范是否符合公共利益,难度却很大。口头上宣称自己代表人民利益的,实际上不一定能代表,主观上真诚地认为自己代表人民利益的,客观上也不一定能代表。而从个人利益出发的,有时倒也可能代表公共利益,因为个人利益与公共利益也有一致的一面,公共利益实际是无数个人利益的共同部分或交集。王夫之是这样来评价秦始皇统一六国的功绩的,他说:"秦以其私废侯置守,天假其私行其大公。"秦始皇所做的一切都是为了他自己和他所代表的那个利益集团,但"天"假其手成就了"行其大公"的千秋伟业(此处的"天"可解释为历史规律),秦始皇确实代表了他所处时代的多数社会成员的利益。

为什么判定一个规范是否合乎公众利益竟会这么难?这是因为它是一个评价问题,是一个从评价主体的利益出发来完成的活动。由于作为评价主体的个人和社会集团的利益千差万别,这就使得评价的结果千差万别。这也使得规范如何才能具有"公益性"的问题,成为一个数千年来争讼不休的难题。

这个问题也是我们所绕不过去的。如何判定一个规范是否合乎其适用范围的全体或多数成员的利益?我们认为,既然规范的被广泛认同和接受,显示的是规范的合公益性,那么,就可以根据规范是否被广泛认同来判断它是否具有合公益性(这不是把规范的合公益性又倒过来化归为规范的认同度,而是要根据规范的认同度这样一个指标,来判定规范的合公益性程度)。如果一个规范在其适用范围内得到全体或大多数人的认同,一般地,就可以认为它符合认同者们的共同利益。如果一个规范损害了其适用范围的全体或多数成员的利益,就不可能得到他们的赞成。当然,这要排除上当受骗和分不清次要利益与根本利益这两种情况。在成语

"朝三暮四"里，猴子们一致赞成养猴人提出的新规矩——"朝四暮三"。但这种认同并不能确证"朝四暮三"的合理性，因为猴子们被养猴人给忽悠了，被"朝四"（早上给4个橡子）即眼前利益给蒙住了。所以，尽管"朝四暮三"也是通过"民主协商"而形成的契约或共识，也有很高的认同度，但因为其中包含着智者、强者对愚者、弱者的欺骗，其实质是愚者、弱者只顾眼前利益而失去根本利益和长远利益，所以这个新规矩是不符合猴子们的共同利益的。因而也是不合理的。

由此就产生了一个新的问题，如何才能使公众对规范的认同或否定及其程度如实地显示出来，从而使规范的认同度或否定度得以判定？这就需要建立一个能够使所有社会成员的利益诉求都充分表达出来的机制，也就是言论自由的机制。如果缺乏这种机制，一部分人甚至多数人对规范是否符合他们的利益的意见就无法表达出来，这会使公众对规范的认同度或否定度难以判定，从而也很难判定规范是否具有"合公益性"。所以，建立利益充分表达的合理机制或程序就成为公众意志能否客观表达，从而对规范的认同或否定及其程度能否判定的关键。

假定这样一种机制建立起来了，每个人的意志都充分表达出来，问题是否都解决了？只解决了一部分。

由于个人一般都是从自己的利益出发来表达意见的，因而总是七嘴八舌，莫衷一是。这就需要一种机制来显示多数人的意志，这种机制就是民主机制（言论自由实际上也是民主机制的一环）。通过一人一票的方式，拟制定和推行的规范得到多少人的赞成，符合多少人的利益，便一目了然了。换言之，民主机制是充分显示规范的认同度，从而显示规范是否"合公益性"及其程度的基本方式。当然民主机制还包括参与者之间就规范而开展的对话、讨论、磨合直至形成共识的磋商机制。

假定一个规范得到一致的赞成,认同度是百分百,那它符合公众利益便大体上可以确认。如果一个规范只得到一部分人的赞成,另有一部分人表示反对,那只好按照少数服从多数的原则来决定它能否成为普遍适用的规范。所以,规范可接受性的上限是全体人都接受,下限是多数人赞同。少数人尽管不认同,但是只要你参加了投票,只要你事先接受了这样一个程序,认为这一程序是公正的,那么,不管投票确立的规范是否符合你的利益,你都得接受,都得遵守。于是,一个规范在其适用范围内就获得了广泛的可接受性,其合理性也得到了一个方面的较为充分的论证。

有时,某一规范或规范系统(如一部民法)的适用范围极其广大,让所有的相关者都来投票,极端地费工、费时,成本太高,而且还有一个投票者是否具备对复杂问题作出正确判断的知识背景和能力的问题。因此就需要有忠诚的、内行的民意代表,代表他所在的利益集团去"呛声"、去投票。这就需要设立各种相应的代议制度和机构,如国内的各级人大、国外的各级议会。

由此,我们想起了有些法学家把规范的实质合理性归结为形式合理性或程序合理性的思想。规范合理性的一个重要根据在于它的合公益性,合公益性外显为广泛的认同度,广泛的认同度使规范被广泛地接受。这样一个判定规范之实质合理性的顺序渐进的过程,是由一个合理的民主程序来保障和完成的。所以,这些法学家把规范的实质合理性归结为程序合理性的思想是深刻的。不过有一点必须指出,通过民主程序显示出来的是规范得到大家认同的程度,而规范的认同度与规范的合公益性程度,尽管有上述的内在联系,但二者还是有差异的,在某些极端时期甚至完全相反。纳粹时期的许多法规也是经过民主程序而显示出广泛的认同度的,

第四章 规范的合理性及其判定

这说明当时的民众认为这些法规是符合公共利益的,但后来的事实证明这些法规违背了德意志人民的根本利益。而猴子们一致同意"朝四暮三"这个损害它们的利益的新规矩,也说明了认同度与真实符合多数人的利益的差距(我们的老祖宗居然在两千多年前就发现了通过民主协商而形成的契约的局限性,这可是西方后现代的话题)。所以,有的时候被广泛认同的规范,或者说被广泛认为符合公众利益的规范,并不符合公众的利益。公认的规则不等于公平的规则即符合公众利益的规则。用通过民主程序得到的公认的规则替代公平的规则是不得已的办法。所以,民主制度把广泛的认同度,作为规范合公益性的标志是有局限性的,只是相对合理的。西方的一些有识之士对主流学者把规范的合理性化归于民主程序是很不满意的,他们对少数服从多数的原则进行了猛烈的抨击,斥之为"多数暴政",这是因为它不仅把多数人对少数人的利益的漠视和侵犯合法化,而且也不一定能够客观地、准确地表达公共利益包括多数人的利益。这确实是一针见血。列宁也曾经在《国家与革命》中揭示民主的局限性,宣告民主会消亡。但是,在没有找到更好的原则,或施行更好原则的历史条件还不具备的时候,只好如此。民主的方法,实际上是迄今为止人类试验过的各种有弊病的方法中,弊病最小的方法,而不是没有弊病的方法。没有必要把它神圣化。

  当一个规范的可行性和可接受性从而规范的合规律性与合公益性得到较充分的论证的时候,规范的合理性也就得到了较充分的论证。所以,判定规范是否合理的基本标准,是规范的合规律性与合公益性的统一。

  必须指出,不仅规范的可接受性即合公益性的论证,应该有一个合理的程序,规范的可行性即合规律性的论证也同样需要一个合理的程序。这个程序的要点是同行专家的集体评议和表决。它表明规范的实质合理性的另一个重要方面——可行性的判定,也依赖于程序的合理性。有人会说,民主表决既不是检验真理,也不是价值评价的根本方式和根本标准,这说得对。无论是规范的合规律与否,还是规范的合公益性与否,最后的判定都是在规范的实施及其结果当中。历史上和现实中的许多规范可行不可行、合乎不合乎公众利益,都不是通过上述的合理程序得出定论的,而是在规范的实施过程和结果中显示出来,盖棺论定的。但是,如果我们只是消极地等待这种自然的显示,那探讨规范合理性的判定及其标准就完全没有必要了,因为随着时间的推移,客观事实自然会给出定论,但那时大错可能也已铸成。

以上我们就规范的合理性的判定,给出了一个理想的方案。这只有在民主社会才有可能实施,而且也正在实施。但在这之前,规范的合理性的判定,大多不采取这种方式。换言之,并不是只有经过民主程序确立的规范才是合理的,也不是所有的规范的合理性都是经过民主的形式来确认的。比如,在当代社会,能够成为国家标准与行业标准的技术规范,基本上是通过法定的程序和机构来确立和确证的,但在传统社会,技术规范的确立及其合理性的确认,则是自发地进行的。例如"清明前后种瓜种豆"这样一个以农谚形式出现的技术规范,其合理性就是通过农民的广泛采行(广泛的认同和接受)和好的实际效果(增产合乎每一个农民的利益)而自然地显现出来的。而社会规范的合理性在封建社会则是由自以为既代表天又代表民的君主裁定的,其间当然有统治集团内部各派别之间的辩驳,也不乏有识之士精当的论证或否证,也不排除为了长治久安而兼顾弱势群体利益的情况,但平头百姓的话语权缺失,则是确定无误的。至于民间社会的乡规民约的对错,既有宗族老大说了算的情况，也有在挫折与成功的正负反馈中自然显示从而引起抵制和赞同的情况。林林总总，不一而足。但无论如何，规范的合规律性与规范的合公益性，是判定规范合理性的标准，这一点是不变的。必须把规范合理性的判定标准与判定方式及程序区分开来。判定标准是不变的，判定方式是可变的。至于采取什么方式来加以判定及当事人如统治者是否采用这一标准，则取决于当时的具体情境。例如，英国习惯法中的许多经典判例，其合理性得到了法官们的广泛认同，但是这种认同，并不是通过民主的程序来显示的。即使在当今社会，也有许许多多的规范特别是道德规范的合理或不合理，是在挫折与成功的正负反馈中自然显示从而引起抵制和赞同的。如果任何规范的确立和确证，如"不得随地吐痰"、"饭前便后要洗手"，都要以民主协商的方式来完成，那往往是小题大做，而且交易成本也太高了。

同时，还应看到，在各种规范系统中，尤其在法律系统中，以一个抽象程度或位阶较高的规范来论证另一个抽象程度或位阶较低的规范的情景是经常存在，也是可以允许的。例如，我们可以依据"应助人为乐，勿损人利己"这个基本的道德规范，来论证"乘公车应给老人、儿童、孕妇和残疾人让座"的正确性，论证"切勿随地吐痰"的正确性。但是，由于这一类规范的确证有赖于作为根据和出发点的基本规范，而基本规范又不能在本系统中得到确证，因而这个系统中的所有规范的确证，最后都必须落实在生活世界中。但也有在人的本能和内心世界或神的意志中寻找规范的最终确证的。

最后，还必须指出，规范是否可以认同、可以接受，对于智者而言，不仅取决于规范是否合公益性，而且取决于规范是否可行。不可行、不可操作的规范也是不能认同、不可接受的。知其不可为而为之所产生的恶果,不管其初衷如何,最终是会损害公共利益的。在此,规范的可行性与可接受性的联系就显示出来了:可接受的必须是可行的,但可行的不一定就是可接受的,因为它有可能损害公共利益。理清规范的可行性与可接受性的关系及其与规范合理性的关系是很有必要,也是很有意义的。

第五章 规范的功能与类型

作为人类活动应然层面之调控机制的规范系统,是一个由许多子系统构成的大系统。它包括道德规范系统、法律规范系统、政策规范系统、技术规范系统、科学规范系统、艺术规范系统、宗教规范系统、礼仪系统、习俗系统和各种团体的组织纪律,等等。各个规范系统既互相联系,互相渗透,具有规范的一般性质和功能,又有各自的特质和特殊功能。揭示各类规范共有的基本功能和它们各自的特殊性质与特殊功能,把握它们对社会生活的作用,无论是在理论上还是在实践上,都具有重要意义。

第一节 规范的基本功能

规范的基本功能有三:一是指导行为,二是评价行为,三是为行为预测提供根据。

一、指导行为

规范的最基本功能是指导人们的行为,调整与人相关的各种关系,为人的生存和发展服务。这在第二章已有所论述。规范告诉人们应如何,不应如何,可以如何,这实际上是在人们面临如何作为的多种可能性时,指导人们选择行为模式,即选择或拒绝规范所期待、许可或反对的行为。所以规范的指导功能也就是指导人们选择行为的功能。由于指导是通过选择来实现的,因此自由意志在其间发挥着重要作用。这在行为主体面临不同规范的相互冲突的指示时,表现得尤其突出。例如,对于患了绝症又心理脆弱的亲人,是遵守诚实的规范,如实地告知其病情,争取他配合治疗,还是根据酌情变通的规则瞒住他,防止他心理崩溃加重病情,这就是一个颇费踌躇的事情。最终的选择还须由当事人根据实际情况自主决定(在现实生活中,人们一般是根据对什么样的行为会造成最大善的预测来选择的)。古希腊哲学家苏格拉底的"助产术"和存在主义哲学家萨特所设置的种种道德困境和二难选择就是这种状况的典型。规范的指导作用与自由意志的互动,还突出地表现在规范和需要、欲望的冲突之中。当规范与人们的需要和欲望一致的时候,照着规范的指示去做,是人们所乐意的。当规范与人们的需要和欲望冲突时,违背规范,自行其是也是常有的事。所以规范是在规范与需要和欲望的互动中通过自主选择来显效或失效的。而孔子的"从心所欲而不逾矩"就是在这种长期的互动中达到的最高境界。

必须指出的是,规范具有普适性和概括性,它所指示的是一种一般化的行为模式,而不是行为的具体方式和细节,所以,实现规范所指示的行为模式的具体方式和操作步骤,必须由行为主体根据当下的情境来决定。例如,对于因失业而苦闷的工友,根据助人为乐的道德规范应给与帮助,至于是给与经济上的接济还是心理上的辅导,则应由个人根据具体情况自主决定。规范对人的指导与自由意志是相辅相成的。

规范并不是为指导行为而指导行为的,指导行为的目的是通过改变个体或群体的行为,达到调整与人相关的各种关系的效果。与人相关的各种关系主要有:人与自然的关系、人与人之间的关系、人与神的关系(在宗教团体中)、人的身心关系,也可以分为经济关系、政治关系、思想关系,等等。规范通过改变人的行为而改变或调整上述各种关系,达到个体和社会的和谐生存与发展。这当然是一种理想状态。在历史上和现实中,恶法之类的规范给人类造成的祸害,罄竹难书。

二、评价行为

规范的第二个基本功能是提供行为评价的标准。这也在第二章有所阐述。作为人们行为的指导的规范在人们的行为过程中和行为完成之后,会转化为评价行为及其结果的标准。例如"为人民服务"是中国行政伦理的基本规范,而它也是评价一个公务员是否称职的标准。"工人操作时必须遵守的技术规范(如"螺杆直径的误差不得超过正负1微米"),在质检员的工作中就成了产品检验的标准;刑法的规范在法庭上,就变成量刑的标准;道德规范在道德评价活动中,就成为道德评价的标准;文艺创作规范,如浪漫主义和现实主义相结合的创作原则,在文艺评论中,就成为评价文学艺术作品的价值的标准。"①

评价可分为两类。一类是把评价者和行为者都认同的规范作为评价标准,这样的评价要达到共识是相对容易的。还有一类是作为"圈外人"的评价者把行为者所不认同的规范作为评价标准来指指点点。由于评价的根据不同,评价者与被评价者要达到一致殊为不易。前者如佛教徒们根据教规所作的相互评价,后者如俗人对佛教徒的素食行为的非议。尽管如此,仍有许多有识之士不懈地追求着全人类共同的行为规范和行为标准。伦理学界和宗教界关于普世伦理、道德金规的讨论,国际经济法的确立等,都代表着这方面的努力。马克思、恩格斯关于原始社会曾经存在共同道

---

① 详见第二章。

德、未来的无阶级社会还将出现共同道德的论断,也给中国伦理学界近些年关于普世伦理的探索注入了理据。

三、预测行为

规范的第三个基本功能是为行为预测提供相应的根据。规范具有普适性,而普适性的涵义就是普遍的适用性和普遍的有效性。规范的普遍有效性是以相关范围内社会成员的普遍遵守为前提的。如果一个规范不为人们所遵守也就失去了它的普遍有效性。正因为一个社会共同体的成员通常会按这个共同体的各种规范的要求去做,所以根据相应的规范就可以预测人们将要发生的行为。法官的行为之所以是可以预测的,是因为人们相信他会按照法律规范来判案;赛场上运动员的行为也是可以预测的,因为人们相信他会按照竞赛的规则来参加比赛。在传统社会,人们之所以会把钱借给朋友,而不要借据,是因为人们相信朋友会遵守诚实守信的道德规范,按期把钱还给自己。在当代社会,世界性贸易之所以能够蓬勃发展,是因为市场的参与者都相信对方会按照经济法特别是合同法来处理贸易事务。正因为人们深信遵守规范是常态,所以人们敢于根据相应的规范来预测并期待相应的行为。这种深信是有历史和现实根据的:一个社会共同体的存在与发展,是与这个共同体有一个稳定的规范系统和它的成员通常都能够遵守规范为前提的。

行为规范只是引起行为的一种因素,影响人们行为的其他因素还有许多。因此,以行为规范为依据所作的推测,并不一定具有高度的准确性和确定性,不按规范的要求做事也是司空见惯的。所以,即使是在民主与法制高度发展的社会,对个人和集团的行为的预测,也必须综合其他因素如利益因素、感情因素和不可抗力因素来考虑。规范只能是行为预测的依据之一。

第二节 规范的类型

对于规范系统,可以从不同的角度,按不同的根据,进行划分,形成不同的类型,不同类型的规范有不同的功能。

一、社会规范与自然规范

根据规范所调整的对象不同,可以把规范分为调整人与人之间关系的规范、调整人与自然之间关系的规范和调整人与神之间关系的规范(通行于确信神之存在的时代和人群之中)。

调整人与人之间关系的规范,如"己所不欲,勿施于人",可称为社会规范。调整人与神之间关系的规范,如,"钦崇天主万有之上",可称为宗教规范。但是,调整人与自然之间关系的规范应如何称谓,却找不到现成的名称。法学界把技术规范界定为"调整人与自然之间关系的规范"。技术规范处理的是人与自然力、劳动对象、劳动工具、劳动成果的关系,当然属于调整人与自然关系的规范。问题是调整人与自然关系的规范是不是都可以叫作技术规范?例如"朝霞不出门,晚霞行千里",[1]调整的是出行人与天气的关系。这是一个日常生活规范,也是一个调整人与自然关系的规范,把它叫作技术规范比较牵强,似有拔高之嫌,不符合人们通常对技术和技术规范的理解。再比如,"色彩鲜艳的蘑菇多半有毒,不能采食",这是一个指导人们采集野生菌类的规范,也是一个调

---

[1] 根据广义模态逻辑中的道义逻辑,规范是包括"应该"、"禁止"(不应该)"允许"(可以)等道义算子的命题。"早霞不出门,晚霞行千里"这一日常生活规范也包括"应该"、"可以"这两个道义算子,但为了表达的简洁而省略了。如果恢复起来,就成为"见到早霞就不应该出门,见到晚霞就可以出门"。在没有气象预报的时代,这是一个人出行时必须参照的经验性规范。有很多规范,如"起居有节、饮食有度",都是这样的。

整人与自然关系的规范,把它叫作技术规范也不符合人们的习惯。因此,应另外为调整人与自然关系的规范命名。既然调整人与人之间关系的规范可以叫作"社会规范",那么,我们似可将调整人与自然关系的规范称为"自然规范"。这两个名称字数相等,对比鲜明,分别用于指称两大类不同的规范,还是比较合适的。汉语中的"天"有时也用以指称自然界,因此把调整人与自然关系的规范叫作"人天规范"似乎也可以,但是"天"也常用来指称超自然的存在,因此"人天规范"一词会有歧义,而且气息古朴,与社会规范一词不相称,所以不采用。

社会规范可以细分为调整个人与个人之间关系的规范(如,"切勿损人利己")、个人与群体之间关系的规范(如,"先公后私")、群体与群体之间关系的规范(如,"公司法")。如果我们把社会关系分为经济关系、政治关系和思想关系,则社会规范可分为经济规范(如,经济法)、政治规范(如,选举法或政党的章程)和思想规范(如,新闻法或出版法)。

而自然规范,则可分为调整人与天然自然关系的规范(如,"观察日食应戴墨镜")、调整人与人造自然关系的规范(如,"请勿践踏草坪")、调整人与人体自然关系的规范(如,"针灸应认准穴位")。如果我们从另一个角度把人与自然的关系细分为人对自然的适应关系、人对自然的改造关系、人对自然的利用关系和人对自然的保护关系,则自然规范还可分为:适应自然的规范(如,"天冷应加衣,出门看天气")、改造自然的规范(如,"清明前后种瓜种豆"、"庄稼一枝花全靠粪当家")、利用自然的规范(如,利用天然自然的规范——"河豚有毒不能吃","羊肝能明目,夜盲可多食";利用人造自然的规范——"饭后服用,一日三次,每次一片"、"洗衣机的地线应接地")、保护自然的规范(如,"严禁滥砍滥伐,防止水土流失"、

"未经处理达标的工业废水严禁排放")。

在自然规范中有一类规范叫作技术规范,如前所述,技术规范是调整劳动者与自然力、劳动对象、劳动工具、劳动成果的关系的规范。例如,在电工操作规程中,指导电工安装照明器具的操作规则——"火线进开关,零线进灯头",就是一个指导电工处理正负电(自然力)和开关及灯头(劳动对象)的关系,以保证人身安全的技术规范。技术规范存在于人与自然的各种类型的关系中,它们有别于处理人与自然关系的各种常识性规范,是高级形态的自然规范。技术规范要么是常识性、经验性规范升华的产物,要么是科学原理在生产过程中的运用,因而是科学规律和价值目标相结合的体现。关于技术规范的内涵、类型、功能和形成的途径,我们将在本书的第五篇第十九章详细论述。由于"自然规范"这个概念刚提出,尚未被学界广泛接受,在此后的论述中,我们暂且把技术规范分为广义的和狭义的。广义的泛指调整人与自然关系的各种规范,狭义的则指调整劳动者与自然力、劳动对象、劳动工具、劳动成果之间关系的规范。

社会规范和自然规范的基本功能已蕴含在它们的划分根据之中:社会规范的功能是调整各种社会关系,自然规范的功能是调整人与自然的各种关系。

二、目标性规范与操作性规范

根据规范对行为结果的不同作用,可以把规范分为目标性规范和操作性规范。

目标性规范是规定行为所要达到的目标的规范。它的基本功能是通过对行为的基本目标的规定,为人的行为提供导向。如,《中华人民共和国刑法》第二条规定:"中华人民共和国刑法的任务,是用刑法同一切犯罪行为作斗争,以保卫国家安全,保卫人民民主专政的政权和社会主义制度,保护国有财产和劳动群众集体所有的财产,保护公民私人所有的财产……"①;中国共产党章程规定:"中国共产党党员必须全心全意为人民服务。……为实现共产主义奋斗终身"②;《世界人类基因与人权宣言》规定:"有关人类基因组研究的应用,特别是在生物学、遗传学和医学方面的应用,均应以减轻每个人及全人类的痛苦和改善其健康状况为目的"③;康德的"绝对命令"的第二条:"不能把人仅仅当作手段而要把人当作目的"。这些都属于目的性规范,它们规定了行为主体的基本价值取向。

为了有利于目标的实现和检查,目标往往细化为或量化为关于质和量的各种标准。由于标准是目的或目标的细化,所以关于标准的各种规范是目标性规范的一类。如,国家技术监督局颁布的关于家用电器在节能和环保方面必须符合的各项指标,就是家用电器的性能在这两方面所应达到的目标的细化,因而属于目标性规范。

操作性规范是关于达到目标的方法和程序的规范,是从属于目标性规范的。已如其定义所指出的,它的基本功能是规定达到行为目标的基本程序和方法,在行为主体和行为目标之间架设通道。

《天工开物》的《锤锻》卷中,记载了关于锻制铁器的技术规范:为了达到制作好农具的目的,必须"熟铁煅成,熔化生铁淋口,入水淬健,即成刚劲。每锹、锄重一斤者,淋生铁三钱为率,少则不坚,多则过刚而折"④。这就是一个操作性规范。中国儒家伦理中的

---

① 《中华人民共和国刑法(中英文对照)》,法律出版社,2002年,第10页。
② 中央党校党章研究课题组编著:《中国共产党章程编介(从一大到十六大)》,党建读物出版社,2004年,第315页。
③ 《中国医学伦理学》,1998年第2期,封二。
④ [明]宋应星:《天工开物》,广东人民出版社,1976年,第270页。

目标性规范是"仁",为了实现"仁",孔子结合不同的场景,提出了各种方式和方法:"克己复礼为仁","仁者爱人","己欲立而立人,己欲达而达人","己所不欲勿施于人"。这些都是具有可行性、可操作性的道德规范。中国古代,在君臣关系上,"忠"是一个目标性规范,而"文死谏、武死战"则是达到"忠"的操作性规范。

操作性规范中有一类叫作程序性规范,是为了达到一定目的而设计的关于操作步骤的规范。如,为了实现法律公正,各国的法律系统中都有一类规范是关于法律程序的,最典型的是刑事诉讼法。《中华人民共和国刑事诉讼法》第三篇的第二至五章分别是:《第一审的程序》、《第二审的程序》、《死刑复核程序》、《审判监督程序》,其目的是保障刑事案件审判的公正。

三、双益性规范与独益性规范[①]

根据规范使谁受益的情况,可以把规范分成双益性规范和独益性规范。

如果某规范的制定者(或倡导者)和规范的履行者都是该规范的受益者,那么,这个规范就是双益性规范。"人人为我,我为人人",就是一个双益性规范,只要这一规范真正地实行,就不仅会使倡导者获益,而且会使每一个按规范行动的人都获益。"诚实守信"也是一个双益性规范,只要人人都遵循,则不论是规范的倡导者还是遵循者,都是受益者。而"忠君"这一规范则是一个独益性规范,制定、倡导、执掌这一规范的君主是唯一的受益者,而臣民则是纯粹的尽义务者,没有任何好处。在这个规范的实施中,受益者和履行者是分离的,所以这个规范是独益性规范。尽管有的君王

---

① 参阅[美]詹姆斯·科尔曼著,邓方译:《社会理论的基础》上,社会科学文献出版社,1999年,第289—291页。

赐予忠臣相应的奖赏,但这是"忠君"这一规范所没有规定的。"禁止同性恋"这一规范也是一个独益性规范,这一规范实施的结果是,反对同性恋者(包括制定这一规范的机构)的愿望得以实现,同性恋者则因受到这一规范的压制而痛苦不堪。我国现行的不合理的征地拆迁补偿条例也是独益性规范。政府是这一条例的制定者,也是受益者。受益者还包括与政府结盟的房地产开发商,而失地的农民和被拆迁户,由于得到的补偿太少,利益受到极大的损害。还有一些规范从当前看是独益性规范,从长远看则是双益性规范。例如,"不准在公共场合吸烟"、"禁止吸毒",这一类规范从当下看,维护的是被动吸烟者和反对吸毒者的利益,使吸烟者和吸毒者的愿望不能得到满足,甚至给他们带来很大的痛苦;但从长远看,这一规范维护了吸烟者和吸毒者的身心健康,是符合他们的根本利益和长远利益的,因此是双益性规范。

　　独益性规范的基本功能是保障和促进规范的制定或提倡者的基本利益,而双益性规范的功能则是兼顾规范的制定者和遵循者的基本利益。专制体制所产生的各种规范,首先维护的是专制者和专制集团的利益,只有在不减损或能增进本集团的根本利益的前提下,才会兼顾弱势群体的利益。因此,专制时代的规范大多具有明显的独益性特征。马克思说:"社会上占统治地位的那部分人的利益,总是要把现状作为法律加以神圣化,并且要把习惯和传统对现状造成的各种限制,用法律固定下来。"①在这种社会里,是较难产生双益性、兼益性规范的。民主体制所产生的规范以维护公共利益为出发点,因而大多具有双益性、兼益性的特征。但是,由于"少数服从多数"的决定方式,使得少数人的权益常常被牺牲,因

---

① 《马克思恩格斯全集》第25卷,人民出版社,1974年,第894页。

而有些规范又具有不同程度的独益性特征。

在努力构建和谐社会的今天,区分这两种规范是很有必要的。毋庸讳言,由于民主和法制建设的滞后,由于权力制约的薄弱,目前我国各类规范特别是某些法规和政策的制定者,出于部门利益或受强势集团、既得利益集团的影响,往往不同程度地忽视了弱势群体的利益,使规范失去了公平性与合理性,甚至成为部门利益或强势集团利益的单方面的体现。它们使权力部门和垄断巨头的利益法制化,通过制定独益性规范,破坏双赢原则,以实现部门和垄断巨头利益的最大化。如手机双向收费的霸王条款就是如此。这种状况必须彻底改变,构建和谐社会的目标才能实现。在当前,要根除双向收费一类的独益性规范,就必须彻底地铲除官本位和垄断,而这又有赖于使权力得到有效制约的政治体制改革和民主政治的建设。

四、先在性规范与后起性规范[①]

根据规范和规范所调控的行为在时间上的先后关系和依赖关系,可以把规范分成"先在性规范"和"后起性规范"。

规范是调控行为的。有些规范是在某些行为发生之后,为了调控这些行为而确立的,所以叫作"后起性规范"。如乱伦的行为在先,"严禁乱伦"的规范确立在后;不正当的竞争行为出现在前,《反不正当竞争法》制定在后。这一类规范的存在依赖于它所调控的行为,后者一旦消失,前者也失去了存在的意义。还有一类规范先于相应的行为、活动和组织而存在(至少是同时存在),是后者产生和存在的必要条件。这一类规范叫作先在性规范。例如联合国

---

① 参阅 [英] A.J.M.米尔恩著,夏勇、张志铭译:《人的权利和人的多样性——人权哲学》,中国大百科全书出版社,1955年,第16-17页。

成立于1945年10月24日,而联合国宪章则是在这之前拟定的。1944年8月至10月,苏、英、美三国的代表和中、英、美三国的代表,先后在华盛顿的敦巴顿橡树园举行会议,提出了组织联合国的方案,并拟定《联合国宪章》的基本轮廓。1945年6月25日、26日,50个国家的代表在旧金山一致通过、共同签署了这一宪章。各种党派、学术团体和俱乐部的章程也往往是在相应的组织成立之前就制定的,各种团体和组织的章程的废除或改变,意味着相应的团体和组织的瓦解或性质的改变。各种类型的游戏或体育活动的规则,如下"军棋"的规则,沙滩排球的规则,也是先于游戏或竞赛而存在的,而且是各种游戏和竞赛得以存在和进行的先决条件。先在性的游戏规则或竞赛规则的改变,意味着相应的活动的性质的改变。规则的废止,意味着相应的活动的消失。

先在性规范的功能在于规定某种组织、活动和行为的性质与运作方式,并在这些组织、活动和行为成立或发生之后,对之进行指导和调控。后起性规范的作用则是对先前已经存在的行为进行指导、调控或禁止。

五、肯定性规范、否定性规范与授权性规范

根据规范对行为的态度,还可把规范分为肯定性规范、否定性规范与授权性规范。

肯定性规范的典型形式是"应该如何",如,"子女应该孝敬父母"、"学者应该以追求真理为使命"、"共产党应该代表先进生产力、先进文化和广大人民群众的根本利益"。否定性规范的典型形式是"不应该如何",如,"不应该损人利己"、"不应该损公肥私"。授权性规范的典型形式是"可以如何"或"有什么权利",如,"年满18岁的公民都有选举权和被选举权"、"大学生在校期间可以结婚"。肯定性规范对某一类行为采取肯定性态度,并以提倡、鼓励、赞扬、命令、责成、敦促的形式来表达。如,"应助人为乐"、"护林光荣"、"必须坚持四项基本原则"。它的基本功能在于引起它所肯定的某一类行为。否定性规范对某一类行为采取否定性态度,以劝诫、反对、批评、谴责、禁止的形式来表达,如,"勿损人利己"、"毁林可耻","严禁酒后开车"。它的基本功能是抑制它所否定的行为的发生。由于肯定与否定的辩证关系,肯定性规范在肯定某种行为的同时,往往也就否定了相反的行为。如,规定"行人靠右走",也就是禁止行人靠左走;提倡"见义勇为",也就是反对"见死不救"。肯定性规范和否定性规范又可合成一类,称为"义务性规范",与授权性规范(也叫"权利性规范")并列,因为无论这两种规范是要求人们做什么或不做什么,都是向人们指出他们所应尽的义务。授权性或权利性规范把是否采取某一类行为的权利授予当事人,由他自主决定做或不做,并以许可和授权的形式来表达。如,《中华人民共和国刑事诉讼法》第九十六条规定:"受委托的律师有权向侦查机关了解犯罪嫌疑人涉嫌的罪名,可以会见在押的犯罪嫌疑人,向犯罪嫌疑人了解有关案件情况。"①至于律师是否行使他的权利,法院是不管的。各国的民法都有关于财产继承权的规定,至于法定继承人是行使还是放弃他的继承权,这可由继承人自主决定。授权性或权利性规范的基本功能是保障个人或群体的某种权利。

爱尔维修曾言:"利益支配着我们对于各种行为所下的判断,使我们根据这些行为对于公众有利、有害或者无所谓,把它们看成道德的、罪恶的或可以允许的。"②爱氏根据行为对公众利益的损

---

① 《中华人民共和国刑事诉讼法(中英文对照)》,中国法制出版社,1999年版,第68页。
② 北京大学哲学系外国哲学史教研室:《十八世纪法国哲学》,商务印书馆,1963年,第456—457页。

益来评价行为,并据此决定对待行为的三种态度。对此我们是赞同的。

六、提倡性规范与命令性规范

根据对行为要求的强弱,可以把规范分为提倡性规范与命令性规范。提倡性规范和命令性规范在功能上的共同点在于,都表达了对某类行为的发生或抑止的期待,区别在于期待的强弱程度不同。

提倡性规范希望、期待、要求人们采取或不采取某种行为,但不强求人们做或不做。如,"毫不利己、专门利人"、"大公无私"、"黎明即起,洒扫庭除"、"不抽烟,少喝酒"等,就是提倡性规范。与提倡性规范一样,命令性规范也希望、期待、要求人们采取或不采取某种行为,但命令性规范不同于提倡性规范的是,它要求人们一定做到或一定不做。如"切勿损人利己"、"严禁贩毒吸毒"、"个人服从组织,少数服从多数,下级服从上级,全党服从中央"。无论是在个人生活还是公共生活中,分清这两类规范都十分必要。在极左路线泛滥的年月,当权者就总是把一些先进人物才能做到的提倡性规范,如"毫不利己,专门利人",变成命令性规范,甚至强制性规范,要求广大人民群众统统做到,其荒谬自不待言。即使是现在,这样的情况也经常出现。分清这两类规范是很有现实意义的:命令性规范规定的是人们的行为底线,如"不得损公肥私"、"必须孝敬父母",因此一定要做到;而提倡性规范,展示的是努力的方向和提升的境界,希望人们做到,做不到也不强求,如"一不怕苦,二不怕死"。其实,毛泽东当年也是把这个规范当作提倡性而不是命令性的,他是这样说的:"我赞成这样的口号:叫作'一不怕苦二不怕死'",而不是说:"必须'一不怕苦二不怕死'"。

有些法学家把禁止性规范和命令性规范并列,这没有必要;因为禁止,如严禁贩毒、吸毒,也是一种命令,禁止性规范是命令性规范的一种。

必须指出,命令性规范表达的只是对行为要求的坚决态度,但态度坚决不一定就有强制力。在命令性规范中只有一部分规范具有强制力,如法律和政令,它们可称为强制性规范。这一类规范的特点有如下述:

七、强制性规范与非强制性规范

根据是否以某种强力为支撑,可以把规范分成强制性规范(刚性规范)与非强制性规范(柔性规范)。二者在功能上的区别在于,前者能够逼迫人们采取或放弃某种行为,而后者则不具备这种作用。

强制性规范是借助某种强制性力量来实施的规范。法律是强制性规范中强制性程度最高的一类规范,它以国家的强制力包括暴力为后盾。行政机关所颁布的政策也是强制性的,它以行政制裁为后盾。例如,国家技术监督局颁布的各种强制性技术标准,就是相关各行业必须遵守的刚性规范,违背了就会受到行政处罚。而行政制裁又是以法律制裁为后盾的,所以,政策的强制性程度弱于法律。有许多宗教戒律也属于强制性规范,严重违反宗教戒律的宗教徒会被逐出宗教团体,甚至受到精神和肉体上的惩罚。欧洲中世纪的宗教裁判所可以根据教义对教徒进行审判;现今的伊斯兰教徒若违反教规,如妇女外出不戴面纱,也会受到严厉的惩罚。有些团体的某些规章制度,也带有不同程度的强制性,如严重违背中共党纪的党员,会受到党纪的处分,甚至被开除出党。

非强制性规范或柔性规范可以道德规范为典型。道德规范的遵循,是以行为主体的良心和外在舆论为驱力的,这两种因素虽然会给行为主体造成一定的精神压力,甚至很大的压力。但不具有物理意义上的强制性,对仅仅违反道德规范者也不可能予以实质性的惩罚。风俗习惯作为地域性的行为规范,大多是柔性规范。例如,对于和婚丧嫁娶相关的一套习俗,照着办固然好,不照办或不完全照办,如朋友结婚不送礼,虽然会遭人诟病,但这与违反刚性规范会直接受到惩罚是不一样的。各种礼仪作为确认身份和表达情感的规范(如,学生遇见老师要行礼),应该但不必定属于柔性规范。如果礼仪以强力为后盾来推行,而不是发自本心,就像中国封建社会的"三跪九叩"之礼,那么礼仪也就变成了刚性规范。

必须指出的是,强制性规范都是命令性规范,但命令性规范不全是强制性规范。命令性规范只有得到某种强力的支撑,才能转化为刚性的强制性规范。有些规范,如,"不许说谎"、"切勿贪小便宜"、"朋友妻不可欺",作为道德规范是命令性的,但并不具有强制性。日常生活中,说假话、贪小便宜、骚扰朋友妻的现象很常见,若不触犯法律和行政规章,并不会受到处罚。道德命令归命令,我不遵守,道德也无可奈何。所以,恩格斯说康德的"绝对的道德命令"是软弱无力的。正因为道德规范不具有强制力,才需要把道德中的某些最基本的道德规范(如"切勿偷盗")提升为法律(如刑法中的反盗窃条款),以防止严重违背道德规范的行为反复或广泛的出现。

以上,我们按照不同的根据,把规范分成六种不同的类型。还可以有其他的一些分法。如本章开篇就把规范大系统分为道德规范系统、法律规范系统、政策规范系统、技术规范系统、科学规范系统、艺术规范系统、宗教规范系统、礼仪系统、习俗系统、组织纪律等。这种分法是以规范所适用的范围为根据。我们将在本书的第五篇阐明这几大类规范的性质、特征、联系和区别。

第二篇 规范的演变

规范总是一定类型的规范,因而"规范的演变"也是针对一定类型的规范而言的。有关的现象包括规范类型的呈现与演变、混融与分化、在一定历史阶段上哪些类型占主导地位、各个类型的影响力及其关系的演变等。进而,规范的演变还涉及规范要求的形式和内容,规范所调节的人类生活领域之扩展与缩小、开拓与消退,调节手段的丰富与完善等。

规范总是一定的文化或文明体系中的规范。如果文化或文明体系的演进体现出一定的阶段性,那么相关的阶段性特征是否在规范身上得以体现?在种种规范之前后相继、承袭、断裂、更替、演变、扬弃的关系中,是否体现出一些共同的趋势呢?而且某些规范突变、创新式的诞生,在规范整体发展的进程中,具有怎样的意义呢?

规范的演变既受制于一定的历史背景,也服务于一定的历史进程,其演进的动力机制是怎样的?

以上这些问题就是本编所要探讨和阐述的。

第六章 规范的类型化

第一节 混融性的界域与界域的分化

规范有很多类型,在日常语言中,这些类型是以宗教仪式、禁忌、戒律、巫术、技术、习俗、惯例、伦理、法律、宪法、制度、规章等不同词汇指示的。① 类型间的差异,通常是参照规范所调节的实践领域、运用的调节手段(包括信仰、服从、内心的责任感、利害关系、舆论、暴力强制)等不同参数而产生的。每一种类型在不同的历史条件下会产生不同的内容与结构,发挥不同的功能与效益。

一、规范类型的混融、分化与类型界域的缠绕

原始规范就是原始社会中的规范,它与民俗极为相似。即它是集体性的、常常是不成文的,依赖于社会成员相互间的默契与同意,并且具有顽固不化的特征,但没有强制执行的暴力机关。若要纠正违背的现象,得依靠舆论或利害关系的调节。此外,原始规范与民俗又都包罗广泛暨缺乏类型的明确分化。人类社会后来所区分的巫术、禁忌、礼仪、伦理、惯例、规则、习惯法、组织等规范类型,

---

① 在中国古代,"礼"就是一个所包含的规范内涵极为丰富和多样的词汇,难以严格归类(参见本章第 1 节第 5 小节)。日常生活关于规范的很多词汇都是多义甚至歧义的,并不能指望日常语言给出规范类型划分的逻辑严密线索,追踪这样的线索必须参照一些抽象的模型。

第六章 规范的类型化

隐然若现,而彼此混融、交织、渗透。

通常,原始规范借助了超自然的氛围或者信仰的力量,借助由鬼神世界的想象所导致的恫吓作用。"民俗"中往往有一些成分,乃是原始规范或前一时期的规范在稍后阶段上的遗存。但在民俗当中,固有的宗教氛围已经淡化,常只留下些许痕迹。民俗在其发展过程中,不断融入了前一个时代自觉、不自觉地被创造出来的各种规范,而转化为当时被大众普遍接受的形式。它基本上仍然是不成文的、混融型的规范类型。

由混沌的情形中逐渐演化出一些新的确定的规范类型,实际上蕴藏在这样的过程中:在相互作用的个体或集团之间,某些第三方机构的产生是因为它提供了冲突的裁决、制约、安全保障、产权和契约维护等多方面的服务,倘若没有它们,那些个体或集团在这些方面付出的总和,肯定比有它们要大得多,这就是此类第三方机构的巨大效益所在。[①] 专业机构和专业人员的产生和分化,一直是新的类型创生和在这些类型内部进一步演化的强大动力。

对于文明社会的规范体系来说,原始规范是其前奏,民俗则与其共生。而在这一体系中,最重要的组织构架就是围绕政体产生的广义上的"宪政规范"。它和法律堪称文明社会所产生的两个真正新颖的因素。它们可能是不成文的、惯例性质的,但绝对不属于民俗的范畴。在文明社会中,规范类型产生了一系列真正的分化,对此可根据其所调节的人类生活领域,予以谱系学

---

① 详见第8章第2节。

上的分类，基本的划分脉络就是人与自然，人与人、人与自身这三个领域。① 而分类结果可大致表示如下：

表 6-1　规范的谱系学分类

人与非人	生产性巫术、物质生活民俗、技术规范、科学研究规范
人与人	（一）导向和谐的：伦理、惯例、礼仪、社会禁忌、社会生活民俗； （二）解决冲突的：习惯法、法律、宪政、公共政策、组织条例； （三）人际间传播的媒介：符号法则（单纯的符号，及渗透在语言、礼仪和习俗之中的符号因素）
人与自身	语言规范、艺术风格、宗教规范、精神生活民俗

第一个界域所指的非人的客观对象，可以是单纯的自然，也可以是人化的自然，如工具、建筑物等，但归根到底还是人化的自然。经济领域中的生产过程以调整自然对象来适应人类需要为基础，技术参数在其中起了重要的作用。但作为生产要素的资本、劳动

---

① 相近的划分方式，我们可以在哈贝马斯（J. Habermas）的理论模型中看到。他认为比起韦伯（M. Webber）聚焦于"有目的合理"行为的制度化，并通常体现在经济和管理体制层面，他的"交往合理性"概念更为完整，更为具体，包含着三个层面："第一，认识主体与事件的或事实的世界的关系；第二，在一个行为社会世界中，处于互动中的实践主体与其他主体的关系；第三，一个成熟而痛苦的主体（费尔巴哈意义上的）与其自身的内在本质、自身的主体性、他者的主体性的关系"。（[德]哈贝马斯著，李安东等译：《现代性的地平线》，上海人民出版社，1997 年，第 57 页）

此外，他在《交往行动理论》一书中，参照了卡尔·波普尔（Karl Popper）的三个世界的划分（纪树立编译：《科学知识进化论》，三联书店，1987 年，第 409 - 410 页），把社会科学理论中的行动概念，依行动者与世界之关系，划分为目的论的、规范调节的和戏剧的行动。目的论行动，是以作为客体对象的事态世界为前提，其行动模式是策略性的、功利主义的。规范调节的行动概念，主述社会世界。即在此，"行动者作为作用活动的主体，与其他可以相互参与规范调节的内部活动的行动者都属于这种社会世界"（[德]哈贝马斯著，洪佩郁等译：《交往行动理论》第 1 卷，重庆出版社，1994 年，第 125 页），当然这里的规范比我们所用的涵义要小。戏剧行动的概念，则叙述主观的世界，亦即，"我们把一种社会的内部活动，理解为遭遇，参与者通过这种遭遇相互构成可见的观念，并且相互表演一些东西"（[德]哈贝马斯：《交往行动理论》第 1 卷，第 128 页）。另参见[德]哈贝马斯著，张博树译：《交往与社会进化》，重庆出版社，1989 年，第 67 - 70 页。

力的投入则事关产权。而产权与其说是调整人与自然的关系,不如说是关于自然资源在人与人之间如何分配与交换的制度。至于调整产品分配、流通、交换过程的规范,毫无疑问是社会性的。

第二个界域中,具导向和谐功能的,可称为伦理型规范;解决冲突则称为法律型规范。伦理型规范不止是通常所谓的伦理,而是包括礼仪、禁忌、习俗、各个领域中的惯例等,其目标是如果它的要求得以履行,那么趋于和谐的状态就是可以预期的。正因为和谐是可以预期的,所以它们往往诉诸舆论的调节或利益机制等非强制性的力量。[1] 法律型规范不止是通常所谓的法律,而是包括习惯法、组织条例、规章制度等,其目标是当和谐可能被破坏或者冲突有待解决时,给出一定的裁决并令其有机会得以实施。由于针对冲突的意志,故而强制性手段的运用,或者以此为背景,有时难以避免。撇开技术因素不谈,人际间交流所使用的符号,为了保证沟通的有效性,必须有规范意味,即它带有一套稳定的模式,以便于人们在习惯了的情况下,及时和准确地作出反应。譬如语言,虽然对于一定的表达内容来说,可选择的词句组合可能仍然是多样的,但它通常是在规则限定范围内的多样化。

第三个界域即人与自身的关系,即人对自身的精神世界的探索。虽然语言是人际交流的基本工具,但有赖于个体的认知基础。[2] 艺术是美的感悟的外化,或是围绕主观情感世界的一种适宜的表现,但很多的艺术创作都基于一系列的程式和轨迹,并形成

---

[1] 影响伦理(如诚信)形成的利益博弈机制,是重复性的、长期的博弈(参见[日]青木昌彦著,周黎安译:《比较制度分析》,上海远东出版社,2001年,第61—97页),甚至可能是基于一种保守策略,参见第8章第3节。

[2] 语言本身应直接理解为由词法、句法及语用的惯例等不同层面构成的规范体系,而不是言语,即运用此种规范体系的实践,参见[瑞士]索绪尔(F. D. Saussure)著,高名凯译:《普通语言学教程》,商务印书馆,1980年,第32—37页、第40—42页。

稳定的风格,这些就具有规范意味。宗教仪式、禁忌、戒律,是宗教规范的基础,它们大多表现了人类的终极关怀。质言之,这三方面的规范分别围绕知、情、意三方面的精神领域而展开。

对于调整人与人关系之界域,仍可作进一步划分:公共资源域——安全、环境、基础设施,以及像法制和义务教育之类,其公共性程度在历史上不断提高的各类服务;政治域——它包括具体的政府形式、立法与司法体系的运作模式等,运用暴力的合法程序等;组织域——人们之间促成其共同目标的协调行动;[1]以及交易或资源交换域——私人或集团之间自由交换其所拥有的资源的过程。[2] 但是这种界域的划分,并非在某个单一的逻辑平面上进行分割,毋宁说是基于某种拓扑空间。换言之,虽然这些域之间的逻辑特征明显不同,但它们的作用又是彼此联通和缠绕的。

公共资源原则上是任何社会成员都被允许方便获得的,面对此领域,个人之间并不存在策略性的相互作用,而是基于"共同分享",但也因此存在着期待不劳而获的"搭便车",或者过分拥挤的现象。[3] 关于如何享用公共产品或服务,当然会形成一套规则或规章。政治域指政治体制的内部结构,而不是指很可能由它所提供的公共资源。该领域伴随着国家形态的系统发育而臻于完善,其核心当为宪政规范。组织域与政治域在塑造各种可能的结构方面有很多相似之处。它们可能是民主的,也可能是等级式的。如

---

[1] 此处所说的组织是广义的概念,参见[日]饭野春树著,王利平等译:《巴纳德组织理论研究》,三联书店,2004年,第21-22页。

[2] 青木昌彦提出制度所关联的六种域类型。即公共资源域(Commons Domain)、交易或经济交换域、组织域、组织场(Organizational Field)、政治域、社会交换域,参见[日]青木昌彦:《比较制度分析》,第24-29页。

[3] 搭便车是集体行动的难题,参见[美]曼瑟尔·奥尔森著,陈郁等译:《集体行动的逻辑》,上海三联书店,2006年,第2页等;拥挤是指公共服务等供不应求。

果我们广义地使用产权概念,将之理解为被赋予个人或集团的以一定范围内的任意方式使用某种资源的权利,那么交易基本上就是某种形式的产权交易。但社会成员之间投入交换的也可能包括非物质性的资源,其中有些根本无法进行产权上的分割。在交易域中,参与者在决策的能动性方面基本上是对称的,[1]这是它和政治域的主要区别。

日常语言中所说的规范,诸如礼仪、伦理、法律、规章条例等,不断再生产着上述各个域。有关上述四个域的结构特征的关键词是:共享、协调与交换。这里所说的"协调"包含两层意思:导向和谐的与解决冲突的。即使没有第三方机制,人与人之间的协调行动也在塑造着原初的组织域。该域的特征是参与者拥有参与博弈(game)的自由,亦即它可以随时退出(如同交易域)。但政治域并非如此。国家机器乃是第三方的裁决、监督乃至执行的机构,[2]这类机构的构成形式以及人们与它的关系属于政治域。它不断创造和维护着比原初的组织域所能提供的效能更高的公共产品。而公共性的平台,又能起到确立产权和进一步激发交易域的效能。在现实当中,域的叠加和变幻是很常见的,因为域的划分本身就是一种理想型的划分。如何叠加和变幻当然取决于实际的过程,也取决于我们透过哪个角度去审视。

社会性规范无疑都在发挥着广义上的协调功能。但我在这里想说的是,礼仪和伦理等导向和谐的规范类型,也在不断辅助着公

---

[1] 交易博弈(transaction game)的一个重要特征是每个参与者都有不交易的权利,而且每个人都选择自己认为可以接受的方式,例如据认为等价的方式。参见[日]青木昌彦:《比较制度分析》,导论。

[2] 参见[美]约拉姆·巴泽尔著,钱勇等译:《国家理论:经济权利、法律权利与国家范围》,上海财经大学出版社,2006年,第1章等。

共产品的再生产。只不过前者是在过程之中,后者是在履行承诺之后。一起参与仪式的进程,哪怕并不扮演同质的角色,对于所有参与者来说,都是一种共享。但仪式上的默契是一种外在的表现,远远比不上伦理上的默契。如果默契是当前的现实,而且给人带来好处,那么人们就倾向于维护和拓展它。安全保障难道只是慑于合法的暴力机构利剑悬于上的结果吗?仅靠国家机器维系的安全是不牢靠的,正如不被遵循的法律,徒然具文罢了。如果欺骗、违约、盗窃、杀戮和刻意违背他人意志是概率分布的常态,那么国家机器恐怕也没有能力去维护和再生产有关方面的公共产品。所谓"法不责众",不是不愿意,而是力不从心。所以说,被切实实践着的伦理,在很多时候本身就带有公共产品的性质。

公共性的理想不是生意,至少不完全是生意;若是围绕自利个体的模式来运作它,常会产生意想不到的困难,并滋生诸多弊端,所以更需要由具有公信力的公共组织,例如政府来运作。而在拥有良好的公共资源的情况下,协调和交易就会变得轻而易举。另外,以手段—目的、资源—效益为基本运作线索的交易域,在创造、维系和推动规范方面,也许比人们想象的重要得多。

几乎横跨上述区分的所有类型,存在着两组相关的范畴:成文规则/不成文规则;自觉的、有目的创造的规范/不自觉的、约定俗成的规范。① 如果将它们写作 X/-X;Y/-Y,那么,一般来说,在性质上,集合 X 与集合 Y 更接近,正如-X 更接近-Y;同时,单就起点来看,集合 Y 要大于集合 X。属于-Y 的规范,在最初的形成机制上,与某些规律性的行为极为相近。这样的规范,一旦造成其行为的前提解除或者因果联系被切断,就没有理由再被采纳;但无论自

---

① 相对而言,第二组范畴间的区别,比起第一组的更难界定。

觉的规范,还是自发的规范,即使相应的联系已经发生改变,也可能由于自身就是一条规范的原因而被遵循。换言之,这时的行为是规范导向,而不是策略导向的。①

成文规则与不成文规则,均通过某些社会化过程得以维系和扩散。个体通过观察、学习、受教导和实践而接受一系列规则,以融入到社会或某个组织当中;且二者都同样地有助于社会结构的再生产。②但是二者间的差异,想必对其演化方式也是有影响的。不成文的、非正式规范的演化,更依赖人际间的脉络,具体促成之方式,可能是默契、协商,也可能是利益间的平衡机制。

相较而言,非正式规则的有效性,受到群体规模和任务复杂性的制约。但是,"在组织脉络中……成文规则往往被作为直接的管理监督的替代物而使用。这种替代,人们认为,具有节省管理精力、最小化由于公然区分地位而导致的功能性失调之后果的优点,并且这种做法避免了利益冲突的直接对抗"。③譬如冲突的裁决,既经委付于成文规范,则其非人格化的、可预期的特征,就可大为降低人际间直接冲突的机会,所以有它显著的优点。

二、规范类型的理想型剖析与历史示例

历史上的规范形态层出不穷,但我们可借助理想型的剖析,④来揭示各个规范类型间的逻辑脉络。先要明确"剖析"是针对人类这样的高级灵长类,即唯有他们才拥有运用符号进行思考的能力,

---

① 此处是借用哈贝马斯《社会交往理论》中所区分的"行动"概念。
② 参见[美]詹姆斯·马奇、马丁·舒尔茨、周雪光著,童根兴译:《规则的动态演变:成文组织规则的变化》,上海人民出版社,2005年,第17-18页,彼处所谈的是成文规则与不成文规则的相似点,但也适用于自觉规范与自发规范之间。
③ [美]詹姆斯·马奇等著:《规则的动态演变:成文组织规则的变化》,第20页。
④ 理想型的研究方法,参见[德]马克斯·韦伯著,朱红文译:《社会科学方法论》,中国人民大学出版社,1992年,第46-105页。

这种能力恰是其建构规范的基石。

显然,任何一个人都必然从属于某个共同体。在个人和共同体所牵涉的资源方面,必然有些是稀缺的。只有稀缺的资源,才是真正意义上的资源。在某个方面,从属于某个共同体的个人,比不从属于任何共同体的个人,在发挥协作效应,进而竞争和利用相关的有限资源上,更具优势。在涉及资源的领域,共同体之间天生是相互竞争的,就像个人与个人之间一样。

有些共同体是完整的共同体,有些则不是。一个完整的共同体是一个自我维生的系统。也就是说,其成员所从事的合乎一定规范和制度的实践,涵盖了人与自然环境或人工物品、人与人、人与自身的各种关系的领域;而这些领域里的规范和制度之间构成了一个带有一定耦合性的系统,即一些规范的功能是另一些规范得以构建的前提或基础,而没有一个规范类型是单独依靠自身就可以成立的。譬如对环境的利用和改造,需要借助共同体,才能取得预期的效益,这时构筑共同体结构的人与人之间的规范就成了前提,但没有运用和交流符号的渠道,人际交往便成了空谈,而运用符号的能力本身却又是精神层面的、反身性的。因此三重关系领域中的规范功能的耦合,是完整的共同体的特征。而这种耦合往往也发生在公共资源、政治、组织或资源交换域之间。

绝大多数人,也许是所有的人,都必然至少从属于一个完整的共同体。这样一个共同体如果实质性地独占某个特定的地域,那么它就是一个完整的地缘共同体,例如原始社会的部落联盟、国家、民族实体。一个不完整的共同体,必然依赖一个或多个完整的共同体提供的某些规范的功能,例如某个国家的法律体系和暴力机关。

不完整的共同体有很多例子。如某些宗教共同体。教团内部

第六章 规范的类型化

的决策甚至可以是相当民主的,譬如早期佛教僧团。[①] 但是既然这样的共同体不能真正实现三重关系领域里的功能耦合,则它在某些方面必然要依赖完整的共同体在相应的规范功能上所提供的服务。中国佛教团甚至曾经有着令人瞩目的寺院经济形态,[②]但是通常僧人本身并不直接从事农业生产,而且基本上它不是一个军事组织,所以"安全"仍须由国家来保障。在很多方面,一个不完整的共同体都依赖完整的共同体所提供的广义上的宪政、法律或暴力机制上的框架,并在此范围内行动。只有在像国家那样的完整共同体中,才能完整地发现各种规范类型。

人与人之间有时存在着等级式的权威结构,有时则否。前者是指一些角色在一些事务上被赋予了对冲突的意志进行裁断的机会、或者对事务发展的优先的决定权,除非他(准确地说是"它")要放弃。

由于是否存在权威结构,与规则形成的过程,甚至规则的特点均密切相关,故而从这一视角所区分的两种机制,具有很强的原型意义。这里指的是"命令"与"契约"。命令,亦可说是权威—命令的结构,换言之,这时若干的规则就是源自若干的命令。因为命令当它事实上是一项有效的命令时,对于必须服从的人,它是"应该"去做某事的要求。如果命令的效力足够持久,那它甚至可能成为

---

① 据说,僧团由数目不定的地方小组所构成。如果小组的人数达到二十以上,即有充分的自主权。这些小组都划定了区域范围,以使特定区域内的全体僧人能够没有多大困难的在某个地点定期集会。开会时除因疾病等特殊情况可委托他人代为投票或转达意见外,所有人均须到场。议案要尽力辩论、折中,以获致全体的同意,否则,只要一人反对便属无效,甚至引起小组的分裂。这种情况可能是受到雅利安人中公社制残余的影响所致。参阅[英]渥德尔著,王世安译:《印度佛教史》,商务印书馆,1987年,第3章。

② 参见[法]谢和耐著,耿昇译:《中国5—10世纪的寺院经济》,上海古籍出版社,2004年,第100-198页。

孕育公共政策或者法律的温床。① 权威是命令的发出者，它可能是魅力型领袖、②竞争中的胜出者，抑或是经由民主选举产生的；并具有从一个人到若干人的跨度。

契约，则是另一种形成规则的原型，③它是基于成员甚至平等成员之间的默契、同意或协商。它可能是有限理性既经付出一定的信息搜寻成本后自觉地要求订立的，另一方面，广义上的"契约"也可能就像民俗一样是自发的、匿名的，源于人际互动脉络中的默契。通常，契约内容中的核心部分，本身就是对订约者具有相当约束力的规范。把民俗视为广义的契约，不会让人感到惊讶，但这预示了另一条通往探索规范秘密的道路。

一条命令的生命史，可能稍纵即逝，仅仅适用于极特殊的情境，并由特殊的角色去执行。这样的命令很可能是一则极端特殊的规范，因为它也包含着"应该如何"的断然要求。但命令也可能稳定而持久，就像在唐代，作为法律体系中的极为重要的部分（譬如甚至包括"均田令"），④经过编纂、整理而成型的"令"，就是具有长期效力的，它们来自先前的制、敕或赦书中的条款，⑤无论形式，

---

① 在这方面，中国法律史可资佐证。汉、唐的"令"，今天从法律史的角度观察，认为它具有法律效力，因为一些"令"是持久起作用的，并且是有意识这样做的。如大庭脩称："在以中国为中心的东亚发展了独立的法律体系。一般把以公法为主的法律体系，称之为'律令体系'或'律令法体系'"（[日]大庭脩著，林剑鸣译：《秦汉法制史研究》上海人民出版社，1991年，第1页）。

② [德]韦伯著，林荣远译：《经济与社会》上卷，商务印书馆，1997年，第269—283页。

③ 其实，西方有着蔚为大观的契约论传统，唯其立场限制了他们探讨契约方式的对立面即权威—命令结构，参见[法]卢梭著，李常山译：《社会契约论》，商务印书馆，1997年，第21—26页。

④ 唐时曾几度颁布均田令，有关基本内容，参见《通典·食货典》等。另，对盛唐时期均田令的复原，参见戴建国："唐《开元二十五年令·田令》研究"，《历史研究》，2000年第2期。

⑤ 此类均属唐代诏令的不同形式；唐令的面貌，参见[日]仁井田陞：《唐令拾遗》，长春出版社，1989年。

第六章 规范的类型化

还是实质,都堪称是命令的延伸。稳定的规范,也就是人们常说的那种意义上的规范,与纯粹行政自由裁量的明显不同在于:前者的要求是普适的;后者通常具有某种程度的特殊性。如果规范的要求是否普适,以及基于命令抑或契约,构成了两两组合的维度,那么行政自由裁量就代表一种极端的类型:基于命令且要求特殊。公共政策[1],抑或律令体系,便是结构中的另一种类型:基于权威—命令的体系,但适用于极为广泛的情境。

在当今人们生活中已变得很常见的"契约",基本上只适用于订约的当事人,就这一点而言,它就是相当特殊的。但是在西方宪政理论的契约论传统中,统治者、立法者和暴力机构的权力,被视为基于民众的同意(契约),且得要服从具有普遍性的宪政或宪法的约束力。而源于"约定俗成"的习俗和语言等,更是一些极为普遍的规范,对于使用它们的人群和任何想要融入这一群的若干个人,都是如此。

权威和契约的机制可能交替使用,甚至叠套在一起。而且事实上也是这样。立法机构是在立法方面被赋予权威的组织,它们本身的工作可能是在元老、参议员、众议员、立法委员或者无论它叫什么的基本成员之间平等协商地展开。但是对于普通的公民等,由它所颁布的法律具有类似于"命令"的不得不服从的要求。立法机构理论上可以是全体公民,亦即是民主的;[2]也可能缩小到

---

[1] 有关公共政策(public policy)的定义,参见[加]迈克尔·豪利特等著,庞诗等译:《公共政策研究:政策循环与政策子系统》,三联书店,2006年,第7-11页。但其中的定义都不能令人完全满意,而我把它理解为主要针对公共资源域的问题进行调节,且通常比行政裁量更稳定、适用面更广的政策。

[2] 当今世界大多国家民主理念的实际制度步骤,可称为代议制,而不是将全部公民设定为立法者。从词源上说,民主就是"人民的权力"。像任何其他基础性的词汇一样,"民主"的界说,细究起来也是头绪众多。但大致上可以将民主理解为这样一种制度,"其中谁也不能选择自己进行统治,谁也不能授权自己进行统治,因此,谁也不能自我僭取无条件的和不受限制的权力"([美]乔·萨利斯著,冯克利等译:《民主新论》,东方出版社,1998年,第233页)。

只有一人,就像包揽立法权的专制君主。在其他组织中,由被赋予制订规则之优先权的部分成员所组成之机构,在功能上与立法机构相似。下述情况似乎已为现代人所熟悉:最高立法机构经由某种民主程序产生,即这种程序是每个人的公民权和平等意志的体现。当然权威机构未必仅限于立法的工作,[1]更多的倒是去行使其行政权力。

如果将上述所涉及的维度加以全盘的综合考虑,那么就推动规范形成的环节与相应规范的特征来看,可有下述四种基本的分类。若将权威—命令的结构写作 A;所适用之时、地、情境较为特殊的规范要求写作 B,相应地,契约结构、普适的规范要求,写作 -A、-B;下同。即有:

(A,B)行政自由裁量;

(A,-B)律令的体系或公共政策;

(-A,B)大多数实质契约;[2]

(-A,-B)大多数普适的隐性契约;[3]

---

[1] 在伯利克里时代,希腊人的公民大会(它由二十岁以上的男性公民,在古代世界堪称民主的典范),似乎就是立法与行政工作兼顾。

[2] 这里所说的"实质契约"与"隐性契约",前者主要是指在有明确意向表示的情况下订定的;后者依赖彼此间的默契,未有经参与者全体同意的明确意向表示。由于普适的规范要求往往涉及多人、甚至是近于全社会成员的极频繁的互动,故而多是隐性契约,但在私人之间针对特定情境形成默契也很常见,所以很难判断说大多数隐性契约属于(-A,-B)的结构。在企业或其他组织形式中,围绕成员之间的权利、义务的"关系性契约"(参见[德]柯武刚、史漫飞著,韩朝华译:《制度经济学:社会秩序与公共政策》,商务印书馆,2000 年,第 242-246;329-330 页),堪称是实质契约与隐性契约相融合的例子,其中虽然可能有一些劳动合同之类的明确订定的契约,但由于环境的频繁变动,或组织运作的复杂性,事实上不可能对所有可能的事件作出预测和完备的规定,因此一般都会有关于权威结构(即(-A(A)))、隐性惩罚或得失调整方面的默契机制。

[3] 譬如语言就可视为普适的隐性契约,因为它是人与人的大量的联系和互动中自发设定的;有关语言的经典理论,参见[德]威廉·冯·洪堡特著,姚小平译:《论人类语言结构的差异及其对人类精神发展的影响》,商务印书馆,1997 年,第 8 章;[美]布龙菲尔德著,袁家骅等译:《语言论》,商务印书馆,1997 年,第 2、3 章;[美]爱德华·萨丕尔著,陆卓元译:《语言论》,商务印书馆,1997 年,第 1 章;[法]海然热著,张祖建译:《语言人:论语言学对人文科学的贡献》,三联书店,1999 年,上编,第 1-4 章。

第六章 规范的类型化

再有一些重要的进一步衍生的结构:

(-A(A));(A(A))读作:确定权威角色的程序:前者为民主选举方式,后者指由上而下的任命(例如在科层制当中);并且,对于组织 X,权威角色的集合 A 的取值范围,从 1 到全部成员;

(-A(A,B));(-A(A,-B))读作:经由民主决策或由立法机构颁布命令、公共政策、律令甚至法律(假设该机构内部的工作方式是民主的)。

(A(-A,B));(A(-A,-B))读作:权威结构下各阶级或层级之间的权利、义务关系。或者借助权威结构来保障实质契约或隐性契约的效力。

一条规范的完整结构,在逻辑特征上表现为围绕规范的行为预期、行为表现与调节手段的三元组。规范关于行为的预期,即规范的内容和要求,可能表现为一条明确的规范陈述,如在伦理说教、法律条文或是某些礼仪手册当中;但也可能仅限于模糊的预期,如在某些习俗、惯例当中。进而,遵循规范与否的行为上的表现,常会受到某种特定手段的调节;但调节手段也可能事先就对行为起了作用,是促使行为发生的保障。

通常所谓的规范类型并不是必然地按照规范的行为预期而分化,有时候这种差别,毋宁说更多体现在调节手段方面。某些行为预期可能在很多不同的调节手段下被遵循。例如"不能杀人",可能是宗教戒律,由心灵上的震慑来保证;或由舆论的方式来监督,即所谓伦理规范;或者干脆依靠执法机关的暴力强制,即法律规范。在这些调节手段中,宗教是早期被广泛运用的力量,而后则是伦理与法律。如果规范的调节手段包括了信仰、服从、内心的责任感、利害关系、舆论、暴力强制等,那么它们在结构上的差异应该表示为:

信仰:基于外部的命令;该命令被认为源自神圣的未知力量;且不知其所以然;

服从:基于外部的命令;该命令则确定源自世俗的既知力量;且不知其所以然,或未能知、未愿知其所以然;

　　责任感:基于自我的命令;不知其所以然、略知其所以然或知其所以然;

　　利害:契约性的;由一般的利害关系调节;

　　舆论:契约性的;由特殊的利害关系调节(即人际之间的评价上的利害);

　　暴力:命令式的;由特殊的利害关系调节(即针对个体的身体上的利害)。

　　对此稍加解释。因为信仰、信奉或迷信而遵循的规范,集中于宗教、巫术或禁忌的领域。服从的前提是建立了权威的结构,并有服从的心理惯性,在违反某些规范时,可能因听从命令的惯性来调整其行为。责任感是高度内化的一种心理机制,多是规训或教育起作用的结果。但是利害关系的调节,可能是最重要的一种方式。舆论和暴力乃是借利害关系调节的两种极端的变体。虽然不一定所有的基于命令的规范都有着清晰的利害关系上的脉络,但此类规范中确实有一些背后有着这方面的因素。例如在犹太教和伊斯兰教中,有不食猪肉之禁忌,恰因在中东地区猪会染上旋毛虫。其禁令虽属武断,大多数默默奉行,而未知其所以然,但却是有效益的规范。[1] 如果利害关系确实是最重要的调节杠杆,那么就应从这方面着眼去追索规范形成机制的主流。

　　既经勾勒一些抽象的模型,而真实的历史能否与之相适应呢?这当然需要结合若干的实例来加以检验或讨论,并透过这些案例,摸索其间的演化机制。以下所举,当然不免挂一而漏万,但期望能

---

[1] [德]柯武刚等:《制度经济学:社会秩序与公共政策》,第151页。一些规范的不知其所以然,竟以断然命令的形式出现,可以节省说服、信息搜寻或是协调方面的成本。

第六章 规范的类型化

对规范类型的多样化、复杂性,略有感知而已。①

宪政规范、宪法或宪法性文件:《礼记·王制》、希腊的民主制、自由大宪章②、《弗吉尼亚权利法案》③、《独立宣言》……

国家机器之内部结构及其组建的方式:君主制、僭主制、贵族制④、举孝廉、九品中正制、府兵制、三省六部制、科举制、唐代铨选制、丁忧制……

公共政策(例如土地和税收政策):井田制、均田制、租庸调制、两税法、一条鞭法;

法律:汉谟拉比法典、中亚述的《法典》泥版⑤、十二铜表法、《萨利克法典》⑥、盎格鲁—撒克逊人的《埃塞尔伯特法》、英格兰的《阿

---

① 所举实例的大多数将在后面的章节中讨论。
② 公元1215年,英国的封建领主们,以武力威胁,迫使约翰王签署了"自由大宪章"。这一宪章涉及诸多规范领域,包括度量衡、郡长的权力、自由人和城镇的合法权利。十年后,大宪章成为英国的法律;参见[英]朱利安·荷兰主编,刘源译:《简明世界历史大全》,三联书店,2004年,第112页。
③ 1776年,美洲的英国殖民地召开了大陆会议,该《法案》第1条确认了自然权利:一切人生而同等自由、独立,并享有某些天赋的权利,这些权利在他们进入社会状态时,是不能用任何契约对他们的后代加以褫夺的。参见[美]爱德华·考文著,强世功译:《美国宪法的"高级法"背景》,三联书店,1996年,第85—86页。
④ 前述三种再加上民主制等,在亚里士多德等人的书中均有所讨论,参见[古希腊]亚里士多德著,吴寿彭译:《政治学》,商务印书馆,1965,第3、4卷。"君主制"也是人类历史上极常见的政体,但它在西周、秦汉以来的中国古代社会、罗马帝国、中世纪早期的西欧、西方近代民族国家等不同的形态中,差异甚大。
⑤ "中亚述"时期,约为前15—前9世纪,参见崔连仲主编:《世界史·古代史》,人民出版社,1983年,第115页。
⑥ 早期的法典,大多与先前的习惯法有一定的延续性。例如著名的《汉谟拉比法典》,就是结合了阿摩利人的部落习惯法。《萨利克法典》则是法兰克人古代习惯法的汇编(当然也受到高卢罗马人因素的影响)。法兰克人的第一个国王克洛维(481—511)去世稍后不久,法典编成。它规定,任何人非经彼地全体人许可不得随意迁入某村庄,"但有人,即使是一个人,出来反对,那么,他不得迁入该村"(《萨利克法典》第45章,参见朱寰主编:《世界中古史》,吉林文史出版社,1986年,第17页)。这是当时法兰克人尚遗留公社土地所有制的明证;但在司法量刑方面,贵族的等级制特权,也在法典中有所反映。

尔弗雷德法》、基辅的《罗斯真理》①、拿破仑法典、英国的普通法;②

中国法律史:唐代的格、式、律、令;大明律、大清律;明清时期的乡约……③

伦理:希腊悲剧时代所注重之德性、《尼各马可伦理学》中所主张之德性④、《大学》三纲领八条目、摩西十诫、佛教五戒;

礼仪:冠、昏、丧、祭、乡、射、朝、聘(吉、凶、军、宾、嘉);⑤西太平洋岛屿土著的"库拉"仪式。⑥

习俗、惯例:兹略。⑦

实质性的契约:中古时代敦煌民间借贷契约、福建等地明清民间土地契约。⑧

---

① 从6世纪的《萨利克法典》到10世纪的《罗斯真理》,日耳曼诸部等在陆续皈依基督教后,不约而同地颁布了成文的部族法律汇编,和原有的习惯法基于部落习俗和血亲复仇规则相当不同,这些法典因受基督教的影响,包含了各种强有力的主张,要求更加公正和人道。例如,英格兰在9世纪颁布的《阿尔弗雷德法》,开篇就包括了"十诫"、"摩西律法"的部分条文,《使徒行传》摘要,以及对僧侣苦行规则和其他教会规章的引述;并写进一条原则,认为法官应严守公正,不偏袒富人,不以亲疏、敌友为断。参见[美]伯尔曼著,贺卫方等译:《法律与革命:西方法律传统的形成》,中国大百科全书出版社,1993年,第78页,[美]伯尔曼著,梁治平译:《法律与宗教》,三联书店,1991年,第71页等。
② 参见本编第8章第1节第3小节。
③ 李雪梅:"明清碑刻中的'乡约'"《法律史论集》第5卷,法律出版社,2004年,第334-371页),便认为此期的乡约带有基层法律制度的性质,亦可说是与律例相配合的地方自治规范。
④ 此虽是伦理主张,未可全然视作其时伦理实践之实况,但多少会有所反映,及有所影响。
⑤ 吉礼等五礼即《周礼·大宗伯》中提出的,与冠、昏等分类并行。
⑥ 参见本编第8章第1节。
⑦ 参见本节第3小节。
⑧ 契约在中国古代经济生活中也很活跃,此仅举二例,前一类可参见[法]童丕著,余欣等译:《敦煌的借贷:中国中古时代的物质生活与社会》,中华书局,2003年,第1章等;后一类可参见傅衣凌:《明清农村社会经济 明清社会经济变迁论》,中华书局,2007年,第21-44页等。

符号性的制度:符号系统(特别是各民族的语言)、货币制度、星期制度。①

综合性的制度(社会结构性的)奴隶制、西周封建制、印度种姓制度、西欧的封建制度(Feudalism)、资本主义制度。

在实际的历史中,塑造社会结构的综合制度,绝不会是各项规范或制度的简单拼凑,也不见得是在它们建立起来之后才产生的,所谓"社会结构"指向的正是其中的一些基本项目之间的紧密联系及其社会效应。

人是群居的、政治性的动物,他的力量,诚如荀子所言是在于"能群",即发挥人与人的协同能力。如果人是善良的、理性的、相互尊重和谅解、并且有着良好的沟通机制,能对他们共同的长远利益作出规划,并付诸实施,那么人类的规范体系如果不是完全不需要的话,至少我们直到今天所见到的历史上的大多数规范类型就显得很多余了。但事实与直觉告诉我们,情况远非如此。性恶论要比性善论,对于制度建设更有动力。② 制度的建设往往需要假设人类具有自私自利动机和有限理性。

在融合了一系列规范因素的某项具体制度中,界域的叠合或者规范形态的整合是很常见的情况。③ 譬如所谓的西周封建制就是这样。它是很多规范因素的综合。其核心是一种政体组织方

---

① 从博弈论角度探讨货币和星期制度的演生,参见[美]安德鲁·肖特(Schotter, A.)著,陆铭等译:《社会制度的经济理论》,上海财经大学出版社,2003年,第45—57页。

② 荀子基于性恶论立场,便讲"化性起伪",因而更注重"礼"等制度建设。而基督教讲原罪,《圣经》特别是《旧约》的故事中充斥了尔虞我诈、血腥和暴力等元素,这种文化积淀,虽也有向上的契机,但将此交付于超越的力量,其罪的看法有助于培养关注制度层面的心态。此外,持有人类在自然状态下会处于相互间战争当中的观点的霍布斯,对政体的重视(参见[英]霍布斯著,黎思复等译:《利维坦》,商务印书馆,1985年),也验证了这一点。

③ 例如欧洲的三圃制就是这样的,有关该制详情参见本编第3章。

式:诸侯分封制。其封疆建土、及于四方者,或为同姓、或为异姓,大的封邑主即诸侯,多是从天子受封,获得合法性,但又能将其田邑复封于亲戚、臣属。① 可知这种"封建"制是直接联系着它的经济基础暨土地、赋役制度的。平民又经授田从封建主即采邑主那里得到田地耕种权②,平民的份地之间掺杂采邑主之田地,依理想的划分模式,是即所谓井田制。因而围绕田地的产权直接附着于金字塔式的政治结构。在此结构中,阶级被划分为天子、诸侯、卿大夫、士、庶人即平民、奴隶等。③ 平民对于封建主有代耕其直属份地、献纳产品、及服作役、兵役之义务。④ 下级的封建主对于上级也有军事和政治上的义务。而领主对于其各级下属照理也有提供保护和司法的义务。封建制中又嵌套着一定的官僚机构,士以上的阶层可在其中担任职位。⑤ 在社会结构中又有区分亲属、嫡庶和明确继承权的制度,即所谓的宗法制。社会各阶级在祭祀、婚姻、丧葬和服饰器用等方面均配合着礼仪上的详尽规定。⑥ 在此封建制中,行政自由裁量和公共政策方面,都没有给人留下深刻印象。维系社会结构的一系列的权利、义务,主要是以前述(A(-A,B))的形式出现,礼仪的异常发达也是为此而服务的。

西周的封建制,在中国史上极具特色,也为后人留下了争议的话题。有人认为中国史上只有西周时期的制度才是与西欧的Feudalism略相近似。⑦ 这与马克思主义的史学家,基于其所谓的

---

① 参见瞿同祖:《中国封建社会》,上海人民出版社,2003年,第2、3章。
② 《周礼·地官》之大司徒、小司徒、遂人等条又勾勒了一种可能的掌管授田的官职体系。
③ 参见瞿同祖:《中国封建社会》,第131-165页。
④ 瞿同祖:《中国封建社会》,第167-180页。
⑤ 瞿同祖:《中国封建社会》,第206-209页。
⑥ 瞿同祖:《中国封建社会》,第114-130页,第184-203页。
⑦ 参见瞿同祖:《中国封建社会》,导论。

第六章 规范的类型化

唯物史观和社会发展的普遍模式,而将后来的阶段才视为封建社会,有着视野上的根本分歧。但是在一些明显可以观察到的社会结构特征上,西周的封建制与中世纪西欧的相似之处,要远大于后者与同时期的中国社会的相似性。故而所谓的普遍模式,大概本身就有待于修正。那么,有些人眼中认为极其早熟的西周封建制,究竟是基于怎样的动力而建立起来的,它的演化机制如何呢?

西方学界有一种理论认为,每个复杂的人类社会,都是提供不断地解决问题之方案的组织,对应问题的特殊性(它是特定时、地范围内的环境、技术存量和历史等因素的函数),提供的解决方案也是特殊的,为此还需要不断地投资新的能量以维系其运转。起初,会采用极普通的、易上手、并且低成本的解决方案,因而其回报也是丰厚的。但持续的压力和意想不到的挑战会要求进一步的投资,而当原先成本—效益比较好的解决方案不敷应用时,社会就必须通过提高其结构化程度等方式来从事更高成本的投资,但在特定的时、地范围内,存在一定的临界点,抵达这点时,原先的制度就会失效,成本居高不下,收益不仅不能有所进展,甚至有所下降,但解决问题的压力依然存在,甚而更形尖锐,这时无法承受的压力会使得原有的社会结构趋于崩溃。[①] 这是将经济学上的"回报递减律"(law of diminishing returns)运用于历史研究的范式,且与当今的制度经济学颇为吻合,其思路大致是可取的。

对西周封建制的盛衰的研究,在一定程度上也适用这样的思路。西周的封建制是适合当时历史条件的在广大地域内建立统治的一种解决方案。在国家结构上,商代基本上是让名义上臣服的

---

① Joseph A. Tainter, *The Collapse of Complex Societies*. Cambridge: Cambridge University Press, 1988.

地方集团实行自治。因而是一个自主部落的集合体。而周人为了亲自治理其所征服之地域,乃将大量王室后裔、近亲、功臣、盟友,甚或前代的旧贵族分封于各地。许多诸侯与王室因奉祀共同的祖先而在精神上紧密相连,各类诸侯为了在统治地区内扎根,亦需要与王室相互支持。① 由于交通条件和技术、军事技术、知识体系、信息传播渠道等等的限制,②设想就如后世一样建立一个高度发达的官僚制帝国是不现实的,因为制度成本方面的考虑完全不支持这样的体制,反而分封制是最现实、也是最经济的选择。而周礼之强调宗法性,与极其注重朝礼、聘礼,便是镶嵌在这种制度上的成分,强化了统治上的联盟关系。③

周王室直接控制的区域集中在今陕西境内。当时周人的农具主要应为木制的耒、耜。④ 而铁制农具的普遍使用,要迟至战国时期。这样对于周人,土层较为稀松的黄土地带反而是更易于耕垦的。⑤ 但在当时的条件下,能否有足够的农产品剩余物,以供养一个庞大的全国范围内的官僚机构呢?答案恐怕是否定的。⑥ 设想

---

① 参见李峰:《西周的灭亡:中国早期国家的地理和政治危机》,上海古籍出版社,2007年,第2章。
② 车马是当时的主要作战和交通工具(参见杨宽《西周史》,上海人民出版社,1999年,第661—663页),而对其交通效率,显然不宜有太高的估计。
③ 《左传》中此二种礼的出现频率仍然很高,这应是西周时期状况的延续,及当时看重诸侯间战略联盟关系的产物,而西周自应重视以王室为中心的联盟。
④ 参见杨宽:《西周史》,上海人民出版社,1999年,第224—225页。
⑤ 参见杨宽:《西周史》,第232页;其中述及李亚农《西周与东周》一书中的观点。
⑥ 据《诗经·周颂·臣工》,可知西周时代的耕作制,有所谓"菑田"、"新田"与"畬田"。《尔雅·释地》云:"田一岁曰菑,二岁曰新田,三岁曰畬。"后人或将此解释为有类于欧洲中世纪的三圃制。杨宽认为菑是第一年刚开垦的田,"新"为第二年已能种植的新田,"畬"为和柔之熟田,虽然其时流行抛荒与休耕的制度,但不必是西欧式的三田轮种,参见杨宽:《西周史》,第234—236页。从人地资源比例考量,基于当时的农业生产能力——耕作制是它的一种指示——能供养的有闲阶级为数有限。

一下,如果帝国境内的遥远地方,发生了叛乱,周王室直接掌控的军队,是否可以迅速地到达,并且在平乱期间有足够的补给?答案也还是否定。倘若西周军队派驻各地,王室则难以对其有效地驾驭。与其让各地军队的首脑拥兵自重,则不如采纳分封的方案。再者,对于科层制所必需的文字记录工作,在当时由于使用竹简,这方面的效率是低下的。所以我们说,分封制乃是当时条件下的理性选择,是值得对之进行投资的一项制度。因而西周的灭亡是内外各方面政治危机的后果。随之而来的,则是周王室对诸侯的实质控制力的衰弱,只保留了名义上的宗主地位。这是先前西周所建立起来的军事、政治优势不复存在,以及随着时间的推移,先前由宗亲关系和礼仪维系起来的准封建式效忠渐行瓦解之结果。

要之,以制度成本—效益的分析,来诠释制度的建立、演化和消亡,是一项颇具吸引力的计划。它涉及在特定历史框架内,与基本价值相关的解决问题的压力(它部分地决定了对制度效益的某种衡量)、技术、环境、可资利用的既有制度、沟通渠道、知识水平等因素所决定的成本方面等。[①] 我相信,这种分析即使不能适用于所有的规范类型,还是可以用来解释相当一部分的规范类型或者一些综合性的制度。

三、民俗:包罗万象的规范总和

民俗(folklore)是较为初级的规范类型,甚至是一个极为杂糅的规范大家庭。其所调节之对象,几乎涵盖了人类生活的所有领域。而将民俗视为独立的类型,主要是基于它在形成机制、基本特征、调节手段,以及所扎根和服务的社会阶层等方面相互关联,又自成一体的特征。其形成乃是潜移默化、源远流长和约定俗成的,

---

① 对于这种分析的更全面、更详细的解释,参见第8章第4节。

有的原型甚至可以追溯到尚古时期。通常,民俗具有社会性(或集体性)、类型化、模式化、传承性和播布性等特征。[①] 有时,统称为民俗的规范,所涉及的类型特征,比较混沌,缺乏明显分化;但它主要依靠舆论和行为的惯性来调节,这一点并无疑问。此外,"民俗"一词原本就是用来指扎根于中下层劳动人民,为他们所喜闻乐见的一系列生产、生活中的习惯。

民俗即古人所谓的"风俗",指在地缘、族缘等某种天然纽带中聚集起来的人群中广泛流传、影响深远,具有社会性、集体性特征的那些类型化、模式化的人类的生产与生活方式。既然这种生产和生活方式是类型化与模式化的,其中便渗透着很多规范的因素。这样的规范受其中的人际互动的制约,并经由这样的互动而传播开来,但其过程不受个人控制,其所运用的符号不体现个性特点,即并非源自个人风格的精致创作。而且,越是早期的民俗事象,似乎越是体现互动性、自发性、简易性之特征。要之,民俗是经集体性的同意而成立,不是源于某个个人或机构的意志,常常借助舆论的调节,根本上不是强制性的。

民俗多是长期实践累积的结果,不仅能够融入实际,而且已经在实践着了。民俗事象所涵范围甚为广阔。这是因为人类生产、生活的几乎所有领域,都难免存在类型化、模式化的方面。而类型化、模式化就意味着人们对这种方式及其所处理的事物的属性,比较熟悉、比较有把握。通常在类型化中储存了实用的分类知识,而在模式化中则储存了各种各样的经验,人们意识到这些是他们应付相关的自然或社会挑战的行之有效的方式,因而在没有看清楚

---

① 这些特征其实在我们的定义中已经给出,不过对它们的更明确的阐述,可参见陶立璠:《民俗学概论》,中央民族学院出版社,1987年,第1章。

第六章 规范的类型化

新的方案的前景,或者选择新的方案要付出另一些方面较高社会成本时,人们倾向于保留熟悉的方式。这或多或少解释了民俗的保守性方面。通常,身处某一民俗之中的人,对这一民俗的起源与目标所作的说明,往往是与它的实际功能不相关的,甚至是相左的。因而民俗的实际功能和目标就处在晦暗不明的背景和错综曲折的误导之中,其探赜索隐的工作尤须"具体问题,具体分析"。

有的学者将民俗涉及的主要方面,罗列如下:

(1)物质生活方面:土地和村落、房屋建筑、饮食、服饰、生产(渔猎、畜牧、农业、林业、手工业)、交通运输、交换贸易、民间科技(历法、医药等);

(2)社会生活方面:家族和亲族、民间组织、交际惯例、礼节和礼数、人生礼仪、岁时风俗、民间的伦理道德、习惯法;

(3)精神生活方面:神话与民间传说、巫术、禁忌、祭祀礼仪、语言民俗、民间艺术、娱乐游戏。

这些部类包罗万象,几乎将日常生活的方方面面均囊括在内;且各子类型之间又相互渗透,虽归列不同方面,而每每是你中有我,我中有你。

物质生活方面当为民俗的基础,其中惯例的使用、模式的安排,最能体现效用的原则。在此之后,才涉及某些美学风格的考虑等。所以物质生活民俗,总是按照人类不同的基本需求类型而引申出不同的民俗领域。例如由饥渴产生饮食的需求,又为满足此等需求,结合特定的技术与生态条件而产生饮食的民俗等。大致可由需求、原料(含素材、工具)与技术这三要素的组别来决定物质生活民俗的个别领域,因而其核心部分的特征比较明显,虽时常有其他类型的民俗的配合,但本质上不必依赖它们,例如房屋的选址、奠基、建成与乔迁,可有特定的堪舆、择吉、庆典、巫术与禁忌等习俗的渗透,但也可采纳相关民俗的另一些方案,甚至可以根本没有这一系列相关民俗的配合。根本上来看,对房屋与居住民俗的辨识并不依赖这些偶然随附的特征。

社会生活民俗的最重要的作用领域,是人自身的再生产与人际关系的协调,这种协调主要是为了一般性地营造温情脉脉、田园牧歌般的情调,为了塑造高度社会化的、甚至看上去有些千篇一律的个人。而基于这样的社会化环境,进一步的分工协作以及诚信机制就有了一定的保障。因血缘、族缘、地缘或职业因素形成的各类民间组织,通常既是协调行动,也是利益共享的单位。可是泛泛而言的"交际活动",譬如其中一些通行的礼节,几乎渗透在每一种人类生活的领域,正因此它又不同于其他任何一类民俗,而构成了经纬交织的另一向度。

人生礼仪和岁时风俗在民俗中非常重要,甚至可以单独开列。人生礼仪主要围绕诞生、成年、婚姻、丧葬等重要方面,即依照个人的生命历程来展开。虽是围绕着个人的视角,但是作为民俗却也并不带有明显的个性成分,而是强调其共性的一面,强调其社会责任。要之,此类民俗的组构是围绕个人生命的阶段性过渡这一贯穿的主线,充分地、几乎是不受限制地运用了其他民俗原素,地点、方位、历法知识、饮食、服饰、交通工具、交换贸易(如礼物的往来)、交际礼节、娱乐、巫术、禁忌、语言、伦理等,都可能是人生礼仪所涉及的要素。所以它是更加立体地交织起来的民俗体系中的又一个组别。

岁时风俗亦然。显然它不是简单地按照需求类型划分的单一的民俗,而是许许多多民俗要素、包括物质性要素的组合。贯穿岁时风俗的主线是对于周期性循环的气候要素的自然的或文化的适应,其中围绕节日的各项民俗特别引人注目。岁时风俗的安排也起到了某种社会性身份的认同、重申基本的人文、社会价值、增进社区生活的乐趣等等作用。中国民间原本就有各种各样的节日。有些其间还会举行各种迎神赛会,在今天各地的迎神赛会中,仍可看到竹马、旱船、钟馗驱鬼、舞狮、舞龙这些百戏表演的热闹场面,其和洽百姓、敦睦人群的功能实在是不容低估的。

然而,对于中国传统村落的凝聚力最具影响的岁时风俗,当推包括社祭和社戏的各项围绕"社"的活动。至迟在周代,民间的社祭已渐渐成为乡村聚落中的生活重心了。这一点一直持续了下来。以后一般民间所流行的"享寿星"、"报勋庸"、"求丰年"、"卜禾稼"、"祈粢盛"、"赐社饭"、"送社糕"、"宰社肉"、"杀社猪"、"喷社酒"等等多半仍然包含着农业文明的祈愿。另外可以说,在村社范围内实践着的各种包罗万象的宗教礼俗含有相当多的大众娱乐的成分。诸如族人、乡人的欢聚宴饮,观戏赏花灯和迎神赛会等,在提供给乡民们农忙间隙或一年的农事结束之后的种种休闲、娱乐的同时,也渗透着浓酽、淳厚的人情味。

精神生活的民俗,几乎都更加强调符号的运用;比较而言,在这些民俗中,所谓符号的运用,亦即指它是立足于口头的或文字的叙事,或托身于某一种象征的形式当中,或者更具体的是以行动程式为运用象征的基本单位,即属于仪式性的。在这些民俗中可能只有祭祀礼仪等有庙宇这样的空间—物质形态的基础,可是它们也一样以符号的运用为核心。在符号所指的内容平面上,精神生活的民俗有不少是对其他民俗层面的展现与解释[①],如对它们的起源的解释,对其中所发生的那些有意味的事件的叙述和演绎,对

---

① 但如若认为,基于符号性运用的民俗,对于人类生活来说,总是派生的、次要的,就显然是一种误解。譬如语言就是一种民俗,因为它符合我们归于民俗的那些基本特征,可它在生活中须臾不可少。

其中的问题的突显和评论等。质言之,神话、民间传说、评弹说唱、谜语等往往是反映性质的。某些巫术和禁忌,可能是生活经验的总结,却披上了"巫"或迷信的外衣。但就其同时获得精神上的满足感来说,将其归入精神生活方面,也未尝不可。

当然这些注重符号价值的民俗,也不全是对另一些领域的反映。有时它们侧重表达一定的情绪与动机,诸如通过祭祀表达其欲求和希冀,安抚其焦虑和恐惧。通过表达,这些情绪给予自己特定的形式,被类型化,并通过恰如其分地被感知,而得到了特定方向上的强化。此外,在民俗当中也有纯形式意味的符号运用,一般仅限于游戏或者比较直观的装饰性的美术等。即使这些往往也缺乏精致、复杂的形式主义。虽然它们不是反映性质的,但却可能是某些较为一般的情绪或美感的表现。

精神生活方面的民俗往往缺乏源于自身理由的独立性。它们无法像物质生活的民俗那样,可按需求类型,或者像某些社会生活的民俗,按某一条逻辑的主线将其领域相对独立地区分开来。然而,前两方面的民俗却可能到处渗透着精神生活的元素。譬如某地区的食俗,就可能包含某些巫术、禁忌的手法,有关它的起源的民间传说,对历史上某个擅长此类菜肴的厨师的神化和对它的祭奠,围绕这种食俗的一些语言上诙谐的习惯,这些菜肴所体现的民俗美学的意蕴等等。

民俗事象中,本来就可能掺杂着一些民间信仰的成分,渗透着巫术性思维,带上它的烙印,而且基本上都是为了祈福迎祥或禳灾避难的心态,这应该是很常见的情况。如在中国传统社会,很多节日活动的设计,本就是围绕着宗法性的崇拜、俗神信仰或是某些巫术动机而旋转的。就拿这些节日中最隆重的"过年"来说,其间一般是要举行隆重的祭祖、祭社或者祭拜本行业祖师爷的活动。又如放鞭炮意在吓鬼,贴春联则为避鬼,而元宵节又称"上元",据说是天官生日,又是天官赐福之日,也是第一代道教天师张道陵的生日。十二月八日的驱傩迎腊,更是源于尚古的巫术。按古礼的记载,腊日要举行两种祭祀——祭祖和五祀[①],后者或系原始巫傩的折中形式。当然随着时间的推移,其原本可能相当浓烈的宗教与巫术的气氛,是处在不断淡化的趋势之中。[②]

民俗堪称原始规范在文明社会中的遗存。其实,原始社会中的规范往往也具有民俗的若干特征,例如主要依靠自发性的形成机制,依靠人际间不知不觉的默契、依靠舆论而非强制性的手段来调节。但是原始规范主要产生于阶级或阶层未经分化、文化呈现一体面貌之时期,然而"民俗"一词却指向社会阶层既经分化后的阶段,此时文化亦相应产生精致与俚俗的区别,因而它主要是指在缺乏个性化分别的人群中,那些潜移默化流行着的所谓类型化、模式化的文化形态。人类的规范体系就好像一种复杂的地层结构,原始规范或者说具有它的若干基本特征的规范类型并未完全消失,而是以宗教性较为弱化的面貌在民俗的层面上持续发生作用。

四、文明体系暨规范体系

接着第二小节的一个话题:我们知道,实质契约与隐性契约间的区别,也就是有意订立与潜在默契之间的区别。在一些文明体

---

① 五祀就是祭门、户、井、灶、中霤,参见[清]陈立:《白虎通疏证》,中华书局,1994年,第77-82页。

② 例如,在欧洲很多地方,每到春天或初夏甚至仲夏的时候,欧洲的农民要到树林中去郊游,砍一棵树带回村子里,在一片欢呼声中栽将起来;或是在树林中单纯砍些树枝,回来插在家家户户的房子上。在五朔节期每家门口要栽一棵山楂树,或是从树林中带回一棵。这些当是早期日耳曼部落树神崇拜的余绪。参见[英]弗雷泽著,徐育新等译:《金枝》,中国民间文艺出版社,1987年,第183页。但在基督教的欧洲,这当然不能堂而皇之地被视为对树神的崇拜。

系中,人们极为重视契约关系,进而将它推扩为普遍的规范形成机制。的确,抵达美洲的五月花号上的清教徒,签订了一份契约。① 可是同样的事情从来没有在一个国家之中发生,但是卢梭等人却把过去仅有微弱的默契,甚至基于博弈考虑的某些东西,推到人类的真理和意识形态目标的高度。他的或者其他人的契约论学说,无论是否有道理,它们都是西方契约论传统的一部分。而这一传统则是西方文明的特殊性的某种反映。形成这种特殊性,很可能与犹太人或欧洲民族的商业文化有关。② 即使按照学术的规范化研究有可能揭示某些相对普遍的结构或规律,但实际上不同的文明对这些普遍特征的反应——进而它的表现——各不相同。

每一种文明都是活生生的、有思想的,并有自己的风格。文明体系堪称是规范的体系。而体系性的差异,可由很多方面观察到:自然语言中,不同的划分规范种类的语词,展现了不同的视域和不同的价值侧重点;在规范实施方面,不同的机构设置或者角色赋予;或者,按照不同的原则和思想来组织规范的体系,等等。③ 下面便以中国古代丧服制度中宗法性的体现、伊斯兰教法学中的

---

① 1620年,一批清教徒移民(the Pilgrims),乘坐"五月花号"横渡大西洋,并在航行中缔结的庄严盟约的精神鼓舞下,开创了朴茨茅斯殖民地,他们在组织形态上有公理会的背景。这批乘客中有三分之一,早先曾逃到荷兰莱登去寻求宗教自由。按其盟约有云:"自愿结为一民众自治团体";并将来遵守"被认为是对这个殖民地全体人民都最合适、最方便的法律、法规、条令、宪章和公职"([美]拉维奇编,林本椿等译:《美国读本——感动过一个国家的文字》,三联书店,1995年,第4—5页)。可谓是契约论实践的一个历史样板。

② 基督教的前身犹太教早就有具普世价值的契约观念。据《旧约·出埃及记》等,十诫的内容,乃是摩西在西奈山上与上帝所立约中针对世人的部分,故立约柜以贮之。罗马法中对于契约的形式非常重视(参见周枏:《罗马法原论》下册,商务印书馆,1994年,第654—780页),这应是古代地中海地区贸易发达所致。

③ 柯武刚等在《制度经济学》提到的"元规则",即规划和设定具体规则的抽象原则,与此相似。

第六章 规范的类型化

happ 概念与印度教法文化的 dharma 观念为例[1],来看看规范建构的思想是如何影响规范体系的。这些因素都与法律体系有关,且在其他文化看来又都是极为特殊的,因而是横向比较的好素材,当然远未达到完整地说明各个文明特色的程度,不过对于仅仅证明规范体系总是随着文明而严重分化来说,甚至各自地加以描述就已足够了。

儒家的奠基者孔子,一生都孜孜不倦地致力于教育事业,一心想要恢复他心目中"郁郁乎文哉"的周礼。[2] 不过,孔子本人及后世所谓之"周礼",虽有实际历史的影子,但恐怕更多地是他们心目中的理想模型的诉说,是想象中的周代的制度和伦理的统称。但正是这亦真亦幻的范型,成为后世建构各方面制度的引领。公元前134年,即汉武帝元光元年,诏贤良对策,乃因经学博士董仲舒献议,始确立"罢黜百家,独尊儒术"之国策。这是一个标志性事件,儒家思想此后成了官方意识形态,相对其他宗教或学派,具有难以企及的垄断地位。此种状况一直延续到近代才被颠覆。儒家很注重社会上的等级秩序,同时又看重家庭关系的亲密性,强调尊重长辈,并试图把这些要素放大到社会结构上。

中国的家族是父系的,也就是说,与家族这样一种社会性单位相关的祭祀与礼仪、权利与义务等,主要考虑父亲方面的血亲,特

---

[1] 印度文化的大传统(great tradition)和作为其一部分的印度法律,既在印度全境生效,亦传播至锡兰、缅甸、暹罗、柬埔寨、苏门答腊、爪哇和巴厘各地,遂吸纳各地丰富的习俗、信仰,采用其符号和制度。各地的差别程度,足以认为在每个社群都已衍化为特定的变种,彼此仅表现为一种近亲关系,这和伊斯兰教法在播散过程中的趋同性特征迥异其趣,后者所具地方差异主要是对教法学派的认同不一。

[2] 《论语·八佾》第14章。

别是这方面的等级。① 又《礼记·大传》云:"四世而缌,服之穷也,五世祖免,杀同姓也,六世,亲属竭矣。"丧服体制至缌麻而止,这也是父系血亲绵延四世之界限。② 基本上可以说,服制的范围就是一种社会化体系所考虑的基本亲属关系的范围,服制的等级进而又是古代家族主义法的主要参考因素。

丧服,就是人们为哀悼死者而穿着的服饰,所以在着色、款式和象征上都要体现人子的哀痛之情,力图素朴、简净,杜绝艳丽、繁缛。但这只是事物的一个方面。在古代的礼制中,丧服还要体现宗法社会里的"亲亲"、"尊尊"原则,③因为在这样的社会里,在宗族里就是依据血缘关系的亲疏决定相互间的权利和义务的多少,在政治生活中权力则常常与身份的等级相配合。

丧服制度的基本要素是所谓的"五服",按服丧的重要性等级排列,即斩衰、齐衰、大功、小功和缌麻。这五种不同的服制,除了服饰本身的差别,更就由相关人士与亡者的关系所决定的,适于某一种服饰及相应服期的情形,作了极详尽的规定。这两个方面,前者可称为"服饰",后者可称为"服叙",另外还有主要依服叙不同而规定的一系列行为准则,可称为"守丧"。④ 以下依《仪礼·丧服》

---

① 母亲方面的亲属则较为忽略,丧服服制极轻,《仪礼》称"外亲之服皆缌麻也";但又称外祖父母以尊,姨母以有母之名份,而从小功服,即在缌麻之上加一等。

② [清]孙希旦:《礼记集解》,中华书局,1989年,第909页;同姓五世亲所服曰袒免,非基本丧服;又如《仪礼·丧服》云:"朋友皆在他邦,袒免,归则已",指客死他乡,暂由友人代主丧事之服。

③ 关于服丧须遵循的原则,《礼记·丧服小记》云:"亲亲、尊尊、长长、男女之有别,人道之大者也。"《礼记·大传》则云:"服术有六:一曰亲亲,二曰尊尊,三曰名,四曰出入,五曰长幼,六曰从服。"

④ 丧服制度之分解为服饰制度、服叙制度与守丧制度,参见丁凌华:《中国丧服制度史》,上海人民出版社,2000年,第3页等。

中有关记载作一下介绍。①

表 6-2 丧服制度的基本要素

	服饰	期限	适用的基本关系
斩衰服	斩衰裳、苴绖、杖、绞带、冠绳缨,菅屦者	三年	子为父、臣为君、父为长子、妻妾为夫等
齐衰服	疏衰裳齐,牡麻绖,冠布缨,削杖,布带,疏屦	三年,或一年杖期与不杖期②,或三月	齐衰三年期:父卒为母、母为长子等;齐衰杖期:父在为母、夫为妻;齐衰不杖期:为祖父母、昆弟、父为庶子、祖为嫡孙、媳妇为公婆;齐衰三月期:为曾祖父母、为宗子等
大功服	略	九月,或七月③	九月成年服:为出嫁之姑、姊妹、女、为堂兄弟、出嫁女为兄弟等;大功九月殇服:为子、女、姊妹、兄弟、嫡长孙等之长殇④;七月殇服:为与九月服相应范围之中殇;
小功服	略	五月	成人服:为祖父之兄弟及妻、父之堂兄弟及妻、外祖父母等;殇服:为女、嫡孙等之下殇
缌麻服	略	三月	为曾祖父之兄弟及妻,父之姑,为外孙等

五种基本服制,既经种种变化,可演为 23 种服制,适用于 138 个场合,其精密程度令人叹为观止。汉代以后,丧服制度基本上完整地保存下来,特别服叙还扩展到法制领域,成为参照亲属关系确定量刑重、轻的依据等。

丧服制度的三个要素,即服饰、服叙和守丧所构成的关系,

---

① 关于先秦服叙的规定,经典依据是《仪礼·丧服》;但是所规定的那些针对先秦时期的士、大夫、诸侯身份的服叙,因其政治基础即分封—世袭制退出历史舞台,遂在秦汉时逐渐销声匿迹。

② 所谓一年期,王肃认为实际上是 13 个月,郑玄认为 15 个月,"杖期"与"不杖期"区别在于后者不主丧、不用杖。

③ 其中九月期又分为"成年"和"殇服"两种。

④ 长殇是指 16 至 19 岁夭折;中殇指 12 至 15 岁;下殇指 8 至 11 岁。

可成为符号学研究的经典案例。"服饰制度是亲属关系等级的外在符号标志,也是丧服制度命名之发轫;服叙制度是亲属关系的内在等级序列,也是丧服制度的主干部分;守丧制度是亲属关系等级的外在行为规范,也是丧服制度的伦理目标。"[1]在法律关系上,即使没有为违法者或相关者服过相应的丧服,但只要这种由丧服加以标识的亲属等级关系客观存在,它就是量刑的参照因素。

丧服制度由礼俗的领域跨越到法律上的运用,主要体现在两个方面:其一,即按照服叙制所对应的亲属关系的亲疏差等,而决定相应的权利和义务,特别是与直接责任人的连带责任,一定意义上可视为宗法伦理的差等原则在法律实践上的体现;其二,将守丧的礼教涵义确定为一类主要是限于行政法方面的规范,即对官吏守丧给予时间上的保障,而违犯此项义务,也有相应的处罚上的规定,所谓"丁忧制"是也。这两个方面都是和中国古代法的家族主义法的特征有关。要之,所谓"家族主义法",即在各种权利和义务的规定上充分考虑家族等级制和亲属关系的特征。[2]

服叙制在法律上的适用,最重要是刑法领域里的"准五服制罪",这也是古代的家族主义法的重要方面,尤为典型地体现于"亲属连坐"和"亲属相犯"两个方面。前者指其刑罚方式,后者指其不法行为。即前者是指依服叙的远近追究与直接责任人有相当亲属关系者的连带责任大小;后者是指涉及不同亲属关系范畴的成员

---

[1] 丁凌华:《中国丧服制度史》,第3页、232页。
[2] 中国法律史的家族主义特征有很多体现,例如汉代首创允许亲属相互隐匿犯罪的条例,就是其典型体现之一,这源自对孔子《论语》中"父为子隐,子为父隐,直在其中"观念的司法解释。

之间的侵犯事件必须予以差别量刑——所谓范畴的不同也可以是仅指关系的矢向上(如"父对子"与"子对父"之不同),而"尊犯卑"则量刑较"卑犯尊"明显为轻。

"准五服制罪"的最好范本应属《唐律疏议》。据对其中154条家族主义法的分析,服叙或亲属称谓在唐代的法律中,主要涉及亲属相犯、亲属特权、亲属株连、亲属婚姻和亲属杂坐等几个领域。① 关于亲属相犯,据说"在81条服叙法及154条家族主义法中均约占半数条文,主要集中在斗讼、贼盗两篇中"。② 处理这类违法事件,引入服叙之后可将处罚原则予以细化,通常是"卑幼侵犯尊长,服叙越近处罚越重;相反,尊长侵犯卑幼,则服叙越近处罚越轻。"③即服叙上认定其关系越是接近的长幼之间,长辈对后辈拥有越大的权力。

亲属特权主要见于《名例律》,在《唐律》的家族主义法中位列第二,其表现凡有二类,一者"荫亲",即犯罪者若与皇室有亲属关系或具其他特殊身份,其犯死罪者,主审官便不得擅自定罪,须奏陈其罪状及应请或应议之理由,或径由皇帝裁定,或依诏集议后再由皇帝裁定。可享有"请"的特权者之范围较享有"议"的特权者为宽豁。④ 二者"亲属相隐",即藏匿犯罪之亲属者,可豁免或量减其刑罚。按规定,豁免权适用于大功以上亲等,如系小功、缌麻亲之

---

① 丁凌华:《中国丧服制度史》,第220-225页。

② 丁凌华:《中国丧服制度史》,第220-221页。这是与南北朝以来亲属相犯条文的增加趋势相适应的,说明家族主义法与'准五服制罪'的重心已从亲属株连(如族刑)转向亲属相犯。

③ 丁凌华:《中国丧服制度史》,第221页。

④ 凡八者可请"议",即亲、故、贤、能、功、贵、勤、宾,其中亲者如皇帝之祖免以内、太皇太后和皇太后之缌麻以内、皇后之小功以内(然而这里仅指本宗而言,不论外亲与妻亲);可"请"的范围如皇太子妃大功以内、上述可议亲的皇室成员之期亲以内及孙、子孙妇等。

相隐,可较凡人隐匿罪量减三等处罚。①

据说,"《唐律》中规定应株连亲属的犯罪种类并不多,包括谋反、谋大逆、谋叛、杀一家非死罪者三人及肢解人、造畜蛊毒等,可以说是历代法律中涉及株连的犯罪罪名最少者。"②即使株连最广之罪如谋反和谋大逆,亦仅及本宗直系亲属及期亲③,而据《唐律疏议·贼盗律》,受死刑的仅其父及16岁以上的儿子。因而就此方面刑罚而言,可说是古代法中最为宽平的。总的来说,由服叙制对其适用关系予以细化的家族主义法,堪称典型的传统中国特色。

与西方的规范体系,注重契约关系,甚至将其理想化为宪政的基石,以及中国古代倚赖礼制和宗法关系的特点相当不同,伊斯兰教与印度教法文化中的理念,展现了各自的特点,而后两者的区别,又可以拿前者教法学中的重要概念 $happ$ 与后者的 dharma 观念相比较。据说 $happ$ 的意涵是:

> 它把一种职责的学说确定为一系列纯粹的主张、对杂乱事实的陈述、一种意志结构而不是客体结构,它把真实视为本质上是命令性的……道德在我们看来是"应然",但它却变成了一种描述,而本体对我们来说是"实然"之家,它却变成了一种要求。④

穆斯林以 $happ$ 一词所欲阐明的正是:真实的存在就是某种应当予以回应的命令,因而这是一个意志与意志相遇的世界,一个

---

① 丁凌华:《中国丧服制度史》,第222页。
② 丁凌华:《中国丧服制度史》,第223页。
③ "谋大逆"谓谋毁宗庙、山陵及宫阙,参见《唐律疏议·名例》,刘俊文:《唐律疏议笺解》,中华书局,1996年,第57页。又此言"期亲"略当"齐衰"等,谓伯叔父母、姑、兄弟、姊妹、妻、子及兄弟子之类,依律又将曾祖父母和高祖父母与"期亲"同论,参见刘俊文:《唐律疏议笺解》,第119页。
④ 梁治平编:《法律的文化解释》,三联书店,1994年,第98页。

第六章 规范的类型化

被深刻道德化了的、蕴含其要求的真实,而非静观中呈现的抽象存在。happ 一词反映了事物最基本的存在样态,而事物的存在,归根究底,无非是由于造物主的权能。所以,"Happ,一如 al-Happ,实际上是神的称谓之一,同时由于它与'言说'、'力量'、'生命力'和'意志'等相勾连,所以它也是神的永恒性特征之一。"① 这一点在穆斯林中家喻户晓。Happ 所指的既是真实本身,又是神或者神的德性。这个词变换一下音素形态,它的意思也包括"正当"、"职责"、"权利"、"义务"、"要求"、"公平"、"有效"、"合理"等,② 可见也是一个极重要的法律术语。

在司法领域里,与抗辩制度的不完善相映成趣的是,特别注重所谓的"规范作证"(normative witnessing)。在穆斯林的卡迪法庭上,只有口头证词才有意义,而书面文件或物证等,仅当它们也被视为口头证据的一部分时才能生效。而在伊斯兰教法的形成期,旁证或物证甚至一概不予承认。提供口头证词的人必须是被认为道德上完全可靠的,这种刻意的要求导致了委任证人制度的出现。他们是由卡迪通过一套固定的考核程序一次性择定,此后便作为专门的证人经常出庭。在中世纪的穆斯林法庭上,诉讼当事人必须通过他们提供规范证词,而法官在多数情况下只相信此类证词,却不管当事人怎么说。

不仅正式的常设证人数量庞大——在 10 世纪甚至达到了 1800 余人——录用与考核证人的程序也相应地变得复杂,一般来说,这是卡迪的主要职责之一,他可以解除前任所选证人,重

---

① 梁治平编:《法律的文化解释》,第 99 页。
② 梁治平编:《法律的文化解释》,第 100 页。

新予以择定。进而还衍生出所谓"第二级证人"(Secondary witnesses)的组织,即"证人的证人",作为证人来为普通证人的正直诚实度作证,或在后者适逢亡故、外迁等代为作证。根据规范证词所作裁定的法律效力是不能撤消的,所以一旦出现伪证,结果便是灾难。

这种公证人制度的影响极为深远,即便今日,"不管穆斯林的法律意识变得多么世俗化,由正直的、道德的证人向恪守法条的法官陈述道德真实的观念,依旧渗透于他们的法律意识之中。"[①]阿拉伯世界的世俗法庭,拥有很多真相提供者(truth bringers),其地位和作用类似于"规范证人",其证词的可信度和法律效力已经不如以前,但仍然被认为具有与其宗教境界和德行相当的分量,而不同于一般的当事人或者被告的证词。

印度教法文化中的 dharma 概念,注重每个人在社会的种姓。如果说伊斯兰法文化中的 $Happ$ 一词所表达的路向是将"应然"解释为"实然",那么印度教法文化中的 dharma 则是相反地将"实然"解释为"应然"。在印度教的法文化区域,仍然以一种明晰而稳定的、可溯源于《吠陀》的观念作为依托。此一观念根本上是一种关于地位和责任的宇宙性教义。它特别典型地表现在 dharma 一词中,梵文专家认为这个词根本是不能翻译的,可勉强解说为:法律、惯用法、习惯礼仪、职责、道德、宗教品行、优秀作品等。[②] 而在佛教中更是将其理解为正当、真理、必由之路等,在汉译佛典中,或将其音译为"达摩",或将其意译为"法"。

---

① 梁治平编:《法律的文化解释》,第104页。
② 参见梁治平编:《法律的文化解释》,第109页。

第六章 规范的类型化

种姓制基于等级和职业集团的身份。① 它不仅禁止不同种姓间的通婚,甚至禁止他们友好的社交往来等,违反了种姓间的戒条,就要受到惩罚,以至于成为失去种姓的人(out-castes),也就意味着失去他在社会中的基本坐标,这是相当严重的后果。

作为术语来看,dharma 既是规范性的,也是描述性的。它表示:宇宙中的所有存在是按种类进行了组织,每一种类都有各自的本性和据此本性而产生的行为规范,本性和行为规范或道德准则实属一致。在印度人看来,毒蛇噬人、盗贼偷窃、魔鬼狡诈、天神好施、圣贤节欲、儿孝母慈之类,俱是各自的达摩所为。某一存在者的 dharma,既是其作为类的特征,也是他作为个体的职责。倘若拒绝按其 dharma 而行,后果不止是道德失范,亦是对其本性的损害,即丧失存在的理由。像西方文化那样将"自然秩序"与"法律秩序"加以区分的视角,在印度教的法文化中是陌生的。

有一则 17 世纪的耶稣会传教士收集的传说,能够很好地表明:对自身 dharma 的遵循是真正合乎伦理的行为,并且是其他一

---

① 种姓制及其理念,在印度教文化圈,堪称源远流长。从大约公元前 7 世纪末开始,占领印度的雅利安人的婆罗门祭司业已开始宣讲,有四个明确的社会集团,此即:婆罗门——祭司;刹帝利——武士;吠舍——平民,即雅利安-达塞人中的手工业者和农民;首陀罗——奴隶,大概完全是达塞人(雅利安人侵者将抵御他们的土著称为达塞人 Dasas or Daryus)。或其他非雅利安土著。参见[美]约翰·B·诺斯等著,江熙泰等译:《人类的宗教》,四川人民出版社,2005 年,第 116-133 页;佛陀时代也正是印度社会中的种姓制度逐渐建立起来的时候。而它的定型还要经过好几个世纪。由于原始佛教提倡众生平等,故而对婆罗门所鼓吹之种姓制,持不赞成意见。在种姓制不断发展的过程中,四大种姓内部又衍生出很多复杂的区分,其中多数实际上是行业组织。亚种姓即阇提(jatis)号称有数百个,彼此间同样是排他性的,包含禁止通婚等多项规范,各自把成员束缚于一定的生活方式和伙伴之中。此外"每个种姓都有它的地方组织,维持纪律,分配各种慈善布施,照顾本种姓的贫苦人,保护其成员的公共利益"([英]韦尔斯著,吴文藻等译:《世界史纲:生物和人类的简明史》,广西大学出版社,2001 年,第 201-202 页)等等。

切德行和品质的基础。这是关于一个富人和他的两个妻子的故事,其大夫人甚丑,虽生有一子,却失宠于富人;其二夫人因貌美而甚得欢心。大夫人遂生嫉妒,设法报复,每在人前表现爱子之情,令人生信。某日竟掐死其子,伺二夫人熟睡,置于后者寝床,以构陷于彼。众人将二女交由某婆罗门法官审讯,法官命曰:"无辜者请绕这议会大厅一圈"。大夫人说:"倘若必要,我愿走上一百圈";二夫人则说:"我绝不做这事,而宁死一百次。"显然,按女人的 dharma 而言,这要求本身是极不合适的。所以,法官判定,大夫人有罪,二夫人无罪。[1]

古代印度并非在每个人天赋平等的"自然法"意义上理解法律的适用性,其法律的内涵是"表现为特定的人据其特定地位在特定情势下所应遵循的特定规则中所含有的特定职责"。[2] 从理论上看,整个印度法的体系即包含在上述理解的 dharma 概念中,各种姓、各职业各有其本性,即各有其 dharma,因而也各有其适用的法律,而法律的效用正是要维护 dharma,即维护等级、职业群体间的稳定界限。在殖民统治以前,印度文化圈存在各种各样的法庭,且其规则和规则适用的群体也是多种多样。这是由于职业团体和种姓可以任意专断地打破国家的法律约束。团体自治的司法实践,例如种姓司法,所拥有的最具威慑的强制手段是:驱逐出种姓。

历史上,除了若干短暂的时期,印度一直是处于四分五裂的状态。曾经在印度,存在着庞大的种姓体系和种姓内的议会制度,小君和大君并立,前者统治处于支配地位的种姓,后者统治大的地方性王朝,一大批各样的法律顾问分别为之效力。[3] 由法

---

[1] 参见梁治平编:《法律的文化解释》,第 117 页。
[2] 梁治平编:《法律的文化解释》,第 111-112 页。
[3] [英]韦尔斯:《世界史纲》,第 202 页等。

律顾问们给出证明,掌权者执行——或许是唯一的普遍原则。在各类角色中,据说,王的职责,即王的 dharma 就在于捍卫整个的 dharma,所以王在印度的司法实践中居于核心地位,他利用博学之士、神职人员或者婆罗门为顾问,以保护个人遵奉其自然法则。

韦伯称"印度的司法并不否定魔法的和理性因素的奇特的混合,这种混合一方面符合宗教的性质,另一方面又与神权政治的一父权家长制的对生活的治理相适应。"[1]其所谓魔法因素,或可见诸诉讼举证的程序,如规定举证时应宣誓,通常三个证人即可证明事实的存在,特别是"神明裁判"和决斗也是证据。又在家庭法方面,规定家庭的权力都集中在男性家长手中,妻儿与奴隶处于同等地位,妻子要像敬神一样尊敬其丈夫等等,这些情况可资韦伯之论的佐证。

纯世俗的法形成和发展于各种分离的职业等级的基础上,例如商人、手工业者等。但是这类仅只考虑世俗情况的法律不是有教养的婆罗门关注的课题,因而它没有任何的理性化,而且由于实际上对体现于宗教之中的强制性准则漠不关心,因而在偏离其规范的要求时,便缺乏可靠的使之回归正轨的保障。

不仅是世俗法,整体而言,印度法律形式上的理性特征是微不足道的。其法庭关注的是通过划分道德类型来确定事实,并依赖于裁定的一方。可以认为,传统印度正义观的实质是,终极裁决要看个人存在的总体职责即其 dharma 是否得到了遵行,而不是依赖审查犯罪证据的程序的公正与否。这恰是印度的法律文明显得与众不同的地方。

---

[1] [德]韦伯著,林荣远译:《经济与社会》下卷,商务印书馆,1997年,第147页。

五、中国古代的礼：对其规范类型的剖析

作为传统社会宗法性的代言者，儒家在意识形态方面据有主导地位，这是道、释二家无法匹敌的。儒家的学说和其整理的古代文化因素中，在规范论方面，最重要的莫过于"礼"。但礼的内涵和特征，包容极为广泛，绝非一般所说的礼仪那样简单（固然礼仪是其中最基本的涵义）。礼的涵义，可以从汉代成书的三部礼书（即《周礼》、《仪礼》、《礼记》）的内容，及从后世的各项制度所遵循的相应原则上，大致地把握其脉络。要之，礼的涵义可以有这样几个不同的层面、维度和类型：

1. 一个时代的制度的总和；
2. 想象中的人与鬼神沟通的礼节（祭礼）；
3. 实际上的人与人沟通的礼节（仪式、礼数）；
4. 社会化行为中的一系列惯例和原则；
5. 一种伦理的德性，即遵从规范或遵从"礼"的朴实精神；
6. 作为一个总的批评原则所对应的若干政治生活中的权利与义务；
7. 一套官僚体系的组织结构。

在传统的儒教社会中，所有明确的规范和制度，都可统称为"礼"。这是其外延最广的用法。第二点指宗教祭祀的仪式，主要是针对宗法性宗教而言，一般又称为吉礼；第三点包括个人生命的过渡仪式、社交和邦交礼、其他各种社会化的仪式，由此引申为第四点，即社会化行为中一系列惯例、这些惯例中所体现人的权利和义务等等。① 关于第五点，作为一个德性要目的"礼"，是要求人们

---

① 譬如《周礼》一称《周官》，后者才是更为恰当的名称，其天、地、春、夏、秋、冬六官，奠定了后世尚书六省体制的基础；《仪礼》所载"冠"、"昏"、"丧"属于生命过渡礼，祭礼为宗教仪式，朝、聘诸侯分立时代的邦交礼，如此等等；又《礼记》首篇篇名所谓"曲礼"是指日常生活中的洒扫应对之礼。

第六章 规范的类型化

养成精诚奉礼的品质和习惯。而体现在所谓"春秋微言大义"中的孔子对于历史事件的点评透露出,礼内含一套政治原则,此即上述第六点。第七点是指一套完整的、具有一定科层特征的官僚体系,及官职中涉及的行政规范。总之,礼堪称是以礼节的象征作用为核心而建立起来的宗法性等级社会中的规范的总和。当然某些意义是其引申义或类推义。

礼的要目,按照对《仪礼》的疏解,当有冠、昏、丧、祭、射、乡、朝、聘八者,[①]按《周礼·大宗伯》所述,则有吉、凶、军、宾、嘉五大类,复有《礼记》一书对礼的精神内涵有所探究,亦稍涉礼文之细节。[②] 以下就来看看《仪礼》所说的各种"礼",及其社会化特征。

冠礼,实即"成丁礼"或"入社礼"。男子二十而行冠礼。行礼之前,必筮日、筮宾。俟吉期至,若是嫡子,成礼于阼阶,[③]若是庶子,则成礼于房外南面。其间宾以缁布冠、皮弁、爵弁,三番加诸其首,分别是贵族男子参加朝会、视朔和祭祀时的首服。复由宾客为他取字,"曰伯某甫,仲、叔、季,唯其所当。"[④]此即,其"字"的全称

[①] 参见《仪礼》,《汉魏古注十三经》,中华书局,1998年,即《四部备要》影印本;此八目与通行本《仪礼》十七篇的对应关系即:冠——卷一《士冠礼》;婚——卷二《士昏礼》、卷三《士相见礼》;丧——卷十一《丧服》、卷十二《士丧礼》、卷十三《既夕》、卷十四《士虞礼》;祭——卷七《大射》、卷十五《特牲馈食礼》、卷十六《少牢馈食礼》、卷十七《有司彻》;射——卷五《乡射礼》、卷六《燕礼》、卷七《大射》;乡——卷四《乡饮酒礼》;朝——卷十《觐礼》;聘——卷八《聘礼》、卷九《公食大夫礼》。

[②] 《礼记》之篇什,其有绍述、诠释《仪礼》者,大致为:《冠义》——《士冠》;《昏义》——《昏礼》;《问丧》——《士丧》;《祭义》、《祭统》——《特牲》、《少牢》、《有司彻》;《乡饮》、《酒义》——《乡饮》;《射义》——《乡射》、《大射》;《燕义》——《燕礼》;《聘义》——《聘礼》;《朝事》——《觐礼》;《四制》——《丧服》。

[③] 阼,堂前东阶,如《仪礼·士冠礼》云"主人玄端爵韠,立于阼阶下。"郑玄注曰:"阼犹酢也,东阶所以答酢宾客也。"《四部备要》本第8页。

[④] 《仪礼·士冠礼》,《四部备要》本第14页。

由三个字组成,第一字是表示其长幼行辈,第二字是区以别之的称呼,第三字甫,即"父"的假借,或径云"父"。上述取字方式,在金文和传世的西周文献中甚为常见,①如以阴阳观念解释地震成因的"伯阳父"等。既冠之后,冠者参见父兄,再入见母姊诸姑,然后挚见于君,及乡大夫、乡先生。

冠礼是要督促将成年之人明白他身上即将勇敢地承担起来的社会责任(且主要是一些宗法社会里的责任)。所以"冠礼"自然是有它谨严不苟的象征涵义,《礼记》论之尤详:

> 凡人之所以为人者,礼义也。礼义之始,在于正容体,齐颜色,顺辞令。容体正,颜色齐,辞令顺,而后礼义备。以正君臣,亲父子,和长幼。君臣正,父子亲,长幼和,而后礼义立。故冠而后服备,服备而后容体正,颜色齐,辞令顺。故曰:"冠者,礼之始也。"是故古者圣王重冠……
>
> 成人之者,将责成人礼焉也。责成人礼焉者,将责为人子、为人弟、为人臣、为人少者之礼行焉。②

冠礼的社会化涵义,即经由这种成丁礼而给予其成员相应的一些权利和义务:开始享有各项政治权利;加冠后的男子可与加笄后的女子成婚,而承担起传宗接代的责任;获得继承权,但唯有嫡长子继承最重要的"宗子"资格,这从他在阼阶即东序行冠礼的规定中可以获悉;服兵役的义务;参与本族祭祀的权利。③

昏礼,后世亦多遵奉之。其步骤分为:纳采、问名、纳吉、纳徵、请期。"将欲与彼合昏姻,必先使媒氏下通其言,女氏许之,乃后使

---

① 参见杨宽:《西周史》,第774页。
② 《礼记·冠义》,[清]孙希旦:《礼记集解》,中华书局,1989年,第1411、1414页。
③ 参见杨宽:《西周史》,第788页等。

人纳其采,择之礼。"①纳采,乃是某一家族向另一家族表达缔结婚姻关系的愿望;两家同意之后,方才询问女子的私名(问名)。然后占卜之,得吉兆后(纳吉),派人通知女家。这时,正式聘礼始至女家(纳徵),再确定婚期(请期)。婚礼均安排在黄昏,新郎亲迎前,父亲的醮辞"往迎尔相,承我宗事。勖帅以敬,先妣之嗣,若则有常",②恰正表明婚姻至高的目的是为了延续宗嗣,这是新郎的家族使命,而不纯是为新郎新妇个人的结合。子遂承命以往,仍执雁入女家,奠雁稽首。新妇离家时,母亲对她有一番告诫与勉励。至男家而成礼。次日,新妇见舅姑,舅姑飨之。三月之后的庙见,通常是在"祢庙"。

关于昏礼的意义,《礼记》曰:"昏礼者,将合二姓之好,上以事宗庙,而下以继后世也。故君子重之。"③且由纳采以至请期之程序,女方的父母都要在宗庙摆设筵几,迎接使者。新妇娶过来后,也要告庙,其婚姻的宗法涵义,不言自明。

丧礼,系古礼之大宗,最极繁密,也最合乎"礼"的慎终追远之义。《仪礼·士丧礼》对于"始死"到"即殡"的每一道程序,及其所涉服饰、器物等均有详尽的规定。始死或将死时,有属纩之举,即以易动摇之新绵置诸口鼻以为验候,④周代尚有招魂习俗,由人持死者的衣服,登屋面北,呼"皋——某复!"三次,某为死者之名。招魂无效之后,丧家才开始办丧事。要制作铭旌,书以死者姓名;要以酒食设奠,用布帷堂,若是商祝(习商礼的祝)预其事,则以米及贝蒲填死者口中,接着为死者袭覆,若是夏祝,则"将二鬲粥饭,放

---

① 《仪礼·士昏礼》郑玄注,《四部备要》本第17页。
② 《仪礼·士昏礼》,《四部备要》本第25—26页。
③ 《礼记·昏义》,载《礼记集解》,第1416页。
④ 此即《仪礼·既夕》所云:"属纩以俟绝气"。

在西墙,作为未设铭以前,魂魄之凭依。"①始卒、小殓——为死者穿备衣物,及大殓入棺,均伴有哭诵,并须献祭食物,如在生时。大敛之后到下葬这一段称为"殡",指停柩于家中堂上,朝夕各祭奠一次。下葬日期由族人宗亲经由占卜择定。事实上国君的吊唁及宗族的聚会,也有立嗣或承认已立嗣子的作用,加之丧服等级亦因亲疏远近而有严格的规定,因此,丧礼亦含有巩固和调整社会关系的意义。

祭礼,亦有大致的程序。一般祭前十日要卜筮预定日期的吉凶,若遇不吉则推迟。祭日之前要斋戒,依周制大祭前需斋戒十日,其中前七日曰"散斋",后三日曰"致斋",又曰"宿",即住于斋宫的意思。祭祖要以所祭者之孙或同姓者为尸,须卜筮而定,然后宿尸及宾。祭前要筹备各类用品,如祭器、牺牲、粢盛、酒酆、笾豆、玉帛、车旗、鼓乐等,祭前之夕,主人及子姓兄弟等与祭之人须检视祭器洗濯的情况,及牺牲等是否妥当。祭祀当天,主人、主妇及执事者检视牲、灶的情况,及陈设鼎俎,而后迎尸。尸入座受献酒,主人一献,主妇亚献,宾三献。天子之祭礼,宗庙禘祭十二献,祫祭九献,郊天则七献。其宗庙九献,先是降神的祼祭,即王以圭瓒从彝器中酌取郁鬯授尸,尸以之灌地,再自啐一口,遂将所剩酒鬯奠于供桌,接着王后依仪二献,然后是杀牲荐血腥的朝践礼,凡二献,再后是荐熟、馈食的馈献礼,亦二献,再其后是加荐豆笾及尸漱口的加事礼,凡三献,②再后是舞干戚、加爵旅酬的加爵礼,此皆显示天子宗庙祭的礼极隆重。

---

① 许倬云:《西周史》,三联书店,1994年,第283页。
② 参见《仪礼·特牲》、《仪礼·少牢》、《仪礼·太牢》等篇;另见柳诒徵编著:《中国文化史》,东方出版中心,1988年,第19章第9节;詹鄞鑫:《神灵与祭祀——中国传统宗教综论》,江苏古籍出版社,1992年,第2编第5章。

第六章 规范的类型化

古代祭祀,就其所祭对象而言,最重要的有三种:祭祖、祭社和祭天。在儒教社会里,若就主祭、与祭者的资格而言,此三者实为由大到小的三重祭祀圈。祭祖渗透于社会的各个层面,可由各个阶层来实施,其观念的基础就是儒家所谓的"孝道",因为孝就是"生,事之以礼;死,葬之以礼,祭之以礼。"①这祭的对象既是既葬的先人,如"虞祭"之时,自然也是包括更早的祖先。且祭祖一般定能发挥凝聚宗族的作用。其次社稷崇拜,就是土地、谷物神崇拜,这样的原型正好对应古代社会的农业文明的性格;在保留社稷崇拜的同时,还演变为带有公共娱乐和交际性质的"社会",甚至伴随着热闹的集市贸易。再者祭天是被帝王垄断的祭礼特权,也是通过这种方式来重申其政治上的特权。虽然这三种祭祀的细节也是因革损益、代有变迁,但总体面貌既经奠定于西周之后,则未有根本的改变,恰好对应制度建构的三个基本层面。② 祭礼之宗法涵义是明晰的。《礼记》尝曰:"祭者,教之本也已。"又曰:

> 夫祭有十伦焉:见事鬼神之道焉,见君臣之义焉,见父子之伦焉,见贵贱之等焉,见亲疏之杀焉,见爵赏之施焉,见夫妇之别焉,见政事之均焉,见长幼之序焉,见上下之际焉。此之谓十伦。③

射礼,大致分为四类:乡射、大射、宾射及燕射。乡射照理应是由乡大夫与士射于乡学,一般在乡饮酒礼之后,分三番射。其前均有"请射"之仪,即择定"司射"。第一番射,由司射挑选弟子六人,配成上、中、下三耦,每耦有上射、下射各一。先由司射作示范教

---

① 《论语·为政》第 5 章。
② 参见吴洲:《中国宗教学概论》,台北中华道统出版社,2001 年,第 2 篇第 1 章第 7 节、第 5 篇第 2 章第 1 节等。
③ 《礼记·祭统》,参见孙希旦:《礼记集解》,第 1243 页。

学,曰"诱射",然后由三耦射,为学习性质,不作统计。第二番射,使主、宾及众宾合成"众耦",皆分上、下射,最后以筹算统计右、左两边上、下射团队各自射穿"侯"的质的次数[1],以分出两队的胜负,其不胜者饮酒示罚。第三番射,同样具比赛性质,但是要求按鼓声的节奏来发射,难度显然更高。天子大射,会集群臣,射于辟雍。其仪节略同乡射,均有三番。然而大射有三侯,各为公、大夫、士所用,乡射唯一侯。燕射是大夫以上于燕礼之后所行的射礼,宾射是特为招待贵宾而举行。

但射礼一般不是独立举行,而是跟随着燕礼、乡饮酒礼的一种重要的助兴节目,《礼记·射义》曰:"古者诸侯之射也,必先行燕礼;卿、大夫、士之射也,必先行乡饮酒之礼。故燕礼者,所以明君臣之义也,乡饮酒之礼者,所以明长幼之序也。"[2]四种射礼中以乡射最为重要,因为它是一种固定的制度,涉及的人员也最广泛。而"乡"是周族的社会组织和军事组织的基本单位。[3] 孔子说:"射不主皮,为力不同科,古之道也。"又云:"君子无所争,必也射乎! 揖让而升,下而饮,其争也君子"。[4] 虽然这未必合乎"射"的初衷[5],但是孔子时代的礼射,既然是采用两组成员轮流出场的方式,加以

---

[1] "侯"即布做成的箭靶,如《说文》谓"侯"字"象张布,矢在其下"。
[2] 孙希旦:《礼记集解》,第1438页。
[3] 杨宽认为乡射礼,"既是乡学中教育弟子的一种军事教练课程,又是乡中成员进行集体军事训练的一种手段"(杨宽:《西周史》,第722页)。
[4] 《论语·八佾》第16章、第7章。
[5] 射礼应是一种相当古老的礼节,如《诗·齐风·猗嗟》曰:"仪既成兮,终日射侯,不出正兮"。"正"就是侯中部的标的,又曰:"射则贯兮,四矢反兮,以御乱兮。"所述与《仪礼·乡射礼》若合符契;因为按射礼的规定,每个人恰须射完四矢。古时习射,或有"主皮之射"和"礼射"之别;前者张布侯,后者张兽皮;前者重礼仪,后者重击技;礼射旨在训练,主皮之射意在竞胜。这最后一点似即《仪礼·乡射礼》所称的,"礼射不主皮。主皮之射者,胜者又射,不胜者降。"所以杨宽认为,礼射应是起源于主皮之射(《西周史》,第749-751页),此说有一定道理。

礼仪的种种精致设计,反而可以养成团队的归属感,敦促社区的和睦与团结。

乡礼,即乡饮酒礼。此礼是以乡大夫为主人,处士贤者为宾介,行于乡学的一种礼节。[①] 先由乡大夫就庠中教师商谋宾客名次,分为宾、介、众宾三等,其中宾、介均只一人,再告知宾客和催邀宾客(戒宾和速宾)。宾至,拜迎于门外;入门,三揖三逊,始导宾入庠中堂上。由主人奉酒爵至宾席,曰"献",次由宾奉酒爵至主席还敬,曰"酢",继则主人将酒注觯,先自饮,及劝宾随饮,曰"酬",如此为"一献之礼"。主、介之间唯献、酢;主献众宾,由众宾之长三人拜受,众宾随饮。席间,由乐工奏乐助兴。主人为留住宾客,使其侯相担任司正,奉命安宾,随即宾酬主,主酬介,介酬众宾,再由众宾按长幼以次相酬,如此为"旅酬"。然后"彻俎",宾客脱履落坐,进牲肉,举爵饮,不计其数(无算爵),乐工则不断奏乐(无算乐)。送宾,奏《陔夏》。次日宾往拜谢。

乡与飨本为一字,其在甲骨文和金文的字形,像两人相对而坐,共食一簋,所以乡原本应该是指共食的氏族聚落。因而这种礼很自然地会表现尊长和敬老,例如老者重豆,少者立食之类,对此《礼记·乡饮酒义》解释甚为详尽,谓"六十者坐,五十者立侍以听政役,所以明尊长也。六十者三豆,七十者四豆,八十者五豆,九十者六豆,所以明养老也。"[②] 再者,"旅酬"这种敬酒形式就是按年龄为序,甚至连乐师与立者也都如此。在此礼中,"尚齿"等程式和规范之作用,正在于令"君子尊让则不争,絜、敬则不慢,不慢不争,则远于斗、辨矣,不斗、辨,则无暴乱之祸矣,斯君子所以免于人祸也。

---

① 参见《仪礼·乡饮酒礼》;杨宽:《西周史》,第2编第7章等。
② 《礼记集解》,第1428页。

故圣人制之以道"。①

朝礼,按周代的朝仪分为三种:外朝之法、燕朝之仪与诸侯朝觐。② 第一种是在宫室外举行的朝仪,朝臣们位列两班。第二种燕朝之仪,是在宫室内王与大夫坐而听政的方式。第三种即"觐礼"或"策命礼",是诸侯朝觐并接受策命的礼仪。据说,举行策命礼时,"受命的臣下,由其傧相(右)导引入门,立于中庭,王则南向立于东西两阶之间。策命是预先书就的简册,由秉册的史官宣读,有时秉册是一人,宣读是另一人。王在当场命令宣读,其口头命令也记入策命中。……策命详简不一,其内容通常包括叙述功劳,追述先王与臣下先祖的关系,列举赏赐实物及官职的项目,以及诫勉受命者善自步武先人功烈。"③出土的西周铜器铭文的绝大部分,以及作为诰命之汇编的《尚书》,均为这种策命礼的记录,可见它是最重要的政治礼仪。

聘礼,乃是诸侯之间的邦交礼。聘礼的使、介由君侯任命,过邦则假道,使者入境,展币交验。主君及夫人遂遣使慰劳,在馆舍设飧款待。次日,迎宾,设几筵于宗庙,宾执玉圭致聘;出,复入,奉束帛,加玉璧以献,陈设庭中的礼物为虎豹之皮,或马皮等;若是聘于夫人,贽礼用玉璋,献则用玉琮。仪式完毕后,宾奉束锦请求晤谈,主君施礼,宾和副手均得以会晤。其后,宾回馆舍,主君派人慰劳。④

聘礼(甚至部分朝礼)均明显带有莫斯所说的"契约性赠礼制度"的色彩。⑤ 如在聘礼中,从使者的"受命遂行"、"入竟展币"到

---

① 《礼记·乡饮酒义》,载《礼记集解》,第1424页。
② 此种分类参见柳诒徵:《中国文化史》,第170页。
③ 许倬云:《西周史》,第168页。
④ 参见柳诒徵:《中国文化史》,第170页等。
⑤ 关于这一概念,可参见《礼物》([法]马塞尔·莫斯著,汲喆译,上海人民出版社,2002年,第1—29页),及本书第8章第1节。

第六章 规范的类型化

"聘享礼成",在这两国均有"贾人"参加,其活动较受人瞩目的,包括在宾受命本君时"启圭"、入彼境时"展圭"以及献礼时"授圭"。贾人地位较低,或西面坐,或北面坐,或东面坐,即在贵族的交往中都是"不与为礼"。郑玄注《聘礼》曰:"贾人在官知物价者",表明他们在场的职责是对礼品进行估价,以便双方能确认回礼的价值是否相当或略超过一些。

总的来看,在这些礼的类目及其社会化作用上,前述礼的涵义的第二至第四点,均有明确的体现。第五点则是要求人们有实践这些礼的精神气质。礼具有政治涵义,这尤其体现在"三纲"的要求上。后者无疑是中国传统社会中的宪政思想的基石。而古代礼仪的设置——其在礼器、服饰等方面实施的等级或等差原则的精确性和严格性,真的令人叹为观止——则是相应的等级秩序和政治权力的严肃象征。

《周礼》代表的是"礼"在传统社会中的另一个重要方面,此书又称《周官》,描述的是作者心目中的官僚体制的系统蓝图,及以官制为基轴的相关的政治、经济与社会制度。其官制包括天官冢宰、地官大司徒、春官大宗伯、夏官大司马、秋官大司寇、冬官大司空六大部门。① 盛唐开元年间成书的《唐六典》,则是明确地将当时所行的三省、六部、九卿皆与周官中描述的各类职官进行比附。如门下、中书、尚书三省总的职司,即冢宰之分任。吏、户、礼、兵、刑、工六部之职司,又与六官分别对应。

总之,礼的多义性及涵括各种规范类型的情形,是中国传统宗法社会的规范体系的特殊性的表现。也是"文明体系即规范体系"的生动例子。

---

① 《周礼》是书惟阙冬官部分,故以内容相近之《考工记》实之。

第二节 演替中的技术型规范

一、从巫术、物质性民俗到科技规范的更替

巫术可以从很多不同的角度来加以分类,例如按照目的和范围将它分为生产性的、保护性的、或者破坏性的三类。第一类包括狩猎、捕鱼的巫术、农业中增加土壤肥力、种植、收获的巫术、求雨的巫术、造船和航海的巫术、经商的巫术等;第二类包括保护财产的禁忌、收债的巫术、消灾免祸与治病的巫术等;第三类则有兴风作浪、害人致病或致死的巫术。[①] 作为调整人与自然关系的规范,主要是第一类巫术的全部和第二类的部分在起作用。

许多物质生活民俗脱胎于原先的巫术,这些民俗既涉及衣、食、住、行等消费方面,也涵盖了提供生活消费品来源的生产经验。而技术规范与巫术或民俗中的相应部分一样都是调整人与自然的关系的。在此领域中,在技术与前两个因素之间,有一种明确的前后相替而非相承的关系:

生产性巫术—物质生活民俗—技术规范

通常,人们只有在遇到不可逾越的鸿沟,他们的知识同其实际控制能力有很大距离时,才会指望巫术并运用巫术。巫术试图运用仪式和咒语,在幻想中控制外界的力量,[②]它关于相关过程的因果关系的设想往往是错误的,但实现它的实际目的的机会也并非绝对不存在,这种实现要么是偶然的,要么是以它完全没有想到的方式来促成的,有时候甚至仅仅是借助心理暗示这样的渠道。但

---

① 参见[英]雷蒙德·弗思著,费孝通译:《人文类型》,商务印书馆,1991年,第120页。

② 参见[英]雷蒙德·弗思:《人文类型》,第82-99页。

第六章 规范的类型化

根本上巫术仍然是科学技术极端落后条件下的一种无可奈何的举动,是基于对因果关系的猜测的一种伪技术。在初民社会中,真正的、纯粹的技术并非不存在,但与现代社会相比只占很小的比例。

民俗事象中本来就可能残留巫术性思维之痕迹。并且,包括物质生活方面在内的诸多民俗的起源,又确实可以追溯到此前的巫术或宗教规范。[①] 但在某些巫术转化为民俗的过程中,只留下一些祈祝和实用之心态,逐渐地脱落了原先那些试图与超自然力沟通之夸张气氛,从而在这方面走上了缓慢、曲折却独立发展的轨道。物质生活民俗包含很多实用知识和技能,乃是特定地域的人们,通过千百年来不断与自然界接触和斗争而积累起来的,关于如何适应环境、改造环境的宝贵经验,堪称实用的技术规范的前奏,但与后者并不能画上等号。将它们视为处在一个谱系的前后序列中,是基于这样的考虑:作为规范它们所调节的是同一个领域。人与自然界接触中获得的利用自然力的方式、方法、途径与工具,以及把所有这些贯穿起来、形成一个整体的所谓技术,在科学的认识和实验的体系建立起来之前,主要是保留在巫术和民俗规范之中。

技术可能是从事某一手工行业的人在长期的实践中磨砺得到的。但是经过工业革命和科学革命的洗礼之后,技术规范的发展是建立在科学亦即对自然界的真正规律的认识的基础上,并经过不断的试错、摸索及实验,而获得发明和改进它的机会。其实,已经主要不是从巫术或民俗中得到灵感或启发。如果说巫术与物质生活民俗之间还主要是因袭的关系,那么在技术与前两者之间主要是一种更替的关系。所谓"更替"还有这样一层意思,作为科技文明不断向前发展的保障,必须与巫术的夸诞不稽与民俗的冥顽

---

① 参见本章第 1 节第 3 小节。

不化撇清关系。

二、李约瑟难题的启示:演替的整体性

中国古代的科技成就达到令人惊叹的高度,这是古代劳动人民勤劳与智慧的结晶。但是近代科学却不是在中国,而是在此前较长时期内技术水平都比中国低得多的欧洲发展起来。这样的困惑常被冠以"李约瑟难题"的名称。另一方面,四大发明等伟大的技术变革,在中国古代后期所产生的效应,似乎趋于停滞。为何火药的发明在中国只是促成了爆竹和烟花之类,可是欧洲人却将这项初始发明,施于更加广泛之用途,如枪炮、采矿、筑路,获得更坚固的建筑材料等,四大发明中的每一项都在欧洲开启了一系列创新的前景,而这些又反过来形成组织和制度创新所倚赖的技术环境。[1]

倘要回答李约瑟难题,当非轻而易举,但有一些思路,颇具价值,而它们恰恰指向制度与技术之间的关系,及由此造成的历史演替的整体性。换言之,在历史上,科技的演替,曾经不仅是科技的问题,而是多方面制度因素综合作用的结果。

横渡大西洋的国际贸易,起先的主要障碍在于没有能力测定船只的精确位置,即同时确定纬度和经度,测定经度之法,在北半球,只需测定北极星即可,但这样的话,南半球的纬度测定就成了问题。后来葡萄牙王子亨利召集一批数学家发明了测定太阳中天高度的方法,[2]问题始能迎刃而解。但如何测定经度更为棘手,皆因测定经度所需计时器得将横渡大西洋的时程精确表示出来。当时

---

[1] 马克思就说过:"火药、指南针、印刷术——这是预告资产阶级社会到来的三大发明。火药把骑士阶层炸得粉碎,指南针打开了世界市场并建立了殖民地,而印刷术则变成新教的工具,总的来说变成科学复兴的手段,变成对精神发展创造必要前提的最强大的杠杆"([德]马克思著,自然科学史研究所译:《机器、自然力和科学的应用》,人民出版社,1978年,第67页)。此外,鲁迅先生也曾感叹过这些发明在中国被"大材小用"了,参见《鲁迅全集》卷五《伪自由书》,人民文学出版社,1981年,第15页。

[2] 当太阳中天高度与其倾斜平面重合时,便能提供此种高度的必要数据。

第六章 规范的类型化

各国皆悬赏征求此种计时器。西班牙国王菲利浦二世最初悬赏1,000克朗(crown),荷兰将价值提高至10万费洛林,英国的赏金竟达1万至2万英镑。悬赏持续至18世纪,最后约翰·哈里森得奖。① 精确地测定航海位置,可以大大降低航海贸易的成本。但是为了促进发明而进行投资,需要预期的回报足够大,且投资者对此回报有足够的信心。更进一步的来说,"只有法律明文规定的、对新的设想、发明、创新等知识的专属所有才能提供更为普遍的刺激因素。没有这种所有权,就不会有人为了社会的利益拿个人的财产去冒险。"②

可是在中国,一般地来说,缺乏良好的产权保护和对发明的激励的制度。而且中国传统社会在长期发展的历程中,逐渐地陷入了一种经济结构上的"内卷化"的陷阱。③ 即产量和交易的扩大,依靠的是不断投入更多的几乎不付报酬的家庭劳动,单位劳动收益极小,甚至还有进一步萎缩的趋势。中国的经济、社会发展,乃至科技创新方面,都为此付出了极大的代价:使得投资于节约劳动的机器失去意义,而把人们拴死在低效率的工作上。换言之,由于人口基数始终很大,且走上了劳动密集型的道路,在劳动力资源唾手可得之情况下,基本上没有动力投资于技术上的重大变革。

形成对照的是,欧洲在工业化之前,劳动力价格更高,相对于较低的人口基数,财富则在不断地积累,这种积累并没有严重受到自然灾害等不利因素的严重影响。④ 这就使得人们有足够的资本和动机(为了节约劳动)对技术进行真正的投资。而且,恐怕也不能忽视的一点是:欧洲通过拓殖美洲等地,发了一笔生态横财,避

---

① [美]道格拉斯·诺斯、罗伯特·托马斯著,厉以平等译:《西方世界的兴起》,华夏出版社,1989年,第3-4页。
② [美]道格拉斯·诺斯等:《西方世界的兴起》,第4页。
③ 参见黄宗智:《华北的小农经济与社会变迁》,中华书局,2000年,导论。
④ Eric L. Jones, *The European Change in World History*. New York: Oxford University Press,1981.

免了马尔萨斯式的增长极限。① 而推动欧洲拓殖的动力,来自欧洲内部诸国的竞争压力;而这又是由中世纪以来西欧社会结构的长期特征所决定的。在促成欧洲奇迹的原因中,或许也包括其在企业和市场制度上积累的优势。②

不稳定的政治制度、多元动荡但绝不至于崩溃的政治格局,大大刺激了运用于战争的技术领域的突破,包括对一些由外部引入的发明的持续改进,这些技术上突破的副产品就是对经济的有利影响。然而,一般来说,在专利保护缺乏的情况下——可能是用于这种保护的技术上和制度上的成本过高——搭便车现象(free rider)必然会发生,即任何新的发展都会被人在不付任何报酬的情况下随意使用,这样,个人收益率与社会收益率就无法协调一致。维护个人收益率的方法之一是秘而不宣。"由于秘密只为发明者所利用,因而任何新的发展对社会的益处就不能得到推广,这样,也减弱或推迟了生产能力的提高,而生产能力的提高恰恰形成了经济的增长。"③ 只有个人收益率和社会收益率保持一致,才能打破技术保密造成的负面影响。而这需要对发明专利和产权的保护;在近现代西方,这个问题逐渐地得到了解决。

第三节　演变中的伦理型规范

一、伦理、伦理主张与伦理现状

在人们面临不同行为方式的分歧时,可能对其中的某些方式

---

① [美]彭慕兰著,史建云译:《大分流——欧洲、中国及现代世界经济的发展》,江苏人民出版社,2003年,导论。

② F. Braudel, *Afterthoughts on Material Civilization and Capitalism*. Baltimore: The Johns Hopkins University Press, 1977.

③ [美]道格拉斯·诺斯等:《西方世界的兴起》,第61页。

第六章 规范的类型化

产生一定的偏好和倾向,即导致人们常说的价值评判和价值选择。但不是所有这些选择都具有伦理意义。站在经验主义或自然主义立场上的伦理学流派,认为"善"可以被分解或转换为经验科学的命题,因而定义"善"这样的道德术语,必须参照能从感觉或内省经验上加以详细说明的标准,如功利主义的"善是最大多数人的最大幸福",或如享乐主义的"善是快乐",主观主义的"善是我或大多数人更为喜欢的"等等,似乎都可以诉诸某种经验的标准,甚至建立需求的函数来研究可供选择行为的排序等。但元伦理学的创始者之一摩尔却认为这都是犯了"自然主义的谬误"。对于这一类经验概括,例如对"善是快乐"便可继续追问"快乐是善吗?"答案显然是否定的,这就意味着这两个概念远未到能画上等号的程度。但像摩尔那样认为每一个类似"这是善的"的命题都是一个综合命题,乃至要诉诸直觉的观点,则未免陷入神秘主义的死胡同,其理论上的致命缺陷是缺乏整体性的历史观。

伦理上的"善"的概念,呈现了一种特殊的命题结构,即便它的典型特征或强或弱,但却内含于一切具体的伦理判断的诉说中,构成其形式的而非实质的特征。在此,我并不想给出一个本质性的定义,而只是想描述一个以极大概率出现的命题结构,亦即:如果某种行为在行为的主体和某些相关的人之中被视为"善"的,那么就意味着:(1)这种行为是可以选择的;并且(2)这行为或者相反的方式,涉及对他人的利益、意愿、偏好的影响;(3)对于这样的选择,行为者主观上给予正面的评价,(4)同时期待着——并且事实上也在某种程度上得到了——某些直接涉及的他人所给予正面的评价。

伦理(ethic)一词本身也是相当歧义的,它可以是指施诸人们言行的善恶价值判断,或是围绕此种判断而面向将来的筹划,甚至是指一切可能意义上足以产生某些善恶判断或是源自那种筹划的行为的集合。它既是人的主观能动性的一种反映,是从特定的观念出发,对于人的行为与态度的塑造;然而从它基于某些习俗、惯例般的实践方式和人际互动的脉络,甚至反过来形成这样的方式和脉络来说,它又是一系列明显的社会事实。脱离善恶的信念对于行为或事态的影响,便无法完整地理解伦理现象。这样,伦理判断便针对如下几个相关的层面:(一)关于某一事态的善恶判断,如果它是已经发生的;(二)围绕某一事态的应然状态的筹划,如果它是将来的可能选择;(三)针对某一广泛的、抽象的事态集的善恶信念,无论这事态是实际上已经发生的,是面向将来节点的比较实际的选择,还是纯粹在抽象意义上泛言的可能性。①

上述第三个层面,也可称为伦理观念或主张。在整体上,伦理实践包含着"习俗"与"观念"这两个相互渗透、难分难解的侧面。习俗的因素,是由于人际互动中长期形成的一种习惯性的默契,一种舆论的压力,一种由此得到的利害分配的可接受的均衡点使然。观念的因素,是指作为伦理规范逻辑要件的"行为预期",它是模糊的抑或清晰的,不自觉的抑或自觉的。甚至在舆论中,观念多半是自觉的,却未必是界定清楚的,而且这种自觉是略经反省的、事后意义上的自觉;并不是面向将来的筹划时的高度自觉。但伦理的

---

① 这种事态的善恶信念集,有一个有趣的例子,明清时期所流行的所谓"功过格",这些道德手册给它所列的每一件好事和坏事规定了相应的分值,从而令它的使用者能够根据它来切实地计算自己面对报应时的功德积累。但是其中所列的事项,例如修造桥梁之类,若非有财力的乡绅或有权力的地方官,是无法做到的。有关功过格的研究,参见[美]包筠雅著,杜正贞等译:《功过格:明清社会的道德秩序》,浙江人民出版社,1999年,第1章等。

实践也总是倾向于将那些原本仅限于潜在默契的规范性要求即行为预期,经过一定的提炼和提升以后,呈现在意识的层面,让它成为一种自觉的理念,一种伦理主张。伦理主张与习俗性伦理之间的差别,就是这方面的自觉规范与不自觉规范之间的典型差别。总体来看,伦理实践仍是以厚重的民俗或者实际的人际互动中的惯例为基础;而自觉的、较为清晰的观念,即所谓的伦理主张,却有可能与现实脱节,滞后或者超前,甚至自相矛盾。[①]

伦理主张与实践之间也存在一定的张力。例如既呈现在《圣经》所记载的耶稣行迹与训诫、使徒的言论、神话寓言的道德启示当中,也反映在后来的基督教神学家的言论和布道者说教中的基督教伦理,构成了中世纪以来的西方伦理主张的明面,或者说意识形态上的主流,具有不言而喻的权威性,但并不是每一条主张都能不折不扣地被履行。显然并非所有信徒都能仿效耶稣去为人洗脚,或者遵循他的教诲,在别人打你左脸的时候,将你的右脸也送过去等等,很多时候这些都是难以企及的高尚而尊贵的行为。甚至能否这样做和某人的真诚无关,而是和毅然决然地打破惯例、选择信念的勇气有关。当然,一个社会里主流的伦理主张和实际的伦理状况之间的差距,并非基督教世界所独有的现象。

二、规范伦理与德性伦理

根据伦理实践的调节领域,以及规范性要求的特征,似乎可以对实际的伦理形态做这样的区分:规范伦理、美德伦理以及神学(或哲学)伦理。规范伦理就是围绕"我应该做什么"而设定的一系

---

① 伦理主张要么是因为属于社会秩序的基本保障而必须被严格执行,例如乱伦禁忌或者氏族外婚制的规则,要么因为所提的要求太高而只是为人所景仰,却不便于处处去履行,例如《新约·马太福音》中记载的,耶稣"登山宝训"中的若干训诫。

列有关言行的确定的规范,或是指可引绎出一系列具体的行为规范的某些抽象的原则和思想,以及由于这样的规范意识而产生的全部筹划;德性伦理则是那些围绕"我应该成为什么样的人"而展开的一系列关于禀赋、品质、性格、气质、才能、倾向的确认和选择,某些因素由于被指认了正的价值,可被视为美德,以及在这样的心理氛围中表现出对于一系列事物的价值取向。[1]

神学或哲学伦理与上述两种伦理形态都相当不同,它必须首先就是伦理主张或伦理学,因为它是一种反思性的勾连,是就伦理的终极依据予以追根溯源的观念。它的主题涉及对于应然与实然的关系的认识,揭示或证悟一系列美德或规范背后的宇宙论(cosmism)、本体论(ontology)或缘起论(genesis theory)的根据。[2] 也可以把它理解为:伦理体系的内在一致性,及其牵涉和勾连的思想文化背景,而这种背景的基调,可以是哲学理性,也可以是宗教世界观或神话思维等。

规范伦理往往告诉你,无论如何都不能做什么,或者在特定的情况下可以做什么,不可以做什么等等。它在下述两方面或至少其中之一是确定的:一般来说,规范伦理所调节的对象是可以经验地确定的行为;至少在理想状况下,规范必须被百分之百地贯彻。被严肃地赋予伦理意义的礼仪、习俗、惯例、禁忌,以及最重要的,关于杀、盗、淫、妄的戒条,均属典型的规范伦理。

规范伦理学理论主要关注:按照理性的反思,具体的伦理规范究竟依据何种原则而制定。理论倾向纷繁多样,可以有功利主义、

---

[1] 参见王晓明:《新伦理学》,商务印书馆,2001年,导论。
[2] 缘起论堪称佛教的基础,其论域与本体论或存在论大体相当,尽管结论是极其彻底地否定自足的存在,参见吴洲:《缘起论的基本问题》,高雄佛光山出版社,2001年,第2章。

利己主义、契约论、社群主义、自由主义等相当不同的思潮。① 这些理论并不能代表某一社会中为人们所实践的规范伦理。但也是很多人在更加多变的社会中作出伦理选择的思想依据。然而实际生活中，规范伦理的总体却可能充斥着嘈杂之音，不同的规范可能有不同的文化渊源，彼此不见得协调，且个体间也有着价值选择上的冲突，等等。

在西方流行的某些伦理主张，例如自由主义更为强调正义、公平和个人权利的核心地位，因而它与法律或政治观念的联系，要比其他任何一种道德学说更为紧密。② 其实，对于个人权利问题的重视，长期以来都是西方社会的一个显著特征。这对于理解西方社会中的个人的道德实践、正义观念等具有重要的参照价值。

一个社会可以表现出许多优点，例如，团结、利他主义、效率高、协调得当等等，但分配正义（distributive justice）仍然是"社会制度的首要价值。"③而这也是正义（justice）问题的最重要方面。"分配正义"问题所涉及的是，社会的成员应该根据何种原则来分配他们所享有的权利、自由、物质方面的报酬，以及他们彼此应负

---

① 休谟、斯密、边沁、穆勒、西季威克等思想家，都倾向于功利主义流派。参见[英]边泌著，时殷弘译：《道德与立法原理导论》，商务印书馆，2000年，第1章等。杨朱是无政府主义的利己主义的代表人物，参见《列子·杨朱篇》，他虽然主张"拔一毛利天下而不为"，但也并不认同不择手段和损害他人。在中国语境中，利己主义曾经声名狼藉，与之相对，传统上是儒家式的社群主义，当代则是共产主义名下的集体主义，成为主流的伦理。契约论在宪政理论中赫赫有名，但作为一种生活中的实践态度，也倾向注重各种人际间的显性或隐性的契约式义务。

② 桑德尔（M. F. Sandel）认为其中为康德和当代许多伦理学家所主张的"道义论的自由主义"的核心可陈述为："社会由多元个人组成，每一个人都有他自己的目的、利益和善观念，当社会为那些本身并不预设任何特殊善观念的原则所支配时，它就能得到最好的安排；证明这些规导性原则之正当合理性的，首先不是因为它们能使社会福利最大化，或者是能够促进善，相反，是因为它们符合权利（正当）概念，权利是一个既定的优先于和独立于善的道德范畴"（[美]M. F. 桑德尔著，万俊人译：《自由主义与正义的局限》，译林出版社，2001年，第1页）。若欲深究，自由主义当然还有其他的版本。

③ [美]罗尔斯著，何怀宏等译：《正义论》，中国社会科学出版社，1988年，第3页。

有怎样的义务等。虽然其理念的实施需要宪政和法律等规范的保障,但就这方面的某些共识可以促成人际协调,并形成相应的舆论压力来说,它也属于规范伦理的范畴。受一种公开的、合理的正义观管理,才能成就一个组织良好的社会。[①] 但是分配正义的原则究竟如何,却是一个导致意识形态之间产生严重分歧的问题。而且,即使在诺齐克(R. Nozick)和罗尔斯(J. Rawls)这样的西方哲学家之间,也无法有共识,前者强调基于自由、自愿原则,尊重产权的初始状态与现状;后者却基于其所谓的"民主的平等"之原则,[②]认可一些再分配的制度。

伦理实践仅有刻板的规则是不够的,它还需要一系列实践的品质和气质相配合。德性的实践并非完全排斥规范性的涵义,意即,特定的德性往往是指特定的行为倾向(inclination),即经由对相似情境的解读而产生比较固定的行为反应。例如慷慨是在涉及财物再分配时愿与他人共享的倾向,仁慈是对他人痛苦的怜悯、及帮助解除其痛苦和帮助其正当愿望的努力,譬如佛教所谓慈、悲。因而在自觉其后果的情况下,任何增加对方痛苦的行为均不能视为仁慈的表现。

但德性的实践似乎并不要求刻板地遵循某一模式,对个人是有这样、那样的变通,其原因或是为了在诸德性要求的冲突中自由地抉择,或是由于个人之间对情境解读的不同,[③]或是纯粹由于他的软弱,这种软弱可能与他的德性结构中的某一气质有关,等等,

---

① 参见 [美]罗尔斯:《正义论》,第3-6页。
② 罗尔斯的观点,参见本书第6章第2节中的概述。
③ 关于德性伦理所涵摄之情境化能力,麦氏曾提到,"德性实践需要一种对时间、地点、方式是否恰当的判断能力,以及在恰当时间、地点和方式下做正当的事的能力。这种判断的实践并不是对各种规则墨守成规的运用"([英]麦金太尔著,龚群等译:《德性之后》,中国人民大学出版社,1995年,第189页)。

第六章 规范的类型化

而更基本的原因可能是:合乎德性的状况是笼统的、难以界定的,以及合乎德性的要求是灵活的、原则上的。此外,正如德性伦理学的一位倡导者麦金太尔(A. Mac Intyre)所说,"德性不仅是按照某些特殊方式去行事的气质,也是以某些特殊方式去感觉的气质"。①"德性"或者裹挟着一系列的动机(motivation)和情绪(moods)②,或者它的原初涵义就是指某种动机、情绪状态。

从儒家伦理之中,便可稍窥上述伦理形态划分之涵义。儒家的伦理主张始终贯穿着两个中心概念:礼和仁。前者即儒家伦理最基本的规范层面,后者是美德的核心,甚至是涵括一切具体美德的总的德性。礼无疑具有典型的规范伦理的意味。冠、昏、丧、祭等具体礼仪规范是带有公开表演性质的肯定性的规范,关于它们的程式是有严格、详明的规定。"礼"的若干原则,例如"礼尚往来",亦可展开为一系列肯定性的规范,但并不严格,且标准模糊。然而在民间的日常实践中,却可能是实际上重要的。不过,儒家缺少佛教五戒或摩西十诫那样针对具体事项的禁止性规范,只是提出了"非礼勿视,非礼勿听,非礼勿动,非礼勿言"③,以及"己所不欲,勿施于人"这样原则性的要求。④

"仁"则是儒家德性伦理的关键概念,是需要心灵和情感贯注的总体的德性,又可分为恭、宽、信、敏、惠等细目,⑤在气质上则以

---

① [英]麦金太尔:《德性之后》,第 188 页。
② 此中的分际,参见[美]格尔茨著,纳日碧力戈等译:"作为文化体系的宗教",《文化的解释》,上海人民出版社,1999 年,第 112 页等。即动机有向量(vectorial)特性,牵涉某一过程和结局,而情绪则只在强度上变化。
③ 《论语·颜渊》第 1 章。
④ 其实"己所不欲,勿施于人",在《论语》中凡两见,即《颜渊》、《卫灵公》两篇,后一篇还将它推到可以终身奉行的"恕"道原则的高度。
⑤ 以此五项释"仁",载《论语·阳货》第 6 章。

刚、毅、木、讷尤为近之。① 有关的德目可以列出一长串,但是它们似乎还是有重要性方面的排序问题,最重要的很可能是"孝",它是宗法社会的核心价值,是"仁"最朴实、最切近的体现。再有五常:仁、义、礼、智、信,它们被编配于五行和四季;又如忠、恕,孔子的弟子曾子认为它们是夫子之道"一以贯之"的原则;② 重要的还有《大学》里的三纲领、八条目,以及《中庸》里的中庸、中和。这些都是德性的范畴。

在伦理的发展历程中,德性谱系的变迁也是相当引人瞩目的:

德性类目甲—德性类目乙—德性类目丙……(因文化传统而异、随时代氛围而变)

德性是牵涉情绪、情感、禀赋、气质、动机等诸多心理因素的行为倾向,在这方面同样需要各种颇具伦理意味的习俗和惯例的配合。然而作为倾向,它比较含混而微妙,是难以界定的,有关的判断与实践要依赖身处其中的人们的文化上的直觉,故而它与文化传统、时代氛围这些因素的联系极为紧密。但在依这些因素而变化的德性类目的演进谱系中,仍有一些大致的趋向可以追索,如与一些原则性的义务相联系的德性的地位的上升,并在这些方面表现出一定程度上的跨文化的趋同性。例如诚信、互助等品质。

德性的实践对于理解一个地区的伦理状况,具有更加直观、更加贴近现实的意义。③ 但在某个文化或文明中,其各个阶段上所重视之德性条目之间并不一致。就算能找到其德性系列发展的内

---

① 参见《论语·子路》第 27 章。
② 参见《论语·里仁》第 15 章。
③ 其实对于德性(甚至包括规范伦理)之状况的最好研究方式,便是为社会学、人类学所时常采用的社会调查。但正是这种方式,若针对过去的时代,就变得可望不可及。所以只能从当时的人们关于德性的各种议论,而且主要还是当时人的伦理学著作中寻找线索,例如从《尼各马科伦理学》或者《论语》当中,勾勒其依稀可辨的面貌,但这只是伦理主张上的理想,并不完全对应实际。

第六章 规范的类型化

在脉络或线索,这样的系列也还是处于动态的演变历程中。并且,一般地来说,德性是其所处社会被建构起来的某些方面的环节。

在《荷马史诗》所描写的古希腊的英雄时代①,力量的概念在德性中占有中心的位置,勇敢是与之相关的主要的德性,甚至可能是唯一主要的德性。"勇敢之所以重要,不仅由于它是个人的品质,而且由于它是维持一个家庭和一个共同体所必需的品质。"②可是到了雅典三杰继起的时代,希腊人已经从尚武好勇的英雄时代彻底过渡到文明璀璨的政治社会。因而可以说"对荷马来说,人的卓越范例是武士;对亚里士多德来说则是雅典的绅士。"③公元前5世纪的希腊人普遍接受的德性观念有:友谊、勇敢、自制、智慧、正义等等。这些德性的价值,不能离开它们在城邦生活中的作用来考虑,而不再简单地是尚武精神的注脚。希腊人中的绝大多数,都把自己城邦的生活理所当然地视为最好的生活方式。他们习惯于用集体性、政治性的眼光来看待人性的本质。所以按照柏拉图的说法,"正义"在其中扮演核心角色。

基督教的伦理则围绕罪恶与绝对存在者的恩典这样的概念而展开。"信仰、希望与爱"这三种德性具有典型的宗教性质。④ 为

---

① 在雅利安文化中,也许还包括其他文化,曾经有过一个阶段,这社会是尚武的,他们掠夺、拓殖或有海盗的行径,史家或认为他们是处在氏族制度的解体期,而称之为"英雄社会",恩格斯认为,"一切文化民族都在这个时期经历了自己的英雄时代"(《家庭、私有制和国家的起源》,《马克思恩格斯选集》第4卷,人民出版社,1972年,第159页),承认它是普遍的,聊备一说。英雄社会的政体是"军事民主制",在古希腊,典型机构是有人民大会、议事会和军事首长。在这样的社会中,其对子弟的德性教育主要是通过讲授传说。这传说经由数代吟游诗人或者文学家的加工、汇编而成为"史诗",希腊的《伊利亚特》和《奥德赛》,罗马的《埃涅阿斯纪》、日耳曼的《尼伯龙人之歌》、冰岛的《埃达》、《萨迦》等,都是其中的杰作。

② [英]麦金太尔:《德性之后》,第154页。

③ [英]麦金太尔:《德性之后》,第230页。

④ 信、爱、望三原则,参见《新约·哥林多前书》等。

了契合上帝的恩典,信仰基督在十字架上受难,替世人赎罪,三天后复活等福音,乃是一种不可或缺的宗教德性,是拯救的前提。人要为此而期待上帝之国的降临,期待末日审判等;爱则包括爱上帝与爱世人两种不同的涵义。这些作为虔诚宗教徒应具的德性,是基督教世界所产生的新鲜事物。除此之外,还有一种德性也是为希腊人的伦理世界感到陌生的,那就是谦卑,对于荷马时代的尚武的希腊人来说,这近乎懦弱的征兆;而对于亚里士多德,这也不合乎"中庸"的原则。

任何德性谱系的产生和变迁,都源自看重它们的社会之深层次结构原因。例如在前述的古希腊英雄时代,勇敢的德性及其相关概念,便是与那个社会的社会结构相关联的。勇敢还与友谊、命运和死亡这类概念之间存在紧密的联系。在英雄社会中,勇敢的人才是可信的人。友谊的缔结既以亲属关系为范本,友谊关系有时要正式宣誓,以使兄弟间相互承担义务,而我的朋友须凭他的勇敢才能以他的力量来帮助我和我的家庭。[1] 这样的德性可以说是该社会得以被组织起来的重要一环。

在这样的社会中,"生命就是价值标准"[2],即由于血亲复仇规则的扩大,我因对我被杀死的朋友和兄弟负有报仇的义务,如同负有债务;而我既经偿付此种债务,则我的生命即成为那为我所杀之人的朋友或兄弟需要偿还之债务。因此,我的朋友和兄弟越多,一方面是我的势力更强大,另一方面也将我置于更多的危险之中。危险的意识也有助于唤起对命运的关注。正如麦金太尔所指出的:

---

[1] 参见[英]麦金太尔:《德性之后》,第155页等。
[2] [英]麦金太尔:《德性之后》,第156页。

如果把英雄社会的德性从这种社会结构的社会关联中抽取出来,就不可能对这种德性恰当论述,恰如任何对英雄社会的社会结构的恰当论述不可能不包括对英雄的德性的论述一样。①

换言之,英雄社会的德性是英雄社会的结构的环节。不仅仅英雄社会如此,恐怕任何一个社会都是如此:其中所流行的德性深深地植根于它的社会土壤,乃至于是这样的社会被建构起来的一个有效的环节。

规范因素或者德性的规范性涵义,仍然是伦理的核心部分。但德性的实践同样重要,因为它的不可忽略印证了伦理实践的某种整体性:伦理并不仅限于一些干巴巴的规则,而是由知、情、意等多重因素综合驱动的。

三、己他之间:伦理的四种涵义

伦理涉及在调整人与人的关系时给予舆论上的强烈表示的行为规范。合乎伦理的行为基本上都要肯定和尊重他人的生命、心灵、身体和财产等,必要时还得以抑制自身的欲求为代价。围绕着个体间(有时候也可上升为群体之间)意志冲突的情境,即围绕着己、他之间的欲求关联,有四种类型的调节方式,具备各自基础的道德涵义。换言之,由它们与特定的行为方式相结合,而产生道德上并非中性的效果:②

第一种类型,寻求己、他之间的共同利益和需求,即指向人类欲求的公分母和世俗福祉的所在,因而所联系的行为多是肯定性

---

① [英]麦金太尔:《德性之后》,第155页。
② 从己他之间"欲"与"不欲"的关系角度,界定合乎伦理的行为的四种基本向度,参见吴洲:"后现代语境中的佛教文化",《佛教研究面面观》,宗教文化出版社,2006年,第418-449页。

的践履,功利主义的伦理往往着眼于此——因其目标是在追求人类福利的最大化,而一个社会关于分配正义的看法,也体现了这样的社会试图寻求共同利益基础的努力。

第二种类型,克制自己主观的欲望和主动的行为,以免造成他人所不乐意看到的情况,伦理说教中常有"克己"、"自制"、"节制"等提法,或是孔子所说的"克己复礼"[1],皆即其例,反之,如若任由自己不受约束地实施意志,便常导致对他人的侵害或暴政。

第三种类型,满足和成全他人的利益和愿望,而无论这行为是否会对自身造成损害,由此可导向"曲己从他"的高尚牺牲精神,大乘佛教、基督教等宗教,都不乏此类利他主义的说教。[2]

第四种类型,通过换位式的思考,而产生"勿施于人"的规定,即禁绝一切为己、他所共同排斥的行为,其中某些信条恰构成人类伦理的底线,也是人际相处的最重要的基础,这在佛教的五戒或是摩西十诫的人伦部分中均有明确的表述。

对于第二、第三种类型,我们有人们日常习惯的词语来称呼它们,即"克己"与"利他",对于第一、第四种,则权且称之为"公共利益"或"基本戒律"。对于第一种情况来说,经由预先选择,或是通过某种实践的途径逐步地转向人际间的共同利益,或者某种本身难以分割的公共资源,便往往避免了个体间的意志冲突,在第二和第三种情境下,道德价值上得到肯定的选择有一个共同点,那就是无论"克己"还是"利他",通常都以否定的方式关联着自己。

由上述可知,己、他之间欲求的冲突,可有三种道德的解决途径:克己、利他及戒律。"基本戒律"一词所指的是:对某一类型的

---

[1] 参见《论语·颜渊》第1章。
[2] 例如佛经中关于佛陀前世割肉贸鸽、舍身饲虎的故事,又如基督教宣扬的博爱思想等。

第六章　规范的类型化

事态,当我们去考量它相对于己、他的所欲、不欲的关系时,发现在全然放任状态下有可能成为己、他共同之所欲的某一类型的事态,若任由各自去实施便必然导致某一冲突的局面,而当你设想自己或他人身处此一类型的事态之被动客体地位时,皆不欲其事发生;如此考量的情境转换,达到了一定程度的共识,便凝聚成为"己所不欲,勿施于人"的伦理原则,这时双方皆搁置其所欲而成就其所不欲,这便成了一条通行的规则。一般而言,利他是最为高蹈的理念,令人景仰,但难以普遍推广,更不是制度设计所基于的前提。[①]克己、节制甚或禁欲,则关乎修养。相对来说,基本戒律并不是针对自己一方异常苛刻,而是通过互换角色来设想可为双方共同遵循的一些通则,因而更具实践的说服力,[②]遂使其成为伦理的底线。如禁绝杀、盗、淫、妄,就是可为绝大多数文化所接受的、经由换位思考而获得的结论。

在每个人的自然状态下为了实现其利益而从事合作的现世中,通常须体现一定程度的等利交换或等害交换,或者在个体之间恰当分配各方面稀缺资源(包括物质性与非物质性)的"公正"原则,在创建合适的基本制度方面,远远重要于其他伦理原则。因为正是一种公开的正义观念,构成了组织良好的人类共同体的基本条件。而这样的正义观应是功利主义的更精致的变体。[③]

[①] 亚当·斯密就说过:"与其说仁慈是社会存在的基础,还不如说正义是这种基础。虽然没有仁慈之心,社会也可以存在于一种不很令人愉快的状态之中,但是不义行为的盛行却肯定会彻底毁掉它"([英]斯密著,蒋自强等译:《道德情操论》,商务印书馆,1998年,第106页)。

[②] 此类伦理推断之思路,除了孔子所说之"恕",佛陀所谓"自通之法"亦是其例,如以戒杀为例,曰:"我作是念,若有欲杀我者,我不喜;我若所不喜,他亦如是,云何杀彼?作是觉已,受不杀生,不乐杀生"(《杂阿含经》卷37,《大正藏》卷2,第273页)。

[③] 罗尔斯在《正义论》一书中,在论及其思想渊源时便提到了边沁等人的功利主义,便是这一点的明证。

四、伦理型规范:人际关系的协调

围绕个人或集体之间的意志进行调整的规范,最重要的、也是最典型的相对类型为:伦理与法律。围绕着基本的"伦理",还有礼仪、禁忌、习俗、惯例等一系列相近或相关的类型;作为一个整体来看,它们与宪政、法律、组织条例或规章制度这一系列,涉及了相当不同的调整人际关系的方式,后者属于广义上的法律文化范畴。其间的区别可以理解为:如果相关的个人或集团都同意或至少其中之一愿意履行前者,意志间的协调便有可能成为现实;[①]但是如果都不愿意履行前者,或者意志间的协调不再可能,那么借助后者进行的调节就变得必要了。这基本上决定了两者之间的互补关系。

要之,伦理型规范之家族,可以勾勒为三个相辅相成的系列:

乱伦禁忌—宗教戒律—伦理原则

习俗(繁缛、细节)—惯例(原则性)

礼仪(繁文缛节)—礼仪(简洁实效)

第一个系列仍是基于理想型的勾勒,但其间体现了一定的趋势:在规范调节的领域里:从人自身的再生产这一最初的核心,不断向外拓展,经过人际间就若干重要事项达成的基本默契,到维护社会结构的若干综合性概念;在调节手段上,舆论贯穿始终,但伴随着另一个发展的系列:(图腾)信仰——内心的信仰或内化的责任感、朴素的理由——理性的原则。无论是就调节的领域还是手段来看,前两个阶段的典型,当属乱伦禁忌和宗教戒律。

在原始社会中,禁忌的规定五花八门,或是为了体现宗教行为、宗教事物的神圣性,以免受到俗物的玷污,或是为了达到驱灾避祸、

---

① 有时虽仅有一人同意,而另一人"意、必、固、我",也可促成其间的协调。

遇难呈祥的功利目的,只有较少的部分具有伦理的意义,其中最重要的就是"乱伦禁忌","一社会若允许乱伦的存在,就不能发生一巩固的家庭,因之亦不能有亲属组织的基础,在一原始社区中结果会使社会秩序完全破坏"。① 在原始社会中,同一个群体(例如氏族)的成员,彼此负有相互扶助的义务,这也有明显的伦理意味。

世界性宗教是伦理发展的一个关键阶段。佛教五戒针对着杀、盗、淫、妄、酒,著名的"摩西十诫",除了一些宗教性质的义务,大多是高度普适性的伦理规范,且多为否定性的(当然不包括"当孝敬父母"这一条)。"不杀人"这条规范,在普遍流行血亲复仇规则的原始社会中,是很难想象的,但却在有组织的政治权威倾向于垄断一切合法暴力的情况下,经由宗教规范的途径给予明确。

实质伦理更进一步,体现为若干经过提纯的原则。它们能针对戒律、惯例、职责、礼仪等伦理因素的所以然给予统一的说明。在世界性宗教的戒律观或一种伟大的伦理思考(如孔子的儒家学说)中,就已出现了"恕"道原则之类。《圣经》中提到:"无论何事,你们愿意人怎样待你们,你们也要怎样待人,因为这就是律法和先知的道理。"②这就是西方著名的"道德黄金律"。此句可从正反两方面来理解,从消极的一面而言,即接近儒家的"恕道"原则。但是更高的发展阶段上,伦理还把社会正义问题纳入其探讨的范围,其学说体系有功利主义、自由主义、社群主义或社会主义等。

第二系列即伦理方面的民俗或惯例。虽然,习俗调节的行为不一定都带有确切的伦理意味,但习俗、惯例往往是伦理实践的重要辅助,并且起着很好的协调行动的效果,这些方面是无须质疑

---

① [英]马林诺夫斯基著,费孝通译:《文化论》,中国民间文艺出版社,1987年,第31页。
② 《新约·马太福音》7:12;又见《新约·路加福音》6:27-38。

的。由于缺乏明确的表述，或者为了实践的利益往往也不便于过分刻板、机械，故而这些规范的适用范围与情境、舆论上就其事后结果的评判等等，也不免是含糊的、灵活的。

而且，第一系列中的基本部分不乏禁止性的规范（如禁忌、戒律），第二系列则多是一些肯定性的规矩或默契。作为构成伦理底线的、违反它将会带来严重后果和强烈反应的规范，必然是禁止性的；某些方面这与伦理的本性相对应：在意志冲突的场合，伦理倾向于抑制自我的做法。显然，实际的伦理行为也不可能仅仅是禁止性或原则性的规定，必须有一系列相对具体的肯定性规范之配合，才能使行为具有确定的指向性。第二系列中的基本部分就是这样的规范。血亲复仇、氏族成员间的义务、婚姻规则、伴随身份（性别、年龄、地域集团、亲属关系、阶级和阶层）的差异而产生的各种规则、协同劳动、布施、交换和贸易等等，通常都是某种形式的习俗或惯例，而且是人与人之间协调行动的具体步骤。

习俗与理性的或原则性的惯例之间的差异体现在：前者往往以礼仪、禁忌的履行作为辅助手段，并在执行规范的主观意识层面上难以区分附带的礼仪因素与实质性因素；[1]而后者则是直契实质性领域，撇开了礼仪，或者并不把礼仪当作它必然的配置手段。

第三个系列即礼仪系列的伦理意味并不稳定，有时候是被人为赋予的。但在历史上却也常常被这样赋予，如孔子所谓"克己复礼为仁"。[2] "礼仪"原本是指一套完备的、带有公开表演性质的动

---

[1] 礼仪和伦理习俗之间的渗透性联系，可以拿很多社会都存在的"礼尚往来"的规矩为例，这样的礼俗起源甚早。中国古代适用于诸侯之间的聘礼，便体现礼物流动的特点。据《仪礼·聘礼》可知，聘礼作为在儒家的文献记载中予以明确的规范，起先只是一种习俗，且有着极为繁复的仪式上的规定。

[2] 《论语·颜渊》第1章。

作程式,以及这套动作程式所涉及的表意性的器物和手段。如果人们不把它的履行与否视为彼此意志冲突的表现,不会为此而产生焦虑,那它就是伦理上中性的。但是往往要经由一些必不可少的礼仪的途径得到表现的对他人的尊重,则带有明显的伦理意味,对其是否具有此种意味的判定,事实上背后常有一套社会化的机制在起作用。

其实,礼仪是这样一种规范,一般来说单纯违反它本身并不会导致对他人利益或集团、社会利益的直接损害,即不会导致亡故、身体或财产的受损、家庭的破裂、某种实质性发展势头被阻遏等等。但是运用礼仪的用途主要在于作为一种象征符号而传递各种社会化的信息,在其中个人的意愿、社会结构的特征都以某种方式得到刻画,并且努力促进和巩固它们。例如西周时代所流行的朝礼和聘礼就象征着周初以来的诸侯分封制的社会结构,刻画或象征着天子和诸侯,以及相同等级或不同等级的诸侯之间的政治关系。作为古代丧礼的重要组成部分的丧服制度,则是刻画了宗法社会中那些极为重要的亲属关系,根据某人与潜在的亡者之间亲属关系远近的等第,而在父系宗法社会中规定了相应的权利、义务,甚至司法领域里的连带关系,等等。

至于第三个系列的趋势,不妨这样理解:因为礼仪的繁文缛节是为了加深人们对礼仪乃至它所象征的某种社会秩序的神圣性、权威性的印象,令人们内心生敬而严格奉行,而那些繁缛的细节对于协调人际关系的实质来说常常是多余的,所以顺应规范发展的实效性趋势,便逐渐地淘汰了失去必要性的细节,只保留下其中简洁、实用的部分。

一个社会中实际运作着的规范伦理,一定是配合了上述各个系列的。例如中世纪以来的西方社会,以摩西十诫为范型,无论对于其条款,特别是那些涉及宗教义务的条款,是否能够完全接受,都需要辅之以各种各样协调人际关系的习俗和礼仪,才能确立其规范伦理的完整结构。这些规范的协调作用当然包括:对于特定地位、名誉和身份的尊重应当配合着特定的礼仪,以及当剥除任何外在的因素,而只剩下把个体当作纯粹的人来看待时,应当采纳的一系列尊重其人格与意志的言行规范,等等。

第四节 演变中的法律型规范

一、法律进化层次的探讨

法律是高级形态的规范。因为法律是接踵文明社会而产生的,并且处于不断发展和完善进程中的规范。法律是以暴力的系统实施为调节手段,因而效果相当明显的规范,在立法、司法等各个领域中不断地发展出一系列复杂的中介环节。法律常常也是具有明显人为特征的规范,是为了调整某些方面可能产生的相互冲突的意志而特地制定的规范。这些都是在初级形态的规范例如民俗当中所看不到的特征。

昂格尔在《现代社会中的法律》一书中运用了三个层次的概念来描述世界法律史的大致轮廓。在最广泛的意义上,法律的概念不能排除一般所说的习惯法,这是第一个层次。[①] 法律仅仅是重复出现的、个人或群体之间相互作用的模式,这些个人或群体或多或少明确地承认了应当得到满足的相互的行为预期,以及对相应的违反这种行为预期的暴力胁迫的合理期待。但是这样的习惯法

[①] 某些人类学家认为法律是所有社会形态共有的现象,因而恰当的法律概念不能排除部落习惯法等,参见 Bronislaw Malinowski, *Crime and Custom in Savage Society*. London: Routledge, 1947.

并不具备公共性和实在性。也就是说,"它的非公共性在于它属于整个社会而不专属于置身于其他社会群体之外的中央集权的政府。这种法律由一些公认的惯例所组成,而所有的交往和交换都在这些惯例的基础上得以进行"。① 其缺乏实在性则表现在:即便对某些标准的理解是精确的,但它由一些含蓄的而非公式化的规则所构成,基本上是心照不宣的。

法律规范的演化所达到的第二个层次是官僚法或规则性法律。此种法律具有公共性和实在性。它是在国家和社会已经分离的情况下,由政府或政府性组织所确立和强制实施的公开规则组成(公共性)。而且某些行为规则已经采取了明确的命令、禁止或许可的形式(实在性)。② 在一些古典时期的国家中,规则性法律仍然受到习惯性标准或神法的影响。典型的神法有古代印度法(dharmaśāstra)、伊斯兰教法(sharia)等。古罗马的市民法(ius civile),则通过先是摆脱而后取代祭祀神谕的影响,获得了宗教之外的独立发展。

第三个层次则是严格的法律概念。这种法律秩序不仅具有公共性和实在性,而且具有普遍性和自治性。其普遍性即意图确立公民在形式上的平等和法律适用方面的一致性,保护他们免受政府意志的任意和专断之害。自治性表现在实体内容、机构、方法和职业四个方面。实体内容上的自治性是指,其规则只是为了达到某种自律的公正性理念,而非为了体现任何一种独特的、法律以外的信念或标准,而无论后者是经济的、政治的,还是宗教的;机构方面,法律规则由那些以审判为主要任务的专门机构来实施,进而国

---

① [美]R.M. 昂格尔著,吴玉章等译:《现代社会中的法律》,译林出版社,2001年,第47页。
② 参见[美]R.M. 昂格尔:《现代社会中的法律》,第48页。

家与社会的分离因前者内部的行政、立法和审判机构的区分而进一步发展；当上述专门机构获得自身行为合理性的方式不同于其他的实践方式的时候，法律便获得了方法论上的自治性；这种法律秩序还具有职业的自治性，即在机构和制度的框架下，一个特殊的法律职业集团出现了。[1]

二、宪政、组织与科层制

有一组重要的规范类型，它们是用来形成组织结构的规范或制度：宪政——形成国家一类的完整共同体的核心部分即政体；组织规则——形成各类不完整共同体的组织结构。即前者是用于架构在某个较广泛地域内对暴力的实施予以某种程度的垄断的超大型组织。尽管成文宪法是比较晚近才出现的，然而过去在法律的颁布、实施方式和政权组织的惯例，以及对统治阶层的权威性的确认中已经存在宪政规范了。宪法或宪政规范，也属于法律的范畴。如果一种制度是用于架构其本意并非要对暴力的实施予以垄断的其他各类组织，那么就是一般所称的组织规则，或狭义上的规章制度。完备的条例和规章对于一般组织机构所具有的作用，就像宪法和法律对于国家这等超大型组织的作用。

并不是唯有民主的宪政规范，才是宪政规范。像儒家思想中包含的政府如何组织的观念，以及传统的儒教社会中，政府事实上如何组织，关于权力合理运用程序的一些默认的规则，也是广义上的宪政规范——虽然它可能缺乏保护个人权利的明晰意识。按照某种理想型的划分，基本的政体可分为三类：民主制——以一定范围内的全体人或大多数人为权力的主体；贵族制——少数人为掌

---

[1] [美]R.M.昂格尔：《现代社会中的法律》，第49—50页。

权者;君主制——仅有一人为掌权者。① 但重视民主理念仍为近、当代宪政领域发展的主流。

然而在古代亚述人和希腊人的政治制度中,就能看到民主的宪政规范的影子。约公元前 2000 年起,在亚述人(Assyrians)建立的贵族寡头共和国,权力由长老会议掌握,首领称"伊沙库",掌管宗教和公共建筑,召集长老会议。另有一人专理财政,一年一任,经某种程式之抽签选出。②

公元前 443 年至前 429 年,雅典的伯里克利连任首席将军。其时,希腊民主政治获得充分发展。自由的、享有政治权利的公民虽分四个等级,但执政官及其他几乎所有官职向每个公民开放,第三、四等级可通过抽签当选。公民大会系最高权力机构,每隔十天召开一次,凡年满二十岁的男性公民均可参加。五百人会议由十个部落通过抽签方式各选五十人组成。每五十人为一组,轮流执政,并召集公民大会。陪审法庭是最高司法与监察机关,拥有六千

---

① 这就是亚里士多德所说的三种基本政体,此外它们还有三种变体。君主制(Kingship)是一人统治的典型形式,僭主制(Tyrant)是其变种,前者虽以一人为统治者,却能照顾到整个城邦的利益,后者是僭主擅权而纯以一己私利为依归;少数人统治也有两种形式,其一是贵族政体(Aristocracy),"这种政体加上这样的名称或是由于这些统治者都是'贤良',或由于这种政体对于城邦及其人民怀抱着'最好的宗旨'"([古希腊]亚里士多德:《政治学》,商务印书馆,1965 年,第 133 页),其二是寡头政体(Oligarchy),它是以富人的利益为依归;多数人统治的正宗形式为共和政体(Polity),其变形平民政体(Democracy),即仅以穷人的利益为依归。政体划分之研究,在希腊哲学中也是热门话题。柏拉图《理想国》中的 Politeia 在英语中常常被译作 constitution,即"政制",划分了五类,与亚氏大体相当。罗马的西塞罗,完全继承了亚里士多德的政体分类学说。但他认为三种单纯形式的每一种都包含着缺点,而一种混合政体可以避免每一单纯政体的固有缺陷,既能防止权力过分集中,也能提供一套制衡机制,例如西塞罗本人生活其中的罗马共和国就成功地体现了这种混合特征,例如执政官、元老院和大众各自拥有的权力,就是分别对应于君主制、贵族制和民主制(参见[美]列奥·施特劳斯等著,李天然等译:《政治哲学史》,河北人民出版社,1993 年,第 174-175 页等)。中世纪的阿奎那也认为混合政体才是最佳的,事实上这些看法预见到了美国等现代民主国家的政体。

② 崔连仲主编:《世界史·古代史》,第 114 页。

陪审法官，从每个部落三十岁以上公民中各抽签选出六百人组成，分配到十所法庭中，其中各一百人为候补陪审法官。陪审法庭还监督、考核公职人员的工作，并对公民大会的决议拥有最终核准权。十将军委员会握有军政大权，尤以首席将军权柄为重。十将军是在公民大会上举手选出，可连选连任。[1]

如果所有的国家都有关于政体如何组织的规范——哪怕这方面纯粹是依据惯例——那么广义上的宪政规范可谓内涵于一切文明社会当中。宪政规范经历了长期的、艰辛的发展历程，起初并没有产生任何具有规范的约束力的宪法性文件，而是按照不成文的习惯法模式来运作。这是历史上大多数宪政规范的特点。其权威性之树立，有时得要借助象征权力的宗教仪典。[2] 只是到后来，大约在中世纪中后期，才产生了像英格兰的《大宪章》之类的宪法性文件。[3] 而在资产阶级革命时期，成文宪法不断涌现。

在近现代的西方语境中，宪政规范是涉及公民的政治权利、由公民组成的国家的组织架构、暴力机关的合法地位等一系列问题的若干原则性的规范。近代以来，西方国家的宪法几乎总是包含着一项权利法案。[4] 实际上，这些权利法案浓缩了宪政的哲学、宗教意涵即"超

---

[1] 雅典的政体一直都不甚稳定，此点可见于亚里士多德的《雅典政制》（载于《亚里士多德全集》第10卷，中国人民大学出版社，1997年），此书并论及各政体之利弊，代表了希腊人中一部分人的看法，特别是在经过了与斯巴达人的伯罗奔尼撒战争以后。雅典城邦的规模不大，且自由民内部彼此熟悉，因而不存在对于通讯技术、交流和协调的极高要求，这是雅典等地得以实行民主制的有利因素。但它在军事竞争中先是不敌斯巴达，继而是被马其顿吞并。西塞罗对此反思后得出的结论是有道理的，即只有混合政体更理想。

[2] 这几乎是古典阶段的普遍现象。参见本书第7章第3节第1小节。

[3] 《大宪章》是国王与领主等妥协的结果，本质上仍是封建的。但在其一些条款，如第29条中，还是可以看到保护人权和进一步发展、被赋予新的含义之潜力（参见［美］爱德华·考文：《美国宪法的"高级法"背景》，第27页）。故而17和18世纪英国所发生的资产阶级法律革命，将它公然认作鼻祖。

[4] 这些权利被视为"自然的"，这正是古典的自然法的观点，参见［美］卡尔·弗里德里希著，周勇等译：《超验正义：宪政的宗教之维》，三联书店，1997年，第1—16页。

验正义"的精华。这些权利被视为"自然的",并表现了人性。

> 宪法和宪政的真正的本质,它那与所有非立宪制度形成鲜明对照的特殊性(differentia specifica),可以通过提出这样的问题而被揭示:宪法的政治功用是什么……核心的目标是保护身为政治人的政治社会中的每个成员,保护他们享有的真正的自治。宪法旨在维护具有尊严和价值的自我(self)。①

在西方语境中,宪法的核心功能是规定和维护人权。按西方的传统,这样的人权往往被视为某种"自然权利"。② 此种观念的核心是:"人类的个体具有最高价值,他应当免受其统治者的干预,无论这一统治者为君王、政党还是大多数公众。"③这种传统反映在罗马法、英国普通法、西塞罗和洛克的著作、美国的《独立宣言》、基督教对灵性的重视及基于此的人性平等观念和新教的个人主义等各种历史和观念的运动之中,它们汇聚为一股绵延不绝的潮流,显示了西方文明的内在一贯性。④

---

① [美]卡尔·弗里德里希:《超验正义》,第14-15页。
② "自然"一词有本性、本原、规律等多种涵义,当被用于表述具体的法律体系须要尽量合理而必须诉诸的最高规范依据时,也称作"自然法"。参见[美]列奥·施特劳斯著,彭刚译:《自然权利与历史》,三联书店,2003年,第82-127页、第220-256页。
③ [美]卡尔·弗里德里希:《超验正义》,第15页。
④ 古希腊人就已有了"自然权利"的观念,这是西方民主制传统下的宪政思想的先声(参见[美]列奥·施特劳斯:《自然权利与历史》,第84-126页等)。但古典时期的自然权利论,尚着眼于人性的种类差异甚至人性的自然不平等,并在此基础上来谈论道德事务和政治事务。虽然斯多亚学派已经具备平等主义的自然权利观念的雏形,进而它也影响到西塞罗的自然法理论(西塞罗:《法律篇》i.28-35;参见[美]爱德华·考文:《美国宪法的"高级法"背景》,第9页),以及查士丁尼的《法学总论》,例如后者宣称,"根据自然法,一切人生而自由,既不知奴隶,也无所谓释放"([古罗马]查士丁尼著,张企泰译:《法学总论》,商务印书馆,1989年,第13页),但是一种更深刻的平等观却为基督教所主张,它宣称每个人在生命创造的源头上的平等,因为每个人都是来自一个共同的造物主,《福音书》里所见耶稣的行事,如以神的独生子的极尊贵身份,而为门徒洗脚,对人私心上的恭、高、我、慢,实有振聋发聩的作用。《新约·加拉太书》曰:"并不分犹太人,希利尼人,自主的,为奴的,或男或女;因为你们在基督耶稣里都成为一了"。后来,民主的宪政思想,更进一步地出现在洛克和其他资产阶级思想家的学说之中。

某些成文宪法包括了对一国政体(constitution)的明确规定,其目标仍在于通过一套针对掌权者的规范化约束体系,来达到维护自然权利的目的。最重要的措施如:由民选产生政府;通过分权对掌权者进行制衡;规定:如特定的立法举措与某些宪法承认的个人权利相违背,则个人有权拒绝履行等。

除了国家这种超大型的组织,还有其他寄生在国家或者国际的框架内的较小的组织,一般来说它们本身不垄断暴力,或者说倘若实际上运用了暴力也并非其公认的常态,因而其制度是以国家所提供的暴力机关、所颁布的各方面的法律、法规以及政策作为其规范的前提和框架的,当然有时候这一点是隐而未显的。其实,当人们在研究组织的形态时,也就是在研究在这些形态背后运作的规范的体系。

按照韦伯的理想型的分类,基本的组织形态有三种,即卡里斯玛型、传统型和科层型,它们分别是按照个人权威、惯例化的规则、结合被赋予等级式权力的官僚角色和规则进行决策和治理。[1] 其中科层制(Bureaucracy)是更具普遍意义的组织形式。

科层制并不纯粹是一种现代的现象。从古代的军事与宗教组织中,诞生了古埃及、古罗马、中国乃至非洲黑人帝国这些统治广大地域的集权制国家中的早期的科层组织。从一开始,科层组织就显示了它的一些优点:内部行动的一致性,可藉此调动极为广泛的人群、整体工作效率的提升、完善的档案体制、工作的连续性不受人员更换的影响等。要之,它是人类分工协作在制度上的反映。正因如此,在公共事务和较大型的私有经济组织中,科层化是一个

---

[1] 参见[德]韦伯:《经济与社会》上卷,第242-250页。

第六章　规范的类型化

不可避免的趋势。

从科层组织的几个特征,即等级制的权威、普遍性的标准、工作的专业化、规则和章程、文字记录和沟通等方面都能够看到理性化的规范在其中所起的作用。[①] 所谓等级制的权威,意即存在着一个明确的等级式的权力体系,上级有权指挥、控制和监督下级的工作。这种等级制的权威往往是源自宪法、行政法规或者受法律保护的个人利益,例如在近现代的法治国家,国家的行政首脑就是由宪政程序产生,并由宪法赋予权威。而私人公司中的等级制则源于资本家与职员的雇佣关系;在此,下级不愿意接受某些权威的最简明的方式就是合法地解除雇佣合同。

普遍性的标准是针对适用于科层制内部的规范所具的特征而言的,意即按照科层制的选择与评价标准,其成员的被接纳或晋升等,按理想是根据其业绩和资历,而不是由种族、家庭背景、性别等天赋的特征。换言之,所适用的标准是带有普遍性的、不偏不倚的。

工作的专业化是指组织内部的各部门或个人均有固定的、明确的工作即职权范围。显然,科层组织比其他组织更倾向于劳动分工的专业化,这也使相应的职业技术规范和行政规范趋于分化。将此点与上述"普遍性的标准"结合起来看就是:按照科层制的理想,一定的岗位是向每个人普遍地、公平地开放的,而选拔标准要视个人能否达到在相应职位上的专业化水平而定;同时获得晋升

---

① 有关科层组织特征的概括,参见[美]刘易斯·科塞:《社会学导论》,南开大学出版社,1990年,第173—176页;[德]韦伯:《经济与社会》上卷,第243—244页等。

与否则视其工作业绩等相对可度量的标准。

可以说,明确诉诸文字的规则章程是科层制管理的理性化的基础。规章制度建立了一套可以预测的并且似乎是精确可靠的工作程序,这就可以避免个人感情或情绪因素的干扰,使得一切似乎都可以像例行公事一样去办理。与此相联系的一点是,科层制要求通过书面文件和记录来实施严格的制度化管理;换言之,文字记录是规范的运行之有效的媒介。命令宜以文件的形式下达给众多的下级,上级须接受工作进展的报告以作出有根据的决策。这就产生了很多的文件、汇报、档案、备忘录、通讯簿等。根据文字记录进行的工作,既可避免由于记忆出错而产生的效率问题,更可以将规范的制订、修改、发布、执行与执行效果的检核置于一个理性化的——甚至可以说更加规范的——作业平台上。

科层制是围着协调并发挥劳动分工效率而形成的一种等级式的管理制度,是近代社会的基本组织形式。过去在某些社会里,科层制固然也有卓越的表现,但这样的社会也往往是掌控较大的地域范围、较多的人力资源和有较高的协作要求的社会。然而放眼全球,科层制的普及和进一步的理性化,又确实是伴随着近代资本主义的兴起而出现的现象。

三、法律型规范:人际冲突的解决方案

宪法、法律、组织条例等规范,除了其规范的陈述所建议的应然的和谐状态,归根到底还是:针对潜在的或现实的意志冲突的情境(乃至当其严重后果发生时),如何运用强制性制裁手段或以之为背景来保障特定的意志得以实现的机会之规范;当然其他的手段,例如利害关系、专业知识、个人魅力或服从的惯例,往往也都被

第六章 规范的类型化

充分地调动起来,以保证对冲突予以裁断。[1] 作为裁决者出现的、有权威的个人或机构,对于实现这样的几率来说,几乎不可或缺。权威的存在已属组织现象。[2] 裁决可以是被赋予权威的个人的主观意志的创造性或专断性的决定,也可能是遵循某种固有惯例或条文所作出的。大体上组织现象及其相应规范发展的谱系为:

氏族—国家—组织、机构

外婚制—宪政、法律—规章制度

上述极为轮廓式的勾勒,除了指向时间轴之前后衍生关系,还含有空间轴之上下对应关系。原始共同体(部落)的基本单元一般为氏族,但它同样存在于后世,是一个消费暨利益分配的单元,或

---

[1] 不难看到这一系列规范都内涵权力问题,广义的权力与权威或影响力等概念接近,这也是组织中的核心问题之一,参见 [美]丹尼斯·朗著,陆震纶等译:《权力论》,中国社会科学出版社,2001年,第1章。

[2] 由于其微妙和难以界定,权力问题始终是组织社会学的难题。韦伯把权力定义为:"一个人或一些人在社会行为中,甚至不顾参与该行为的其他人的反抗而实现自己意志的机会"(转引自[美]丹尼斯·朗:《权力论》,第26页)。对他人的影响,有些是无意识中发生的,这样的影响并不能和权力现象挂钩。但广义上的权力可以视为有意识地影响他人的有效方式,这比韦伯的定义视域更广。实施权力最常见的形式为直接诉诸武力,即摧残、消灭他人躯体、妨害他人行动,或是以此来要挟。权力的其他形式,据认为至少还有:操纵、说服和权威。第一种是指,"当掌权者对权力对象隐瞒他的意图,即他希望产生的预期效果时,就是企图操纵他们"([美]丹尼斯·朗:《权力论》,第33页)。而权威是成功的命令或嘱咐,它引起人们的遵从,是基于发布命令者的身份、资源或个人品质。在组织的实际运作中,这三种多半都会被使用。但真正可以被有效地制度化的仍是"权威"。

权威又被分为五个子类:强制型权威,欲以剥夺他人某种自由或权利的威胁,来迫使他人服从其命令,必须使其确信自己有对他进行这种剥夺的能力与愿望;诱导型权威,靠给予奖励或其他诱导的方式,以达到遵从命令的目的;制度型权威,以共同规范为先决条件,据此掌权者拥有公认的发布命令权力,而权力对象有公认的服从义务;专业性权威,其权力对象服从权威的指令是出于信任权威有优越的专业知识,足以决定何种行动能很好地服务于组织或他人的利益和目标;魅力型权威,权力对象愿意服从或效劳另一人,是由于对后者的某种魅力或品质的倾倒(参见[美]丹尼斯·朗:《权力论》,第2,3章)。前三子类在制度层面更重要。

者一个经济生产的单位。甚至可能被整合进社会管理的结构当中。[1] 但在原始共同体中很难设想存在稳定的组织,因为分工和社群规模没有达到产生此一需求的程度。随后国家代替部落成为完整的共同体,并在这样的框架内,各类组织始能产生。故而在氏族、国家、组织的序列中,后来的类型虽然衍生和逐步完善,但叠套在先前类型之上,犹如地层结构。

氏族(clan)是按照一定的外婚制规则而建立的、基于某种形式的自然纽带或宗教纽带的极原始的组织形态。[2] 氏族的类型

---

[1] 埃文思·普里查德(Evans Pritchard)与福忒思(M. Forts),通过对东非努尔人与西非加纳某部土著的研究,发现地域性的邻里关系与血缘的氏族关系并存,在这些无国家的社会中,氏族或宗族(lineage)担当了重要的政治、管理功能(参见 M. Forts and Evans Pritchard: *African Political System*. Oxford: Oxford University Press, 1940;以及[英]埃文斯·普里查德著,褚建芳等译:《努尔人:对尼罗河畔一个人群的生活方式和政治制度的描述》,华夏出版社,2002年,第4、5章)。而弗里德曼透过审视中国东南地区、东南亚华人中的情况,试图表明强大的宗族组织及其分担的功能,即便在文明社会中依然存在。宗族组织相对于政治实体的辅助管理功能,相信对于熟悉中国史的人来说,一点不会感到陌生(参见徐扬杰:《中国家族制度史》,人民出版社,1992年)。而氏族制残余的影响,为关于亚细亚生产方式的讨论的一个焦点。直到今天,宗族仍然在中国的一些农村,担当着重要的管理角色,参见肖唐镖等:《村治中的宗族——对九个村的调查与研究》,上海书店出版社,2001年,第112-194页等。

[2] 血缘氏族结构的确立,常要依赖亲属关系制度,其中包括描写亲属关系的词汇,通婚规则,及由通婚和生育而来的姻亲关系、血缘关系和继嗣关系的界定,及伴随这些关系而来的可能的若干权利、义务,甚至也包括对于相应亲属关系的态度和倾向。美国人摩尔根于1871年发表《人类家庭的血亲和姻亲制度》(*Systems of Consanguinity and Affinity of the Human Family*)。该书列出了作者精心搜集的古代和当时的人类集团亲属称谓词语的总表。基本的亲属称谓体系(kin terminology)有六个,即表中所列的爱斯基摩(Eskimo)类型、夏威夷(Hawaiian)类型、易洛魁(Iroquois)类型、奥马哈(Omaha)类型、克劳(Crow)类型和苏丹类型。参见[法]安德烈·比尔基埃等著,袁树仁等译:《家庭史》,三联书店,1998年,第30页等。亲属称谓的词汇不是简单地反映某种在它之前的亲属关系的现实,而是这些词汇本身圈定了一个社会中那些能够被辨认或者被承认的亲属关系的社会性范围,即随着这些词汇的使用才产生了这些亲属关系。显见这些词汇是具有哲学上所称的"以言行事"的效力。但摩尔根由此引申出关于人类家庭形态的进化论模式,就不免有些武断了。当然也有图腾氏族一类、并不一定具有绝对意义上的血缘关系的社会划分的群体。

很多。如极常见的氏族类型可能是按照父系血缘关系建构的继嗣群体;但作为一个外婚制单位的氏族,也可能像很多土著民族一样,是采用母系继嗣的规则,不过所生子女却是跟着父亲一起过的,因而氏族成员平时并不在一起。① 甚至在一些原始社会中,所谓氏族是按照图腾命名的规则建构,其间氏族成员自认具有亲属关系的纽带,实际上很可能,"这种关系并不出自于他们彼此之间确定的血缘,而仅仅是由于他们拥有相同的名字"。② 但在社会层面上,最关键的是它仍和某些外婚制规则相联系。而在文明社会中,虽然氛围已大不相同,但婚姻往往仍旧是极重要的社会化层面。譬如说,在中国魏晋南北朝时期,士族间的重视门第的婚姻,就是其维护政治特权的步骤。

国家当然需要宪政和法律。如果说法律是通过有组织的暴力手段来实施的规范,那么宪政规范的特点就是确认这样的组织(即政体和国家机器),经由何种合理的途径和程序得以建构。基于它的特点,宪政规范不免包括如何正当、合理地运用暴力的惯例、议题或方案,但政体及其各级外围机构的组成和维系,尤须耗费很多的成本和依据各色的规范,倘若把这些方面也计入其中,则其所涉及的就更为广泛,而包括了一些必需的、且经常处于调整中的公共政策,譬如维持官吏系统和暴力机关所需要的整个税收政策等等。

---

① 参见[法]列维—斯特劳斯著,渠东译:《图腾制度》,上海人民出版社,2002年,第43-56页;[法]涂尔干著,渠东等译:《宗教生活的基本形式》,上海人民出版社,1999年,第135-136页等。

② [法]涂尔干:《宗教生活的基本形式》,第132页。

相对于"国家"这样将其法律体系置于全民之上的超大型组织，必然还存在着较为小型的组织，它们的活动范围可能限定在一国的疆域内，也可能依信仰或共同利益成为跨国组织。一个组织对外是一个利益捆绑的单位，对内则是一个利害冲突的裁决机构（或程序）。在一般的组织中，没有系统运用暴力的权限，故须仰赖国家以保障它的正常权益不受非法暴力之侵犯。[1] 即便中世纪的罗马公教会或者今日的跨国组织，也都要与各种形式的国家机器取得协调，否则就会寸步难行。如果某个组织执意要由自己来实施包括剥夺生命权在内的暴力，那它若不是黑社会的话，就会使某个文明体系陷入混乱。

一般的组织、机构与国家并生，又以后者为前提。两者间存在一定的同构性。换言之，在非常抽象的意义上，组织的结构—功能特征，几与国家如出一辙。确认权威角色的条例，一如宪政规范；适用全体成员或特定角色的规章制度，一如法律（当然法律本身往往也包含某些须要确认其合法性的程序）；再，行政自由裁量通于两者。

一个组织中，最基本的事情是权力的分配，因为如果权力分配的事宜尚未决定，那么其他的利益分配的体系或方案也必然是不稳定的。针对一个组织中的权力乃至利益分配的条例和规定，构成了整个制度的核心与骨架，然后才是一系列事务性的标准。在一些成熟的组织形态中，许多规章制度会围绕着某种科层制等级。权力问题是组织动力学的核心，真正的权力恐怕要依靠一定的社

---

[1] 在合法的环境和氛围中，组织对违规者所能采取的制裁措施的底牌，就是将其驱逐和排斥于门外。

会网络的支持。① 操纵、说服、权威、利益的博弈,都可能被激活起来,以保证权力的流畅运作。它绝不单单是司法—推理的权力,或者执行规章制度的问题,而是弥散在社会的其他形式的关系中,伴随着技术、规范化、训导和控制而来。② 对于个体,它是高度社会化的结果。

各个规范类型并非同时产生、持续或同步演变,而是有一定节奏上的落差。并且各个类型之间亦不是毫无关联地、独立地发展,而是有一定的承续和演进的关系等。正是在这样的意义上,可以谈论规范类型之间的系谱问题。而系谱的演进,一般又恰好符合从混融到差异、从宗教到世俗、从人本到物本、从象征到实效的发展轨迹。

---

① 福柯对权力之微妙及其在社会关系中的多样化渗透,深有体会,例如他说:

(1)权力不是获得的、取得的或分享的某个东西,也不是我们保护或回避的某个东西,它从数不清的角度出发在各种不平等和变动的关系的相互作用中运作着(参见[法]米歇尔·福柯著,佘碧平译:《性经验史》,上海人民出版社,2002年,第70页)。

(2)权力关系并不外在于其他形式的关系(经济过程、认识关系和性关系),相反,它们内在于其他形式的关系之中。它们是在此产生出来的差别、不平等和不平衡的直接结果。它们彼此是这些差异化的内在条件。……它们在运作时有着一种直接生产的作用。

(3)权力来自下层。这就是说权力关系的原则和普遍基础不是统治者与被统治者之间的整体的二元对立。……必须认为在生产设备、家庭、纪律、纪律组织、机构之中形成和运作的力量的多样关系极大地支持了贯穿于整个社会的对立([法]福柯:《性经验史》,第70—71页)。

福柯还提到:权力的合理性是各种策略运用的合理性,这些策略在它们运作的有限层面上是非常清楚的(权力的局部运作是厚颜无耻的),它们相互连结、相互激发和相互推广,它们还在别处发现了对它们的支持和它们的条件,最后勾勒出整体的机制。关于权力运作的整体性背景的这些论述,给人启发。

② [法]福柯:《性经验史》,第67页。

第七章 规范演变的基本方向

以当代的规范为审视的中心或截止点,以长时段的眼光来观察规范的演变史,应能找到一些大的趋势。探讨"规范演变的基本方向"包含这样几层涵义:

其一,如果一些特征较多地出现于人类社会的早期规范当中,而另一些与之矛盾、对立或相对的特征则较多地出现于历史的晚近阶段,那么由前一组特征迈向后一组特征的发展趋势就有理由被视为基本方向。

其二,对于某些具体的规范、规范类型或规范体系的演变史来说,一些内生或附着于这一类演变史的特征,一般是出现在其起源或早期的阶段,并逐渐地趋于淡化,而在较后的阶段被另一些相反或相对的特征所取代;如果这种情况在各种案例中被反复地观察到,远多过相反方向的演变,那么同样的,在这两组特征之间呈现的趋势堪称规范演变的基本方向。

第一节 作为起点的原始规范的基本特征

任何文明体系内涌现的崭新规范,都是相对原始社会之规范而言的变化。因此原始社会的规范(简称原始规范)或许是观察长时段的规范演变方向的一个恰当的起点。而它至少有四个显著特征：诸规范的起源都笼罩在一种浓厚的宗教氛围之中；后世所界定的各个规范类型，在当时还缺乏明显的分化，这和其较为缺乏职业、阶层的分化，及缺乏意识形态上的辨析力相适应；围绕人自身再生产的规范居于极端重要地位，因为在生产力落后的历史条件下，这里恰是少数人类能够控制的领域，而且为了保障和促进种群的繁衍，这也确实是一个大问题；大部分规范的符号价值远远超过它的实际功效——倘若这种功效并非不存在的话。

一、宗教性：终极超越的地平线

第一个特征是宗教氛围的浓厚。当我们通过搜罗史料记载中关于远古先民的传说，或者前人志怪中关于"蛮戎夷狄"的异闻，或者像人类学家一样与土著社会直接接触时，我们总有这样的印象：似乎在这些社会中，自始至终都弥漫着一股笼罩在所有事物身上的巫术或信仰的氛围。作为原始社会规范的特征之一，"宗教氛围的浓厚"指的是：一方面很多事物身上——无论它本身是否就是规范——都刻画上了巫术与宗教信仰的痕迹，即伴随着有明确规范内涵的仪式与禁忌；另一方面很多行为规范、社会制度也往往依附着种种礼仪与禁忌。

一个太平洋岛屿上的波利尼西亚人如何造他的船只呢？他在遵从若干实用的技术规范的同时，还做其他不属于技术范畴的事情。因为他相信他的造船工具受制和听命于看不见的神灵，只有靠他的力量才能消灭木船里的凿船虫等。通过一定的仪式，他将自己的船献给神灵或祖先，祈求他们使他的船航行更快，使他一帆风顺，并捕到更多的鱼等。[①]

---

① 参见［英］雷蒙德·弗思（R. Firth）著，费孝通译：《人文类型》，商务印书馆，1991年，第118页。

对于宗教或原始宗教如何界定,这直接关系到我们对原始社会的规范的看法。定义的方式有多种,如从精神内涵上可将宗教界说为围绕生死问题的终极关怀等。①然而在此,可借用美国人类学家格尔茨(C. Geertz)的定义来彰显其在人类心智发展中的位置:

(1)一个象征的体系;(2)其目的是确立人类强有力的、普遍的、恒久的情绪与动机(moods and motivation);(3)其建立方式是系统地阐述关于一般存在秩序的观念;(4)给这些观念披上实在性的外衣;(5)使得这些情绪和动机仿佛具有独特的真实性。②

原始人的所作所为都极为情绪化,这也是因为他们在实践中缺乏情绪的缓冲机制。或许他们并不比文明人更为情绪化,但其活动方式简单、直截,即缺乏技术与体制上的复杂中介的特点,常常使得他们总是直接面对与生俱来的需求和激情。与此同时,由于技术能力的落后而造成的期望与现实之间无处不在的巨大落差,则让他们更耽于幻想,寻求一种替代性的满足,所以信念乃至迷信就不免在他们的生活中占据了统治地位。换言之,宗教或者说情绪化的信仰,构成了原始社会中各个领域和各种规范背后的基调。

然而,在原始社会中并没有确切意义上的宗教与宗教规范的存在,因为此时既然世俗领域与宗教领域并非泾渭分明,且还没有形成特定宗教教派的意识,即尚未将某一教派视为相应共同体的自我指称的对象,③所以宗教还只是作为一种氛围,而不是作为一

---

① 参见吴洲:《中国宗教学概论》,台北:中华道统出版社,2001年,导论。
② [美]格尔茨著,纳日碧力戈等译:《文化的解释》,上海人民出版社,1999年,第105页。
③ 例如部落时期的犹太人,根据《旧约·创世纪》来看,还只是将其信仰称为"祖先亚伯拉罕所奉的神",而没有任何特称。

种集体而存在。但宗教的氛围比起宗教的教派反倒更容易弥漫在全社会当中,并且这种氛围与巫术手段的运用难解难分。①

原始社会中,围绕劳动的一个普遍特点是技术和宗教仪式的密切联系。比如为了增进土地肥力,为了在想象中控制命运和大自然中不可预测的力量,为了祈求祖先或神灵的帮助而举行的各类仪式。并不能简单地认为这些是经济活动中无谓的累赘,其实它能团结劳动者并发挥他们集体协作的威力,能帮助人们克服在面对其不能控制的事物时的恐惧感。

几乎在一切方面,原始人都要将想象中的神灵视为权威的来源,是其行为规则与社会规则的保障。再者,实行外婚制的氏族体系通常都带有图腾信仰,这是一种牵涉范围极其广泛的规范类别,包括命名体系、巫术、禁忌(其中最重要的是乱伦禁忌)、仪式、婚姻规则、行为规则、道德义务、社会组织规则等等。② 所以,所谓的"图腾制度"可以说是围绕针对图腾标志的宗教信仰的核心而旋转的一个范围极不确定的规范总和。很多划分图腾氏族的初民社会,都有乱伦禁忌、血亲复仇的义务和氏族内部互助的惯例等,虽然带有明显的伦理意味,但大致上仍是围绕图腾崇拜建立的行为规范。

二、混融性:诸规范类型的缠绕

第二个特征是规范形态的混融性。也就是说,后世所界定

---

① 近代学者喜欢将巫术与宗教进行区分,认为前者是基于对因果关系的误解而产生的种种迷信的、功利的做法,而后者是就灵魂归宿与精神发展问题给出的一系列答案。然而原始社会中的人们或许并没有做这样的区分。实践中的态度常常是混融的。有关巫术与宗教的界说,参见[法]涂尔干著,渠东等译:《宗教生活的基本形式》,上海人民出版社,1999年,第 395—431 页、第 514—547 页等。

② 参见[法]列维-斯特劳斯著,渠东译:《图腾制度》,上海人民出版社,2002年,第 20—42 页等。

的各种规范的类型,例如巫术、禁忌、技术规范、宗教仪式、民俗习惯、伦理、法律、组织条例等,在原始社会中还处在一种混沌未分的状态。按照后世的标准来看,这些规范的调节手段各不相同,如技术规范是依效用、礼仪是按象征性表演的符号价值、民俗是依习惯的暗示、伦理是依舆论的压迫、法律是依强制和暴力,分别予以调节。可是在执行原始社会的许多规范时,这几种调节手段可能会并行不悖地出现,纽合在一起,难分难解。

另外也缺乏像中世纪的道德说教或者现代的法律文本或规章制度那样,对于规则的明确表述,缺乏保证各种不同手段、不同领域或不同内容的规范的专职人员或机构的分化。例如对于在原始社会中极为基本的宗教规范,往往并没有专门的祭司来系统地、严格地执行它们。在大多数情况下,萨满或巫师的日常活动方式与共同体的其他成员没有明显的区别,他也要狩猎、打鱼或者做手工等。

由于技术上常常缺乏达到真实效用性的手段,因而总是被心理满足的效用所取代,抑或心理的与实际的效用错杂在一起——只是在经由各种试错方法以后,才慢慢地找到了一些实用的措施。可是起初,种种心理上的满足便成了习惯的起点,即人们普遍认为按照这样的习惯去做便可轻而易举地消灾避祸、祈福迎祥。

如果说伦理是调节人际关系而令其趋于和谐的重要手段,那么起初,伦理的第一要义就是对礼俗与禁忌即众人一致的行为方式的遵循,换言之,当你融入传统的习俗时,你就融入了社会,"善"也随之降临。

第七章 规范演变的基本方向

如果说其他规范的存在是确凿的,只是缺乏现实的脉络,也缺乏主观意识中的认知标准去加以区分,那么法律就更是处于一种潜在的、远未明显确立的状态。在渔猎文化的某个阶段,已经存在通过武力、进而是自相残杀的战争状态来解决社会纠纷的方式,通常血亲复仇对于宗族或者图腾氏族的成员而言是一项必不可少的伦理义务;而在某些地区则产生了赔偿制度,系由加害一方支付一定的、据认为可与对方所受伤害价值相当的生活品作为赔偿。从人类学的立场来看,法律可能是这样一类规范:"如果对它置之不理或违反时,照例就会受到拥有社会承认的、可以这样行动的特权人物或集团,以运用物质力量相威胁或事实上加以运用"。① 这样的规范在某些原始社会中已经露出它的端倪。

但是使用有组织的暴力的情况仍然比较少见,因为这种暴力机构在原始社会中本身就很罕见,或者很不稳定。所以很多时候对此类规范的执行首先是考虑其他的调节手段,而且原始人往往笃信仅仅依靠巫术的力量就可以实施报复或制裁。不同形式的制裁在各类原始社会中发挥的效力不同。"有些社会充分调动舆论力量以保证人们遵守规则,而赔偿和处罚条例不起重要作用。在有些社会中,超自然力性质的制裁对约束人们的行为更为有用"。②

---

① [美]霍贝尔著,严存生等译:《原始人的法》,贵州人民出版社,1992年,第25页。该书认为过去很多人觉得原始社会没有法律存在余地的观点是一种误解。但是本书还是倾向于一般的观点,即由于原始社会没有国家即一种系统的暴力机制,所以法律规范尚未全面确立,但也存在系统地运用暴力的机制,这是法律的萌芽状态,而不是法律存在的证据。

② [英]雷蒙德·弗思:《人文类型》,第112页。

三、人本性：人自身再生产的核心地位

第三个特征是人自身的再生产在所有规范中具有突出地位。针对这一领域而设置的规范较多、也较重要。在原始社会中，围绕自己的身体、身份、角色地位以及日常生活中的衣食住行的规范，在规范的整体中占了醒目的位置。在有些社会中甚至繁琐到了令人深感厌烦的地步。例如身体方面，关于血的禁忌，关于头部和头发的禁忌，关于唾沫或排泄物的禁忌，关于剪下的头发和指甲的处理等。又如围绕着出生、成年、结婚或丧葬等个人的自然身份或社会身份的变化而产生的一系列复杂的仪式与习俗。

饮食是保障生命延续的必不可少的环节。围绕饮食的禁忌特别多样。在某些未开化的原始人看来，一饮一食都有特别的危险；"因为饮食之际灵魂可能从口中逃逸，或者被在场的敌人以巫术摄走"。① 据说巴塔克人每当在家举行宴会的时候，总要门户紧闭，好让灵魂在家享受眼前的美食，而不至于让它乘人张口时离开人体，在外漂泊不归。北美的某些印第安部落认为吃得少是一种美德，便从小训练他们的孩子作禁食的准备。而在行成年礼时，要禁食达十多天。爱斯基摩妇女分娩后四天内必须严守食物禁忌，不得吃生肉，喝生血，但她应吃鸭翅膀，以便其孩子长大后擅长跑步与划船等。

两性关系与婚姻是关涉人类繁衍的领域，但也是充斥着各式各样详细规则的地方。② 其中，乱伦禁忌或许是人类早期为自己

---

① ［英］弗雷泽著，徐育新译：《金枝》，中国民间文艺出版社，1987年，第299页。
② 参见［法］列维—斯特劳斯著，谢维扬等译：《结构人类学》第1卷，上海译文出版社，1995年，第33－85页；［法］列维—斯特劳斯著，李幼蒸译：《野性的思维》，商务印书馆，1987年，第134－152页。

所确立的最强烈的一条规范。① 它不同于种种琐屑不堪的巫术禁忌,而是一则经常配合着图腾信仰的伦理戒条。② 在当今的文明社会里,对擅行杀戮、偷盗、欺诈的严格禁止,差不多是普适的伦理信条,可是它们都没有乱伦禁忌起源那样早,固然它和禁止强奸、通奸涵义有所不同,但确实是性关系领域里的早期戒条。

此外,原始人的婚姻规则往往也非常复杂,其程度要远远超出他们对这个世界的物理方面的了解。有时候,在有些社会里面,甚至让人觉得很难想象一个物质、经济上如此落后的社会竟然会创造出如此精致、复杂的通婚规则。原始的人类对一切直接涉及"人自身再生产"的事物都非常感兴趣,这其中也包括亲属称谓,这和通婚规则以及基于不同的亲属称谓体系的相互间的义务联系着。

四、象征性:社会化符号的作用

第四个特征是规范的运作中普遍地运用了象征符号;或者规

---

① 在图腾体系下,外婚制通常是禁止同一图腾氏族的成员彼此媾和的规范,一般而言,这种禁忌是针对所有形式的性交往。违反者要遭到极严酷的惩治,基本上是处以死刑。在那伐鹤人(Navajos)中,违禁者被恐吓说其骨头将会枯槁,这种舆论的压力每令违禁者机体紊乱,乃至一命呜呼。关于乱伦禁忌或外婚制的起源,摩尔根的理论在中国的社会科学界比较流行,但是,正如摩尔根对于氏族形态、功能和亲属制度的认识存在缺陷一样,他所理解的外婚制也是狭隘的。涂尔干指出,"外婚制与血亲关系只有一种间接的和次要的联系"([法]涂尔干著,汲喆等译:《乱伦禁忌及其起源》,上海人民出版社,第39页),其实,按照很多图腾氏族的规则,并不必然排斥血亲的结合——虽说可以较大程度地降低这样的概率。在《旧约·创世纪》20章,据说犹太人的先祖亚伯拉罕,娶同父异母的妹妹撒拉为妻,生了以撒;《旧约·撒母耳记》则提到,他玛本可以合法地嫁给他的异母弟弟亚门;此外,在阿拉伯人和信奉伊斯兰教的南斯拉夫人中,也可找到同样的习俗。如果这些社会在初民时代曾经有图腾氏族,那么按照常见的继承母系图腾的规矩,同父异母便属不同的氏族,并未违反外婚制。

② 像爱斯基摩人那样把外婚制的单位限于家庭,经由实际的亲属关系来确定外婚制,这种形式与通常所说的图腾制度无关,而且爱斯基摩人确实没有图腾体系。所以,不能认为外婚制与图腾制度之间有因果关系。当然,两者的紧密联系则是更常见的情况。在很多时候也无法否认(参见[法]列维—斯特劳斯:《图腾制度》,第18页)。

范运作本身所产生的象征价值尤甚于它的实效性。原始人的生活中有很多层面都运用"象征"的因素。例如在特罗布里恩土著的库拉贸易中使用到的一类极为重要的物品,可称之为"仪典性的财物"(ceremonial objects of wealth),它们过于精细或者过于累赘,以致难于使用,而仅仅具有仪式中的象征价值,例如园圃巫师肩扛不实用的大斧子仪式性地砍一下等等。①

在原始人那里,象征符号的渗透作用的广泛性、深刻性,倘若不是超过我们的社会的话,至少也丝毫不比我们的差。在其社会规范中,最频繁地运用各种象征手段的当推仪式,而作为一套带有公开表演性质的动作程式,仪式一般本身便具有某种象征价值。其象征意义往往是在神话中才得到某种清晰的内部解释——恰如其分的或者变形的解释。

而一个号称理性的社会在规范的建构中所运用的符号,其编码的抽象程度极高,而且除了一些使社会协作达到更高程度的规范因素以外,在很多方面——倘若不是美学风格的方面——都尽可能地趋于简洁、明了、卓有成效,即更多地用以传递有用的信息,处理各种棘手的具体事务,也就是趋于一种工具合理性的运用。比较而言,原始人在其各类仪式中对符号的运用,一般缺乏实际的功效,所包含的想象的内容每每与真实情况不符,却因此好像是在更加自由地运用他们的想象力来创造一个纯粹象征符号的世界,在这个世界中就各种真实的表象之间的关系作了另一番描述和断言。

在符号世界中可针对多个层面上的事物的表现进行编码,不

---

① [英]马凌诺斯基(B. Malinowski,译名一作马林诺夫斯基)著,梁永佳等译:《西太平洋的航海者》,华夏出版社,2002年,第83页等。

第七章 规范演变的基本方向

同的层面、不同的要素之间可以直接或者辗转之后互为能指与所指。① 社会领域里的同一项规则可以出现在不同的符号层面：如在关于神祇世界的叙事中道出它的起源，便是神话；如在带有表演性的行为程式上予以确认，便是仪式；倘若此规则中所涉要素与某些动、植物进行匹配，而这些动、植物本身又是某种共同体的象征，便是图腾。②

某些社会中的图腾制度，可能是系统地运用象征符号的规范体系的典型。"图腾并不仅仅是一个名字，它还是一种标记，一种名副其实的纹章"。③ 通常每个氏族都采用一种动物或植物作为他们的徽号和标志，这就是"图腾"（totem）。在图腾制度充分发展的地方，图腾会被镌刻在木制品和房屋的墙上。在特林基特人的房屋入口处的两边，立柱上雕刻着动物形象，有时结合着人形，高

---

① 编码之间的转换，参见［法］列维—斯特劳斯著，李幼蒸译：《野性的思维》，商务印书馆，1987年，第87－123页。

② 在图腾现象中有一些因素出现频率很高（即使远不是百分百地适用于所有的个案）：

(1)在一个部落或族群的范围内选择某一种动、植物乃至于其他的自然现象作为氏族的区分性的标志，即成为氏族的名称和象征，甚至可能将该图腾物种视同氏族的亲属或祖先，也可能是性别、部落、偶族差异的标志，甚至出现了围绕个人的图腾；

(2)属于同一图腾氏族的人之间严格禁止结婚或者发生性关系；

(3)围绕图腾物种的禁忌，主要是本氏族的人不许杀害、食用相应的图腾物种，但其禁忌的变异形态纷纭多样；

(4)围绕图腾物种的崇拜体制，通常要定期举行"繁殖仪式"（increase rites）；

(5)图腾圣餐的制度在图腾崇拜的群体中时有发现，即在某种特殊的集体性仪式的场合，同一氏族的人将平时尽力予以保护的图腾动物吃掉。参见［法］涂尔干：《宗教生活的基本形式》，第2卷第1－4章；［法］列维—斯特劳斯：《图腾制度》，第1－3章等。

但是很多人们按惯例归于"图腾崇拜"名义下的规范因素，并非普适地出现在所有的图腾现象当中。它们之间围绕着"图腾"一词的联系，更具有维特根斯坦所说的家族相似（family resemblances）特征（参见［奥］维特根斯坦著，汤潮等译：《哲学研究》，三联书店，1992年，第46页等）。

③ ［法］涂尔干：《宗教生活的基本形式》，第141页。

达15码,常常还涂上极为鲜艳的色彩。在萨利什部落,图腾通常是作为房屋内墙上的装饰;在其他地方,图腾还见于独木舟、各种日用品以及火葬堆上。①

对图腾氏族来说,图腾堪称是赋予相应氏族以生命和统一性的本原。以乌鸦为图腾的氏族之人内部普遍自认有乌鸦的特性,而狼图腾氏族内部则有狼的特性。被划分到同一个氏族中的人和事物,似乎结成了一个牢固的体系。并且,除了外婚制规则以外,还有各种规范,诸如饮食禁忌、图腾圣餐、保护图腾动植物并促使它生长、繁衍的义务,同一氏族的成员道德上相互联结起来,相互负有援助和血仇等义务。将这一系列联结起来的轴心便是图腾———一种有时候是通过装饰性的美术将动、植物等作为能指,而将氏族等社会形态作为所指的象征符号体系。② 全球各地的初民社会(有些嗣后已演进至高级的阶段),大多不乏图腾现象③,正可表明符号运用的普遍性。

第二节 规范演进的基本方向

宗教性、混融性、人本性、象征性这四个特征④,并非原始社会的规范所独有的,只是在那里体现得更为典型而已。但是这些特征随着历史的发展而逐渐在后来的规范形态中趋于淡化。这意味

---

① [法]涂尔干:《宗教生活的基本形式》,第142页。
② 参见[法]列维—斯特劳斯:《图腾制度》,第26页等。
③ 典型地透露中国上古图腾崇拜消息者,也许当属《山海经》,其述当时之地理、物产和图腾现象,均带着特有的闳诞迂夸的方式。据《史记·五帝纪》等,传说中的黄帝之被称为有熊氏,及其驱诸虎、豹、熊、罴之属而与异族战斗之记载,及《左传·昭公二十九年》晋太史蔡墨有谈到豢龙氏的传说:大概都是先民尚行图腾崇拜之例。
④ 参见本篇第7章第1节的叙述。

着另一些特征的兴起与发展。

一、宗教性与世俗性

宗教氛围堪称笼罩原始人心智的最重要、最基本的力量。但处在这种氛围中的宗教规范很显然还没有同其他规范画清界限。它渗透在其他规范之中,常常成为它们的神圣性的来源——正是通过这样的神圣性来激发起心灵上的威慑,才能在缺乏其他有效的调节手段的情况下令这些规范得以被贯彻、被执行。概略而言,宗教是依着明显地阐述某种超自然之存在界秩序的方式,而建立一系列强烈的情绪与动机(moods and motivation)模式的象征体系。①

然而,宗教中所贯穿的各式各样的情绪和动机,均以某种方式和广义上的欲求,即和人们对相应事物的态度——是否愿意它存在、出现和影响到自己——有关。人们已经意识到,认识活动不是一种纯粹中立的活动,至少刚开始的时候它总是由某些旨趣或欲求来驱动的。何况是宗教信仰与规范对超自然情境的阐述和设定呢?在宗教中,人类先民所描绘的宇宙图景,是在一定的实践方式和有限的客观认识的前提下,包含着更多的幻想和期待的成分,换言之,宗教的世界观大多是神话的世界观。

但凡宗教性得以强烈表现的场合,都有某种人的欲求和现实的矛盾,它在当时或是永久都无法调和。由于在现实中这些希冀不能得以满足,便以幻想中的超自然情境来保证某种心理上的替代性的满足。然而随着生产力的进步,随着各种社会制度的日趋完善,一些困境已经消除,或者有些矛盾不再像过去那样尖锐,故而宗教性在各类规范中的渗透与影响,它的强烈表现,甚或它的越

---

① [美]格尔茨:《文化的解释》,第105页。

俎代庖,会随着历史的整体发展而趋于淡化。①

在宗教性逐渐隐退之后,规范的产生、适用和维系便越来越依赖人们的自觉意识。虽然法律的运用以暴力机关的存在为前提,但对它的遵守仅仅依靠暴力机关是远远不够的,也是不完善的,而是需要人们对它的合理性的根本上的认可。礼仪、习俗与伦理,在高度依赖内化的自觉意识方面,则表现得更加明显。同时,伴随这样的自觉意识一起发挥作用的利害关系的考虑、舆论的压力,都可以替代原本由宗教的震慑所起到的作用。诸如此类之因素,削弱了宗教信仰维系规范的力量。其实,这也推动了宗教规范成为一类专门的、独立的规范。

在中国经济史上,据说当铺、资金互助(合会)、拍卖、出售抽奖券这四种资金运作的方式,都是起源于佛教寺庙。② 而且前三种起源的时间,以及在佛寺极活跃的时期,基本上集中在 5 - 12 世纪,也就是佛教在中国的传播和发展的隆盛阶段。而抽奖券则在元代法律中有所反映,时间至迟在至元二十五年即公元 1288 年。③ 但是以后,这些运作的形式,在佛教中逐渐地消退,而成了世俗人的活动。

宗教性的消退在各个规范领域里都能找到很多例子。不妨

---

① 但有些人生中的悲剧性冲突永远无法消除,例如生与死(死亡即生命的反面、极限与界限)、个人与他人之间的对立与隔膜,著名人类学家马林诺斯基(B. Malinowski,1884 - 1942)就认为正是这类悲剧成就了宗教的永恒价值(参见史宗主编:《20 世纪西方宗教人类学文选》上卷,上海三联书店,1995 年,第 98 页);特定历史条件下被相应地特化的精神终极关怀取向,又是滋生其他很多问题的温床,而在现有的历史条件下,宗教需求尚不会消亡。

② [美]杨联陞著,彭刚等译:《中国制度史研究》,江苏人民出版社,1998 年,第 176 - 192 页。

③ 参见《通制条格》卷二九拈阄射利条,方龄贵:《通制条格校注》,中华书局,2001 年,第 716 页。

第七章 规范演变的基本方向

以法律的情况来说明这种发展的趋势。亨利·梅因研究古代法律的结果,指出人类社会有一时期,法律规范大都未脱离宗教规范而单独存在。像汉谟拉比(Hammurabi)、摩奴(Manu)或摩西律法那样自述源于神授的法律,可谓比比皆是。[1] 法律规范的宗教性除了表现在观念上认为法律为神所拟定,还表现在握有司法权的人同时即具有巫术或神权的人,并常常伴随着神明裁判的方式等。

在早期的日耳曼和阿拉伯部落中,在古代印度和许多早期的文明社会的司法实践中都流行神明裁判的规矩,这些从今天的眼光来看,显然是非理性的,带有浓厚的魔法和原始宗教色彩。例如日耳曼社会曾经广泛运用"火"的或者"水"的神明裁判。经受此类裁判的人分别得乞灵于火神与水神。由火裁判的人蒙目或光脚走过烧红的犁头,或用手传递燃烧的铁,倘若其伤口事后能较好愈合,即被宣判无罪。水的裁判或用冷水或用热水。在冷水中,倘若嫌疑者的身体漂在水面上,而非浸透,表明水神未能接纳他,便判其有罪;在热水中,倘若嫌疑者裸露的胳膊和腿能够从滚烫的水中安然无恙地拿出,便被判无罪。这类神明裁判持续了很长时间,当其13世纪被废除时,仍遭到了强烈的抵制。[2]

由包括法律人士在内的凡人审理,而代替想象中的神灵的裁断,便成为司法程序趋于理性化的必然要求。在这方面,普通法中的"陪审"制度更是一项伟大的创举。这实际上已将参与审理的范

---

[1] 参见[英]梅因著,沈景一译:《古代法》,商务印书馆,1959年,第1章等。
[2] 参见[美]伯尔曼著,贺卫方等译:《法律与革命》,中国大百科全书出版社,1993年,第67页等。《汉谟拉比法典》在其序文和结语部分竭力宣扬王权神授,就是一个例子。

围扩大到了随意指定的公民身上。既经采用陪审制,案件的审判便被截然地分为"事实审"和"法律审"两部分,即由陪审团确定嫌疑犯是否有罪,而参照法律条款予以量刑的专业方面则交由法官来完成。如是,先前由法官包揽司法审判的局面便不复存在,这对于任何在法官这样位高权重的位置而试图以权谋私的个人来说,都是一种有效的制约。①

规范发展中所表现出的种种世俗化趋势,不过是很多规范表现得越来越合乎于它本身最适合的宗旨、特征与调节手段的趋势,这些在过去却常常为某种宗教氛围所环绕。因而从规范发展的内在要求来看,世俗化并不是提供了完全崭新的特征,而是让一系列的规范形态都呈现出它的本然面貌。

二、混融性与差异性

规范家族整体发展的另一个显著特征,就是混融性在各方面逐步让位于差异性,亦即规范类型不断朝多样化方向衍生,与类型划分密切相关的调节手段和调节领域,也处在不断的分化当中。在规范体系充分发育的条件下,很可能同样的事件在适用不同类型规范之时,所得结果是迥异的。

起初,先民们的行为方式乃是一个大的混合体,其间技艺表现得像巫术,规则表现得像禁忌,人类的婚姻像图腾动物的结合,人间的伦理却像是屈从神祇的意志或巫术的灵力而不得已为之。后来所说的各个规范类型及其调节手段等,在原始社会里都被混融

---

① 所以陪审制的历史作用不可低估。"在中世纪时期,法官由国王任命,他们代表国王行使司法权,有'王座下的雄狮'之称,所以,对法官司法权的限制也就是对国王专制权力的限制"(程汉大主编:《英国法制史》,齐鲁书社,2001年,第84页)。陪审制使普通百姓有机会参与司法实践,增强政治参与意识和法治观念。陪审制还使普通百姓学到了民主代议制的基本原理。

第七章 规范演变的基本方向

于巫术和宗教①,这种模式既是当时的社会结构尚未充分发育的结果,也是在欲求与现实之间存在巨大鸿沟的现实的反映。

但是伴随着社会整体发展的理性化趋势、社会生活领域的分化、一系列社会化中介和机构的出现、技术手段的完善、甚至一系列偶然的历史进程的干预——总而言之,社会的发展也在推动规范体系的发育与完善。这主要体现在:各个规范类型之间的界限变得清晰,规范调节手段趋于丰富多样和层次分明,一系列规范的要目和细目便次第脱胎而生。②

在以下谱系的勾勒中,以 A、B、C、D 表示原始、古典、中世纪与现代四个阶段。③ 括号内表示其为哪几种因素之混合。那么,在调整人与自然关系的领域里,相应规范类型的演替关系表现为:A、生产性巫术(涵盖迷信、习俗、技术)——B、C、物质生活民俗(习俗、技术)——D、技术规范。

而在调整人与人关系的领域里,伦理型规范的不断衍生表现为:

A、原始宗教(涵盖宗教、巫术、伦理、礼仪、习俗);

B、古典宗教(宗教、等级制伦理);德性伦理(德性、规范);④礼仪、习俗;

C、中世纪宗教(宗教、伦理);德性;规范;礼仪;习俗;

---

① 例如,虽然利害关系才是原始人实际运用的调节手段,却被当时的舆论一致地误解为:由于遵循或违反它将招致神灵或超自然力量所给予的好运或恶运而不得不服从的。也就是说,利害关系不是按照实际上的作用来认识,而是混同于基于一定的宗教观念的舆论。

② 例如法律中关于民法、刑法,或者公法与私法之间的区分(参见[德]韦伯著,康乐等译:《法律社会学》,广西师范大学出版社,2005年,第21-29页),在今天的法律世界中,已是众所周知,但在过去仅在少数法律体系中才对此有明确的观点。

③ 关于其涵义,参见本章第3节。

④ 此处的"规范"特指规范伦理。

D、宗教；伦理：德性与规范；礼仪；习俗；

随着国家机器而产生的暴力机制，在古典阶段才真正分化出来。这对于规范的总体而言确实是一个影响深远的新颖的因素。法律或者法律型规范，在这样的背景下才有实际的意义。由昂格尔所描述的法律进化的三个层次，恰好反映了法律文明先是摆脱了习惯法——在官僚法的层次上——继而获得其全面自治性的进程。但是一些文明在现代以前始终没有摆脱宗教即神法的影响。

在古典以至中世纪阶段，许多文明的规范体系对于规范类型是有选择性侧重的，且未曾确立类型差异的鲜明意识，主导的类型或某方面极为突出的综合性制度，仍有涵盖和吞噬其他类型或制度层面的痕迹。例如在中国古代的礼制、印度的种姓文化和伊斯兰教法的体系中，虽然礼仪、阶层划分与神法，乃是其中的核心与基础，但究其实，仍然是具有相当涵盖性即混融性的规范体系。① 许多规范的类型在意识层面上，甚至在实践中，都可能与其他的类型或子类型发生种种重叠与交叉的现象。

中世纪的伊斯兰教法，就是各种规范均可被视为宗教规范，而法律实践上亦遵循宗教优先原则的典型。在彼时的伊斯兰世界中，"规范神授"之观念为人所重。宗教规范具压倒性优势，而其本质正如韦伯所指出的，"一切神权政治的法所共有的、原则上要求毫无限制地从实质上控制整个生活方式。"②

伊斯兰教法之体系即以《古兰经》和《圣训》等为法源，颇具传统主义取向。③ 其内容除涉及一般法律所调节的各种经济与社会关系，如土地所有权、债权、继承权、刑事案件等，也将穆斯林的宗

---

① 有关的具体阐述，参见第7章第3节第4小节、第5小节等。
② ［德］韦伯著，林荣远译：《经济与社会》下卷，商务印书馆，1997年，第161页。
③ 参见吴云贵：《伊斯兰教法》，中国社会科学出版社，1994年，第1-35页。

教义务、宗教禁忌、民俗习惯、伦理等网罗在内,而以法律的意涵予以固定和以法律的手段予以保障。有些规定如不食自死物、猪肉、妇女应披长衫、在人前不得显露身体面容等,在很多社会里面,人们若是认可的话,均会赋予它们以习俗的非强制性力量。然而凡此种种若是都以法律形态固定下来,未免有使整个社会之规范体系趋于僵化和强制之嫌。近代伊斯兰世界也不断有一些有识之士意识到问题的严重性,而致力于包括法律在内的社会改革运动。[①]

规范类型的分化进程,随其所属宗教文化圈的不同,而呈现历史节奏上的差异。然而在全球视野内,规范类型的充分发育,可说是从中世纪末期开始,并在现代阶段才趋于完成。首先,各方面规范的世俗化进程到了这时才开始加速。如果说民俗是巫术和原始宗教在文明社会中的遗存,那么其他在古典与中世纪阶段仍然借助那些时代的宗教力量得以产生或维系的规范类型,在这个时候才开始还原它们各自的本来面目和功用,礼仪、惯例、伦理、法律、宪政、组织条例等全面地摆脱了宗教的母体,按照各自的调节手段与调节领域的特点来发挥其影响。

成熟的法律是现代规范体系中的引领者,它成了其他有可能以成文规范的形态出现而提高其效力的类型的足可仿效的典范。以往关于政府如何组织的事情还停留在不言而喻的惯例阶段,可是在西方,出于保护个人权利的宗旨,以及在由中世纪后期的多元政治格局向近代资产阶级社会过渡的进程中,宪政逐渐成为一种非常明确的成文规范,这是一般的趋势。而法律本身在有关程序和实体内容等方面也获得了细致的分化。当法律成为全社会共同

[①] 参见金宜久主编:《伊斯兰教史》,中国社会科学出版社,1990 年,第 530－531 页;吴云贵:《伊斯兰教法》,第 78－105 页。

遵奉的刚性框架时,现代的规范体系也使其他类型得以在自身的领域里各行其道。

三、人本性与中介性

人本性的规范大多体现了两个紧密相关的功能:通过介入个体生命的过渡阶段和衣、食、住、行等各个生活领域,体现人文关怀的温情的一面;实现人的高度社会化,塑造其在社会中的角色,强化其责任感。但是在规范的整体发展之中,也出现了距离民俗的人本性特征越来越远的现象。出现这样的情况,一方面是进化所得的复杂性使然;另一方面是要通过撤销过于繁密的礼仪、习俗对于人的社会化过程的介入,给予自我的表达更多的自由空间。①

民俗是与普通老百姓的衣、食、住、行等物质生活的层面,与礼仪、禁忌、血缘、地缘或职业集团的分化等社会生活的层面有着直接的联系,是先民或后世民间看得见、摸得着的习惯。它们被老百姓深刻接受,皆因它们是老百姓喜闻乐见的东西,或是经过长期实践的试错和摸索,颇有成效,经得起考验,契合老百姓利益,或多或少体现"以人为本"的特点。

古代希伯来人所谓的"摩西律法",虽然表现出诸规范混融于宗教经验与宗教规范的特点。然而作为早期的规范,也表现出直接针对人们的衣食住行、岁时礼仪等日常生活的领域予以规定的民俗特征。② 其中讲到各种食物禁忌,关于可食之物与不可食之物的区别,有详细靡遗的罗列,即"凡蹄分两瓣、倒嚼的走兽"即属可吃之物,其他不分蹄或者不倒嚼的走兽即不可吃,另外水生的、飞行

---

① 基于浪漫主义哲学或者复古情调,意义的丧失和人文的陨落,抑或感叹这一趋势实属无可奈何的两难;但是斥之为异化,恐怕有过于理想化、简单化的嫌疑。

② 参见《旧约》之《出埃及记》、《利未记》、《民数记》、《申命记》等所述戒约内容。

的、爬行的生物，孰为可吃，一并有明确的规定。讲到妇人生子、小孩行割礼、如何处理大麻风病患者、漏症患者、染疾之宅成洁之例。讲到当守之节期则有安息日、逾越节（无酵节）、五旬节、赎罪节等。①

这些规范和中国西周时期创制的礼乐文明，虽然规范的名目和类别及整个的文化底蕴上迥然有别，但在关注生命的成长、构成生命成长之基本情境的周期性方面，确有异曲同工之妙。在冠、昏、丧、祭、乡、射、朝、聘这几种主要的古礼之中，前四种恰都是以生命的过渡、成长或生命超越的意义为中心的礼仪：冠礼即古代男子的成年礼；昏礼即两家族缔结婚姻之好的礼；丧葬是给予死者最后的体面，而让生者表达"慎终追远"情怀的礼；祭礼是对祖先和天地即生命赖以产生与维系的背景的礼敬。②

中国古代拔擢官吏的选举制度的发展，在运用的手段上，也体现了由人本性向中介性过渡的趋势。据先儒的叙述，其法最初是将礼乐教育与选举冶于一炉。乡人与王子等得以同入大学，但乡人须节级升迁，王子与公卿之子，不须积渐，学业既成，即登于"士"之等级。③ 可见虽然融入了礼乐教育的途径，但身份等级仍然是更基本的选拔标准。此后的中古社会，迄至隋唐，士家大族是社会的中坚力量，故而身份等级仍是主要的选拔基础。④ 与此同时，汉代的举孝廉，曹魏以来的九品官人法、九品中正制，拓宽了选拔的

---

① 关于此类习俗分类原则的探讨，参见 M. 道格拉斯："《利未记》的憎恶"，《20世纪西方宗教人类学文选》，上海三联书店，1995年，第322—330页。
② 参见《仪礼》，载于《汉魏古注十三经》，中华书局，1998年。《礼记·礼运》提出："夫礼之初，始诸饮食"，堪称是对礼的人本性起源所作的思想上的注脚。
③ 参见《礼记·王制》疏等，《十三经注疏》，中华书局影印阮刻本，1980年。
④ 选拔功臣集团任官，也是根据身份等级的一种变异形式。其实创建王朝的功臣为自己和后世子孙创造了一种身份，汉初擢用功臣（参见李开元：《汉帝国的建立与刘邦集团——军功受益阶层研究》，三联书店，2000年），隋唐倚重关陇集团（陈寅恪：《唐代政治史述论稿》，上海古籍出版社，1997年），清朝论八旗之身份，均是这样的表现。

范围。但是真正革命性的变化是科举制的采用,以及选官制度的精密化。此时"选"指选官,"举"谓科举。如果说九品中正法,仍然是人性化,乃至主观个人化的评选,那么唐代的科举和选官之制,则已建立了严格的程序[①],是追求更加公平的理念和中介化趋势的胜利。

民俗几乎处处体现人本性特征,但是后来兴起的各种规范,或者淘汰了相应的民俗,或者虽与之和平共处,却让民俗退居次要的地位。那些进化了的规范经常必须面对复杂的社会体系,而它们本身就是这个日趋复杂的社会得以构造和运行的保障,其中很多规范的产生和持续的理由就在其协调、组织社会各环节之功能,或是为了防止它们发生脱链、错位等事故,它们在付出很高的经济、社会成本——当然也获致更高效益——的情况下,却与人本性的关怀或"人自身的再生产"愈发疏远。因为它多出了很多的环节,而这些环节的意义却未必被人所了解,甚至被误入歧途地使用。[②]

在一个高度进化的社会中,各种规范不再直接调节人们的日常生活,而是对这个社会得以运转的各个抽象的环节进行协调;甚至为了让这些层面运转良好而不惜牺牲某些形式的便利和个人幸福。人们在这样的社会中,面对这样复杂而有时候甚至是不近情理的规范时,觉得自己好像在面对一个陌生的庞然大物。规范的遵从或执行,至少表面上不再以人本的关怀为主旨,而是将规范本身的物化特征或不断增加的中介环节置于突出地位,换言之,民俗

[①] 参见《新唐书·选举志》;王勋成:《唐代铨选与文学》,中华书局,2001年,第1章等。

[②] 例如科层制的规则章程本来是为了提高理性化管理的效率,然而刻板依规章办事的做法,在确保每个人把私人爱好或情绪搁置一边,乃至树立对事不对人的事本主义的标准之同时,却也可能滋长例行公事般的、不负责任的官僚主义作风等等。

规范的人本性逐步让位于法理规范的中介性。

大约在12-13世纪形成的"令状"这种堪称"整个英国法依存基础"的制度,曾拥有极为严格形式化的诉讼程序。在多达500余种司法令状中,如何选择令状对于诉讼的结果来说有重大的影响,购错令状而直接导致败诉的情况相当常见。又如英国法中的陪审制度,由于陪审团的成员几乎由清一色的法律界以外的人士组成,因而控辩双方的辩论技巧这种似乎与事件的实质相去甚远的形式上的东西,便成了案件审理中必须给予充分重视的要件。法庭上双方鼓舌如簧的目的,显然就是要拨动陪审团成员的心弦,从而认可他们关于被告"有罪"、"无罪"的断言。

虽然大陆法系的主要来源——罗马法的突出特点是重视私法领域里的实质,即个人间的权利和义务关系,但对它来说诉讼程序同样十分重要。诉权被认为是对权利的保障,甚至"先有诉权而后才能谈到权利"。[①] 大陆法系在接受罗马法的同时,为了扼制封建司法滥用特权和诸般不透明的、非理性的状况,而确立了公开审理、自由公证、言词辩论等诉讼原则。

包括司法程序趋于细密、严格在内的现代规范的中介环节增多的现象,并不一定都是消极的。它也可能起到使规范整体上理性化的作用,乃至成为保障公民的自由与权利的工具。例如普通法的繁琐程序就有这样的作用:

> 在同专制王权的斗争中,普通法成为议会政党手中的强大武器,因为普通法在长期的历史发展中,形成了某种韧性,它的繁琐的和形式主义的技术,使得它能够顽强地抵制住来自上级的进攻。自那时起,英国人便把普通法看作基本自由

[①] 周枏:《罗马法原论》下册,商务印书馆,1994年,第855页。

的保障,用它保护公民的权利,对抗专制权力的肆虐。[①] 换言之,普通法运用繁琐形式和程序的目的,常常是在于保护司法实践等不受来自包括专制君主在内的个人的主观专断的干扰。而所谓现代世界的理性化趋势,也就是一系列规范体系中的中介化特征愈益强化的过程。

四、象征性与效用性

规范发展还有一个重要方向:一系列象征性、仪式性、表演程式化的规范,或是退出历史舞台,或是趋于简化,并降低了它的重要性。在原始社会中,许多仪式的象征价值笼罩在它的宗教氛围当中,承载的是原始人想象中的世界观、他的抒情与宣泄的需要。此类功能在后来持存和演化的仪式中仍然得到体现。但是情感宣泄的需要,在今日趋于开明和理性的社会中,倘若仍由社会规范的形态予以固定,显得不合时宜,而应由艺术创作方面来接手。

步入文明社会之后,象征的内涵随着社会的演化,注入了一系列新的因素。譬如在古代中国,社会的等级制度这种新的特点,就可通过仪式所涉礼器、祭祀对象、祭祀规模、牺牲贡献、礼节程式、乐舞编队等要素的特定安排或量上的增减来体现,社会等级制度的压力通过这些象征性的仪式来传递和贯彻。孔子的"是可忍,孰不可忍"这一句表达强烈情绪的话,就是针对极端违反其心目中的神圣礼法——等级秩序而发的。因为在其庭堂上采纳"八佾"这样乐舞编队的人——季氏,只是诸侯即鲁公的卿大夫,与天子的身份差了两个档次,竟敢僭用天子之礼,岂不是令夫子愤慨难当。[②]

很大程度上,儒家的"礼"必须遵循的"亲亲"、"尊尊"原则,就是

[①] [德]茨威格特·克茨著,潘汉典等译:《比较法总论》,法律出版社,2003,第291页。

[②] 参见《论语·八佾》第1章。

第七章 规范演变的基本方向

指传统宗法性社会中,主要是伴随父系宗族关系的亲疏而来的权利、义务上的差别,以及严格的等级秩序。但随着社会的变化,一系列象征性礼节的作用便要重新评估。例如随着周初确定的"封建"体系的崩溃,原本适用于诸侯之间的邦交礼——聘礼,及适用于爵位较低的诸侯对较高的诸侯或诸侯对天子所行的礼——朝礼,便徒有其名而淡出了历史舞台。而在社会等级制已然作古的今天,礼乐文明的精神内涵固然有足可继承之处,然而应还原"礼"作为民俗与伦理规范的合理位置,而不是以它的原则来约束一切社会关系的领域。

在宗教规范中,特别在宗教礼仪中,象征的运用是极为普遍的。例如基督教中的"十字架",作为象征符号而代表基督的受难以及由此引申而来的宗教救赎的涵义,"十字架"在基督教的仪式场合,包括作为基督教伦理的象征,被运用得极为频繁。可是由于世俗化进程的推动,宗教象征的影响也随着宗教规范一起趋于衰减,而局限于有限的范围内。

在罗马法的发展历程中,起初也有运用象征性细节的情况。在"十二铜表法"时期,在所谓的曼西帕乔程式中,就把青铜秤盘道具等仅仅当作象征形式来使用。据说:

> 按照"十二铜表法",财产的有效出售或交换,必须严格遵循通称为"曼西帕乔"(mancipatio)的精细谈话和行为程式:在场须有不少于五位成年罗马公民,还须有一位具备同等资格、通称为"掌秤人"(libripens)的第六人,由他执掌一个青铜秤盘,按照"曼西帕乔"取得东西的一方,手持一枚青铜锭说:"我宣告这个奴隶'依据罗马氏族成员所应享的权利'(ex jure Quiritium)属我所有,他被我以此青铜锭和青铜秤盘买下。"然后,他用青铜锭敲响秤盘,再将它作为一种象征性代价,交付给按照"曼西帕乔"从其手中接受所购之物的那个人……据

一位公元1世纪的法学家解释说,使用青铜锭和秤盘,是因为早先使用的只有青铜货币,其价值是称出来的。[1]

这和后来的西方法律极其注重诉讼程序的涵义相当不同。那些程序是为了建立证据的公开性和公正性的链条,而不是像曼西帕乔那样仅仅试图通过一定的仪式来确立交易的象征性权威,其效用主要是心理上的。

随着社会的进一步发展,一些不必要的繁文缛节、一些对于社会协调、社会传播和认知缺乏必要性、而主要作为象征符号存在的仪式越发减少,规范的效用性特征则越发醒目和突出。其中,技术规范是最明显地体现效用性的领域。从巫术、物质生活民俗到技术规范,所遵循的正是效用性日益落实这样一条发展轨迹。民俗中有很多实用的知识与技术,但也有很多近乎迷信的成分,亦即是巫术与技术的混合体。且民俗知识对于广泛接受它们的大众而言,只是知其然而不知其所以然。但技术规范多半建立在专业分工的基础上,并常常与科学的进步联系在一起。

规范发展的效用性特征,还体现在对于人际关系的协调、群体间的和睦相处颇有成效的伦理规范的地位突显方面。人类社会的早期,伦理的"善"的涵义还时常落实在各种针对特殊情境予以调节的礼仪、禁忌、民俗和惯例等方面。但是其中一些表面性的、没有实际意义的繁琐的规范逐渐的被淘汰,而保留下来或发展起来的主要是一些更加实效的伦理原则。礼节的运作就是实际的人际关系中的象征的运作。但是过去那种"礼多人不怪"的做法已经不完全合乎时宜了。其间的趋势就是象征性向效用性的发展。

---

[1] [美]M. E. 泰格等著,纪琨等译:《法律与资本主义的兴起》,学林出版社,1996年,第11-12页。

在西方发达国家,法律系统中的一些举措,似乎回复到了繁文缛节的做法上。但这有时候是旨在更好地保障个人的权利,令其不受可能存在的主观专断的侵害,有时候则是为了体现法律的公正、公开、透明、证据的可检验性等。质言之,这些做法有其特定功效,而大多与象征价值扯不上边。

规范的效用性代表发展的趋势和方向。只是"效用性"的涵义,尚有待正确的认识。从宗教性到世俗性,从混融性到差异性,从人本性到中介性,从象征性到效用性,总的趋势固然如此,但其间当然包含着种种曲折和反复。

第三节 规范体系的发展阶段

原始社会以后的规范体系的总体发展,大体上可以分为古代文明、中世纪文明与现代文明的规范体系这三个阶段。在断代方面,约公元500年至1500年为世界范围内的中世纪,[1]此时中国约由南北朝,经隋唐宋元至于明中叶,欧洲处于封建时代,起源于7世纪的伊斯兰文明此期内不断扩展其版图,最终绵延于中东、北非、中亚的范围内。伴随着新大陆发现而至的全球化时代尚未到来,世界性宗教的跨国传播,乃是亚欧大陆的共同历史特征。此前为古代,此后为现代。工业化和欧洲文明的全球扩张则是后一个时代的特征。[2]

---

[1] 参见[美]斯塔夫里阿诺斯(L. S. Stavrianos)著,吴象婴等译:《全球通史:1500以前的世界》,上海社会科学院出版社,1988年,导论。

[2] 虽然突破欧洲中心论而撰写全球史的企图不乏其例,参见[美]罗伯特·B.马克斯著,夏继果译:《现代世界的起源:全球的、生态的述说》,商务印书馆,2006年,第2章;但近代以来,欧洲文明的一些制度形态对其他地区的影响,同样无法否认。

而在我们的论述中,有些因素是根据其意义而不是基于纯粹的断代考虑。其实,就算在同一时期,世界各地发生的故事也各不相同,但此节是选取每一时代在规范和制度上的最高成就或典型特征予以观察。而这些特征又深具传播和扩散效应。

一、古代:等级制的象征

古代文明的技术,若是比照后来的情况,堪称停滞不前。在调节人与自然、人与物的关系的物质生活民俗中,掺杂了很多巫术、迷信的成分。此期的伦理则是以德性的界定与运用为主,一般来说,缺乏明晰的行为规范的表述。例如中国孔子、孟子的著作是以围绕仁、义、礼、智、信等德性范畴的训诫为主,而亚里士多德的《尼各马科伦理学》主要是探讨了若干组对立的德性范畴的中庸状态。[①]

原始的农村公社,以经济平等和社会地位大致相同为标志。但在进入到阶级社会之后,这些特征消失了。暴力机关和法律规范随之产生。然而法律,除了罗马法以外,仍然停留在比较低级的刑法的阶段,并常常保留了"以牙还牙,以眼还眼"的部落法的习惯。

古代文明的宗教仍然保持一定的权威,但是这种权威对于相当一部分人已经变成外在的了。因为他们被剥夺了直接参与祭祀的权利,只能是某种意义上的观众。[②] 在一些社会中,祭司是垄断祭祀权力之"专门的宗教职业者";而在另一些社会中,甚至由世俗统治者兼具祭司身份,但神权——特别是在维系社会的纽带上显得极为重要的那部分神权——仍然仅被这一部分人所垄断。[③] 神

[①] 参见[古希腊]亚里士多德著,苗力田译:《尼各马科伦理学》,中国社会科学出版社,1990年,第37页。

[②] 此正如《国语·楚语下》所说的"绝地天通"之类。

[③] 自秦汉以来,中国历代政权对于祭天礼仪的垄断,正是在严格重申"绝地天通"的戒条,也是以神权来象征和维系最高权力的例子。

第七章 规范演变的基本方向

权赋予各种世俗权力或法律以神圣性,起到了强有力的维护现状的作用。然而宗教的精神意义主要体现在各类民俗中,后者保持其尚古时代原型的朴素面貌。此期的宗教与民俗仍有很大的重合,且精致文化与民俗文化的分野尚不明晰。

此外,规范类型的总体特征、何种规范在其中得到长足的发展等因素,则因文明共同体的不同而有显著的差别。依世界史的观点来看,稳定而持久的文明绝大多数都是分布在亚欧大陆(含撒哈拉沙漠以北的北非地区)。这块大陆依其地缘关系和文明形态的差异,又可以看作由中东、印度、中国、欧洲和北部草原地带这五块区域组成的。恰是前四块区域的肥沃的大河流域和平原等孕育了历史上最伟大的文明[1],也创造了各自独特的规范体系。古巴比伦的汉谟拉比法典与以色列的摩西律法、印度的宗教隐修制度与种姓制度、中国古代的礼制、古希腊的民主政体与罗马法等,分别是这些不同区域里产生的著名的规范体系的例子。

亚欧大陆各文明区域,尽管细节上彼此不同,但社会结构的基本轮廓还是体现为某种形式的等级制。一般而言,社会的顶层是统治一切的国王,下一层是贵族或高级官吏;一般还存在一个因宗教或文化上的特殊身份而具有相当特权的阶层,如印度的婆罗门、伊朗的祆教僧以及中国的儒生。再就是各阶层的劳动者,包括占人口绝大多数的农业劳动者和手工业者;通常在这金字塔最底层的,就是丧失人身自由的奴隶。即便以民主政体见称的古希腊城邦也有自由民和奴隶之分。然则此一阶段的规范形态的某些方面的趋同性的根源或许正在于这种普遍存在的等级制。

---

[1] 有关世界史的观点,参见 [美]斯塔夫里阿诺斯:《全球通史:1500 以前的世界》;以及 Spielvogel, J. J: *Western Civilization: A Brief History*. Wadsworth: a division of Thomson Learning, 2005。

公元前 18 世纪,古巴比伦国王汉谟拉比在位期间,刻石颁布了著名的"汉谟拉比法典"。[①] 汉谟拉比是一位强有力的国王,在他重新统一苏美尔—阿卡德地区的过程中,建立起了中央集权的国家机器,而法典则是这部机器的一部分。它是目前已知人类历史上第一部较为完备的成文法典。《法典》所承认和规定的当地居民的等级共有三个,两个自由民等级和一个奴隶等级。前两个等级,即包括祭司、贵族、高级官吏和商业高利贷者,也包括自耕农、佃农、独立的手工业者、各行业的雇工等在内的"全权自由民";以及经济上依附于王家的"非全权自由民"。再就是因沦为战俘、买卖为奴或债务缠身而产生的奴隶。[②]

量刑方面,对于身体损害的罪行,一般施行同态复仇法,但也要考虑等级与身份,即包含一些阶级歧视的条款。按照《汉谟拉比法典》的规定:损伤全权自由民之目者,亦损其目;有折断其骨者,亦折其骨。倘若被害者系非全权自由民,则侵害者仅须交纳规定的罚金便可。而杀死奴隶的人,只要赔偿主人的损失,根本无须偿命。

另外,严格地保护私有财产,也包括寺庙和商行所属的部分。许多规定带有"福利国家"色彩:确定基本商品每年的价格,将利息率限制在 20%,担保度量衡的信誉,城市当局对于未侦破的抢劫案与凶杀案的受害者须予以赔偿。[③]

在古代印度存在着种姓制和奴隶制两种截然不同的等级身份

[①] 法典总共有 282 条款,刊此法典的石碑是黑色玄武岩石柱,高 225 厘米,底部圆周 190 厘米。石碑上端的浮雕,刻着端坐宝座上的太阳神沙马什,将权杖授予汉谟拉比,石碑的主体部分则以楔形文字刻着法典全文,参见崔连仲主编:《世界史:古代史》,人民出版社,1983 年,第 106-108 页。

[②] 参见崔连仲主编:《世界史·古代史》,第 106-112 页。

[③] [美]斯塔夫里阿诺斯:《全球通史:1500 年以前的世界》,第 124 页。

第七章 规范演变的基本方向

的体系,而对于印度社会影响更为深远的显然是前者。奴隶是失去人身自由的人,虽然主要由首陀罗与贫困吠舍等较低种姓的人构成。但高级种姓如婆罗门、刹帝利中也有沦为奴隶的。种姓制更加强调由于职业的世袭性而产生的一系列身份、地位和行为规则上的区别。这便成了印度的规范体系所要考量的问题的核心。其种姓等级的森严,堪称包括法律在内的整个印度规范体系的根本特色。

在《摩奴法典》中,有很多条款是针对不同种姓的人应承担的义务、适合的职业与行为、各种姓之间不得僭越其界限及彼此适宜的关系而予以规定。例如就职业的世袭性宣称,"出身低贱的人,由于贪婪,从事高贵种姓的职业为生,国王应立即剥夺其一切所有,并处以流放"。[①]

在中国古代,西周的礼乐文明或者后儒所谓的"周礼"就是以刻画社会上的等级制而见长。对一系列的礼仪程序、器服等的垄断,就是对相应的等级地位的肯定,如在《礼记·礼运》中就提到了如幽国、僭君、胁君、乱国等打破相应形式的垄断的做法是非礼的,换言之,有关的礼仪配置是用以象征等级体系中的国家权力的:

> 故天子祭天地,诸侯祭社稷。祝、嘏莫敢易其常古,是谓大假,祝、嘏辞说,藏于宗、祝、巫、史,非礼也,是谓幽国。醆、斝及尸君,非礼也,是谓僭君。冕、弁、兵、革藏于私家,非礼也,是谓胁君。大夫具官,祭器不假,声乐皆具,非礼也,是谓乱国。[②]

"礼"通过各种可以观察到的形式上的规定来体现等级的森

[①] 《摩奴法典》第 10 卷第 96 条,商务印书馆,1982 年,第 256 页。
[②] [清]孙希旦:《礼记集解》,中华书局,1989 年,第 598–600 页。

严,例如越高的等级享有越多的宗庙、礼器以及相关的配置。如《礼记·礼器》说:

> 礼有以多为贵者:天子七庙,诸侯五,大夫三,士一。天子之豆二十有六,诸公十有六,诸侯十有二,上大夫八,下大夫六。诸侯七介、七牢,大夫五介、五牢。天子之席五重,诸侯之席三重,大夫再重,天子崩,七月而葬,五重八翣;诸侯五月而葬,三重六翣;大夫三月而葬,再重四翣。此以多为贵也。[1]

当然也有以少为贵的,也就是在某些礼的配合的程式与器物方面,越高的等级越是要选择简练、较少的形式。当然目的是一致的,都是要作为等级制的象征而起作用。而这种作用堪称是古典时期的社会规范所围绕的核心。

二、中世纪:禁欲主义的影响

中世纪的技术与古代相比并没有明显进步。然而在此期间,精致文化与民俗文化的分野趋于明朗,并成为此期文明的一个显著特色。而这些民俗尤其在底层的农民与手工业者那里具有最深厚的根基。各地的农民都掌握着大量与农业有关的实际知识,关于天气、物候、农作物、植物的种植、动物饲养、发酵工艺、窖藏等各方面所知甚多,这些大多保存在他们与生产、生活息息相关的物质生活的民俗中。

罗马帝国崩溃以后,中世纪西欧的社会政治结构,典型的封建(feudalism)关系居于主导地位。封建附庸关系的要旨在于个人间的维系,原先仅限于附庸者本人的一生,而后来更扩展到附庸的男性后嗣。且认定附庸者所耕种的土地,以及所有可动产,全都

---

[1] [清]孙希旦:《礼记集解》,第630-633页。

"属于"主人。这种须经由誓言结成的统领和附庸关系,从直接的耕种者和地主开始,并通过后者向更有力的领主宣誓效忠,可层层向上构成一种"金字塔式"的新制度。但这种结构特征,在中世纪的其他地区并不典型。①

谈及中世纪时规范体系进一步发展的动力,便不能不提到世界性宗教的影响。也正是它们构成中世纪文明的精神上的特征。从最早的佛教(Buddhism)开始,到1世纪初从犹太教母体中分化出来的基督教,再到7世纪在阿拉伯人中兴起的伊斯兰教,差不多都是间隔五六百年相继而起的。

首先产生的世界性宗教是佛教。它是在古印度苦行之风颇盛的宗教土壤中产生的。佛陀开始时也是苦行者,不过后来伴随着他的逐步觉悟,摒弃了极端的苦行方式,但他的教团仍然非常重视系统的隐修,继承了令心不驰散而归于出神状态的瑜伽修习法。

随后的基督教,与佛教一样,拥有众生平等的观念,而佛教的出世主义倾向使得它并未对现代世界的政治规范产生足以称道的实际影响。但基督教的平等观念,在近代以来却结合古希腊的政治生活的经验,而对欧洲和新大陆围绕宪政规范的斗争产生了深远的影响。然而在中世纪,这还只是停留在作为一种人际关系中的德性的形态上。

中世纪时期,伊斯兰教势力在其占优势的西亚、北非的大部分地区,都是一种全民性的宗教。所以它把以其宗教义务为核心,而统括经济、政治与社会生活诸多领域的规范,凝固为法律的形态,

---

① 例如公元500-1500年间的中国社会,就很难说是这种意义上的封建社会。而有关西欧封建社会特征,参见[法]马克·布洛赫著,李增洪等译:《封建社会》,商务印书馆,2004年,第1章等。

而形成了所谓的伊斯兰教法。这是一种以《古兰经》、圣训以及阿拉伯社区的民俗为主要法源的带有明显传统主义取向的法律体系。

世界性宗教当中,大体上基督教统治着欧洲,伊斯兰教统治着中东与北非,而佛教则流行于南亚次大陆与远东,不过在中国,佛教从未能够取代原有儒教的地位。中世纪的规范体系随着世界性宗教的势力所及而有典型的分化。这三种宗教对于促进其传播区域内的文化交流,乃至形成某种文化上的一体性而言,居功至伟。

而随着宗教规范与世俗领域的进一步分离,到了中世纪的阶段,宗教与宗教规范的独立性,主要是表现在两个方面:独立的宗教组织的出现;宗教作为人类对于自身命运的终极关怀的本质愈益突显。宗教灵性上的觉悟促进了伦理上同样的觉悟。世界性宗教创造了生命灵性和伦理地位上完全平等的个人概念。但却缺乏将此理念付诸实现的社会结构上的基础,而这方面恰好是现代文明的贡献。

所有今天人类基本上共同认可的行为规范——这些当然数量不会很多——在各个世界性宗教的体系中却得到了非常相似的表达。佛教五戒与摩西十诫在纯粹伦理的方面难道不是很相似吗?五戒即不杀生、不偷盗、不邪淫、不妄语、不饮酒。在编入佛教《杂阿含经》的一篇较为早期的文献中,则提及应禁止七种恶行即杀、盗、邪淫、妄语、两舌、恶口、绮语。[1] 作为犹太教以及后来的基督教所信奉的基本伦理戒条,摩西十诫中的后六条与佛教这七条戒律在精神实质上是相通的。从编年史的角度来看,它们早在古典

---

[1] 《杂阿含经》卷37,《大正藏》卷2,第273页中-下。

阶段的宗教中就已确定[①],但其成为在各自传播区域内的普遍信念,还是中世纪的事情。

关于为何应禁止上述七种恶行,佛陀提出的理由,类似于孔子"己所不欲,勿施于人"的恕道原则,如以杀人为例,"我作是念,若有欲杀我者,我不喜;我若所不喜,他亦如是,云何杀彼?"依此类推,而提到了上述七种。[②] 在耶稣的布道中也有类似的说法,这在基督教世界中被称为"道德黄金律"。[③] 据说在伊斯兰教中也有相近的观点。这种思考问题的方式甚至比具体设定的实质规则更为重要。这些伦理底线的所以然,被置于某种换位式的均衡思考当中,从而向人们展现了开放的、普世的原则。

中世纪的法律体系或是像伊斯兰教法那样由宗教精神宰制,或是继承原有的古代文明的体系而进一步发展,或是像西欧的封建社会那样在各种势力相互斗争的格局中创造了多样的法律体系,而古代的罗马法也在其中推波助澜。但在近代世界脱颖而出的英国普通法,却是中世纪后期在罗马法之外独立发展的。

---

① 公元前1250年前后,摩西率领犹太人胜利逃出埃及,以使其部族摆脱法老的奴役。途中在西奈山(Sinai)上,摩西独自接受了神启,充当以色列民众和耶和华之间的中保,使二者得以订立盟约,犹太人守约,神即降福于彼,参见[美]约翰·B. 诺斯等著,江熙泰等译:《人类的宗教》,四川人民出版社,2005年,第483页等。这盟约的条款,就是所谓的"摩西十诫"。参见《旧约·出埃及记》第20章,《申命记》第5章;另外在《出埃及记》第34章中,还包含了刻在两块石板上的盟约的另一种说法,主要是涉及礼仪方面的事,不过审读其文,那样的盟约所假定的是一个在其土地上定居已久的农业社会,而不是一个游牧部落——而这才是犹太人早期历史的状况;十诫的情况也是如此,所以如果假定十诫是更晚几百年以后,经过了祭司们的改造而形成的,也许更为恰当吧。像佛教的五戒或七戒,摩西十诫的人、人部分,关于杀、盗、淫、妄的戒律,在古典同期的更世俗的伦理学说中,缺乏明确的表述,这本身不就令人深思吗?摩西十诫的具体条款,参见本书宗教规范章。
② 参见《杂阿含经》卷37,《大正藏》卷2,第273页。
③ 参见《新约·马太福音》7:12;《新约·路加福音》6:27—38。

如果说古代文明的规范体系的特色是各地民俗的多样化,至于在适应社会等级制而创造宗教与世俗特权方面,则有异曲同工之处,那么,中世纪的规范体系就是依宗教势力而极端分化的。倘若有什么共通之处,那就是对普世伦理的强调,此种伦理既是指规范的内容,也是指前述形成规范的原则。再就是对涉及灵性提升的纯粹宗教义务的关注,而不是像过去那样充斥着巫术的氛围。

世界性宗教的共同特点就是其禁欲主义实践。对于佛教来说,这是基于印度文化母体而显得源远流长。《摩奴法典》倡导完整的人生应度过梵志、家住、林栖与苦行四个时期,尤其第四个时期所过的,依理想是禁欲的生活。而在大部分地区,佛教都是一种僧侣主义的宗教,是一种其信徒的核心部分必须放弃世俗享乐和家庭生活的禁欲主义的宗教,而平常的信徒,也被要求适当地素食、斋戒、坐禅等,在此期间要摒弃世俗享乐。[1]

基督教虽然更加强调平信徒的信仰,但是对于中世纪的罗马公教会和东部教会来说,集中了潜心隐修的僧侣的修道院,是拥有教阶的教士的重要来源,也是传承各方面文化的基地。[2] 无论如何,禁欲主义实践是中世纪教会试图向人们推广的生活方式。

在中世纪,在其传播所及的大部分地区,伊斯兰教都建立起了政教合一的国家。在这样的国家里面,哪怕对于普通的穆斯林来说都是这样:宗教义务无所不在。其中有很多可以视为禁欲的实践,例如虔诚的穆斯林每年都要在伊斯兰历的斋月里举行斋戒,这

---

[1] 对于佛教居士即其平信徒,有所谓的八关斋戒等。
[2] 参见[美]W.沃尔克著,孙善玲等译:《基督教会史》,中国社会科学出版社,1991年,第240-241页等。

是基本的五功(即念、礼、斋、课、朝)之一[①],在此期间,穆斯林必须从黎明到日落之间,戒断进食与性事。关于斋戒所享有的特殊宗教意义,一位阿拉伯学者称:

(一)斋戒是一种克制,一种放弃,是内心的秘密,而非外在行为;一切顺主行为有目共睹,惟斋戒只有安拉才能洞见,因为斋戒是体现于坚韧的内心活动。(二)斋戒在于制服安拉的敌人,因为恶魔的手段便是一切的欲望,而欲望因吃、喝而得以加强。斋戒尤能制服恶魔,杜绝恶魔的一切渠道,故斋戒专属于安拉并非偶然,因为消灭了安拉的敌人,就等于援助了安拉。[②]

中世纪的规范体系最具特色的方面,就是由禁欲主义的实践所带来的较为系统的修持法,以及伦理上进一步的觉醒。禁欲当然是禁止性的规范,亦即对这种规范的遵循不是通过行为的实施可以观察到的,而是由内心的克制来把握,因此会启发某种反观内省的倾向,从而具有特别的精神意义。同时,克制自我的欲望可以为真正伦理的实践铺平道路。这些就是禁欲主义的意义,当然在历史上,禁欲的实践伴随着宗教采取了某种比较极端的形式,这就未必是可取的。

对于中世纪的结束和真正现代规范世界的开端来说,西欧封建制的解体和其间所发生的事情,不得不被关注。这一步迈出,促使发源于西欧的一些制度因素逐渐地在全世界扩散。按照诺斯等人研究的观点,这一步伴随着很多的历史机缘。

---

① 参见郑勉之:《伊斯兰教常识答问》,江苏古籍出版社,1992年,第122—138页。

② [阿拉伯]安萨里著,张维真等译:《圣学复苏精义》,商务印书馆,2001年,第130—131页。

在中世纪西欧的早期,国家的力量很弱,甚至考虑到封建的特点,在很多地方,是否存在特定的国家,都可大大存疑。明显的,由于国家在许多领域里无法维持治安,故而人们缺乏安全的财产权利,经济模式遂以围绕封建庄园的很小的单位建构。除了是一个自给自足的经济单位,庄园也是对其领地内的居民提供某种保护和一部分法律服务的军事、政治单位。昂贵的运输成本,及在更大范围内保护产权的困难,导致市场对于中世纪的西欧人,只是其生活的一种补充形式,庄园几乎生产其所消费的全部产品,这样工资和租金,便不是以货币,而是以农奴向庄园主贡献劳役的方式来支付。①

从11世纪到14世纪,相对于土地的供应,人口开始增长。但是庄园制在14世纪中期遭遇了黑死病的沉重打击。② 此时,由于大量人口被黑死病夺去了生命,人口锐减,稀缺的经济因素,便由土地转变为劳动力。因而相对于地租,工资飞快地增长。劳动力缺乏导致地主间的竞争,但由于当时市场机制尚不完善,造成了提高工资率的手段相应缺乏,这迫使地主必须心甘情愿地给予劳动力更多的人的权利,以吸引逃亡的农奴在他的土地上生活。这就在事实上,而随后是在关于权利的制度安排上,摧毁了封建制度。③ 诺斯的上述解释很有吸引力。他指出了竞争的压力使得人的权利的地位提升。这便为资本主义的生产关系准备好了条件。

三、现代:理性化的规范

现代文明的阶段,大致上定位于公元1500年以后的世界。1492

---

① [美]道格拉斯·诺斯、罗伯特·托马斯著,厉以平等译:《西方世界的兴起》,华夏出版社,1989年,第25—97页。

② 有关黑死病的情况,参见 J. J Spielvogel, *Western Civilization: A Brief History*, Wadsworth: a division of Thomson Learning, 2005.

③ [美]道格拉斯·诺斯等:《西方世界的兴起》,第98—123页。

第七章 规范演变的基本方向

年哥伦布为旧世界重新发现了美洲,这预示着一个新时代的开始。[①]此后持续数百年的,就是欧洲文明向全球各地的扩张。如果说公元1500年以前,各种族集团实际上以近乎隔绝的方式散居各地,那么在公元1500年前后,全球性的联系开始成为世界史的主要线索。[②]

从1543年哥白尼发表《天体运行论》到1687年牛顿发表《自然科学的数学原理》之间的一个半世纪里,爆发了科学革命。18世纪后期则爆发了工业革命。从此,科学技术成为文明的支配性力量,技术规范遂在根本上取代了巫术与物质生活民俗的地位。

一般来说,肇始于文艺复兴时期的现代性(modernity),是相对于古代性(antiquity)而得到定位的。据英国社会学家安东尼·吉登斯(Anthony Giddens)的观点,若在制度层面考察"现代性"一语,则它首先是指在后封建的欧洲所建立,而在20世纪日益显示其世界性影响的行为制度与模式。"现代性"略同于"工业主义的世界",工业主义是指由物质力和机械力的广泛应用而建基的社会关系,这种关系无疑是现代性的一个制度轴,也是其理性化的主要驱动力;其次,正如利奥塔也说过的,"资本主义是现代性的名称之一"。[③] 指包含竞争性的产品市场和劳动力的商品化两大要素的生产体系;复次,现代社会生活中出现了系统的监控制度(institu-

---

[①] 马尔萨斯所说的"人口陷阱",即由于经济增长,带来人口繁庶,而后者又使人—地资源的比例趋于紧张,而使经济停滞、生活水平下降(参见[英]马尔萨斯著,朱泱等译:《人口原理》,商务印书馆,1992年,第153-202页),此类现象似乎屡见不鲜,在前工业化的亚洲和非洲的很多社会中都得到了应验。进而彭慕兰认为,如果没有开拓美洲缓解了欧洲的资源压力,那么欧洲文明在全球竞争力中的优势,便无从谈起(参见[美]彭慕兰著,史建云译:《大分流——欧洲、中国及现代世界经济的发展》,江苏人民出版社,2003年,第3章)。

[②] 参见[美]罗伯特·B. 马克斯:《现代世界的起源》,第3章。

[③] [法]利奥塔著,谈瀛洲译:《后现代性与公正游戏:利奥塔访谈、书信录》,上海人民出版社,1997年,第147页。

tions of surveillance)[①]，这是组织化权力大量增长的基础，也是现代性的第三个维度。[②] 这三个维度乃是互相渗透，并表现出若干共同的特征，可以认为现代性当中"经济与管理的理性化与分化过程"，带动了其他领域里的理性化趋势。

宗教祛魅化是现代文明的一个引人瞩目的特征[③]，当然这绝不意味着宗教生活在公元 1500 年以来的任何时期都无足轻重。[④] 即便没有完全否认它的道德功能，宗教也被人们用理性的眼光加以重新审视。宗教与世俗领域的分离体现在很多方面。包括远东与基督教的欧洲在内的世界上大部分地区，均实行政教分离的政策。同时，全球各地的民俗在现代文明的扩张面前遭受前所未有之冲击，民俗那种温馨的田园牧歌般情调，在面对高度发达的物质文明

---

① 福柯的著作在相当程度上见证了组织化权力大幅度增长的现象，一个最直接的例子就是《规训与惩罚》。其视点是基于："一般而言的惩罚以及具体而言的监狱属于一种关于肉体的政治技术学"（[法]福柯著，刘北成等译：《规训与惩罚》，三联书店，1999 年，第 32 页）。它不同于原有的基于恐惧和惩罚的权力，而是微观的规训权力。甚至，这种肉体的权力技术学，对于工业主义的世界，具有不可低估的政治经济学意义："肉体也直接卷入某种政治领域；权力关系直接控制它，干预它，给它打上标记，训练它，折磨它，强迫它完成某些任务、表现某些仪式和发出某些信号……肉体基本上是作为一种生产力而受到权力和支配关系的干预……只有在它被某种征服体制所控制时，它才可能形成为一种劳动力（在这种体制中，需求也是一种被精心培养、计算和使用的政治工具）；只有在肉体既具有生产能力又被驯服时，它才能变成一种有用的力量"（同上书，第 27 页）。而其《性经验史》一书，还探讨了自我的技术，即个体如何在权力的关系网络中被塑造为主体的技术（参见 [法]福柯著，余碧平译：《性经验史》，上海人民出版社，2002 年，第 2 章等）。虽然福柯是带着情绪对此作出一组织病理学的观察，但他的著作恰正是现代情况的写照。

② 这三个制度轴的提法，参见 [英]吉登斯著，赵旭东等译：《现代性与自我认同：现代晚期的自我与社会》，三联书店，1998 年，第 16 页等。

③ 参见 [德]韦伯著，林荣远译：《经济与社会》上卷，商务印书馆，1997 年，第 2 部分第 5 章。

④ 例如在加尔文宗的信仰中得到典型体现的新教的禁欲，就对培育资本主义的企业精神影响甚巨，参见 [德]韦伯著，于晓等译：《新教伦理和资本主义精神》，三联书店，1984 年，第 1 章等。

第七章 规范演变的基本方向

和消费主义的极端诱惑时,不免左支右绌。

普世伦理方面仍然继承中世纪的成果,而不会有特别大的变化。伦理包含着一系列对于各式各样的行为是否恰当的评价,并且通常是与民俗所认可的行为惯例相适应的,而由于现代文明对民俗的冲击,以及它所带来的新的生活方式的影响,便导致了伦理上的诸多歧义与冲突。而且对于现代人来说,这是一个需要作出自我选择的领域,有很多的伦理规范的原型和来源可供他选择:民俗的、惯例的、宗教的、理性的;较为理性的伦理原则包括功利主义、自由主义与契约论等。现代人将因为他的选择而决定自身的命运,即决定他成为什么样的人。

真正的宪法也是现代文明的产物[①],这避免了过去纯粹依照行政意志决定一切的任意性与粗暴性,也为限制最高统治者的权力和保护人权提供了法理上的根据,无疑是规范领域里的一项重大进步。其实法律的发展本来就是与广义上的宪政规范的发展处于"一荣俱荣,一辱俱辱"的依存关系中的。例如一方面"普通法是在英格兰被诺曼人征服后的几个世纪里,英格兰政府逐步走向中央集权和特殊化的进程中,行政权力全面胜利的一种副产品。"[②]

[①] 在欧洲,从英国和法国革命中,诞生了近现代资产阶级的政权,这促进了一系列的宪政和法律运动。而美国的《独立宣言》也是宪法性文件的典范,其中关于政府与个人权利关系的学说表述如下:"我们认为下述真理是不言而喻的:人人生而平等,造物主赋予他们若干不可让与的权利,其中包括生存权、自由权和追求幸福的权利。为了保障这些权利,人类才在他们中间建立政府,而政府的正当权力,则是经被治者同意所授予的。任何形式的政府一旦对这些目标的实现起破坏作用时,人民便有权予以更换或废除,以建立一个新的政府。新政府所依据的原则和组织其权力的方式,务使人民认为唯有这样才最有可能使他们获得安全和幸福"(《独立宣言》,载[美]拉维奇编,林本椿等译:《美国读本——感动过一个国家的文字》,三联书店,1995年,第49页)

[②] [英]密尔松著,李显冬译:《普通法的历史基础》,中国大百科全书出版社,1999年,第3页。

另一方面,在普通法当中,捍卫自然权利即人权的传统源远流长,这同样是普通法进一步完善的驱动因素。①

其实,中世纪后期,英国的普通法已经处在不断的形成和完善的过程中,但它的意义要在现代世界中才能完全展现出来。法国与欧洲大陆其他一些地方的法律体系的改革,通常是与资产阶级的掌权同步的。公元1789年法国大革命爆发。稍后不久,1804年拿破仑当政时期颁布《法国民法典》(或称《拿破仑法典》)。由此拉开序幕,法国与其他许多欧陆国家展开了立法,特别是法典编纂运动,这一运动促进了民法法系的最终形成。恩格斯认为,"民法准则只是以法的形式表现了(资本主义——引者按)社会的经济生活条件"。② 伴随着欧洲文明在全球的扩张,所谓普通法系与民法法系也传播到了全球的许多国家与地区。

法律堪称现代规范的理性化特征的范本。现代法律制度的理性化,体现在"形式理性化"和"实质理性化"两方面。③ 前者是指

---

① 英国的法律体系与欧陆的有一显著不同:虽说它们都是运用了"合乎理性"作为制定法律的标准,但是欧陆的法律体系诉诸的"自然"或"理性"的概念,多半被认为乃是与特定人物在历史上的创造性活动无关的恒久标准,而普通法的历史却绝对是一种个人在其中明显地有所作为的传统,尤其在将它抬高到具有约束最高当局的规范的地位的过程中。亨利三世统治时期王座法院的大法官布雷克顿,在《论英国的法律和习惯》一书指出:"国王本人不应该受制于任何人,但他却应受制于上帝和法,因为法造就了国王"([美]爱德华·考文著,强世功译:《美国宪法的"高级法"背景》,三联书店,1996年,第21页)。在美国革命爆发前,28岁的亚当斯,当时还是一位生意萧条的律师,就曾热情颂扬过普通法对自然权利的保护,他说:"自由、不可转让且不可取消的人权、人性的高贵与尊严、大众的崇高伟大与光辉荣耀,以及个人的普遍幸福,都从来没有,像在人类艺术最辉煌的殿堂——英国的普通法之中那样,被如此娴熟、如此成功地予以考虑"(转引自[美]爱德华·考文:《美国宪法的"高级法"背景》,第17页)。

② [德]恩格斯著,中共中央马、恩、列、斯著作编译局译:《路德维希·费尔巴哈和德国古典哲学的终结》,《马克思、恩格斯选集》第4卷,第248—249页。

③ 此处所说并非韦伯在研究法律制度的类型时所区分的形式合理(formal rationality)与实质合理(substantively rationality)两个概念,参见朱景文《比较法社会学的框架和方法》,中国人民大学出版社,2001年,第499-516页。

第七章 规范演变的基本方向

该法律制度内含了一套高度透明化、系统化和模式化的独立司法程序,诉讼各方哪怕是对司法程序的极其细微的误置或偏离,都将导致某方面的司法权利的丧失,甚至整个案件的败诉。"实质理性化"则是指该法律体系的文本中包含了一个由规范陈述句构成的命题体系,可对法律所调节的领域内的各种各样的社会行为进行"法的排序"(legal ordering),以致任何非专业人士,只要有足够的理性,便有可能通过逻辑演绎的方法,从上述严谨的法律命题体系中导出针对具体案件的裁决。当今世界的两大法系——普通法系和民法法系,可谓在形式理性化或是实质理性化上各擅胜场。但对另一方面,也没有完全的忽视。

在现代阶段,规章制度日益成为生活中重要的规范类型。人们在与无数的机构不断接触的同时,也免不了要与它们打交道。规章制度大多是有意识制订的、成文的规范,具有理性化的特征,并且内含于现代的各类组织形态当中。"公司法人"这个在罗马法中已然初具雏形的概念此时得到了普遍的应用,成为现代经济生活中的组织形态的基石。[①] 公司内部的组织结构大多是科层制的。但它其实并非近代的产物。早在公元 7-10 世纪的我国唐代,就已有了基于科举制度的异常发达的文官体系,它是中世纪科层制的典范。但是科层制在全球范围内,以及在各个层面上的普及,则堪称现代文明的全球性扩张之结果。

现代文明的规范似乎在两个领域里呈现出截然不同的面貌:在涉及个人行为的调节时,趋于灵活、自由与更大的可塑性。当今绝大多数国家的宪法都确认了宗教信仰自由的原则;民俗也不再能够束缚人们的行动自由;在伦理方面,除了要遵循若干底线原则

---

① 参见 [美]泰格等:《法律与资本主义的兴起》,第 17-18 页。

和一些公认的社会正义概念外,大多数情况下,人们也是很宽容的。似乎一切领域都是敞开的,但你需要知道各种不同选择的后果,并愿意承担责任。然而在公共生活的领域里,在但凡存在和需要规范的地方,法律、规章制度以及法律的施行与适用,则趋于明确、严格和细则化,并尽可能地考虑各种各样的情况。

　　法律在现代规范的体系中居于无可争议的核心地位。这正是现代文明的理性化趋势在规范类型的选择上的一个必然结果。而现代阶段的规范也在总体上呈现出明显的理性化特征。像巫术、习俗等理性较为薄弱的规范虽然不是完全消失,但却在整个的规范体系中居于无足轻重的位置,并且不能触犯法律。所有的规范都这样:必须在法律所允许的框架内运行。伦理则是基于某种理性原则的考量而采纳若干戒律、惯例和信条,并保留了进一步的理性选择的权利。从中世纪迈入现代世界,便是由技术、经济、管理、政府职能和社会生活等很多方面的理性化趋势推动的。要之,这是一个理性的时代。

　　然而,理性化的内在悖论,又导致了它的反动。[1] 其征兆一度在人们对后现代性转向的关注中充分呈露。[2] 但这也许并不意味

---

[1] 迈克尔·奥克肖特在《政治理性主义》,与汉娜·阿伦特在《人的条件》中,都对于西方思想中占统治地位的理性主义提出了挑战,并且他们看来理性主义应对二十世纪的一些灾难负有责任。参见[美]罗伯特·古丁等著,钟开斌等译:《政治科学新手册》,三联书店,2006年,第715页。

[2] 20世纪60年代以来,对于"后现代"转向的关注一度甚嚣尘上,深化了人们对于现代社会进一步发展的认识。显然后现代的前缀"post"指的是继"现代"而来,或是与现代的断裂和拆解;其间方方面面的差别,又可以用三组词汇来显示:现代性(modernity)、后现代性(post modernity);现代化(modernization)、后现代化(post modernization);现代主义(modernism)、后现代主义(post modernism)(参见[英]迈克·费瑟斯通著,刘精明译:《消费文化与后现代主义》,译林出版社,2000年,第1章);每一组都对应着不同的题旨。有关的现代与后现代的研究,可以参见[美]斯蒂文·贝斯特等著,张志斌译:《后现代理论:批判性的质疑》,中央编译出版社,1999年,第1章等。

着与现代性的绝对断裂,利奥塔说"现代性是从构成上,不间断地受孕于后现代性"①或如鲍德里亚所云,这是从生产性(productive)社会秩序向再生产(reproductive)社会秩序转变的过程。鲍德里亚并声称,我们正身处"类象"时代的旋涡,计算机、信息处理、媒体、自动控制系统已然为新的社会组织原则奠立了基础。这是"一个由模型、符码和控制论所支配的信息与符号时代"。②

"后现代"制度的特征,或许应像贝克和吉登斯等人一样来认识,即是将它视为自反性现代性,理解这一术语的关键在于它的前缀,何谓"自反性"呢?

> 首先是结构性自反性(structural reflexivity),在这种自反性中,从社会结构中解放出来的能动作用反作用于这种结构的"规则"和"资源",反作用于能动作用的社会存在条件。其次是自我自反性(self-reflexivity),在这种自反性中,能动作用反作用于其自身。在自我自反性中,先前动因的非自律之监控为自我监控所取代。③

"自反性"的字面意思是,自我指涉或反作用于自身,那么,自反性现代性就应该是指现代性的行为制度与模式如何反作用于自

---

① [法]利奥塔著,罗国祥译:《非人:时间漫谈》,商务印书馆,2000年,第26页。利奥塔又说:"后现代性已不是一个新时代,它是对现代性所要求的某些特点的重写,首先是对建立以科学技术解放全人类计划的企图的合法性的重写……这种重写已经开始很久了,并且是在现代性本身中进行的"([法]利奥塔:"重写现代性",载于《非人:时间漫谈》,第37页)。

② [美]斯蒂文·贝斯特等:《后现代理论》,第153页。利奥塔则更深入地探讨了信息爆炸所带来的知识效应,认为语言游戏的多样性取代了宏大叙事,see Jean-Francois Lyotard, *The Postmodern Condition*, Minneapolis: University of Minnesota Press,1984.

③ [德]乌尔里希·贝克、[英]安东尼·吉登斯、[英]斯科特·拉什著,赵文书译:《自反性现代化——现代社会中的政治、传统与美学》,商务印书馆,2001年,第146页。

身的现象。并不是信息与符码的泛滥这一单纯量的表现,而是由符号性的普遍运作招致了日益显著的人类知识的悖论,后者总是与自反性有关。[1] 这也意味着向风险社会过渡,但它并非建基于独立的另一套制度模式,而恰好是源于工业社会制度的自反性后果。自反性现代性意味着,"导致风险社会后果的自我冲突,这些后果是工业社会体系根据其制度化的标准所不能处理和消化的。"[2]由于身处当代,对于后现代或者风险社会的状况,尚不便于清楚地认识。但是不管怎么样,人类社会并没有因而崩溃,今后如何规避现代性制度反作用于自身带来的风险,恐怕也还是要在理性化的框架内,找到解答问题的智慧。至于制度的反身性则是所有时代的制度的普遍状况,只不过它的能量从来没有像当代这样强大。

古代文明、中世纪文明与现代文明三个阶段上的规范类型,呈现出截然不同的阶段性特征。其实不难看到,规范的发展就是社会、经济的同步发展;并且总是伴随着由地缘的、文化的、宗教的因素所造成的差异。而对于规范的发展与其他因素的关系的研究,尚有待进一步的深入。

第四节　传播论还是进化论:法律史的一些转承起合点的启示

一、古代的罗马法与后世的"罗马法"

罗马法堪称昂格所说第二个层次的法律体系的典范之一。罗

---

[1] 所谓"人类知识的悖论"可以从更加世俗的社会学观点来理解,这便是贝克等人的"风险社会"概念。它意味现代性从工业时期向风险时期的过渡。
[2] [德]乌尔里希·贝克等:《自反性现代化》,第10页。

马法的体系并非一蹴而就,而是在公元前5世纪至公元2世纪之间,陆陆续续建立起来。其中,十二铜表法时期是罗马法原则成形的特别关键阶段。公元前449年,罗马的第一部成文法即"十二铜表法"全部镌刻完成。[1] 罗马人十分珍视这个法典。自它公布以来,一直到查士丁尼编纂法典时期(529-534)的近千年中,罗马统治者从未明文废止过它。

"十二铜表法"中已然存在关于债务、契约和民事罪行等极为重要的法律观念。[2] 对于当时的罗马人来说,契约的订立,财产的有效出售或交换等,既经履行相应仪式后,便享有的法律保护,乃是"依据罗马氏族成员所应享的权利"(exjure Quiritium)。十二铜表法时期的罗马法充满形式主义特征,注重诉讼程序和财产交换仪式。

伴随着公元前3世纪和前2世纪罗马人在地中海沿岸扩大其殖民范围,贸易得到大发展,从而需要可将权利授予罗马人以外人士的法律体系。公元前367年,为罗马商人创设了"最高裁判官"(praetor)职位。这时已经有条约将通商权给予某些邦外人。另一些邦外人则准许在"最高裁判官"面前提出申诉时自称为罗马人,而诉讼的对方则不准反驳这种声明。[3] 公元前243年任命了一名"外事最高裁判官"(praetor peregrinus)来审理涉及邦外人的

---

[1] 李维的《罗马史》认为此法系镌于铜牌表,故称铜表法;但也有人认为它是刻在象牙上的。

[2] 该法包括以下诸项:传唤、审理、执行、家长权、继承和监护、所有权和占有、土地和房屋(相邻关系)、私犯、公法、宗教法、前五项的补充、后五项的补充(参见周枏:《罗马法原论》上册,商务印书馆,1994年,第37页)。

[3] 有趣的是,约15个世纪以后,英国法庭也曾采用类似的手法,以裁判发生在英国境外的纠纷,区别在于这是一种"属地主义",即准许诉讼当事人不容反驳地虚称那些境外的地方是在英国境内。

纠纷。这样"最高裁判官"便改称"民事最高裁判官"(praetor urbanus),他裁决的依据则是当时已存在的"公民法"(或译市民法 juscivile),在当时是具有罗马公民身份之人的专用法律。而"外事最高裁判官"(jusgentium)的贡献,即通过他们颁发告示而逐步形成另一类罗马法——万民法,而它是"自然理性在所有人中创立的那个法,由所有人平等遵守……是对所有民族都适用的法。"①

然而,万民法并非单纯由罗马法学家制订,亦非仅靠罗马强大的军事力量来执行。它的适用和流行,乃因它是融和了罗马人发展地中海贸易时形成的习惯,以及与罗马人有过贸易和殖民关系的许多西方文明的相关制度以后的产物。② 而盖尤斯所谓的"自然理性",主要是指一些合乎情理的风俗习惯,此前已由许多民族长久奉行,而被证明对于贸易发展和制定法律的阶级来说颇有帮助。"公民法"与"万民法"并存,导致前者发生了许多变革,并且涉及契约、销售、所有权和诉讼程序等许多领域。

罗马法极具商业色彩。恩格斯称它有着"对简单商品所有者的一切本质的法律关系(如买主和卖主、债权人和债务人、契约、债务等等)所作的无比明确的规定";并且是"商品生产者社会的第一个世界性法律"。③ 这是对罗马法的历史贡献之恰当评价。的确,在罗马法作为现实的法律体系起作用的时代,它曾经产生种种法律的关系,以适应和促进罗马统治广阔疆域内的通商。

---

① 参见[意]斯奇巴尼选编:《民法大全选译·学说汇纂》I.1.1,黄风译,中国政法大学出版社,1992年,第39页。

② 从很多小的细节都能看到这种融和的痕迹。例如,以小额货币或其他信物的"定钱"来确定交易契约,为"万民法"认可,此类信物的拉丁语名称 arrhoe,源自希腊语 arrhabon(参见[美]M. E. 泰格、M. R. 利维著,纪琨等译:《法律与资本主义的兴起》,学林出版社,1996年,第14页)。

③ 《马克思、恩格斯选集》第4卷,人民出版社,1972年,第248页。

第七章 规范演变的基本方向

在中世纪的早期,由拜占庭皇帝查士丁尼主持编纂的《民法大全》等,就已保存了罗马法的一些重要内容。但因为那时西欧大部分地区几无运用罗马法观念的商业生活之需要,并未产生什么影响。但这些观念仍存在于地方风俗、寺院习惯,及一些简陋的法律集成中。到后来形势发生了变化,大约从 11 世纪起,罗马法对商贸和资本主义发展所具之价值,重新受到重视。[1] 在中世纪和近代,罗马法不再以一种实体法的形式而存在;但它的法理观念以各种形式再兴,成为法学家研习的对象,并对民法法系产生了特别重要的影响,此时的"罗马法"已经成为足资借鉴的典范文本和一类法律技术、法律观念的代名词。

对后世而言,罗马法的财富,包括自由契约观念(这可能是它最重要的遗产)、法人的概念等。例如"法人"就是中世纪律师承袭自罗马人的概念,而直到今天的商业和经济活动仍在广泛运用。[2]它是指一种"摹拟的人格"。法人组织容许集资经营,有权像一个人那样买进、卖出和请求法院强制执行其要求。法人不同于由各成员协议形成的合伙经营。后者从法律角度来看,始终是个人权利和义务的集合。譬如要起诉合伙经营,就得传唤所有合伙人到庭;而一个"法人"却可在法律效力上将其股东的实体凝聚为某个单一的摹拟人格,"自己"就可拥有权利和承担义务,由法人代表来参与诉讼。[3] 法人只是承担"有限责任",即它的股东或成员不承担入股数额以外的义务。一旦法人经营失败,股东无须以其个人的其

---

[1] 参见 [美]M. E. 泰格等著,纪琨等译:《法律与资本主义的兴起》,学林出版社,1996 年,第 20 页。

[2] 就罗马企业而言,这形式是否存在,颇有疑问。但公元 3 世纪的罗马法学家乌尔比安(Ulbian)确实表达过类似的意思。

[3] 参见 [美]泰格等:《法律与资本主义的兴起》,第 17-18 页。

他财产来偿付法人无力偿付的债务。这是在中世纪才明确开始采纳的形式。当时西欧的许多机构都具有法人性质,如商业公司、中世纪城市以及罗马公教会等。因而"法人"的理论便备受关注。①

二、中世纪西欧的法律

习惯法、规则性法律到现代法律的发展,起先并没有任何固定的轨迹可以遵循。一些体系之所以成功,完全是在多样化的格局中,面对竞争性压力脱颖而出的结果。习惯法和宗教法,在全世界的各个地区屡见不鲜,单独来看它们都缺少足够的动力向现代法律体系迈进。习惯法在无国家社会和一些早期国家中流行,并和这些社会的文化发展程度相适应。宗教法,例如印度教、伊斯兰教和犹太教的神法,试图以神的名义将生活中的一切都包括在内。昂格尔所说的用以衡量法律概念的四个特征,即公开性、实在性、普遍性与自治性②,最后一个最难建立。但所有神法就其本性而言,都排斥建立法律本身不受其之外的宗教权威压制的自治体系。

但是中世纪西欧的一些独特因素,③却促成了这种发展。而封建主义体系下权力格局的多样化,无疑是非常适宜的土壤。当近代资产阶级在设计自己的法律体系时,主要承袭和参照的以往的法律体系不下五个:罗马法、封建法、教会法、王室法和商人法。④ 在中世纪,只有罗马法不是现实中的法律。这些法律体系的形式特征、实体法内容与社会基础各不相同。其杂然共处,并就

---

① 教会法所发展的社团概念与罗马的"法人"不完全相同,而是又融入了日耳曼人和基督教的观念,参见 [美] 伯尔曼:《法律与革命》,第 264 页等。
② 参见 [美] R. M. 昂格尔著,吴玉章等译:《现代社会中的法律》,译文出版社,2001 年,第 47—50 页。
③ 这里所说"西欧"是广义的文化地理概念,大体相当于中世纪罗马教会的影响所扩及范围。
④ 美国法律史专家伯尔曼还列了庄园法,参见他的《法律与革命》,第 10 章。

司法管辖权展开的竞争,恰好反映出中世纪西欧七拼八凑的权力格局,即各个国家或类似国家的保护性组织层出不穷的现实。

此外还能觅到日耳曼部落习惯法的痕迹,但它们在西欧,从一开始就受到了基督教的影响。从 6 世纪到 10 世纪,当拜占庭的皇帝仍然禀承罗马法传统之时,整个西欧却处于日耳曼蛮族的统治之下。起初,他们和斯拉夫人等欧洲其他民族一样,法律制度主要是基于部落习俗和血亲复仇规则。在诸部陆续皈依基督教后,才不约而同颁布了成文的部族法律汇编,除了《萨利克法》,还有盎格鲁—撒克逊人的《埃塞尔伯特法》等。在这些蛮族国家中,教会通过控制血亲复仇规则来限制暴行。基督教还在部落法的发展中提高了王权作用,尤其是它缓和部落司法的严苛性、以仁慈保护穷弱之人免受权贵欺凌之责。

回过头来看四种更重要的实体法。封建法又称封建领主法,是在封建社会中适用的,基于领主与其臣属之间的人身依附关系,而主要是规定相应的臣服、统领、利用和保护等条款的法规。封建领主法庭所实施的法律,是基于两个有时并不一致的原则:法律的个人性和流行于某一地区的习惯法。前一原则是指在法庭上以及在交易中,任何一个集团中任何一个成员原则上都有权援用"自己的"亦即自身所属集团的法律,无论它是罗马法、勃艮第法、还是西哥特法等等。然而除了极个别案例,这一原则通常已让位于某一地区由领主决定而施行于他的全体附庸的同一法律,而它的主要依据乃是原本就在该地流行的习惯法。"个人性"之法律概念,仅在部分人——例如商人——中保留下来,因为他们具有特殊身份,而且进行了斗争。[①]

世俗封建法庭办案既拖沓,还恣意妄为,难以体现公正。它的

---

① [美]M.E.泰格等:《法律与资本主义的兴起》,第 25 页。

任意性部分是源自下述特征：它要依靠由领主及其法官们保持的、口耳相传的惯例。法庭也可能举行聆讯，以决定习惯法的内容，参与其事的陪审团成员的存在，可能会对诉讼人起一点保护作用，但也增加了行贿、舞弊的机会。① 而且，传统习惯多有鄙陋之处，本身亦未必是公正的。另外，不服判决而上诉，虽在原则上是可能的，但实际运作也有等级模糊带来的种种问题，直至强有力的绝对君主上台，情况才有所好转。后来将习惯法变成著作的工作，主要由两个财力雄厚，又希望结束封建分立局面的集团推动：教会和王室。

教会法即罗马天主教会的法规体系②，一方面它规定了罗马教会内的组织、制度、教徒信仰与生活守则，另一方面也涉及土地、婚姻关系、继承、刑事、诉讼等世俗的领域。③ 其实，教会法在其势

---

① ［美］M. E. 泰格等：《法律与资本主义的兴起》，第 25 页。
② 经过 11 世纪末到 12 世纪初，西方在世俗统治者和罗马天主教会之间所爆发的"教皇革命"，教皇将教职叙职权收归手上（参见［美］伯尔曼：《法律与革命》，第 105 页；［美］G. E. 穆尔著，郭舜平等译：《基督教简史》，商务印书馆，1981 年，第 168 页等）。紧接着，在 12 和 13 世纪，在自成一体的教阶制度的基础上产生了系统的教会法。其内容的系统面貌先是出现在意大利僧侣格雷提安大约写于 1140 年的论文中，教皇历高利九世又在 1234 年综合了其间诸位教皇所颁法律而成《教令集》，直到 1917 年，这个《教令集》都是罗马教会的基本法律。教会法被认为，"西方最早的现代法律制度，它通行于欧洲各国，事实上支配着教会内部大批教士和僧侣生活的各个方面，也用以调整俗人生活的大多数领域"（［美］伯尔曼著，梁治平译：《法律与宗教》，三联书店，1991 年，第 74 页）。
③ 教会法既是中央集权体制的罗马公教会的管理条例，它又通过确认其管辖权而将触角伸向其他领域。其管辖权分为两类："对人的管辖权"、"对事的管辖权"。前者包括如下几类人：1）神职人员及其随从和家庭成员；（2）学生；（3）十字军参加者；（4）"不幸的人"（personae miserabiles），包括穷人、寡妇、孤儿；（5）在与基督徒发生纠纷的案件中的犹太人；以及（6）旅行者，包括商人和水手（当为着和平和安全而必要的时候）（［美］伯尔曼：《法律与革命》，第 268 页）。后者主要指精神案件或涉及精神案件的案件中的人，既包括神职人员，亦包括俗人。精神案件是指由下述事项引出的案件：(1)圣事的管理；(2)遗嘱；(3)有俸圣职，包括教会财产的管理、教会官职的授任以及以什一税方式征收的教会税；(4)宣誓，包括信仰宣誓；和(5)应受教会指责的罪孽（［美］伯尔曼：《法律与革命》，第 269 页）。教会还通过向那些愿意选择教会司法的人提供司法救助而将管辖权展延（prorogation）到其他类型案件。据上所述，可见教会法渗透之广泛。

力所及的范围内对世俗贸易始终有很大的控制力。整个中世纪,教会法一直面临重振贸易问题的困扰。许多世纪以来,商业都在道义上受到教会的贬低或怀疑。因而教会法学者始终要考虑如何调和罗马法文本与教会道德训诲的冲突。从公元325年的尼西亚宗教会议开始,便禁止教士收取利息。5世纪时,教皇利奥进而谴责放高利贷的平信徒。到了850年,放利的平信徒更要受罚被革除教籍。最后,1139年召开的第二届拉特兰宗教会议,普遍禁止了收取利息。但当时更多的法律人士是要努力绕开而非发扬此种禁令,尤其是在教会的债权人地位提高以后。而规避办法在不同时期和地区层出不穷。而对富商的规避,教会甚为宽容,因为它可从其商业成功之中获得好处。教会不得已将关于商业的条款纳入其神学、道德、法律无所不包的教会法体系。但是总体上教会仍然担心商业会成为封建制度的强烈腐蚀剂。

但教会法也不是没有优点。跟恣意妄为的封建法庭相比,教会法庭的诉讼程序要正规得多,并可能让人预先有所了解。而且要比世俗法庭,更早地将提出书面诉讼请求和撰写辩护状视为正常做法;同时书面作证和保留审讯记录的做法,也比较普遍。其实,书面申诉有助于摆明争端,尤其对于商务案件;而藉由作证记录便可对不同人的证词进行比较、分析。教会法庭甚至允许相互质询对方证人。

伯尔曼认为,教会法是"西方最早的现代法律制度"。[1] 中世纪的封建法、庄园法、商法、城市法和王室法等,正是在11和12世纪,也就是教会法大体成型的阶段,才发生根本的变化。起初,与教会法相比,它们更多地渊源于习惯,更少地受到博学的法学家们

---

[1] [美]伯尔曼:《法律与宗教》,第74页。

的修正。但是与教会法的竞争,刺激皇帝、国王和大领主这些世俗的统治者建立他们自己的专职法院,出版法学文献,并将部落、地方和封建的习惯法予以合理化、系统化。而且教会学者带动了研习罗马法的热情,这方面功不可没。可以说,教会法乃是世俗法的引领者和激励者。

王室法是近代民族国家的推动者,为求巩固势力而制订的法规,资产阶级则是那些立国君主早期的、不牢固的同盟者。在中世纪晚期之前,一直还不曾有过那种真正有效统治大片领土的国王。而王权的观念,特别是制定法律并付诸实施的绝对权力的观念,从11世纪开始发展。自那以来,王权与商人的关系,彼此感到亲切的时候居多,因为双方目标一致,都想在一定区域内拥有并巩固统一的制度和政策。

1150年前后的商人,若是往来于欧洲各地做买卖,必须面对很多的困难:私人报仇、骑士抢劫、道路失修、贪婪的领主所征收的各种过境费和捐税。商人阶层除了依靠自己,最终不得不投靠某些强有力的领主或保护者。意大利的某些城市共和国,建立海上船队来争夺航路和保护其商人;商人也可从较小的亲王、公爵和大主教那里获得帮助;而更大的领主即国王,则是其最坚定、最富有的支持者。[1]

在十字军东征后,国王们获得了地中海东面许多贸易中心的控制权,并坚决主张保持商路畅通;他们使用了自9世纪以来即未经使用的立法权力,以建立全国性的法律体系和法院系统。王室有关领土控制权的要求,恰和商人的自由贸易需要相吻合,即后者要求打破地区之间的关税和贸易壁垒,寻求交通安全的保障等等。

---

[1] 参见[美]M. E. 泰格等:《法律与资本主义的兴起》,第41页。

由此所导致的两者间的同盟,不论在新兴资产阶级立法,还是在商人经济向工业经济转变的过程中,均显得极为重要。这种同盟并非一贯协调,因为国王的帮助总是和他的控制与压榨同时出现。[1]

著名的英国"普通法",就是这类王室法的代表。公元1066年,诺曼底的威廉渡过海峡,在英格兰建立了欧洲第一个近代意义上的国家。[2] 威廉的政权颁布了具有全国效力的法律,并用王室官吏来代替当地封建领主的官吏,以推动相关的司法实践。王室法庭被授予实施国王的正义的权力,它们一开始就极力想要清除曾站在威廉对面的那些贵族。然而不经意间,种种封建壁垒被推倒了。[3] 大约再过几个世纪,王室法庭才在契约、所有权和诉讼程序等法律概念上达到与18世纪相近的程度。

除了上述三种法律体系,还有中世纪中后期商人为自己制订,并由他们在城镇和集市上专用的商人法。该法,"是由罗马法衍生、但数百年来为适合专业商人需要而修订过的法规。"[4]其要点包括:有签订约束性契约之自由,对于契约安全的保障,建立、转移和接受信贷的各种规定等等。[5] 它至少原则上通用于各国商人,因而堪称国际法。在中世纪,贸易纠纷适用商人法条款的做法,曾经通行于王室法庭、教会甚至领主法庭。它也刺激了商人作为同一阶级成员的自我意识的成长。

---

[1] 新兴阶级有时会将其对政权的压榨和控制的不满,发展成学说,认为金融财政方面管得最少的政府,即所谓"守夜人的政府"才是最好的,它在当代美国哲学家诺齐克等人的观点中得到某种延续。

[2] 参见[英]阿萨·勃里格斯著,陈叔平等译:《英国社会史》,中国人民大学出版社,1991年,第71-72页。

[3] 参见[美]M. E. 泰格等:《法律与资本主义的兴起》,第43页。

[4] [美]M. E. 泰格等:《法律与资本主义的兴起》,第8页。

[5] 参见[美]伯尔曼:《法律与革命》,第406-433页。

中世纪西欧的独特因素包括:典型封建主义的社会政治结构,缺少建立统一的制度的机制,甚至严格意义上的民族国家亦是相当晚近之产物,也许罗马公教会是唯一的中央集权的因素,但它只能管理精神生活那一半,而将另一半交由世俗机构。[①] 与此同时,各类保护性组织在提供范围和形式相当不同的保护方面,有时候也在司法管辖权、提供更公正、更合理的司法服务和提供相应的实体法内容等方面进行竞争。[②] 此外,神学和法律之间存在着辩证的紧张关系,前者并未吞噬后者。正是多样化的格局和竞争的态势,使得整个西方的法律体系处在及时发展、不断变革的进程之中。

在竞争之中,各类法律的命运各不相同。日耳曼习惯法、封建法、庄园法等注定要衰落。教会法虽然曾经是联结罗马法的精神财富和近代法律理性化进程的桥梁。但它的地位与现代民族国家不能相容,故而也退出了历史舞台。但是伴随着农村的农业贸易、随后的海外贸易和城市间贸易的繁荣,商人法则前途无量。在中世纪,王室法尤其重要的作用是在其疆域内力图提供统一的法律框架,而在几个世纪以后,真正脱颖而出的王室法便是英国的普通法。

三、普通法系与民法法系

按昂格的分类而归属第三个层次的法律制度(legal institu-

[①] 参见[美]伯尔曼:《法律与革命》尾论等。
[②] 世俗和宗教领主都为谁有权审判进而建立法庭而斗争,因为罚款和审理费是一笔不可多得的现金来源。当时封建的、教会的、王室的法庭都实行自己的规章;往往某一法庭在某些方面,可能会有比另一法庭更为便利的法规和诉讼程序。在商人自己建立法庭来解决某些贸易纠纷以前,如何选择法庭对己有利,是一个极其困难和极其重要的问题。参见[美]M. E. 泰格等:《法律与资本主义的兴起》,第 8-49 页。

tions)①,其实有一些特别重要的类型差异。针对一些国家或地区的法律制度因有共同的特征和渊源而构成某一类别所形成的概念就是所谓"法系"(legal system),也可称为法律传统(legal tradition),它是指"关于法律的性质、法律在社会和政治组织中的作用,法律制度的相应组织和实施,法律实际上怎样以及应当怎样制定、适用、研究、改进和教育等根深蒂固的,受历史条件制约的一种态度。"②基于西方文明的历史而形成的两大法系就是民法法系、普通法系。

民法法系或称大陆法系(civil law system or continental law system),民法法系的实体法的内容当有很多方面的渊源,但不可否认,罗马法仍然是其最主要的来源。罗马法既然完整地体现了简单商品生产关系的法律,正好能符合中世纪后期和近代以来新兴资产阶级的要求。从11世纪末至15世纪,罗马法逐渐在法学研究以及立法和司法等领域里被广泛接受,这种接受在文艺复兴时期达到高潮。

而近代资产阶级革命,尤其是1789年爆发的法国大革命,则是民法法系形成的最重要的历史机缘。显然,法国革命的精神和古典自然法学影响了民法法系的很多法律观念,诸如成文宪法、法典化、将制定法视为法律的主要渊源、公法和私法以及民法和商法的划分、普通法院和行政法院的并立,都可以溯源于法国革命时期的若干观念和做法。古典自然法学是当时席卷欧陆的理性主义思潮的一部分,理性主义相信理性的权能,经启蒙的努力可将人从蒙昧和受奴役的状态中解放出来,充分地开发这样的权能,以理性为

---

① 参见第6章第4节。
② 转引自沈宗灵:《比较法总论》,北京大学出版社,1987年,第38页。

指导而有意地创建一个民主、自由和有序的社会。系统地编纂法典又何尝不是理性的权能的表现呢?①

在观念层面上,自然法学说对民法法系乃至整个近代西方的法律世界的影响都不容忽视。然而在法律体系的渊源或者宪政的基础这些意义上所说的"自然法"概念,有着一部源远流长的发展史,可追溯到希腊哲学。② 公元1世纪的罗马法学家盖尤斯(Gaius)在评论万民法时提到"自然理性"。可能是指已经过许多民族长期奉行而对于商贸和制订相关法律而言乃是合乎情理的一些风俗习惯。③ 11和12世纪爆发了很多公社式的城市起义。那时各地城市的革命者拉帮结伙,谋求获得在某地区从事商贸的权利。他们以上帝之名起誓说,他们将会结合成一个单一团体。这可能是城市居民的自然法思想的起源,乃是针对教会和封建领主们宣称拥有上帝认可的一种反动。④ 但是真正的自然法学说直到17世纪才得到充分的发展。

许多中世纪和近代作家争相使用"自然法"一词,想从中奠定自由资本主义和立宪民主制的法哲学基础。16世纪和17世纪的法学

---

① 由此引申,民法法系与普通法系之间的思维倾向上的分歧,似乎可以找到与哲学上的理性派与经验派的对应,换言之,民法法系注重系统的立法是基于对理性的信任,而普通法的法官则注重判例、经验事实和归纳。

② 其实,以中文翻译西籍所用的"自然"一词,希腊文对应 Φύσις,在拉丁文中是 natura,在英文中是 nature,据说,它的含义:"'自然'的最简单和最古远的意义,正就是从作为一条原则表现的角度来看的物质宇宙。此后,后期希腊各学派回到了希腊最伟大知识分子当时迷失的道路上,他们在'自然'的概念中,在物质世界上加了一个道德世界。他们把这个名词的范围加以扩展,使它不仅包括了有形的宇宙,并且包括了人类的思想、惯例和希望。这里,像以前一样,他们所理解的自然不仅仅是人类的社会的道德现象,而且是那些被认为可以分解为某种一般的和简单的规律的现象"([英]梅因:《古代法》,第31页)。自然法的概念是希腊本体论的副产品,正如自由主义是近代经验论的副产品一样。自然的规律是经由某一形式的理性而被发现,因而真正的"自然"内蕴着理性,或者说从根本上就是理性,这是希腊哲学的信念,也是自然权利观的主流。

③ 参见[美]泰格等:《法律与资本主义的兴起》,第13-14页。

④ [美]泰格等:《法律与资本主义的兴起》,第78-93页。

家又将"自然理性"等同于"自然法",这也意味着充分肯定了罗马法的"自由契约"观念。所谓自然法,并非真正运用在实践中的法律体系,而是资产阶级在法律意识形态上为自己所作的论证。17和18世纪,不断有作家将自然法观念与罗马商业法原则结合。他们所表述和论证的法律体系,均旨在废除各类封建义务,而创建基于"契约自由"和"私有财产神圣"的"自然法"原则的公民社会。于是便为继踵而来的、要真正将这些目的付诸现实的立法浪潮奠定了基础,这样的浪潮对资产阶级革命成果的巩固极为重要。同时,在宪政的层面上,"自然法"的观念对于英语国家同样有着深远的影响。

与民法法系或大陆法系相对的是普通法法系或英美法系(common law system or Anglo-American law system),这是指在英国中世纪以来的法律基础上发展起来的若干国家的法律体系,尤指以普通法(common law)为基础的、与民法法系适成对照的一系列法律制度。在西方法学中,"普通法"一词,有时候是指英美的法律传统中,分别与衡平法、教会法与制定法形成对照的一种法律;有时则是指以此种涵义的普通法为基础而形成的法系,主要与民法法系相对。①

中世纪后期以来的英国法,即所谓的普通法,基本上在罗马法的影响之外独立发展。形成期为12-15世纪,原本它是以诺曼公爵威廉征服英格兰以后所建立的封建土地制度和中央集权的行政制度,作为其所植根的经济、政治基础。故其首先是从地产法和刑法开始;而从施行法律的行政机制来看,则源于王室巡回法院与地方法院之间的某种关系。② 王室法院的法官经常在各地巡回审

---

① 沈宗灵:《比较法总论》,北京大学出版社,1987年,第159页。
② 到亨利三世(Henry III 1216-1272在位)的时候,已有了三个王室高等法院,即财税法院(Court of Exchequer)、普通诉讼法院(Court of Common Pleas)和王座法院(Court of King's Bench),参见密尔松:《普通法的历史基础》,第23页等。

理,有权撤销各地受领主或主教控制的法院的判决,其所适用的法律既要充分考虑日耳曼诸部原有的习惯法,又高于地方法院依据旧有习惯形成的一些判决;而普通法正是通过这些王室法院的法官们的判例而逐步形成,意即这种法律是通行的、适用于全国的。

普通法一直以来都非常注重司法程序,因为它本身就不是立法的产物,而堪称长期司法实践的结果。而这样的注重恰可从其发展过程与令状(writ, breve)制度的特殊渊源里看出。[①] 令状往往根据原告的不同申诉而分类,并逐渐定型化,而每一种令状又都和一定的诉讼形式和诉讼程序密切相关,进而在如何处置附带诉讼,当事人可主张何种权利,可呈递何种有效证据,判决执行方式等方面,存在重大的出入。因而对于诉讼当事人来说,申请何种令状,是要慎之又慎的。

1474 年,大法官(chancellor)始以自己的名义作出案件的判决,此种不经普通法法院而由大法官主审的案件,便称为衡平案件。到了 16 世纪随着衡平案件的增多,大法官的官署终于成了与普通法法院并列的衡平法院(Court of Equity)。于是,衡平法就在普通法系中开始出现,成为广义上的普通法的一个部分。衡平法的创设是旨在对普通法院所倚重的极为形式化的令状制所导致的种种不合理状况给予适当的司法救济等。[②]

普通法似乎一贯表现出对于连续性或至少是连续性表象的坚定不移之信奉。然而对激烈的斗争与断裂的回避,对旧瓶装新酒

[①] 即令而论,writ 指司法机关所签发之命令,而要求接受令状的人履行其中指定的某种行为。但在 13 世纪的令状当中最重要的是各类开始诉讼令(Original Writs)和王室特权令(Prerogative Writs),而前者更为重要,因为在三个普通法法院中,任何一个的启动普通法民事诉讼程序的合格手段都是"开始令"。

[②] 参见 [英]密尔松:《普通法的历史基础》,第 82-96 页。

的方式的偏爱,并不意味着无所变革。普通法的律师特别喜欢援引前例(precedent),但这样做同样有助于使新制度合法化。普通法中发展出的一些原则充分体现了"程序正义"的特点,例如从17和18世纪发展出来的三个主要原则:"拒绝自认犯罪的特权、与作证不利于己的人当面对质的权利,以及由陪审团审讯的权利。"[1]然而从这些原则的形成历程中可以看出援用前例以塑造新的法律意识形态的作用。

1750年通常被视为英国产业革命的开端,而此前的200年恰好是普通法经历重订的时期,并且确实取得了令人惊叹的成就,其间也付出了流血的代价。同样,1789年前后的法国法律史虽然历经天翻地覆的变革,而并非产生根本的断裂。实际上,英法两国都是由新兴的阶级,或多或少通过武力贯彻了一种新的法律意识形态,而反映了两国的资产阶级的利益。

有关民法法系与普通法系的法源和在当今世界的分布情况,可列表如下:[2]

表 7-1　民法法系与普通法系的法源和在当今世界的分布

	民法法系	普通法系
法律渊源	罗马法、教会法、日耳曼习惯法、商业法	盎格鲁—撒克逊及丹麦的习惯法、诺曼封建契约法
分布国家	首先在欧洲大陆国家中出现;法国、比利时、意大利、西班牙、葡萄牙、德国、奥地利、瑞士、荷兰,美洲原属西、葡、荷、法四国的殖民地的国家,明治维新以来的日本、泰国,非洲的扎伊尔、卢旺达、布隆迪等	在英、美居于主流;英国本土(苏格兰除外)、爱尔兰、美国(路易斯安那州除外)、加拿大(魁北克除外)、澳大利亚、新西兰、亚洲的印度、巴基斯坦、孟加拉、缅甸、马来西亚、新加坡、非洲的苏丹等、大部分英联邦国家

总体来看,大陆法的理性是立法理性,而普通法的理性是司法

---

[1] [美]M. E. 泰格等:《法律与资本主义的兴起》,第249页。
[2] 参见沈宗灵:《比较法总论》,第38-166页等。

理性。可以说,在民法法系的司法推理中占主导地位的是演绎方法;而对普通法来说则是归纳方法,即民法法系是从概括性的法律条款出发,演绎出针对个别案件的判决;而普通法则是从一系列先前类似案例的判决出发,归纳出可适用于目前案件的一般规则或原则。故对民法法系来说重要的是立法,因为有成文的实体法的依据,始可有判决中的演绎推理。

对于看重立法理性的人来说,从良好的愿望上是期待可有系统化的、万能的法典,所涉之疑难案件实属法律的漏洞和缺陷,而仍要通过立法来补救。系统的立法自然是人们可以考虑的避免法律实践的武断性的一条重要途径。但在司法理性眼中,生活本身的偶然性、歧途、突变和不完满乃是层出而不穷,势必伴随着有疑难案件的产生,所谓"放之四海而皆准"的系统规则,几近妄想。为了保障法律实践的"一贯性",以及法律与生活同步的活力,法律职业者须有特定的司法技术的理性,或者说司法艺术,其要点包括矢志效忠于法律和正义的旗帜,在程序中思维和解释,分辨与归纳的能力,在惯例和发展之间寻求连贯与平衡点的价值抉择能力等等,由此种种方可适应在疑难案件审理中创造性地得出新的综合性规则的要求。立法理性与司法理性之间,或许并不存在孰优孰劣的问题。对于法律实践者和法律制度的转型和创新来说,只是一个如何选择的问题。

四、竞争中的比较优势与制度文明的传播

罗马帝国崩溃之后,欧洲不再有任何强大的政治实体;虽然罗马也并没有真正统治欧洲北部各蛮族生存的地区,但是自那以后,欧洲的政治版图确实地分裂为各个独立统治者的小国家,而且封建制度(Feudalism)叠套其上,甚至使得国家的特征和边界均变得

第七章 规范演变的基本方向

模糊。① 所以由政权隶属关系上观察,除了说它分裂,还可说是混乱和弱化的。在很长一段时间内,没有任何政治实体能够在重要的力量对比方面体现出非常明显的优势。

这种分裂状态,虽然起先造成了很多不方便,例如关卡林立、缺乏保护等等,对于欧洲境内的贸易造成了麻烦。但是另一方面,分裂带来了竞争和活力。军事上的竞争,导致对于军事技术的无限需求,而对这一类技术的任何重大改进,几乎都能带动民用方面的大幅推进。同样,部分出于军事竞争的目的,国王或领主们对于各类资本多有所求;但他们尚未能通过行政力量完全控制商人。② 面对制度上的差异,资本、知识和企业家总是倾向迁往更安全、更自由和更能赚钱的地方。"经验很快便证明,保护产权和个人自主并接受规则约束的政府,在吸引可移动资源上成效显著。"③ 民事自由和经济自由,可以使得人们在贸易、金融和生产等创业活动上的投入,具有可靠和可观的预期回报收益,从而吸引才智之士。④ 竞争中的政治实体,将从其辖域的经济和文化的繁荣中受益,而这

---

① 布洛赫称:"在封建时代的欧洲,众多庄园、家族或村社聚落和附庸集体之上,存在着各种各样的政权,在很长时期内,这些政权统治的范围越广,则行动效力越差……"([法]马克·布洛赫:《封建社会》,张绪山等译,商务印书馆,2004年,第605页)。又曰:"西欧长期存在的趋势是,较大的国家政权分裂成较小的政治体"([法]马克·布洛赫:《封建社会》,第632页)。复曰:"封建主义是与国家的极度衰弱、特别是与国家保护能力的衰弱同时发生的"([法]马克·布洛赫:《封建社会》,第700页)。

② 对照一下唐中后期面临所谓借商之弊,其实就是大肆搜刮商人(参见两《唐书·食货志》等),政权的强势,导致了产权保护上的弊端,这应是阻碍中国的资本运作的消极因素。

③ [德]柯武刚、史漫飞著,韩朝华译:《制度经济学》,商务印书馆,2000年,第466页。

④ 而不是让他们将生命耗费于科举和官场上——这恰是中国传统社会中后期的情况,参见何怀宏:《选举社会及其终结——秦汉至晚清历史的一种社会学考察》,三联书店,1998年,导论等。

些恰由它们所保护的自由来促成。①

在中国史上,殷商、西周之间的过渡,就是后者在文化和制度上更具优势的结果。后世之人,多喜欢对三代之礼制作一些取舍比较,如孔子就说,"行夏之时,乘殷之辂,服周之冕,乐则韶舞"②,而作为殷人的后裔,夫子的结论却是:"周监乎二代,郁郁乎文哉!吾从周。"③其实,在春秋时代像孔子这样的博学之人,已经不能非常有把握地抓住三代制度的区别④,除了年代久远之影响,这恐怕也是当日的制度已充分传播和交融的结果。周礼的堂皇文明、其中的理性主义精神,及其天命观的深入人心⑤,都是其令孔子深深折服的原因,也是西周取代殷商的变局,在制度上的原因吧。

制度文明的传播,史不绝书,而且方式、途径多样,不拘一格。通过交流,主动地向文明体制上更优秀的国度学习,也是常见的情形。例如新罗、日本的遣唐使,便将大量唐代的法令、制度引入到这些东北亚地区。⑥ 由于新罗择定儒家经典为太学生必读书籍,因而五经、三史、诸子百家书,便大量地流入其国。因境内遍习中华文化之故,唐末乃有一位新罗生员崔致远,在僖宗乾符元年

---

① [德]柯武刚等:《制度经济学》,第465-468页。
② 《论语·卫灵公》第10章。
③ 《论语·八佾》第14章。
④ 参见《论语·八佾》第9章。
⑤ 王国维先生曾在《殷周制度论》中开宗明义地提出,中国历史上的制度变迁,莫巨于殷周之际;也有学者据尼采所云之酒神狄俄倪索斯(Dionysus)文化与日神阿波罗文化两种气质类型来彰显二者的差异(参见陈来:《古代宗教与伦理》,三联书店,1996年,第140-146页),虽说中西悬隔、体用凿枘,然验诸文献实物,此论亦非毫无见地,这里所印证的恰是西周理性精神的胜利。又《尚书·泰誓》有云:"天矜于民,民之所欲,天必从之",及时常被引用的"天视自我民视,天听自我民听。百姓有过,在予一人。"虽还不能扯到"人民主权"的高度;但其倾听民意,顺应民意,肯定民意代表天命,已然很明白。
⑥ 参见王仲荦:《隋唐五代史》,上海人民出版社,2003年,第622-638页。

(874),进士擢第。李唐一代,日本前后有十九度遣唐使至中土境内,日本自公元645年以来的"大化改新",政治上模仿唐制中央集权的官僚体制,在经济上亦仿效均田制、租庸调制,前者称为"班田收授法",更在701年所颁《大宝律令》中予以法制上的确认,此外如户籍法、计账法、军防体制,都是中国唐代制度文明传播至彼国的铁证。①

和平的交流以外,殖民过程中将宗主国的制度强行植入,也是历史上很常见的一种传播模式。例如普通法体系在全球各地的广泛传播,就是17世纪以来由英国殖民者造成的。若以殖民的方式扩散制度文明,殖民者军事上的优势,在一定程度上亦往往是其在政府制度、法律和经济上的优势的一种体现。②但如果其制度文明乏善可陈,则反过来由军事上的征服者被同化于被征服地区的文明,这样的例子,在中国史上早已为人所熟悉。要之,在独立的进化和制度的扩散之间,并非只有单一的选择。历史的状况,往往是择善而从。但是引入的规范和制度,要注意克服水土不服,以及制度安排的整体性与功能耦合问题。

---

① 参见王仲荦:《隋唐五代史》,第633页等。
② 欧洲殖民地的扩张,本身就是欧洲内部的竞争环境所造成的:"现代欧洲早期的政治经济——特别是代价高昂的长期军事竞争——在造成欧洲独有的海外商业扩张中起的作用可能大于企业家的才干,或是大于对异国商品的好奇心本身"([美]彭慕兰:《大分流》,第182页)。

第八章 规范演进动力机制的若干方面

像康芒斯这样早期的制度经济学家,倾向于认为制度是集体行动控制个体行动的有意识设计之结果。[①] 但是亚当·斯密作过"看不见的手"的隐喻,这样的思路在哈耶克等人的著作中得到了回应。[②] 其实,在制度演化理论中,素有"有机创生"与"有意设计"的进路之别。根本上,规范或制度还是通过人类行动而不是人类设计而有机地生成的。

倘若相信制度设计万能,抑或人类拥有完全的理性,就无法真正理解一些自我创生的制度的秘密。有意设计出来的制度,例如制订的成文法,假如不是对某些早已流行的商业或行业惯例的提炼和精确表述,或者它不能使那些愿意遵循它的人以某种方式受益,那它就难以有效施行和贯彻。换言之,自发创生的规范和制度,仍然是规范演进的基础和主流。就算制度的设计,也得要充分考虑人际相互作用的利益机制。

在一些规范与另一些规范之间,存在着一定的更替、扬弃、转化、沿袭或是演进之类的纵向关系。规范的演化总是面临着可供使用的资源——技术环境、作为外生变量的其他规范和制度环境等

[①] 参见 [美]康芒斯著,于树生译:《制度经济学》,商务印书馆,1962年,导论。
[②] 参见 [奥]哈耶克著,邓正来译:《自由秩序原理》,三联书店,1997年,第1章、第2章。

等制约,而博弈情境的规律则是制度演化的内生变量。① 此外,如果某项制度具有竞争优势,就会成为模仿和学习的对象,由此造成的扩散现象是很多地区推动规范演替的重要因素。

路径依赖现象始终存在。② 传统具有很大的惯性,这和违反它将带来社会协调上的不方便,以及接纳新的规范需要更强烈的社会动员有着莫大关系。所以利用和改造原有的传统,哪怕是旧瓶装新酒,通常亦是便利之途径。虽然理论上能够界定在演化中可能得到的制度形态的一个稳定集合,但是并没有理由认为,相对于解决一定问题的可能性而言,能够演化出的制度是唯一的。③ 这样的不确定性不是理论上的缺陷,相反它为实际的历史留出了必要的空间。

第一节 仪式化:整合行为的信息装置

一、两层涵义

象征仪式在各个社会中普遍存在,只不过有分量多寡、影响深浅之差别。它们貌似没有明显的功效,但实际可能并非如此。而这类规范的创生和演进的动力机制,可能就在于它促成某些隐藏功能的过程之中。从规范的社会学研究的立场来看,期待每一个仪式细节都有功效和实际的意义,恐怕是误入歧途。但这样的功效可能置身于仪式的总体特征或关键环节上。

---

① 其中基本价值(以需求、刺激等形式出现),也会对该情境产生影响。
② 参见[日]青木昌彦著,周黎安译:《比较制度分析》,上海远东出版社,2001年,第18页;[德]柯武刚等著,韩朝华译:《制度经济学》,商务印书馆,2000年,第476-477页。
③ [美]安德鲁·肖特(Schotter, A.)著,陆铭等译:《社会制度的经济理论》,上海财经大学出版社,2003年,第19-20页。

简而言之,仪式整合人们的行为模式,使之达到彼此间有序的协调。仅就这一点,已经功莫大焉。因为人的力量是来自无数个体所组成的集体,而集体的协作又是以彼此精神上的默契与沟通为核心的凝聚力。仪式常常能在其中扮演一种积极的角色。一种社会性的合作可以纯粹依靠利害关系等捆绑在一起,但是缺乏彼此精神上的沟通和一定的奉献精神作为终极支柱的合作,往往是脆弱的和难以持久的。仪式常常能够提供一种氛围:在其中人们感到是彼此需要的、相互依赖的和精神上融为一体的。

断言仪式是整合行为的信息装置,这有两层的涵义:一则是通过象征性的情感宣泄和让人很难无动于衷的现场气氛,创造了某种形式的社会协调、社会动员,并重申了协调的价值,为进一步的制度演生搭建了平台,这是一种总体上起的作用;二则仪式藉由其一定的符号特征乃至细节刻画,保存和传递着关于生态环境、社会结构和传统的生产、生活计划的极有用信息,这往往是通过象征形式的环节发挥的作用。正是由于这两点,仪式便不再是冗余的社会噪音和单纯表现性质的象征道具。这样的作用机制在原始规范、民俗、宗教礼仪或禁忌当中均有所表现,并且也是这一类规范得以产生的内在动力。

仪式或仪式化的行为,再配合一些禁忌、戒律等,塑造着集体生活的节奏(例如通过周期性仪式所提供的时间框架)。进而集体生活的节奏控制并包容了各种不同的基本生活节奏,而各种事物亦被指定在社会空间的各个位置上。任何概念体系所表达的世界均为经由社会生活和集体形式中介的世界,虽然某一概念体系可能并非在全部主题上均为直接关于社会的叙事(narrative),然而唯有社会才能提供有关这个世界的最一般的观念,甚至包括那些有关自然的叙事。就像涂尔干所说的,"倘若宇宙不被意识到,它就不可能存在,而且只有社会才能全面意识到宇宙的存在。"①

二、列维—斯特劳斯论"图腾制度"

图腾现象在原始社会中相当普遍地存在。在有些地方,作为一种高度仪式化的制度,它也是高度编码的信号装置,反映——有时毋宁说是塑造——着所属社会的结构。② 因而它是一个适合我们考察的例子。图腾首先是一种符号体系。据说"原始的关系是两个体系之间的关系:一个体系是以群体差别为基础的体系,另一个体系是以物种差别为基础的体系,而群体的多元性和物种的多元性既直接相关,又彼此对立。"③但所谓的"图腾制度"也指围绕着这种符号的各种态度和规范行为之集合。当然对于不同部族而言,这一集合究竟包含怎样的具体内容则是千差万别,甚至彼此乖违。④

为何图腾制度会选择动物或植物作为其确立社会分支的符码。涂尔干的解释为:氏族的标志其实是随意选取的,但作为记号必须得非常简单、很容易碰到,也很容易指涉,以至于缺乏精致表达手段的初民社会,都能够拥有关于它的知识。所以,人们广泛地选择动、植物作为记号。但这种符号系统背后,在根本上起作用的

---

① [法]涂尔干著,渠东译:《宗教生活的基本形式》,上海人民出版社,1999年,第578页。

② 这一区分(反映与塑造),是采用格尔茨的说法,他认为文化模式作为"模型"(model),有"映现"和"范型"两种基本功能;他称这是"an 'of' sense and a 'for' sense"的差别,参见[美]格尔茨著,纳日碧力戈译:《文化的解释》,上海人民出版社,1999年。

③ [法]列维—斯特劳斯著,渠东译:《图腾制度》,上海人民出版社,2002年,第26页。

④ 《中国大百科全书·宗教卷》称图腾是:"一个民族的标志或图徽",图腾崇拜则是指"以某种图腾命名的氏族,对该图腾的起源和与图腾相关的自然对象的崇拜,以及由此而派生的礼仪、禁忌、制度和习俗等等。"但是对相关的自然对象的崇拜,并非图腾现象中的必然因素。

是社会划分的动力,而动物、植物或一些非生命现象能在图腾体系中具有深受崇拜的地位,并没有什么源于自身的原因,其神圣性仅仅源于它们是社会组织特别是代表其分支的标志。[1]

法国结构主义思潮的代表人物列维—斯特劳斯,实际上是从信息论角度来看待所谓的"图腾制度",将其视为一种特定的命名和分类系统。质言之,其符码特征才是关键:

> 通常称为"图腾的"那种命名和分类系统的运作价值来自它们的形式特性:它们是符码(code),适合于传输那些可转置于其他符码中的信息(messages),亦适于在自己的系统中表达经由其他符码渠道所接受的信息。[2]

从一个社会运作需要一定的信息化来说,首先是存储(或表达)其他渠道所接受的信息,特别是植物学、动物学方面的知识,这种知识对于原始人的生存斗争绝非微不足道;或是从相反的信息传输方向,将"图腾的"编码体系转换为另一层面的仪式等。列氏认为以往很多人类学家错误地将这一信息方式具体化,使其结合

---

[1] 但列维—斯特劳斯认为,新西兰毛利人的民族志有助人们意识到生命本原观念与图腾体系之间并无必然关联,所以涂尔干学派在塔布、图腾与氏族划分之间所试图构建的统合关系似乎不具有普适性。毛利人的宇宙本身即是庞大的"亲属"关系所构成,天与地是大海、海滩、森林、鸟和人——总之一切存在和事物——最早的父母。既然这些自然因素彼此的关系便是祖先与后代的关系,那么这些因素就必然与人类也有这样的关系,但在毛利人那儿,这些祖先并没有分化为各个社会分支的图腾,即对于某个社会分支,神话所涉任何一种自然因素都不能单独起到祖先的作用。就像萨摩亚人的神话一样,毛利人的宇宙是由统一的源头发生的(可解释为一元发生的),而对于典型的图腾制度,对应于不同物种的氏族必然是多元发生的。这有助于澄清起源与体系两种观念之间的混淆,进而可使我们解除对图腾观念与曼纳(Mana)观念的混淆(参见 [法]列维—斯特劳斯:《图腾制度》,第38-41页)。对于图腾的社会团结功能这一涂尔干式的论题,斯特劳斯又称,有关图腾的一系列制度"可以用来加强不同氏族与一般社会之间的凝聚力,而不是氏族成员之间的凝聚力"(《图腾制度》,第46页)。

[2] 参见 [法]列维—斯特劳斯著,李幼蒸译:《野性的思维》,商务印书馆,1987年,第88页。译文据英译 *The Savage Mind*,p75-76.有所改动。

确定的内容,譬如将外婚制视为图腾体系的必然特征,然而实际上这两者并没有必然的联系,作为一种编码方式,图腾制度可以吸收任何一种内容,无论它是博物学的、社会学的,还是神话方面的。

从形式特征的完整性来看,这种系统也绝不是按某种固有特征来规定的自主机制,而相当于为了服务信息转置、传输的目的而从某一形式系统中任意选取的一些程式,也可以说,这些程式的功用就在于保证社会现实中的不同层次的观念可以相互转换。① 所谓"转换"(transformation)常常涉及被看作符号的不同社会领域。但是可加以转换分析的领域,不仅仅是同一社群的不同层次之间,亦完全可以是不同社群的同一层次之间。而且这种转换的结果,不必是集合间的映射,也可能是作为若干区分性维度的不同组合的表现。即同一社群的不同层次之间主要是映射的关系,而不同社群在同一层次之间则是体现组合形态的差异。这一点不难理解,因为不同层次就意味着有不同组别的区分性维度。

列维—斯特劳斯认为,澳洲各社群尽管与其外部世界接触和交流,但总体上是处于独立的发展当中,造成在土著的文化编码中各不同社群的文化处于彼此转换的关系中,这方面表现得可能比世界其他地区更完整、更系统。例如澳洲的阿拉巴纳人和瓦拉门加人均是将其图腾祖先设想成唯一的个体,虽然这个体是半人半兽的表现,却有十足的人性;与此对照,阿兰达人则认为相对于不同的图腾团体有不同的祖先,而他们又不具备完全的人性;而凯梯施人和翁马杰拉人则提供了一个中间型的例子,即他们的祖先在神话中据说是不完全的人性和十足的人形的一种混合物。②

---

① 列维—斯特劳斯所说的转换,并不都是指不同符号层次之间的映射,transformation在结构主义者的用法中往往有专门的涵义。

② [法]列维—斯特劳斯:《野性的思维》,第100页。

同时,单个部落的内部关系亦不能忽略,这种关系是存在于单一社群的不同层次之间。据说"图腾"在其中所起的作用是:

> "图腾"类型的观念和信仰特别值得注意,因为对于建立或接受这些观念和信仰的社会,观念和信仰就构成了信码,这些信码使人们有可能按概念系统的形式来保证属于每一层次的信息的可转换性,甚至是那些彼此除了在表面上都属于一个文化或社会之外别无共同之处的层次……①

所谓不同层次,特别明显的例子就是自然与文化,前者涉及一种与技术或经济秩序有关的层次——人类的策略性活动恰是产生这种秩序的动力;后者主要涉及人们彼此之间的关系及其符号化的表现。可以拿孟金人为例说明这种转换是如何实现的。

根据熟悉该地区季节变化的地理学家指出,本地一年分为对立的两个季节:7个月的旱季,异常干燥;5个月的雨季,大雨如注,致令潮水浸没数十里的滨海平原。雨季的降雨量也是陡升、陡降,其情形适足以让人想起孟金人神话中,巨蛇从水池伸头怒向天空,其后又哄然躺倒。② 于是,对于土著人的生计具有绝对影响的自然环境,便也在图腾的表现中,具有一定程度的优先地位,因为正是地理和气候,及它们对生物平面的影响,提供给土著人的思想最基本的素材,在此则表现为一种特有的矛盾状态:有两个季节,进而是两个性别、两个社群、两级文化等等。

---

① [法]列维—斯特劳斯:《野性的思维》,第104页。
② 按孟金人的神话,万物之始,瓦维拉克姐妹与本族男人交媾,遂致一人有子,一人有孕。二人共赴海边,途中给土地、动物和植物命名。妹妹生产后,她们继续趱程,一日在巨蛇盘踞的水池边歇脚,此巨蛇正是姐妹俩所属杜亚半族的图腾。姐姐之经血不慎污染池水,巨蛇愤怒跃出水面,倾盆大雨酿成水灾,并吞食姐妹和其子。随巨蛇站起,水竟淹没大地;后来随其躺倒,洪水便退去([法]列维—斯特劳斯:《野性的思维》,第105页)。

作为一种可在诸层面之间不断转换的编码方式,图腾也完全可以和许多因素建立联系。如在巫术中特别重要的生命本源观念,氏族的划分,通婚规则,礼仪制度、阶层和职业团体,动植物的分类以外的若干自然界的状况,都可以在图腾的方式中得到编码,但上述的任何一个领域也都可以不必纳入此类编码体系。因而以固定的方式来设想图腾制度,都不免是一种误解;然而当这些联系变得任意时,就连有没有"图腾制度"也都变得可疑了:"图腾制度也是一个人造的统一体,唯有在人类学家的内心中才会有这样的东西,现实中根本没什么特殊的关联。"①

三、西太平洋岛民的例子

"库拉"(kula)制度是另一个很好的例子,可以说明仪式化的行为模式,如何为需要社会协调的其他功能——例如较大范围的贸易——成功地搭建了舞台,其中的核心仪式则是促成社会协调的中介。特罗布里恩及其附近岛屿的居民中流行一种称为"库拉"(kula)的部落间及部落内的整个的贸易制度。② 作为一种制度看待的"库拉",最简单的说,是将两种装饰品相互交换的仪式。从整体上看,它是新几内亚马辛地区众多岛屿上的部族借以相互联系的社会—经济体系。正是藉由库拉,这些部族,他们以独木舟所从事的沿海远航,他们的珍宝奇物、日用杂品、食物宴庆、有关仪式等被纳入一个循环之中,而这个循环在时间和空间上是有规则地运作的。

库拉涉及的基本礼物是 vaygu'a③,又可分为两类:一类是

---

① [法]列维—斯特劳斯:《图腾制度》,第 14 页。
② 参见[英]马凌诺斯基著,梁永佳等译:《西太平洋的航海者》,华夏出版社,2002 年,第 77-92 页。
③ 法国学者马塞尔·莫斯认为它是一种货币。

mwali,是把圆锥形的大贝壳上部和狭窄的尾端部分砸开,再磨光而制成的精美臂镯,在重大场合由它的所有者或是其亲属佩带;另一类叫做 soulava,是由能工巧匠用漂亮的红色脊状贝壳雕刻成的项圈,主要由妇女佩带,男人只在特殊情况下,如弥留之际方可佩带。作为库拉仪式的主要交换物品,它们并非日常的装饰,而且仅在盛大的节日,如举行跨村的大型庆典时,它们才会与精心缝制的舞蹈服一起使用。但是作为一种积蓄,人们都乐意拥有;作为一种精美的艺术品,其拥有者每每爱不释手。

关于"库拉"的制度涵义,马凌诺斯基称:

> 库拉不是一种偷偷摸摸的、不稳定的交换形式,相反,它有神话的背景,有传统法规的支持,有巫术仪式的伴随。所有库拉交易都是公开的、伴有仪式的,并根据一定的规则进行。它不是心血来潮,而是事先定好的经常性活动。它有指定的路线把人们带到约定的地方。从社会学的层面看,虽然交易在语言、文化甚至种族都不同的部落间进行,但却基于固定和永久的身份,把数千土著人组合成伙伴关系……至于交易的经济机制,则表现为一种特殊的信用形式,意味着高度的相互信赖和商业声誉;而这不只限于库拉的主要方面,还包括伴随库拉的附属贸易。最后,库拉交易不是压力的产物,因为它交换的是没有实际用途的物品。[1]

臂镯和项圈的交换构成库拉的主要内容,但这种交换遵循严格的规则,如从事交换的社会单位须是彼此为伙伴的那些人。每个人拥有的伙伴数量往往随其等级而变化,但这种伙伴关系一经

---

[1] [英]马凌诺斯基:《西太平洋的航海者》,第80页。

第八章 规范演进动力机制的若干方面

确立便终身不断,也就是说,"一旦库拉,总是库拉"。① 在特罗布里恩德,普通人只在附近有几个伙伴,且大多是其姻亲和朋友;而酋长却可以有几百个伙伴,因为普通人一般都要与一、两个本区或邻区的部落酋长"库拉"②,而且他如果得到新的 vaygu'a,其中最好的要献给酋长。围绕库拉的伙伴关系,使得彼此结为交换和服务关系,如某人有海外的伙伴,则他即是该人在危险土地上的接待人、守护者和盟友。因为一切实质的危害也都被看作基于巫术的某种作用,所以这种安全保障主要是从巫术方面着手的。

两种饰品的交换是按一定的方向循环运动、生生不息:mwali 即臂镯总是有规律地从东向西流动,而 soulava 即项圈则是从西向东流动。对具体个人来说,便是按照我与伙伴的相对地理位置来决定交易的方向:如伙伴的住处是在东面或北面,则我给他的总是臂镯,而他给我的则总是项圈。以后若他搬迁往另一个村子且相对位置发生了改变,则我们的关系就要颠倒。

另外,此二种饰品的流通是持续不断、理所当然的。其暂时的保有者不应行动迟缓,更不应冥顽到不想出手。基于库拉物品的这种所有形式,马凌诺斯基将其归类为"仪典性财物"(ceremonial objects of wealth)。若是作一个比附,其性质相当于"锦标、奖品、运动奖杯等获胜者(个人或团体)暂时拥有的物件"。③ 虽然伙伴是唯一可与之库拉的人,但在众多的伙伴中,他仍可自由选择给谁什么东西以及何时给。所以,在库拉交易中,同样存在着因优胜而备感光荣的因素,得到稀罕物总是让人兴奋不已。

库拉的核心是围绕特定的仪典性用品即 vaygu'a 的赠予及回

---

① [英]马凌诺斯基:《西太平洋的航海者》,第77页。
② 该词也可当动词用。
③ [英]马凌诺斯基:《西太平洋的航海者》,第86页。

赠,其间会隔一段时间,从几分钟到几小时甚至一年以上不等。表面上看,等价与否由回赠者决定,赠礼者不能强制和争辩,也不能取消赠予。库拉的核心即 vaygu'a 的交换,有仪典的性质,并处处涉及巫术。这些居住在西太平洋星罗棋布的岛屿上的人们,为了库拉往往需要出航。即便是只有一条独木舟参与的库拉旅行,都要求相关的土著遵守很多禁忌,更遑论那些大型的海外远航。

作为整个制度来看的"库拉",存在着 vaygu'a 交换之外的附属贸易,马凌诺斯基认为,如果从外部审视库拉制度,而不是依照土著人自己的观念来解释其价值,"我们会发现贸易和独木舟才是真正的成就,而库拉只是推动土著人航行和交易的间接刺激而已。"[1]这和土著人的主观意识正好相反,他们认为其中的赠礼是主要的,而建造独木舟和普通贸易则是次要的。那种讨价还价和斤斤计较的即时交换,由另一个词 gimwali 来称呼,地点通常是在部落间进行库拉聚会的大型原始集市,或在部落内库拉的小市场上。质言之,存在着两种规模的贸易:

> 库拉贸易首先包括库拉社区或几个邻近社区的内部交易;其次则是大规模的远航,同海外社区进行交易。在前一类的交易中,货物像涓涓细流一样不断在一个村的内部流动,或从一个村流往另一个村。至于第二类交易,则是一整批的贵重货物(每次都超过 1,000 件)在一次大的交易中,或更加准确地说,在同时进行的众多交易中易手。[2]

库拉交换的核心部分,是两种看来并没有实际用途的饰品,但正是这种交换促进了岛屿之间的航海事业,把数千土著人组合成

---

[1] [英]马凌诺斯基:《西太平洋的航海者》,第 90 页。
[2] [英]马凌诺斯基:《西太平洋的航海者》,第 91 页。

第八章 规范演进动力机制的若干方面

伙伴关系,建立了彼此间的信用,总之促成了高度的社会协调形式,为真正的贸易铺平了道路。

其实,在很多原始社会的制度安排中,还存在所谓的"契约性的赠礼制度",即一种特定的交换(exchange)与契约(contract)关系,它是以礼物的形式达成,表面上似乎是自愿和无偿的,但实质上送礼和回礼都是义务性的,且背后是基于利益考虑。与库拉不同,其交换的物品多是有直接经济价值的。这种制度正是法国社会学家马塞尔·莫斯(Marcel Mauss)《礼物》一书的研究主题,即在这些社会中,"是什么样的权利与利益规则,导致接受了馈赠就有义务回报?礼物中究竟有什么力量使得受赠者必须回礼?"[①]这些正是莫斯长期以来对契约的古代形式的研究所考虑的问题。

据莫斯的看法,在那些原始文化中,存在着一种主要以集体为交换单位,交换或交流的范围不限于物质财富,而涉及礼仪行为的诸多方面,呈献与回献亦被视为严格义务的交换制度。他说:

> 在落后于我们社会的经济和法律中,人们从未发现个体之间经由市场达成的物资、财富和产品的简单交换。首先,不是个体、而是集体之间互设义务、互相交换和互订契约;呈现在契约中的人是道德的人(personne morale),即氏族、部落或家庭,它们之所以会成为相对的双方,或者是由于它们是同一块地面上的群体,或者是经由各自的首领作为中介,抑或是二者兼而有之。其次,它们所交换的,并不仅限于物资和财富、动产和不动产等等在经济上有用的东西。它们首先要交流的是礼节、宴会、仪式、军事、妇女、儿童、舞蹈、节日和集市,其中

---

① [法]马塞尔·莫斯(Marcel Mauss)著,汲喆译:《礼物》,上海人民出版社,2002年,第4页。

市场只是种种交换的时机之一,市场上的财富的流通不过是远为广泛、远为长久的契约中的一项而已。第三,尽管这些呈献与回献(contre-prestation)根本就是一种严格的义务,甚至极易引发私下或公开的冲突,但是,它们却往往透过馈赠礼物这样自愿的形式完成。①

上述制度,他称之为"总体呈献体系",我们亦可以说它是契约性赠礼制度,莫斯又就特林基特和海达等部落尤为发达的形式,引用当地的称谓叫作"夸富宴"(potlatch)。② 在这些夸富宴中享用和交换的物品,并非像库拉中的两种仪典性物品一样毫无实际价值。它的功能可能和一种原始的保险制度有关。这一点,我们将在下一节里予以明确,但这也离不开仪式所提供的社会化平台。总之,仪式化的制度,可视为整合行为或重申价值的装置。

象征仪式的外化表现,具有传递制度信息和广泛社会动员的效果,所以它的效用是隐藏的。而且在信息传播手段落后的时期,利用一定的象征性是常见的情形,直到更有效率的方式被采纳。但是所谓更有效率也是在解决了采用新的传播途径的技术问题,或者克服了某种潜在的制度成本或交易成本制约之后才涌现的特征。

第二节 生存博弈与社会协调

在一定的规则与环境的参数下,人际的相互作用,包含很多策略性的选择。而形式地刻画这些选择的策略与其后果之关系的数学工具就是博弈论(game theory)。本节就尝试借助一些博弈论

---

① [法]马塞尔·莫斯:《礼物》,第7页。
② 这是北美钦诺克人(Chinook)的词汇,本义是供养。

第八章 规范演进动力机制的若干方面

的工具,来研究人际相互作用的策略选择如何影响了规范的创生与演化。

一、博弈论的一些术语

先介绍一下博弈论的一些基本术语。一个博弈(game)被定义为:针对某种特定情况的一系列规则,界定了其中的参与者可供选择的行为,以及特定行为的相应得益。在上述定义中,博弈参与者可供选择的行为或策略之总和,称为参与者的策略集合。参与者的得益,是由他自己选择的策略和其他参与者的策略共同决定的。博弈的参与者能否相互交流和订立有约束力的契约,由博弈的规则决定。如果这些是可能的,那么相应的博弈就被称为合作博弈。

参与者 i 的策略集合记为 S_i,如果博弈有 n 个参与者,而且从每一个 S_i 里选择一个策略,就有一个策略 n 维数组,记作 $s=(s_1, s_2,\cdots,s_n)$, $s_i \in S_i, i=1,2,\cdots,n$。所有这样的策略 n 维数组的集合,称为策略的博弈空间。在参与者所选择的策略 n 维数组的基础上,可以分配给每一个参与者相应的得益函数。亦即,得益函数向每一个策略 n 维数组分配一个得益向量$(\Pi_1(s),\cdots,\Pi_n(s))$, $\Pi_i(s)$表示当一个策略 n 维数组 s 被选择后,参与者 i 的得益。这样可以用一个三元数组$(N;S;\Pi)$来表示一个抽象的博弈,其中 N 表示博弈的参与者集合,S 表示策略空间,Π 表示得益函数。如果在一个$(N;S;\Pi)$中,参与者都有一个占优策略,那么就有一个占优策略均衡。但时常也会出现一个更一般的概念,称为非合作或纳什均衡。即如果给定某个策略 n 维数组,所有的参与者都没有激励去偏离以选择其他策略,那么就可以说该策略 n 维数组是纳什均衡。[1]

---

[1] 以上概述参见[美]安德鲁·肖特:《社会制度的经济理论》,第22-27页。

二、四种重要的博弈与社会制度

安德鲁·肖特在《社会制度的经济理论》一书中,提到可能导致社会制度创生的基本博弈情境有四种:

(1)协调博弈;

(2)囚徒困境博弈;

(3)保持不平等博弈;

(4)合作博弈。[①]

如果按照博弈所给出的得益空间,在任何均衡点,不仅在给定其他参与者行为的条件下,没有人有激励改变自身的行为,而且也不希望其他参与者改变其行为,这便是一个协调博弈的情境。以下收益矩阵,可示例协调博弈的情况。

		B	
		1	2
A	1	(6,4)	(0,0)
	2	(0,0)	(3,7)

矩阵 1

图 8-1 协调博弈收益矩阵

以上矩阵表示,给定两个参与者 A、B,各有策略 1、2,及相应的得益向量。显然 2 维策略数组(1,1),或者策略数组(2,2),都是这样的均衡解,以上矩阵画线处是均衡点的得益,如(6,4)分别代表 A、B 的收益。在这种博弈中,每一个参与者的基本考虑都是想和他的对手取得"协调",因为协调行动的结果总是要好于其他选

---

① 参见[美]安德鲁·肖特:《社会制度的经济理论》第二章"自然状态理论和制度的创生",肖特还提到前三个问题所有的制度创生意义,已在艾德纳·乌尔曼—马加利(Edna Ullman-Magalit)的《规范的产生》中得到了研究。

第八章　规范演进动力机制的若干方面

择。虽然在全局来看,每个参与者的最佳选择不同,但在均衡点上,即使某个参与者并未处于他的最佳选择,他也不想偏离,因为要求对手放弃他的最佳策略并不现实。①

星期制度的确立,应该是农业社会里的农夫相互协调的结果。它的功能是将时间进行周期性的划分,包括确立集市交易等。假设一个社区由 n 个农夫组成,一般来说,除非 n 个农夫在同一天到达集市,每个农夫不可能达到去集市的最大收益。换句话说,如果有一个周期模式可以帮助人们确立交易日之间的天数,而且作为行为规则或重复的模式被普遍地遵循,那么这样的社会惯例对所有人都是有好处的。一旦确立,这样的惯例就会像滚雪球一样扩散。② 我相信,作为一种纯交换媒介得以演化的货币制度,民俗中的很多周期性仪式,都适用这样的解释。协调博弈的情境,可能渗透在许多社会规范之中,成为其得以建构的一个内含的环节。

囚徒困境博弈是指,"在这个博弈中对于任何一个非合作均衡,都至少有一个与某个非均衡的纯策略 n 维数组相对应的得益向量帕累托优于它。"③所谓的帕累托最优(Pareto Optimality)原则,可以这样表述:一个分配 X 是具有帕累托最优的,如果不可能有另外一个分配 Y,在 Y 中所有人得到的至少与 X 中一样多,而其中至少一个人比在 X 中得到要多一些。在以下矩阵所示例的囚徒困境博弈中,不难看到,虽然参与者没有激励去偏离纳什均衡点,但却希望对手选择策略 1,因为这会提高他自己的得益。这和协调问题处境下的态度截然相反。而且如下所示,囚徒困境博弈的均衡点,显然是非效率的。

---

① 参见 [美]安德鲁·肖特:《社会制度的经济理论》,第 34—36 页。
② [美]安德鲁·肖特:《社会制度的经济理论》,第 45—57 页。
③ [美]安德鲁·肖特:《社会制度的经济理论》,第 36 页。

　　　　　　　　　A
　　　　　　1　　　　　2
　　B　1　(6,6)　　(2,8)
　　　　2　(8,2)　　(3,3)
　　　　　　　矩阵2

图 8-2　囚徒困境博弈矩阵

所谓保持不平等问题,可能基于这样一种博弈,当参与者策略选择相同时,他们的得益都很低,不如他们选择不同的策略。假设有两个牧人 X 和 Y,以及两个牧场,策略 1 代表去第一个牧场,策略 2 代表去第二个牧场,并且牧场一比牧场二有更好的放牧条件是共同知识。但如果 X 和 Y 同时去牧场一放牧,过度放牧对于双方都是不利的,大致就有如下的得益矩阵:

　　　　　　　　　B
　　　　　　1　　　　　2
　　A　1　(2,2)　　(6,4)
　　　　2　(4,6)　　(1,1)
　　　　　　　矩阵3

图 8-3　保持不平等博弈矩阵

显然,如果存在一种产权制度,规定 X 和 Y 分别应该在哪一块草场放牧,这对大家都是有利的。很可能所有行动者都宁愿要产权维系下的均衡,而不愿接受产权破坏时的无序状态或严重冲突。但是根据协调博弈的定义,不难看出它实际上就是协调制度的一个子类别。只不过对它来说,保持差异是更好的选择。维护产权有很多好处,例如对于一个霍布斯式的世界来说,这多半是合乎帕累托最优的选择。不过嫉妒可能会毁了这一切。

第八章 规范演进动力机制的若干方面

肖特认为,国家就是在一个合作博弈的环境下滋生的。在合作博弈里,参与者可以相互交流并达成有约束力契约之结果,不过这只是被隐性地同意或遵循的。他的模型和基本思路与哲学家诺齐克所论若合符契。

诺齐克(Robert Nozick)在他的《无政府、国家与乌托邦》(Anarchy, State and Utopia)一书中提出了一种极端自由主义的理论,试图为一种最低限度的、即号称"守夜人式的"政府提供基础。诺齐克认为,在自然状态中,每一个体只有藉着自身力量维护其权利,故而有种种不便。[①] 如为防止不受侵犯,或要在自身权利受侵犯之后对侵犯者予以惩罚,而不得不消耗掉大量的时间与精力,以致严重妨碍其他的事业;甚至当一个人遭遇比他强的敌手,无力自卫或无力在侵害之后索取赔偿等。于是有人试图出来组织一些保护权利的机构:"一些人将被雇佣来承担保护性工作,一些发起人将做出卖保护性服务的生意。各种各样的保护将以各种价格被提供,以备那些希望更广泛和更严密的保护的人们之需。"[②]这样,一个人就可以把探查、了解和裁判罪行,寻求惩罚和赔偿的职能授权给一个私人保护机构,而省下充裕的时间去做其他有意义的事情,这样的做法从经济学上看很有效益。而此类保护性机构,一旦试

---

① 诺齐克理论的出发点正是洛克的自然状态(state of nature)。洛克认为,在一种完善的自然状态中的个人,拥有充分的自由,即在自然法(natural law)的界限内,可按照其认为合适的办法,决定他们的行动和处理他们的财产和人身,而无须得到任何人的许可或听命于任何人。不过自然法的要求,却也是非常贫乏或单纯的,仅限于任何人都不应侵犯另一个人的生命、健康、自由或财产等。参见[英]洛克著,叶启芳等译:《政府论下篇:论政府的真正起源、范围与目的》,商务印书馆,1964年,第4节、第6节等。但自然法的诉求,并非理论的预设起点,不如说是其合理性尚有待探讨的伦理价值。从霍布斯式的自然状态出发,也许更契合实际。

② [美]诺齐克著,何怀宏等译:《无政府、国家与乌托邦》,中国社会科学出版社,1991年,第21页。

图对特定地域内的暴力运用施以垄断,便有了国家的雏形。①

在一个大的保护性联盟笼罩下,形成一个关于产权系统的(可能是隐性的)协议,相当于在合作博弈中给予每个参与者一个分配。在形成这样的保护性联盟时,每个参与者都同意不去危害他人的生命和财产安全。国家(实质上就是一个超级的保护性组织)的好处数不胜数。诸如没有直接投资于冲突或防卫的成本。生命的安全有了保障,不必整天提心吊胆。不管基本的分配是平均主义的,还是拥有某些不平等的状态,维护一个产权系统的前提是它应该帕累托优于没有稳定产权机制而陷于极度混乱的形势。这类似于保持不平等博弈,个人在冲突中的损失或者个人投资于保护时的资源耗散,是造成这样的策略得益极低的关键。无疑,一个像国家这样的保护性组织具有规模效应,可以大大降低保护事业的成本。

古罗马帝国崩溃以后,中世纪的西欧一度曾是保护性组织层出不穷的时期,这是当时中央集权体制缺乏的必然后果。各个层级的封建领主(各国王室、神圣罗马帝国、封建贵族等)、城市公社、意大利的商人共和国、汉撒同盟、佛兰德羊毛协会,都曾是这样的保护性组织。直到后来才出现了英格兰和法国这样的民族主权国家。这就像各类保护性组织彼此竞胜的实验场,最后获胜者是在一定疆域内对暴力加以垄断,并提供了其他各种制度的平台——国家。

三、罗尔斯的最大最小值原理

历史上的国家基本上都不是像诺齐克所期待的那样是守夜人式的国家,而是就"分配正义"之理念提出了一整套完整的方案。

---

① [美]诺齐克:《无政府、国家与乌托邦》,第23-26页。

第八章 规范演进动力机制的若干方面

但早期的罗尔斯(也就是那个更令人关注的罗尔斯)在其推导正义原则的理论体系中,所运用的"无知之幕"假设和最大最小值原理,蕴藏着一些与博弈论极为相似的思考方法。罗尔斯的《正义论》,与任何其他社会契约论者一样,逻辑起点都是假设的自然状态(the State of Nature),但罗尔斯称之为原始状态(The Original Position),它是抽象出来的一系列必要条件的集合,是对现实社会状况的某种折射;是罗尔斯推导其正义论的起点,也是罗尔斯假设其他人会据以推导相似的正义原则的相同起点,至少人们会下意识地这样做。[①] 原始状态的特征,包括客观与主观两方面,它们综合起来构成产生"正义"的社会安排和制度框架的背景条件。

原始状态首先在客观上标明合作是必需的。[②] 主观的条件又分为动机与认知两方面。就动机而言,假定各方是相互冷淡和缺乏利他动机的,比假定他们或者某一方具有圣徒般的牺牲精神,要更为合适。质言之,正义的状态,即某种社会契约的订立,完全是针对立约者的自利动机。因为如果所有人都是圣徒,利益冲突便不存在,契约的订立也成了不必要的。

主观的认知条件包括:认知的状态与认知的能力。按前者来说,最重要的背景就是所有的立约者都被一层无知之幕(veil of ignorance)所笼罩,这决定了认知状态和随后而来的选择。罗尔

[①] 在所谓的"反思平衡"的概念下,提出自然状态作为推论的基点,是契接西方的自然法理论的传统,并将其进一步深入的结果。尤其是,罗尔斯将自身定位于过去两个世纪以来的两种主要自由主义理论:康德主义和功利主义,参见[美]罗伯特·古丁等著,钟开斌等译:《政治科学新手册》,三联书店,2006年,第 765 页等。

[②] 有关正义环境的论述,参见[美]罗尔斯著,何怀宏等译:《正义论》第 22 节"正义的环境",中国社会科学出版社,1988年,第 126 页-129 页;以及罗尔斯所继承的休谟观点,见于[英]休谟著,关文运译:《人性论》,商务印书馆,1980年,第 3 卷第 2 部分第 2 节。

斯是这样描述的：

> 我们假定各方不知道某些特殊事实。首先，没有人知道他在社会中的地位，他的阶级出身，他也不知道他的天生资质和自然能力的程度，不知道他的理智和力量等情形。其次，也没有人知道他的善的观念，他的合理生活计划的特殊性，甚至不知道他的心理特征：像讨厌冒险、乐观或悲观的气质。再次，我假定各方不知道这一社会的经济或政治状况，或者它能达到的文明或文化水平。处在原初状态中的人们也没有任何有关他们属于什么世代的信息。[1]

按照罗尔斯这个思想实验中的程序构想，立约各方不知道那些有利于他们作出特殊选择的特殊情况，但是要假定他们知道所有影响正义原则的选择的一般情况，并确认他们的社会受着正义环境的制约。即"他们知道有关人类社会的一般事实，他们理解政治事务和经济理论原则，知道社会组织的基础和人的心理学法则。"[2]对于罗尔斯，设想"无知之幕"的主旨是，假定没有人在原初境况中可以占到任何便宜，由此推导出的原则便可以适合于任何人。

而在主观的认知能力方面，罗尔斯说，"我始终假定处在原始状态中的人们是有理性的，在选择原则时他们每个人都试图尽可能好地推进他的利益。"[3]通常，一个有理性的人具有思考上一贯的倾向，他根据可选择的对象如何促进他的目的的情况来排列它

---

[1] [美]罗尔斯：《正义论》，第136页。
[2] [美]罗尔斯：《正义论》，第137页。
[3] [美]罗尔斯：《正义论》，第141页。这个理性的概念颇不同于康德的"实践理性"，而是接近于为现代经济学所看重的经济理性（economic rationality）的概念，在某些作者那里也被称为工具理性（instrumental rationality），又相当于韦伯的目的理性（purposive rationality）概念。

第八章 规范演进动力机制的若干方面

们,遵循那个将满足他较多的欲望,并具有较大成功机会的计划。①

"无知之幕"只是在反思中成立的具有普遍意义的境况,罗尔斯据此演绎出他的两个"正义"原则,最大平等自由原则(the greatest equal liberty principle)和差异原则(the difference principle):

  1. 每个人均有权利拥有最高度的自由,且大家拥有的自由在程度上是相等的。一个人所拥有的自由要与他人拥有同样的自由能够相容。

  2. 社会与经济上的不平等将按以下原则来安排:使得它们将被合理地期望是对每个人都有利的;它们是伴随着职位与工作而来的,而这些职位与工作是对所有人开放的。②

第一个原则要求那些确定公民基本自由的规范平等地适用于每一个人。落实在制度层面上,主要是指一些政治上的权利,如投票权和被选举权、集会结社的自由、言论及思想自由等。这个原则相较第二个原则,处在优先的位置。

第二个原则包含两个部分,第一个部分是指机会均等(fair equality of opportunity)的原则,第二个部分涉及有关经济和社会方面的基本权利以外的分配问题,旨在处理物质资源和社会地位上的不平等。但在第二个原则的表述中,"对每个人都有利的",与"对所有人都是平等地开放的"。各有两种独立的自然涵义。假定第一原则拥有一致的涵义③,总体上这两个原则就有了四种解释。

---

① 参见[美]罗尔斯:《正义论》,第141-149页。
② 译文参照石元康:《当代西方自由主义理论》,上海三联书店,2000年,第183页。
③ 罗尔斯曾提到,"有关平等的自由的第一个原则是被满足的,经济大致是一种自由的市场经济,虽然生产资料可能是、也可能不是私人所有"(《正义论》,第66页)。

罗尔斯将这些列成一个表格：[1]

表 8-1　效率原则和差异原则的四种解释

对所有人平等地开放	对每个人都有利	
	效率原则	差异原则
平等指工作职位对有能力的人开放	自然的自由体制	自然的贵族体制
平等乃指机会的均等	自由的平等	民主的平等

即有四种关于第二个原则、进而是关于整个正义原则的解释。上表中的效率原则是指转用于社会基本结构的帕累托最优原则。但是对帕累托效率的解释，与人们通常关于正义的直觉有相当大的差距。

上述差异原则(difference principle)却是一种带有强烈平均主义色彩的观念：除非有一种改善所有人的状况的分配，否则平均的分配就更可取；社会结构并不确立和保障那些状况较好者的较好前景，除非这样做也能改善状况较不好者的境遇。[2]

在自然的自由体系中：效率原则受到某些背景制度(background institution)的约束。它要求一种形式上的机会平等：各种地位是向所有能够和愿意去努力争取它们的人开放。虽然所有人对此都具有同样的合法权利，但是它没有作出努力来保证平等的或相近的社会条件。资源的分配便总是受到来自自然和社会两方面的偶然因素的强烈影响。罗尔斯认为，允许分配的份额受到这些从道德观点来看显得非常任性专横的因素影响，恰是这种自然的自由体系的最明显不正义之处。而罗尔斯所谓的"自由的平等"，则对机会公平的原则予以进一步的完善：各种地位不仅要在

---

[1] 参见［美］罗尔斯：《正义论》，第 65 页。为了便于阅读和理解，特对表格的形式稍作技术性调整。

[2] ［美］罗尔斯：《正义论》，第 75-81 页。

第八章 规范演进动力机制的若干方面

一种形式的意义上开放,且应尽量保障达到此一机会平等所需的社会条件。其中很明显的一个就是受教育机会。[①]

而按照自然的贵族制的观念,除了形式上的机会平等,不作任何的努力去调节社会的偶然因素;但是具有较高自然禀赋的人们的较好的受益境况,只有在下述情况下才被看作是正义的:假如对于处在上层的人给得较少,则那些处在下层的人得到的东西也会减少。[②]

实际上,在四种解释当中,罗尔斯所倾向的是"民主的平等"。它是要尽量地将自然和社会环境所造就的不平等消减到最低程度。按照"民主的平等"的解释,社会和经济的不平等应以如下方式安排,即使得它们:适合于最少受惠者的最大利益;在机会公平平等的条件下,职务和地位向所有人开放。

由于无知之幕,我们无法达到确定的结果预期,所以要设计某种社会系统,以便无论获得什么结果它都是正义的(至少在某一范围内)。设想我们是原初状态中的立约者,在那样的情况下,我们到底会怎样选择正义的原则呢?显然,罗尔斯的结论是,立约者会从各种公正方案中挑出他所提供的两个原则及其解释,作为社会基本结构的组织原则。

其实,可以把两个原则都理解为获得包括自由在内的社会基本善或基本有用物品(primary goods)的最大最小值解法。最大最小值原理(maximin rule)是指,倘若面临一系列的选择,须按每一个选择可能产生的最坏结果来排序,然后将采纳这样一个选择,它的最坏结果优于其他任何选择的最坏结果。这显然是一种保险的策略。

而按照罗尔斯的说法,"原初状态"这个概念,把最大最小原理

[①] [美]罗尔斯:《正义论》,第66页等。
[②] 请注意第一个原则等构成背景制度的约束,这里所言贵族制并非指历史上的任何等级制,对后者来说,社会流动是僵化或被阻止的。

所面对的不确定性条件刻画得非常充分。处在此一状态中的各方,为了保护自己免受各种各样偶然因素的侵害,而导致最坏的结果,他们就要选择两个正义原则。譬如,人们之所以选择平等的最高度自由及权利,也是因为害怕倘若不这样选择,那么在自己离开原初状态,回到具体的现实境况时,有可能遭遇更不利的结果。由于无知之幕,使得大家都不敢冒风险。

而这个原理同样适用于说明为什么某些经济和社会地位上的不平等可以被大家接受。这是指差别原则。甚至可以将这一类不平等视为一种投资。譬如,允许才能较高者得到较多一点的物质资源与机会,则这种倾斜可视为足以引发那些才能较高者去发挥自身潜力的一种诱因,当然前提是这种不平等能给才能较低者也带来好处,至少不使他的处境变坏。

罗尔斯为什么要设定"无知之幕"这一程序呢?这是基于社会保障的基本制度功能的考量。我相信,对于罗尔斯关于"无知之幕"的思想实验稍微加以改进,而能够得到的最合理的解释是:无知之幕所指的与其说是各种具体知识的匮乏,不如说是针对各种具体处境的确定性知识的匮乏。不确定性条件下的选择(choice under uncertainty),最明智的就是采纳最大最小值原理。至少在罗尔斯看来,在社会基本结构层面上,这个原理引导我们作的选择,就是差异原则所认可的。有时候选择效益原则,虽然有可能得到更大的利益,但也可能遭受更悲惨之后果。

假如立约各方了解自己特殊的生活计划、了解他的能力、禀赋、所处社会阶层、价值观等,乃至了解其所处社会的经济或政治状况,各种相关的特殊事实等,那么他便可以通过理性的算计来提出一套对自己有利的规则(如同一个谈判专家),然而一旦把这些剥夺掉,便使他无法这样去算计。作为立约者,他必须将自己可能

第八章 规范演进动力机制的若干方面

置身的位置作一种全盘的考量。他现在占据这一点,也许下一步却置身于某个更有利或者更不利的位置。由于职位变迁、社会流动、社会变革、突发事件等各种因素的影响,而导致他的各种特殊境况的变化,尤其在现代社会中,本来就是稀松平常的事情。这样的权衡会影响其策略的走向。①

一个人如果智商甚高,也许他会提出一套按照智商高低所致结果来分配利益之方案。而在体力上颇有优势者,当然倾向于体力竞胜之方案。但是智商可能因为精神刺激、酒精中毒或者意外事故而受到致命的损害,体力也可能因为年龄增长、过度劳累或者病魔侵袭而趋于衰竭,这时按照原本所提的方案,他便处在极其不利的位置上,这种不利与有利之间的转化,是必然而经常地发生的。所以,理性的选择可能是将这些特殊的事实暂时摒除,以便站在一个更加抽象和宽泛的立场来考虑所谓"分配的正义"。人们从他的特殊情况可能占到的便宜,并不能作为理性考量的出发点。"无知之幕"这个思想程序的功效,在此可见一斑。

强弱态势会随其年龄增长、狡诈计谋的实施、与朋友结盟等因素而变化,任何人几乎都没有可能永远处在不败之地。各类事实的变动不居,会让人们在有意、无意地选择制度时更加谨慎从事。所以选择一些抽象正义的制度,就像购买了几份保险一样,自有它的道理。当然这是一种保守的倾向。

罗尔斯的正义理论,被广泛认为是契接自由主义的传统,但随之产生的疑问是:基于抽象的自然权利的宪政思想建构的国家,能

---

① 宾默尔认为"无知之幕"并不需要那么厚,参见[英]宾默尔(K. Binmore)著,王小卫等译:《博弈论与社会契约》第一卷《公平博弈》,上海财经大学出版社,2003年,第379-411页。其实只要假设每个人都会从他所了解的社会事实出发,对"现实—可能"作通盘考虑,就可以把握这个概念的精华。

否在关于美好生活的价值判断的不同传统之间保持中立。① 自由主义是否是一种纯粹程序性的和道德中立的装置。对社群、文化传统的关注,或许将引导人们在更广泛的实际历史背景中思考自由主义论题的制度涵义。② 可以肯定,作为事实来看,自由主义是西方文明的独特产物,它成为某种宪政运动的内在要求,需要一系列历史机缘和制度安排的有效的配合;它的一些合理因素,在当今时代,要想在不同的文化传统中嵌入和扎根,同样需要整体性的制度安排。③

---

① 参见[美]罗伯特·古丁等:《政治科学新手册》,第 725 页。
② 罗尔斯等自由主义观点,遭到了社群主义的挑战。随着 1982 年《自由主义与正义的局限》的出版,桑德尔(M. Sandel)掀起了当代社群主义政治理论的思潮。该派主张不是要根本摒弃正义、权利和自由等政治价值,而是强调这些价值所植根的社会、文化背景不可忽略。桑德尔认为罗尔斯的正义论错误地假定了一个优先于社会关系的抽象的道德自我,由此出发仅能以最形式化的方式来管理陌生人之间的公共关系。所以他提出正义必须由其具体的社群联系和社群义务来补充。麦金太尔则从实践的历史角度对抽象的自由主义提出批评。在现代的自由主义模式下,道德主体是商品化的原子,支离破碎,它要对现代性的弊端负责。它忽略了完整的德性实践,而后者得在社群中才能得以生动而具体。参见[英]麦金太尔著,龚群等译:《德性之后》,中国人民大学出版社,1995 年,第 17、18 章;[英]麦金太尔著,万俊人译:《谁之正义? 何种合理性?》,当代中国出版社,1996 年,第 15、16、17 章等。有关社群主义的观点另可参见[美]丹尼尔·贝尔:《社群主义及其批评者》,三联书店,2002 年,第 1 章。我们认为,假设理性自主的个体,是某些核心的伦理、政治制度和宪政规范建构的一个基点,在这一点上罗尔斯式的方向,有其合理性,未可轻忽;但自由主义是西方历史的产物,在其忽略了社群的联系、文化相对主义和德性实践的深厚传统方面,社群主义的批评是对的。
③ 罗尔斯在其后来的著作《政治自由主义》(万俊人译,译林出版社,2000 年),对社群主义的批评作出了回应,并试图在自由主义的框架内容纳文化上的相对主义。但是在如何对待割礼,或者是否要给予魁北克印第安人自治权的问题上,由其理论框架无法引申出令人信服的结论。而我们知道本土的美洲人,若以其所看重的传统方式治理,便与普选权、代议制等当代民主宪政的精华不能一致(参见[加]查尔斯·泰勒著,董之林等译:"承认的政治",韩少功等主编:《是明灯还是幻象》,云南人民出版社,2003 年,第 45 - 66 页)。即使我们在关于什么是好的生活目标方面,区分程序性(procedural)的承诺与实质性(substantive)的承诺(韩少功等主编:《是明灯还是幻象》,第 58 页),是否就能解决这样的难题,也是个疑问。

四、一些制度安排与伦理观念的博弈论观察

选择具有社会保障功能的制度,这在历史上曾经存在的各类现象中屡见不鲜。例如波斯纳(Posner, R.)就认为,原始社会的交换的基础不是生产的专业化分工,其实它的主要功能是提供社会所必需的防止挨饿的保险。[①] 在这样的社会中,极度落后的度量与通讯技术、缺乏文字记录等因素,都限制了制度的可选择性。其带有原始契约性质的社会规范,主要限于外婚制家庭、亲属或部族成员之间的交换、赠送礼品等。在这样的社会里,每年的产出刚够维持生存,然而自然条件的波动可能带来每家每年所生产食品的波动。原始的技术不能贮存丰年略有多余的产品以供给荒年,也不能用征税和发救济金来调节。但是剩余产品的分享、礼物的赠送、互惠的交易、给予赠与者的社会声望等(以上就是莫斯所说的"契约性赠礼制度"),乃至婚姻和亲戚义务、确认氏族团体的习俗,根本上都涉及共享和交换之类原始的保险功能。[②] 就是我们常说的"守望相助"的意思。

另一个例子是三圃制。中世纪和更长时期内,三圃制曾流行于西欧。直到 18 世纪圈地运动之前,它一直是英国农村基本的土地制度。在它的后期,仅就狭义的开垦土地而言,它是低效率的。在适用此制的地区,家庭所拥有的土地,常常被分割为零散的条状。但分散化经营可能不是为了追逐更高的效率,而主要是解决风险问题。质言之,"土地分成小块就确保农民不会承担庄稼全面歉收的风险……农民耕种不同类型的土地,并种植不同的作物就可使其资产多样化,如果生产太专业化,只种植一

[①] 参见[冰岛]思拉恩·埃格特森著,吴经邦等译:《经济行为与制度》,商务印书馆,2004年,第265页。

[②] [冰岛]思拉恩·埃格特森:《经济行为与制度》,第265页。

种作物并只使用一种类型的土地,可能会给生产者带来不可补偿的灾难。"[1]

很多社会问题和道德难题,具有囚徒困境博弈的特征。经典的囚徒困境,是一次性的情境。例如欺诈行为,在许多情况下,一方欺诈而另一方诚信,前者均可大为获益,得益的值要超过双方都诚信时的得益。情形或可表示如下:

另一方

　　　　　欺诈　　　诚信

一方　欺诈　(2,2)　　(7,0)

　　　诚信　(0,7)　　(4,4)

矩阵 4

图 8-4　合作博弈矩阵

如是,欺诈这样的"鹰"式战略就会被选择。但是选择欺诈的个体等,并不一定处在一次性情境之中。例如在一个关系亲密的乡村社区、一个其内部成员彼此熟悉的俱乐部,或是在一种系统发育的市场环境中,"声誉机制"是解决这个困境的有效方式之一。[2] 当行骗者很容易被识别时,带有一定惩戒性的社区惯例或市场机制会马上启动。这样情况反复发生,对于欺诈就是很好的约束。

但是之所以形成这样一种社区或市场体制,肯定是因为人们可以从有关的合作中普遍受益。在很多时候,合作是帮助人们走

---

[1] 此系埃格特森引用麦克罗斯基(McCloskey, Donald N.)之解释,参见 [冰岛] 埃格特森:《经济行为与制度》,第 191 页;有关中世纪时期三圃制是当时有效率的制度之说明,则参见本章第 3 节。

[2] 参见 [日] 青木昌彦:《比较制度分析》,第 61—70 页。

第八章 规范演进动力机制的若干方面

出困境的唯一方法。而为了达成合作的条件,一些合乎道德的行为是不可或缺的,它们就像"社会契约"一样。

如果参照己、他之间的关系,基本的伦理取向包括公共利益、克己自制、利他主义和底线戒律四个维度[1],那么克己、利他都是接近于圣徒的选择,值得景仰但不值得期待(特别是一种制度创新或制度设计的理论不能指望建立在利他主义的行为预期之上),只有公共利益和基本戒律值得期待。公共利益方面,受到功利主义思想和福利经济学的持久关注。如果一项制度帕累托优于另一项,那它就是值得期待的。但是要解决个体理性和集体利益之间的困局,就需要引入像立法、社区惯例或者政府规制那样一定的干预机制。

在许多一次性囚徒困境博弈中,杀、盗、淫、妄是其中的纳什均衡解。但是合作的得益足够大,或者不合作的负利益无穷大(例如导致个体或部族的毁灭等),都可能在演化中诱致相互协调的社会惯例。在足够多次数的重复博弈情境中,就有可能是这样,即某次鹰式策略的负利益无法接受(如被谋害而失去生命),或者某些时候鸽式策略的得益足够大(如在良好的市场环境中,诚信带来源源不断的客户),那么人们就可能选择合作的方式,即使得安全承诺、尊重产权、尊重个体意志或者彼此间的诚信成为合作的前提,这就会在一定范围内戒绝负面的行为。当这些戒绝的选择逐渐成为习惯和传统时,就会被注入情感的因素,成为信念即内化的规范。而这些确实是人类社会得以维系的基本价值。围绕这些,规训、习俗、情感、宗教信仰等很多因素都会被调动起来,以促成相应的规范。

---

[1] 这种划分参见本书第 7 章第 2 节。

第三节　产权激励、交易成本与制度绩效

一、产权与交易成本的概念

先澄清本节所用到的基本概念。如果要研究历史上的若干现象，就必须在广义上使用产权的概念。它泛指个人使用资源的权利，其中资源既可指生产要素，如土地、资本、劳动力，也可以是生活资料等。产权一般受到各种成规、惯例、习俗的支持，甚或由正式的法律条例来维护。实施排他性产权意味着禁止其他人使用稀缺资源。这恰是规范产权的目的，即解决人类面临的资源稀缺问题。然而实施产权就意味着要耗费一定的成本去度量、描述资产，以及保障它的实施。出现共同所有制和自由使用（open access）的情况，有时候是因为实施产权的成本过高。维护排他性产权的成本，往往是"交易成本"（transaction costs）的一部分。新制度经济学对此概念的重视，肇端于罗纳德·科斯（Ronald Coase）关于企业和社会成本的论文。不过对此概念尚没有明确的界定。但一般来说，交易成本是人们交换其对于经济资产的所有权和确立排他性产权的成本。

下面借助一个简单的模型，观察生产中使用公共投入品的经济后果。在此模型中，排他性拥有的投入品也参与其中，就像英国三圃制中的公共牧场和私有牲畜。生产要素为同质的劳力和固定的公共自然资源 R^0，图中 Q 代表总产出的价值，L_N 是同质劳工总数；VAP 代表劳工产出的平均价值，VMP 则是边际产品价值线。[1]

---

[1]　此图采录自［冰岛］埃格特森：《经济行为与制度》，第78页。

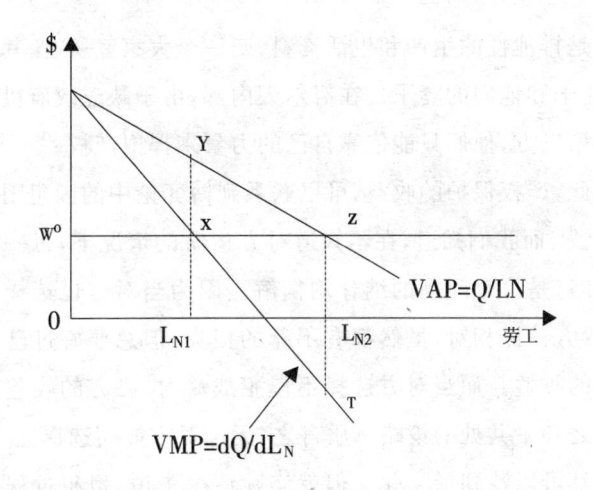

第八章 规范演进动力机制的若干方面 253

图 8-5 生产中使用公共投入品的经济后果

各种可供选择的外部市场工资率 W^0 决定了劳力投入公共资源上的机会成本。而图中的模型假设随着越来越多的劳工投入，其所创造的平均价值和边际产品价值均呈下降趋势。假如 R^0 是私有的，那么拥有者除了会按 W^0 来雇佣劳工，而且只雇请 L_{N1} 单位，因为在这个邻界点上，雇佣劳工的边际效应，还没有降低到平均工资率的水平，而且将从 R^0 获取最大收益。① 而当对 R^0 无排他性权利时，每一个劳动力 L_i 只考虑他自己的产出 Q/L_N，而不顾及对其他劳动单位施加的成本，此时新的劳工将会不断涌入，直至总数达到 L_{N2} 及 $VAP=W^0$。在这个水平上，劳动生产率的相对下降是不争的事实。

排他性产权在无国家社会中就已存在了，例如非洲尼罗河上游的努尔人，他们是游牧部落，以牧牛为主业，兼营低级的园艺农

---

① 即使 R^0 是公共财产，只要相关的决策单位只有一个，这样的结果也很可能出现。

业。牛是排他性的生产和生活资料,归一个大家庭所有,其中包括父亲、儿子和他们的妻子。在努尔人内部,由于缺乏政府机构这样的权威第三方,他们只能依靠自己的力量来捍卫产权。[①]

在此,产权保护的收益,可以联系到博弈论中的囚犯困境问题来解释。[②] 而我们知道,在不知道对方策略的情况下,每一方选择侵犯策略,是这个问题的纳什均衡解。因为当对方也选择侵犯策略时,双方针锋相对,虽然都有不菲的损失,但总要好过己方软弱被欺时的收益。而当对方选择不侵犯战略时,己方的收益很可能高于与之和平共处的策略。质言之,无论对方如何选择,己方的预期收益都可以达到最大化。但就实际情况来说,侵犯过程中引发严重冲突,或者对方寻求报复的可能性都确实存在,而报复会使双方得益均大大降低。考虑到这些,假设两个大家庭原本各拥有 10 头牛,收益矩阵可能变为:

家庭 Y

		A	N
家庭 X	A	(4,4)	(0,0)
	N	(0,0)	(10,10)

矩阵 5

图 8-6 收益矩阵

这时个体的理性和追求财富最大化的倾向,就会使他选择非暴力。另外,在努尔人中,据说有文身头领会提供第三方仲裁,他的存在大为降低了敌对双方之间的投入武力报复和防备方面所耗

[①] 参见 [英] 埃文斯·普里查德著,褚建芳等译:《努尔人:对尼罗河畔一个人群的生活方式和政治制度的描述》,华夏出版社,2002 年,第 4 章等。

[②] 另外参见 [冰岛] 埃格特森:《经济行为与制度》,第 251-256 页。

费的成本。

约 5,000 至 1 万年前,最后的冰川期结束,地球和人类的历史进入全新世。① 采集的技术广泛使用;同时,伴随着早期的农业形式,以及一些定居社会的出现,人口迅速增长。大型的人类共同体无疑需要更为复杂的组织形式。于是就有了称为"文明"的更高级的社会发展形态。在不同地域生活的人类,具有不同的语言和宗教体系,各自跨入文明门槛的历程和时间表各不相同。但从约 1 万年前开始,人类的整体发展大大加速。

那时出现的由原始狩猎—采集技术向定居农业的转变,常被称为第一次经济革命,但是关于它的意义,道格拉斯·诺斯却有自己的看法:

> 单就将人类的主要经济活动转变为定居农业而言,第一次经济革命尚不能称为一场革命。其所以为一场革命,根本原因在于它极大地改变了对人的激励,而这又来自产权制度的变革。在资源共有的情况下,缺乏对于开发超常技术和学习的激励,相反,排他性的产权却能够给予所有者提高效率和生产能力的直接激励,或用基本的术语说,它要求更多的知识和新技术。正是这种激励机制的变化,使人类在经历了漫长的、发展缓慢的原始狩猎和采集经济之后,在近来的 10000 年实现了迅速增长。②

定居农业,特别是随后跟进的文明社会,为确立和发展排他性

---

① 参见 [美]斯塔夫里阿诺斯(L. S. Stavrianos)著,吴象婴等译:《全球通史:1500 年以前的世界》,上海社会科学出版社,1988 年,第 1 章;[美]大卫·克里斯蒂安著,晏可佳等译:《时间地图——大历史导论》,上海社会科学出版社,2007 年,附录一。

② North, Douglass C., *Structure and Change in Economic History*. Now york: W. W. Norton, 1981.

产权,创造了无与伦比的条件。起初,国家所采取的形式多种多样且变化不定,或专制,或民主,但每种形式的国家都承担了管理的职责。而且比起私人投资于暴力装备、产权保障、契约履行等,"国家"的存在降低了交易费用。①

关于交易费用,不能不提到"科斯定理"。它的大意是说,在交易费用为零时,不管初始的权利如何配置,自由交易都会达到资源的最优化利用。在这样的情况下,企业或产权制度是不重要或不必要的。② 理论上,生产者可在市场上购买他所需要的全部投入要素。譬如关于劳力,可以每天去雇佣最适合的,资本都能定期借到,每批生产资料均能单独购进,所有产品均能在公开市场上标价与出售。但是,频繁地依赖一次性契约来调度生产资源,将消耗极高的交易成本,比如信息成本、谈判成本,以及监督和执行新契约的成本。故而,对于重复性的经济活动,"企业"就变得需要了。

一个企业涉及了生产要素(劳动力、资本等)投入者之间的一系列长期契约关系;③既然要素市场代替了产品市场,而在前者价格信号的作用远不能与后者相提并论,故而用等级关系代替了市场交换关系。企业是一种稳定的经济组织,建立在较长期的契约基础上。比起生产要素所有者之间因为讨价还价等消耗的费用,只要它的行政和监督成本足够低,以及协调生产的规模效应足够

---

① 虽然与此同时,国家也有消耗大量成本的问题。如果我们不是和某种针对理想模式的估算,而是和"假如没有国家将会如何"的情况进行比较,则国家存在的必要性及合法性便显现出来。
② 参见[美]罗纳德·科斯等著,盛洪等译:《论生产的制度结构》,上海三联书店,1994年,第1—52页。
③ 在新制度经济学中,企业被定义为契约网络或契约联结点。"在企业内部,由中心代理人来管理安排各种投入品取代了连续不断地对产品定价"([冰岛]埃格特森:《经济行为与制度》,第48页)。即中心代理人与各生产要素所有者,比如是劳动力资源之间订立的一系列双边租约在起作用。

高,企业经营就是可以期待的。而企业的有效结构与规模,取决于其边际收益等于其边际成本的那一点。①

对于科斯定理,人们主要反向地思考,即如果交易费用不为零,在各种参数下,什么样的产权制度才能降低交易费用。而用交易成本的概念工具来分析制度绩效和制度演化已经成为一种时髦。

二、公共物品与国家职能

国家在建构降低交易成本的制度平台方面,效果极为明显。国家及其所颁布的法律等,在创立和维护产权,以及全面降低各类组织活动的交易费用方面,具有明显的作用。甚至它本身也被比拟为超大型的企业:

> 国家就被看作是一个单一大企业。企业的董事会就是内阁(或政治局),它的财务主管就是财政部长,各分支机构(我们不能称它们是企业)的利润自动地上缴给财政;它们都只靠荣誉和上级嘉奖而维持……经理和内部雇员之间甚至没有区别。只存在工作生涯的考核结构,这种结构意味着资历、获取养老金权利等都可随人员流动而转移。②

国家提供包括安全在内的公共物品和基础设施,维护受法律保护的契约等。宪法决定了基本的产权系统,国家既提供仲裁与执行规则的框架,又颁布行为准则,以此降低政治结构中的服从费用和经济部门中的交易费用。③ 虽然在组织结构上,国家与企业之间有着明显的同构性,但无法像经济组织那样根据它对市场作

---

① 参见[美]罗纳德·科斯等著,刘守英等译:《财产权利与制度变迁:产权学派与新制度经济学派译文集》,上海三联书店,1994年,第59—95页等。
② [冰岛]埃格特森:《经济行为与制度》,第49页。
③ [美]道格拉斯·C·诺斯著,陈郁等译:《经济史中的结构与变迁》,上海三联书店等,1997年,第230页。

出的反应来评价绩效。而作为一种第三方监督机构,甚至需要置身事外,避免腐败的侵蚀等,以便能够更好地起到降低各方交易费用的作用。

政府的职能主要体现在提供和管理公共物品的领域。在这个领域,如果缺乏产权激励和政府规制,至少要面对以下三重困境:公用地悲剧、囚徒困境博弈和搭便车现象。[①] 公用地悲剧可以理解为在排他性产权缺失的情况下,理性地追逐个人最大化利益的行为,可能导致公共利益的受损。[②] 在面对某种公共利益时,如果所有个人都克制不去做某些事件,可能共同体中的每个人都能从中受益;但是只要有一个人不顾共同体的利益去追逐个人所得,就可能破坏其他人坚持不去做的选择,纷纷跃跃欲试,进而破坏大家的共同利益。换言之,在缺乏某个置身事外的第三方机构监督的情况下,要维护这样的公共利益,需要所有局中人共同的努力。很明显,这样的协调成本很高,促成的几率则很低。

一个美好、且具有可持续发展潜力的环境,就是这样一种公共物品。设想有 4 个人共同生活在一个环境中,他们有一种默契不去污染而共同维护它的概率,须参照分别有 1 人、2 人或 3 人乃至 4 人污染环境的情况来计算,亦即概率是 $1/(1+4+6+4+1)=1/16$,人数极为有限,概率尚且如此之低。

囚徒困境是另一个可能促成第三方监督机制的情境。有时候这个困局与公用地的悲剧联结在一起,例如在一些联系到安全和

[①] 参见潘伟杰:《制度、制度变迁与政府规制研究》,上海三联书店,2005 年,第 8—12 页。

[②] 参见[英]哈丁:《公用地的悲剧》的有关探讨,另可参见[美]考特等著,张军等译:《法和经济学》,上海人民出版社等,1994 年,第 289 页。在缺乏排他性产权时,公共利益受损的情况,还可从下文关于产权的分析中看到。

环境的事务方面。即使没有涉及公共物品领域,一个类似于国家那样的第三方机构,比起私人间的协调,也是解决此类困局的有效率机制。

公共物品的性质决定了对此进行私人投资的个人或集团,如果缺乏相应的补偿,那么他们在收益上就处于较为不利的位置,因为公共物品是可以共用的,而那些没有为此投资和付出的个人等,坐享其成,没有承担相关的成本,亦即存在所谓的"搭便车"(free riding)现象。[①] 这也存在于知识和技术创新领域。只有受到明确保护的,对新的设想、发明、创新等知识的专属所有权,才能提供普遍的刺激因素。如果没有这种所有权,很可能就不会有人为了某项社会利益拿个人财产去冒险。在这方面,纯粹的利他主义表现,并非不可能,但很难成为普遍和持久的现象。

如果没有国家连同它的立法、司法和行政制度,以及对产权的保障,那么高交易成本将使复杂的生产系统、公共物品和服务等各方面都趋于瘫痪。而在国家所提供的公共领域框架之下,自愿的经济组织形式的发展,则依据相对价格、技术存量及不同组织形式的执行费用等进行调整。

但国家的维系和运转也有很高的成本,这由财政税收来提供。此外内部还存在着由某些消极因素所造成的额外负担,其中涉及监管和偷懒的成本,即所谓官僚政治成本。国家作为剩余索取者,与民间争利的情形,确在很多阶段和很大范围内出现,所以国家所发挥的并不都是正效应,当负效应累积到不能为社会所承受时,离相应的爆发和颠覆就不远了。

---

① 参见[美]奥尔森著,陈郁等译:《集体行动的逻辑》,上海三联书店等,2006年,第2页。

三、中世纪推广三圃制的例子

不仅国家、企业依其降低交易成本来决定其绩效，其他经济制度的成废往往也适用于这一类型的分析，例如中世纪晚期的三圃制（three-field system）。此前的中世纪西欧流行二圃制或曰两田制，即一年中一半种庄稼，一半休耕。三圃制则是把封建采邑下的可耕地分成三类。比较典型的情况是，第一块地在春天种燕麦、大麦或者豌豆、青豆一类的豆类作物，第二块地耕出来在秋天种麦，第三块地休耕。次年则第一块种冬季作物，第二块休耕，第三块种春季作物。第三年则第一块休耕，第二块种春季作物，第三块种冬季作物。如此每一块都以一定的节奏错开，循环往复地春耕、秋耕、休耕。[①] 三圃制一方面是一种耕作制度，属于物质生活方面的习俗或惯例，并不受到法律或行政命令的强制；另一方面也是产权制度，并附着了农村共同体的很多管理形式。

在西欧中世纪，当三圃制流行起来时，它的优点表现得很明显：由于耕垦、种植与收割，据季节和田亩而错开分布，全年的劳动分配得均匀、合理；耕地的总出产据推测，增长了50%。两个收获期的存在，降低了由于气候波动而造成饥荒的风险。[②]

该制起源于8世纪末期，最初出现于法兰克的土地上，但它在西欧之普及，花了几个世纪的时间，但是迄至12世纪，它尚未在英格兰施行。虽然在当时有上述的优点，但它推广速度如此之缓慢。这其中便涉及交易费用的问题。采用三圃制，产权维护上的费用更高，这种费用牵涉时间、精力及相应的机会成本，也许在当时，与很多领域里的交易费用一样，很难用市场价格来估算，但毫无疑问

---

① ［美］道格拉斯·诺斯等著，厉以平等译：《西方世界的兴起》，华夏出版社，1989年，第56页等。

② ［美］道格拉斯·诺斯等：《西方世界的兴起》，第56页。

第八章 规范演进动力机制的若干方面

存在着。

诺斯等人认为,"只是在不断增长的人口导致劳动收益递减的时候,三田制才成为一种进步的组织形式"。① 中世纪初期的西欧,无疑地旷人稀的,譬如据推测,6世纪的高卢,人口密度约为5.5人/平方公里,开发的耕地仅占全部土地面积的3.54%。② 当土地在任何情况下都很丰足时,典型的两圃制足敷应用,而且拜人地比例所赐,倘若技术等条件相当,它的人均产量尚且要高于三圃制。③ 然而一些地区的人口增长,加剧了土地的稀缺程度,也使得劳动收益递减,劳动力相对土地的价格呈下降趋势,为了获利就必须在单位土地上投入更多的劳动,因而三圃制这种相对集约经营的方式才变得有效益。④

有些组织是经济组织,其绩效自然是指它在创造经济价值时的效益,以及如果存在竞争的话,由它这方面的比较优势决定。一般来说,低成本的组织趋向于替代高成本组织。但如果一些高成本的组织必须重新调整才可增加净产出,而实际情况却并没有发生,那么它们存在的理由往往就必需到一些隐藏的补偿性利益中去寻找。这可能是因为监督成本的降低,某些相关活动的利益增加,或者损害了某些权势者的既得利益等等。⑤

并非所有的组织都是经济组织,也不是所有的制度都牵涉到

---

① [美]道格拉斯·诺斯等:《西方世界的兴起》,第58页;此处译文中的"三田制",即"三圃制"。
② 参见王渊明:《历史视野中的人口与现代化》(浙江人民出版社,第94页)引述法国学者的研究。
③ 诺斯等人称,"那些土地像空气一样丰足、两田制也很有效的地区与其他土地稀缺、存在着劳动收益递减、而三田制又表现出更大效益的土地比较起来,前者的人均产量更高"(《西方世界的兴起》,第59页)。
④ 参见[美]道格拉斯·诺斯等:《西方世界的兴起》,第56-59页。
⑤ [冰岛]埃格特森:《经济行为与制度》,第188-189页。

创造经济效益和市场价值的过程。自然而然的,这些组织和制度的绩效,主要取决于它们满足其核心目标的能力。但是考虑到所有活动都要消耗时间、体力或脑力、机会成本与各种资源,则交易费用之类的分析,在某种程度上仍然适用。一些发生的过程是制度的函数。而制度的绩效取决于这些过程满足相应目标的程度,而它的规模或适用范围,则往往取决于它的边际成本状况。无论如何,交易成本分析或更一般的制度经济学框架[①],开启了规范创生和演化研究的重要维度。

第四节 路径依赖、基本价值与制度创新的可能性

一、路径依赖:制度演化的惯性

规范和制度的演化,面临很强烈的历史因素影响,即过去的状态如果不是一直延续下来,那就是它会对未来演化的前提、约束条件、方式、途径或者趋向造成明显的影响。制度演化的结果取决于此前的历史轨迹的现象,可以称之为"路径依赖"。

通常,一个共同体的基本价值系统和最基本的规则是相对稳定的。虽然它们并非绝对不能改变,但在更多的时候,它们提供了制度演化在其中展开的一个稳定的框架。在中国传统社会中,儒家的伦理就是这样的一种框架。一个规范或者一种规范体系、一

[①] 关于制度经济学,另参 [美]科斯、诺斯、威廉姆森等著,刘刚译:《制度、契约与组织:从新制度经济学角度的透视》,经济科学出版社,2003年,第1—42页;[美]R.科斯、A.阿尔钦、D.诺斯等著,刘守英等译:《财产权利与制度变迁》,上海三联书店,1994年,第3—112页、第251—370页;[美]丹尼尔·W.布罗姆利著,陈郁等译:《经济利益与经济制度:公共政策的理论基础》,上海人民出版社,1996年,第14—95页等。

第八章 规范演进动力机制的若干方面

种制度,它得以存续和发挥作用,并不是孤立的,仅靠自身就能做到的,而是含有许多补充条件或潜隐的规则,甚至需要由一系列规范的网络来支持。规范的存续,还要依靠社会成员对它的支持态度[1]、相关人士或部分专业人士对规则涵义和效用的认知、技术环境和其他各种因素的制约造成的成本等问题。

以上这些因素的部分或全部的影响,就决定了制度的演化必须:

(一)契合基本的价值系统、底层的基础规则或建构规则的理念;

(二)牵涉和利用规范的网络;必须注意"牵一发而动全身"之类的影响;[2]

(三)进行广泛的社会动员,换言之,新规则的支持者得要达到一定临界多数,[3]即相对于保守人士占据明显的比较优势,而这样的社会动员必须使相关的人士充分认识到新规则的涵义及其好处;

(四)在特定历史条件下,有效地解决制度成本问题,后者又关联着前述方面,尤其是如果有既定的规范和制度框架可资利用,哪怕是以旧瓶装新酒之方式,新制度的成本就会大大降低。

部分或全部地满足这些要求,就会产生演化的路径依赖现象。旧的规范和制度,既然曾经有效地存续和发挥作用,则其在契合基本价值、基本理念、获得规范网络的支持、社会动员和制度成本问题等方面,就曾经是成功的。而新的规则要变得有生命力,这些都

---

[1] [德]柯武刚等著《制度经济学》称:"广泛存在的准自动化规则服从降低了协调成本"(第476页),指的就是一个潜隐的规范网络对于规则存续的支持的一个方面。

[2] 例如在法文化的比较中,伊斯兰教法学中的重要概念 $happ$ 与印度教的 $dharma$ 观念,即是此类建构规则的理念。参见梁治平:《法律的文化解释》,三联书店,1994年,第73—171页;及本编第6章第1节第4小节。

[3] [德]柯武刚等著:《制度经济学》,第476页。

是亟待解决的问题。如果不能克服这些困难,旧的规则就更有可能延续下来。而对既定的价值、理念和规范网络的支持的适应,都使得制度的演化,无论在演化的路径,还是结果方面,看上去都甚为依赖此前的历史。

二、基本价值:解决问题的压力

基本价值,甚至它们的延伸,往往在特定阶段,形成了更具体的目标、需要或动力,这些有可能对制度的变革与创新造成压力。人乃是综合着各种新陈代谢活动的生命有机体。它和一切生命有机体一样,从事各种各样的与外部自然的物质和能量的交换。在此基础上,并且部分地围绕着这些展开了人类的实践活动。活动能力和形态都因此而得到了锻炼、改造和增长。此如滕尼斯(F. Tönnies)所言:

> 任何有机体的饰变作为活动力量(agendi potentia),都是由于活动(agere)本身而形成和生长的,即通过其机能形成和生长的(而任何减少、退化和死亡都是由于不用而引起的,也就是说由于不生活和没有愿望、细胞质和肌肉组织不再更新而引起的)。因为这条规律还拓展为这样一条定理:在同外界事物的关系上,通过活动,也就是说,通过使自己的意志针对着它,通过应用自己的力量对它进行加工和培养,必然会形成某些东西,如同一个特殊的器官(=特殊的意志)一样,以及(通过实践的练习)必然形成特殊的能力。[①]

正如"看",在培养看的能力的同时,也在照料和培养看的对象、该对象风格、对一类或一系列的看的对象的情感等。爱护、关

[①] [德]滕尼斯著,林荣远译:《共同体与社会:纯粹社会学的基本概念》,商务印书馆,1999年,第197-198页。

第八章 规范演进动力机制的若干方面

怀和照顾,都在被正面接纳的事物中树立起来;就像一系列相反或相对的情感和情绪,也在被排拒的事物中扎根。价值就在既往历史和当下行动的连续体,以及在活动、思维和情感的连续体之中建立起来。进而,价值是在自然、历史和实践等多重因素影响和协调互动中,建立、充实和转变。

基本价值和价值都不是孤立的、固定的、一成不变的,而是在实践活动中连续地展开和转变的。自然因素,例如一些相对稳定的有机体的需求,应该是某些基本价值的出发点和基础。有机体的自我保护和自我维生,或者生物意义上的趋利避害,无疑为基本价值之一。但是由于环境和历史因素的差异,甚至就连这些基本需求的对象也是千差万别。我们在物质生活民俗中观察到的,各个地域、各种文化,对于衣、食、住、行等方面完全不同的偏好与憎恶,就是一种明证。换言之,有机体的基本需求(如食、色性也),固然是普遍相通的,但是对环境和历史因素的适应,形成了在其偏好的对象方面的差异。在此,有机体的基本需求是最低层面的价值(如果喜好的食物无法觅得,为了活命只能什么都吃),而对于特定地满足此类需求的一些对象的选择偏好(如长期沉淀形成的饮食习惯,自然包括对特定谱系的食物的偏好),则是某些基本价值的具体化形态。

但是可能有很多挑剔的嘴巴、挑剔的耳朵,甚至某种在一些文化中被视为稀松平常的习惯,在另一些文化中却有可能被认作是极端挑剔的。正是在这样的貌似挑剔当中,我们看到了各个文化的不同的美学风格。当然这里说的是,广义上的美学特征,不止是作为特殊生产部类的艺术创作及其作品,而是包括美食、美味、装饰、各种生活上的舒适性和可接受性标准以及生活享受的偏好和口味在内。① 在此甚至可以看到某种解释学循环的东西:②基本需求——历史、环境——作为推动差异化的中介因素——在对象形态上被特化、活动能力和形态也发生相应变化的基本需求……。省略号表示从特化的需求到特化的需求,此一历史、因果的链条永无止境。由于第一个环节,即纯粹的基本需求,可能并不存在——除非我们指的是人类基因的高度一致性——故而我们一开始面对的就是一种被特化的基本需求。

在情感和情绪方面,生存论之解释循环,更为明显,因为比起口味和美学风格的易变性,它们涉及更多的层面和维度,本身是共同体历史的镜像,并且在宗教中得到了最深沉的表达。③ 如果属于纯粹个人的情感和情绪,当然就是其个人生活史的延展。显然并不是所有情感和情绪,在价值上均无正、负之分化,甚至对于很多文化来说,爱、尊重、荣誉感、乐观,都被视为积极的、可取的。

作为稳定的意愿或意向,价值在很大程度上是心理的,并表现为一系列低级或高级的心理需要。在这方面,马斯洛似乎给我们描绘了一幅相对完整的心理需要的层次:④

---

① 但衣、食、住、行,也是高度文化的,有时候这是由于基本价值在其符号表达的结构特征方面的延伸,参见[法]列维—斯特劳斯著,周昌忠译:《神话学:生食与熟食》,中国人民大学出版社,2006年,第1篇、第2篇等。
② 解释学循环的概念,参见[德]汉斯—格奥尔格·伽达默尔著,洪汉鼎译:《真理与方法》,上海译文出版社,1992年,第341—393页。
③ 请参考前文介绍的格尔茨(Geertz)对宗教现象的界定。佛教或者东方宗教似乎是反情绪的,但这种倾向恰好从极端的方面证实了宗教对情绪形态的特化、转化、调节和掌控之功能。
④ 而且,此处并不取其基于个体心理而更重视发展需要的观点;有关马斯洛心理学,参见[美]马斯洛等著,林方等译:《人的潜能和价值:人本主义心理学译文集》,华夏出版社,1987年。

第八章 规范演进动力机制的若干方面

基本需要 { 生理需要(空气、水、食物、住所、睡眠、性)
安全与保障
爱与归属
自我尊重、他人的尊重 }

发展需要:真、善、美、活跃、个人风格、完善、完成、正义、秩序、单纯、丰富、乐观诙谐、轻松、自我满足、有意义等[1]。

也有人说普适的基本价值有:个人免受恐惧和强制的自由、公正、安全、和平、经济福利、宜人的自然环境和人工环境。[2] 但我想开列这样的清单是徒劳无功的,除非只是在纯粹生物学的意义上研究人的基本需要。但我们关心的恰好是人类的历史,也就是分化为不同的共同体、民族和文化的历史。

就算某些价值具有跨文化的共性——这一点或许并非必然——在这些价值的抽象涵义与其具体形态之间也存在着的差别,就像前面提及的"基本的摄食需要"与"摄食习惯或习俗"的区别一样。而实际上恰好是通过后者来满足前者。[3] 何况,对于每一种文化来说,可能都有一些因素是相当特别的,超出了上述清单。宗教试图给予人们的意愿以更强的信心,并努力塑造人格的完整性,所以宗教既在无声地维护一些需求(有些属于基本价值),也实实在在地创造了一些高级的精神价值,可是宗教间对话即便不是完全不可能,至少也是困难重重、步履维艰。这恰好表明价值体系之间往往存在着深刻的差异。

---

[1] [美]弗兰克·戈布尔著,吕明等译:《第三思潮:马斯洛心理学》,上海译文出版社,1987年,第57页。
[2] [德]柯武刚等:《制度经济学》,第84—90页。
[3] 当然,对于这里涉及的物质生活民俗,主要不是考虑礼仪、社会象征等方面。

但是,讨论跨文化的基本价值,在一定程度上还是有意义的。它们立足于人类作为一个物种的统一性、那些有助于促进协作或沟通的基本能力、促进人格的完整性的需要这三个基本维度。[①]而具体的、完整的价值体系,就是从属于某种特定的宗教或文化的价值体系。也可以说,各种具体的价值,往往在一定的共同体中,构成一个层级式的系统,该系统是环境、历史(包括规范和制度演化的历史)的某个函数。[②]

如果各个基本价值之间的关系构成某种系统,那么这个系统应该是一个动态的综合体。基本价值或基本价值观的抽象涵义,即人类有机体的自我维生的需要、协调的需要(即维护共同体和社会的价值)、人格完整性的追求,构成价值系统的基础层面;基本价值的引申,即由于环境和历史等因素而产生的、在需求的对象形态和实践方式上更为特化的基本价值;基本价值的更复杂、更高级的引申,这些就构成了创造或改革制度的不同层面上的激励和挑战。

其中,基本价值是需要回溯的核心。例如一些摄食的具体习惯如果不能被满足,人们就会进行调整,拓展具体的摄食方式,以首先满足基本的摄食需要,而不是坐以待毙。一些高级的价值,或

[①] 此三维度即人与自然、人与人、人与自身这三个关系的领域,值得注意的是:这恰好也是我们探讨规范类型所针对的不同作用域时给出的基本区分。参见本编第6章第1节第1小节。

[②] 事实上,马克思主义经典作家在论述亚细亚生产方式的时候,已经注意到了不同的自然环境对于社会发展模式的不同影响。但恩格斯又曾提到:"东方各民族为什么没有达到土地私有制,甚至没有达到封建的土地所有制呢? 我认为,这主要是由于气候和土壤的性质,特别是由于大沙漠地带"(《马克思恩格斯全集》第28卷,人民出版社,1973年,第260页)。结论的具体细节尚可商榷,但提出了要考虑环境对社会结构造成的影响。至于具体的基本价值是历史的函数,这由路径依赖所导致。

第八章 规范演进动力机制的若干方面

许比人们所设想的更加贴近基本价值,例如民主制度、正义的涵义,既是一些共同体在其演化的历史中形成的复杂的规范体系,甚至自身也成了某种价值理念,但根本上它们是为了解决复杂社会的协调问题而设定的制度出发点。

某些类型的情感、情绪,例如尊重和荣誉感,有时是规范旨在达成的目标,有时则是规范和制度的组建所运用之环节,而目标可能导致一些具有不同延展度的前景,譬如直接起效的是促成团队精神,进而有助于相应组织的更长远的经济、政治利益。

在规范和制度的演化过程中,基本价值,或者它们的一系列特化或复杂的变体,当它们由于某些特殊的原因造成未被满足,或有待进一步满足时,形成了解决问题的压力,这些压力造成对于能够解决问题的规范和制度的需求,这些制度必须对起因或挑战作出回应。另在博弈情境中,对策略之结果的选择就显然会受相关偏好或价值序列的影响,进而形成某些处于博弈均衡下的惯例。[①] 但改变和演进,不可能一切都推倒重来,一些曾经和仍然行之有效的规范和制度,可能自身就成为对制度加以重塑的目标的一部分。也就是说,在一些具体的时刻,解决问题的压力,可能来自基本价值(或其变体)与重塑某些既有制度两个方面。或许压力并不是唯一地来自基本价值的有待满足,但恐怕是最重要的来源。

总的看来,具体环境(空间维度)和历史进程(时间维度)参数

[①] [日]青木昌彦的《比较制度分析》就提到:"每个参与者对状态空间下每期所有可能的结果都有一个偏好序。后果函数和参与人的偏好函数结合在一起定义了博弈论通常意义上的参与人的报酬函数。"(第23页)

下的基本价值及其变体,构成了解决问题的压力,以推动制度的演化。① 而这方面的复杂性,有时候恰是因为不同压力机制间的分歧和不协调,譬如曾经有效并且仍然有效、从而值得戮力维护的制度,与某些方面有待创新与变革的压力之间的分歧;或者,特定条件下个体理性所追逐的基本价值,与集体协作的远景之间的不协调,而这些远景事实上很可能更符合大多数参与者的根本利益。但在缺少很好的沟通、保障和解决方案的时候,个体可能不愿做出让步,以实现相关的远景。

三、技术环境、制度成本与解决问题

对于制度的演进有所需求的解决问题之压力,可能来自两个方面:基本价值及它们的各级变体;规范系统内部的调适,例如为

---

① 文化或文明应该包含着对其赖以维生的环境的压力做出回应的重要方面。在古典时代,大河流域的灌溉农业,最早的文明火种为什么是在这些地区,而不是其他地区诞生,这本身就颇值得玩味。发达的灌溉农业可以供养大量的人口,并有所剩余;而在埃及、巴比伦,大规模地控制灌溉、排水以及其他影响到农民生计的自然因素,引发了某些管理职能的过度膨胀,成为催生政治实体的压力。

环境的特殊挑战构成了解决问题的压力,这一思路对我们观察中国史也有启发。战国时期,孟子和白圭对话时说:"禹以四海为壑,今吾子以邻国为壑。水逆行谓之洚水,洚水者洪水也,仁人之所恶也。吾子过矣。"(《孟子·告子下》)这些指责背后透露出统筹安排的重要性。《孟子》一书提到治水竟多达十一处,而孟子恰曾提出"天下乌乎定?""定于一"。在中国,东亚季风性气候(即全球最强烈的季风性气候)的特点在起作用。在长城以南、地势一、二级阶梯上的农耕区域,雨量多集中于夏季;且包括降水量在内的气候年际波动大的特点,导致气候灾害的频繁和农作物产量的巨大波动,这些较诸单纯的灌溉或治水的需要,可能对于中国制度文明的走向更具深远之影响。就灾害和危机应对机制而言,集权体制当为更明智的选择。证诸古籍(如各本正史的《五行志》),可知中国历来饥荒发生之频繁。《左传》里面频频出现"取麦"、"阻籴"、"卹邻"的事件。又梁惠王语孟子,自承其为国尽瘁时有云:"河内凶,则移其民于河东,移其粟于河内。河东凶亦然"(《孟子·梁惠王上》)。然则倘若梁境大部皆罹饥馑,无可调节,又如何? 看来,只有基于中央集权体制的大国,才能有效地控制大量的地盘和资源,并在必需的时候担当赈济重担,即实行《周礼》中归入凶礼一类的"荒政"(参见黄仁宇:《放宽历史的视界》,中国社会科学出版社,1998年,第143-147页;吴洲:《中国宗教学概论》,第5篇第2章等)。

第八章 规范演进动力机制的若干方面

了保证某些规范的实现,需要另一些规范的配合。制度史的研究,给予人们这样的印象:并非所有的规范都带有明显的、直接的功能特征,而有些规范的地位毋宁说是结构性的,即涉及规范之间的调适;甚至规范的结构会自我衍生出很多颇显"冗余"的规范。[①] 此外,规范形式的多样性,还源于此类现象:对某些功能的满足或结构的调适来说:解决问题的方式本身就不是唯一的[②],比如对于资本主义的秩序,普通法与民法法系中的某些因素均为合适的解。

成文规则,是有意识、有目的地创建的,对它的一些案例研究,证实了规则是解决问题的方式的观点。今将某案例研究的结论撮述如下:

> 规则丛是政治和技术问题的应对历史所遗留下来的累积性残余。规则记录了老问题的解决之道,因而成为组织面对新问题时竞争力的基础。第二,规则是其内在动力推动的结果。规则具有自我学习的功能,以改变它的脆弱性。规则处于一个规则生态中,任何特定规则内的变化会引起同一或其他规则随之而来的变化。[③]

组织经由创新、调适、采纳解决问题的规则,以适应外部环境。在规则体系中,有很大部分是堪称"问题解决的剩余物"。即这些规则是过去为解决问题而创设的,由于这些规则仍在持续地发挥作用,故而相应的旧问题已经被压下,似若消解,不为注意力所感受,故称规则为剩余物。但由于环境的改变或组织的扩张,或是二

---

① 这更适应结构主义的基本论点,参见 [法] 列维—斯特劳斯:《野性的思维》,第247-278页。

② 比如,对于体现"亲亲"、"尊尊"的宗法原则来说,可以采纳的礼仪的具体形式的可能域,仍要比它实际上所采纳的要宽广得多,参见本书第6章第1节第5小节。

③ [美] 詹姆斯·马奇、马丁·舒尔茨、周雪光著,童根兴译:《规则的动态演变》,上海人民出版社,2005年,第158页。

者的缠绕影响,此即,"外在环境的改变刺激了内部复杂性和不协调因素的增长,并且组织内部问题又引发外在压力"①,故而新的问题层出不穷,催生了规则的不断创新。

规则似乎也有它的内在历史和内在生态,如相对而言,新创之规则更为脆弱,遂更易于修订和废止。② 研究也显示,规则产生率具负密度分布特征,此即"在某个领域中,规则越多,产生率就会越低"。③ 规则的生态效应还包括,"功能性互倚使某个规则的修订可能会刺激其他邻近规则的修订。"④

规则是组织知识的承载者——此乃组织学习理论的基本观点。其意谓:组织面对内部和外部问题,且由历史中汲取经验和结论,而将这些结论编码入规则中。它们代表了以往所发现之问题解决方式的有关知识。"规则保证了知识并保证了问题解决方式的重复使用。"⑤而问题似可分为两大类:政治问题,即解决组织成员不同目标间的协调问题;技术问题,即在组织目标确定时,寻求如何实现的手段问题。对于前者,规则或可视为不同利益间协商的产物,类似于社会性合约;对于后者,规则所面对的组织,"可被视为一个拥有共同问题从而需要技术解决方法的团队"。⑥ 但总的来说,两类问题的界限非常模糊。上述研究的一些结论,在一定程度上也适用于不成文规则。通常,规则通过解决问题而适

---

① [美]詹姆斯·马奇等:《规则的动态演变》,158页。
② [美]詹姆斯·马奇等:《规则的动态演变》,第168-169页;历经考验的老规则之亟待改、废,更多是由于新环境压力所致新问题之故。
③ [美]詹姆斯·马奇等:《规则的动态演变》,第175页。
④ [美]詹姆斯·马奇等:《规则的动态演变》,第177页;文中"互倚"当指相互依靠。
⑤ [美]詹姆斯·马奇等:《规则的动态演变》,第181页。
⑥ [美]詹姆斯·马奇等:《规则的动态演变》,第183页。

第八章 规范演进动力机制的若干方面

应历史。

如果制度的演化,很大程度上受到解决问题的压力推动,那么就有适用成本—效益分析的广阔空间。成本的概念,如果拓展历史考察的时段与视界,那么它并不必然是指在某个社会中可以货币化的标准度量的成本。除了物质性资源,时间、精力、体力上的节省,[①]也意味着成本的降低,毕竟对于生命个体,这些无疑是稀缺资源,是可以同经济上的价值相比拟的。而组织或社会就是由若干个体组成的;个体能量的耗散,是否被用于促进组织的核心目标,当然波及成本—效益方面。类似的考虑,也涵盖了组织的部门或环节,因为这些部门毕竟只能在有限的时间内完成有限的任务。

"制度成本"应理解为:维系一项制度(规范)运作所涉及的各方面必要的成本。这里的成本估量,并不包括创造该项制度的成本,[②]后者可能高得多,也可能少得多。而且它的时间上溯可能是无止境的——如从旧制度最初的不适和引发的不满就已开始;创革制度所需之社会动员,甚或是翻天覆地的。

而制度成本这个总概念,又可分解为很多方面:[③]排他性产权的成本和交易成本,[④]主要存在于交易域。协调成本,亦即为了更好地通过交往、交流,而促成彼此间的统一行动或分工协作,所消

---

① 孔子曰:"节用而爱人,使民以时"(《论语·学而》第5章)。国家的徭役、雇佣关系中有时会采纳的劳役,这是消耗时间或体力成本的例子,且这种消耗本身是被制度化的。

② 柯武刚、史漫飞的《制度经济学》中的"组织成本"是指计划、建立和运作一个组织的资源成本(第329页),与本章的考虑基点不同。

③ 以下所涉及的各种"成本"概念,基本名词都在[德]柯武刚等《制度经济学》(第156页)中出现,但我们对它们的解释,有些地方非常不一样;而且该书主要还是从拥有和运用产权的角度立论。

④ 参见本章第3节。

耗的资源,这种成本主要映现在公共资源域上。

另外,至少有三种成本存在于广义的组织域(含政治域)中:组织成本,其中包括运营上的可变成本,即根据合作者的契约义务监督其工作表现的成本,指出缺陷和调节组织内冲突的成本,以及必要时强制执行协定的绩效标准的成本。也包括:在该制度框架内规划和改革某些内容的成本,即为此而付出的在信息搜寻、思考和设计方面的沉淀成本。[1]

服从成本,制度适用的对象在服从该项制度的要求时,所必须承受的资源消耗;以及由于服从该项制度而丧失的其他方面的机会成本。[2] 代理成本,涉及执行制度的代理人,为了使代理人能较好地履行职责,必须供养他,为此而耗费的资源。[3] 这种成本很明显地出现在政府的组织当中。如果这方面的代理成本较高,就需要增大税基或提高税率来满足它。同时我认为,在其他组织中也一般地存在着代理成本。

公共资源域、政治域、组织域、交易域之间内在结构上的、必然而非偶然的连通与缠绕[4],决定了如果不同域的规范相互冲突,制度成本就会大大增加;反之,如果能很好地解决域之间的协同问题,成本就会显著降低。

不仅仅产权,几乎所有的制度,在运作过程中至少会涉及这些成本中的某些部分——只要为了维护运作所调动的资源是带有某

---

[1] 信息成本一旦发生,就是沉淀成本,亦即信息的价值不可能在获得它之前就得到评估(参见[德]柯武刚等:《制度经济学》,第238页),甚至较彻底的评估要延续到依此设计的制度实施之后。
[2] 参见[德]柯武刚等:《制度经济学》,第378—340页。
[3] 参见[德]柯武刚等:《制度经济学》,第374页。
[4] 关于这一点的论述,参见本书第6章第1节第1小节。

第八章 规范演进动力机制的若干方面

种程度稀缺性的。制度成本显然是制度选择的一个基本的考虑因素[①],尤其是当一系列可供选择的制度模型,适应有限理性的认知水平的时候,即至少已经认识到它们大体上应该如何被建构的时候。

选择低成本的制度,或者其边际成本接近于边际收益的制度,应该是一种自然倾向。至少在其他情况相同时,低成本的制度具有竞争中的比较优势。如果一项制度的边际成本,变得远大于边际收益,那么维系这样的制度就会越来越困难,直至其崩溃。在图腾现象中,一些原始部落将图腾运用于很多方面,实在就是有节省成本之效。[②]

对于某些探讨,要精确地度量成本相当困难,也无必要,但是通过一定方式的比较,还是可以看到某些制度在节省成本上的优势。而且,更困难的或许是度量收益大小,后者可理解为对基本价值的满足程度。[③] 环境质量、安全、司法公正、和睦、和谐等,这些由特定规范和制度所推动和维系的利益,难道可用一套标准来衡量吗?这和探讨经济组织的绩效非常不同。但是我认为,在实际的历史中,在不同的部族、组织、共同体或国家之间的全方位竞争(多集中在军事、政治领域),会造成效益比较问题的尖锐化,就像在中世纪后期与近代的欧洲。而这些竞争不乏博弈的情境。

制度成本的变化,源自很多因素:技术框架的变化;迄今为止,某些稳定的规范或制度,所提供的进一步建构的地基和平台;解决

---

① 参见本章第 3 节。
② 参见本章第 1 节第 2 小节。
③ 中唐时杨炎在推行两税法的改革时,提出了"量出制入"的财政原则,以代替原来的"量入制出"原则(参见《旧唐书·德宗本纪》建中元年条;《旧唐书》卷 118;《唐会要》卷 83 租税上);不过这种财政支付,只是维持了一些机构的运作成本,并非涉及所有的成本,更不是支配所有源于制度的收益。

了相应的社会动员的成本问题,等等。军事、交通、通讯与符号交流等方面的技术进步,都可能成为制度成本降低的有力杠杆。要之,某项技术革新的广泛运用所产生的某些规模效应,构成了制度变化的另一种环境。

始终不能低估技术环境的影响。① 它很大程度上决定了是否可以提供足够多的能量来对维系制度的复杂机构进行投资。但我在此想特别地谈一下技术对协调成本的影响。无疑,清晰、简单和统一的制度,可以大大削减协调成本。② 度量衡与通讯技术上的标准,比起其他制度,更直接地关系到这种成本。秦始皇"车同轨"、"书同文"之类壮举,便有助于协调成本的降低,为了在极大的地域范围内提高帝国的行政效率,铺平了道路。③

不妨设想一下造纸、印刷术、指南针、火药、蒸汽机,这些发明对于人类制度史面貌的改变,有着怎样巨大的影响吧。这些改变人类命运和制度史的伟大发明,只有蒸汽机不是中国人首创。四大发明并没有将中国引向现代化的道路,但它们在中国传统社会的制度中发挥的作用,我们能够小视吗?例如,比起龟甲、竹简、羊皮、莎草纸,真正的纸张,在制造成本大为降低的同时,可以更方便地记载和携带大量的有用信息;没有造纸术,像唐代前期那样,在全国范围内实施严密的户籍登记制度,就会成本无限增加,进而变得不可行了。它也是高度依赖于文字记录的、汉唐以降的文官科层制的技术基础。活字印刷术的发明,带动了宋代以来官、私藏书的极大丰富,而这些又推动了知识的普及、科举文化的演变,进而

---

① 参见[德]柯武刚等:《制度经济学》,第 296-298 页。
② [德]柯武刚等:《制度经济学》,第 154 页。
③ 在历史上,极端相反的情况,即由于度量衡的混乱而导致社会动乱的,也是不乏其例,参见傅衣凌:《明清农村社会经济》,中华书局,2007 年,第 88-90 页。

第八章 规范演进动力机制的若干方面

是社会阶层流动更趋频繁。至于指南针、火药、蒸汽机对于近代世界形成的影响，则马克思主义经典作家早就有所论列了。

人类是理性的动物，但在很大程度上也是符号化的动物，其使用之频繁，真可谓日用而不知的。符号是知识的载体和取得技术进步的平台，也是相互协调和实现角色期待的工具。[①] 人类社会曾经使用和正在使用的符号种类极为繁多。自然的事物、人工的事物，皆无不可，乃至专门创造的记号。从符号对人类福祉的增益来说，除了为通讯技术方面所必需，良好的符号系统亦常是降低制度成本的工具。

而信息流动方式、信息结构特征，均对制度的形态产生影响[②]，当然有时候情况可能相反，即不同的制度形态选择了不同的信息特点。在自由契约、市场交换、法律和公共政策领域里的制度，多是基于抽象的、编码良好的信息——例如诉诸价格或者文字——且是普遍扩散的；[③]可是在文官科层制中，虽然同样依赖编码良好的信息，但是通常与管理决策相关的重要信息，不是普遍扩散的，而是循着一定渠道上下流动；对信息的享用更像倒金字塔结构，越是重要的人物，越是掌控更全面的信息。[④] 而在宗派、宗法族群、中世纪西欧行会（guild）或是某个领域的专业团队中，更重要的往往是那些具体的、未经编码的信息，当然这基本上不妨碍它

---

① 例如从罗兰·巴特对日本文化中普遍存在的符号现象的描述，便可略窥一斑，参见［法］罗兰·巴特著，孙乃修译：《符号帝国》，商务印书馆，1994年，第1章。

② 此处受到了布瓦索《信息空间》一书的启发，其提到四种理想类型，乃将它们标示为：市场制度、官僚制度、宗法制度和（西欧）采邑制度，参见［英］马克斯·H.布瓦索著，王寅通译：《信息空间：认识组织、制度和文化的一种框架》，上海译文出版社，2000年，第328－415页。

③ 罗马人的铜表（参见本编第7章第4节）、汉谟拉比法典载于其上的玄武岩石柱、《周礼》中所提到的象魏，都是这一类公布制度信息的载体。

④ 参见［英］布瓦索：《信息空间》，第348－351页。

在相应的小团体中扩散。① 与此形成对照的是：在师徒制、采邑制或是围绕着长者、魅力型领袖的组织中，从权威或权力的源泉发出的，往往是那些具体的、高度个人化的信息，他们与追随者之间在信息分享方面，是完全不对称的。②

信息未经编码通常是符号特征上的缺陷，但有时也事出有因，譬如在艺人、设计师或鉴定家的专业协会中的评判和交流就是这样。③ 另外，关于中世纪的采邑制，不能忽略一个基本的事实：在黑暗的欧洲中世纪早期，在日耳曼蛮族建立的国家中，识字率普遍极低，综合各方面因素来看，采邑制应是适合当时情况的、且成本较低的制度。而对于建立科层制或是法律透明的社会来说，中国人的发明就不是无关紧要的了。高度复杂的法律，则呼唤律师等法律职业者作出他们的贡献，这是制度上为了获得更高效益，所必须负担的高成本。④ 要之，符号或者信息流动的特点，对于制度的形态也有特定的影响；其中部分地联系着制度的成本—收益问题。

某些业已存在的伦理规范、社区规则、稳定的角色互动、组织良好的政府机构及其职能运作，均可能提供制度演化的平台，如有现成的因素可资利用，则足以降低制度选择时的成本。这也是规范演化往往具有路径依赖特征的基本原因之一。社会动员的程度，则取决于人们对于相关的规范和制度（它们可能是潜在的目标）的认识和认可情况。总之，解决问题是制度的目标，但如何选

---

① ［英］布瓦索：《信息空间》，第359－372页。
② ［英］布瓦索：《信息空间》，第372－380页。
③ 参见［日］青木昌彦：《比较制度分析》第5章第1节"心智模型的类型：背景取向型和个人型人力资产"。
④ 伯尔曼在谈到西方法律的特点时，指出了专业的法律工作者阶层的产生。参见［美］伯尔曼著，贺卫方等译：《法律与革命：西方法律传统的形成》，中国大百科全书出版社，1993年，第9页等。

择制度则受到成本环境的影响,成本环境是多样的,其中包括了技术。

四、以演进的动力机制来解释基本方向

宗教性向世俗性、混融性向差异性、人本性向中介性、象征性向效用性的过渡,是第七章依据长时段观察而勾勒的一系列趋势。而这些可以用演进的动力机制来加以解释。

宗教观念涉及各个层面。在神的秩序的名义下,宗教观念常常是某个社会中的许多最重要和最基本价值的载体。神,或者像佛陀、耶稣那样的人格力量,是完美的存在,也是美好价值和实现美好价值的保障。① 祈祷,无论它以怎样的形式和面目出现,几乎出现于所有宗教当中。而祈祷就是期待"神"来保证所诉求的美好愿望成为现实。② 对于一些早期的规范和制度的形成来说,通过祈祷所传递的价值,乃是解决问题的压力所在;同时信仰即诉诸外部神秘力量的权威结构,在原始情境下其他调节手段普遍缺乏时,成为一种无可奈何的首选。进而,以神的秩序的名义保障的一些人间的规范,又成为创造新的规范的起点。但是"神"或者完美存在的概念,毕竟带有某种程度的虚构性。随着社会的发展,技术手段、制度环境的大幅度改善,以及对于基本价值的更明确、更直接的理解,都排除了继续使用宗教观念作为价值理念的载体和想象中的保障的必要性,亦即排除了宗教规范的全面渗透的必要性。

神灵裁判,例如日耳曼蛮族的火的裁判和水的裁判③,本身就

---

① 在宗教中同样有恶神或撒旦,而像琐罗亚斯德教这样的二元论,但一般来说善的力量仍然是宗教允诺众生的主要方面,参见[美]斯特伦著,金泽等译:《人与神:宗教生活的理解》,上海人民出版社,1991年,第35-64页、第94-126页。
② 成为祈祷的媒介的宗教仪式,本身就是一种特殊形态的规范。
③ 参见本书第7章第2节第1小节。

是一种司法制度,虽然它不能提供令人信服的裁决,但是比起创立和维系一个复杂的司法机构和从事司法调查来说,成本很低,在更好的方式缺乏现实基础的时候,不失为一种选择。但是以假想的神的秩序来保证的人间秩序,在人们面临更好的制度环境,并且可以把这种更好的制度付诸实施的时候,便完全可能退出历史舞台。

规范类型的混融性是缺乏机构分化所造成的历史现象。但是随着社会分工的完善——包括从事技术改良、知识获取、贸易、立法、司法、公共事务乃至艺术创作的机构和人员的分化[①],仍然维持规范的混融状况,既没有必要,也没有可能。在历史中,适应于目标的专门化,组织也是不断分裂和演化的,总体上趋于多样和繁杂,因而相应的规范和制度的不断衍生,就成为必然的趋势。但在这过程中,必须解决机构分化等带来的成本大幅增加的问题,但在不具备相应的成本环境时,类型或亚类型很难上升为现实的需要。

与混融性向差异性过渡几乎同步,规范的中介性特征日趋明显。这是一个解决问题的目标区域即关注的问题发生转移的过程。那些不被关注的领域,往往是问题得到完全或部分地解决的,以及没有进一步完善的可能性的领域。在那里,在依照惯性来延续其既定的有效规范的同时,也逐渐地淘汰或弱化了一些本就冗余或变得冗余的部分。而具有潜力的、有待新的规范去充实的领域,主要是那些组织趋于分化以及分工、协调的环节日益细化的领域。在法律型规范日趋完善的同时,旧的礼仪、伦理、惯例、处世方

[①] 关于分工的作用,参见[英]亚当·斯密著,郭大力、王亚南译:《国民财富的性质和原因的研究》,商务印书馆,1972年,第1章、第2章。

式,如果不是已经充分内化并被普遍接受[①],那就有可能不再适应新的时代节奏和氛围,不再适应有限理性的新的认识水平,而被新的组织形态中的相应做法所替代,甚至干脆被废弃。

过去在仪式或一系列规范中运用象征手段,是一个有效的方法,它可以成为行为的一种信息装置。但是如果导向社会协调的一些规范已经被充分内化,成为自觉的意识和自觉的做法,同时如果关于环境、生产和生活的计划、社会结构的有用信息,已经可以被直接地、更清楚地认识,那么仪式化或运用象征的功效就成了多余的。这样,带有象征性的规范被更有效的知识和规范取代,便指日可待。

五、一些总的模式

由于规范类型本身的差异,没有一个总的模式可以适用于所有类型。但有一些具有普遍意味的模式,分别对各自类型的动力机制作出了描述;进而,这些模式之间有着很强的总体性关联。

比较单纯地围绕人与自然关系而产生的种种规范和惯例,总的趋势是要更好地契合自然界的规律(或是契合为了把握这种规律所进行的工作的特点)。但是其间也走了一些弯路,巫术和物质生活民俗中都有一些是基于对因果关系的错误的猜测。但在各地民俗所包含的适应环境的知识中,至今仍有很多的秘密。

人与自然、人与人、人与自身这三重关系的领域中,都存在着一系列基本价值,它们在不同的环境和历史条件下被不断地重构,其间所凸显的特定的不满足状态,形成了问题和随之而来的压力。解决问题与否及解决的程度,则是相应规范和制度的效益体现。

[①] 像戒绝杀、盗、淫、妄这样的底线伦理,应该是面对更抽象的、潜在意义上更广泛的某类情境时的保守的策略(参见本书第6章第3节;第3章第2节),破坏它需要更充分的理由,它的稳定性使其与义务论的倾向更契合。

选择低成本的制度,或者选择那些边际成本更接近于边际收益的制度,乃是自然的倾向。问题的复杂性和实际的历史,围绕着上述规律可能产生的震荡主要来自:基本价值的不确定性,因为它是一个动态的连续体;人们在度量或估量成本、效益时得要面对的各种噪声;①以及有限理性是否认识到了较佳、较现实的制度选项。②

如果我们不想把基本价值这个概念庸俗化,那就得承认它是文明体系的一个函数(进而它可能是很多因素的函数),而文明是一个有思想的整体。其精神或思想的核心部分,是对共同体特定的自然和历史有所反应,在探索人格完整性的基础上,寻求精神的愉悦、安宁和升华的特定方式,这里尤其是指不同文化中的宗教信仰或核心价值观③,且所涉符号、语言或宗教仪式等本身就颇具规范意味。但思想也包括规范或制度如何建构的原则方面。前一方面也就是对基本价值予以取舍或重塑的体系;④后一方面则决定了制度扩张的同构性和整体安排的一些倾向。

如果某项规范或制度融入了制度的整体构造当中,就比那些没有这样做的,更有机会得以巩固、维护甚至进一步的演生。历史上,一些制度变革的成功与挫折,往往与其是否注意到了制度安排的整体性,即是否利用了各项制度的恰当配合有关。总的来说,整体

---

① 在历史和现实中,比较、竞争中的某种优势,可以视为制度的总体输出上的结果(当它具有运作的成本—效益上的优势时),构成了一种自然意义上的度量;参见本书第7章第4节。

② 有限理性的概念是说:人们实践方式很可能并非无所不知地最大化他们的既定目标,而是根据其自身的经验调整其愿望或目标,使之更可行。

③ 参见本节第3小节,以及[美]斯特伦:《人与神:宗教生活的理解》,第94-155页。

④ 甚至决定了一些牺牲是值得的,例如伊斯兰教所倡导的圣战,就是要求在一些特定情况,肉体生存的基本价值为更整体的价值作出牺牲。

第八章 规范演进动力机制的若干方面

的制度安排,更为稳定;在其他参数相同时,亦更具成效。[①] 这对于制度的演化过程同样重要。文明体系在建构规范和制度的过程中,并不是毫无选择的倾向,而是有一些基本的思路和理念,导向制度安排的同构性[②],这些理念又往往植根于它们的价值体系。

在不成文的惯例领域中,复杂规则不起作用,因为它们对人的认识能力的要求过高。这是表明有限理性之不足的有力证据。后者并不总是能意识到对他最佳或较佳的制度,何况像囚徒困境那样,个体理性和集体理性之间背道而驰,也是很常见的现象。围绕较佳制度信息的扩散,以及为了克服个体理性的短视,都产生了社会动员的问题。自发规则的改变,总是面临克服惰性(惯性)的问题,只有当支持改变的人不知不觉中达到临界多数时,改变才有可能。成文规则的制订可以交给最有头脑的人,但让它成为真正有效规则的实施过程,却不可避免地涉及是否契合大多数人的利益机制的问题;甚至在一些时候,如何使人们意识到它是契合的,与这方面的实际情况一样重要。

在一个完整的共同体中,三重领域之间的实践存在一定程度的耦合性,再就是这三重领域的规范之间的耦合性。[③] 围绕产权制度的一切,就是这方面的很好例证。清楚、合理的产权几乎是一个组织良好的社会给予许多个人的馈赠,[④]而混乱、不合理的产权则是事物的反面,也是其他方面弊端丛生的根源。但产权是横跨于人与物、人与人两个领域之间的形态,因此它是从事生产和交换的前提。且毫无疑问,产权的具体形态是多方面功能耦合的结果:

[①] [日]青木昌彦:《比较制度分析》,第236-238页。
[②] 参见本书第6章第1节第4小节。
[③] 参见本书第6章第1节第2小节。
[④] 参见本章第4节。

其分割、度量往往有赖于一系列的知识和技术；习俗、伦理、宪政、法律提供了一般的环境[①]，个人间的契约、组织内的规章则往往是它的直接原因。虽然产权和精神领域之间没有发生特别频繁的联系，但是一个相关的基本前提仍然来自后者：对于人格完整性和是否存在人格障碍的理解。[②] 此外，在非常一般的意义上，可以说：一些思想有其产权上的倾向性（譬如儒家宗法等级思想与资产阶级自由主义思想）。耦合性的最大循环是：在不同产权基础上产生的不同的经济收益率，决定了很多规范和制度的成本环境，例如决定了国家财政的税基大小。

不完整的共同体，或者，一般所谓"组织"，可以理解为，基于一系列共同目标，若干资源所有者之间所订立的关系性契约[③]，例如经济组织就是劳动力、资本或其他生产要素的所有者之间的一种联合。企业就是这样，它是价格机制的替代物，是在短期的契约不能令人满意的情况下出现的。[④] 经济组织的不同形态也是适应不同目标、环境、知识和资源等方面的特点而产生的。[⑤] 对于其他组织，当然一样存在着策略性的分析，即什么样的手段将是真正有助于目标实现的。

[①] 譬如埃格特森的《经济行为与制度》提到："若公众能共同维持社会习惯，而这些习惯又恰好与政府所鼓励的基本权利结构相吻合，实施排他性权利的成本就会降低。反之，如果社会准则瓦解，则必会产生严重的经济影响。比如，高犯罪城区，房地产主实施所有权的成本非常高，甚至使房地产净值为零……"（《经济行为与制度》，第37页）。

[②] 例见罗马法中关于人格的界定，参见周柟：《罗马法原论》上册，商务印书馆，1994年，第97-120页。

[③] 参见［德］柯武刚等：《制度经济学》，第242-246页；第329-330页。

[④] 参见［美］罗纳德·科斯等：《论生产的制度结构》，上海三联书店，1994年，第1-52页等。

[⑤] 参见［冰岛］埃格特森：《经济行为与制度》（第143页）所引用的威廉姆森（1980）的研究。又见［日］青木昌彦：《比较制度分析》，第97-132页。

第八章 规范演进动力机制的若干方面

伦理:它在一定意义上是抽象的;因为伦理规范中的一些核心部分所基于的考虑是,当你面对无限的、潜在的他者时,应该如何行动,以便取得彼此间的协调。伦理是关于基本价值最低或较低满足程度的一项保险制度①,这恰是它在效益核算取向上的特点。安全承诺、尊重产权、尊重个体意志或者诚信②,在绝大多数共同体中,为其成员之间彼此所看重。共同体的感觉也可以扩展至人类的全体,这恐怕是轴心时代以来的一些高度发达的文明社会之间的共识。③ 但不时地以所谓的邪恶的理由,打破了这种共识,与其说是观察到了邪恶,不如说是由于无知而产生的恐惧。④

伦理是伦理型规范中的稳定化内核,但伦理型规范,即取得人际间协调的规范,还有很多种类,例如仪式。⑤ 后者并不仅仅满足于起到实质性伦理的辅助功能,它在另一些时候充当了信号媒介或信号渠道的角色,如果这种角色及其功能是高度稳定的,那么它就成了一种符号,变成各种社会关系的稳定象征。⑥

语言、度量衡标准、传播媒介方面的改进,可以使得信号传递更准确、更快捷。⑦ 从而大大降低了人类社会的协调成本。某些社会化的礼仪、惯例、互动角色的期待,也具有类似的协调功能。所有这一类的社会化规范,都要付出个体层面的习得成本,以及集

---

① 参见本章第 3 节第 3、4 小节。
② 这些价值的伦理意涵,落实在个体行为的层面上,相当于戒绝杀、盗、淫、妄等。
③ 轴心时代的概念,参见 [德] 雅斯贝尔斯著,魏楚雄等译:《历史的起源和目标》,华夏出版社,1989 年,第 1 章等。
④ 例见美洲殖民史上对于印第安人的屠杀,或者那些没有正义一方的血腥战争。
⑤ 我们不能被一些名词使用的混淆与不经意所蒙骗,比如中国古代所谓"礼"就不单纯指仪式,而是相当复杂和多元的概念,参见本书第 6 章第 1 节第 5 小节。
⑥ 譬如成为权力或等级关系的象征、宗法关系的象征,参见本书第 7 章第 3 节第 1 小节等。
⑦ 参见 [德] 柯武刚等:《制度经济学》,第 152－156 页。

体维护的成本。而且即使有其他可能的替代方案,在满足相近的协调需要的时候,通常不须付出更多或更少。对于个体的习得等,存在着边际成本递减的现象;习得的结果一旦内化,维系它的能量就处在一种固定的低水平上。而且人际交往中的现实或潜在收益,会随着采纳这类协调性规范的集体规模的扩大而递增。然而,围绕着协调性规范,固有的规模效应和习得方面的边际成本递减的规律,也是造成路径依赖现象的重要原因之一。

在一个社会中,无数个体对于伦理规范、基本礼仪的习得,是高度社会化过程的产物。伦理规范要求个体付出一定的服从成本,但人性自私的弱点,有时会令其不愿为此付出,竟至铤而走险。这时第三方强制实施的机构,在降低有关的成本和收获更大利益方面便是值得期待的。所谓的第三方机构,很可能就是国家。[①]法律或者其他某些法律型规范,有时候就是由第三方机构创造和维系的伦理的替代品。此外,它也针对其他的协调工作,或者它本身的维系所依赖的基础。而第三方机构的具体形态的选择,以及在其制度框架下,许多组织和制度的演化,又是可以较大程度地适用成本—效益分析的。

其实,造成规范演变的因素很多:不同的自然和安全环境提出了不同的挑战;先前的规范和制度史(路径依赖现象的根源,旧瓶装新酒式的利用,可以降低学习和社会动员的成本等等);情感因素的融入(它们是使得一些动机变得更强烈的润滑剂),有限理性的脆弱基础;符号选择的任意性、多样性等等。假设人类规范的演化完全不受偶然性的影响,甚至每一个问题都有唯一合理的解决

---

① 它包括将针对冲突意志的裁决权赋予某些个人,或设定某些裁决的程序机制,参见本书第 6 章第 1 节第 2 小节等。

方案,就是无视人类历史的多样性。规范选择的多样性,以及它在解决问题方面伴随着一定的冗余性,乃是一对孪生兄弟。但历史就是这样:在不断的试错和摸索中勇往直前。

第三篇　个体规范意识及行为的形成与发展

本篇尝试对个体规范意识及行为的形成与发展作综合性的研究，从动态上探讨个体变量，如个体的年龄、生理心理机能、语言、游戏、教育、操作活动、人际交往等因素，与个体规范意识及行为的关系，阐述个体的规范意识及行为的形成发展过程。

任何个人要适应其所处的社会，都必须掌握一定的技术规范和社会规范，形成一定的规范意识与符合规范要求的行为习惯。规范意识及行为的形成与发展是个体社会性适应中极其重要的内容，它是个体进行正常社会生活的基础和保证。

儿童时期是个体的规范意识及行为形成与发展的重要阶段。儿童的规范意识及行为的形成发展过程与儿童的社会化过程是同步进行的。所谓的社会化是个体在社会活动、社会交往中，通过社会学习将社会文化逐步内化，从自然人发展成为社会人的过程。社会化有两个任务：第一，使个体知道社会或群体对他有哪些期待，规定了哪些行为规范。人是社会的人，从他出生之日起就生活在一张社会关系网中，与社会建立起这样或那样的多重联系。人要成为一个社会的人，成为一个被社会所承认与接纳的人，必须实现社会化，学习社会中的各种规范，了解社会或群体对他的期待，从而使自己逐步具备一个社会成员所应具备的知识、技能、态度、情感和行为。第二，使个体逐步具备实现这些期待的条件，自觉地以社会或群体的行为规范来指导和约束自己的行为。每个社会都对生活于其中的成员提出一整套的行为模式要求，并千方百计地对它的成员施加影响，帮助每个成员了解什么是正确的，什么是错误的，什么事可以做，什么事不可以做，从而使个体逐步形成社会所需要的价值观念，并按照这些价值观念去行动。社会化过程进展顺利的儿童通常都能获得社会所期待的价值观和行为标准，并通过自身一系列行为表现出来。

一个儿童，出生时只具备一定的生理条件，只是一个自然实体，还没有成为一个社会实体。他要成长为一个社会实体，就必须学习社会中的各种规范，掌握社会中每一位成员都应具备的最基本的知识技能和行为准则。儿童从一个只有感官知觉的个体，发展成为一个能遵守社会各种规范的成人，经历了一个漫长的过程。这是儿童在自身生理、心理机能发展的基础上，在社会生活中，通过主体与客体、主体与主体的相互作用实现的。一个人出生之际不具备任何规范知识，只有当个体的意识水平发展到能区别自身与环境、自我与他人、自我与社会的不同时，意识到自身作为一个相对独立的个体与整体存在着矛盾并产生解决这些矛盾的需要时，才能产生规范意识。个体的规范意识虽然不是先天就有的，但是，正常的社会个体皆有产生规范意识的可能性。这种可能性一方面源于个体本身具有的需要和对规范的接受能力，另一方面则因为个体本身就是社会的人。前者为个体接受各种规范提供了可能，后者则为个体实践各种规范，发展规范意识及行为创造了条件。个体通过与外部环境、与他人的各种相互作用获得一定的经验，从而对他生活于其中的那个世界是个什么样的世界，人们应该如何行动等问题，形成一定的认识，并在未来的生活中以这种认识来指导自己的行为，使自身的行为合乎社会对他的期待。

第三篇 个体规范意识及行为的形成与发展

个体的规范意识及行为的形成与发展是个体生理成熟和经验累积共同作用的结果。生理上的发展和成熟是基础,它从生物学上为个体的发展提供了条件。儿童某些行为模式的出现有赖于一定的躯体结构或神经通路发生的机能。生理机能上的某些缺陷会导致一些失范行为的产生,如某些攻击性行为就与个体脑神经的机能相关。人类遗传素质是上代为下代提供的有利于人类从事各种活动的必不可少的特殊素质。在一定社会环境的影响下,这些先天的遗传素质将表现出自身发展所特有的趋势,从而为个体发展成为一个社会的人提供可能性,为个体实现社会化奠定生物学基础。"狼孩"从小在狼群中长大,当他回到人类社会,之所以在一定程度上能够恢复人的行为,除了周围环境对他的影响外,还有他体内存在的人类特有的遗传素质产生的作用。

社会生活环境中积累的经验,既包括儿童对物体操作的经验(主客体间的相互构建),也包括儿童与长辈、同伴的交往作用生发的经验(主体间的相互构建)。儿童的技术规范意识与行为主要是在儿童对物体的操作中、在儿童与客体的相互构建中发展起来的,儿童对工具的操作,对其规范意识与行为的形成发展,具有特别重要的意义。儿童的社会规范意识与行为则主要是在儿童与他人的相互作用中、在社会交往中培养起来的。在规范的个体发生上,可以看到社会交往对儿童的规范意识及行为的形成与发展所起的重要作用。个体刚出生时没有任何规范意识,只有本能,只有在与双亲、与社会中的他人即真正与社会发生联系时,才能从仅仅意识到自己的需要,转变为意识到他人的需要。只有在这时,在需要某种东西来调节自身与外界的相互关系时,他们才可能萌发出规范意识。没有一张社会关系之网,规范意识及行为永远也不可能在个体身上发生。个体的规范意识及行为的形成与发展主要受两种人际关系的交互影响,一种是以协作和合作为特征的横向关系,即同伴间的关系;另一种是以尊重和单向服从为特征的纵向关系,主要是成人与儿童间的关系。一个个体,从呱呱坠地之日起,就与社会发生联系,与人们进行交往,接受社会施加的影响。推动个体的规范意识及行为形成与发展的力量,包括家庭、幼儿园、学校、各种群体组织等。成年人特别是家长、教师的教导及儿童与伙伴开展的有社会意义的共同活动,对儿童的规范意识及行为的形成与发展具有特殊意义。在不同年龄阶段,影响儿童的规范意识及行为的形成与发展的主要因素也是不同的。儿童年幼时,长辈对他的影响较大。而随着儿童年龄的增长,同龄伙伴则发挥着越来越重要的作用。个体生理心理机能的成熟与经验的累积这两种因素的综合作用,使得儿童逐渐掌握各种技术操作规范、社会行为规范。

下面的图表简要地说明了个体的规范意识及行为的形成与发展受哪些因素的影响:

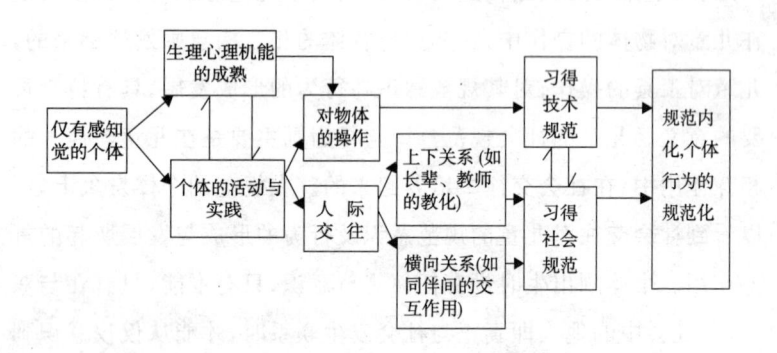

```
                    ┌─────────┐
                    │生理心理机能│
                    │ 的成熟   │
                    └────┬────┘
                         │         ┌──────┐      ┌────┐
                         ↓         │对物体 │─────→│习得 │
  ┌──────┐        ┌─────────┐    │的操作 │      │技术 │──┐
  │仅有感知│───→   │         │──→ └──────┘      │规范 │   │   ┌──────┐
  │觉的个体│       │个体的活动与│                 └────┘    │   │规范内 │
  └──────┘        │  实践    │    ┌──────┐                 │   │化,个体│
                   │         │──→ │ 人际 │    ┌─────────┐   ├─→│行为的 │
                   └─────────┘    │ 交往 │    │上下关系(如│   │   │规范化 │
                                  └──┬───┘    │长辈、教师 │   │   └──────┘
                                     ├──────→│的教化)   │   │
                                     │        └─────────┘   │
                                     │        ┌────┐        │
                                     │        │习得 │────────┘
                                     │        │社会 │
                                     │        │规范 │
                                     │        └────┘
                                     │        ┌─────────┐
                                     └──────→│横向关系(如│
                                              │同伴间的交│
                                              │互作用)   │
                                              └─────────┘
```

第九章 乳儿期(0-1岁):个体规范意识及行为形成的起点

乳儿期的孩子,只有一些基本的生理欲望,没有任何关于社会规范的意识,拒绝接受任何行为规范要求,表现出一种我行我素、自我中心的样子,不能用社会规范、道德习俗、行为准则来约束和控制自己的行为。在这一阶段,儿童既不懂得规则,也不会根据规则或权威的意见来判断好坏,处于我行我素的无规范状态。凡使他愉快或感到安全的就是好的,凡使他痛苦或害怕的就是坏的。他没有责任的观念,能怎样做或想怎样做,就怎样做。

乳儿期的孩子最主要的交往对象是母亲,受身体机能的限制,母亲是其生存的主要依靠对象。在从母亲那里吮吸奶汁时,不同的吮吸动作会带来母亲的不同反应。不适当的吮吸方式会遭到母亲的拍打、喝斥,而这使儿童感到不安。儿童感到这种不安,就会抑制这种动作方式。经过多次反复与强化,儿童就会把它们以动作结构的形式贮存下来。这些动作结构实质上就是"要这样做或不应那样做"的规则的胚芽。这可以说是儿童产生规范意识及行为的起点。

第一节 乳儿生理心理机能的发展对其规范意识及行为形成的影响

一、乳儿手脚运动机能的不完善对其规范意识及行为的影响

1岁前,儿童的手脚骨骼运动机能还不完善,基本上还不会以人类典型的动作方式来行动和把握各种物体。例如,不会走、跑、跳,不会用正确的方式使用日常用品等。这就极大地影响了他对客观世界的认识,以及适应和改造环境的能力,限制了他对各种规范的掌握。这也将儿童的生活范围限定在家庭之内,限制了儿童扩大交往对象的范围。因此,乳儿的日常交往对象主要是父母和长辈。和父母、长辈特别是母亲的最初交往,对儿童的规范意识及行为的形成起着主要的作用,儿童的规范意识及行为的起点主要是在与母亲的互动中形成的。

二、乳儿的第一信号系统起主要作用对其规范意识及行为的影响

儿童出生以后,到1岁左右,只有第一信号系统的活动,这时,儿童不能认识事物的本质和规律,其活动也缺乏自觉性和目的性。因此,儿童在活动中很难按照通过语言描述的一定规律、规则去操作物体,达到一定的操作目的;也不能理解成人的语言评价,无法通过成人的"好"、"坏"、"乖"、"不乖"等语词评价来理解行为规范的要求。大约从1岁末起,儿童在自己与周围的人和事物的相互作用过程中,逐步掌握了语言。也就是说,在第一信号系统的基础上,开始形成第二信号系统的活动。第二信号系统,也就是语言,不仅是人们相互交往的媒介,还是个体进行自我评价的中介。在通过语言与其他个体进行交往以及对自己进行评价的过程中,个体能逐渐掌握适当的行为模式,并促使自己的行为向合规范方向发展。乳儿不能掌握语言,这限制着他的交往范围,也使他不能从词意上明白成人对他的口头评价,对自己的行为作出评价就更不可能了,他完全是依据其自身愉快或痛苦的情绪体验来调整行为的,而不能根据成人的褒义或贬义的语词评价来调整自身行为。

三、乳儿自我意识的发展状况对其形成规范意识及行为的影响

自我意识的产生和发展,是人和动物在心理上的最后分界线。动物没有自我意识,而人有高度发达的大脑,人通过劳动认识了自然界,进而认识了自己,特别是语言的产生,促使人的自我意识发生了根本的变化。自我意识是人对于自己的生理状况、心理特征以及自己与周围关系的一种认识和态度,它包括自我认识、自我体验、自我评价、自我控制等多种形式。一个人的自我意识,是在与周围各种各样的人们的接触中,注意他们对自己的态度,想象他们对自己的评价,并把这些态度和评价作为一个客观标准,在这个基础上形成的。他人的评价反映了社会规定的角色要求、行为规范和群体的价值观。例如,某个儿童经常帮助其他小朋友,他感觉到周围的同学都很喜欢他,这反映了社会的价值观,说明助人为乐这种品质是得到社会肯定的,已被人们内化为他们的主观评价的依据。由此可见,自我意识是社会评价、社会价值观和社会规范的反映。自我意识的形成是个体规范意识及行为形成过程中的关键环节,它的发展影响着个体的规范意识及行为的发展。自我意识不仅使个体意识到自身及其活动的环境和对象,而且使个体给自身各种行为注入主体的意图和目的,加入了自觉自为的成分,从而使得个体开始能支配自身的活动,并依据外在的一些规范要求调整自己的活动。

1. 乳儿自我认识和自我评价的特点对其形成规范意识及行为的影响

我国心理学界对1岁前儿童的自我意识发展过程的比较一致的看法是:1岁前的儿童没有自我意识,不能把自己作为一个主体同周围的客体区分开来。他们甚至不知道手、脚等是自己身体的

一部分，所以，我们常常看到七八个月大的孩子自己咬自己的手指、脚趾，有时甚至会把自己咬疼而哭叫起来。逐渐地，他们才知道手、脚等是自己身体的一部分。大约到第一年末，儿童开始能把自己的动作和动作对象区分开来，以后又能把自己这个主体和自己的动作区分开来。从这个时候起，儿童开始把自己作为一个主体同周围的客体区分开来，开始认识自己与客体的关系，这是自我意识的萌芽。

自我评价是个体依据自我认识对自己作出的某种判断。例如，"我刚才帮妈妈摆了碗筷"，这是自我认识；"我是一个好孩子"，这是在自我认识的基础上对自己作出的评价判断。正确的自我评价，对于个体的心理活动及其行为表现，对个体协调社会生活中的人际关系，按社会提出的行为规范行动，有较大的影响。各种评价对个体有着强大的吸引力量，好的评价会促使个体重复某一行为，而不好的评价则会促使个体的某一行为消退，从而使个体采取与社会规范的要求相一致的行为模式行动。由于乳儿1岁前只有第一信号系统的活动，第二信号系统的活动还没有发展起来，因此，他无法理解"好的"、"不好的"等一些价值词的意义，更无法通过那些包含"好的"、"不好的"等价值词的评价判断来调整自身行为，成人的语言评价对他是不起作用的。但是有的时候成人的评价可以不用价值词，而用其他的方式，如眼神、脸色、手势来表达。这些形式的他人评价可以通过乳儿的自我评价，影响乳儿对自身行为的判断。父母赞赏的眼神、微笑的表情可以强化乳儿的某一行为，父母责备的眼神、生气的表情可以促使乳儿某一行为的消退。

2.乳儿自我体验的特点对其形成规范意识及行为的影响

所谓自我体验，乃是自己对自己怀有的一种情绪体验，有积极肯定的自我体验(表现为自我满足)与消极否定的自我体验(表现为自我责备)之分。情绪的自我体验往往与自我认识、自我评价有关,也和自己对社会规范、价值标准的认识有关。对儿童来说,做出特定行为后获得成人的赞赏或批评而引发的自豪或内疚的情绪体验,是影响他们对行为的调整的重要因素。自豪的情绪体验可以增加个体在相似情境中重复该行为的几率,内疚的情绪体验则会降低个体在相似情境中重复该行为的几率。由于乳儿只有一些基本的生理欲望,因而情绪体验的种类也是有限的。在他们的生理欲望得到满足时,他们会觉得愉快、安全;在生理欲望得不到满足时,他们会觉得痛苦、害怕。因此,凡使他愉快或感到安全的就是好的,凡使他痛苦或害怕的就是坏的,没有自豪、内疚等高级情绪体验,不能根据自豪、内疚等高级情绪体验认识自己行为的好坏。

3. 乳儿自我控制的特点对其形成规范意识及行为的影响

自我控制是个体自我意识发展到一定程度所体现出来的功能,是自己对自身行为与思想的控制,是自己对自己的制约。邓赐平、刘金花在《儿童自我控制能力发展研究》中提出:"自我控制是个体自主调节(监控)自己行为的能力,使其与个人价值和社会的期望相匹配,自我控制能力制止或引发一些特定的行为,主要包括五个方面:一是抑制冲动行为;二是抵制诱惑;三是延缓满足;四是制定和完成包括必须做什么、能做什么以及如何使个人行为与行为意图间协调一致等内容的行为计划;五是在社会情境中,儿童能够不顾自己当时的个人喜好采取适当的行为方式。"[1]乳儿的自我

---

[1] 邓赐平、刘金花:"儿童自我控制能力发展研究",《当代青年研究》,1997年第3期,第26页。

控制能力极差,大脑皮质的抑制机能还很不成熟,大脑皮质兴奋过程占有很大优势,表现出极大的冲动性。随着儿童的成长,皮质抑制机能逐渐完善,兴奋和抑制趋于平衡,他才逐渐能够在一定程度上控制自己的行为。乳儿自我控制能力差,使他不能很好地控制自己的动作。在各种情境中,也多半是根据自己当时的喜好去做出一定的行为,想怎样做就怎样做,能怎样做就怎样做,拒绝接受任何社会规范的要求。

第二节 乳儿动作的发展对其规范意识及行为形成的影响

儿童的心理是在他的实践活动中形成和发展起来的,儿童的实践活动乃是儿童心理发展的基础和源泉。而儿童动作的发展是儿童实践活动发展的直接前提。在各种不断反复的动作中,儿童能对自己的行动后果产生预见性,从而调整自己的行为,按照适当的行为模式、行为规范去行动,以促成或避免一定的行动后果。皮亚杰认为:"知识来源于动作,而非来源于物体。"[1]因此,了解儿童早期动作发展的状况以及它在儿童心理发展上的意义,对于我们了解儿童的规范意识及行为的形成与发展过程是很有必要的。

一、乳儿的抓握动作对其规范意识及行为的影响

1岁乳儿的特点在于其动作的发展变化。乳儿从出生后的第三四个月起,就开始有一种无意识的手的抚摸动作。他无意识地抚摸着棉被,抚摸着自己的手,等等。到了第五六个月,乳儿由于

---

[1] [瑞士]让·皮亚杰、英海尔德著,吴福天译:《儿童心理学》,商务印书馆,1980年,第116页。

不断重复某一抚摸动作,就使该动作成为"学会了"的动作,这使乳儿的动作具有最初的随意性。此后,当他认出父母或看到玩具的时候,他就会伸出手来抓抓摸摸,这就是儿童最初的抓握动作。在抓握动作中,儿童开始把手作为认识的器官来感知外界事物的某些性质。物体的许多属性,如冷暖、硬软、轻重等等,是只有通过手抓握、触摸物体才能获得感性经验的。在摆弄物体的过程中,同一动作的反复往往引起同样效果,例如,每次碰到挂在小床上的铃铛,都会发出好听的声音,这使乳儿获得关于动作跟动作结果之间的因果关系的认识,形成了反映事物最初关系的稳定的感觉和运动表象,从而促使具有初始的方向性和预见性的随意动作逐步形成和发展起来。关于动作与动作结果之间的因果关系的认识,不仅能使儿童对自己操作物体的行动的后果产生预见性,而且促使儿童在日后与他人的社会交往中,也能预见自己的交往行为产生的后果,并依据这些行为后果来调整自己的社会性行为。个体"从观察自己行动的不同结果中,提出了在什么场合什么反应最为合适的一些假设。这一行动获得了一些信息,这些信息接着又可作为下一行动的指针。正确的假设造成顺利的结局,而错误的假设导致无效的行动,因而不同的后果以及随后发生的反应有选择地加强或者否证着人的认识"。[①]

乳儿手的抓握动作具有自己独特的特点:第一,乳儿最初的及物动作,通常不是手指的动作,而是用手掌将物体一把抓。到第五六个月的时候,乳儿的大拇指才慢慢与其他四指区分开来,乳儿逐步学会了拇指与其余四指分工的抓握动作,这是人类操作物体的

---

① 班杜拉著,陈欣银、李伯黍译:《社会学习理论》,辽宁人民出版社,1989年,第15页。

典型方式。随着这种操作方式的发展,手不再是自然的工具,不再像动物的肢端一样五指不分,而能开始使用工具。个体可以通过五指的灵活运动去拿一些细小的东西,进行一些复杂的操作。这为个体以后实施技术性的操作奠定了基础,从而为个体掌握操作性的规范提供必要条件。第二,在抓握动作中,儿童逐步形成眼和手,即视觉和触觉的协调运动。乳儿在第三个月开始抚摸物体时,眼睛并不看着手,看其他东西时手也不会去拿,眼和手、视觉和触觉是不协调的。后来多次抚摸物体,偶然眼睛看到手,才在头脑中建立起视觉、触觉与运动之间的联系。此后,由于"坐"的姿势的发展,使视线容易和手接触,手眼就开始协调起来。例如,儿童把小丸子装入瓶里,就是通过手与眼、视觉与触觉的协调运动完成的。事物的属性是多方面的,例如一块积木,它有颜色、形状、温度、硬度等等,乳儿在没有发展起视觉与触觉的协调运动时,可能只能看到积木的颜色、形状,或者只能感觉到积木的温度、硬度,而不能将两种感觉结合起来。等到他发展起视觉与触觉的协调运动后,在将积木放入大盒子里的过程中,通过手与眼的协调运动,他就既能看到积木的颜色、形状,又能感觉到积木的温度、硬度等等,形成关于积木的颜色、形状、温度、硬度等等的整体知觉,从而掌握事物的多重属性,使知觉和具体思维能力得到发展。眼手协调,视觉与触觉的协调,还是儿童通过眼睛检查行为的结果,从而调控行为的生理基础。这种视觉检查能提高儿童的操作能力,促使儿童在物体操作中更好地掌握操作规范。儿童在物体操作中发展起来的知觉能力和具体思维能力,亦能应用于社会交往中。儿童在视觉与触觉的协调运动中,发展了对隐蔽在事物中的复杂的属性和关系进行分析的能力,这为儿童日后在复杂的社会生活中掌握多方面信息,感觉、分析人们多种不同的反应,并依人们不同的反应做出不同行为,表现出社会所期望的行为模式,按照一定的社会行为规范行动奠定了基础。

二、乳儿直立动作的发展对其规范意识及行为的影响

儿童直立行走动作的发展同样要经历一个漫长的过程。大约3个月的时候,乳儿开始能翻过身来。到第6个月的时候,能坐起来。在6个月之后,开始会爬,到第一年末的时候,才有可能开始走路。乳儿第一年内不能行走的特征,使他不能主动地去接触周围的人和事物,限制了他认识周围现实的范围,也使他的规范意识及行为的形成主要受父母和长辈的影响。只有到下一个年龄阶段,儿童才可以通过行走主动地去接触各种人和事物,扩大认识人和事物的机会、范围,开始同父母、长辈以外的人接触并发生相互作用,规范意识及行为的形成与发展开始受父母及长辈以外的人的影响。

第二节 乳儿的社会交往对其规范意识及行为形成的影响

人具有社会性,是处在一定社会关系中的人。美国社会学家K.戴维斯曾研究过一个叫安娜的女孩子,由于她是私生子,她的外祖父就把她藏在顶楼的一间小屋里,不许她见人。安娜只能得到最起码的维持生存的照顾,不能与更多的人交往,更不能参加社会活动。当她6岁被人发现时,她不会讲话、走路,不会自己吃东西,没有与人交往的能力,感情麻木,表情呆滞,对人毫无兴趣。当她将近11岁时,只达到两三岁孩子的社会化水平。这表明,人要掌握社会规范知识,形成规范意识及行为,完成社会化,一定要在社会中与他人发生交互作用。主体间的相互作用是个体的规范意

识及行为形成与发展的重要影响因素。

皮亚杰认为,"社会——约定知识是从文化中发展起来的。它不能像获取物理和逻辑——数学知识那样,从作用于物体的动作中获得,它是儿童通过自己作用于他人的动作(与他人相互作用)建构起来的。儿童之间、儿童与成人之间的相互作用为社会——约定知识的建构提供了机会"[①]。"儿童可以在一种相对地脱离他人的情形下,建构社会可接受的树的概念(物理知识),因为儿童通常能够接触到参照物(树)。但是,同一个儿童却无法在脱离他人的情形下建构一种可被社会接受的'诚实'概念(社会——约定知识)。概念在多大程度上是'约定的'或俗成的,儿童就得在多大程度上依赖社会性相互作用来建构它并验证它。"[②]

个体从出生之日起,就落在一张社会关系网之中。从这个意义上来说,个体的社会化过程,从诞生之日就开始了。家庭是儿童出生后的第一个生活环境,儿童首先在这种环境中逐步成长。家庭中的各种人际关系是影响儿童的规范意识及行为形成与发展的重要因素。儿童从家庭中获得最初的生活经验和行为习惯。"家庭是社会的细胞,是儿童社会化的第一社会环境,还是一个无可比拟的第一环境。家庭为儿童提供了第一次人际交往,第一种人际关系,第一项社会规范,第一个社会角色。家庭为儿童提供了活动的场所和内容,家庭为儿童在独立参与社会生活之前在社会上提供了第一次定位。家庭也为儿童培养了与家庭其他成员相互作用的最初能力。正是这种能力,为今后在社会上与同伴、同事、朋友、上下级人物,最后与配偶和自己的孩子形成正常关系提供了心理

[①] [美]B.J.瓦兹沃思著,徐梦秋、沈明明译:《皮亚杰的认知和情感发展理论》,厦门大学出版社,1989年,第28页。

[②] [美]B.J.瓦兹沃思著:《皮亚杰的认知和情感发展理论》,第35页。

准备。"①

由于母亲是乳儿生存的主要依靠对象,所以乳儿的交往主要是与母亲展开的。在与母亲的相互作用中对行为进行调整,是儿童形成规范意识的起点。乳儿具有吮吸这种无条件反射动作,当他在吮吸过程中偶然咬痛了母亲的乳头时,母亲通常会轻轻地拍打儿童,以促使他停止这一动作。等到儿童停止吞咬乳头的动作后,母亲也停止拍打,儿童又可以继续顺利吮奶。经过多次这样的反复后,儿童就能建立咬痛母亲的乳头时会遭拍打、不咬时可以顺利吮奶这样一种印象,并根据这种印象来调整自己的吮吸动作。这种印象在乳儿吮吸动作不当招来母亲的拍打时所感受到的不安中得到巩固,这种不安会促使他抑制某种动作。经过多次这样的反复与强化,儿童就会把它们以动作结构的形式贮存下来。这些动作结构实际上就是"应这样做"、"不应那样做"的行为规则的胚形。这些动作规则经过个体的同化与顺应,便形成了个体最初的规范意识,它促使乳儿在吮吸过程中采取适当的行为模式。儿童在这种最初的规范意识的基础上,对其他种种行为规则不断加以同化、顺应,从而掌握越来越多的规范知识,并形成一种关于规范的知识结构,而个体随着这种知识结构的不断建构也不断地作出行为上的调整,使自己的行为越来越合乎行为规范的要求。

---

① 韩秀英:"家庭中儿童的社会化问题",《吉林教育科学·普教研究》,1995年第6期,第27页。

第十章 婴儿期(1-3岁):个体规范意识及行为初步形成

1岁后,儿童逐步学会了独立行走,且有了言语交往能力,这使他能通过语言与更多的人发生交往。他的活动开始越出家庭。但是,家庭仍然是其主要的活动场所。父母在儿童的规范意识及行为的形成与发展过程中仍具有十分重要的影响。两三岁的儿童在日常生活中,在与母亲或照看者的相互作用中,在与他人的最初交往中,在父母和长辈的教导、表扬、批评下,逐渐懂得了什么是可以做的,什么是不可以做的。当婴儿做出某件事时,成人总是给予他这样或那样的评价,如"好孩子不能打人","好孩子不拿别人的东西"等等。虽然婴儿还不了解为什么不能这样做而要那样做,但行为的自然后果和成人的评价强化或弱化了他的行为。打了人,会受到其他孩子的抵制,不跟他玩,这是自然后果;又会受到成人的批评,这是社会性后果。正面的自然后果,成人的积极评价、愉悦情绪可以使儿童的行为得到积极强化,增加儿童在以后类似的情境中重复该行为的频率;负面的自然后果,成人的消极评价、不悦情绪则可以使儿童的行为在一定程度上消退,减少儿童日后在类似情境中再次按照该行为模式行动的可能性。在依据行为后果不断调整行为的过程中,儿童逐渐显得"听话"、"懂规矩"、"有礼貌",渐渐地能采取适当的行为模式,遵守一定的行为规则。但是此阶段的儿童事实上并不理解规范,他是根据行为的自然后果和社会性后果来解释好坏的。为了逃避成人的惩罚或得到成人的奖赏,儿童会服从成人的教导,按照成人教导的行为模式、行为规则去行动。但是从某种程度上来说,直接的自然后果可能更有利于儿童的规范意识及行为向自律发展,因为它对儿童产生的作用是直接的。如,伸手碰火,使儿童切切实实感觉到痛;打了人,其他小朋友抵制他,不跟他玩。对行为的自然后果的认识是儿童理解为什么要这样做,不那样做的关键。当然,由于处于婴儿期的儿童在生理、心理各种机能上还存在不成熟的方面,如自我控制、抵制诱惑能力仍然很差,所以尽管儿童已经能按照一定的行为规则去行动,但是他的规范意识及行为并不稳定。在某些情况下,儿童虽然知道做出某行为会带来不良的后果,但他就是不能控制自己,仍然会做出不适当的行为。随着儿童年龄的增长,他的规范意识及行为才能不断地趋于稳定。

第一节 婴儿生理心理机能的发展对其规范意识及行为形成的影响

一、婴儿身体运动机能的发展对其规范意识及行为的影响

这一阶段可以称为真正的对外动作阶段。儿童能够直立,开始自由行走,是此时第一个重大发展。能站能走,就使眼界开阔了。当看到远处的人和东西时,由于儿童能走路,就能摆脱他的狭小生活世界去自由地接触引起他兴趣的其他人和事物。主动地接触、走近别人,为儿童参加集体活动、在集体活动中初步习得一些行为规则提供了条件。例如,婴儿期末的儿童就已经产生了与其他儿童交流的需要,当他看到远处有两个儿童在玩皮球时,他会走近并加入他们的活动。在与其他两个儿童一起活动的时候,他可以与他们共同扔皮球玩,但是他不能将皮球独占,因为那样做成人立刻就会批评他,并告诉他说"好孩子不能抢别人的东西",而其他两个儿童也会因他抢走他们的皮球而对他哇哇大叫。这些反应会使该儿童觉得不愉快。这样,他就有可能在以后类似的情境中不再做出该行为。如果不能独立行走,儿童就参加不了此类集体活动,也就不能从该情境中获得一些初步的行为规则体验了。此时的另一个进步是双手中有一只,开始取得优势,通常都是右手。以右手为主,以左手为辅,互相配合做不同的动作,使儿童的动作支配能力得到发展,这就保证复杂的操作行动能够进行,从生理上为儿童掌握某些技术规范提供了条件。在乳儿期,儿童的吃喝等基本生活都是由成人照料的。到了婴儿期,由于动作支配能力的发展,儿童可以在成人的帮助下,使用一些日常用具、完成一些基本的日常生活活动。例如,拿汤匙吃东西、用手绢擦鼻涕等。从事基本的生活活动,需要了解所使用的物品的属性和用途,以便能够根据它们的特点来使用。儿童在基本的生活活动的过程中不仅了解了事物的属性,还通过操纵和使用物品熟练了对物品的操作,为以后进行技术性操作奠定了基础。在儿童的基本生活活动中,除了自我服务的活动外,还有一些简单的为他人服务的活动,如帮助妈妈摆筷子、搬小凳子等,这其实就是最初的合作,有助于发展儿童的合作意识,为他掌握社会生活中的交往规则、学会在社会中如何与他人相处作准备。两手分化,重点使用右手的重要意义还在于:指挥右手的大脑左半球恰恰也就是语言中心所在的那个大脑半球,两手分化的结果,既建立起一个改变外物的"工具系统",同时也有助于形成一个代表外物的"信号系统"。第二信号系统对个体的规范意识及行为的形成与发展有着极其重要的影响。

二、婴儿第二信号系统的形成对其规范意识及行为的影响

儿童出生以后到大约1岁以前的时期,只有第一信号系统的活动,儿童不能认识事物的本质和规律,儿童的活动也缺乏自觉性和目的性。大约从1岁末起,儿童在自己和周围事物相互作用的过程中,特别是和成人交往的过程中,逐步学会了语言。"儿童的语言获得是在人脑和语言器官发育和认知发展的基础上,在与成人和其他儿童的交际过程中,经过成人的言语教授(示范、强化、扩展和激励)和儿童有选择的模仿学习,并经概括而成的。"[1]快满1岁的乳儿,能模仿成人发近似的词音,也能自己发出表意的词音,这表明他们已经具备了说话的能力并有了与人进行言语交际的要求。到婴儿期,儿童就开始学话了。儿童从2岁开始学话,到快满3岁的时候,能基本掌握本民族常用的口头语言。语言是人类交际最重要的工具。掌握语言对儿童的规范意识及行为的影响有:

第一,使儿童的心理活动开始有了概括性。概括作用是语言的基本功能之一,由于语言的概括作用,人才能运用抽象的词来进行思考,扩大认识范围,使心理活动摆脱当前刺激的直接束缚。从儿童能进行言语交际的时候起,言语的概括作用也就随着发展起来。在任何词里,都体现着个别和一般、具体和抽象的辩证统一。也正是由于这一点,儿童才有可能通过言语交际,例如听故事,来接受前一代人的社会经验、当前的社会文化、各种社会规范。

第二,促进因果思维的形成。各种词类及其内容的扩大,意味着儿童对事物的性质和关系的理解有所加深,如果儿童掌握了"因为"、"由于"、"为了"、"如果……那么"等因果连接词,就表明儿童

---

[1] 许政援:"对儿童语言获得的几点看法——从追踪研究结果分析影响儿童语言获得的因素",《心理发展与教育》,1994年第3期,第6页。

对事物的原因与结果的关系有所理解,具有一定的推理能力。因果思维的形成能使儿童初步具有预见行为后果的能力。当儿童预期自己的某行为会给自己的身体带来不良后果或遭到成人的批评时,他有可能放弃这一行为。有了因果观念,儿童在做完某件事后,如伸手碰火(因),手指觉得痛或受到成人的批评(果),便能将二者联系起来,明白手指痛、受批评是因为伸手去碰了火,以后就不会再做出这种行为。

第三,促进儿童自我意识的发展。人的自我意识的发展是和词的思维分不开的。有了自我意识就意味着在思想中能把自己和客观现实分开,意识到客观现实的存在和自己的存在,意识到客观事物之间的联系,以及自己与客观事物间的联系,这些都是在词的促进作用下得以实现的。儿童在 2-3 岁的时候,掌握代名词"我",这是儿童自我意识萌芽的最重要标志,意味着儿童能将自己与他人区分开来。将自己与他人区分开来,意识到自己的行为与他人的行为是不一样的,这对儿童的规范意识及行为的形成有着重要作用。能区分自己的行为与他人的行为是不同的,才有可能对自己的动作加以调控。

第四,对褒义词、贬义词的掌握能引导儿童调整自己的行为。儿童掌握语言后,成人对他们的行为所作的语词评价,能促使他们分辨美、丑、好、坏。例如,当儿童与小朋友友好地玩时,成人赞扬他们"乖";当儿童与小朋友争吵时,成人斥责他们"不乖"、"不是好孩子"。这些评价,可以积极强化儿童适当的行为,矫正其不当的行为。尽管处于婴儿期的儿童对褒义词和贬义词的理解还很肤浅,情感体验还不深,但是对正面评价肯定感到高兴,对否定评价肯定觉得不光彩,由此便可以逐步引导儿童养成遵守行为规范的习惯。

第五，词具有延迟调节作用。对语言的掌握，使得儿童在父母、长辈的言语教导下，开始获得关于自己能做什么和不能做什么的知识。儿童一旦能够理解语言，父母和他人对儿童行为的评价，就成为儿童在没有父母陪伴的情境中的行动指南。词的这种调节作用，最初是成人发出的指示或提示，以后儿童就能用词来提醒自己。例如，妈妈说："你应该做……"，"你不能做……"。以后当妈妈不在时，儿童可以自己提醒自己，"妈妈说我应该做……"，"妈妈说我不能做……"。借助词的调节作用，儿童能够抑制或延迟不适当行动，发展合适的行为模式。

三、婴儿自我意识的形成对其规范意识及行为的影响

婴幼儿与成人的差别，在很重要的一个方面，就是婴幼儿必须经历一个从缺乏自我意识到自我意识萌芽再到相对成熟的发展阶段。在缺乏自我意识阶段，婴幼儿像动物性很重的最早的原始人一样，有的只是本能的意识，而缺乏规范意识。在自我意识的萌芽阶段，婴幼儿同原始初民一样，开始把不相关的道德事件联系起来，从某些相同的结果中猜测到某些道德准则，从而开始产生他律的规范意识。个体社会规范意识的发展，必须依靠个体自我意识的相对成熟的发展，没有自我意识作为社会规范的内在载体，个体的规范意识及行为就不可能发生，也不可能从他律走向自律。

我们在上一章说过，乳儿是没有自我意识的，他们有时候甚至会自己咬自己的手脚而疼得哭叫起来。1岁后，婴儿的自我意识开始发展。这是以儿童动作的发展为前提的。通过动作，1岁左右的儿童开始把自己的动作和动作的对象区分开来，开始知道自己和物体的关系，开始感到自己的身体与身外之物有所区别，从而就有可能把自己作为主体从周围环境中区分出来。进而，认识到自己是发出动作的主体，主体的动作可以影响客体。如，手扔皮

球,皮球滚动;自己一跺脚,小猫吓跑了。这使儿童认识到自己和事物的关系,感觉到自己的能力可以作用于客体。这种对于自我存在的发现和对于自我能力的相信,就是儿童自我意识的萌芽形态。儿童掌握语言后,自我意识的发展得到促进。在掌握了有关的词后,儿童开始了解自己身体的各部分,如鼻子、耳朵、眼睛、嘴巴等等,然后会像其他人那样叫自己的名字。儿童在2-3岁的时候,掌握代名词"我",这是儿童自我意识萌芽的最重要标志。有了自我意识,儿童就会主动地认识自己,对自己作出评价,而一旦儿童能够认识自己、评价自己,也就可以通过这些认识、评价来调节、控制自己的态度和行为,对自己的行为实行自我监督、矫正了。

评价的过程离不开规范,规范是评价的标准、根据,它使评价成为可能。在评价的过程中,我们都是从已有的规范出发。儿童自我评价大约从两三岁左右开始出现。此时自我评价的特点是:主要依赖成人的评价,自我评价只是简单地重复成人的评价。但由于评价与规范不可分,儿童在依据成人"好"、"不好"、"乖"、"不乖"等评价来调整行为的时候,实际上就是在依照社会规范来调整自己的行为,因为成人的评价是依据社会价值观念、社会规范作出的。婴儿自我评价能力的产生,意味着婴儿开始知悉规范的要求,初步形成规范意识,不再像乳儿那样处于我行我素的无规范状态。

四、婴儿因果观念的萌芽对其规范意识及行为的影响

新生儿不能运动,这限制了他们发挥作用的范围。婴儿以特定的方式行动,产生特定的结果。如,摇晃拨浪鼓产生特定的声音,用力踢蹬可以使他们的小床摇晃,哭喊可以引来大人。婴儿通过观察,发现相同的行为总能带来相同的结果,学会了在行动与结果之间建立起一种关联。但是特定的行动能产生特定的结果这一点,对于形成因果观念是远远不够的。这些行动还必须被知觉为

是自身的一部分。1岁以后,儿童的自我意识得到发展。自我通过分化性的经验,从他人中分化出来。如果自己的某一动作引起了自己疼痛的感觉,而观察他人的类似动作却没有引起自己疼痛的感觉,这时自己的行动就变得与众不同了。对周围自然环境施加的影响,比起对社会环境施加的影响,更有利于婴儿的因果观念的发展。这是因为摆弄物体可以产生直接的、可预测的、容易观察的效果。相比之下,在复杂的社会情景中,辨认主体行为的因果就相当困难了,因为社会性行为可以引起多种结果。婴儿在对周围自然环境施加影响时,在行动与结果之间的联系中,能对"引起"和"被引起"有最基本的理解,这是婴儿因果观念的起源。它为婴儿在社会生活中对自己的社会性行为进行正确归因提供了基础。一旦儿童能对自己的社会性行为作出正确归因,他就能明白某一后果是由自己的什么行为引起的,从而依据这些行为后果来判断自己的行为是否符合规范,学会有效地控制自己的行为,使自身的行为符合规范的要求。因果观念的形成对儿童的规范意识及行为有双重作用:第一,在行动之前,使儿童能对行为后果进行预测,从而对行为进行评价、调控。如果儿童预期某行为会带来不良后果,则可能停止该行为,反之,则会继续某一行为。第二,行动之后,由果溯因,检讨行为后果的原因,对先前的行为作事后的评价,以导引未来的行为。

第二节 婴儿的试错与模仿对其规范意识及行为的影响

儿童在发展规范意识及行为的过程中,不是消极地、被动地接受社会生活环境的影响,而是在积极的活动中能动地与社会生活环境发生相互作用。儿童的技术规范意识及行为是在儿童对物体的操作中,在儿童摆弄玩具的过程中,在儿童的试错和模仿学习中得到发展的。试错和模仿学习是儿童的技术规范意识及行为发展的两大机制。

在婴儿期,儿童能够自由地独立行走,能够广泛地操纵各种物体。他们是在各种活动中通过操纵物体和摆弄玩具进行学习的。儿童的操作经验主要来自各种活动和动作,来自物体、玩具的直接刺激。最初,他们不清楚周围的物体是什么样子的,也不清楚他们的行动会使这些物体产生什么样的反应。因此,他们只好作些尝试:他们吮吸东西,摇动、击打或者扔东西,从中获得经验,这些经验使他们产生更明智和更有目的的操作行动。儿童最初也没有操作规则的概念,在摆弄物体时只是随心所欲。随着小肌肉组织的发展,他可以灵活地运用五指,便开始反复用各种方式来摆弄各种玩具,摸索操纵玩具的方法。这些方法通常是由玩具的材料和性质决定的。例如,弹子可以用扔的方式、埋的方式玩,积木可以用堆的、叠的方式玩,球可以用拍的、接的、扔的方式玩。各种玩具有各种不同的相对固定的玩法,这些玩法其实就是操作规则的胚芽。操作的过程,其实就是试错的过程,是儿童发展操作能力、掌握操作规范的过程。儿童在试错中会有成功或失败的结果和体验,操作结果引导着他们的行为。在操作中达到目的的成功体验,使儿童习得某一操作方式;在操作中不能达到目的的失败体验,使儿童改变某一操作方式。例如,在拍皮球时出现的使皮球越拍越高的动作,会让儿童掌握拍皮球的方法;在跳绳时,双脚不同步的失败体验,会让儿童改变跳法,尝试双脚并拢跳。必要的错误对儿童的技术规范意识及行为的发展是有利的。儿童是在错误和尝试(简称试误)中学习的。让幼儿用众多小三角形纸板拼出大方形、大三角形,由于三岁左右的儿童还处于前运演阶段,主要依靠感觉器官、具体形象思维获得知识,所以他们是在一次次错误的试拼中完成目标的。最早可能是拼出一些不规则的多边形,而后在所拼出的图形上添加一些三角形板,去除某些三角形板,调整三角形板的顺序、方位,不断地使所拼出的图形在视觉上越来越接近大方形或大三角形,最终实现操作目标。在摆弄物体的过程中碰到问题时,儿童通常会思考可能发生的情况,尝试用不同的方法解决问题,这也就是一个试错的过程。

例如,"作为年轻父亲的皮亚杰很自豪地报告说,她的女儿露西安娜就曾有过这样的思维过程,当时,她还只有 16 个月大。他跟女儿一起玩耍的时候,把一根手表链带放在一只空火柴盒里,很小心地露出一点缝来:露西安娜不知道火柴盒子开合的作用,也没有看到他进行这项实验的准备工作。她只知道前面的两个办法(学会了处理一些情形的办法):把火柴盒子推翻,以倒出里面的东西,把手指伸进去,以便把手链弄出来。当然,她首先试的正是这最后一个步骤:她想把手指伸进去摸手链,但完全不行。接着是一阵停顿,这期间,露西安娜表现出了一个令人奇怪的反应。她仔细看着这条小缝,接着,一连好几次张开并合拢自己的嘴巴,起先是轻轻张开,接着嘴张得越来越大……(然后)她毫不犹豫地把手伸进盒子上的窄缝,不是像刚才那样想摸手链,而是用力拉盒子,以便把盒子口开得更大些。她成功地抓住了手链。"[①]

露西安娜从火柴盒中拿出手表链带的过程就是一个完整的试错过程:她先是把手伸进火柴盒中去摸,没有达到目的,于是尝试

---

① [美]墨顿·亨特著,李斯译:《心理学的故事》,海南出版社,2000 年,第 467 页。

其他的解决方法——拉开盒子,成功拿出手表链带。试错有助于提高儿童的操作能力。总之,儿童的物体操作经验是在不断的亲身体验中积累的,并不是单靠他人的口头传授能获得的。离开个体密切接触事物的过程,离开个体与各种客观具体事物的相互作用,儿童的技术规范意识及行为也就无从发展。在游戏中摆弄玩具的过程,实际上是一个习得运用工具的方式方法的过程,是一个在试错的过程中习得操作规范的过程。在操作物体、摆弄玩具的过程中,通过试错,儿童发展了对事物的认识,掌握了知识经验、技能技巧、操作规则,发展了规范意识及行为。

儿童的技术规范意识及行为发展的另一个机制是模仿学习。亚里士多德曾说过,人是富于模仿性的动物,人是借助于模仿来学习他最初的功课的。班杜拉也认为,儿童是通过观察他们生活中的重要人物的行为及其结果而学习社会行为的,即通过模仿他人进行学习。这种模仿学习,是个体通过对他人与客体的相互作用过程的观察,通过对他人的动作与动作结果的观察,自己加以模仿而实现的学习。它是一种间接的学习,不同于个体摆弄玩具的直接的学习。儿童不单从自己的亲身活动中、从自己对物体的直接操作中获得经验,而且通过对他人活动过程及其结果的观察和分析,通过观察他人的行为和结果实现间接的学习。这种间接模仿学习跟直接的物体操作一样,同样可以丰富、改造儿童的操作经验。在试错学习中,有时经过多次的动作反复,儿童仍然不能达到操作目的。此时,儿童往往会观察他人的行动及其后果,进行模仿学习。儿童使用筷子的过程就是如此。起先,儿童尝试着自己使用筷子,要么筷子掉在桌上,要么东西夹不起来,后来,反复地看成人使用筷子夹东西,便按照成人的动作模式来使用筷子,最终学会用筷子。在日常生活活动中,每一种用具、玩具都有不同的操作方式。最初,儿童不知道物体的操作有哪些规则和操作要求,于是,他们便采用试错的方法,在多次尝试中掌握操作规则;如果通过多次试错仍然不能达到目的,则观察他人的动作及其结果,模仿他人的操作方式,从而实现操作。在试错和模仿的过程中,儿童逐渐知悉各种物体的操作规则。儿童的技术规范意识及行为就是在这种试错与模仿学习中得到发展的。

第三节 婴儿在与他人的相互作用中初步形成规范意识及行为

每个人不单是环境和教育的产物,而且是人与人之间的交往、相互作用的结果。个体的规范意识并不是社会规范的直观的、刻板的、机械的反映,而是个体在自己的积极活动中,在和周围事物尤其是周围人的积极交往中建构起来的。在和他人的交互作用中,婴儿积极地发展自己,初步形成规范意识及行为。3岁以前,婴儿的交往主要是与父母、长辈的交往,亲子关系是其主要的人际关系,同时也有与其他婴儿的简单交往。通过与成人、同伴的交往,儿童建立起对世界的两种不同的理解和两套指导行为的规则。通过与具有控制力的成人的互动,儿童学会如何根据权威的社会期望来行动,从"纵向"关系中、从权威关系中,建构行为规范系统,这种规范系统是他律的。和同伴在一起,儿童则可以"横向"地发展与同伴共同建构起来的行为规范系统,并在与同伴的交往中获得相互理解、平等、合作等体验,这种规范系统有助于儿童的规范意识及行为向自律发展。"秩序往往是个体间的横向谈判过程、争论以及对话所产生的结果。"[1]处于婴儿期的儿童,规范意识及行

---

[1] [美]弗朗西斯·福山著,刘榜离、王胜利译:《大分裂:人类本性与社会秩序的重建》,中国社会科学出版社,2002年,第177页。

为的形成主要受以下两种人际交互作用的影响。

一、父母、成人的教化作用对婴儿的规范意识及行为的影响

3岁以前的儿童对于社会规范的接受主要处于服从水平。在这一时期,儿童基本不能以自己的价值标准来判断是非,没有真正认识到社会规范的意义和必要性,只是出于对长者的敬畏和依赖而做出合规范行为。当婴儿做出某件事后,成人经常给予他这样或那样的评价,如"好孩子不能打人"、"乖孩子不拿别人的东西",在成人的教育下,儿童有了最初的"好孩子"、"坏孩子"标准,产生了简单的道德感。虽然婴儿还不理解为什么不能这样做而要那样做,但成人的评价和情绪强化或弱化了他的行为。为了获得成人的赞赏或喜爱,儿童会不断发展符合规范要求的行为,矫正不符合规范要求的行为,好让成人喜欢自己。

由于此阶段的儿童没有真正认识到社会规范的意义和必要性,只是出于对长者的敬畏而做出规范行为,所以其行为是被动的、盲目的,也是不稳定的。成人对处于此阶段的儿童提出的具体的要求,告诉他们"应该做什么"、"不应该做什么",并在儿童做出一定行为后,及时给予的奖励或惩罚,这对儿童的规范意识及行为的发展有促进作用。此外,因为儿童没有自己的价值标准,行动依照的是成人的要求、评价,所以,成人对幼儿提出的要求是否一致,也影响着儿童规范意识及行为的发展。如果父母和其他长辈对儿童的要求不一致,那么对于此时正处于服从水平的儿童来说,是很难形成稳定的规范行为的,会使得他们在不同的情境中做出不同的行为以迎合当时的情境。

二、婴儿后期与同伴的相互作用对婴儿的规范意识及行为的影响

婴儿时期儿童已经有与同伴交流的需要。与同龄人的交往对

儿童的规范意识及行为的形成与发展有重要意义。在与同龄伙伴的交往中,他们真正学会在平等基础上协调各种关系,学会通过合作共同完成任务,并在双方的相互关系中体验人与人之间的关系,理解社会行为准则。儿童正是通过与同伴的交往逐渐认识自己,并在这个基础上,获得有关他人的态度以及有关冲突的各个方面的自然而真实的反馈,从而矫正、改进各种行为,引导自己的行为向规范化方向发展。皮亚杰说:"社会交流引起一个逐渐结构化或社会化的过程。它从儿童自己的观点同其他儿童的观点较少协调或合作的状态过渡到使儿童间的观点彼此协调以及儿童间的动作和交往相互协作的状态。"[1]日本幼儿教育专家山下俊郎也指出:"儿童是在同别的儿童的交往中开始从'自我中心'的'壳'中解脱出来的,了解自我与他人的区别,了解集体中每个成员的权利与义务,培养出各种各样的道德品性的。尊重他人,理解行为规范、协作精神、服务精神这一类品性,不是靠成人的说教,而是靠儿童在游戏活动与社交实践过程中形成的。"[2]儿童只有在与他人的交往中才能逐渐从自我中心状态中解脱出来。自我中心理论源于皮亚杰,最早见于他的著作《儿童的语言和思维》。皮亚杰用自我中心这一术语来描述儿童不能区别自己的观点和别人的观点,不能区别自己的活动和对象的变化,把一切都看作与他自己有关这样一种状态。处于自我中心状态的儿童完全以他自己的身体和动作为中心,从自己的角度看待世界。他没有想到从另一个角度去观察事物。如他认为外部世界围绕他而转动,月亮跟着他走;他不考虑

---

[1] [瑞士]让·皮亚杰、英海尔德著,吴福元译:《儿童心理学》,商务印书馆,1980年,第97页。

[2] 张丽华:"试论同辈群体对儿童社会化的影响",《锦州师范学院学报》,1998年第4期,第92页。

别人的意见,他只知道自己有个哥哥,而不知道他自己就是他哥哥的弟弟。简言之,他是以自己为中心的。因此,处于自我中心状态的儿童比较着重自己的感受,很少考虑到别人,不会站在别人的角度考虑问题,更不懂得遵守社会中与他人相处时应遵循的规则。

克服自我中心化,达到非自我中心化,依赖于主体的自我意识的日益发展,或者说,主体必须具备两个条件才能解除自我中心化。第一,意识到自我是个主体,并把主体与客体区别开来。第二,能把自己的观点同别人的观点区分开来并协调起来,而不是把自己的观点看成是唯一正确的观点。同伴间的交往与父母子女间的交往是不同的。同伴间的交往是协作的、平等的,而父母子女间的交往则是权威式的。同伴间协作的、平等的互动关系,有助于儿童克服自我中心化,从他律的规范意识及行为向自律的规范意识及行为发展。

婴儿与同伴的交往主要是在游戏中进行的。婴儿后期出现一些婴儿间合作的游戏。如,两个人一起搭房子、过家家;你跑我追;你扮演售票员我扮演乘客等等。游戏是儿童社会化的一个重要机制。儿童通过游戏经验,尤其是通过与同伴的社会游戏经验,学会适应社会和世界的真实面。游戏是儿童认识世界的道路。列昂节夫认为:"在学前儿童游戏里,儿童的操作与行动永远是实际的、社会性的,儿童就是在游戏的操作中与行动里掌握人类的现实。"[1]游戏给了儿童学会并体验不同角色的机会,使他能面对别人的期望及适应群体的规范。

皮亚杰在《儿童的道德判断》第一章里,阐述了游戏规则对于儿童来说,是如何被考虑的,是如何被遵守的。最初,儿童对游戏

---

[1] 转引自王振宇:《儿童心理学》,江苏教育出版社,2000年,第233页。

规则不理解,处于"单纯个人规则的阶段"(2-5岁),每一个人都以他自认为合适的方式玩着,自己随意地游戏。儿童在游戏中还没有发生真正的积极性的相互干涉。这种游戏是"平行的游戏"。也就是说,尽管每个儿童玩的玩具和他周围的儿童正在玩的玩具相似,但每个儿童都用自认为合适的玩法做游戏,并不设法影响或改变在他旁边的儿童的活动,他在其他儿童的"旁边"游戏,而不是和他们"一起"游戏。例如,几个婴儿在一起玩皮球,但他们有的拍皮球,有的滚皮球,有的扔皮球,各玩各的。他们只是刚好在同一时间、同一地点玩皮球,而不是联合起来"一起"玩皮球。这些儿童不理解游戏的规则,更别提游戏的胜负了,他们仅仅是对游戏本身抱有兴趣而已。皮亚杰所说的"单纯个人规则的阶段",就是指这一时期。皮亚杰以打弹子游戏为例。因为打弹子游戏是有成套规则的一种游戏。皮亚杰曾与一些儿童就他们对规则的理解交谈过。他精心地设计向儿童提出的问题,以便从他们的回答中看出他们对规则的态度。问题通常是这样的:"打弹子的规则是什么?""玩给我看看好吗?""你会不会发明新的规则?"等等。皮亚杰把一些弹子给两三岁左右的儿童玩,发现他们没有年长儿童玩弹子游戏时的那些规则。这些儿童根据习惯或按照某种他们所喜欢的方式来玩弹子:扔弹子、擦弹子、埋弹子,等等。从中可以看出,两三岁的儿童,游戏完全是个人的,完全不受游戏规则的约束,是任意的行为。他们喜欢与别的儿童一起玩,但却做着不同的活动,你玩你的,我玩我的,游戏是平行的,没有主题,没有合作。虽然此阶段的儿童不能理解游戏规则,也不能在游戏中合作,不能创造共同遵守游戏规则的经验,但无论如何,平行游戏都是迈向以后"社会性规则游戏"的重要的一步。

第十一章 学龄前儿童期(3-8岁)：个体规范意识及行为开始发展

儿童进入幼儿园后,生活在比家庭大得多的集体中以后,为了适应集体生活,必须学会遵守一定的行为规则。此外,成人以各种游戏的方式,教儿童开展各种活动。儿童在成人的教导下,完成游戏和活动中所提出的各种具体要求,发展了认识能力,掌握了行为规则,学会如何与他人相处。儿童的规范意识及行为由此获得发展。此阶段,同伴的影响同父母、教师的教导一样重要,都对儿童的规范意识及行为的发展起着重要作用。

尽管此阶段的儿童的规范意识及行为获得发展,能遵循一定的行为规则,但并非由于他们认识到这些规则的目的或理解了其社会价值,而是与婴儿阶段一样,为了与特定的人确立或保持一种令人满意的关系。幼儿的主要规则是"不要挨骂、挨罚"。由于幼儿遵从规范是为了期待直接的、短时的奖励或逃避惩罚,因而他们对规范的遵守是不稳定的,自我对行为的控制是脆弱的,经常出现违反规范的冲动。此阶段儿童的规范意识及行为仍是以服从权威、避免惩罚为定向。

第一节 幼儿生理心理机能的发展对其规范意识及行为发展的影响

一、幼儿手脚运动机能的发展对其规范意识及行为的影响

个体经过三年的发展,到了幼儿期,各种组织和器官在结构和

机能上都有了明显的发展。骨骼的骨化虽然尚未完成,但发展已较为迅速,大肌肉也已相当发达。幼儿不仅能走、能跑、能跳、能摆弄物体,而且在基本生活活动中,和前一阶段相比,有了初步的独立能力。例如,可以自己穿衣服、自己洗手绢、会种豆子等。日常的自己穿衣、吃饭等活动可以使儿童的技能技巧得到发展,促使儿童的手的动作与眼、躯体、脚的动作协调,使双手协调、动作准确,为日后进行复杂的技术性操作,通过各种技术性操作掌握技术规范奠定了基础。洗手绢可以促进儿童智力的发展,使儿童认识到有关事物的性质及用途,如知道肥皂在水中会融解、起泡,能洗净东西等;而在种豆子的过程中,儿童可以培养观察能力,积累关于植物生长的感性知识,认识自然现象如水分、肥料、阳光与植物的关系和发展变化过程。此类活动可以引导幼儿认识自然界规律、自然法则,而技术规范就是建立在这些自然规律的基础之上的,幼儿参加这样一些活动,有助于提高幼儿日后对技术规范的理解。正确组织的合作性活动还能使儿童形成良好的个性品质和良好的道德情感,例如在集体植树的活动中,小伙伴们既分工又合作,这可以培养他们的协作精神、互助精神、义务感和责任感,等等。幼儿对上述这些活动的参与都是以他们手脚运动机能的发展为前提的。幼儿手脚运动机能的发展为幼儿发展规范意识及行为从生物学上奠定了基础。

二、幼儿第二信号系统的进一步发展对其规范意识及行为的影响

3-6岁是一生中词汇量增长最快的时期。据调查,在我国,3岁幼儿词汇量为1,000左右,4岁为1,500左右,5岁为2,500左右,6岁幼儿可掌握3,000-4,000个词。由于同成人的交往增多和参与儿童集体活动,幼儿言语交际日益频繁。在幼儿生活中,言

语对幼儿行为的指示作用和调控作用,也更加重要。幼儿在言语交际的过程中,逐渐掌握一些表达行动目的或自己愿望的口头用语,如"我想……","我不想……","我要……","我不要……"等等,这使儿童逐渐懂得在行动之前,要预立行动目的,作为自己努力的方向。预立明确的行动目的是意志发展的一项标志,它引导幼儿在行动的过程中随时调整自己的动作、行为,以便达到一定的操作目的或实现对社会行为规范的遵循。例如,在游戏中,语言常常成为儿童行动的伴奏,儿童一面动作,一面嘀咕。在搭积木时,儿童边说边干,"我要搭一个房子"、"我要先做一个平台"、"现在要做房顶"等等。游戏语言能引导幼儿正确地完成操作动作,提高操作能力,实现操作目的。由于第二信号系统的发展,幼儿已经能通过言语的描述、讲解来认识不能直接感知的人和事物。在幼儿园的学习中,儿童能通过老师的讲解来了解先进人物、榜样的事迹,了解社会上的不同角色具有的特质,体验不同的角色规范。例如,在听老师讲警察叔叔抓小偷的故事时,就会意识到一个警察应该勇敢;在听老师讲医生救治病人的故事时,就会体会到一个医生应该关爱患者。此外,言语的发展,使幼儿能更好地按照成人的言语指示,调节、抑制、延缓或弱化自己的行动。

三、幼儿自我意识的发展对其规范意识及行为的影响

幼儿自我意识的发展,促使幼儿不仅能更好地理解自然界客观事物的某些性质,从而能更好地操作外界物体;而且促使幼儿开始理解自己的个性品质,逐渐能对自己作出独立评价,以控制、调整自己的行为。

1. 幼儿自我评价的新特点对其规范意识及行为的影响

幼儿自我意识的表现形式之一自我评价有了新的特点。

第一,从轻信成人的评价向自己独立作出评价发展。早期幼

儿还不会对自己进行评价,他们通常听取和信任成人对他作出的评价,并引用来作为自我评价。例如小班幼儿常常会这样评价自己:"老师说我是个好孩子"或"妈妈说我是个乖娃娃"。到幼儿晚期,他们才逐渐学会自己独立评价自己。幼儿独立评价的产生有着重要意义。因为幼儿的行为有的可以被成人看到,有的则是在成人不在场时做出的。成人只能评价一些他们看到的行为,而对幼儿在无他人在场时做出的行为,则无法给予评价。幼儿独立评价的产生,使幼儿在没有成人在场时,能尝试着自己评价自己的行为,并依据这种评价来调整行为。这有利于儿童的规范意识及行为向自律发展。

第二,从根据外部行为作出评价向根据内心品质作出评价转化。早期幼儿只能根据外部的行为表现来作评价,还不会对内心状态和道德品质作评价。例如,4岁儿童在回答"怎样才是好孩子"时,认为"好孩子不打架"、"好孩子不抢小朋友的玩具"。而6岁儿童在评定"怎样才是好孩子"时,开始能根据人的道德品质来作评价了,他们会说:"好孩子就是愿意帮助别人的孩子"、"好孩子是诚实的孩子"。这说明儿童的道德判断能力得到提高,不再单纯根据一些个别的行动,而能开始根据一些抽象的道德品质(乐于助人、诚实等)来对行为作出评价。与此相对应,他们对规范的意义、重要性的理解也开始慢慢产生,虽然还处于萌芽状态,但已不像前一阶段那样对规范的意义毫不理解。而一旦个体开始理解规范,那么规范意识及行为也就会开始变得稳固。因为,一个个体不仅要知悉规范知识,还应理解规范的意义、感受规范,对规范的理解越深刻,对规范的感受越强烈,他遵从规范的可能性就越大,规范在他身上发生的影响也就越稳固。

2.自我控制能力的发展增强了幼儿规范行为的自主性

兴奋与抑制过程是高级神经活动的基本过程。这两种过程随着年龄的增长都不断有所加强,以至大脑皮质细胞对内外刺激的忍受力也不断增强。儿童支配自己行为能力的增强、情绪的复杂化和逐渐能受控制,都与内抑制的发展及皮质调节作用的加强有关。幼儿兴奋与抑制过程是不平衡的。兴奋总超过抑制,年龄越小内抑制机能越差。4岁开始,儿童的内抑制机能才有明显的发展。皮质抑制过程的加强使儿童越来越能够控制自己的行为。同时,由于第二信号系统的发展,儿童能够通过言语形成抑制性的条件反射,进一步促进了这种行为控制力的发展。"研究发现:自我控制能力在三四岁儿童中还不明显,儿童由缺乏自我控制到能自我控制的转折年龄在4-5岁之间,此时自控能力发展速度最快,到了5-6岁,儿童绝大多数都有一定的控制力。"[1]儿童自我控制能力不断增强,使他能逐渐学会控制自己的愿望和行动。例如,一个4岁女孩在别的儿童家里看到一件她很喜欢的玩具,很想拿回家,但父母曾告诉她"不能拿别人的东西",所以她尽量不去看那件玩具,以克制自己想拿走的欲望。五六岁以上的儿童能主动地控制自己的愿望和行动,服从集体的行为规则和成人的要求。如,有的儿童听了雷锋叔叔助人为乐的故事,能主动地把自己心爱的玩具送给别的小朋友。

四、幼儿思维、认知的发展对其规范意识及行为的影响

婴儿期是思维发生的时期,幼儿期则是思维开始发展的时期。幼儿思维的最主要特点是具体形象性。具体形象思维是依靠对事物的具体形象的联想进行的,它可以摆脱对动作的直接依赖。幼

---

[1] 转引自李国强:"论幼儿的自我控制",《辽宁教育研究》,2003年第1期,第91页。

儿在做游戏、扮演角色、遵守规则时都是依靠头脑中关于角色、规则的知觉形象来进行思维和解决问题的。例如,幼儿在玩用汤匙喂娃娃吃饭的游戏时,就要依靠头脑中贮存的关于母亲怎样喂自己吃饭的知觉形象来完成动作,将母亲对自己"关心爱护"的印象再现出来,对娃娃也表示"关心爱护"。由于具体形象思维得到发展,幼儿开始通过观察、模仿等形式学习所处环境中他人的言谈举止、行为表现,特别是观察、模仿在其心目中有一定地位的人的行为模式。幼儿将这些情境、行为模式贮存在脑海里,当自己以后遇上类似情境时,他就会依照脑海中贮存的权威人士的行为模式来行动。所以,幼儿具体形象思维的发展,有助于幼儿获取社会所期望的行为模式。

第二节 幼儿与成人、同伴的相互作用对其规范意识及行为发展的影响

3岁以后,幼儿主要的活动场所是幼儿园。在幼儿园中,幼儿主要的交往对象有两类人:一为教师,二为同龄伙伴。随着与同伴和教师的交往日益增多,同伴关系和师生关系在儿童的规范意识及行为的发展过程中所起的作用越来越大。此外,由于儿童心智发展的不成熟,依赖性强,成人的影响仍然比较大,亲子关系仍具有非常重要的影响。处于幼儿期的儿童,规范意识及行为的发展受以下几种人际交互作用的影响:

一、幼儿与父母的相互作用对其规范意识及行为的影响

由于幼儿不可能意识到他人的观点和情感,所以他无法自觉地以别人的眼光来看待他自己。一切善恶对错,都是以父母提出的行为标准为依据的。幼儿特别留意的那些价值和规范,都是他

视为长辈的那些人所持有的价值和规范。幼儿接受这些价值和规范的动力,来自对父母或其他长辈的尊敬,即父母或其他长辈在其心中的权威地位。对年幼儿童来说,尊重正确的权威,能使他们形成合乎社会规范要求的行为模式。年幼儿童把父母或长辈提出的行为规范要求看作是客观的不可更改的,为了获得父母或其他长辈的赞许,他会努力遵守父母或其他长辈提出的行为规范,以合乎他们期望的行为模式去行动。这一时期幼儿对规范的遵循仍是"他律"的。

1. 父母的行为习惯、价值观念对幼儿的规范意识及行为的影响

自我意识还未形成和充分发展之前,上述的这种他人导向就成为儿童与成人,尤其是与父母亲互动的基本前提。皮亚杰指出,家庭是影响儿童的规范意识及行为发展的主要场所之一。在儿童的规范意识及行为发展早期,家庭具有举足轻重的地位。美国社会学家伊恩·罗伯逊认为,家庭之所以重要,原因之一是在关键性的生命早期阶段,儿童的社会化主要是在家庭中进行的。儿童正是在家庭中建立起最初的亲密的感情联系,学习语言,初步接触社会规范和价值标准的。对于幼儿来说,家庭就是他全部的天地。幼儿在家庭中的社会化,有的是在父母的有意安排下进行的,有的是幼儿在无意识下进行的。例如,家庭内部的人际相互作用模式就可能对幼儿发生潜移默化的影响,于无意之中为儿童长大后的行为和个性特征提供模式。

儿童时期,尤其是幼儿阶段,是以具体形象思维为主,对抽象的道德概念、行为准则、法律规范等难以理解或不甚理解,很难把抽象的社会规范直接作为自身的行为动机,因此,模仿学习是幼儿习得社会行为规范的重要形式之一。父母或长辈如何行动,幼儿也就如何行动。幼儿特别擅长模仿他人的行为。历史上"孟母三迁"的故事很说明这个问题。孟子小时候看到邻居是吹鼓手,成天吹吹打打,于是也学着玩,母亲认为这对孟子的影响不好,便搬了家。新邻居是个屠夫,孟子看到屠夫成天杀猪,又学着杀猪玩,于是母亲再次搬家。直到搬到学校附近,孟子学着那些书生的样子读书,母亲才放了心。可见,儿童的模仿能力是很强的。父母长辈严格遵守社会规范的言行会促进儿童的规范意识及行为的发展,父母长辈违背社会规范的言行则会阻碍儿童的规范意识及行为的发展。

在所有的家庭成员中,父母亲的行为方式、价值取向以及道德标准等等,在儿童的规范意识及行为的发展中具有决定性作用。父母的言行举止、价值取向,在儿童的心目中,是其行为的最佳参照体系。在儿童自我意识还未形成和充分发展之前,这种他人导向就成为儿童与成人,尤其是与父母亲互动的基本前提。皮亚杰在对儿童道德判断发展过程进行大量研究的基础上,就曾提出儿童道德发展具有从"他律到自律"的心理发展路线。这里,所谓他律是指儿童的道德判断受自身意识以外的价值标准支配。由于儿童在这一阶段上显现的被动性,决定了他主要是通过模仿父母的行为这一途径来构建与父母的密切联系,从而发展规范意识及行为。这种他人导向,一方面能够使儿童比较顺利地成长,发展适当的行为模式。但是另一方面它也极有可能使儿童即使在成人以后,也始终残留着其父母不良性格或不良社会行为的痕迹。例如,有两个家庭,这两个家庭中的母亲每天都要在晚饭后带自己的小孩去楼下散步。第一个家庭中的母亲在小孩独自玩耍时,总是坐在草地上嗑瓜子,瓜子壳吐得满地都是。于是有一天小孩玩累了回到母亲身边,和母亲一起嗑瓜子时,也将瓜子壳随地乱吐。而另一个家庭中的母亲也常在晚饭后带小孩去楼下散步。母亲吃零食时,总是把糖纸、果皮丢在垃圾箱,并要求孩子也这样做。此类事情重复多次,孩子养成了不乱丢垃圾的习惯。两位母亲的言行对儿童的规范意识及行为的影响是不一样的。前一个家庭中的儿童的规范意识及行为的发展受到阻碍,后一个家庭中的儿童的规范意识及行为则得到发展。总是遵守社会行为规范的父母可以促进儿童的规范意识及行为的发展,而总是违背社会行为规范的父母则有可能会阻碍儿童的规范意识及行为的发展。

2. 不同的家庭教养方式对幼儿的规范意识及行为的影响

值得提出的是,不同的家庭教养方式对儿童的规范意识及行为的发展会产生极其不同的影响。这里的教养方式与通常所说的抚养方式有些不同,抚养方式比较侧重家长对儿童的生理保育,教养方式则侧重家长作为社会文化的直接执行者对儿童价值观念和社会规范的传递与教导。

美国社会学家 R.D. 赫斯和 V.C. 希普曼在《儿童的早期经验和认识方式的社会化》中提到,存在两种不同的家庭控制方式,一种指向身份的要求或被赋予的关于角色的规范,一种则指向人的交互作用。在注重身份(地位)的家庭中,行为往往由角色的期望来调节,儿童很少有机会影响决策过程或者亲子之间的相互作用。在这样的家庭里,行为规范通常是由这样的命令强调的,如"你应该这样做",或者"你不应该那样做"。在注重人的交互作用的系统中,儿童可以影响角色的要求而且在相互关系中可以被角色考虑。行为规范的强调更注重儿童个人的情感、独特的反应以及主观状态。

可以用母子交往的两个例子来说明上述差别。当母亲在书房看书时,小孩在客厅玩打仗的游戏,大喊大叫。在重视身份的家庭里,母亲会发出"安静"、"别吵"等简短的制止性的命令。在重视人际互动的家庭里,母亲则可能会说:"你小声一点好吗?我正在看书。"在前一个例子中,母亲要求小孩作的是一个简单的反应,要求他执行一个简短的命令,并作出一个简单反应——遵命照办。小孩不用思考,也不用明辨他所接收到的信息。在后一个例子中,孩子则必须把要求他做出的行为和对他人的影响联系起来,他要从他的行为对别人的影响这个方面去考虑自己的行为。不难预料,这两种不同的交往方式,将使这两个儿童的规范意识及行为的发展产生极大的差别。重视身份的家庭以强制的方式提出规则,这里只有遵命照办而没有其他的选择。儿童不用对角色提出的要求、行为规则进行辨析,他在受压制的情境下依从角色的要求。在这种情况下,儿童有时会违抗。重视人际互动的家庭,通常在具体情境中向儿童提出行为规则,重视对儿童的说理,从认知上启发儿童思考自己的行为对他人造成的后果,从而引导儿童自主地遵循行为规则、角色的要求。

看重身份的母亲通常硬性地提供一套关于行为和交往的规矩和准则,而这种规矩和准则,对儿童来说,是他受权威压制而被迫接受的,而不是作出某种选择后所得的客观后果。注重身份的表述往往束缚儿童的思想。口头上的简短的制止性命令"安静"、"别吵",只要求儿童遵命照办,而没有引导儿童对情境进行思考,没有提供把命令包含的信息和事情发生的情境联系起来的机会,儿童遵命照办却不明白为什么要这样做。这个环境会造就这样的儿童,他依附权威而不服从理性,他虽然总是屈从却从不对自己的行为加以思考;他对一种行为的后果主要是从直接的责罚或奖赏去考虑,他不了解规范,只是盲目地遵循。而重视相互作用的母亲发出的指示——"你小声一点好吗?我正在看书",则引导孩子把他的行为和更多的一些东西联系起来考虑,把行为和它的后果、对别人的影响联系起来,使儿童明白了为什么要"小声一点"。可能就是通过这种相互交往,儿童变得像别人那样看待世界,并且学会从别人的角度去看待自己的行为,也就能使自己的规范意识及行为逐渐地从纯粹的"他律"中解脱出来了。注重人际互动的家庭教养方式更有利于儿童的规范意识及行为向自律发展。

3. 父母引导幼儿行为的两种方式:惩罚与奖励

儿童做出特定行为后,会带来一定的行为后果。后果有两种。一种是直接的自然后果,由行为自然而然地导致的后果。另一种是社会性后果。个体按照一定的规范操作,在活动中达到了一定的目标,获得实践上的成功,这是自然后果,其中蕴含着正价值,它吸引着个体以后仍按该操作规范去行动;个体以一定的方式操作,没有达到目标,做了"无用功",甚至使个体受到损害,这也是自然后果,其中蕴含着零价值或负价值,它会促使个体改变现有操作方式,用符合规范的模式去操作。如,幼儿用轻薄的手工纸、厚的卡纸、大头针、木筷等材料自制风车,发现手工纸做的风车比厚卡纸做的风车转起来更快,从中获得成功体验,那么,幼儿在以后的制作过程中多半会采用手工纸来制作;又如,儿童把手伸进开水里,烫伤后疼痛难忍,这是自然后果,以后他在类似情境中就不会再重复该行为。行为的另一种后果是间接的社会性后果。如,帮助他人,得到众人的赞赏,获得精神上的满足。又如,在课堂上大声喧哗,受到老师的责备。这两种社会性后果中也蕴含着正、负价值,它吸引或阻止个体以后在类似情境中再按某种行为模式行动。不管是直接的自然后果,还是间接的社会性后果,对个体的行为都有良好的调节作用。在活动中能达到一定目标,或受到他人的赞赏,会增加个体在以后的类似情境中以相同方式行动的几率;而在活动中达不到一定目标,甚至受到伤害,或受到他人的责备,会降低个体在以后的类似情境中以相同方式行动的几率。从某种程度上来说,直接的自然后果跟间接的社会性后果相比,可能更有助于儿童的规范意识及行为向自律发展,因为它是行为直接导致的,能使儿童直接判定行为的利弊得失。例如,4-5岁的幼儿已初步具有规则意识,能遵守集体的一些规则,但由于这一时期的幼儿对规则的认识不够深入,会屡屡发生不遵守规则的现象。如玩具掉在地上没人捡,图书被撕坏,拼图弄丢了块数等等。后来,老师把这些坏材料收集起来放好。在开展活动时,就听见幼儿叫起来:"这些书都撕破了,不好看!""拼图的块块弄丢了,拼不全!"于是,教师指导幼儿开展讨论,一起说说"玩具和书怎么会变成这样?"幼儿讨论开了:"上次小红和小丽抢书,把书撕破了。""有的小朋友玩具玩好后不把玩具送回家。""上次拼图掉在地上没人捡,所以弄丢了。"通过讨论,而不是老师的直接批评,幼儿明白玩具不好玩、书不好看,都是小朋友们自己造成的,从行为的这种自然后果中体验到行为的危害,从而理解遵守行为规则的重要性。从这以后,幼儿园中很少看到玩具掉在地上没人捡,玩具损坏,图书被撕坏等现象。[1]

  幼儿做出一定行为后,受到父母的惩罚或奖励,获得的是社会性的后果。这种社会性的后果,是幼儿判断自身行为的标准。幼儿形成判断自身行为的标准,主要依赖于生活中的重要人物对他的行为作何反应。父母和其他成人为孩子提供有价值的或好的标准,当孩子达到或超越这些标准时,他们会感到高兴,给予表扬或奖励;当孩子的行为达不到或破坏这个标准时,他们会感到失望,给予批评或惩罚。由于这种有区别的反应,儿童最终能够把自己

---

[1] 缪仁贤、赵银凤主编:《幼儿教育技艺》,上海科学技术文献出版社,2004年,第9-10页。

的行为与他人设置的评价性标准加以比较,以一种自我赞许或自我批评的方式强化或矫正自己的某一特定行为。父母对儿童的规范行为给予表扬、鼓励、奖励等,能积极强化儿童的行为,有利于儿童将社会所期望的规范、标准直接内化,巩固相应的行为。父母对儿童违背社会规范的行为给予批评、否定乃至惩罚等,会抑制儿童的不规范行为,促使儿童减弱、消除不规范行为。

适当地让孩子接受一些惩罚,是非常必要的,但要适度。霍夫曼研究了惩罚对儿童社会化的影响。他指出,父母使用强制方式,包括体罚、冷漠的拒绝、剥夺儿童的某些权利以及威胁等,会阻碍儿童对规范的内化,也会降低儿童良知的发展;父母使用心理惩罚形式如"爱的收回",对儿童表示失望、孤立、不理睬儿童等,会使儿童产生过重的内疚感,刻板而非灵活地遵守社会行为规则。根据皮亚杰的理论,存在两种不同的惩罚,即抵过性惩罚和相关性惩罚。抵过性惩罚的内容与所犯的过错无关。例如,父母要求孩子打扫房间,但他却没有打扫,于是父母以不准他去看电影的方式惩罚了他。抵过性惩罚通常是由权威来实施的,总是包含着强制成分,并且与被违反的规则没有什么联系。"相关性惩罚"的惩罚内容与所犯过错相关。例如,父母要求孩子打扫房间,他没有打扫,父母便以不让他使用房间里的东西来作为对他的惩罚;又如,母亲让孩子帮她做件事,但儿童拒绝了,于是,在儿童请求母亲给予同样的帮助时,母亲也拒绝了他,作为对他的惩罚。相关性惩罚不是通过那种单纯使人痛苦的惩罚来使儿童遵守规则,而是要使违反规则者意识到违反规则也就破坏了社会关系、破坏了合作。相关性惩罚是儿童违反规则的"自然而然的结果",它有助于向儿童指明他们的行为的后果。尽管相关性惩罚也可能含有某种强烈的强制性因素,但它所强调的是说服和防止,而不是为惩罚而惩罚。相关性惩罚与其说是由权威和强制来支配的,不如说是以公平和平等的原则为指导的。年龄稍小的幼儿大都倾向于抵过性惩罚,而年龄稍大的幼儿则倾向于相关性惩罚。抵过性惩罚是在成人的强制和约束下进行的,它促使儿童培养起来的是一种他律的、强制性、服从性的规范意识及行为。相关性惩罚则能使儿童认识到社会合作的重要性,有助于儿童的规范意识及行为由"他律"向"自律"方向发展。在对儿童的惩罚中,父母采取适当的惩罚形式,多采用相关性惩罚,有助于培养儿童自律的规范意识及行为。

4. 父母对幼儿认知上的引导促进了幼儿规范意识及行为的发展

父母平常对儿童认知上的引导,有利于儿童加深对规范的认识,并以这种认识为指导发展规范行为。在父母讲解规则的意义时,儿童了解到规则无处不在,一定的规则能保证人们更好地生活。在家长的时常反问——"如果不遵守规则会怎样"中,儿童自己可以设想违规的后果,从而认识到遵守规则的意义,体验到规则对自己、对他人、对社会的重要性。父母对儿童认知上的引导主要在以下两个方面促进了儿童的规范意识及行为的发展:

首先,父母帮助儿童解决认识与情感之间的矛盾,促进了儿童的规范意识及行为的发展。儿童知悉了行为规范的要求之后,并不一定会立即按照这种行为规范来行动。个体不仅要知悉规范的要求、认识规范,还应理解规范的重要性和必要性,感受规范的作用。理解越深刻,感受越强烈,个体自觉遵守规范的可能性就越大。如果儿童无法对某一规范产生积极的、愉快的情感体验,无法在情感上认同规范,他就有可能不遵守规范。因此,父母在帮助儿童解决认识和情感之间的矛盾时,能促使儿童在以后的生活中更自觉地遵守规范。

其次,父母帮助儿童解决道德动机和个人欲望动机之间的矛盾,促进了儿童的规范意识及行为的发展。有时,儿童有遵守行为规范的意识,但由于与个人的欲求发生冲突,特别是当个人的欲望相当强烈时,儿童往往会做出违反规范的行为。例如,父母常常教育幼儿不可以随便拿别人的东西,可是因为有一个小朋友家的一个玩具他太喜欢了,所以,他最后还是忍不住把它拿回了家。在这种情况下,如果家长反问他:"如果你喜欢的东西被别人拿走了,你一定非常难过吧?"这可以使儿童受到触动,认识到自己的错误行为给他人带来的痛苦,从而增强正确地选择自己行为的能力,使自身的行为越来越符合社会行为规范的要求。

二、幼儿与同伴的相互作用对其规范意识及行为的影响

幼儿的规范意识及行为主要是在参与集体生活中培养起来的。在集体生活中,首先就得服从集体公约,掌握行为准则。小班幼儿对于行为规则还没有明确的认识,他们对行为是非善恶的辨别和态度,往往是以成人的评价为直接依据的。中班幼儿逐渐掌握行为规则,能够按行为规则来调控自己的行为,同时也要求别人要按行为规则行动。如果别人的行为不合准则,他就感到不安,不能容忍,而去告状,希望借助成人的权威,维护行为规则的尊严。大班幼儿对执行行为规则更加自觉。他们很关心"好人、坏人、好事、坏事",而且态度鲜明,赞扬好人好事、憎恶坏人坏事。在幼儿园的集体生活中,引导儿童做任何事情时都要遵守一定的规则,培养儿童的秩序感,这有助于儿童的规范意识及行为的发展。例如,教师在展示学具时,动作规范,每次活动后都坚持将学具放回原地,以方便下一位小朋友的使用。这其中就渗透了对幼儿进行遵守秩序的教育,是一种隐性课程。对外部环境建立了秩序感,幼儿内部的秩序感也能建立起来,较有可能在行为中也遵守一定的行

为规范。

随着对幼儿园集体活动的参与日益频繁,幼儿的同伴经历对他们的规范意识及行为的发展起着越来越重要的作用。同伴群体是由年龄、兴趣、爱好、价值观及行为方式等方面大体相同的人组成的群体。它以独特的、重要的方式帮助儿童塑造个性,约束社会性行为,形成社会价值观和态度,是儿童的规范意识及行为发展不可缺少的动因。幼儿间的交往是平等的,每个幼儿为了能被同伴接受,维持与同伴之间的交往,都必须作出一定的努力,或是自我克制、自我调节,或是积极地影响同伴,从而协调与同伴的关系。进入幼儿园后,幼儿与同伴的活动在生活中所占的比例不断增长。这时,幼儿花很多时间与同龄伙伴在一起游戏,从中获得无穷无尽的乐趣,也从中获得共同遵守游戏规则的体验。虽然游戏是一种不带任何强制性的活动,但这并不意味着他们在游戏中可以随心所欲,其行为必须受游戏规则的制约。随着游戏从平行性转向联合性和合作性,在游戏中同伴关系也由比较疏松的撮合发展到比较协调和有规则的结合。游戏对幼儿规范意识及行为的发展起着重要作用。总之,与同伴交往不仅能使幼儿理解对方的态度和愿望,而且能使幼儿学会控制自己的欲望、行为,学会与朋友的合作。皮亚杰认为,儿童之间的协作既能消除他们的自我中心化,又能消除他们对规则的强制性的崇拜,从而能更好地理解规则和运用规则。游戏中的儿童逐渐认识到,道德不是外在的东西,规则是由人制定的,随着条件变化是可以变化的,还意识到在道德的背后有着更大的根本原则。

1. 幼儿在与同伴的游戏中对游戏规则的遵守情况

社会规范是人们在长期的共同生活中逐渐形成的。刚出生的婴儿是不知道社会规范、也没有价值观念的,但是在游戏中渐渐长大的儿童就不同了。游戏活动比较容易使幼儿认识遵守规则的必要性,有利于逐步培养他们遵守规则的自觉性。游戏本身要求参加游戏者遵守许多规则,如分别担任不同的角色、坚守不同的岗位、共同使用玩具、按次序进行活动、游戏后将玩具收拾整齐等。这些规则都是游戏进行的必要条件。如果大家都遵守,游戏就可以顺利开展,否则游戏就会遭到破坏。每一种游戏都有游戏规则,你可以不参加游戏,但一旦参加进去,你就要遵守其中的规则,否则就有被逐出游戏的危险。儿童在游戏中逐渐认识到,要想为其他人所承认,要想参与到游戏之中,就要与小伙伴友好相处,就要遵守游戏的规则。他们在游戏中开始获得关于社会规范的粗浅认识。

学龄前儿童逐渐接触到家庭范围以外的社会生活,展现在儿童面前的生活图景,人们的劳动生活,人们对各种事物和现象的态度,以及人们相互之间的关系等,引起了他们的注意,也激起了他们像成人那样参加社会实践活动的愿望。但学龄前儿童还不能像成人那样参加成人的活动,所以他们的愿望往往在自己的游戏活动中创造性地反映出来。在学龄前儿童期,游戏是儿童的主要活动形式。随着儿童的成长,游戏活动的水平一天比一天提高,游戏的内容也一天比一天丰富。起先是主题和计划不明显的角色游戏,以后是主题和计划明显的规则游戏。幼儿园的游戏对儿童的规范意识及行为的发展起着重大作用。游戏的过程与社会化的过程是吻合的,因为幼儿的游戏是成人社会生活的反映。例如,在办"医院"、过"家家"的游戏活动中,都设置了不同的社会角色,有"院长"、"医生"、"病人"、"护士"、"父亲"、"母亲"、"宝宝"等角色,幼儿在游戏活动中扮演了某个社会角色,也会学习该社会角色的行为方式和行为规范。他将以一个"医生"或"母亲"的身份进行社会交往活动,揣摩该角色的心理状态,并且了解各种社会角色之间的相互关系,按照各种角色具有的角色规范做出相应的行动。无意中,也就发展了自己的规范意识及行为。

根据儿童在游戏中的社会性表现,帕顿(Parten)把幼儿的游戏划分为六种类型。一是不做游戏的行为。儿童漫无目标地东站站西转转,在椅子上爬上爬下,或坐在一个地方环顾房间四周。二是游戏旁观者。儿童把大部分的游戏时间用于观看其他儿童游戏。他有时向小伙伴们提出问题或为他们出出主意,但他自己并不明显地参加游戏。三是单独一人的游戏。儿童独自一人玩玩具,这些玩具不同于他近旁的儿童所玩的玩具,他一点儿也不想接近其他儿童,只专心于自己的活动,根本不注意其他人在做什么。四是平行游戏。儿童玩的玩具和他周围的儿童正在玩的玩具相似,但是他们都用自认为合适的方式玩着,并不设法影响或改变在他旁边的儿童的活动。他在其他儿童的"旁边"游戏,而不是和他们"一起"游戏。五是联合游戏。一群孩子合在一起做游戏。他们互相商借游戏的玩具,拖着小火车或小客车你跟着我,我跟着你。小组里所有的人都从事类似的活动,但并不体现明确的有组织的分工合作。六是合作的或有组织的游戏。一群儿童在有组织的小组中进行游戏。小组的游戏是有目的的,参加小组的成员都有明显的集体意识,有明确的分工,小组的各个成员承担不同的任务,并产生领袖控制整个活动,共同合作,以达到活动目标。[①] 幼儿在3岁以前,更多地进行前四种游戏。4岁后,游戏活动中的集体意识日益增加,更多地参加和同伴联合一起开展的有组织的游戏。

---

① [美]黛安·E. 帕普利、萨莉·W. 奥尔兹著,华东师范大学外国教育研究所《儿童世界》翻译组译:《儿童世界》上,人民教育出版社,1981年,第426-427页。

他们的交往主要是在有组织、有规则、有首领的合作游戏中进行的。当小伙伴们有着共同的兴趣和目标时,他们能在游戏中很好地进行协同活动,因为他们需要模仿所扮演角色的动作和行为,表现角色的语言和情感,同时为了使自己像所扮演的角色,不得不进行多次的重复与练习。这样儿童就在不知不觉中熟悉了角色所应遵循的规范,并自愿地遵守,还锻炼了意志,发展了良好的行为习惯。当儿童由于动作不协调或争玩具而发生争吵时,这种争吵一般说来是没有敌意的,实际上是一种心理接触而撞击出来的火花。通过争吵,儿童可以学会如何坚持自己的意愿和如何接纳别人的意见,最终学会如何与他人协调。这有利于儿童在社会生活中学会应如何与他人相处,在与他人相处时应遵守哪些行为规范。

小班儿童的游戏在很大程度上仍保持着婴儿末期的特点。他们的游戏大都是独自一人游戏和平行游戏。在游戏中他们集体意识淡薄,通常各玩各的,彼此互不关照。如,在参加打弹子游戏时,他们都以自认为合适的方式各玩各的,而且玩的结果都是赢。这些处于自我中心状态中的儿童通常缺乏关于游戏规则的知识。他们在游戏中缺乏合作,也意识不到游戏规则的存在。他们在小组中的玩耍,是以缺乏任何社会交流和真正的合作为特征的。当邀请他们参加联合的有组织的集体游戏时,他们常常会破坏游戏规则。

中班儿童开始参加一些联合游戏,并向合作的或有组织的游戏类型发展。他们能够分配角色,能够按照游戏规则来进行游戏。在游戏中,儿童的集体意识明显增长,彼此之间开始有了合作,也注意到游戏的结果。中班幼儿的游戏对幼儿的规范意识及行为发展的影响有两点:第一,让儿童体验不同角色,获得角色规范知识。人们是以各种社会角色在社会上活动的,在社会生活中,每个人都要扮演不同的角色,而不同的角色在享受不同的权利时,同时也要承担相应的义务,也就是说,每种角色都有其要遵守的角色规范。社会成员个体对角色规范的理解与遵从倾向,主要是由社会群体来提供的,群体不仅为个体实践社会角色提供适宜的机会,还为个体提供对他人行动、对各种情境进行评价的价值尺度。个体对规范的遵从及对角色的履行是社会秩序稳定的前提,这方面的偏差必然导致个体对规范的理解与行为反应方面出现偏差,进而导致群体社会功能的失调,使社会陷入失范状态。儿童在游戏中对不同角色的扮演,能使其体验不同的角色规范。例如,在"坐车"的游戏中,扮演司机的儿童会明白,其主要职责就是保证乘客安全,准时到达目的地;而扮演售票员的儿童会明白,其主要职责是保证每个乘客都要买票,并维持车内秩序。第二,培养儿童抵制诱惑、遵守规范的毅力。例如,担当火车站售票员的儿童,看到当乘客的儿童去"食堂"买点心时,虽然也很想吃到点心,但为了坚守岗位,可以忍着不去"买点心"。在游戏中,儿童可以更好地发展意志行动,这种意志行动有助于儿童提高对自己行为的控制能力。苏联教育学家、心理学家马努依连柯曾对三组幼儿进行研究,考查他们的意志行动的发展。

他要求第一组儿童按照主试的示范,右肘弯着,左手垂在身旁,不动地站着;要求第二组儿童采取哨兵的姿势,尽量长久地保持姿势;对第三组儿童则采取"工厂和哨兵"的游戏的方式,在游戏中,儿童知道担任哨兵的角色在站岗时应该不动。在不同要求下,三组儿童保持姿势的时间如下表:

表 11-1　4-7 岁儿童意志行动的发展　　单位:秒

年　龄	第一组	第二组	第三组
4-5 岁	2 分 5 秒	41 秒	4 分 17 秒
5-6 岁	5 分 15 秒	2 分 55 秒	9 分 15 秒
6-7 岁	12 分	11 分	12 分

资料来源:丁祖荫:《儿童心理学》,山东教育出版社 1984 年版。

从上表可以看出：第一，儿童自觉坚持行动的能力随年龄的增长而提高。第二，儿童在游戏中自觉坚持行动的时间比单纯完成成人交待的任务时自觉坚持行动的时间长得多。儿童的意志行动得到发展，使得儿童开始能依靠发展了的意志，要求自己在游戏中坚持按照游戏规则来行动。这也意味着他们依靠发展了的意志来调控自己的行为成为可能，开始能要求自己遵守一定的游戏规则，按照一定的游戏规则参加游戏。

大班儿童参加的通常都是合作的或有组织的游戏。在进行游戏时，他们不但能彼此商量分配角色，明确理解游戏规则和各角色的任务，而且要求所有参加游戏的人严格遵守规则并互相监督执行游戏规则，不能容忍破坏规则的现象发生，还常常由于执行规则而产生纠纷。合作的有组织的游戏是一种需要和同伴进行配合的、协同进行的活动。幼儿在游戏活动中，能学会在集体中怎样与他人配合、协作来共同完成某种任务，同时也学会如何作出必要的忍让以及正确的竞争。此外，幼儿的许多游戏是角色扮演，在孩子扮演各种角色时，他模仿各种人的行为，体验他们的思想和情感，并融入了自己的愿望、思想和情感。游戏的过程是儿童学习如何做人的过程。在合作的有组织的游戏中，儿童讨论规则、遵守规则、互换角色、解决冲突、修改规则，充分合作、交流，已经是成人社会行为的预演。例如，幼儿园中有一个叫"白猫小警士"的游戏。幼儿扮作白猫警士，组成若干队排列在圆圈外。教师将与参赛队数相等的竹圈竖放在圆圈中心四周作"鼠洞"，洞内存放许多布折成的"老鼠"。游戏的玩法是这样：各队排头的"警士"爬到圆圈中的"鼠洞"口，钻进"鼠洞"，抓一只"老鼠"，然后退出"鼠洞"，返身跑回来，拍一下第二名"警士"的手，站到排尾，被拍到手的"警士"马上出发去捉老鼠，在规定时间里，比一比哪一组抓的"老鼠"多。游戏进行的时候,有的幼儿不按游戏规则进行。前面的幼儿还没有返回拍手,后面的幼儿就急着出去了。有的幼儿一次捉了几只老鼠,使得后面的幼儿没有老鼠可捉了。更多的幼儿则在急着钻"鼠洞"时碰倒了竹圈。比赛结束时,在评定哪一组获胜时,幼儿发生了争执。在教师的指导下,幼儿在争吵中,进一步明确了游戏规则:第一,游戏时,每个幼儿必须被前面的幼儿拍到手以后才能出发;第二,一次游戏只能捉一只老鼠;第三,钻"鼠洞"时不能碰倒竹圈。再次开展游戏时,幼儿都能主动遵守游戏规则,竞争更加公平激烈了。在这一游戏中,幼儿先是参加游戏,然后发现问题,进行讨论交流,重新确认规则,最终体验成功,从而发展了规则意识和公平竞争的意识。①

由上面的描述可以看出,小班、中班和大班的幼儿玩的游戏在形式上是不一样的。下面,我们以打弹子游戏为例,来进一步说明不同阶段的幼儿在同一个游戏中对游戏规则的遵循情况是怎样的。我们在上一章的末尾说过,婴儿缺乏年长的儿童玩弹子游戏时的那些规则,他们根据习惯或某种他们所需要的方式来玩这些弹子:扔弹子、摞弹子、埋弹子等等。2-5岁的儿童(婴儿晚期和幼儿早期),他们的游戏完全是个人的,不受游戏规则的约束,是任意的行为,处于"单纯个人规则的阶段"。小班幼儿和婴儿一样,不懂得游戏规则,在游戏中各玩各的,相互间没有任何交流和干涉,玩的结果都是赢。例如:"洛夫(五岁)经常装作与麦尔(另一个小男孩)在一起玩耍……他立即开始向堆成一堆的弹子'射去'。他独自不停地玩着,一点也没有注意到我们。'你赢了吗?''我不知道,我想我赢了。''为什么?''噢,因为我扔出了珠子。''我呢?''你

---

① 缪仁贤、赵银凤主编:《幼儿教育技艺》,第60页。

也赢了,因为你也扔出了珠子。'"①

六七岁的儿童(幼儿中期)进入"信奉他律的绝对的规则阶段",儿童开始了解打弹子游戏的规则,开始迷恋游戏的胜负。他们认为规则是最神圣的、绝对不能侵犯的东西,但由于他们的游戏只限于模仿成人和大孩子,对游戏中包含的一个个规则还不能充分理解,所以经常发生破坏规则的行动。此时儿童所认识的规则完全是他律的规则,是外界强加的,他们并不理解规则的真正意义,而是模仿地执行强制性的规则。所以这个阶段称为"信奉他律的绝对的规则阶段"。大约在十岁左右,儿童才开始进入"尊敬自律的相对的规则阶段",能够充分理解规则,这一特点我们将在下一章详细阐述。

2.幼儿同伴间的相互影响对幼儿规范意识及行为的影响

首先,幼儿同伴间的交往是以平等、协作为基础的,幼儿在与同伴的交往中,相互交换评价信息,逐渐学会以同伴的眼光看待自己,逐渐形成关于自我的知识,并能内化他人的评价,根据同伴的评价不断调整自己的行为。这种同伴间平等的交往、相互评价,比起幼儿与成人"纵向"关系的交往、成人权威式的评价,更有利于幼儿的规范意识及行为向自律发展。同伴交往是建立在共同活动、相互协作的基础上的。因此,为了建立并维系良好的同伴关系,幼儿必须遵守人际交往规则,履行并承担自己的职责,完成好自己分内的任务。在这种实践活动中,幼儿的社会责任感得到发展,逐渐懂得个人在集体中的作用,学会站在他人的角度思考问题,理解他人的观点,发展合作意识及集体主义情感,从而使规范意识及行为得到发展。幼儿之间的互动,如交换玩具和学习用品,频繁地发生

---

① [美]B.J.瓦兹沃思著:《皮亚杰的认知和情感发展理论》,第111页。

于他们之间。这种互动,有助于幼儿形成"平等交换、互通有无"的规范意识和行为。又如,幼儿欺负人的行为,导致了同伴对他的不满、疏远,使得他们学会了尊重人、平等待人的规范,逐渐克服了自我中心化的失范状态。

其次,幼儿对同伴的观察、学习和模仿能促进自身规范意识及行为的发展。婴儿出生后头两年里,主要是与父母交往,但已开始与同伴发生相互作用。在幼儿期,随着幼儿进入幼儿园,社会性迅速发展起来了,他们与同伴的接触、交往增加。研究发现,幼儿会自发地模仿别的儿童的行为,表现出与同伴间的同一,同伴的行为成为幼儿行为的参照物和强化物。同时,同伴还作为一种榜样影响幼儿的行为发展。具有不同生活经验和行为方式的幼儿,在交往中互相学习、模仿。常言道,"近朱者赤,近墨者黑"。在日常生活中,幼儿有很多机会观察别人的行动,也有很多机会看到这些行动得到奖赏或惩罚。观察到的后果与直接经验到的后果差不多一样能够改变行为。一般说来,看到同伴行为的成功,能增加自己以同样的方式行动的倾向,而看到同伴因某一行为受惩罚,则可能降低实施这种行为的倾向。

第十二章 学龄儿童期(8-12岁)：个体规范意识及行为进一步发展

儿童进入学校后，开始系统地接受正规教育。他们从备受家长和成人保护的幼儿，变成必须独立完成学习任务、承担一定社会义务的小学生。这一时期，儿童对家庭生活的兴趣减弱，个体游戏也逐渐让位于群体活动，如班集体、小组和少先队组织的活动等。这使儿童的社会道德意识迅速发展。道德品质的形成，是儿童社会化发展的重要内容。对于每个个体来说，道德是一种稳固的心理特征。儿童依据一定社会的道德准则要求，形成个人的道德品质，并在言行中表现出来。在社会生活中，儿童如果依据正确的道德准则行动，我们就说他的行为合乎道德规范；反之，则认为他的行为是不道德的。由于社会舆论和教育的影响，小学儿童头脑中渐渐形成各种具体的道德观念，并学着去判断是非善恶。小学儿童喜欢过群体生活，群体的影响逐渐代替了家庭的影响。同学、伙伴、朋友已经成为他们群体生活中不可缺少的组成部分，同学、伙伴之间的相互影响、相互模仿，促使儿童的规范意识及行为进一步发展。

儿童在七八岁以前，把社会规范视为不可变更的东西，把父母或教师的话绝对化。父母或教师说这样做好，便认为这样对；父母或教师说这样做不好，便认为这样错。他们是被强制要求遵守社会行为规则的，是受成人约束的。高年级小学儿童，由于逻辑思维的发展,对规范的遵循不再纯粹受奖惩的支配,而是基于对规范的思考开始产生自己的一套行为标准。高年级小学儿童倾向于维持社会秩序,认识到社会秩序依赖于个人尽本分和尊重已建立的权威,为了维护社会秩序和完成自己的义务,要遵守现行的社会行为规范和尊重权威,并要求别人也奉行。尽自己的义务、对权威表示尊敬和维护既定的社会秩序就是正确的行为,否则便是不正确的行为。高年级小学儿童无论在假设的或实际的行为情境中,都能把行为的社会意义和社会理由作为行为的道德动机,儿童做出合规范的行为并不是简单地听从成人的指示。儿童遵从规则,按照规则行事,是因为这些规则是群体采纳的规则,而不是因为害怕惩罚。此阶段的末期,儿童的规范意识及行为开始由他人导向向自我导向过渡,儿童是依据规则而不是依据受奖励或惩罚的后果来把行为确定为正确或错误的。

第一节 小学儿童生理心理机能的发展对其规范意识及行为发展的影响

一、小学儿童手足运动机能的增强对其规范意识及行为的影响

进入小学阶段后,儿童手足运动机能进一步发展。儿童的手臂肌肉,五六岁时开始发育,到八九岁以后,发育速度增快,力量增强,所以小学儿童可以从事球类等规则稍复杂、技术上要求比较高的体育活动。球类等体育活动,有着一系列严格的复杂的规则。在球类等各种体育活动中,儿童的规范意识及行为得到进一步的发展。例如,在打羽毛球时,既有人与球拍、人与球的互动,又有人与人的互动;从人与球的互动中,儿童学会关于击球的时间、动作

等技能技巧规则、技术操作规则；从人与人的互动中，儿童学会在不违反游戏规则的前提下运用一系列的战略战术打败对手，从而学会在社会中与他人相处时，应如何在不违反社会规范的前提下使自己的意愿得到满足。这样，儿童的规范意识及行为也就通过这类的活动得到发展了。此外，小学儿童的骨骼系统也进一步发展，可以参加跳高、赛跑等竞技性体育活动。儿童既可以在这些活动中习得技术操作规范，如跳高时必须掌握一定的技术规则、技能技巧，否则容易受伤；又可以在这些活动中学习如何与他人相处，如接力赛跑等活动，需要通过儿童相互间的合作来完成。通过参加这些体育活动，儿童能更好地理解技术规范、社会规范，并且使自己的行为合乎规范。而所有这些体育活动的开展，都是以儿童手足运动机能的进一步发展为前提的。

二、小学儿童第二信号系统的重大发展对其规范意识及行为的影响

儿童进入小学后，在新的生活环境的要求下，特别是在教学过程中，第二信号系统活动有了重大发展。在幼儿时期，尽管第二信号系统已有所发展，但是在幼儿的生活中仍然是第一信号系统活动占主要地位，儿童的活动主要围绕各种动作、游戏展开。儿童进入小学后，由于第二信号系统活动在教学活动中起着重要作用，第二信号系统活动就越来越占主要地位了。第二信号系统的重大发展使得词在儿童心理活动中的作用提高。词的信号在高级神经活动中的作用的提高，是儿童有意行动发展的生理基础。儿童逐渐能使自己的行为服从周围人们用词提出的要求，并且能出声地或默默地重述这些要求。儿童逐渐意识到自己的行动，意识到自己行动的目的、结果，并尝试着按照一定的规范去实现这些目的。小学儿童第二信号系统的发展，为儿童的心理活动和行为具有更高

的随意性、自觉性和组织性提供了生理前提。小学儿童第二信号系统的重大发展,还使得儿童能够掌握抽象性、概括性的联系,掌握概念,儿童的抽象思维能力的发展变得可能。对概念的掌握,使儿童在教学过程中能从书本中习得不能亲身体验的各种角色规范知识、其他行为规范知识,从而丰富其规范知识系统。

三、小学儿童自我意识的进一步发展对其规范意识及行为的影响

幼儿已经有了一定的自我评价能力,但这种评价主要是建立在成人评价基础之上。儿童进入学校后,生活范围、内容都发生了变化,儿童的自我评价能力也进一步发展起来。这一方面是由于儿童已能利用语言符号调节和指导自己的行动;另一方面是因为客观环境向儿童提出了一系列的要求,迫使儿童要经常按照这些要求来对照检查自己的行为是否适当,加之成人和同伴也经常以这些要求来评定儿童的行为,因而使儿童的自我意识有了进一步的发展。有意识地即自觉地支配、调节自己的行动,从而有目的有计划地支配和处理外界事物,是人的意识的主要特点之一。小学儿童自我意识的进一步发展,不仅使他们能更好地控制、调节自己的操作行为,从而更好地操控、处理外界事物;而且使他们在社会交往中能更好地理解人与人之间的相互关系、个人行为对他人的影响,从而能站在别人的角度看待自己,根据别人的观点来剖析自己行为的对错,并对自己的行为作出适当的调节。小学儿童的自我评价有两个显著特点是:第一,从注重行为的效果过渡到注重行为的动机。转折年龄在9岁左右。不同年龄的儿童对同一举动而后果不同的行为,通常给予不同的评价。9岁前的儿童对一个想帮助母亲收拾餐具,但因动作不灵活而打破了菜盘的儿童作出否定评价,而9岁后的儿童则可能作出肯定评价。第二,自我评价的

独立性日益发展。专门的研究表明,随着年龄的增长,儿童独立评价的能力也有所增长。低年级小学儿童和幼儿差不多,基本上是信赖成人对他所作出的评价,是纯粹他律的。到中年级时,儿童开始学会独立地进行自我评价,但还不是通过自我检查、自我内省的方式来评价,而是拿他人作"镜子",将自己的行为和他人的行为加以比较,从而认识自己,作出自我评价。当一个人学会了像他人看自己那样看待他自己,把他人作为一面"镜子"时,在他的心中就形成了一个真正的社会标准。儿童是在评价别人的道德行为的过程中逐步认识到自己本身的道德行为的。此外,小学儿童由于皮质抑制过程的机能进一步增强,借助内抑制的调节作用,自我控制能力、意志行动得到发展,加强了对自己行为的调控。个体遵守规范的行为,既和个体对规范的知悉、对规范的情感体验有关,也和个体的自我控制能力、遵守规范的意志有关。知情意是统一的。个体的规范行为,是个体的规范知识、规范情感体验、个体遵守规范的意志的联合作用。年幼儿童知道某一社会行为规范的要求,并且内心也很想按照规范的要求行事,但由于自我控制能力差,他们通常控制不了自己的行动,仍然会违反规则。自我控制能力以7岁为转折点,小学儿童的自我控制能力、意志行动显著增强。这使得小学儿童能够依内心意愿较严格地遵守社会行为规范,在社会交往中,能更好地控制自己的冲动行为、不适当行为,发展合乎规范要求的行为。

四、小学儿童认知能力的发展对其规范意识及行为的影响

儿童对规范的学习和理解受到认知水平的制约。皮亚杰认为,外部刺激和主体之间的关系不是直接联系,而是要经过主体认知结构的中介作用,即要经过同化和顺应。处于不同认知水平的个体对于同一刺激所作出的同化和顺应是不一样的,所以,处于不

同认知结构水平的儿童对于同一规则或原则,往往会产生不同的理解,作出不同的反应。小学儿童大脑皮质区域的发育成熟,使得他们的思维能力得到发展。这意味着儿童能够对周围的社会现象进行认识。"社会认知发展研究的重点,主要表现为儿童对社会现实、人们(包括自己)和社会关系三类社会现象的认知和理解,其中,对社会现实的认知主要包括关于道德与社会规则的判断和社会习惯方面的知识,对人的认知着重在儿童对自己和他人(包括内部心理状态)的知觉,而对社会关系的知觉则主要指儿童关于朋友、权威和领导关系的考虑。"①

年幼的儿童受到认知发展水平的影响,思维还处于自我中心主义阶段,往往从自己主观的观点、感情来揣度别人的内心活动和需要,很难设身处地地站在他人的角度考虑问题、体验别人的感情。小学儿童逐渐解除自我中心状态,开始体验他人的观点,并能试着站在他人的角度来考虑问题。"个体在自我与交往对象之间转换观察问题的角度,在内部与他人的观点进行交流,想象、体验他人的观点,并将自我与他人的观点进行比较。"②幼儿即前运算阶段的儿童是自我中心的,他们不能理解自己的看法、动机、意图和态度与他人是不同的。例如,一个4岁的幼儿,看到小伙伴在喝牛奶,就从小伙伴那里拿走牛奶。因为他自己不喜欢喝牛奶,所以他认为小伙伴也不喜欢喝牛奶。或者,一个幼儿给另一个幼儿喝牛奶,是因为他自己喜欢喝牛奶,就以为另一个幼儿也一定喜欢喝。自我中心化在六七岁时明显地减弱。儿童开始认识到别人有别人的思想和好恶,逐渐地脱离自我中心化,而且经常会考虑别人

---

① 张卫:"关于儿童对权威认知发展的研究",《心理学动态》,1994年第2期,第45页。

② 王振宇等:《儿童社会化》,人民教育出版社,1992年,第254页。

的需要和兴趣,从而改变自己的行为。儿童与他人的合作、相互理解逐渐培养起来。

小学儿童认知能力的发展对其规范意识及行为的发展还有以下两个作用:第一,认知能力的发展使儿童能对尚未出现的行为后果进行预测,并依据某些确定性的根据,对已发生的事件进行归因并作出是非判断。儿童的是非判别能力的出现与儿童的认知能力发展及认知经验有关。学前儿童把是否受到奖惩作为判别对错的主要标准。大约从8岁以后,儿童在思考中有了较复杂的推理,不仅他们的对错观念抽象得多,而且开始考虑行为的动机和后果。他们意识到,为保护个人和群体的利益、维持社会秩序,每个人都必须遵守社会行为规范。学前儿童无法对一些事件发生的原因作出正确推理,他们常常将具体的结果归因于想象的、个人的或其他错误的因素。学龄儿童思维日益复杂,这使得他们可以逐渐认识行动与行动结果间确切的关系,但完全认识这些关系则要到青春期之后。第二,认知能力的发展使高年级小学儿童内化规范变得可能。儿童知悉了规范的要求后,并不一定就会按照规范的要求行动。幼儿迫于权威或为了避免惩罚而不得不接受这些行为规范,并依照这些行为规范行动。他们的规范意识纯粹是"他律"的。高年级小学儿童的规范意识开始由"他律"向"自律"转换。儿童的规范意识向"自律"发展,只有在儿童了解了规范的意义,内化了规范后,才有可能实现。这就有一个儿童将规范在认知上进行内化的问题。儿童在已有的规范知识、社会经验的基础上,在成人的教导下,尤其是在遵循和违背规范的实践中接受正负反馈,逐渐认识到遵循一定社会行为规范的重要性,并且愿意把它们作为个人行动的指南与原则。这样,儿童就建立起比较牢固的规范意识,形成一种信念。这种信念指导着他们的行动,并使他们逐渐养成了自觉按规范行动的习惯。

第二节 小学儿童与他人的相互作用对其规范意识及行为发展的影响

在婴幼儿时期,儿童由于自身发展水平不高,只能以游戏这种低级的活动形式作为主导活动。到学龄儿童期、青少年时期,儿童的发展水平得到显著提高,且社会生活也对他提出了一系列的要求,儿童便开始以"学习"这种比较高级的活动形式作为主导活动了。学校教育、师生关系、同学之间的关系对儿童的规范意识及行为的发展起着重要作用。总的来说,小学儿童的规范意识及行为的发展主要受到以下几种因素的影响:

一、学校教育对促进儿童的规范意识及行为发展的作用

每个人的人格品质都处于两极之间的某一点上,教育的作用就在于发展积极的品质,避免消极的品质。学校是有计划、有组织、有目的地向人们传授知识、技能、价值标准、社会规范的专门机构。当儿童进入学龄期后,学校的影响逐渐上升到首要地位,成为影响儿童的规范意识及行为发展的最重要因素。学校通过教材、教学、教师人格、学校的各种组织及学校组织的各种活动对儿童的规范意识及行为的发展产生影响。学校教育的作用有以下几条:

第一,学校作为一个重要的社会机构,其首要作用是进行社会文化的传播。每一种文化都包含一套大家或多或少都共同遵守的规则。这些规则维持着有秩序的社会生活。由于文化的存在,即使是一些简单的事情,哪怕是和动物一样的需要,也都会蒙上一层文化模式的外衣。例如,动物感到饥饿时,只要看到吃的东西,它就吃,而人却不然,必须等到开饭时才能吃,一日三餐是约定俗成

的,而且吃东西时要遵守一定的规矩,使用一定的餐具等。可以说,人的任何一种行为都是社会文化的产物。学校中有目的、有计划的文化传递教育,使学校成为儿童学习社会规范最有效的途径之一。在学校中,各种校规校纪教育、道德和法律知识教育及文明礼貌教育是个体接触和学习社会规范的主渠道。

第二,学校的重要作用还表现在它具有独特的结构。儿童在入学以前,主要是与家人交往,而且,过分浓郁的亲情、溺爱、纵容往往会妨碍孩子对各种行为规范的学习和遵守。步入学校后,儿童才真正初步接触到社会。因为每个学校实际上是一个小社会,有其独立的地位、亚文化、价值标准、规范等。儿童在这里扮演着学生、同学、朋友等社会角色,接受学校纪律的约束,学习各种规范,参加学习上的竞争。所有这些都为他们将来进入成人世界奠定基础。学校作为社会系统的一个子系统,个体在其中活动时,逐渐学会在这个小社会中应如何与他人交往,在与他人交往的过程中,要遵守哪些行为规范、角色规范。例如,作为一个学生,对待老师,要尊敬;作为其他学生的朋友,要学会平等相待,要学会谦让、合作等。在学校这个小社会中学会如何与他人相处,为儿童日后进入成人世界与他人相处作了预演。在学校这个小社会中,对角色规范、社会规范的体验,使儿童增强了自己的规范意识,巩固了自己的规范行为。

第三,课堂上的活动也很重要。小学儿童在课堂上不仅接受技能知识、社会规范的教育,还学习大量"隐形的课程"。例如,由于小学儿童在课堂上的活动大多是当着众人的面进行的,所以他必须逐渐适应许多人在场的情境,学会在众人面前以适当的行为模式去行动,言语、行为都要遵守行为规则。例如,发言要举手,说话不可粗鲁。另外,小学儿童在课堂上会受到各种形式的评价,如老师的评分评语、同学的评价等。这些评价引导着儿童不断调节自己的行为,使自己的行为越来越符合他人和社会的期望。

二、师生关系对儿童的规范意识及行为的影响

儿童的人际交往关系是影响儿童的规范意识及行为发展的重要因素。儿童入学后,首先和他们交往的人就是教师。低年级小学儿童对教师表现出一种特殊的尊敬,教师在他们心目中就是最高权威,教师讲的话是无可怀疑的,教师的指示带有命令的性质。此时,教师对自己的权威的充分利用,对低年级小学儿童在行为规范方面作出的教导,有助于儿童的规范意识及行为的发展。随着儿童的成长,到中年级以后,儿童对教师的态度,逐渐发生变化,对教师的指令不再是无条件的信任,而是带有选择性,并持批判的态度。此时,教师如果能改变自己先前的权威形象,与儿童发展起一种平等的、朋友式的交往关系,通过这种平等式、朋友式的交往关系,向儿童传递社会行为规范、社会价值观念,更有助于儿童的规范意识及行为从他律、权威的束缚下解脱出来,向自律发展。

教师在小学儿童的规范意识及行为的发展过程中有以下几个作用:

第一,教师通过对儿童的直接教导传递社会规范知识。在对儿童进行规范知识教育时,教师常常向儿童讲解什么样的行为是正确的,什么样的行为是不正确的,应当做什么和为什么应当这样做,不应当做什么和为什么不应当这样做,等等。这样,通过反复的教导,使儿童获得了关于社会行为规范的许多信息,为儿童随后产生相应的实际行动打下良好的认知基础。

第二,教师指导儿童按照社会规范去行动。教师不仅在认知上向儿童传递社会行为规范知识,而且还常常向儿童提出具体的行为要求。对儿童进行一般社会规范知识的教导并不能保证儿童

就能产生相应的规范行为。为此,教师经常引导儿童把一般性社会规范认知与自身的具体行为联系起来,帮助儿童在"知"和"行"间建立起联系,使他们懂得应以规范约束自己的行为。在这种指导下,儿童逐渐将规范指向自身,在日常和学校生活中努力发展符合社会行为规范要求的行为模式。

第三,教师通过在儿童面前树立榜样,对儿童的规范意识及行为产生影响。俗话说,言传不如身教。美国心理学家班杜拉揭示了"观察学习"在儿童行为发展中的作用。所谓观察学习,是个体通过观察他人的态度、行为,内化一定价值,形成一定行为习惯的间接学习。在年幼的小学儿童的心目中,教师是神圣的、权威的,是他们观察学习的重要对象。他们通过观察教师在与他人、与自己的交往中所表现出的言行,接受到教师的示范性影响,从而要求自己在社会生活中,也像教师那样严格要求自己、遵守社会行为规范。

三、同伴关系对儿童的规范意识及行为的影响

由于同伴之间的相似性,儿童更容易接受他们通过与同伴交往获取的经验。这些经验经过儿童的认同和内化,对儿童的规范意识及行为的发展起着重要作用。同伴关系建立在相互协作的基础上,在与同伴的共同活动中,为了赢得同伴的认可、好评和尊重,儿童必须发展与同伴的平等协作关系,遵守团体规则,服从权威,使自己在各方面与团体保持一致。在与同伴交往的过程中,儿童还会碰到自我与他人的冲突问题,在出现矛盾的情况下,如果儿童不能正确处理,同伴之间的关系将会中断,这会使儿童产生非常痛苦的体验。因此,随着儿童交往关系的深入发展,儿童不但能够逐步学会遵守团体规则,而且还常常会因为同伴而改变自己的态度和行为,实现对自己的心理和行为的调节,从而使自己能够转换角

度站在他人的观点上去看待问题。例如,小学儿童间经常会因一件小事发生争吵,争吵后谁也不理谁。可过了一段时间,气消后,经过对事件的重新考虑,可能会觉得对方在该事件中好像没犯先前想象的那么大的错,自己其实也有不对的地方。于是,往往会有一个儿童先向另一个儿童示好,而另一个儿童在这种情况下多半也会愿意和解。通过这种冲突和冲突的解决,儿童可以增进相互间的理解,并学会宽容和友好相处。从同伴交往中获取的经验知识对儿童的影响,最初表现在儿童外显的个别行为上,如对待某人的态度等,继而,会影响到儿童的心理层面如价值取向和个性发展。例如,一个儿童看到某个同学每次上课都要给老师倒上一杯水,放在讲台上,便也仿效着做。最初,该儿童只是做了"上课前给老师倒杯水"这一具体的行为,可最终却有可能在这种具体行为的持续作用下,形成"尊敬老师"、"关心他人"的品质。总之,儿童是在这种同伴交往关系中学习和实践不同角色,培养社会责任感,学会充当社会成员的。儿童的规范意识及行为也是在这种交往关系中不断地得到发展的。

最能体现学龄儿童的同伴关系特点的活动形式仍然是儿童间的游戏。小学儿童转入以学习为主导活动后,也还是需要游戏的。从八九岁起,儿童开始理解规则对于正规的比赛性游戏的重要性,社会意义上的合作开始出现。而且,儿童不再认为规则是绝对的和不变的。他们形成了这样一种观念:如果所有的人都同意的话,规则是可以改变的。当儿童遵循比赛规则时,其游戏活动便具有明显的社会性,比赛的乐趣在于战胜对手,获得胜利。到了十一二岁,儿童进入编造规则阶段。随着形式运算能力的形成,多数儿童对规则的理解能力得到空前的提高。在十一二岁,大多数儿童逐渐地懂得:规则是由团体制定的,或能够由团体制定的,团体可以制定规则,也可以改变规则;规则对于公正的游戏是必要的,每个参加游戏的人都必须严格遵守游戏规则。此时的儿童对规则有了相对成熟的理解,认识到,游戏的规则在双方认可时,既可被视为是固定的,也可以被视为可变的,游戏之前,可以制定规则、改变规则,但无论何时,比赛规则一经彼此同意,就必须严格遵守。儿童早年的那种以为规则是永久的、由权威给予的信念,此时已减弱。儿童充分认识到,对于合作和有效地进行游戏来说,规则是必不可少的。此时,儿童经过"单纯个人规则的阶段"(2-5岁)、"信奉他律的绝对的规则阶段"(六七岁开始),进入皮亚杰所说的"尊崇自律的相对的规则阶段"(大约十岁左右)。此时,儿童能够充分理解规则,在团体一致同意的前提下,能对规则作出部分修改,甚至能够制定某些规则;规则一旦确定下来后,能够得到严格遵守。我们以打弹子游戏为例。这种游戏儿童从二三岁起一直玩到十二三岁。十二三岁的孩子在打弹子的过程中,懂得只要彼此同意就可以改变游戏规则,懂得这些规则起源于儿童,而不是起源于成人,懂得由于时间地点的不同,规则可以有所不同。年龄较大的儿童还能重新制定一些规则。例如,打弹子时,一般的规则是,在正前方画一个四方形,中间挖一个洞,只有先弹进洞的弹子才有机会吃其他洞外的弹子。年龄较大的儿童可能由于地点的不同,重新制定一些规则。如,在水泥地上玩时,不能挖洞,于是儿童们便免去画四方形、挖洞、弹子先弹进洞这些规则,双方直接将两颗弹子摆在一个自认为合适的位置,便开始按顺序你一下我一下地弹起来,谁的弹子先弹中对方的弹子,就赢得了对方的那颗弹子。此时,在年龄相同的儿童之间还出现了一种与单方面尊敬相反的相互尊重,于是有了互惠和互惠基础上的合作。儿童在相互同意的基础上接受游戏规则,这种接受导致规则的内化。一个有趣的现象是,当儿童不再相信这些规则是神圣的和不可更改的时候却忠于这些规则。而在幼儿阶段,幼儿相信规则是神圣的、不可改变的时候却常常违反规则。

小学儿童,特别是低年级儿童,仍然喜欢主题或角色游戏。但是形式和内容比幼儿时期大有提高。首先,小学生已经对活动的结果感兴趣,他们总是要求一场游戏善始善终,达到既定的目的。全体参与游戏的人不但要严格遵守游戏规则,而且还应在遵守游戏规则的前提下,完成游戏,产生输赢结果或达到游戏的目的。小学儿童在游戏中要求全体参加者都遵守游戏规则,要求游戏不能随便中断,要玩出游戏结果来,这能增强他们遵守游戏规则的意志,发展意志行动,依靠不断增强的意志来调控自己的行动,促使自己的行动符合规则的要求。其次,游戏活动具有更高的目的性和组织性,要求严格按规则进行游戏,在集体游戏中任何人扮演的角色形象不像,动作不准,配合不好都要受到指责。这说明儿童依照角色规范、游戏规则来对行为作出评判的能力得到提高,说明他们对角色规范、游戏规则有了更深刻的理解。最后,小学儿童仍然喜欢跑、跳、攀、踢之类的活动性游戏。但是具有新的特点:第一,集体性更加发展;第二,技术性要求更高;第三,更多地采取竞赛的形式。这种游戏,到中高年级以后,就可以发展成为竞技体育一类的活动。我们知道,竞技体育活动不仅包含任何人都必须接受的操作技术规范(例如跳高,不仅要计算一定的角度、力度,还要讲究一定的方法,不然既跳不好,也容易受伤),而且有着成套的复杂的比赛规则。不论你运用什么样的竞争策略,采用何种竞争手段,都必须是在竞赛规则允许的范围内才能使用。违反比赛规则的个体,通常都会受到相应的处罚和制裁。儿童在参加这些竞技体育活动时,规范意识及行为能获得很好地发展。体育竞技活动对规则的制定、执行,对结果的判定,也有着极其严格的要求。高年级学生在玩体育竞赛一类的活动时,要经历规则的学习或协商制定、执行、结果的判定等一系列过程。在这个过程中,儿童的规范意识及行为将得到很好地发展。在游戏的规则制定方面,部分规则可以经由长辈、大龄儿童的传递而得,部分规则必须经由儿童的共同协商、一致同意才能制定出来。此外,为了监督规则的执行、判定比赛的结果,儿童还要作出人员的分配,选出裁判人员,以求在判定比赛结果时尽量公正。竞技体育游戏可以帮助儿童逐步摆脱自我中心化,树立集体意识和群体意识,向社会合作发展。竞技体育大都是一些比较复杂的游戏,为了完成一定的游戏目的,参与者有时要进行一定的合作,这将发展儿童的合作意识。如,接力赛跑时,参与者在次序排定、接棒等过程中的合作直接影响到比赛的输赢结果。小学儿童的规范意识及行为的发展,在儿童们从事竞技体育一类的活动时得到极大的促进。

儿童规范意识及行为的发展经历了一个从他律到自律的发展过程。所谓他律是指儿童的价值判断受他自身以外的价值标准支配,而自律则是指儿童的价值判断受他自己的价值标准支配。青少年期前的儿童,基本处于他律的规范意识及行为阶段。在他律阶段,儿童想象强有力的权威传给一套固定的、必须坚决服从的规则,因此产生恐惧心理,希望免遭权威人物的处罚。此时,儿童已认识一些规则,且知道一旦破坏这些规则,会产生一定的后果。他们认为,凡是权威人物赞扬的就是好的,遭到他们批评的就是坏的。在这个过程中,儿童总是从自己出发,为自己着想,千方百计地满足自己的意图和需要。他们遵循规范是出于服从。当违反规范时,儿童倾向于根据权威的态度来作出判断。

但是慢慢地,儿童不再把规则看得那么固定和绝对了。他们领悟到,各种规则是各种不同观点协调一致后订立的"契约",是可以改变的,如果人们感到它们不适合他们的需要,往往可以通过共同协商来改变。儿童依自己的行为是否与他人的标准一致来判断一种行为是否正确,从而作出自我肯定或自我批判。成人通常对儿童达到或超过为其提供的标准的行为表示喜悦,而对未达到其标准的行为表示失望。这样,儿童就能逐渐形成自我评价的标准,获得自我评价的能力。儿童开始从关心自己的需求发展到关心别人的需求。他们意识到,为了合作和和睦相处,必须尊重他人的看法和想法。

儿童是从单纯的个体状态开始的,然后一直处于持续的不间断的社会化过程中。儿童一开始不懂得规则,也不认识符号,所以他必须经过一个逐渐适应的过程,既使别人同化于自我,又使自我顺应于别人。这样,他就能够掌握外在社会的两个基本性质:以言语为基础的相互理解和以互惠准则为基础的社会规范。处于自我中心状态的儿童除了相信他自己是社会与自然的中心并通过自我中心的同化作用去判断一切事物外,别无其他的选择。然后,当他逐渐能够像了解自己一样地去了解别人并使他的意志与思想服从于各种规则时,便开始从自身中摆脱出来,既能够意识到他自己,又能够把他自己置于别人的角度去考虑问题。总之,儿童的社会发展是从自我中心状态开始转向互相交流,从不自觉地把外界同化到自我转向互相理解和顺应外界,从他律的规范意识及行为向自律的规范意识及行为发展。

第十三章 青少年期(13-18岁)：个体规范意识及行为由他律向自律发展

青少年不同于儿童,亦不同于成人,他们有自己特殊的生活领域。他们的视野、他们与外部世界的接触与联系,比起儿童时期要宽广得多,但是他们的社会生活经验与阅历又比成年人少。研究青少年规范意识及行为的发展过程,有着特殊的意义。

青少年无论在家庭还是学校都取得了新的地位,父母、教师给了他们更多独立行动的权利和自行处理事情的机会,这促进了他们的独立性和责任感的发展,他们渴望独立,逐渐从依附转向自主。这具体表现在以下三个方面：一是突破在交往活动上对家庭的依附,开始像成人那样参与社交活动,学习独立交往,建立与同伴的良好关系,其规范意识及行为的发展更多地受同伴的影响。二是突破在学习技能上对教师的依附,增强学习的主动性。与前一阶段相比,个体的规范知识的获得,更多地受个体自身学习及实践的影响,不再主要来自于自上而下的传承。三是突破在价值标准上对成人的依附,独立发展价值观念。青少年渴望自主,不喜欢别人把他们当小孩看待,开始自我选择,确立行为的价值标准。随着个人价值观的迅速发展,青少年后期,个体努力脱离集团或个人的权威,认为正确的行为往往是根据一般的个人权利和已为整个社会批判考核而予以同意的标准来加以解释的。青少年清晰地意识到:个人的价值和意见是相对的,因而强调要有一个获得一致同意的程序和规则;根据对于社会是否有用和合理,也可以考虑改变这些规则;个体根据共同制订的社会契约、义务、法律来考虑自己的行为;出于尊重他人的权利,也出于得到他人和社会的尊敬与自尊而遵守各种规范。由于个体的逻辑思维能力和自我意识的发展,青少年开始反思各种规范,拒绝或接受一定的规范,对规范进行认同、内化或否定,形成一定的价值信念,并通过这种价值信念来指导自身的行为。青少年依内心意愿真正自觉遵循的通常都是他们所认同且被他们内化的规范。经过对规范的认同、内化,个体的规范意识及行为开始由他律向自律发展,开始受个体内心价值信念的约束。

第一节 青少年生理心理机能的发展对其规范意识及行为的影响

一、青少年高级神经活动机能的进一步发展对其规范意识及行为的影响

青少年神经系统的机能有了显著发展。大脑皮层的分析综合机能可以达到成人的水平。一项通过儿童脑电的研究来探索儿童脑发展的年龄特征的研究报告指出,儿童的脑的发展有其严格的程序性,发展是连续渐进的,但不是等速稳步的。在 4-20 岁期间,有两个加速"飞跃"期,一个在 5-6 岁左右,一个在 13-14 岁左右。以脑电波呈现值作为指针,可看出 13-14 岁少年的脑经历着又一个显著加速的"飞跃"而达到基本成熟,呈现值基本上接近成人。少年脑机能的发育成熟,表明青少年抽象逻辑思维能力高度发展的可能性。这为他对各种规范进行反思奠定了基础。少年

脑神经活动机能的发展中的另一个主要特点是,皮质的基本神经过程出现不平衡状态,兴奋过程比抑制过程强烈,同时兴奋与抑制的相互转换又过于灵活而欠稳定,致使皮质对行为的调节作用有所降低。所以青少年容易冲动,行为表现鲁莽,偶尔会因控制不住自己而出现一些失范行为。

二、青少年的自我意识趋向主观化对其规范意识及行为的影响

青少年时期是个体的自我意识发生突变的时期。随着个体身心的发展,青少年在家庭和学校的地位发生了变化。同时,青少年已面临着许多待抉择的问题。特别是在与周围同龄人相处时,青少年会自觉地把自己和同龄人作比较,找出自己的优缺点,不断调整自己与周围人的关系。这些都促使青少年的自我意识迅速发展。儿童的自我评价是以成人的态度为尺度的,评价自己总是肯定多于否定,这样的自我肯定是一种朦胧的自我喜爱。小孩子听到大人说他不好,就不高兴,甚至哭起来,说他乖,便会破涕为笑。青少年自我评价能力相比于儿童期,有了很大的发展,处于向成熟发展的过程。儿童不能够充分地认识自我,因而不能清楚地意识到自我形象,也不会计较和无从计较旁人对自己的评价、态度和接受程度如何。青少年发现了自我的内心世界,由此感受到许多全新的东西并体验到极其丰富的情感,产生了一种强烈的被人理解、受人尊重、被人接受的需要。他们对别人给自己的评价或对自己的态度变得敏感起来。儿童的自我评价只不过是重复父母或其他有威信的成年人的评价,而青少年则希望通过自己来了解自己是一个什么样的人,有什么价值。他们逐渐能把他人对自己的评价与自我认识进行对照,从社会的角度重新认识自我,评价自我。

除自我评价获得显著发展外,青少年自我意识的发展还有一

个特点,即趋向"主观化",这主要是由青少年逻辑思维能力的发展促进的。青少年自我意识的主观化趋向,主要表现在个体开始通过自我意识去认识外部事物。也就是说,用自己的观点来认识和评价外部事物,使自我意识成为个体认识外部事物的中介因素。这一时期与自我意识的"客观化时期"不同,"客观化时期"的个体是依据他人、成人的观点来认识和评价事物,青少年期之前的个体都处于这一时期。进入青少年期后,个体进入自我意识的"主观化时期",个体不愿意盲目地追随他人,而是从自己的观点出发来认识和评价外部事物,个体的观点和行为带有浓厚的个人色彩。正是由于青少年自我意识的这一特点,个体才出现了对规范的反思及认同的过程,不再像处于青少年期之前的儿童那样,无思考地根据成人教导的行为规范按章办事,而是开始反思规范,拒绝或接受一定的规范,只按照自己接受了的规范、价值观念去行动。

三、青少年逻辑思维能力、认知能力的发展对其规范意识及行为的影响

皮亚杰按儿童思维发展的水平把儿童认知阶段划分为四个阶段:感知运动阶段(0-2岁)、前运算阶段(2-7岁)、具体运算阶段(7-11岁)、形式运算阶段(11-15岁)。青少年处于形式运算阶段。在这一阶段,青少年的认知结构达到了发展的最高峰,能够在各类问题上进行逻辑推理,运用符号逻辑进行抽象的逻辑思维。他们能够脱离具体事物,在头脑中把事物的形式和内容分开,使思维超出事物的具体内容或具体的感知。逻辑思维能力的发展,使得青少年能在思维中把个别的行为和一般的原则、规范联系起来加以考虑,从个别的行为中认识一般的原则、规范。

在因果思维的发展方面,青少年的可逆性思维已得到很好的发展。青少年在因果关系的理解上,不但逐步学会从结果推到原

因或从原因推到结果,找出它们之间的可逆的关系;而且能够在许多原因之中分出主要原因和次要原因,找出它们之间的从属或矛盾关系。这使得青少年开始理解自然现象和社会现象中的一些复杂的因果关系,可以在复杂的社会生活中分析人的行为,找出行为和后果间的正确联系。这种正确的归因对青少年的规范行为有着引导作用。例如,一个醉酒的司机在薄雾天驾车,撞到了一棵树上,在对事故原因进行分析时,青少年可能会更注重从内部原因去分析,认为司机的醉酒违反了"酒后不能驾车"这一规范,是事故的主要原因,而不会将薄雾天气的影响作为事故的主要原因。正确的归因有助于青少年加深对规范的理解,从而引导自己未来的行为合乎规范。不正确的归因则会使得青少年在违反规范时,不但不能反思自己的行为后果的真实原因,反而会为自己的违规行为寻找种种借口,推卸责任。这会阻碍他们的规范意识及行为的发展。

人的道德判断能力是建立在人的智力完善的基础上的。个体进入青少年期后,智力机能已经大体成熟,逻辑思维能力显著增强。逻辑思维能力是独立判断的主要条件。个体在儿童期,思维已经形成和发展,但那时的思维只是对具体事物的直观的认识,形成的只是一种浅表的简单判断。如,孩子们能够作出这样的判断:"小敏偷东西,是坏孩子","佩佩帮助小同学,应该表扬"等等。对此,已经具有抽象思维能力的青少年,就不会这样简单地看待。他们会从多方面来分析小敏为什么偷东西,偷了什么东西,是否偷到,甚至提出小敏的行为是否算得上偷,然后再作出道德上的判断。可见,青少年的道德判断要比儿童深刻得多。

美国心理学家柯尔伯格继承发展了皮亚杰的道德发展论,用道德"两难法"去测验六七岁到二十多岁的被试者,得出人的道德发展可以分三种水平:7岁-10岁的儿童大多数处于前习俗水平,他们认为好的行为就是能避免惩罚、有利于自己偶尔也有利于别人的行为;11岁-15岁的青少年大多数属于习俗道德水平,他们认为道德行为是遵从现行的、普遍认同的一些社会习俗并受到赞扬的行为;从16岁以后,一部分青年就可以进入到原则的道德水平,认为凡是不妨害多数人的幸福,符合崇高道德原则的行为就是道德的行为。柯尔伯格认为,道德水平发展的阶段不能超越,但是可以促进,特别是从第二种水平发展到第三种水平,是与青少年智力发展、掌握道德观念的深度、道德判断能力密切关联的。青少年智力的提高,因果思维能力、道德判断能力的提高,为青少年道德水平的发展奠定了基础,为他们更深刻地理解规范,并按照规范的要求去行动提供了前提条件,使他们能更好地理解与遵从规范。

第二节 青少年的技术操作对其规范意识及行为的影响

青少年和小学儿童相比,知觉的目的性和精确性都有所提高,他们能够更加细致地感知事物、认识事物,能够对事物进行精细的观察,从而抓住更多的细节,这些为青少年运用教具、进行实验创造了有利条件。青少年时期是个体的技术规范意识及行为获得显著发展的时期。个体进入中学后,学习内容比起小学来有了很大的变化,学科门类显著增多。在学科的系统上,各门学科已经接近于科学体系,其中包含许多关于事物的一般规律的原理,每一学科的内容都是以完整的概念体系反映世界某一方面的规律性。例如物理、化学、生物等课程,不仅蕴含着丰富的关于自然界一般规律的理论,而且还要求个体动手进行实验操作,认识科学技术对人类和社会产生的某些影响。由于技术规范就是建立在自然界一般规律的基础之上的,在学习科学知识、把握自然界一般规律的过程中,青少年可以加深对技术操作规范的理解,认识遵守技术操作规范的重要性。此外,课程中设置的实验,增强了个体动手操作的能力,让个体在遵守技术操作规范、违背技术操作规范的过程中获得成功或失败的体验,使个体认识到遵守规范去做事才能达到预定目的,违背规范会受到自然界的惩罚,从而发展规范行为,矫正不规范行为。通过学习与实验,青少年习得大量的技术规范知识,并通过在实验过程中严格遵守一系列的实验规则、技术操作规范,养成遵守技术规范的良好习惯,并扩展到社会交往方面。这有利于他们在社会交往中也形成遵守一系列社会规范的行为习惯,从而使自身的行为越来越符合各种行为规范的要求,增强规范意识,巩固规范行为。

青少年通过这些课程发展规范意识及行为也是在主体与客体、主体与主体的互动中进行的。首先,在主体与客体的互动中,也就是在人与教材、实验工具、实验对象等的互动中,个体通过亲身实践从书本上学习技术规范知识,并动手按技术规范进行一些实验,通过观察物理现象、化学反应,了解自然世界和技术世界。在自己亲身实践的过程中,个体如果按照一定的操作技术规则去进行操作,则可以达到一定的目的,获得所期待的某种后果;如果不按照一定的技术操作规则去进行操作,则会受到自然法则、技术规范的惩罚。例如,按一定的操作规则、程序进行操作,可以成功地从水中分离出氧气;如果不遵守操作规则,直接用手去接触浓硫酸,就会被灼伤。这种实践上的正负反馈,调节着个体的行为,促使个体为了达到预定目的,或避免自然法则的惩罚而去遵守一定的技术操作规范,从而使个体的规范意识及行为得到发展。其次,个体不仅通过主体与客体的互动发展规范意识及行为,而且通过主体与主体的互动发展规范意识及行为。个体在学习和实验过程中,规范意识及行为的发展还受到以下两种人际互动关系的影响:一是学生与教师的互动产生的影响。教师作为社会文化的直接传递者,不仅对个体进行社会规范方面的教育,而且对个体进行关于自然界的一般规律、技术规范知识、操作技能的教导。此外,教师在为学生进行操作示范时,对操作规范的熟练掌握和严格遵守,对青少年严格遵守技术操作规范起着重要的引导作用。二是学生之间、青少年之间的互动产生的影响。由于每个人的已有经验和学习情境不同,他们对知识的理解也就存在一定的差异。相互交流能促使每个学生从多个角度来建构技术规范知识,加深自己对技术规范的理解。青少年之间的互动,不但能丰富他们的技术规范知识、操作技能技巧,从而提高他们的操作规范意识及行为,而且还能通过青少年在实验中的合作发展他们的合作意识。在实验的过程中,有的实验必须经过合作才能完成,如,有些实验要在几天之内不分昼夜连续观察实验反应,单凭一人之力是无法完成此类实验的,这就要求参加实验的青少年为了实现实验目的而进行分工、合作。这在无形中发展了他们的合作意识,发展了他们遵守社会合作所包含的各种社会规范如互助互利规范的意识、能力和习惯。

通过技术操作中成功或失败的体验,个体可以养成遵守技术规范的行为习惯,增强遵守技术规范的意志。这种行为习惯的养成及意志的增强,除了有助于个体在社会生活中按照社会规范去行动、养成良好的行为习惯和对自身行为的控制能力之外,还能促使个体产生对科技与伦理关系的一些思考,如对克隆,对科学知识运用于战争等现象的思考,这可以提高他们的道德思考能力,使他们对道德规范的理解更深刻。青少年的技术操作活动极大地促进了其规范意识及行为的发展。

第三节　青少年与他人的相互作用对其规范意识及行为的影响

青少年期正是从各种不同的社会活动和社会意识中汲取并掌握概括的、普适性的社会规范的时期。随着知识的增长,接触范围的扩大,青少年掌握的社会规范,不仅在数量上得以增加,而且也越来越概括,越来越深刻。

青少年时期在人际关系上有了新的特点。在儿童时期,个体的纵向联系是狭窄而简单的,在行为选择、道德观念等方面是单向的服从关系占优势。而在青少年期,随着个体独立性的增强,两代人的纵向联系变成了双向联系。在同父母和教师的关系中,青少年不再唯命是从,而是有选择地执行家长和教师的指令,有分析地评论家长和教师的言行,他们同家长和教师在生活方式、价值观念等方面出现了"代际距离"。他们往往对家长和教师传递的社会规范不以为然,持怀疑和批判的态度。当然,也有继承、顺应的方面。与此相联系,青少年在社会规范意识及行为的发展中也表现出一个新的特点,即不再无思索地按照社会规范的要求去行动,而是开始对社会规范进行反思,只有那些经过他们的反思并为他们所接受的社会规范才能在他们身上产生持久的作用。与儿童期相比,青少年的横向联系也大大扩展了。同辈群体便是这个横向联系的重要方面,并具有代换家庭关系和师生关系的作用。在同辈群体中,青少年可以自由地选择朋友,进行沟通与交流,在交互活动中获得社会经验。

小学后期,特别是进入中学以后,随着青少年独立性的逐渐增强和心智的不断成熟,成人在青少年心目中的权威地位有所降低,同伴关系对青少年的影响则越来越大,甚至超过了亲子关系和师生关系。个体与同龄群体的交互作用是促使其规范意识及行为发展的最重要因素。发展心理学研究表明,儿童在两三岁时就有与同龄人交往的需要,即使父母或其他抚养人对其呵护备至,也不能代替同龄伙伴的作用。并且,儿童的这种需要随年龄的增长而不断加强。到了青少年期,同龄群体对个人的影响达到最高点。有益的青少年群体对于个体结束对成人的依赖,认识社会,步入社会,同化社会规范和价值观念,具有重要的意义。同伴还往往是青少年直接学习模仿的榜样,同伴间的交往为儿童提供了学习各种社会行为模式的机会。与年幼儿童相比,青少年对同伴更加依赖,而与父母的关系变得松散。

青少年同伴群体是一个结构分明的集体,群体内既有"上下"关系中的"统领者"和"服从者",又有平等关系中的"合作者"和"互助者"。就幼儿来说,离开父母或被父母拒绝是他们焦虑的最大根源,而青少年的焦虑不安则来自于同龄群体的拒绝。在相对自由轻松的同龄群体中,他们实习着待人接物的礼节与群体规范,了解什么样的行为容易被群体接受,什么样的行为容易被群体拒绝。同龄群体对个体的规范意识及行为的影响作用有以下几条:

第一,促进规范的融合。同龄群体是个体了解和适应社会,并与其他个体交流的理想场所。在同龄群体中,个体自由地互通信息,交流思想感情。这不仅使同龄群体的成员开阔了视野,而且使关于规范的各种信息和行为相互碰撞和融合,形成综合性的规范系统,为个体认同和遵守。这种情形,在一个农村少年来到城市或一个城市少年到农村并加入那里的同龄群体后,表现得特别明显。

这个少年在新的同龄群体中,将很快地被新的群体行为规范所同化,与此同时,他所带来的原来所处群体的规范,也或多或少地影响着新的伙伴。例如,一个初来城市的少年可能会在公共场合大声说话影响他人,在与其他城市少年相处一段时间后,他有可能矫正这一行为,而他身上农村孩子特有的朴实待人的特点也会影响他的新同伴。

第二,引导个体的行为。每个群体都有其特殊的群体规范。处于群体中的个体,为了解除自身与所处群体之间的冲突,增强安全感,在同伴们的一致性压力下,会严格遵守群体规范。实际存在的或头脑中想象到的压力,会引导个体产生合乎群体规范的行为。此外,同龄群体中的同伴们相互之间的影响和感染可以通过提供合乎规范的行为方式来减少个体的违规行为。例如,一个少年有小偷小摸的毛病,而他所处的同龄群体中的孩子都很诚实。在其他孩子的长期影响下,这个少年有可能克服自己的坏毛病,也变得诚实。又如,寝室中的个别学生总是不注重个人卫生,物品杂乱摆放,而其他学生的生活物品总是摆放整齐,在其他成员的影响下,他有可能矫正自己不注重卫生的行为。责任感、合作、自律等是不能以权威的方式传递给个体的,只有通过个体在人际互动中才能建构起来。

第三,提供多种角色扮演的机会,让个体获得更多的角色规范知识。在一个由父母对儿童进行控制的结构较简单的家庭,不能提供适合于其他关系的适当经验。在同龄群体中活动,使青少年有机会体验到其他各种各样的情景,这为他们实践并探讨不同的角色、行为和身份提供机会,从而为青少年承担有责有权的角色,习得各种角色规范作准备。角色规范为相应地位上的人们提供一套适当的行为模式,一个人在什么社会位置上,就要按照什么行为准则去做。多种角色扮演的机会,可以让个体了解到更多的行为规范知识,掌握更多的适当的行为模式,并培养个体按照角色规范行动的行为习惯。

第四节 青少年对规范的反思与内化

儿童做出的有利于社会和他人的行为,如给老人让座、帮助同学等等,严格地说,只是一种模仿性的动作,或者说是一种萌芽状态的道德行为。儿童对自己的行为是否具有价值意义并不在意,他们是在获得老师、家长或别人赞扬的心理驱使下去做的,没有十分明确的道德上的自觉认识和独立性。进入青少年期后,个体的生理、心理和意识都发生了巨大的变化。青少年的自我意识已基本确立,自我评价和自我控制能力已达到较高水平。青年期,个体对个人与社会、自我与他人,对生活、学习、工作都逐步形成了比较稳定和系统的价值观念。智力方面,青年的智力发展到了人生的最高峰,思维批判性与思维独立性均已形成并逐渐增强。青年期的个体完全能够独立地判断事物,选择自己的行为。

据皮亚杰的研究,人的道德责任感具有由外向内推移的过程,八九岁的儿童大多从行为的客观效果来对行为作判断,从十岁左右起则能够从行为的动机来对行为作判断。皮亚杰称前一种责任判断为客观责任的判断,称后一种责任判断为主观责任的判断。儿童在10岁左右形成主观责任意识,道德行为逐渐开始出现自律化。而从10岁到16岁这个年龄段,是通过自我道德责任意识逐步深化而出现良心意识的年龄期。青少年已经开始考虑自己的生活意义,考虑到个体幸福、荣誉、良心、公正、道德准则等问题。他们的概括水平提高了,开始理解道德规范的社会意义和个人意义,能批判地掌握行为准则。16-18岁青年的道德责任感已达到很高的水平。而一个人在青年时期达到的道德标准水平,可以在整个一生中继续维持下去。

个体的规范意识及行为的形成与发展到了青少年期进入第三个阶段:第一个阶段是服从阶段。个体为了获得物质与精神的奖赏或避免惩罚而遵守社会群体规范,服从行为不是个体真心愿意的行为。这在学龄前幼儿身上表现明显。第二个阶段是自觉遵守阶段。经过长期的发展,个体初步了解到社会规范的重要性和意义,自觉地用各种社会行为规范来约束自己,个体不是被迫,而是自愿地遵守社会规范,使自身的行为与规范的要求相一致。这在小学儿童身上表现明显。第三个阶段是内化规范阶段。个体对规范进行反思和内化,拒绝或接受一定的规范,形成一定的价值观念、内心信念,在各种场合以自律的方式严格要求自己按照社会规范行动。这一阶段从个体进入青少年期开始。

相比儿童来说,青少年受成人制约、外在控制的程度明显地降低了,他们不像儿童过于依附成人。对儿童能简单地规定他们该做什么,不该做什么,或以赏罚的手段,促使他们了解分别是非善恶的方法。但对青少年来说,这些外在控制已失去重要性,青少年主要是以个人对环境的认识与体验等内在因素来调节自己行为的。进入青少年期后,相对于前几个年龄阶段而言,个体在思想、行动上更独立。个体有自己独特的想法,对很多事情会进行反思,对规范也开始进行反思。如果他们对规范不认同,即使受到权威的逼迫,也会产生叛逆行为。因此,只有在个体完成对规范的认同、内化之后,个体才能自觉地采取与规范的要求相一致的方式去行动,将种种行为规范转化为自身稳定的人格特质和行为反应模式。所谓的"内化",是指个体不仅遵守社会规定的行为准则,而且身为社会的一员,愿意将这些准则作为自己价值准则的过程。社会规范内化后,个体自愿遵从已接受的社会规范,各种规范行为开始带有稳定性。

青少年在社会化过程中吸收社会规范的过程,实际上就是将社会规范内化为自我人格内涵的过程。在青少年阶段,个体开始理性地依据自己的价值观对各种规范进行反思。这种反思的结果,使得个体认同或拒绝一定的规范。心理学和教育学研究指出,3-12岁期间,个体受他人评价的影响、制约最为显著。在这一阶段,个体由对规范的盲目服从,转变为习惯性的遵守,进而形成稳定的行为模式。儿童十二三岁后,进入青少年期,由于抽象思维能力的发展和自我意识趋向主观化,开始对已接受的规范进行反思。个体于3-12岁期间养成的行为习惯,常常在13-15岁或者更晚,在经历个体的反思后,被个体抛弃或强化。在反思的过程中,如果反思的结果是肯定的,则他们对先前掌握的规范从内心认同,并将其内化为一定的价值信念,在以后的生活中能依这种价值信念来调整自己的行为;如果反思的结果是否定的,他们就要怀疑自己先前已掌握的规范是不是错了,这种怀疑通常会摧毁个体先前已掌握的规范。要避免青少年已掌握的规范在反思的过程中被摧毁,关键在于缩小规范与社会现行价值趋向的距离。社会规范要发挥其力量,必须有现实基础,也就是说,要在现实中获得坚固的支撑。有些社会规范,就其本身而言是合理的,但在特定的文化情境中、在现行社会状况下,却得不到应有的肯定。例如,"毫不利己,专门利人"的行为规范,就与当前物欲横流的社会现实相冲突。在这种情况下,该规范对个体的约束作用会变得极其有限。因此,如果向青少年提倡的规范与社会的流行价值不合,即使青少年在儿童时代已养成遵守该规范的行为习惯,后来也会被青少年所抛弃。

一切规范都具有"知行统一"的特点。一个人光是了解了某一行为规范的要求，并不能说他已赞成和认同这一规范。个体学习规范是一个方面，更重要的是内化规范，用规范来指导、约束自己的行为。一种规范要对个体发生长期、稳定的影响，必须经过个体的认同。在此前提下，个体才能真正地将各种规范内化为素养并转化为自觉行为。任何的规范不经过个体在认知、情感和行为三方面的认同都不可能真正地转化为个体内在的素养。青少年对各种规范的内化，必须经历知、情、意三个环节。首先，个体必须认识和理解规范的内容、规范的作用和遵守规范的意义及效果，判定规范是否正当，是否合理，是否可行，进而决定是否接受和采行。被个体判定为不合理、不可行的规范，是难以为个体所接受的。只有被个体判定为正当、合理、可行的规范，才能为个体所认同和采纳。其次，要有情感体验，个体在按照规范或违背规范行动后，获得正面或负面的行为后果（包括行为的直接后果和社会评价），从而产生积极肯定或消极否定的情绪体验，这种情绪体验会引导个体不断调整自己的行为。主体从某一行为中获得的肯定性或否定性情感对于主体重复或抑制该行为有着重要的影响。再次，个体整合关于规范的认识和情感体验，形成遵守规范的动机、意志。这种动机、意志可以增强个人抵制诱惑的能力，使个体有意识地根据规范的要求去行动。经过认知、情感体验、形成意志这三个阶段，在知情意三者的统一作用下，青少年达到对规范的认同、内化，拒绝或接受一定的规范，最终形成一定的价值信念，并且在以后的生活中依据这种价值信念来行动。个体一旦牢固地确立了这种价值信念，就能依据这种信念来行动，也能依据这种信念来判断自己的行为和别人的行为的善恶对错，使个体的规范意识及行为完成他律向

第十三章 青少年期(13-18岁):个体规范意识及行为由他律向自律发展

自律的转变,开始走向自律。

青少年末期,个体完成对规范的反思、认同和内化,开始步入成人社会。成人的规范意识及行为受自律机制的影响,他们能够按照规范很好地组织他们周围的自然环境和社会环境的所有因素,并用各种适当的方式来控制它们。他们不但能带着一种责任感与世界建立种种联系,而且能在种种规范的控制中保持个人一定的自主性。在大部分情况下,成人的社会行为模式一直保持相对稳定。幼儿服从规范是为了获得奖励或逃避惩罚;小学儿童服从规范是因为群体支持这些规范,认识到规范是维持社会正常秩序所必需的;而一个成人个体在经历青少年阶段对规范的内化后,才真正出于认同和自愿,选择和服从规范。个体不仅依从规范,而且信奉规范。成人对规范的遵循以普遍性的原则(公平、正义等)为定向。成人已经形成了一定的价值观,形成了稳固的规范意识,他们根据自己选定的规范去行动,为了免受自我谴责而遵守规范。成人的规范行为,更多地是受内心评价的影响,受内心价值信念的约束,而不是像前几个阶段那样主要受他人评价的影响、受外部情境的制约。个体有时候会产生违反规范的念头,但个体内心的价值信念会阻止他的行为。这种价值信念是人们将一般的规范认识上升为某种价值需要之后形成的。它对个体的行为的调节在三方面表现出来:在行为前,对个体的行为动机进行检查,如果个体要做的行为符合规范的要求,就鼓励个体去做,如果个体要做的行为不符合规范的要求,就禁止个体去做;在行为中,对个体的行为进行监督,随时监督个体按照规范的要求来行动;在行为后,促使个体对自己的行为后果进行反思,合乎规范的行为,使个体得到物质上或精神上的满足感,违背规范的行为,则使个体体验到未达到目标的失败感或违反社会规范的内疚感,从而促使个体巩固自己的规范行为,矫正自己的不规范行为。个体依据内心价值信念对自己的行为作出的自我评价对个体行为的调节作用,是他人评价所不可比拟的。他人评价必须在个体的行为已经公开时才能发挥作用。可是,个体的行为有很多是个体在独处时做出的,此时,个体虽然做出了不符合规范要求的事情,但是却不会受到他人的负面评价,从而减弱他人评价对个体行为的引导作用。此时个体内心价值信念的干预能使个体对自身的行为作出自我评价,自己反思行为后果,从而引导未来的行为。个体的规范意识及行为,从纯粹受外部赏罚、他人评价的约束到受内心价值信念、自我评价的影响,经历了一个漫长的发展过程,是个体在主体与客体、主体与主体的相互作用中逐渐建构起来的。个体从一个"自然的人"、"生物的人"开始发展,至此终于真正成长为一个"社会的人"。

综上所述,个体的规范意识及行为的形成与发展,从大的方面来划分,又可分成三个阶段。第一个阶段,从出生到十二三岁,个体的规范意识及行为处于"他律"的阶段。处于此阶段前期的儿童认为,正确的行为就是服从成人的命令、符合权威的指示的行为,凡是成人的指令都是正确的,凡是成人禁止的行为,都是错误的或不当的行为。儿童根据双亲、教师、儿童周围的成人给予的精神或物质的赏罚而行动。处于此阶段后期的儿童认识到,在团体同意的前提下,有的规则可以改变。但规则一旦确定下来,人们就必须严格遵守。为了维持良好的社会秩序,人人必须遵守行为规范。第二个阶段,从十二三岁到十八岁左右,个体的规范意识及行为由"他律"向"自律"发展。个体的规范意识逐渐不再受权威控制。个体把社会规范当作人与人之间互相同意而订立的法则。每个人都必须遵守这些法则,但是在人们一致赞同的条件下,可以改变它们。个体根据社会的承认和不承认而行动,自己所属集团的意见成为行动的有力的动因。个体开始对规范进行反思、内化,拒绝或接受一定的规范,开始形成自我价值观念。第三个阶段,从十八岁左右开始,个体的规范意识及行为进入"自律"的阶段。个体大致完成对规范的反思、认同和内化,形成一定的价值观念、内心信念,形成对自身、对外部事物进行评价的一系列标准;个体对规范的遵循开始受内心价值信念的支配,开始以自由、平等、公平、正义等普遍性的原则为行为定向,个体的规范意识及行为趋于稳固。

第四篇 规范与逻辑

第十四章 规范形成的逻辑线索

第一节 理性与规范意识：西方与中国

追溯规范的形成过程，可以从理性的发展过程中得到启示。对人类理性的考察，可以看到规范是和理性一起成长起来的。不仅西方的规范发展历程是如此，中国在漫长的历史进程中的规范意识，虽没有西方重思辨的理性，但却有一种天人合一的"天下之理"贯穿着发展的全过程。

一、西方的规范意识

我们先从古希腊谈起。古希腊七贤最先创制了"理性"一词，赫拉克利特把理性叫作"逻各斯"(logos)，而另一位希腊贤哲阿拉克萨哥拉称之为"努斯"(nous)。到了希腊的中晚期，柏拉图的理念说正式提出了知性和理性的理念，理性开始成为哲学中一个重要概念，表示只用推理而不要任何感觉以求达到事物本身的某种智慧（柏拉图《国家篇》）。

亚里士多德则对理性作了进一步的区分：有两种理性，一种是理论理性,另一种是实践理性。理论理性的目标是科学原理,是理论原理的证明和推导,形式逻辑学是对这种理性的一种概括。而实践理性则是朝向伦理的善,亚里士多德的实践推理是对这种理性的一种概括。

到了罗马时代的西塞罗,理性就和法律联系在一起。在西塞罗的《法律篇》中,他对理性作了这样的论述:

> 理性的确存在,它源于宇宙的本性,催促人们做正确的事情,禁止他们做错误的事情;[1]理性成为法律,并不始自它成文之时,而是始自它产生之时;它是同神圣的灵智一起产生的。[2] 因此,旨在命令和禁止的真正的和原初的法律,就是最高神的正确理性。[3]

到了近代,英国哲学家洛克把理性看作推导,包括机敏和推论两种官能。[4] 洛克还认为:理性等于规范;理性思维的成果一部分表现为科学理论,另一部分就是行为规范。

黑格尔则把理性概念作了进一步的发挥。他把理性称作自由,同时他也和洛克一样,把理性看作是社会规范:

> 人类自身具有目的,就是因为他自身中具有神圣的东西——那便是我们从开始就称作理性的东西;从它的活动和自决力量又称作自由,对于人类社会而言,理性就是抽象法、道德、伦理。总之,理性千变万化,它实际上是君临万物的上帝的代名词。[5]

---

[1] [古罗马]西塞罗著,沈叔平、苏力译:《国家篇 法律篇》,商务印书馆,2002年,第158页。
[2] [古罗马]西塞罗:《国家篇 法律篇》第160页。
[3] [古罗马]西塞罗:《国家篇 法律篇》第165页。
[4] [英]洛克著,关文运译:《人类理解论》,商务印书馆,1982年,第666页。
[5] [德]黑格尔著,王造时译:《历史哲学》,三联书店,1956年,第76页。

在把理性理解为自由的层面上,理性同时也表现为对人的行为的自我控制和社会控制,理性在这个意义上的确是一种规范意识。

在现代社会,人对自己或者所属群体的行为,自觉地进行社会控制,这些控制的依据体现为主体间所认同的社会规范。这些规范包括习俗规范、宗教规范、道德规范、法律规范等等,可以统称为社会规范。法律规范是其中最为有效、最强有力的一种规范系统。马克思和恩格斯很早就看到这一点,恩格斯就说过:

> "国家一旦成了对社会来说是独立的力量,马上就产生了另外的意识形态。这就是说,在职业政治家那里,在公法理论家和私法法学家那里,同经济事实的联系就完全消失了。因为经济事实要以法律的形式获得确认,必须在每一个别场合都采取法律动机的形式,而且,因为在这里,不言而喻地要考虑到现行的整个法的体系,所以,现在法律形式就是一切,而经济内容则什么也不是"。[①]

二、中国的规范意识

规范形成的这样一种思路,在中国人的规范意识中也可以找到支持。但是,中国文化背景下的规范意识不是以法律规范为主体的规范意识,而是以道德规范为主体的规范意识。中国的伦理道德的本质是纲常名教。其源头可追溯到古代《周易》阐释的天人合一观:

> 天尊地卑,乾坤定矣。卑高以陈,贵贱位矣。……乾道成男,坤道成女。乾知大始,坤作成物。乾以易知,坤以简能。易则易知,简则易从。易知则有亲,易从则有功。有亲则可

---

① 《马克思恩格斯选集》第 4 卷,1995 年,第 253 页。

久,有功则可大。可久则贤人之德,可大则贤人之业。易简而天下之理得矣。天下之理得,而成位乎其中矣。①

依照这样一种天下之理,社会的基本规范就得以形成。人道以天道为基,在这个基础上建立的伦常规范就成了最基本的社会规范。这就是《易传》中论及的:

有天地,然后有万物;有万物,然后有男女;有男女,然后有夫妇;有夫妇,然后有父子;有父子,然后有君臣;有君臣,然后有上下;有上下,然后礼仪有所错。②

其后两千多年,从孔夫子的仁义道德,到孟子的性善之论,中经董仲舒的三纲五常论,直到宋代的程朱理学,都是秉承着由周易所奠定的天下之理,宋代大儒朱熹称之为"天理"。伦理道德标准作为社会规范主流的这一特点,贯穿于中国历代王朝。即使是明代最尊重法律规范的清官海瑞,以执法刚正不阿著称于世,仍然把伦理道德放在他执法的首位。依据《万历十五年》一书所载,海瑞在他的著作中,对于有疑问的诉讼案件进行裁定的标准是:

凡诉之可疑者,与其屈兄,宁屈其弟;与其屈叔伯,宁屈其侄。与其屈贫民,宁屈富民;与其屈愚直,宁屈刁顽。事在争产业,与其屈小民,宁屈乡宦,以救弊也。事在争言貌,与其屈乡宦,宁屈小民,以存体也。③

海瑞处理诉讼用上述标准来执行法律,典型地体现了中国规范意识的绵延。由周易提出的天下之理,历经近两千年的固化,形成了一整套有关伦理道德的儒学规范学说。儒家学说原本有许多

---

① 《周易·系辞上》,朱伯崑主编《周易知识通览》,齐鲁书社,1993年,第1007页。
② 《周易·序卦》,朱伯崑主编《周易知识通览》,第1020页。
③ 《海瑞集》上册,中华书局,1962年,第117页。

领导和改造社会的合理观念,但在制度层面上,则缓滞了社会的创造力。这正如《万历十五年》一书作者所言,中国社会规范有三个基本原则:

> 尊卑男女老幼,没有一个涉及经济及法治和人权,也没有一个可以改造利用。万历十五年公元为1587年,去鸦片战争尚有253年,但是中央集权,技术不能展开,财政无法核实,军备只能以效能最低的因素作标准,则前后相同。①

只是到了清代之后,中国以道德代替法律的规范意识才在西学东渐、救亡图存的时代主旋律之下得以改变,实质性的制度、规范和规范意识的变迁才真正出现。西方的理性意识和中国的道德教化传统在当代的碰撞和整合,正在为中华民族的伟大复兴注入新的活力。

第二节 关于规范的合理性的几个问题

一、合理性问题的明希豪森困境

我们在第一部分对理性和规范的分析中曾经得到这样的结论,理性就是规范意识。这似乎给我们分析规范的合理性带来了循环性的解释,我们碰到了德国汉诺威城明希豪森男爵的困境。在一本故事集《明希豪森男爵的奇遇》中有一则故事:

> 明希豪森男爵在一次行游时不幸掉进一个泥潭,四周旁无所依,于是他用力抓住自己的头发把自己从泥潭中拉了出来。②

这被后世的学者誉为明希豪森困境:很显然,明希豪森不可能把自己从泥潭中拉起来,他只能借助其他的力量。

---

① [美]黄仁宇:《万历十五年》,三联书店,2004年,第270页。
② [德]阿列克西著,舒国滢译:《法律论证理论》,中国法制出版社,2002年,第1页。

在对基本概念进行分析的时候,学者们也经常要碰到这种困境:任何科学命题和科学概念在对其进行终极盘问的时候,都有这种无穷倒退的"为什么"的问题。这种追问往往很难找到确定的答案,但这种追问正是理性的魅力所在,它常常会对基础性问题提出有力的质疑,从而促进知识和科学的发展。

对规范的合理性问题的界定,遇到的也是这种明希豪森困境。我们不陷入这个困境,也就是说不去无穷倒退,也不搞循环论证,而是仿效法理学家阿尔伯特的方式,中止在某个主观选择的概念点上。对这个点之前的概念不再定义,而是作为说明起点的概念来使用,我们是借用其他的方式来逃脱明希豪森困境的。

二、规范合理性的核心是逻辑

我们对规范的合理性问题的界定,从逻辑角度看,至少可以从以下几个方面来理解:

首先,把上述方法用在规范的合理性考察方面,可以把规范的合理性看成是对于理性规则和原理的遵守。而在理性的规则和原理中,最基本的规则和原理属于逻辑,核心的成分就是逻辑。逻辑的核心原理在于,从既定的前提出发,终归要推导出某种结论。

其次,就此而言,规范的合理性实质上是一个不断论证的过程,它是由对规范的各种论证过程体现出来的性质。规范的合理性在思维和语言的层面上,表现出来的是一系列论证过程。说一个规范是合理的,就是要求我们用恰当的理由来支持某个规范,这些恰当的理由以一个论证的前提形式出现。如果这些前提对规范的合理性有足够的支持力,则这些规范就是合理的。

第三,把逻辑的这个核心成分用在规范上,这就需要我们努力探寻那些能够导引出合理规范的各种必要前提。尽管我们永远也找不到必然,永远也不可能从某些重要的前提去必然地获得某类规范的合理性,但是,可以通过我们的无穷探索,尽力地去提高从前提到规范结论的合理性程度。伦理学家、法理学家和所有与规范相关的研究者和运作者所做的工作,就是不断去探求这种合理性,使得某个有关规范的学说,因为其合理性而获得知识界或者社会各界的接受和应用。

第四,把逻辑的这个核心成分用在规范上,还表现为对不同规范或者不同规范系统的一致性和协调性的考察。就单个规范而言,有一个系统之内的规范一致性问题;就规范系统而言,有不同系统之间的规范一致性问题;而就规范系统和其外部系统的关系而言,也有一个内外系统的一致性和协调性问题。

第五,把逻辑的这个核心成分用在规范上,还包括对规范的层次性,规范的覆盖性,规范的连续性,规范的独立性,规范的分类,规范和规范之间各种各样的逻辑关系等等方面的考察。所有这些方面,都具有非常明显的逻辑特征,可以动用各种逻辑方法、逻辑手段来对规范予以界定。

例如,著名的美国法理学家凯尔森,他把一个法律规范体系看成是一个有效之链,个别规范是规范体系的终点,基本规范则是这个有效之链的起点,形成了一条从底部向上最后变成个别规范的链条。

> 所谓有效之链就是这样一套规范。第一,每一种规范都被授权只能产生本体系内的另外一种规范,除了那些本身没有被授权创造规范的之外。第二,每一种规范的产生都只是其他一种规范行使权力的结果,除了那些未经本体系内任何一种规范授权的规范。[①]

---

① 转引自[英]约瑟夫拉兹著,吴玉章译:《法律体系的概念》,中国法制出版社,2003年,第98页。

凯尔森的有效之链可以用以下图表来说明,其中的每一行都代表了一类规范,它直接来自它底部的规范,图中的圆圈表示立法权,直线和圆圈,规范和立法权力,可以称为是链中的逻辑关系。

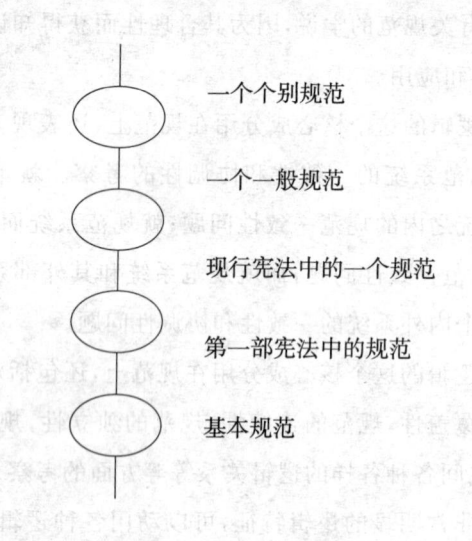

○ 一个个别规范

○ 一个一般规范

○ 现行宪法中的一个规范

○ 第一部宪法中的规范

○ 基本规范

图 14-1　规范的有效之链

法理学家拉兹还有对于规范体系的其他图示方法,例如金字塔形的规范体系,树形图的规范体系。不同的图示规范体系,是探索规范合理性的一种尝试。这种对规范合理性的探索,除了从逻辑关联角度去考察之外,还可以从其他相关角度来考察。

三、规范合理性具有目标取向

规范是社会需要的产物,这就使其自然具有目标取向。世界没有无缘无故的爱和恨,同样也没有无缘无故的规范。规范是有目的的,如同人的行动和思想总有动机一样。不仅规范要如是理解,合理性本身也需要这样理解:

合理性本质上就是有目标取向的,因此,关于个人的行动或信念的合理性(或不合理性)的断定,归根结底是关于那个人取得它的目的的有效程度的断定。①

合理性的目标取向,给我们分析规范的合理性提供了一个考察的维度。规范的目标取向和合理性的目标取向合在一起,使得我们在探索规范的合理性的时候,既需要考察规范本身的目标取向,还需要考察和规范相关的人的目标向度,考察规范在制定和实施过程中的目标向度,进而考察规范实施的有效程度或者无效程度。对规范效度的考察,还可能涉及规范的时间效度、规范的空间效度和规范的人群效度等。

这些效度方面的考察一点也离不开逻辑,就像我们讨论必然性程度一样,我们永远也达不到最高的目标取向,永远也达不到最高的有效性,但通过考察,可以知道哪些规范的目标取向程度和有效性程度更高,哪一些规范则是目标模糊,是没有有效性的,从而为我们制定新的规范提供参照。

规范的目标和规范的有效性分析离不开对规范功能的分析,因此考察规范合理性的时候,规范的功能问题,即规范所起作用的问题,会伴随着目标取向和有效性问题而来,从而使得规范合理性问题的考察更加复杂。

四、规范的合理性与规范的结构构成相关

除了关注规范的目标取向和有效性问题,还需要关注规范功能。而一谈到功能,就需要了解规范的结构构成,这就把我们导向了规范的更为细节的部分:规范的构成问题。不分析规范的结构,几乎就不能讨论规范的目标问题和有效性问题。

---

① Richard Foley,"Some Different Conceptions of Rationality", in *Construction and Constraint*, ed. Ernan McMulin. Indianna:University of Notre Dame Press,1988, p.126. 转引自周超、朱自方:《逻辑历史与社会——科学合理性研究》,中国社会科学出版社,2003年,第5页。

这是因为，规范是一个多元性的结构，结构的每一个构成部分也有其合理性；而且每一个分支结构的合理性问题都有所不同，若不分别考察，无法从整体上来说明规范的合理性；规范还有可能是一个具有互为冲突的目标取向和有效性测度指标的结构，构成规范的各个构件，具有某种博弈的特性；此外，和规范相关的诸要素，有些是相对静态的，例如规范所使用的语言，有些则处于动态的变化之中，这种静态和动态的合理性评价，不可能在规范合理性问题之外。

就对规范的静态考察而言，讨论任何已经形成和实施的规范的合理性，要包括以下基本要素：

第一，规范主体的合理性问题。任何社会规范，都有规范的制定者，这就是所谓规范的主体。规范由谁来制定，谁有制定规范的资格或者权限。规范资格或者权限的授予或者获得，又是由谁来操作。这就又导引出规范资格的授予权问题，而这两者的合理性就演化为权利资格的合理性问题。

规范主体的合理性问题会因为规范类别的不同，而呈现不同的合理性指向。例如，伦理道德规范的主体合理性和法律规范的主体合理性，二者显然很不相同。前者的合理性更多地依赖于规范所在的文化背景，后者的合理性更多地依赖于社会的制度背景。

第二，规范客体的合理性问题。规范的客体是指规范所覆盖的人群对象。任何规范都是对人的行动的某种约束，或者是强制性地约束，或者是软性地约束。这种约束针对某类特定人群，但约束的实指对象不是人本身，而是人的某一类行动。规范依据人的某类行动和规范之间的关系，来对实施行动的相关之人予以惩罚或者奖赏。我们说某人是遵守规范的模范，是指他的行动在规范所许可的范围之内；而说一个人胡来，则是指他的行动不符合规范。对人的行动的审查,是规范实施的必要前提。

规范和人的行动的紧密联系,使得我们考察规范客体的合理性问题,实际上就是考察人的行动的合理性问题,这就和人的行为动机、行动理由、人通过行动和行动场所一起构成的所谓事件或者事态或者事实相关。中国法制建设中提出的口号"以事实为依据,以法律为准绳",准确地道出了规范实施和事实之间的关系。由规范到行动,由行动到事实,再由事实又回到规范,看起来我们是在进行循环式的探讨。但起点的规范是静态的文本的东西,而当事实和规范联系起来考察的时候,那就是在进行规范的实施了。显然,规范和规范的实施是不同的讨论对象,它们涉及不同类型的行动。

第三,规范实施过程中的合理性问题。

规范是用来执行的,一个不具有操作性的规范,本质上并不是规范。规范的本质是它一定能够约束人的行动,规范通过某一具有实施权力的特定人群,对于违反或者遵守规范的行动能够给与相应的惩罚和奖赏。于是,围绕规范的行动,既有规范所覆盖的人的行动,也有执行这类规范的人的行动。这两类行动的区别是明显的,自然就产生规范实施过程中的合理性问题。

五、规范合理性研究的科学取向和诠释学取向

规范合理性问题的视野应该是全开放的:我们有假定的起点,但似乎永远都不会有终点。规范的合理性探讨和法哲学的探讨有极为相似之处,对法的探讨有神学取向、科学取向和诠释学取向。在不同视野的探讨过程中,还会出现其他可能的取向。规范合理性问题同样是这一特点,在探讨过程中会不断地浮现新的研究视角。

法哲学的神学取向在当今西方法哲学中主要存在于自然—价

值法学这一流派,如基督教的自然法学和天主教的自然法学,还有在阿拉伯世界存在的形形色色神学取向的法哲学。

而法哲学的科学取向,则是构建以逻辑和科学为价值原则的理论学说。这一取向所形成的法哲学,主要以价值法学和规范法学为代表。法哲学的科学取向基于以下前提:法律规范体系是相对清晰、相对确定和相对稳定的,法律规范是一个相对封闭的系统。因此,我们就完全有可能用逻辑和科学的方法,来构建一个类似于科学理论的法哲学理论。

但法哲学的纯粹科学取向在遇到人文、价值、人的心理及认知等超科学现象时发现,用纯形式或者纯数学的方法来刻画法哲学并不是那么得心应手,法哲学研究由此就导向了诠释学取向,即一种强调对话商谈的取向:

> 这种对话理论,通过哈贝马斯的发展,再经法学家阿列克西的改造,发展为著名的"论证理论",从而由本体转向技术和应用,为加达默尔关于理解本身就是应用的结论搭建了更加可操作化的平台。事实上,法哲学所涉及的领域,不论是宏观的立法活动,还是微观的司法活动,原本就是对话的活动——特别在宪政政治下。[①]

这样一个法哲学研究取向的转换过程,可以看作是规范合理性探讨的一般过程,逻辑学家用纯粹逻辑的方法刻画规范的逻辑体系,构建起有关道义范畴的道义逻辑,这是法哲学科学取向在规范领域的体现。逻辑学家和法学家一起构建有关法律的论证理论,这可以看作是法哲学的诠释学取向和科学取向的一个整合,是在更一般意义上的规范合理性的新研究视角。

---

① 谢晖:《法律的意义转向》,商务印书馆,2004年,第16-17页。

第十四章 规范形成的逻辑线索

论证理论历来就是逻辑学家的研究平台,尽管论证逻辑和模态逻辑的风格极不相同,但在时间序列中,道义逻辑的研究在先,对话商谈的法律论证理论研究在后,明显地显示了规范研究从科学取向朝诠释学取向发展的趋势。

第十五章 科学取向:规范的道义逻辑探索

第一节 道义逻辑研究的起点和发展

一、道义逻辑(deontic logic)研究的起点

对社会规范的逻辑探索,可以追溯到亚里士多德在实践理性基础上的实践推理,这就是亚里士多德的理论三段论和实践三段论的区分。在实践三段论中,亚里士多德把推理的前提和人的行动结合起来[①],而且,亚里士多德在这种形式的三段论中,就已经开始使用表达规范的范畴:应该。但是,亚里士多德对于应该概念并没有作进一步的分析。对规范范畴的逻辑分析,一般认为是从14世纪开始的。

在《道义逻辑新研究》一书中,其中有昆梯拉的一篇论文《道义逻辑在14世纪的出现》。作者认为,14世纪的欧洲意志自由论者就开始了对于规范范畴的关注。这大概是最早产生的对于规范问题的逻辑思考,由此也产生了与规范逻辑有关的许多问题的分析。例如道义范畴和模态范畴之间的关系,规范系统的一致性原则等。[②]

但是,以上对规范概念的探讨是零星的、部分的。最早把规范

[①] Von. Wright, *Practical inference*. Basil Blackwell Publisher Limited, 1984.
[②] 周祯祥:《道义逻辑》,湖北人民出版社,1999年,第16页。

范畴当作是一个逻辑范畴来系统思考的,则是德国哲学家莱布尼兹。

莱布尼兹在其早期法学著作中就注意到,允许、不允许和应该这样一类规范范畴,和可能、不可能以及必然这三种真势逻辑模态相比较,几乎具有完全相同的模式;它们是互为关联的。一类范畴之间的逻辑关系恰好对应于另一类范畴的逻辑关系:

允许类似于可能;

不允许(也就是禁止)类似于不可能;

应该类似于必然。

莱布尼兹的规范性概念的逻辑观不仅以其与模态概念的类似为基础,而且还把应该、允许和禁止概念理解为基本的道义模态。

表 15-1　真势模态和道义模态之间的类似

真势模态	符号	道义模态	符号
必然	N	应该	O
可能	M	允许	P
不可能	I(或-M)	禁止(不允许)	F
真势模态之间的转换		道义模态之间的转换	
$N \equiv \sim M \sim$		$O \equiv \sim P \sim$	
$M \equiv \sim N \sim$		$P \equiv \sim O \sim$	
$I \equiv \sim M$		$F \equiv \sim P$	

二、边沁的命令句逻辑与马利的意志逻辑

自莱布尼兹有了这种和模态范畴的系统比较之后,先是在 1870 年,大约是莱布尼兹的想法 100 年之后,英国的伦理学家和法学家边沁,设想了一个关于意志和命令句的逻辑。这种逻辑处理的也是规范。在他看来,命令就是应该,一个规范就是一个命令。边沁在这个命令句的逻辑设想中提出了一个规范命题的推导公式:

如果某个东西是一个命令,也就是说它是应该的,那么它

就不是禁止的。

这个公式后来被规范逻辑的经典系统称之为"边沁法则"。但是，边沁的规范逻辑的设想不过是一个设想而已。一直到1970年，边沁的这个设想实际上并不为人们所知。

再过半个世纪，也就是在1926年，奥地利的哲学家恩思特·马利出版《意志的逻辑》一书。他也把这种逻辑称其为"应该是"的逻辑，并把它看作对于传统"思维逻辑"的一个补充。在马利的著作中没有提到莱布尼兹，也没有提到模态概念和规范性概念之间的类似。

马利的著作对后来的有关规范的逻辑只具有非常微弱的影响。在1930时代的末期和1940时代的早期还出现这样一些讨论：有关规范的逻辑，其规范命题是否承载真值？但这个讨论的影响也十分有限。

第二节 道义逻辑的创立

一、冯·赖特创立道义逻辑

到了20世纪50年代，对规范命题的形式分析就出现了历史性的转折。1951年，芬兰逻辑学家冯·赖特在《心灵》杂志发表《道义逻辑》的论文。1952年，贝克(Oskar Becker)发表关于道义逻辑的文章。再过去一年，开利诺维斯基(Kalinowski)在《逻辑研究》杂志发表有关规范逻辑的论文《规范命题理论》。

从1950年代早期以来，连续发表的这三个独立的出版物——一个是英文，一个是德文，一个是法文，它们的出版都是在称作"道义逻辑"的名称下共同为人所知，由此表明，道义逻辑作为一个新的逻辑学科在学术的舞台上已经建立起来。

这三位作者都是利用了在规范性概念和模态概念之间所存在的类似而进行的逻辑分析。[①]

道义逻辑的研究实际上就是关于规范和规范命题的研究,由于规范是针对人的行动的,对规范和规范命题的逻辑研究就和人类行动概念结合起来,因为规范是对人的行动的约束,它就天然地和人类行动相关联,这就使得道义逻辑一开始就构造成为一个和行为相关的逻辑系统。以道义逻辑创始人冯·赖特的系统为例,他所构想的关于规范的逻辑,就是一个具有三层次的道义逻辑。

这个逻辑系统的基础部分是经典的命题逻辑,在这个基础上,再建造道义逻辑的第二层:行动逻辑(logic of action)。

一个命题变元 p,它描述了一个任意事态。如果我们没有获得该事态,这可以表示为¬p。有关道义的逻辑引入了一个实施运算子 T 和维持运算子 B,它置于表示事态的命题变元之前,T 和 B 分别读作"变成为"和"维持(原状)"。由此可知,如果一个行动引起了事态 p 的变化,就可以用 Tp 来表示,如果一个行动没有使事态发生变化,则可以用 Bp 来表示。在这个基础上,一个关于行动的逻辑系统就可以构造出来。

行动逻辑中的行动,有一个规范评价的问题。对于任意一个造成变化或者维持原状的行动表达式 Tp 或者 Bp,再引入道义算子允许 P,由 P 来定义应该 O,这就构成了冯·赖特的道义逻辑,也称作规范逻辑。

二、道义逻辑的经典系统与标准系统

道义逻辑的其后发展,从一个角度看有应该做(ought to do)

[①] P. McNamara and H. Prakken, *Norms, Logic and Information Systems*. IOS Press, 1999, p. 16.

的经典道义逻辑和应该是(out to be)的标准道义逻辑两个方向。虽然冯·赖特最初的设想是 out to do 式的,但大多数关于道义模态的逻辑系统都是 out to be 式的。这种模式的道义逻辑以安德森(Anderson)为代表,少数 out to do 式的以冯·赖特为代表。而且,一般来讲,在一般性义务(obligations)和义务(obligated)行为这两者之间不允许出现混淆。这两者之间的关系也没有受到很多的关注。[1]

在道义逻辑的经典系统中,道义模态是当作置于行动名称之前的模态算子来理解的,道义模态之后的空位直接就是表示行动的动词。这种读法可以归结为是道义模态指向语词的读法。道义模态的另一种读法是仿照真势模态算子的读法,模态算子置于命题之前,模态算子之后的空位是由命题或者陈述句来填充的。道义模态采用这种类似于真势模态逻辑的读法,这构成了标准的道义逻辑系统。

这两种道义逻辑类型,冯·赖特简略地称之为:

  一种是应该、可能或者必定不是(to be)的逻辑,另一种是应该、可能或者必定不做(be done)的逻辑。

道义逻辑的经典系统是意图成为那种"应该、可能或者必定不做的逻辑",而"应该、可能或者必定不是的逻辑"则是力图保存和真势模态逻辑完全类似的道义逻辑,这种类型的道义逻辑即是道义逻辑的标准系统(缩写为 SDL)。这两个系统的区别可以简述如下:

首先,从道义模态的不同读法中我们已经看到经典系统和标

---

[1] J. J. Meyer, R. Wieringa & F. Dignum, "The Role of Deontic Logic in the Specification of Information Systems", in *Logic for Databases and Information Systems*. Kluwer: Dordrecht, 1998, pp. 71 - 115.

准系统之间的一个主要区别,经典系统中的道义模态是置于行动名称之前,道义模态成为系统中命题的道义谓词。因此,这种道义逻辑力图从行动逻辑的角度来考察道义范畴,这就必然要跳出模态命题逻辑的限制,在规范和行动逻辑的层面上来构造新的系统,经典系统以命题逻辑框架为基础,但它更类似于词项的逻辑系统。标准系统的道义模态则和真势模态一样是置于命题或者语句之前,它当然是在命题逻辑的框架之内。正是这种区别使得人们尝试从纯粹的模态逻辑的角度来寻求更完善的道义逻辑系统。

其次,经典系统和标准系统的另一个区别是公理方面的区别。经典系统接受了莱布尼兹法则,但拒绝了正规模态逻辑的必然性法则,如经典系统的道义偶然性法则所表示的,系统中的 Ot 公式并没有看成是正规模态逻辑中的 Nt 公式对等的类似物(t 表示真命题,N 表示必然)。

再次,从系统的形态特征方面看,冯·赖特的经典系统更接近于道义模态的直观,但缺乏正规模态逻辑那种形态上的优美和方便。用冯·赖特的说法,很有一部分逻辑学家为了维护道义逻辑的形态美,而宁愿吞咽其直观上的荒唐。所以,道义逻辑经典系统表现出和正规模态逻辑的差异,标准系统则保持了和正规模态逻辑完全的类似。

复次,经典系统作为一个创新的形式系统,而标准系统作为以正规模态逻辑为模式延伸出来的形式系统,前者和后者相比,内容就显得相对贫乏一些。但从意向内容的观点看,前者的目标是在试图获得一些后者所能达到的范围之外的某些东西。

最后,从规范命题的角度分析,应该做和应该是的两种规范逻辑类型的区别,主要依赖于人们对所使用的规范内容的理解。应该做的规范逻辑特别相关于那些法律规则的分析,它更适合对于法律规则的常规解释,特别是刑法。因为刑法是直接和人的行为相关的。刑法的规范主要针对的是个体,这些规范也就主要是对某个人行为的应该、允许和禁止。有关这些规范的逻辑就是在行动逻辑基础上的道义逻辑。这种逻辑类型在道义逻辑的发展进程中,和计算机科学中的动态逻辑的结合,生成为所谓动态的道义逻辑(dynamic deontic logic)。但在应该是的道义逻辑类型中,一般而言不会去处理行为。这一类道义逻辑所表达的规范是用道义算子来限定一个语句,它即是前文所提到的标准的道义逻辑。在OK系统基础上构造的斯麦利—汉森系统是典型的道义逻辑的标准系统。标准系统的两位先驱,一个是安德森(Alan Anderson),还有一个是康格尔(Kanger),他们偏好道义公式的"应该是"概念,力图保持和真性模态逻辑的一致性,其系统是一种和真性模态逻辑几乎完全一致的逻辑系统。

第三节 道义逻辑的现代发展

一、从静态的道义逻辑到动态的道义逻辑

从另一个角度来看道义逻辑的发展,则有局域(local)的道义逻辑类型和普遍(universal)的道义逻辑类型之分。前者的道义约束力是局部的,后者则是普适的。这就是说,描述局域道义约束的系统,它是在一个当下世界或者情景中的应该、允许和禁止,而描述普遍道义约束的系统,道义模态应该、允许和禁止应用在很多、甚至是所有的可能世界或者情景之中。前者相应于 out to do 的方向,后者则相应于 out to be 的方向。

规范和行动紧密相连的特征,使得道义逻辑一开始就和行动

相联系,继而成为一个发展方向。冯·赖特最初构建的道义逻辑系统就和行动紧密联系,此后,其著作《规范和行动》(von Wright,1963)继续试图在这个路径上给规范命题的逻辑以系统化。

设"p"代表"窗户被关闭"。这一情形可以来自一给定主体两种不同的行动所造成的结果。一种是如果窗户是打开的,这一主体关闭窗户的行动。另一种是如果主体处于被动的状态,主体防止窗户打开这一事态发生的行动。第一个行动生成了一个事态,这个事态在行动之前并未出现。第二个行动防止了一个事态的发生,事态产生的可能性因为防止的行动而消失了。

这两种行动可以有不同的"道义状态"。例如,如果窗户是打开的,关闭窗户可以是应该的,但是,如果窗户是关闭的,防止窗户被打开的行动也许事实上是被禁止的。为了用形式符号表达这两种由不同行动在 p 状态中所造成的结果,我们需要一种符号表示方法来处理这些行动语句并判定出如何掌握这类语句的规则。因此,一个规范逻辑必须通过行动逻辑或者是依靠行动逻辑来补充,但是,道义逻辑的这条路径在当时还没有满意而完善的创建。

在《规范和行动》一文中,冯·赖特最先作出尝试,试图提供道义逻辑所缺乏的这样一个基础。自那之后,由于其他逻辑学家的努力,出现了一些重要的进展。这些进展后来由伯纳多(Giuliano di Bernardo)在 1988 年出版了一个文集,表明规范命题逻辑的发展有可能把关于"行动的逻辑"作为它的一个基础。

行动概念的逻辑,不像规范性概念的逻辑,在较早的形式逻辑理论中是没有预感或者说没有根的。如果说这种逻辑有预感或者有根的话,它们很可能在中世纪的经院逻辑的沃土中有些痕迹。

规范逻辑在关于行动的逻辑中寻求基础,这就把逻辑学家对逻辑的静态思考转向了变化或者动态,它似乎是在表明,我们对于规范逻辑或者规范命题逻辑的思考,也许要发展成为一种称作是动态的逻辑范畴。这个趋势如同处于静态的事物和事态,我们使用静态的逻辑来刻画一样,我们处理动态的事物和事态,当然要发展一种动态的逻辑。这正是有关规范的逻辑才有的新奇之处,它似乎是在预示着,逻辑学正在出现一个转折,从对传统的兴趣,也就是从静态的逻辑朝向那种和人的行动直接相关的动态逻辑方向。

自冯·赖特之后,道义逻辑从静态向动态的发展在1980年代出现了一些有意义的成果。自1980年代之后,局域的道义逻辑方向由荷兰逻辑学家梅耶(Meyer)发展成动态道义逻辑(Dynamic Deontic Logic,略写为DDL)。这个动态道义逻辑引进了更多的有关规范的概念,例如行动、世界、断定、授权、等级等概念。安德森把道义逻辑归约为模态逻辑,这种对于普遍的道义类型的研究,有更多的研究文献。安德森的普遍版是把道义模态看作是必然模态算子□中的"无处不在","在所有情形中"的含义,依据的是真势模态逻辑中的系统S5。

二、动态道义逻辑 DDL 的概貌

1. DDL 的基本概念

道义逻辑从静态逻辑走向动态逻辑,是由梅耶(Meyer)在1980年代发展起来的。

梅耶把动态道义逻辑(Dynamic Deontic Logic)DDL 依照安德森(1967)的论文定义为一个模态逻辑。DDL 的基础是(命题)动态逻辑的逻辑框架。道义算子简化为一个动态算子,该算子就是安德森的触犯原子 V(violation),该触犯算子 V 表示:一个触犯道义规范的行动发生了,也就是,一个被禁止的行动的实施导致了一个坏的事态(bad state affairs)。

第十五章 科学取向:规范的道义逻辑探索

而一个坏的事态可以是,例如是一个制裁(sanction),一种制裁的责任或者一种处理麻烦的责任。一个坏的事态究竟是什么结果是另外一个问题,它要依赖于一个人所具有的哲学。[1]

由梅耶发展起来的 DDL 系统在行动的基础上构建,它的语形学和语义学都是关于行动的。一个简化的 DDL,至少有以下几个基本概念:行动、世界和断定(assertion)。

行动:

行动可以改变情景(situation)或者世界(world),但是,断定则没有这个作用。行动是可被实施和操作的,行动是一个过程,这就使得行动和时间概念紧密相连,产生所谓"时间缝隙"(time-lag)。断定则只是给出一个陈述,"一个行动 α 是应该的",我们用 Oα 来表示,Oα 就是一个断定,一个语句,而不是一个行动。

行动概念在 DDL 中还有进一步的区分,一般有以下区分。

一个肯定的行动是涉及某类物理活动的行动,身体的活动或者肌肉的运动都属于肯定的行动,例如"移动一张书桌","关闭一扇窗户"。

一个否定的行动则涉及对某个物理活动的制止或者抑制,让某种变化不至于产生。这种行动是一种排除(omission)。例如,"不要移动书桌","安静一点","别打了",这些都是否定行动的例子。

肯定和否定行动的区分还有值得讨论的问题,一个否定的行动是一种非行动,而同时它又是一个行动或者运作的模式。而一个肯定的行动,有时并没有造成什么活动,例如演讲,它是否定的

---

[1] Royakkers, *Extending Deontic Logic For The Formalisation of Legal Rules*. Kluwer Academic Publishers, 1998, p. 51.

还是肯定的,我们很难给出一个明显的界限。

排除(omission)在动态道义逻辑中是一个重要概念,排除就是不去实施某个行动。需要用另外两个概念来定义排除概念,一个是能力(ability),一个是机遇(opportunity)。这就使得排除的含义可以解释为:如果一个人有能力去干这件事,但是他排除或者忽略了这件事情,那么,这种排除和忽略也是一种行动。

世界:

行动总是在一定场合进行的,这里的场合就可以看成是世界,看成是标准模态逻辑中的可能世界。行动表达式的语义学就是建立在相关的可能世界这个基础之上。一个行动在一个可能世界中是可以成立的,但在另一个世界(场合)则可能是不成立的。

道义断定:

行动表达式只是对行动的描述,并没有对行动的评价,对行动的评价就是一种断定(assertion),在 DDL 中,它简称为 Ass。一个行动的道义断定是把行动作出规范的评价,该行动是应该的、禁止的还是允许的。道义模态和行动的结合就构成了断定 Ass,DDL 中的语言 Ass 即表示涉及行动表达式的断定所构成的语言。

但行动在动态道义逻辑中是行动表达式的语义对应,因此,一个行动表达式的语义学可以看作是一个行动集合的集合。于是我们就先有行动的语形学,然后是行动表达式的语义学,再然后是断定语言。

2. 行动的语形学

我们定义 A 为行动符号的集合;

一个原子行动用符号 α 来表示;

A 是原子行动的集合;

一个特殊的行动符号是 skip,该符号不是 A^2 的成员,它代表某种空行动,即不产生任何影响的行动。

另一个特殊的行动符号是 δ,它不是 A 的成员,它以失败(failure)为模型,失败行动表达式所表达的行动都是失败的行动,因为有这样一个失败的行动,系统中止活动,再也不用干任何事情了。

最后,行动表达式的符号指定:所有行动表达式的集合用 β 来表示。由此,行动表达式 β 可以定义为是以下公式:

$\beta ::= \underline{\alpha} | \beta_1 \vee \beta_2 | \beta_1 \wedge \beta_2 | \beta^- |$ any $|$ fail $|$ skip $|$ change

对这个公式,可以简略地解释如下:

$\beta_1 \vee \beta_2$ 是在 β_1 和 β_2 之间的一个选择;$\beta_1 \wedge \beta_2$ 则代表两个行动的同时发生;β^- 表示行动表达式 β 的否定;any 表示任意行动表达式,它指称一个普遍的行动,或者说任意的一个行动;fail 我们已经解释过是一个失败的行动;skip 是空行动;change 则是排除了空行动的任意一个行动。

3. 行动的语义学

行动表达式的语义学比语形学更为复杂,它由一系列定义构成。其基本思路是把行动表达式的语义学称作为一个同步集合(synchronicity sets)的集合。所有行动表达式都可以先定义为是一个同步集合。同步集合指的是,同时实施的基本行动的集合。同步集合简称为 s-set,s 是英文同步的首字母。

这样的集合在动态道义逻辑中有很多,以我们在语形学中使用的符号 A 为例,A 被定义为是行动符号的集合,在语义学中,相关于符号 A 的 s-set 则是:

A 的每一个非空子集是一个 s-set。

在 A 上的语义运算子对应于集合论的 $\cap$ 和 $\cup$,则有符号 $\cap$ 和 $\cup$,特殊的语义运算子则有否定语义符号。这些定义的细节需专章详述,本章旨在理解概念。动态逻辑中的行动语形学和行动表达式的语义学给了我们分析规范的许多新鲜的概念,它使得道义逻辑可以在动态逻辑的基础上产生出来。

一个 DDL 的模型 M 由此可以定义为:

M=(A,W,【 】$_R$,π),

其中,A 是行动集合,W 是可能世界集合,【 】$_R$ 是一个函项,该函项将行动 β∈Act 和可能世界集合联系起来,π 则是世界和语句之间类似于真值的联系。

在已经建立起行动表达式的语义学的基础上,我们就可以讨论 DDL 的语言 Ass,这个语言中的命题我们用 Φ 来表示,表示断定的命题集合 Φ 可定义如下:

Φ::=φ | Φ$_1$∧Φ$_2$ | Φ$_1$∨Φ$_2$ | Φ$_1$→Φ$_2$ | ¬Φ | 【β】Φ

在这个定义中,φ 指谓一个在可能世界 Ws 中的命题变元,它是命题演算中合式公式的集合。表达式【β】Φ 意味着,在 β 这个行动实施之后,Φ 是成立的。接之,我们可以把 V 定义为具有制裁责任的命题变元。由以上的定义,可以把道义模态禁止 F、应该 O、允许 P 所构成的语句变成一个动态逻辑的缩写公式:

F(β)是【β】V 的缩写;

O(β)是¬【β】V 的缩写;

P(β)是【β⁻】V 的缩写。

这三个缩写式表明道义逻辑可以归约到一个动态逻辑的系统之中。

三、规范的复杂性与 DDL 的扩展

1.规范的复杂性

把道义逻辑所研究的规范放在更实际的层面上考虑,引申出一系列关于规范的问题。这些有关规范的问题仅就其在动态道义

第十五章 科学取向:规范的道义逻辑探索

逻辑范围中来讨论,可以引申出非常多的概念。对这些概念的思考使得 DDL 有一种可以不断扩展的趋势。

如果我们考虑到规范所针对的行动者,则 DDL 就需要面对这样一个问题:谁有责任去实施一个行动?这个行动者是单个的行动者还是集体的行动者?我们由此就需要区别两类行动者,由不同的行动者通过行动构成的事件也就有个体事件(individual event)和集体事件(collective event)之分。

依照规范的个体和集体之分,自然地,如果我们对道义模态作更进一步的思考,例如对应该模态作更为详尽的分析,应该的类型就可以区分为强的、普遍的、个体的、非特定的、弱的和群体的应该,不同的类型将会有不同的动态逻辑。

由我们对行动者的个体和集体之分,也自然地引申出两类规范,对于个体的规范和对于集体的规范。这就要回答:什么时候,一个个体行动者满足了规范?什么时候,一个集体行动者满足了规范?

在实际的生活世界中,规范常常是相互冲突的,这就是规范的不一致问题。规范的不一致可以因背景不同而产生,也可以从规范的制订者方面来讨论。由此而产生关于规范制定者的两个概念,实在的规范制定当局(real authorities)和像刑法法典这样一种规范的源泉作为规范的制订者。

从规范的制定者的角度也可以引申出另外的问题。谁是规范的制订者?谁又是规范的废除者?法律的动态特性使得我们的逻辑必须回答,规范的有效性如何认定?规范的制订者是一些什么样的权力机构?规范的制订者和规范的应用者是否遵从同一个逻辑?

法律资源不仅生成对规范这类问题的思考,这种思考也包括了规范制订当局的等级(hierarchy)概念,同时也包括规范本身的等级概念,从而形成规范的等级结构。

这些与规范相关的问题,使得 DDL 不断地在和实在的接触中寻找其理论和实践相结合的接口。正是在这样一个探寻理论和实践接口的过程中,形成 DDL 的各种扩展形式,也在 SDL 中出现许多扩展模式。

2. SDL 和 DDL 的扩展

以上概念和模式在 SDL 中也有相应的生成方式,SDL 中也有这些概念的相应分析。但 SDL 扩展的是"应该是"的道义逻辑,而 DDL 扩展的则是"应该做"的道义逻辑。扩展的基本思路都是把这些概念分别作为 SDL 和 DDL 的相关模态。

在 SDL 的框架之中,同样可以分析出规范系统的三个相关类型,这就是我们在前节提到的:规范所针对的行动者,规范的制订者和规范的实施者等。在 SDL 中,我们可以把这些类型看作是 SDL 的相关道义模态,对于 SDL 在这些相关模态基础上的发展是从"应该是"道义逻辑方向上的扩展,它对 DDL 的扩展是有启示作用的,例如对道义模态应该的分析,两者就是一致的。本文主要讨论 DDL,而忽略对于 SDL 扩展的讨论。

四、DDL 的一种扩展模式

DDL 的一种扩展模式是带有规范所针对的行动者的扩展。这种扩展由行动者延伸了两个扩展模态:个体事件和集体事件。增加个体事件模态,则有个体事件表达式的语义学,增加集体事件模态,则有集体事件表达式的语义学。

我们以个体事件表达式的语义学为例作简略说明。

1. 个体事件表达式的语义学

第十五章 科学取向:规范的道义逻辑探索

用 I 来表示做出行动的行动者的集合,任意一个个体行动者我们用 i 来表示,则 i∈I。一个原子个体事件是由单个行动者做出的行动,所以一个原子个体事件由两个部分:行动者 i 和行动 β 构成,可以表示为 I:β。我们把原子个体事件的集合定义为 Evt。由此,我们可以用以下公式来表示所有个体事件表达式 Evt 的集合。

$\alpha ::= I:\beta \mid \alpha_1 \cup *\alpha_2 \mid \alpha_1 \wedge *\alpha_2 \mid \alpha^-,$

其中 i∈I,α_1 和 α_2 ∈ Evt,β∈Act。$\alpha_1 \cup *\alpha_2$ 的解释是,这是在 α_1 和 α_2 之间的选择;$\alpha_1 \wedge *\alpha_2$ 则代表这两个事件是同时产生的。相关于事件表达式 i 和 DDL 的其他行动范畴,即我们在前面提及到的 any, change, skip, fail 等范畴,可以结合而形成的表达式,都可以按照 DDL 的扩展方式加以解释。

这样,一个 DDL(Evt) 的语义模型 M 就建立起来:

M=(I,A,W,【 】$_R$,π),

其中 I 是新增加的模型结构,它表示个体行动者的集合,其他结构单元都和 DDL 同样理解。

2. 断定语言的扩展

很明显,进一步的扩展就涉及断定语言,既然 DDL(Evt) 增加了事件模态,那么原先的断定语言就自然要相应地转化为包括个体事件的语言。由此,一个 DDL(Evt) 的断定语言 Ass* 就可以定义为:

$\Phi ::= \phi \mid \neg \Phi \mid \Phi_1 \wedge \Phi_2 \mid \Phi_1 \vee \Phi_2 \mid \Phi_1 \rightarrow \Phi_2 \mid 【\alpha】\Phi$

其中 ϕ∈L,Φ,Φ_1 和 Φ_2 ∈ Ass*,α∈Evt。

如同在 DDL 中一样,道义运算子同时也分别定义为:

$F(\alpha) \equiv 【\alpha】V$

$O(\alpha) \equiv F(\alpha^-)$

$P(\alpha) \equiv \neg F(\alpha)$

按照个体行动者加到 DDL 的方式可以把集体行动者概念扩展到 DDL。这个扩展的方式是完全类似的。对于规范制定和规范等级的形式化考虑，动态逻辑似乎还没有找到合适的途径，但是，在规范制定、规范等级和规范应用等层面也开始有了一些有意义的尝试。

五、道义逻辑发展的其他接口

道义逻辑从动态逻辑中寻找自己的发展方向，这一点和法律的动态特性是相联系的。新规范不断地被规范的制定当局并入法规系统之中，又常常有旧的规范从法律中废除。但是，仅仅动态逻辑还不足以解决规范所面临的许多问题，例如制定规范问题、规范的合用性问题。在法律的专家支持系统中，只有合用的规范才会被考虑。如何来刻画规范的制定，如何从制定的规范中筛选出合用的规范，还需要借用其他的逻辑手段。

在制定规范的层面，使用人工智能推理中的非单调逻辑（non-monotonic）来处理规范制定问题，就是一个很有张力的途径。非单调逻辑中的偏好模型加上模态算子的恰当引入，对于解决规范的不一致问题，规范标准的建构问题都会有极大的用处。法律系统本身的动态特性，法律的不确定特性需要这种新兴的逻辑方法。

规范制定理论还可能基于某种认知逻辑（epistemic logic）的扩展，即知识和信念（knowledge and belief）逻辑的扩展，因为知识和信念的逻辑必须处理那些不一致的信息。在这一点上，它和道义逻辑所处理的规范问题是很有相似性的。规范的非一致性无处不在，这就需要我们找到一种对付这种非一致性的推理方式，知识和信念的认知逻辑为解决这种非一致性提供了可能。

尽管规范是不一致的，但实际生活把规范分成了等级用以解决这种不一致的冲突。权力机构的等级约定为我们给出了很好的

第十五章 科学取向:规范的道义逻辑探索

例子。以中国法律法规为例,宪法的规范优越于省级规范,省级规范优越于下一级的规范。这就是所谓法律上位原则。规范的合用性和规范等级问题紧密相连,我们对规范合用性的思考和规范等级相结合,使得关系逻辑的传递性、对称性、自反性这些特征可以反映到道义逻辑中来,并进而涉及规范当局对法规的引入和废除问题。

道义逻辑的研究表现出一种理论框架的巨大柔性和扩张能力,它的发展接口是多种多样的。这正如《规范、逻辑和信息系统》一书导言的结尾中所表述的:

> 卡纳本丹姆(Krabbendam)和梅耶(Meyer)探索了那种对道义逻辑组合式的应用,他们把以前建立起来的松动逻辑(release logic)应用到道义逻辑。特别是,他们表明了两类众所周知的道义逻辑如何结合在这个松动逻辑的框架之中,也就是,康格尔——安德森将"应该是"归约到真势模态逻辑,梅耶则作了类似的归约,将"应该做"归约到动态逻辑。他们对这种方法作了以下论述。松动逻辑允许必然算子对于语境的相对性,并且,在两个组合系统的道义单元中,必然算子都处于中心位置;所以它们的系统在表述规范话语对语境的敏感性方面可以达到一种巨大的柔性。[①]

道义逻辑的这种巨大柔性,自然会使它在发展进程中有许多可能的方向。

进入 20 世纪 90 年代,两种类型的道义逻辑有一种结合起来研究的趋势。在柯瑞本德(Krabbendam)和梅耶 1998 年合写的一

[①] P. McNamara and H. Prakken edited, *Norms, Logic and Information Systems*. IOS Press, 1999, p. 12.

篇论文中,他们提出了一种松动的逻辑(release logic),对两种类型的逻辑假定作了更有弹性的理解。一方面,普遍性的假定更为温和,它有境况的限定。另一方面,局域性的假定要在普遍性假定的约束之下。这就构成了一个语境的道义逻辑(Contextual Deontic Logic,简称为 CDL)形式系统,这种有机结合展示了道义逻辑在新世纪的一个新的发展方向。[1]

六、道义逻辑在法律专家系统中的应用前景

社会规范的纯粹形式方向的研究,和人工智能中的非单调推理和认知逻辑的发展相融合,为规范逻辑在形式上的探索提供了新的思路。这就有可能让人相信:在一个有限的范围内,从社会规范的纯形式研究中获得的规范逻辑,能够为我们提供有益的关于社会规范的推理工具,这种推理工具也许能够作为关于社会规范的知识表达工具。

法律规范和道义逻辑应该有一种天然的联系,法律规范应该是道义逻辑所研究的规范的集中体现。道义逻辑不是纯粹象牙塔的研究,它完全可以在法律规范中找到自己的应用价值。至少,在法律专家系统领域,形式化的道义逻辑也许会在法律知识表达方面发现自己的作用。

在计算机科学和人工智能的研究中,知识表达(knowledge representation)历来都是其主要内容。对知识的合适表达,可以使需要解决的问题在计算机中得到相应处理。知识表达的方法有很多种,排在首位的知识表示方法是在亚里士多德和斯多亚学派基础上建立的一阶逻辑。它是在计算机中进行知识表达的主要工

---

[1] Krabbendam and John-Jules Meyer, "Contextual Deontic Logic", In *Norms, Logics and Information*, *Systems*, pp. 326–362.

具,用人工智能学者加塔罗在《专家系统原理与编程》中的说法:

> 除了规则、框架和语义网,知识也可以用逻辑符号来表示。逻辑主要研究规则的精确推理,推理主要是从假设中推出结论。运用计算机进行推理便出现了逻辑程序设计和基于逻辑的语言开发,如 PROLOG。逻辑在专家系统中非常重要,推理机通过对事实进行推理而得到结论。事实上,逻辑程序设计和专家系统也称为自动推理系统。[1]

在法律规范实际工作者的层面,形式逻辑并不为这些实践者所常用。但是,在律师和法律工作者当中,却有一种不断增长的对法律专家系统的需要,以支持他们的常规工作。一个有效的法律专家系统能够用复杂的规范对简明的事实进行推理,而法律专家系统的本质,部分是由法律规范的表达方式所决定的。

20世纪70年代之前,法律规范的知识表达曾被认为,有经典的二值谓词演算就足够应付法律规范和法律推理的表达问题了。然而,这样一个乐观的预设在20世纪的90年代受到了严重的挑战:

> 如果只考虑这种表达和法律规范的一致性,那么使用谓词演算就可能是足够的。然而,如果也考虑法律规范在实际情景中的应用,就对道义概念的形式化问题有所要求。在这类情景中,被法律规范描述的理想状况和其实际状况之间就会产生一些差异。当这类违犯必须考虑的时候,道义逻辑的使用就是不可避免的。为了一致性地表述这种违犯,人们必须在应该要做到的事情和实际上是什么事情之间作出区分。

---

[1] [美]加塔罗著,印鉴、刘星成、汤庸译:《专家系统原理与编程》,科学出版社,2001年,第53页。

如果作不出这样的区分,一个规范和该规范的违犯同时出现,则会导致系统的不一致。①

已经出现的法律专家系统并不是用道义逻辑来作为其表达工具,例如1981年的英国国籍法案,该法案由英国帝国学院的一批逻辑程序组专家,开发出一个 prolog 程序,该程序并不用道义概念来表达法律知识。但是,在这项研究中,法律被看作是一组定义,而不是由权力当局制定的规范。也就是说,这些法案知识的表达并没有和实际情景相比较。因此,该专家系统就仅用于察知该法案规范不完全性之间的不一致性。

虽然,并不是所有的法律片断都需要在道义逻辑的框架之中进行表达,但是有一点是可以肯定的,在建立法律专家系统的时候,相当多的片断需要道义逻辑作为其知识表示技术。就此而言,道义逻辑作为一种知识表示技术是有应用前景的。

---

① Royakkers, *Extending Deontic Logic For The Formalisation of Legal Rules*. Kluwer Academic, Publishers 1998, p. 2.

第十六章 两种取向的整合：
规范的论证逻辑探索

第一节 诠释学转向与生活形式哲学

一、逻辑确定性概念的转向

社会规范的纯形式研究是逻辑经验主义的产物，同时也是纯粹逻辑范畴通向生活世界的一个产物。冯·赖特的道义逻辑构想，既是现代形式逻辑在模态逻辑方向的新发展，它也反映了20世纪50年代以来的某种知识论转向。我们在前面提到的法哲学科学取向朝诠释学取向的发展是其中的一个特征，这种转向和后期维特根斯坦的生活形式哲学也有紧密联系，它对逻辑学与世无争的神话也是一个严峻挑战。这些新特征的出现，表明逻辑和很多学科一样，逐渐在和生活世界靠近。

> 后期维特根斯坦哲学以一种"生活形式"的哲学来取代逻辑经验主义以科学经验为基础的哲学，以"家族相似性"概念来取代"普遍性"概念，以由历史积淀、文化背景等构成的生活形式所产生的习俗的"确定性"，来取代严格的逻辑的确定性。[①]

由这种概念的取代可以看到，我们有关知识，特别是逻辑知识

---

① 陈嘉明：《知识与确证——当代知识论引论》，上海人民出版社，2003年，第12页。

的观念正在发生变革。以往的逻辑观念,逻辑界的老前辈金岳霖先生所设想的逻辑,是一种超脱于尘世的逻辑。这种逻辑的研究可以和生活世界完全没有关系,即如他所说的:

> 如果一个人关上门窗不见客,不看别的书,埋头于逻辑学,他可以把逻辑学研究得很好,而对于世界上任何方面底知识毫无所得。①

从 21 世纪的今天来看,这种纯超验的逻辑观念应该不复存在。现代形式逻辑渗透进了模态领域,已经打破了纯逻辑的研究界限,并且渗透进了许多原先未曾设想到的领域,例如语言、认知、人工智能等领域。同时,历史积淀、文化背景等构成的生活形式,在这种生活形式中所产生的习俗,当然要包括社会规范,人们也构想出许多新的逻辑类型来处理和分析它们。

二、一种可能的有关规范的逻辑类型

冯·赖特的道义逻辑是研究规范的一种方式,在当代,已经出现一些超越于现代形式逻辑的其他方式。例如,哈贝马斯的论辩逻辑理论、图尔敏的论证逻辑理论、黑尔的道德论证理论、佩雷尔曼引入新修辞学的论证理论、阿列克西的法律论证理论等等,都是有关社会规范逻辑的有益探索。从这些理论的称呼上就可以很清楚地知道,这些探索既涉及社会规范,同时又都是从对话商谈的诠释学角度来对论证理论进行探索。而论证从来都是逻辑学家的研究对象,从广义逻辑的角度是如此,在狭义逻辑的视野中,论证研究也无法消失。而且,正是因为这样的探索,逻辑学才有可能出现不同于传统模式的新模式。这类新模式的设想回应了维特根斯坦有关生活形式哲学的构思。图尔敏在其论证逻辑中,就产生了对

---

① 金岳霖:《知识论》,商务印书馆,1983 年,第 17 页。

第十六章 两种取向的整合:规范的论证逻辑探索

于逻辑学新模式的大胆设想。

图尔敏早在20世纪50年代就提出了一个非常大胆的设想。在1958年出版的《论证的应用》一书中,图尔敏认为,对社会规范特别是法律规范的逻辑研究,应该不属于我们今天所称呼的数理逻辑或者形式逻辑的范围,数理逻辑和数学之间具有更多的相似性。但完全有可能出现一种新的逻辑,这种逻辑不是与数学相似,而是和法学相似。法学用来描述规范,人们根据这些规范来提出法律上的主张。逻辑则是确定规则。根据逻辑所确定的规则,我们可以对提出的主张给以证明和反证。这样,如同纯粹的形式逻辑和数学的相似产生数理逻辑,非标准逻辑的模态范畴和道义范畴的相似产生道义逻辑的形式系统一样,逻辑也极有可能依据其和法学的类似而产生新的模式。

图尔敏对这种逻辑模式的设想体现在如下的引文中:

> 逻辑(我们可以说)是一般化的法学。论证可以和法律诉讼相比,我们在法律语境之外通过论证而获得的主张,可以和在法庭之中获得的主张相比,而我们形成的每一种好主张,这表现为许多案例,这些案例也可以互相比较。法学的一个主要任务是刻画法律过程的要素:一个是程序,借助程序,一些法律主张得以提出,争辩和判定;一个是范畴,依据这些范畴,一个法律过程得以完成。我们对论证的探索是一个平行的任务:我们以一种类似的方式,把目标定位在刻画可以称之为"理性过程"的东西,也就是程序和范畴,通过程序和范畴的应用,那些普遍的主张就可以得到讨论和确定。[1]

"理性过程"的东西当然主要是逻辑的东西。依据图尔敏的这

---

[1] Stephen. Toulmin, *The Use of Argument*. Cambridge University Press, 1958, p. 7.

个逻辑和法学类比的观点,亚里士多德以来的逻辑传统就需要得到新的修订,并且有可能重组。图尔敏在当时说得不是那么肯定,他用"我们可以说"的商榷语气,但这个设想是富于创造力的。它是对逻辑的数学模式唯一性的挑战,而逻辑的数学模式并不一定就是逻辑探索的唯一模式。在对社会规则的逻辑进行探索的时候,法学取向,甚至其他的学科取向,都非常有可能是某种新逻辑产生的诱因。

对社会规范的逻辑探索不仅出现关于新逻辑类型的设想,也产生了一些重要的逻辑新概念。在所有关于社会规范的论证逻辑理论研究中,其研究的主线几乎全都涉及主张和依据之间的逻辑关系。特别是在强势的社会规范、法律规范的研究中,有关法律规范和判决的论证理论,它所要解决的中心问题实际上仍然是古典逻辑所要解决的中心问题;几乎每一个探讨论证理论的学者都是围绕着这样一个中心问题来展开他们的思路。在这样的研究中,有关论证的逻辑,同时也出现了一些新的概念。

第二节 规范论证理论概述

一、论证理论的源头和发展

逻辑学产生的一个重要背景是古希腊民主政治盛行的话语论辩,这些话语论辩就是一个一个论证。逻辑学就是在分析和总结这些论辩话语的基础上形成的。亚里士多德的逻辑专著《工具论》一书,除了建立三段论的演绎推理系统之外,另一个主要贡献,是给出了基于话语的论证理论。在《工具论》六篇中,有三篇都是用来讨论论证的。《分析篇》讨论证明的论证,《论题篇》讨论辩证的论证,《辩谬篇》讨论争辩的论证和虚假的论证。

第十六章 两种取向的整合:规范的论证逻辑探索

欧洲中世纪的论证是典型的神学取向,论证被指向上帝和人之间的关系,论证的水准一直都停留在亚里士多德的水准之上,论证理论没有什么特别值得一提的地方。

近代科学和人文思想的发展把逻辑引向了纯粹形式的方向。这在20世纪初叶,构造出了完全以数学模式来处理逻辑的新的逻辑学科群,逻辑和其他知识构建一样,采取的是一种纯粹的科学取向。逻辑简直就是数学,除此之外的逻辑探讨都被看成是脱离主流的、非逻辑的东西。

知识的这种科学取向在研究和自然科学不同的人文科学的时候,特别是涉及思维主体意识,有所谓主体间性的东西,或者说在分析评价研究对象的意义价值时,这种科学取向就遇到了麻烦。形式化的东西可以解决一部分问题,但有些问题,譬如对于依据规范的论证,形式化的方法就显得施不开拳脚,这就出现了知识研究的诠释学方向。这个取向非常类似于我们在前面提到的生活形式哲学的取向,一种直面现实世界,而不是完全抽空具体内容的纯粹形式方向。商谈论辩的论证理论就是在这样的背景下产生的。

从20世纪70年代以来,这个以实践哲学的复归为特征的哲学运动逐渐地产生了它的影响力。在规范研究领域,特别是在法哲学领域,法学家们承接亚里士多德以来的实践哲学传统,以及修辞学、现代逻辑学、语言哲学的研究成果,为规范研究的主要领域——法哲学和道德哲学,找到了新的理论生长点,在欧美许多国家都取得了有代表性的成果。这种研究的方式也影响到一些国内学者。用这一视角来看待和发展规范理论,已被越来越多的中国学者所接受。科学取向、诠释学取向和中国规范意识的道德伦理取向相结合,有望出现一种规范问题研究的新视角。

商谈论辩的论证理论目前已经是一个有着丰硕成果的理论，代表性人物众多。我们将给出几个主要的有关伦理道德和法律规范的论证理论。

二、实践论辩理论的几个基本概念

实践论辩的论证理论所要解决的中心问题主要是：用什么方式找到可靠的理由，来证明命题或者主张的有效性和真理性，来达到一个主张所要求的合理性和正确性。这里的可靠理由，实际上就是作为法律推理前提的法律规则，以及对事实证据何以认定的事实判定规则。毫无疑问，它们都是社会规范的一部分。这里的主张则是依据规则而获得的法律判定，它是规范在法律实践中的应用结果。

论证逻辑的研究者关于理由和主张之间这种关系的探索，形成了一个业已广为人所知的概念：可证立性(justifiability)。所谓可证立性是指：在社会规范领域，无论是一般的法律规则还是个别的法律规则，它们都必须有合理的根据来加以证成(justification)，有些译本译为证立。而这个证立的过程是和一定的程序强相关的，因此，实践论辩的论证理论，也称之为"实践正确性的程序理论"。

除此之外，法规范中关于证明的概念、证据的概念、证实的概念、有效性概念，包括事实的、真实的等等概念，在有关论证逻辑的研究中，都出现一些新的提法。这些提法对早已形成的逻辑概念是具有挑战性的，特别是对当下的逻辑学内容和逻辑学传统方式具有挑战性。这些概念都是逻辑学力图在"生活形式的哲学"框架中发挥作用的产物。毫无疑问，它们也表明逻辑原本就属于人文科学范围，而非纯粹数学的产物。它们得到逻辑研究者和规范研究者的共同关注，应该是十分自然的。

三、实践论辩的模型假设

实践论辩的最简单模型，可以先假定一个只有两个人的社会，如同神话中的亚当和夏娃，也类似于笛福《鲁滨逊飘流记》小说中的鲁滨森和星期五。姑且把二人社会中的两个人称为 A 和 B，并且再假定他们两个人就以下规范性问题进行讨论。

问题1：到底 A 是应该还是不应该去做某件事？

问题2：A 是善的还是不善的？

对于这样一个最简单的社会模型，实践论辩理论所要研究的问题是，A、B 两个人如何才能达成一致的意见？排除掉暴力胁迫的可能，假定这两个人是正常理性的人，二人社会要达成一致意见，存在着两种可能的方式。

第一种方式，B 方向 A 方证明，他提出的主张是真实的，是能够证成的，提出主张的一方能够给出其主张的合理依据。这是一个道德信念的证成过程，论证的要点在给出对所提主张有真实程度和有效程度的强支持，也就是为提出的命题提供理由。

第二种方式，如果 B 方同 A 方获得一致性意见的方式不是以上方式，而是采取各种说服手段，心理影响的手段和宣传鼓动的手段，则这是一种心理证成的过程。

一般而言，前一个方法是以理服人，后一种方法是以情感人。显然，第二种方式是一种依赖心理影响的方式。从心理学角度来促成其证立，这样一种方式不为实践论辩理论所关注。

实践论辩理论所关注的是：道德信念的证成是否可能？如果这是可能的，从哪些角度来看这是可能的？正是对道德信念的证成的思考，产生出一些道德论证理论。从时间序列角度看，有斯蒂文森的道德论证理论，黑尔的道德论证理论和图尔敏的道德论证理论。我们以黑尔和图尔敏的道德论证理论为例，说明这种实践论辩理论的推导方式。

第三节 道德论证理论

一、黑尔的道德论证理论

1. 黑尔的道德语言理论

黑尔(Richard Mervyn Hare,1919 -)原是英国牛津大学著名的怀特道德哲学讲座教授,后为美国佛罗里达州立大学哲学系客座教授,元伦理学理论的主要代表人物。黑尔关于道德语言和道德论证的研究是规范理论研究科学取向的典范。在分析语言哲学框架之内提出的元伦理学理论,最具影响力的学者当属于黑尔。

(1)规定语言

黑尔道德论证理论的基础是其道德语言理论,黑尔的道德语言理论的出发点是把道德语言看作是一种规定语言。规定语言包含两个互为联系的部分,一个是语言中的祈使句,一个是价值判断。用黑尔给出的图表,规定语言的类别可用下图表示:[①]

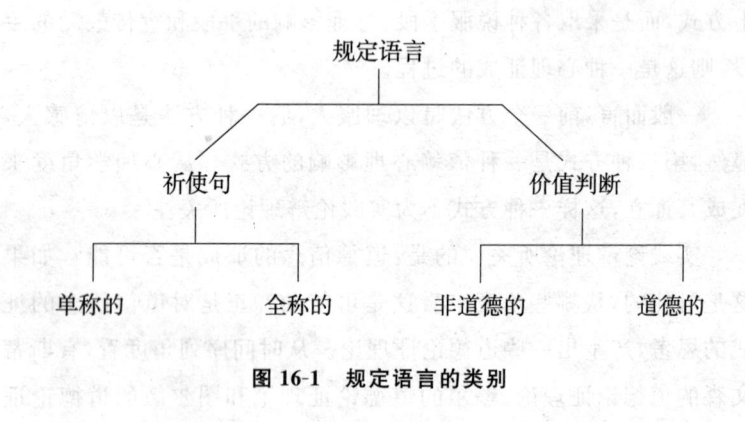

```
                规定语言
              ┌────┴────┐
            祈使句      价值判断
           ┌──┴──┐     ┌──┴──┐
         单称的  全称的  非道德的  道德的
```

图 16-1 规定语言的类别

[①] [英]黑尔著,万俊人译:《道德语言》,商务印书馆,1999年,第7页。

第十六章 两种取向的整合:规范的论证逻辑探索

黑尔在分析这两类规定语言形式时,提出了一个使这两类规定语言互为联系的逻辑命题:道德判断蕴涵着祈使句。这也常被人们认为是黑尔道德语言理论的核心命题。我们从黑尔对祈使句的分析出发,来看黑尔用怎样的理由来获得这个命题。

(2)祈使句和陈述句的区别

黑尔在《道德语言》一书中例举了以下两个语句:

a 请很快关上门。

b 是的,你很快将关上门。

这两个语句和以下标准的汉语语句是对应的:

c 关上门。

d 你将要去关门。

正是对这 4 个语句的分析,黑尔引进了几个技术性的术语来表示这些语句的区别。一个术语是指陈,这是陈述句和祈使句共同的部分;一个术语是点头同意,可简称为首肯。这就是陈述句和祈使句的差异所在,这种差异的另一种表述方式也可以看作是某种认同意味的不同。尽管对于陈述句也有一个认同的因素在内,但祈使句因为总是在催促人去做出什么行动,这个认同的意味和对陈述句的认同是不一样的。所以黑尔说:

> 由此,我们可能会发现一条考察陈述和命令之本质差异的线索:这一线索存在于对命令和陈述的认同所包含的意味之中,而正如我已经说过的那样,对它们的认同所包含的意味与最初对它们的确认中所包含的东西密切相联。[1]

(3)从"是"推不出"应该"

然后,黑尔就对祈使句量词单称和全称的分析,得出了一个有

---

[1] [英]黑尔:《道德语言》,第 21 页。

关祈使句的逻辑规则:如果一组前提中不包含至少一个祈使句,则我们就不能从这组前提中有效地引出任何祈使式结论。

有关祈使句的这一逻辑规则,黑尔认为是伦理学中有极为重要意义的规则。伦理学中的许多著名论点都和这个规则相联系,它间接地表明,任何道德判断都不可能是一个纯事实的陈述。这就和休谟所发现的从"是"命题不可能推演出"应该"命题的休谟论题保持了一致。因此,从上述规则自然获得的一个命题是:从陈述语句不能够推导出任何道德判断。进一步可以得出,在没有祈使句前提的条件下,如果一个判断没有提供做某事的理由,则这个判断就不是一个道德判断。

(4)价值判断

黑尔对价值判断的分析主要集中在对价值词的分析,他分析的价值词有善和应该。这两个价值词,黑尔作了大致类似的分析。它们都具有两个方面的意义,即规定性意义和描述性意义。如果一个语句是由以下形式表述出来,则这种形式的判断就是价值判断。

一种形式是:X是善的;

另一种形式是:A应该做X。

黑尔在《道德语言》一书中对这两种形式未作区分,都纳入价值判断的范围之内。但在他后来的著作中,则区分了这两种不同形式的判断。和伦理善相关的判断是价值判断,和应该相关的判断则是义务判断,即广义的规范命题。黑尔对价值判断的分析表明,对于道德判断而言,其中的价值词都既具有描述性意义,也具有规定性意义,但其评价性也就是规定性意义是价值词的基本意义。

2.黑尔道德论证理论的要点

(1)可普遍化规则的证成

有了以上道德语言的基本分析,黑尔建立起他关于道德命题的论证理论。黑尔道德论证理论可以概括为某种实践论证规则的存在。正是这个实践论证规则,为人们进行道德论辩提供了某种根据。黑尔的实践论证规则有两条基本规则,一条是可普遍化的规则,一条是规定性规则。

对可普遍化规则的证成,依据的是描述性陈述的可普遍化。从直觉上可以体悟到描述性陈述的可普遍化特征。以某个描述性命题为例,"a 是红的"这个命题,如果我认同了它,则我就会因为这种认同,而同时承担起某种责任。这个责任就是,对于在所有相关方面类似 a 的任何一个其他对象,我也应该作出类似的判断,认同这个对象也是红的。如果我不能承担起这个责任的话,那或者是自己不正确地使用了红色这个词,或者是让自己陷入了自相矛盾。

这个思路自然可以延伸到道德判断。当我们称"a 是善的",那是因为 a 具有某种非道德性质。我们用"善"或者"好"这种价值词来修饰 a,那么可普遍化规则就使得言谈者负有相应的责任,在碰到同样特性对象时,也要用同样的价值词来修饰具有这种同样特性的对象。这就和给出描述性命题时我们应该承担的责任一模一样。

可普遍化规则可以用普通的逻辑符号来加以表述:

$$\forall_x(F_1x \wedge F_2x \wedge \cdots F_{nX} \rightarrow S_X)$$

该公式表示的含义是,如果对于任意对象 x,这个对象的特征表现为 n 个性质的合取,则这个对象就是善的。这个公式当然同时表示的含义是,任何具有这些性质的对象,就一定是具有善的性质,这个公式用在一般的规范判断中也是同样有效的。

但是,单有可普遍化规则只是为道德论辩的理性提供一个必要条件,它还不是充分条件;进行道德论证还需要更加强有力的条件。这个条件黑尔称为规定性原则和可普遍化规则的整合。

(2)规定性原则

黑尔用《圣经寓言》中的一个案例来说明规定性原则。这个寓言可以简化为如下假定:

假定1:有A、B、C三个人;

假定2:命题M,A欠B的钱;命题Q,B欠C的钱;

假定3(法律规定的假定L):债权人可以监禁债务人以索回债款;

问题:B自问,自己是否应该将A监禁起来?他是有道德上的理由呢?还是有法律上的理由?

解决问题的思路:

从以上假定可以推知,

N_1——我应该监禁A(依据假定2、3);

根据可普遍化原则(PU)又可推出,

R——任何人处在我的情况下,在其债务人不还债时应该将其监禁起来;

由命题R,又可推出:

N_2——C也应该将B监禁起来;

这个时候,就出现了规定性原则。规定性原则在这里的运用是,如果B准备接受祈使句"让我把A监禁起来",那就表明,他必须也要接受规范命题N_2。因为,如果他不接受这个命题的话,就表明他放弃了N_1。

这可以简化为以下公式:

$M \wedge L \rightarrow N_1$;

(PU)∧N$_1$→R

R∧Q→N$_2$；

结果是,B如果要实施N$_1$,他在道德上是难以证成的。

(3)两类道德论证

由于道德论证涉及的是人,参与论证的人按照黑尔的设想,有两个种类。一个种类主要是追求个人利益,另外一个种类则主要关心理想。黑尔基于这样的动机分类,把道德论证也看作有两种类型。一种基于利益而进行的道德论证,一种基于理想而进行的道德论证。

但是这样的分类是不可能贯彻到底的。黑尔关于道德论证理论的两个基本原则的证成,以及在道德论证过程中的一般程序究竟是一个什么样的线索,还没有比较清晰的说明。然而,黑尔对道德论证的探索,在道德判断普遍化的论点方面则具有奠基的意义,成为此后关于这个问题讨论的一个重要基础。

二、图尔敏的道德论证理论

1. 图尔敏道德论证理论的核心问题

我们在前面已经提到图尔敏对逻辑新模式的设想。图尔敏是英国哲学家,1942年获得数学和物理学理学学士学位,1947年和1948年在剑桥大学分别获得文学硕士和哲学博士学位。之后,先后在牛津大学、里兹大学任教。1965年移居美国,又先后任密执安大学、芝加哥大学等校教授。其研究的论题广泛涉及科学史、认识论、逻辑和伦理学方面。主要著作有《理性在伦理学的地位》、《论证的应用》等。图尔敏的道德论证理论出发点和黑尔一样,反对把道德论证从心理角度加以解释的情感主义观点,主张道德伦理的论证也是一个理性推导的过程。图尔敏理论所要解决的核心问题是:构成一个特定的伦理学的命题N,是否有一个充足理由G？

这个 N 如何从某些特定的事实条件所产生?

图尔敏对这个问题作了如下的回答:

伦理学的论证,除了需要逻辑的和科学的推理规则之外,还有一些属于道德伦理论证所特有的推理规则。依据这些特有的规则,可以从事实理由 G 得出规范性的结论 N。这种推理他称之为评价性推理。因为有这类推理,使得我们能够区分出有效的道德论证和无效的道德论证。

那么,这种评价性推理的规则该如何定位呢?这就涉及黑尔曾经讨论过的道德语言问题。评价性规则的定位,依赖于特定生活整体内的道德语言功能。图尔敏在这个问题上和黑尔一样,承继了英国经验主义的传统,他认为伦理学和科学一样,充分成熟的道德判断和科学命题具有同样的特征,都是对获得的经验进行阐释的结果。但有一个重要的区别,科学说明不改变其所说明的经验,而道德论证的本质,则往往是要修正人们所获得的经验,用图尔敏的话讲,道德论证将修正人们无反思地表达出来的道德情感。

由此,科学和伦理学既有共同的经验阐释,但两者的功能则有区别,它们的逻辑也不会完全相同。伦理学的功能被图尔敏解释为:把我们的情感和行为,用每一个人的目标和愿望得到实现的这种方式,尽可能兼容地连接起来,以和谐地满足人的愿望和利益,避免那些本可以避免的痛苦。图尔敏论述的这一功能,被人们称为某种规则功利主义的变体。因为伦理学的这一功能,我们就有可能说明道德论证所特有的推理规则——评价性规则,我们就有可能说明一个规范性命题成立的充足理由。

但是,图尔敏对提到的这个规则并没有给出清晰的表达。对这个规则的简略陈述,依据图尔敏对伦理学功能的理解,类似于这

样一个陈述:

规则的遵守将会避免本可避免的痛苦,则遵守规则的行动是善的。

而要理解这样一个对评价性规则的陈述,需要我们对图尔敏一般论证模式有所了解。在图尔敏的一般模式中,恰好就有评价性规则的体现。

2. 图尔敏一般论证理论的基本要素

在研究了物理学、法学、伦理学等领域的各种论证陈述之后,特别是在和法学论证进行比较之后,图尔敏得出了一个结论:所有这些论述本质上具有相同的结构,构成一个论证的要素有六个。这六个要素分别是:主张,根据,担保,支持,限定词和反驳。

由这六个要素构成的论证,称为论证的图尔敏模式。这个模式虽然被人们称之为图尔敏的一般模式,但其背景显然是人文性质的。可以从以下对要素的阐释中很明显地看到这一点。

(1) 主张(claim;简称 C)

主张是一个断言或者断定,它相当于一个论证中的论题,一个推理过程中的结论。实践商谈的论证逻辑中的主张,具有某种特定的性质。这个性质可以表述为:主张具有潜在争议的性质。当一个主张提出时,它会受到挑战,提出主张的人必须对这种挑战给予辩护,表明该主张有充分理由。

(2) 根据(ground;简称 G)

一个人文主张几乎没有可能没有争议。一个主张的提出,首先要经受住提出者的检验,一经提出,又要经受听到或者看到这个主张的人的检验。一个最为常规的质疑是:你凭什么提出这一主张?你的主张建立在什么基础上?提出者必须对这一质疑作出回应,也就是提供作为主张依据的事实或者资料(data)。

在图尔敏《论证的应用》一书中,他最先使用资料一词作为结构要素,把资料看作是主张的出发点。[1] 1979年图尔敏出版了他的《推理导论》一书,把data改为ground,即根据,使得这个论证模式更具有一般性。

(3)担保或凭证(warrants;简称W)

对主张和根据之间的逻辑关联,人们还可以继续提出质疑。通常提出的质疑是:何以从这个根据就能够得到你的主张呢?这个根据凭什么就具有给出你的主张的资格呢?这个质疑是普遍的,于是就有了担保这个论证要素,以保证某类根据的确具有导出某个主张的资格。这也是日常生活世界中,经常出现的所谓合适和合法的问题。在法庭作证的证人,有一个证言合法性的问题,类似于担保所表明的含义。

(4)支持(backing;简称B)

对主张的质疑还可以继续,这就是说,我们还可以对担保的理由进行质疑。担保的要素在一个论证过程中常常是一个隐含的要素,它只在必要的场合才出现,一般是不出现的。但一个严密的论证过程常要伴随对担保的质疑,这种质疑的常见语言形式是:我为什么要相信这个担保是可靠的呢?这时候,主张的提出者就有必要给出一个更强有力的命题来支持他的主张。这就是所谓支援性陈述,称为支持,图尔敏也用另一个英文词supporting表示。

(5)反驳(rebuttal;简称R)

在很多情况下,主张即使有限定词的修饰,也无法实现从根据、担保到主张的跳跃。也就是主张只能在有限的情况下成立。

---

[1] Stephen Toulmin, *The Use of Argument*. Cambridge University Press, 1958, p. 97.

要实现根据到主张的不断跳跃,总有某种阻止的力量使得跳跃性的运动成为不可能。这种阻止从根据到主张扩大范围的东西就是反驳。反驳用来表示存在主张普遍化的障碍,因此需要承认例外,需要放弃普遍合法性的诉求。

(6)限定词(qualifier;简称 Q)

限定词是一个反映某个主张所具有的说服力程度的语词,它在一个论证中的功能可以表现为以下几种情况:当一个担保能够让我们毫无疑义地去接受某个主张的时候,我们可以用副词"必然"来修饰这个主张;当一个担保只能够让我们从根据到主张的迁移具有实验性、例外性或条件性的时候,我们就常常用"大概"、"可能"、"也许"、"70%的确信度"等等语词来修饰主张,这些主张只是可能性主张。这里起修饰主张作用的语词就都是限定词。

以上六个要素,至少有四个要素可以在法律诉讼过程中找到其对应物。主张对应于起诉书,根据对应于证据,担保对应于与案件相关的法律条款,支持对应于有关法典或者法律教材中的相关章节,而限定词和反驳要素则是对任意个案结论的评价要素。

3. 图尔敏模式的实例和评价性规则

(1)图尔敏模式的实例

图尔敏模式可以用一个实例来说明,在给出一个普通主张的证成过程之后,我们再给出一个道德主张的证成过程,由第二个实例可以窥见图尔敏道德论证的评价性规则。

主张 C:哈里是英国人;

  质疑1:你有什么根据说哈里是英国人?

根据 G:哈里出生于百慕大;

  质疑2:出生于百慕大就是英国人吗?

担保 W:在百慕大出生的人都是英国人;

质疑 3:有这种说法吗？出生在百慕大就是英国人？这实在不能让人相信；

支持 B:这个担保的条款属于英国国籍法的内容,英国法律中就殖民地出生者的国籍有明文规定；

反驳 R:这只是一般情况,如果哈里父母是外国人或者哈里加入了美国籍,这个担保就不成立,你的主张不能那么绝对,你还没有证实哈里父母的情况,也没有证实哈里是否加入了美国籍。

限定词 Q:你说得对,只能说哈里很可能是英国人。

这个论证模式可以用下表表述：

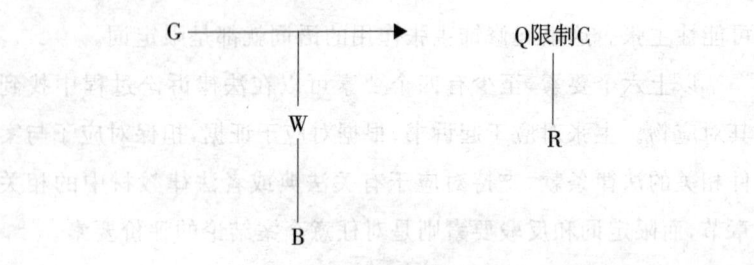

```
G ————————————→   Q限制C
        │               │
        W               R
        │
        B
```

在上述论证模式中,获得的是一个限定性的主张。这个模式的应用说明以下两点：

第一,在任何具体的论证领域,除非我们准备和某种担保相结合,否则在该领域要使得论证服从于理性的评价将变得不可能；

第二,一个担保具有普遍可接受性的根据是一回事,担保赋予主张的说服力是另一回事,在特殊事例中反驳担保的例外情况是第三回事。

图尔敏的这一论证模式,他认为是具有普遍性的,尤其适合于道德论证领域。一个道德判断的论证,虽然提出了根据、担保和支持，但对方提出反驳的可能性仍然是存在的。这样，为道德主张提供的担保、支持的过程总是反复不断地进行，直到对方不再提出反驳为止。

(1) 评价性规则的说明

假定将要证成的命题是一个道德命题，其证成过程简化如下：

道德主张 C：A 行为恶劣；

    质疑 1：有什么理由这样说？

根据 G：A 说谎；

    质疑 2：说谎怎么啦？

担保 W：说谎行为在道德上是恶劣的；

道德论证在这个时候，实际上是把 W 当成了一个证成对象，不像法律条款那么具体。把 W 作为证成对象就必须使用带有评价性的规则，而评价性规则本身就是一个规范性命题。在上述例子的条件下，这个规则，依照图尔敏规则功利主义的伦理观，就非常类似于以下伦理法则 W'：

遵守规则的行为会避免本可避免的痛苦，这种行为就是善的。

这个 W' 就为 W 提供了担保。当然我们可以无限倒退，对每一个担保规则都提出质疑。但是任何争论都有终点，也就是，只有我们在某一个层面上达成了一致，我们关于道德判断的争论才是有意义的。

4. 图尔敏道德论证的两种形式

如同黑尔把道德论证分成了两类一样，图尔敏也把道德论证区分为两种形式。在道德论证的问题上，图尔敏的方式更接近于实践商谈的论证理论。

如果我们根据讲话者所在社会的有效道德规则要求，对某个行为作出评判，并对这种评判予以证成，这是一种引述道德规则来证成行为的道德性质的证成。这样一种证成称之为道义论的证成。它把道德论证和现存的道德规范紧密联系起来,是一种维护现有道德规范的论证形式。通常的道德论证都是这样。

而如果我们在对某个行为或者行为规则进行证成的时候,着重指出的不是促成某种痛苦,而是对现实多元价值的某种选择,那么,这样一种证成称为目的论的证成。目的论的证成有利于论证批判功能的展开。而在证成过程中要实现某种批判功能,则取决于道德体系适应新环境的能力,取决于人们对于社会所作的理想构想。

和这两种证成相联系的道德论证层面也各有特色:道义论的证成更多涉及的是单个个体或者群体行为,特别是个体行为的证成,而目的论的证成涉及的则是道德规则的证成。

图尔敏的道德论证理论已经显露出实践论辩理论的某些重要特征,虽然他的许多论证规则的描述过于模糊,但图尔敏的论证模式对实践论辩理论的发展提供了许多重要的启示。

第四节 法律论证理论

一、实践论辩理论和法律论证理论

1. 实践论辩理论概要

对黑尔和图尔敏的讨论表明,任何为某个规范性命题 N,给出一个根据 G 的推导,都要以某个担保 W 为前提,根据 W 和 G,推导出 N。N 称为是能够通过 G 和 W 来加以证成的命题。这个过程不可以无限递归倒退,只能在某一个点中止,这就表明我们只能够在非常有限的意义上谈命题 N 的正确性。

那么,我们是否有办法提高 N 的可信程度,把这种递归倒退

第十六章 两种取向的整合:规范的论证逻辑探索

的方式转换为另一种新规则来证成的方式呢？对这个问题的思考,产生了一种新的证成模式,这就是实践论辩的证成模式。这种证成模式修正了我们关于理性的一些看法,理性和100％的确实性不应看成是同一个东西;通过实践论辩的证成,仍然应该看成是获得了理性的结论。

实践论辩中的实践概念表达的是这样的意义:我们在证成规范性命题的时候,论辩的规则不仅仅是像逻辑所要求的那些规则,而且要超越逻辑,诉诸于讲话者的行为。这种诉诸于讲话者行为的诉求,就表达了实践的含义。

而实践论辩中的论辩,则是指对所要证立的命题之真实性和正确性进行检验的行为整体。论辩本身就属于讲话者行为的一部分,就此而言,论辩也是一种实践。在这个语言实践的过程中也有一些规则,这些规则可以称之为语用学规则。寻求论辩的语用学规则,实际上是在探寻规范性命题的正确性和合适性。由此,我们把实践论辩简单地理解为有关规范性命题之正确性的论辩。

我们在前面讨论的黑尔和图尔敏的论证理论,已经体现了实践论辩理论的若干要素。他们在道德论证中给出的若干准则,虽过于模糊,但在相当程度上启示了人们对规范命题证成探讨的思路。由黑尔和图尔敏开创的有关规范性命题的实践论辩理论,可以看作是普遍实践论辩理论的雏形。在他们工作的基础上,形成了普遍的理性实践论辩理论,它由一系列证成规则和证成形式所构成。普遍实践论辩理论在各个规范领域的渗透,自然形成局域的实践论辩理论。而法律作为现代社会最强势的规范,应该是实践论辩理论应用的最好平台,在这个平台上当然就出现法律论辩理论。在这一部分,我们将着力于从法律论证角度,来理解这种局域的实践论辩理论。

2.法律论辩和法律论证

法律论辩可以分为许多种类,有法学的争辩、法庭的争议、立法机关对法律问题的讨论等。所有这些争论都可以归结为给某个法律命题以论证,因此法律论辩和法律论证是两个可以交换使用的概念。其微小的区别可以看成是,法律论辩着重于法律实践的层面,而我们在说法律论证的时候,则侧重于法律的理性证明方面。

法律论证理论涉及的是特殊的规范性命题,即法律规范命题的证成。法律规范的证成有两个层面,一个层面是内部证成,一个层面是外部证成。我们对法律论证理论的讨论从这两个层面开始。

二、法律论证理论

1.法律规范的内部证成

法律规范的内部证成所要解决的问题是,一个法律判断是否依据一定的前提逻辑地推导出来。内部证成处理的似乎是纯粹的逻辑问题:从既定的大前提推导出某个法律判断的结论,这个过程是否具有有效性?这种证成使用的表述方法常常是现代逻辑的形式化方法。

内部证成最简单的逻辑形式可以表述为以下普遍形式结构。它可以编号为内部证成的基本形式1:

(1) $\forall_x (T_x \rightarrow OQ_x)$

(2) T_a

(3) OQ_a

在这个公式序列中,x 是有关自然人和法人域的个体变元;$\forall$ 为全称量项,表示任意一个对象;a 表示个体常元,指定某个特指个体,例如布什;T 是表示个体性质的谓词,指代任意个体所具有的性质

第十六章 两种取向的整合:规范的论证逻辑探索

或者属性,例如布什是美国现任总统,美国现任总统就是布什的属性;O是道义算子,表示应该、有责任等;Q也是一个谓词,它表示规范所涉及的个体必须做什么。这个公式实质上是法律三段论的一个变形,变形为命题逻辑中的一个蕴涵式,然后用推理规则中的分离规则来获得结论。

可以用一个实例来说明这个内部证成基本形式。

(1)对于所有人而言,如果一个人是一个军人,那么,他在职务事项方面必须陈述实情;

(2)王先生是一个军人;

(3)王先生在职务事项方面必须陈述实情。

由基本形式1,我们可以得到派生规则,也可称作内部证成的可普遍化形式的具体化。上述公式派生出以下两个规则:

派生规则1:如果要证成法律判断,必须至少引入一个普遍性的规范。

派生规则2:法律判断必须至少从一个普遍性的规范连同其他命题,被逻辑地推导出来。

如果对于a是否具有性质T难以确定,我们就无法直接地使用基本形式1。在此情形下,对于性质T的使用就得有标准形式的规则,这就产生了第三个派生规则。在这个规则中,M^i表示T分解为i个不同性质时候,在i个范围内的任意性质,i个M性质的合取构成了T。由此假定得到规则3。

派生规则3:每当对于a是否有性质T或者M^i产生疑问时,均必须提出某个规则,对该问题作出决定。

由派生规则2和3,就得到内部证成的一个不完全但却比较普遍的形式,即基本形式2:

(1) $\forall_x(T_x \to OQ_x)$

(2) $\forall_x (M_x^1 \rightarrow T_x)$

(3) $\forall_x (M_x^2 \rightarrow M_x^1)$

....

(4) $\forall_x (S_x \rightarrow M_x^n)$

(5) S_a

(6) OQ_a

这是一个严格的演绎推导,结论(6),严格依据前5个前提一步一步推导出来。中间省略号是表示性质 T 可以分解成 n 个性质,每个性质都可以归结到 T。说这个形式是不完全的,是因为这个形式没有涵盖事实构成和法律后果的更复杂结构。由这个基本形式2,可以派生出另外两个规则。

派生规则4:需要尽可能多地展开逻辑推导步骤,以使某些表述达到无人再争议的程度,即这些步骤完全切合有争议的案件。

派生规则5:应该尽可能地陈述逻辑的展开步骤。

上述内部证成的基本形式和派生规则给人的感觉是完全逻辑的,似乎内部证成完全是一个属于逻辑推演的过程,这本不错。但是,需要理解的一点是,这正是内部证成所需要的。逻辑推演的结果是把那些不能够从实在法中引申出来的前提充分显露出来。内部证成的使命就是完成这样的任务:通过内部证成的过程,愈来愈清楚地显示出,到底什么样的前提需要从外部加以证成。这就提高了识别错误和批判错误的可能性程度。

2.法律规范外部证成的含义和基本内容

内部证成在证成过程中要使用一些规范性的前提:或者是实在法的规则,或者是业已获得的经验命题,或者是其他的具有普遍性的命题。对于这些命题也有一个证成的问题,但获得这类命题的证成,不是内部证成的任务,而是外部证成的任务。所以,所谓外部证成就是对在内部证成中所使用的各个前提的证成。因为这个证成是具体案例之外的证成,故称为外部证成。

外部证成的范围广泛,内容复杂。用一个简略的分法,当然不是唯一的分法,外部证成有5种类型的规则和形式。但在实际陈述时,有些既有规则也有形式,有些则只有规则没有形式。一般而言,有形式也有规则的外部证成是相对成熟的证成方式,而只有规则没有形式的外部证成,往往是还没有成熟的形式。这些形式和规则分别是:经验论证的规则,解释的规则和形式,教义学论证的规则,判例适用的规则,特殊的法律论证形式和规则。我们将概略地给出这些相应的规则或者形式,并对这些规则和形式的具体内容,作出或强或弱的说明。

3.法律规范外部证成的规则和形式

(1)经验论证的规则

法律论证必须使用的经验论证理论,几乎包含了所有的经验知识问题。对这个问题的解答只能够通过学科间的整合才有望解决,很难有一个一般的论证形式。因此,经验论证的问题和普遍实践论辩理论紧密相关。普遍实践论辩理论中的过渡规则1-3,适用于法律外部证成的经验论证规则。

过渡规则1:任何人在任何时候都能够转入经验性的理论论辩。

过渡规则2:任何人在任何时候都能够转入语言分析的论辩。

过渡规则3:任何人在任何时候都能够转入论辩理论的论辩。

其中的过渡规则1具有特别重要的意义,特别是在法律论辩中,论辩参与者对规范性前提是容易表示认同的,但对事实的勘定则争论不休,通常不可能有充分的确实性来获得必需的经验知识。这个时候,就应该有一定的过渡规则转入到其他的论辩形式中,以作出合理的推测。

(2) 解释的形式和规则

对任何文本都有个解释的问题,对规范,无论是道德规范和法律规范,解释同样必不可少。法律如果没有法院来详细说明和解释其真正意义和作用,就是一纸空文,所有的成文法和不成文法都需要解释。

在对文本的解释中,法律解释具有特别重要的地位,法律解释的体制化自然要生成各种解释的规则和形式。然而,迄今为止,解释的规则和形式仍然是个争论不休、没有定论的东西。我们首先说明解释的逻辑结构。解释的逻辑结构不属于解释的形式,但却是解释规则和形式得以认定的最为基本的东西。解释的基本结构可以借助内部证成最简化的基本形式 2 来设立,从而获得一个有关解释的定义。在这个定义中还使用图尔敏的论证模式的基本要素:担保 W。

(1) $\forall_x (T_x \to OQ_x) \cdots\cdots (Q)$

(2) $\forall_x (M_x \to T_x) \cdots\cdots (W)$

(3) M_a

(4) OQ_a

在上述基本形式中,Q 作为规范,W 作为语词使用规则,可以得出具体的规范 Q',我们用(2')来表示 Q' 这个规范:

(2') $\forall_x (M_x \to OQ_x)$.

这里的 Q' 就称为通过 W 对 Q 的解释。用 I 来表示解释,这可以表示为:$I \dfrac{Q}{W}$。

所谓解释的形式和规则,也就是对于形成 Q',我们有一些什么样的规则和形式来保证这个解释的证成?由上述基本定义,我

第十六章 两种取向的整合:规范的论证逻辑探索

们获得了以下的解释形式和解释规则:

第一类,语义学的解释形式(简称语解形式)

若对规范 Q 的解释 Q' 的证成是诉诸语言的使用,在这个基础上使用的解释形式,称为语义学解释形式。这有以下三条形式:

语解形式 1:基于 W_i,Q' 必须被接受为对 Q 的解释。

语解形式 2:基于 W_k,Q' 可能不被接受为对 Q 的解释。

语解形式 3:因为 W_i 和 W_k 均不成立,所以,Q' 可能接受为对 Q 的解释,Q' 可能不被接受为对 Q 的解释。

第二类,发生学的解释形式(简称发解形式)

如果对 Q 的解释 Q' 的证成是借助于指出该解释和立法者的意图是相吻合的,涉及的解释形式则是发生学的。发生学的解释形式根据立法者的意图和立法者的追求目标,分为两种不同的形式。

发解形式 1:

(1)Q' 是立法者的意图所在;

(2)Q'

在这个形式中,获得 Q' 的证成,就是依据立法者的意图。

发解形式 2:

(1)立法者根据 Q 来追求目标 Z;

(2)∼Q'→∼Z

(3)Q'

第三类,目的论解释的形式(简称目解形式)

在对 Q' 予以证成时,Q' 本身有可能不是从以上 2 种解释形式的前提中推导的。这就需要有进一步的形式或者推理规则来保证一个解释的获得,由此就有相关于发生学解释形式的导出形式。除此之外,对发生学解释的目的论解释(目的指的是立法者的目的),如果把目的的含义排除掉个人的目的,依照符合理性,符合客观要求的目的,这时候进行解释证成的形式就演变为目的论解释的形式。对这类解释的证成,不是通过经验所发现的目的,而是通过规范的特征来体现客观理性的目的。这就出现了目的论的解释形式。

目的论解释形式处理的是一个义务判断。该判断用 OZ 来表示,意为应该实现某一目标 Z。为达到 Z,需要提出合理的解释 Q'。Q' 成为达到 Z 的必要条件,这正是公式 $\sim Q' \to \sim Z$ 所表达的逻辑含义。由此得目解形式 1:

(1) OZ

(2) $\sim Q' \to \sim Z$

(3) Q'

以上的解释形式不是规则,解释形式作为一个论证形式,只是给出了一个论证过程中的各个形式要素。以目解形式 1 为例,它给出了前提和结论的要素。依据这些形式,一个命题要么在逻辑上推导出来,要么基于某个预设为前提的规则而得到证成。但这是不够的,外部证成的解释除了以上解释形式之外,还需要这种形式所包含的前提条件是完全的,也就是说一定形式的论述要涵盖住所有属于该形式的前提条件,而这不是形式本身所能做到的。这就要借助解释的规则。这些解释规则分别来保证一个解释证成的完全性、层次性以及一些相关的合理特性。

以下就是一些解释规则。这些规则的生成和说明很难简略陈述,我们仅给出这些规则,对这些规则的进一步理解,请参考阿列克西《法律论证理论》、缪勒《法学方法》、拉伦兹《法学方法论》、恩吉斯《法律思维导论》等著作。这些规则可以看成是黑尔的可普遍化原则的变体,在这些规则中都有黑尔原则的影子。黑尔的可普

第十六章 两种取向的整合:规范的论证逻辑探索

遍化原则是普遍实践论辩理论的原则,在法律论证领域的解释规则中同样也要应用这一原则。而回溯黑尔的原则,我们又可以发现,它是逻辑基本原则在黑尔道德理论中的应用。

解释规则1:任何属于对一个解释进行证成的解释形式,必须要达到饱和要求;

解释规则2:受法律文义或者历史上的立法者意图所约束的论证,优于其他论证;但也有例外,如果其他论证能够提出合理的理由的话。

解释规则3:各种不同形式的论证的分量,如果我们要确定它们的话,那就必须根据权衡轻重的规则来加以确定。

解释规则4:一切属于对一个解释进行证成,而又能够尽可能被提出的解释形式,都必须予以考察。

(3)法教义学论证规则

法教义学论证的规则简要陈述如下:

教义学论证规则1:任意教义学语句,当该语句受到怀疑时,必须至少应用一个普遍论辩的论证来加以证成。

教义学论证规则2:任意教义学语句,必须能够既经得起狭义体系的检验,也经得起广义体系的检验。

教义学论证规则3:当能够使用教义学论证时,就必须使用这种论证。

(4)适用于判例的普遍论证规则

判例适用规则1:当一项判例可以引进某个论证来支持或者反对某一裁决时,就必须引入这个论证。

判例适用规则2:如果意欲偏离某个判例,则有这种偏离想法的人,就要承担论证的责任。

(5)特殊的法律论证形式和规则

法律作为社会规范中的一个分支,有其特殊的论证方式,例如法律中最常用的类推,还有其他一些在法律论证过程中使用的方法。这些方法经过法学家和逻辑学家的探索,也可以依赖现代逻辑的手段来进行刻画,表达为有效的逻辑形式。

法律论证形式1:

(1) $\forall_x(OG_x \to F_x)$

(2) $\forall_x(\sim F_x \to \sim OG_x)$

这个公式是一个有效的逻辑公式。它在法律论证中所表达的含义是:(1)陈述了一个规范,该规范为一个条件句,前件为一个规范命题 OG_x,后件则表明依据前件的条件,任意个体就具有 F 性质。也就是,若如此,则当下讨论的法律后果才会出现;否则,没有 F 性质的个体就不在 OG_x 规范的制约之下。

类推的法律推理形式也可以刻画为一个逻辑形式。我们用 $F_{sim\,x}$ 表示一个命题"x 相似于某个 F",则法律推理形式2可以建构如下。

法律论证形式2:

(1) $\forall_x(F_x \vee F_{sim\,x} \to OG_x)$

(2) $\forall_x(H_x \to F_{sim\,x})$

(3) $\forall_x(H_x \to OG_x)$

对这个形式的说明可以用克卢格《法律逻辑》一书的实例,这个实例正好对应于以上公式系列。

(1) 对于任意 x($\forall_x$),若 x 是一个商业契约(F),或者是类似商业契约的东西(Fsim x),那么 x 就应该适用于德国民法典第433条及以下条文(G)。

(2) 对于任意 x($\forall_x$),如果 x 是一个有偿转让某个商业行为的契约(H),那么 x 就是一个类似商业契约的东西(Fsim x)。

第十六章 两种取向的整合:规范的论证逻辑探索 443

(3) 对于任意 x($\forall_x$),如果 x 是一个有偿转让某个商业行为的契约(H),那么 x 就应该适用于德国民法典第 433 条及以下条文(G)。

法律论证形式 3:

(1) O~Z

(2) Q'→Z

(3) ~Q'

在这个论证形式中,应该并非 Z 意味着禁止 Z,如果对 Q 的解释 Q' 包含了禁止的东西,这个解释也应该是被否定的。这个公式具有某种直观的意义。

对特殊的法律论证给出的这些形式,如同在解释的形式中一样,只有具有某种完全性也就是我们用过的饱和概念的要求时,这些形式才更具有合理性,所以,在特殊的法律论证形式中也有一个担保性的规则,简称为特殊规则。

特殊规则:各种特殊的法律论证形式必须满足饱和的要求。

在对法律论证予以概括的过程中,获得形式和规则的数目总共有:内部证成的形式和规则 7 条,外部证成的规则和形式,包括普遍论辩的过渡规则 21 条。由对法律论证理论的这一简单描述,可以看到,我们研究实践论辩相关的法律论证理论,就是意图建立起一系列有效而理性的规则,使得我们的规范证成,变成为和逻辑理性同样确定的东西。尽管这个研究离规范的理性证成还甚为遥远,但这样一种研究方式,则无疑是在建构一种更为健全的实践理性。

第五篇　规范的类型

第十七章　道德规范

道德规范是人类社会的基本规范,是社会规范系统中的"细胞"。它渗透到其他各种类型的规范之中,成为它们的构成要素。其作用范围之广、影响之深,是其他类型的规范所不可比拟的。关于道德规范的研究,对于理解整个规范系统及其各种类型具有重要意义。

第一节　道德规范的性质

道德规范的基本性质是使道德规范成其为道德规范的质的规定性,既包括道德规范区别于其他规范系统的特殊性,也包括道德规范与其他规范系统的共同性。道德现象是一个复杂的系统,既包括道德规范,也包括道德评价、道德品质、道德情感、道德行为,因此为了说明道德规范的性质,还必须揭示道德规范和其他道德现象的区别。

道德规范具有一般行为规范都有的三个基本功能——指导功能、评价功能和预测功能(参见第四章),这是道德规范与其他种类的规范的共性。为了把握道德规范的基本性质,还必须揭示道德规范与其他种类的规范的区别。

道德规范与技术规范的区别在于,道德规范主要是一种社会规范,它调整的主要是人与人之间的关系,如"己所不欲勿施于人"这一儒家伦理的基本道德规范就是调整自我和他人之间关系的基本准则。而技术规范调整的主要是人与自然之间、人与物包括工具之间的关系,如"火线进开关,零线进灯头"这一电工操作规范,就属于技术规范,调整的是操作者与开关、灯具、电流的关系。

道德规范与宗教规范的区别在于,宗教规范主要是调整宗教徒(占世界人口的80％以上)和他们心目中的超自然存在的关系。如摩西十诫的第一诫就宣告:"我是耶和华你的上帝,曾将你从埃及地为奴之家领出来,除了我之外,你不可有别的神。"这一条规范确定了信众与上帝及其他神的关系。当然,在宗教规范中也有调整教徒之间、教徒和俗人之间关系的道德规范,如摩西十诫的第五条要求:"当孝敬父母,使你的日子在耶和华你上帝所赐你的土地上得以长久"。这表明宗教规范和道德规范这两个系统是交叉的,但宗教规范中的道德规范是从属的规范,其终极目的仍是指向超自然的存在。世俗道德规范的确证诉诸于理性、直觉、经验世界或社会生活,而宗教伦理的确证在神学家那里只能诉诸超自然的权威。

道德规范与艺术规范、科学规范的区别在于追求的价值目标不同。艺术规范所导向的目标是美,科学规范所导向的目标是真,而道德规范的特点是引导人们扬善去恶(此处的善是狭义的道德意义上的"善",而不是广义上的"好"),成为品质高尚的人。如"助人为乐"的规范,就起着扬善的作用,而"切勿损人利己"的规范则意在去除"损人利己"这种最常见的恶。一个人如果能时时以扬善去恶的道德规范引导自己,就能够渐渐地成为品质高尚的人。这一特点是其他规范包括技术规范所不具备的。康德提出的最基本的道德原则:"要始终把人当作目的,而不能仅仅把人当作手段",就充分体现了道德规范的这种特点和价值取向。当然宗教规范也是具有扬善去恶的功能的,但它们的善恶观是以超自然的存在为支撑和终极目标的,与本章所论述的世俗道德规范有重大的差异。

道德规范是其他各类规范之正当性的道义基础,这是道德规范的重要特征。道德规范所蕴涵和标举的基本价值,如自由、正义、公平、友爱、尊重生命、爱护自然,等等,是一切规范系统都不可亵渎的,是一切规范系统都必须遵从的,是一切规范系统的道义之基。在基本价值观一致的前提下,道德规范及其价值观会渗透到各种规范系统之中,成为它们的有机组成部分。如,渗入科学规范,形成科学伦理;渗入调整人与自然关系的规范,形成生态伦理;渗入政治制度,形成政治伦理;渗入经济制度,形成经济伦理和商业伦理;渗入职场规范,形成职业伦理;渗入宗教规范,形成宗教伦理,等等。在其他类型的规范与道德规范发生冲突的时候,在社会的基本价值观没有变化的情况下,前者的正当性就会受到质疑甚至否定。当某一规范或规范系统被许多人指责为"不道德"的时候,它的地位就动摇了。道德之善的底线(或称底线伦理),是其他类型的规范所不可突破的。

指出道德规范的特点是扬善去恶,可以把道德规范同其他的某些类型的规范区别开来,但是还不能够把道德规范与法律规范完全区分开来,因为法律也具有戒恶、惩恶的功能。在各类规范中,道德规范和法律规范在性质上最为接近,因此,有必要严格区分。

　　道德规范的形成比法律早,而且既是法律的道义之基,也是法律的来源之一。有了人类就有了道德,而严格意义上的法律的出现,则要晚得多,是在奴隶社会才出现的。世界上迄今为止完整保存的最早的成文法,是古代巴比伦王国的《汉穆拉比法典》,它形成于公元前18世纪。最早的罗马成文法《十二铜表法》,是公元前5世纪制定的。如果我们仔细分析法律规范系统的构成,就会发现,有许多道德规范被改造成法律规范,整合到法律规范体系中。例如,"切勿偷盗"这一道德规范,就被刑法所吸收、改造、细化为惩戒盗窃的法律规范;"孝敬父母"的道德规范也被吸收到民法中,成为规定子女赡养父母的义务的法律条款。

　　道德规范作用的范围比法律宽泛。"法网恢恢,疏而有漏"。一个社会的法制再健全,再完善,也不可能而且也不应该细密到涵盖社会的一切领域、一切方面。社会生活各个领域都有一些法律不该管或由于立法滞后暂时管不到的空白之处。这些空白之处也应有一定之规。这些"一定之规"中就有道德规范。例如,在现代社会,法律不干涉未婚青年的自由恋爱,不强求公车上的青年给老人让座。但在这些自由的空间里,仍有两性伦理、社会公德在起作用。对于玩弄异性的朝秦暮楚者,道德舆论总是谴责的,从而对这种不道德的行为产生很强的抑制作用。对于不给老人让座的青年,道德舆论对之也是批评的,这有助于后者自省。对于公务员贪小便宜、打擦边球,法律管不了,但道德舆论的贬斥可能使他有所收敛。由此可见,道德规范对于弥补法治的空当,确实有不可或缺的重要作用。道德规范作用的范围比法律宽泛还表现在:道德规范不仅对行为有指导作用,而且要过问和改变人们的内心世界,而法律规范调节的只是人们的行为,对人们的思想品质、情感世界是不作要求的。尽管一个人可能在内心诅咒他人千百次,但只要他没有以任何方式表达出来,就没有违反关于禁止诽谤的法律规范。而道德规范却把指导和改变人们的内心世界视为己任。我们不仅不能公开诽谤他人,而且也不能在内心暗自诅咒他人,因为这也是不道德的。"全心全意为人民服务"的道德规范就包括对"心"的"要求"。中国传统的孝道有一个著名的表达——"百行孝为先,论心不论迹,论迹贫家无孝子",尽管有偏颇,却非常典型地体现了道德规范重视精神世界的特征。而设定和惩治思想罪则是恶法的特征。在民主社会,法官量刑也会考虑犯罪动机,但绝不会根据动机来定罪。而根据动机的善恶,"道德法庭"就可以作出道德或不道德的判定。

道德规范对行为的要求比法律更高。"克己利人"、"克己奉公"、"舍己救人"、"舍生取义"等道德规范是不可能纳入法律规范的,因为这是对人的最高的要求,不是人人都做得到的。法律规范只是规定了行为的底线,是对社会成员的最低要求。我们不可以把各种道德规范都纳入法律系统来强制执行,那会造成对个人的基本权利的侵犯。道德规范不仅有戒恶的功能,而且有扬善的功能,有号召、鼓励人们做好事、做好人的功能;而法律只有惩恶、戒恶的功能,它不能鼓励人们行善。法律是通过使人畏惧,使人觉得得不偿失,而不敢做坏事的。因此,它不可能使人"毫不利己、专门利人"、"舍生取义、杀身成仁",而那些能够把道德规范内化为崇高的道德境界的"志士仁人"则可以做到。屈原、雷锋、圣女贞德、圣雄甘地,都是这方面的楷模。

道德规范发挥作用的方式与法律不同。法律是以惩罚为后盾、以国家的强制力来实行的。分析一下法律规范的要素就可以看到这一点。法律规范可分解为三个要素:假定、行为模式和法律后果。例如,中华人民共和国刑法第三百八十三条第一百二十一条规定："以暴力、胁迫或者其他方法劫持航空器的,处十年以上有期徒刑或者无期徒刑；致人重伤、死亡或者使航空器遭受严重破坏的,处死刑。"这个规范明确地规定了劫持航空器这一严重犯罪行为必须承受的法律后果,这个法律后果是由司法和执法机关及其警力来强制实行的。而在道德规范中,就不包括对违反规范应承担什么样后果的规定。"尊老爱幼",这是一个道德规范,"济困扶贫",也是一个道德规范,这两个规范都没有规定,如果不尊老不爱幼或不济困不助贫,应该承受什么样的后果。道德规范是通过外部舆论和内在的道德信念与道德情感来发挥作用的。违反道德规范会受到社会舆论的谴责,这会使得被谴责者感到羞愧、难堪,甚至无地自容。"众口铄金"就是这种情景的生动表达,它对于抑制违反道德规范的行为起重要的作用。而社会舆论的赞扬,则有鼓励人们遵守道德规范使之蔚然成风的作用。不过社会舆论必须通过个人内心的道德信念和道德情感起作用。人们的道德信念也就是人们对某些道德价值与道德规范的认知与认同。道德情感则是建立在这种认同基础上的高级情感,即道德责任感(良心)和相应的自豪、欣喜、羞愧、内疚等情感。如果个人对某种道德规范如"婚前性行为是不道德的,所以不当为"不赞成、不认同,则人们对他的"越轨"行为的批评,便不会使他觉得"羞愧"、"抬不起头来",因而也不起作用。个人的道德信念(良知)和道德情感(良心)是内因,社会舆论是外因。内因对于道德规范的作用更为直接更为根本。一个有良知、有良心的人,即使在无人在场、无人知晓、社会舆论不起作用的情况下,也会自觉地、严格地遵循道德规范；即使偶尔因这样或那样的原因,违反了道德规范,也会因内疚而反省检讨自身的行为。可见,法律是通过外在力量即他律起作用的,而道德则是通过主体的自律起作用的。道德规范尽管有调整面宽、作用面广

第十七章 道德规范

等许多优点,但是,道德规范相对于法律规范、行政规章而言是柔性规范,缺乏强制力,需要法律和行政规章等刚性或准刚性的规范来支持。例如,我国河南省农村,曾经运用行政力量开展过所谓"争星"活动,所有的农户以家庭为单位,把一些处理邻里关系、家庭内部关系的道德规范以及遵纪守法的规范分别用10颗星来表示,每个家庭得星多少都会在其房屋的门楣上显现出来,因此形成一种强大的压力,迫使那些有问题的家庭为了"面子"而改正。在此,行政权力的介入使舆论的压力多倍地放大,达到了仅靠道德规范和道德舆论所达不到的目的。当然这样做是否得当,还可以讨论。

在揭示了道德规范与法律规范的区别的基础上,应该进一步说明它们之间的共性。道德规范与法律规范一样,都是调整人与人之间利益关系的行为规范。道德是因应着调整人与人之间的利益关系、促进社会合作、增进共同利益的需要而形成、发展的。而道德一旦形成,就具有相对独立性,就会对它所由产生的各种利益关系发挥调整的功能。"切勿损人利己"这一道德规范调整的是自我和他人的利益关系;"社会利益高于个人利益"这一道德规范调整的是个人和社会的利益关系。行政伦理的两条基本规范"全心全意为人民服务"、"廉洁奉公",调整的是公务员和纳税人的利益关系、公务员和公共利益的关系。生态伦理中的"爱护自然环境"的规范,维护的是人类的根本利益,调整的是人类的眼前利益和长远利益、局部利益和整体利益的关系。家庭伦理中的"孝敬父母"这一规范,包含着儿女应尽自己的能力为父母提供生活的物质条件的要求(还包含敬的要求),调整的也是一种利益关系。

利益包括物质方面的利益和精神方面的利益,决定道德规范的形成、变化和基本性质的,归根到底是物质利益和物质生活条件。例如，在原始社会的早期，由于生产力低下，物质生活资料极度匮乏，为了保住青壮年，有时会发生杀死丧失劳动能力的老人的情景。这在当时并不是不道德的。只有到了生产力有所发展，物质生活资料有所剩余的时代，才能形成孝敬父母的道德规范，虐待父母的行为才成为道德谴责的对象。又如，在物质资源特别是物质生活资料有限的情况下，人们都有追求物质利益最大化的倾向，为了防止人们在利益的激烈争夺或竞争中两败俱伤，就有必要进行协调与合作，进而形成互助互惠的伦理规范；也有必要诉诸人的同情心，确立"仁爱"、"博爱"之类的道德规范，以缓解和抑制恶性争斗，争取共存共荣的前景。

为了进一步揭示道德规范的性质，还必须阐明道德规范和其他道德现象的关系。

首先，道德规范属于道德判断，是道德判断的一种。道德判断可以分为两种，一种是评价判断，如，"廉洁奉公的张三是一个好公务员"，还有一种是应然判断，如，"公务员应该廉洁奉公"。道德规范属于应然判断。作为应然判断的道德规范不同于作为评价判断的道德评价。前者意在影响和改变行为，后者表达了对行为或品质的褒贬，这是它们之间的区别。它们之间的联系在于，人们习惯于从评价判断引出应然判断。如，在"亨利是个乐于助人的好邻居"这个道德评价中，蕴涵着大家的这样一个期望："我们都应该像亨利那样乐于助人"。后者是一个规范判断，是从前者中引申出来的。同样的，人们也习惯于从"廉洁奉公的张三是一个好公务员"，引出"公务员应该像张三那样廉洁奉公"。这样的习惯性推出是否符合逻辑，或只是出于多数人的利益而表达出一种愿望？这是有争议的问题。笔者认为这种习惯性的推出，确是出于社会共同体的利益而作的导出，但久而久之，便成了一种潜意识里的逻辑。因为逻辑的格不过是实践亿万次重复而积淀于思维的产物。

其次,道德规范虽然是道德的应然判断,但道德的应然判断并不都是规范判断。道德的应然判断也可以分成两种,一种是单称判断,一种是全称判断。前者如"你应该搀扶那位老人上楼",后者如"我们应该助人为乐"。前者不是道德规范,是后者这个道德规范在具体场合的应用。道德判断、道德评价、道德规范和个别的道德要求的逻辑关系,可用下图表示:

$$
\text{道德判断}\begin{cases}\text{道德的评价判断}\\\text{道德的应然判断}\begin{cases}\text{道德的规范判断}\\\text{个别的道德要求}\end{cases}\end{cases}
$$

再次,道德规范是道德品质的外化,而道德品质则是道德规范的内化(道德品质包括道德信念、道德良心、道德情感,是由三者共同决定的自觉自愿地为善去恶的心理素质),二者互为表里。道德规范形成于调整人与人之间关系的需要,道德规范一旦形成,就对人的行为具有约束力,要求人们照着去做。当着人们认识到某种道德规范的正确性并长期遵循某种道德规范形成习惯后,这种规范也就内化,形成了相应的道德品质。例如,一个从小就被父母、老师不断教导不要随地吐痰并一直照着做的儿童,长大后不仅自己不会随地吐痰,而且见到别人随地吐痰还会反感、恶心,以至劝阻随地吐痰的行为。这说明他已养成不随地吐痰的好习惯、好品德。反过来,道德规范的形成也离不开道德规范主体本身的道德品质与道德修养。有一种观点认为道德品质是由人类普遍具有的同情心、恻隐之心、不忍人之心发展起来的,其外化和社会化形成了道德规范。我们的观点是,先天素质和后天环境的相互作用是道德品质和道德规范的共同起源。至于何者为先的问题,类似于鸡和蛋孰先孰后,只能暂且搁置。

至此，我们可以给"道德规范"下一个初始的定义：道德规范这个概念，指的是以扬善去恶为宗旨的、通过社会舆论与道德信念和道德情感起作用的、调整人与人之间利益关系的行为规范。必须指出的是，在谈论道德规范是什么的时候，应该区分两个层次，一个层次是道德规范的理想状态，另一个层次是道德规范的现实状态。换言之，道德规范应该是什么和道德规范实际上是什么，是两个不同的问题。马克思、恩格斯就经常以现实的道德的偏私和丑陋来抨击统治集团对主流道德的标榜和美化。我们在给道德规范下定义的时候是充分地考虑了这一区分的。在现实生活中，由于人们对于什么是善什么是恶的理解不同，对于上述定义可以作出不同的甚至对立的理解。我们认为：在理想的状态下，道德规范代表着社会共同体对个人的期待，它是根据社会共同体的公共利益来对个人提出要求的；所谓扬善去恶，也就是按照促进而不是损害公共利益的方向去调整个人与社会、个人与个人之间的利益关系。因为公共利益是所有个人利益的共同部分，也可以说是所有个人利益的交集，所以只要道德规范是真正代表公共利益的，那它自然也就包含对个人利益与公共利益的交集的维护和促进。而当个人的特殊利益与公共利益或他人的正当利益发生冲突的时候，道德规范的作用在于促使前者服从后者。

第二节 道德规范的功能

阐述道德规范的基本功能，实际上是进一步阐发道德规范的性质。当代西方元伦理学的情感主义、规定主义等派别就是从揭示道德规范的特殊功能的角度，来说明道德规范的基本性质的。而为了揭示道德的基本功能，就必须把道德规范与其他类型的规范加以比较,揭示它们之间的联系与区别。

如上所述,道德作为一种行为规范,其基本功能在于调整人与人之间的利益关系。例如,"己欲立而立人,己欲达而达人"、"己所不欲勿施于人",调整的是自我和他人的利益关系;"严禁损公肥私"、"应当克己奉公"调整的是个人与群体的利益关系。调整人与人之间利益关系的手段、方式很多,法律规范、宗教规范、行政命令、风俗习惯、亲情、友情等等,都是调整人与人之间利益关系的有效方式。道德规范的调节功能区别于这些调节方式的特点在于,它是以扬善去恶为宗旨来发挥它的功能的。上述例举的道德规范都体现了这一点。

至于什么是善,什么是恶,如上所述,不同的时代、不同的民族、不同的社会集团、不同的伦理学派别,对之往往有不同的理解。但是,每一个特定的民族,在特定的时代,对于什么是善,什么是恶,都有一种确定的理解占主导地位,并由占主流地位的伦理学加以概括和表达,并获得广泛的社会认同(在正常的状态下)。这种占主导地位的善恶观,贯穿在主流的道德规范系统之中,各种具体的道德规范就是这种善恶观的具体体现,并按这种善恶观的取向,对各种利益关系进行调节。例如,功利主义的善恶观主张,能够给最大多数人带来最大利益的就是善,反之就是恶。这种善恶观贯彻在行政官员与社会大众的关系上,就形成了"为社会大众服务"这一行政伦理规范,成为处理行政官员与社会大众的关系的最基本的指导性规范。

道德规范所要调节的关系包括:个人与他人、集体、社会的关系,个人与自我的关系,人与自然的关系这三大类。

在各种资源特别是物质生活资料不足的情况下,由于个人都有追求利益最大化的倾向,个人与他人、与群体、与社会之间,除了有互助合作的一面之外,也会有利益的差异和冲突。如果对利益冲突不能给予良性的调整,就会导致社会合作的破坏和社会秩序的瓦解,因而就需要通过一些手段包括道德规范来调节。

对个人而言,由于有个人的当下利益和长远利益、次要利益和根本利益的冲突需要调整,以及与此相关的心灵与肉体、理性追求和感性需求等各种身心关系需要调节,也就产生了调节这样一些关系的个人道德规范,如自重、节制、好学、谦虚、讲究个人卫生,等等。它们是有别于调节个人与他人、集体、社会的关系的社会道德的。

近代工业革命以来,随着人类对自然的征服、改造以加速度的方式拓展,自然环境、生态系统的恶化已严重威胁到人类自身的生存。因此,如何善待自然界的这一道德问题就凸显出来了。对自然环境、生态系统的破坏,说到底是一部分人不惜以环境的破坏为代价牟取自身利益。对这种行为的制止,说到底是为了全人类或多数人的长远的、根本利益而制止少数人、部分人对全人类利益的损害。因此,调节人与自然关系的规范既包括如何保护自然界的技术性规范,也包括调节人与人之间利益关系的道德规范,当然还包括法律规范、行政手段等等。

道德规范的调节功能有自己的特殊的实现方式,具体地体现在以下三个方面:

1. 劝诫功能——道德规范的指导功能的实现形式

道德规范具有指导主体行为的功能。前面已经说过道德规范是以祈使句来表达的,它的典型形式是:"你应该如何"或"你不应该如何"。这种指示由于不是靠强制力来支持的,因此它只是一种劝诫,即劝导和告诫(劝阻),劝导人们去做有益于社会和他人的事,实现自己的正当权益(用西方伦理学中的规定主义的语言来表达就是:"推荐"某种行为方式,用"推荐"来代替"劝导"也许更为精确),告诫或劝阻人们不要做损害社会和他人利益的事。这种劝导和告诫(或推荐和劝阻),表达了社会对个人的行为的态度即期望和要求。这种期望和要求如果被个体所认同和采纳就会转变为个体的自觉行为。即使不被个体所认同,但由于道德舆论的压力,也往往会被个体所接受和遵循。例如,改革开放以来,各种群众团体经常组织各种募捐活动以援助贫困地区或受灾地区的民众,济危扶困、乐善好施的道德规范和同情心是主导这种非强制性募捐活动的驱动力,有许多捐献者就是出于同情心、出于对扶危济贫的道德规范的认同,而自愿捐款捐物的;可是也有一些人舍不得,或对于频繁的募捐活动已经厌烦,但迫于道德舆论的压力,尽管不大情愿,还是捐了款或物。在这种行政和法律都管不到也不该管的场合,道德规范和道德舆论对人的动机和行为的劝诫作用是最明显不过的。西方元伦理学中非认知主义的一个派别——规定主义主张,道德规范是对行为方式的规定或推荐,这实际上是对道德规范的指导行为的功能及其特点的表述。

2.褒贬功能——道德规范的评价功能的实现形式

对主体的动机和行为,根据一定的道德标准进行评价,这是道德规范的又一个重要功能,这种评价是通过褒扬和贬斥来实现的。这是道德评价区分于其他评价的特点。根据法律规范作出的评价是"合法"或"违法",根据技术规范对产品作出的评价是"合格"或"不合格",根据竞技的规则作出评价是"犯规"或"未犯规",根据艺术规范作出的评价是"美"或者"不美";而根据道德规范作出评价是"善"或者"恶"、"好"或者"坏"(道德意义上的"好、坏","好人好事、坏人坏事"语境中的"好、坏")。通过运用善与恶这两个基本的价值词和其他各种更具体的价值词如"真诚"和"虚伪"、"勇敢"和

"懦弱",道德评价发挥着褒扬和贬斥的功能。褒扬实际上是传达了评价主体的赞成、钦佩、敬重的感情,从而引起被评价对象的自豪感、光荣感和喜悦感,这会对人们的好的动机和行为起鼓舞、激励的作用。贬斥则传达了评价主体的反对、义愤或轻蔑,从而引起行为者的羞愧、内疚、焦躁等情感,进而对人们的坏的动机和行为起抑制和纠错的作用(西方元伦理学中的情感主义学派认为道德语句的主要功能就是表达情感和情绪)。杭州的岳飞墓阙前有一对名联,上联为"青山有幸埋忠骨",表达了中国人民对民族英雄岳飞的敬重和褒扬;下联为"白铁无辜铸佞臣",这是对汉奸秦桧的鄙视和鞭挞。这对名联代代相传、万口传颂,其鲜明的一褒一贬,对于弘扬爱国主义精神,培育民族气节,对于鼓舞志士仁人舍生忘死、抵御外侮,功不可没,充分体现了道德褒贬的巨大作用。清华大学一学生毫无理由地用硫酸泼伤了动物园的一只黑熊的脸部,激起了全国上下的一片痛斥声。这种强烈的、铺天盖地的道德谴责,对于残害野生动物的野蛮行径,具有强大的抑制和纠错作用。西方元伦理学中非认知主义的另一个派别——情感主义主张,道德规范表达的是对行为的态度和情感,这实际上是对道德规范的评价功能及其特点的表述。

3. 引导主体超越动物本能的功能

人区别于动物的一个重要特征在于,动物完全为它的本能所控制,它的一切活动都是由本能和欲望来启动和支配的,而人不仅能够以"人的方式"来实现其本能,而且能够超越其动物性的本能和欲望,理性地预测其行为及其后果的多种可能性,并从中择一合意的行为方式而为之。影响主体行为方式的因素很多,欲望、利益、情感、信仰、习惯、道德、外部压力等等,都是影响主体选择的重要因素,而最能体现人与动物之区别的一个特征是道德规范和道德品质对人的选择的作用。它能够使人作出超越本能的选择,这是动物界所见不到的。圣雄甘地惊天地泣鬼神的传奇人生,谭嗣同"我自横刀向天笑,去留肝胆两昆仑"的英烈气概,充分地体现了道德的伟大和神圣。所以,哲人康德发出了由衷的感叹:有两样东西,人们越是经常地对之凝神思索,它们就越是使我内心充满常新而日增的惊奇和敬畏:我头上的星空和我心中的道德律!

4. 教化的功能

道德规范具有引导人的行为的功能,这种引导的特点是,劝善戒恶,并辅之以社会舆论的赞扬或谴责,进而作用于人的道德认知、道德良心和道德情感。这对于个体的思想、情感、需求和行为,有一种潜移默化的塑造作用,不但能够影响个体当下的动机和行为,而且能够改造个体的道德品质,提高个体的道德境界。这就是道德规范的教化功能。

人们遵循某种道德规范,最初未必就是自觉自愿的,往往出于权威或社会的要求(当代发展心理学的理论和实验充分证明了这一点)。但是,在反复的道德实践中,人们能够逐渐地理解遵守道德规范的意义和必要性(道德认知的提高),并反复地感受到遵循道德规范的正面效应或违背道德规范的负面效果及相应的情感体验。例如,对落难的朋友施于援手者,因朋友的衷心感谢而快乐;见死不救扬长而去者,因受到社会舆论的谴责而没脸见人。类似的经历和体验的一再重复,对于校正不道德的行为,巩固符合道德规范的行为习惯,具有重要的作用。一旦人们自觉遵守道德规范成了习惯,也就形成了顺应道德规范的心理定势和行为模式。这意味着优良的道德品质的形成,因为优良的道德品质也就是习惯于做好人、好事的心理特征和行为倾向。一个具有诚实品质的人,也就是习惯于在各种场合讲真话做实事,不说假话不作伪的人。

正因为如此,我们可以相当准确地预测,具有某种良好道德品质的人,在某种场合将如何作为(这是道德的预测功能的体现,详见第五章第一节对"规范的预测功能"的论述)。而这种作为所引起的良好的社会效果、社会反响和情感体验,又将反过来进一步改善和巩固人的道德品质。道德规范的教化功能,就是通过道德实践和道德品质的相互作用、相辅相成,逐步实现的。

道德教化的功能既可以通过诉诸理性的方式来实现,也可以通过诉诸情感的方式来实现。诉诸理性的方式如:小学生张三未经允许就拿了别的同学的文具,老师请他想一想:"如果所有的同学都像你这样,那会出现什么后果?你愿意不愿意大家都像你这样做?如果你不愿意,那你为什么要这样做?"这种诉诸理性的教育方式在幼儿园大班和小学教育阶段是经常被运用的。这实际上是根据康德的第一条道德律令和功利主义的善恶标准来说服、开导儿童。当然,老师们未必意识到这一点。但是,这种教育方式的普遍运用充分说明了义务论和效果论等理性主义伦理学的普适性,也说明了康德所提出的可普遍化原理和功利主义标准的现实根据。而诉诸情感的方式则以引起感动、义愤或同情等道德情感为杠杆,借助现实生活或文艺作品中的道德楷模或道德败类,提升人们的道德水平。这两种方式的划分是相对的,它们实际上是相互渗透、相辅相成的。

第三节 道德规范的类型

根据不同的划分标准,可以把道德规范分成各种不同的类型。

例如:根据道德规范适用的领域,可以把道德规范划分为社会道德、职业道德和家庭伦理;根据道德规范对待行为的态度,可以把道德规范分为提倡性道德规范(如"应助人为乐")和"禁止性道德规范"(如"勿损人利己")。根据道德规范的调整功能的指向,可以把道德规范分为调整个体身心的道德规范(如"自尊、自爱、自强"、"知足常乐")与调整人际关系的规范(如"爱人如己"、"舍己为人"等)。根据道德规范的抽象程度的高低和适应范围的大小,可把道德规范分为道德原则(如"己所不欲勿施于人")和道德规则(如"勿欺瞒作伪")。前者蕴涵着后者,后者是前者在具体场景中的贯彻和体现。

本节根据道德规范对于利益关系的态度,把道德规范划分为底线性伦理、互惠性伦理和高尚性伦理。

一、底线性伦理

底线伦理的实质是不得损害他人和整体的利益,如"切勿损人利己"。可具体化为,不得妨害他人的生存,不得侵犯他人的财产,不得欺骗他人,不得干涉他人自由,等等。底线伦理是建立在对他人的生存和发展的基本权利的承认和尊重的基础上的。其目的是明确"人我之界",使人"安分守己"。既反对我对他人的利益侵犯,也反对别人对我的利益侵犯,使每个人的基本权利都得到保障。

如果说个人的基本利益是不可侵犯的,那么作为包括我在内的全部个人的利益的共同部分——公共利益也是不可侵犯的。所以,底线伦理还包括"公共利益不可侵犯",通俗地讲就是"不可损公肥私",其目的是明确"群己之界"。如果说"切勿损人利己"是以承认个人的基本权利的平等为前提的,那么,"切勿损公肥私"则以承认整体利益高于个人利益为前提。这丝毫也没有贬低个人利益的意蕴,因为公共利益是所有个人利益的共同部分。对整体利益的维护就是对所有个人利益的共同部分的无一遗漏的保护。严格地说,底线伦理只有一条:"他人的利益,不可侵犯"。"公共利益不可侵犯"是建立在前者的基础上的,因为公共利益不过是所有个人利益的相应部分的叠加。公共利益不可侵犯的要求可表述为所有个人利益的共同部分是不可侵犯的。所以底线伦理是以个体为本位的。

底线伦理之所以被称作底线伦理,有两层含义:

一是底线伦理是社会的每一个成员都必须遵守而不可违背的,违背了就是不道德的,就是做坏事。底线是不道德与正当(或恰当)二者之间的界限①。二是底线伦理是社会的安全、有序、延续和发展的前提。如果突破底线伦理的现象泛滥起来,社会就会陷入混乱无序、人人自危的状态。

因此,人类各文明形态都有关于底线伦理的明确规定(在没有法律的时代,往往与宗教的权威相结合,在有了法律之后就被吸收到法律之中)。基督教的"摩西十诫"中的多数规定,如"不可杀人,不可奸淫,不可偷盗";印度佛教"五戒"中的多数戒规如"一不杀生,二不偷盗,三不邪淫,四不妄语";中国道教的"老君五戒"中的前四戒:"第一戒杀,第二戒盗,第三戒淫,第四戒妄语";儒家伦理中的"己所不欲勿施于人",等等,都是关于底线伦理的明确表述。

二、互助互惠性伦理

如果说底线伦理的实质是规定不得侵犯他人的利益,那么,互惠伦理则是以促进和保障社会成员之间的互利为目的的。通过合作实现共赢,获取比单干更多的利益,这是由不自足的个体所组成

---

① 有许多人认为,伦理底线就是道德和不道德的分界线,这很不妥当。违背底线伦理的行为是不道德的行为,这当然没有疑义,但是遵守底线伦理的行为并不就是道德的行为。一个人并不因为他不偷盗,不打人,不撒谎,不搞婚外恋,就成为一个有道德的人。我们只能说他不是一个不道德的人。他的行为是正常的行为、恰当的行为、妥当的行为、正当的行为,而不是值得称道的道德行为(在道德风尚正常的时代)。但是在世风日下、人欲横流的时期,恰当的行为也会成为被称道和敬佩的行为。

的人类社会能够延续和发展的基本形式。为了推动和保护合作进而达到互利，就需要有互惠的道德规范入场，成为合作的各方都必须遵守的游戏规则。底线伦理只是合作共赢的前提，而不是关于如何合作的规范。只有在遵循底线伦理的基础上才谈得上合作，并形成合作的伦理。合作互惠的伦理包括如何合作的道德规范与如何分配合作成果的道德规范。前者如"团结互助"、"同舟共济"；后者如"有福同享，有难同当"、"得其所应得"。

互惠伦理主张互相帮助，但它与单纯强调利他的道德规范是不一样的，其出发点是合作的双方、各方都要获利。如果只是单方获利，合作就无法维持。这有两层含义：（一）利他成为利己的手段和方式。可归入互惠伦理的一些民间格言很朴素地表达了这一点："与人方便，自己方便"、"不帮难者难无帮"。而在市场经济的条件下，利他成为利己的手段和方式已经普遍化为社会的常态。（二）不能只顾自己的利益，还要兼顾他人与社会的利益，使大家的福利同步增长。市场伦理是互惠伦理的典型。

但是，在个人的正当利益与他人和整体的利益发生不可调和的矛盾的时候，当"范跑跑"的生存权和孩子们的生存权发生冲突的时候，强调互利互惠的伦理就无济于事了。于是，崇高性伦理就该出场了。

三、崇高性伦理

崇高性伦理亦可称为高尚性伦理。如果说底线性伦理以禁止损害他人的利益为目的，互惠性伦理以促进互利为宗旨，那么，崇高性伦理则以促进利他为使命，而且这种利他不能以利己为出发点。由于资源的稀缺性，个人的利益即使是正当的利益，与他人的利益，与整体的利益，也常常会发生冲突，常常不能两全。在这种情况下，作为生物界唯一能超越动物本能的人类，其所有的共同体,向个体发出的号召都是"克己利人"、"舍己为人"、"克己奉公"、"公而忘私"、"舍生取义"、"杀身成仁"。这类号召就属于崇高性伦理。崇高性伦理要求个人牺牲自己的利益,甚至生命,去成全和促进他人与整体的利益。其所以高尚是因为:(一)它集中地体现了人之为人、人之高于动物的最高层次的人性。(二)在地球上的所有物种中,唯有人能够做到"克己利人"、"克己奉公"、"舍生取义"。(三)即使在人类中,也只有极少数人能够常常做到,一贯做到。多数人只能有时做到。

在人类的各大文明中,也都存在着此类崇高性道德规范。儒家伦理要求"己欲立而立人,己欲达而达人";基督教文明强调"爱人如己";佛教文明提倡"大慈与一切众生乐,大悲拔一切众生苦"[①];伊斯兰教的创始人穆罕默德指示他的信徒:"真正信仰完美者,企盼他的弟兄(美好)犹如企盼自身(美好)。";[②]印度史诗《摩诃婆罗多》有这样的要求:"对待一切众生如同对待自己,自制,纯洁,不虚荣,不傲慢,这样的人获得解脱"[③];"他们热爱一切众生,对待他人就像对待自己一般"[④]。在上述引文中有两个层次的训导,一是关于底线伦理的,另一就是关于仁爱、慈悲、博爱、大爱等等的论述。可见在中华文明、西方文明、伊斯兰文明和印度文明中,都存在着高尚性伦理。伦理学界通常称之为"金规"(Golden

---

① 龙树:《大智度论》卷二十七,台北财团法人佛陀教育基金会,1992年,第1025页。

② 康有玺译:《布哈里圣训实录全集》第一部,经济日报出版社,1999年,第14页。

③ [印]毗耶娑著,黄宝生译:《摩诃婆罗多》六,中国社会科学出版社2005年,第521页。

④ [印]毗耶娑:《摩诃婆罗多》六,第426-427页。类似的论述另见《摩诃婆罗多》五第123、495、525-526页。

rule)。而马克思主义所提倡的"一不怕苦,二不怕死"、"毫不利己,专门利人"、"砍头不要紧,只要主义真"等等,在共产主义道德体系规范中,亦属于"崇高"这一层次。

目前学界经常把伦理分为底线性伦理和崇高性伦理,这种分法,漏掉了一大类道德规范,使关于合作互惠的伦理规范无所归属。所以本节特作上述划分以纠偏。

第四节 道德规范的形成

探讨道德规范的形成,有两种不同的方式。一种是顺着道德发展史的脉络来开展工作,还有一种是从道德规范的成因这一角度来探讨道德规范形成的必要、可能及其如何成为现实的。本节的阐述取后一种方式。

一、道德规范是利益的博弈与评价的产物

有许多伦理学家、政治学家、经济学家主张:

个体的生存和发展是以一定种类和数量的资源为前提的,而在资源有限的情况下,要使所有的个体都获得生存和发展所必需的足够的资源是不可能的。因此,个体之间或群体之间为占据有限资源而争斗就难以避免,而且会随着资源的稀缺程度的提高而加剧。如果任由这种争斗发展下去,就会造成两败俱伤、人人自危的局面,就会使个体和群体的生存和延续成为不可能。因此,就必须对这种争斗加以节制,节制必须有所依据。这就需要确立一些基本的行为准则。道德规范就是因应着这种需要而产生的。在这个基础上形成的道德准则通常是禁止性的,也可以称为底线伦理,例如"不得杀人"、"不得偷盗"、"不得淫人妻女"。这些规范规定了社会每一个成员必须履行的最基本的义务,同时也就规定和保护

了每一个社会成员的基本权利——生存权、财产权和家庭不受侵犯的权利等。在此基础上，人们渐渐地形成了以"个体的基本权利神圣不可侵犯"、"尊重和维护每一个体的基本权利是应尽义务"为基本内涵的正义感、义务感等道德情感。所以，道德规范实际上是在个体之间或群体之间为争夺有限资源而展开的利益博弈的基础上形成的。有理性的自利人对无节制的利益博弈的后果有了认识并加以评估，意识到对之加以节制的必要性，是最初的一些基本的道德行为准则产生的基础。

伦理学家、政治学家、经济学家们还看到：

个体与个体之间不仅存在着冲突和争斗，而且存在着合作。个体在生理、心理、体力、脑力等方面的一系列局限性，决定了在强大的自然如洪水猛兽面前，他们必须合作才能生存和发展。当代博弈论对非合作博弈所导致的低效益、无效益或负效益的研究，充分地说明了合作的必要性。合作能够使参与合作的个体完成单干所做不了或做不好的事情，从而使合作的各方共同获益，而且获得比原来更大的利益。为了使合作能够顺利进行和循环往复，就必须确立关于合作的一些基本道德准则。如前所述，关于合作的基本道德准则主要有两类，一类是关于合作过程即如何合作的"互助"性道德，另一类是关于合作结果即如何合理分配利益的"互惠性"的道德。前者如"一个篱笆三个桩，一个好汉三个帮"、"众人拾柴火焰高"、"相见以诚，同舟共济"、"言必信，行必果"，后者如"同甘苦，共患难"、"不患寡只患不均"，等等。

可见，理性人为获得更大利益而开展的合作，是道德规范产生的又一根源。而在长期合作互惠的过程中，由于合作方是双赢的必要条件，因此关心和爱护合作方成为必需，而双赢的局面又会反过来巩固合作，增进互助和友谊。久而久之，就形成了"友情、友爱、同志之情"等道德情感。在这种情感的基础上,也可能产生无私的利他的行为。可见,自利心不一定都导致损人利己、损公肥私,在一定条件下它也会导致互助和利他,导致道德规范的产生和遵守道德规范的习惯的形成。这实际上是一个从利己到互利再到利他的进程。这种从利己到互利再到利他的变化,产生于个体利益的互动和博弈,产生于对如何才能达到个体和群体利益最大化的理性考量和计算。因此,它是有理性的人类社会所特有的现象。

上述关于道德规范的形成的观点,是建立在理性人为谋取更大利益会采取明智的行为方式的事实的基础上的。这种观点会碰到这样一种困难:古今中外,有许多志士仁人为维护和促进整体或他人的利益而不惜牺牲自己的利益,这种德性和德行,不是用"理性的自利人的明智"所能够解释的。因此,有许多伦理学家用人的同情心、恻隐之心、不忍之心来解释。人除了有自利心以外,还有同情心,再坏的人多少也有一点同情心,这是一个不争的事实。同情心会导致利他的行为,这种行为不是以谋求个人利益为目的的。但是,这种利他的行为由于其个别性、差异性,并不是具有概括性和普适性的道德规范。由于利他的行为是有益于他人,有益于群体的行为,因此,它必定得到他人和群体的赞扬和鼓励,从而得到推广和强化,进而转化成一种社会所提倡和希冀的行为模式,最后变成鼓励利他的道德规范。如"克己利人"、"舍己为人"、"公而忘私"、"大公无私"、"舍生取义,杀身成仁",等等。于是,有别于"底线伦理"、"互惠伦理"的"高尚伦理"便形成了。可见,即便是以提倡"无私"为特征的高尚伦理,其形成也是经由利益的评价这个环节的。换言之,利他的行为之所以能被提升为道德准则,是因为它对于社会的利益有维护和促进的作用。

至于人的自利心、互助性(社会性)和同情心是先天的禀赋,还是后天获得的,进化伦理学和社会生物学有独到的见解,但对之争议极大。限于能力,我们存而不论。

综上可见,道德规范,无论是底线伦理、互惠伦理,还是高尚伦理,其形成皆源于个体和社会为实现利益最大化而做的努力。这是每天发生在我们面前的事实,也是对道德规范的功利主义解释。这种解释与马克思主义的道德观是相通的。马克思曾经说过:"人们为之奋斗的一切,都同他们的利益有关。"[1]他还说,"正确理解的个人利益,是整个道德的基础。"[2]恩格斯在《神圣家族》这部著作中也指出:"'思想'一旦离开'利益',就一定会使自己出丑。"[3]毛泽东在《延安文艺座谈会上的讲话》中强调,我们是无产阶级的功利主义者。但是,马克思主义关于道德规范与利益的关系的理论有自己的特点:其一,强调各种利益中的物质利益、经济利益是道德规范形成的终极根源。第二,不是一般地谈论个体之间的利益博弈导致道德规范的产生,而是着重阐明在人类社会分裂为阶级以后,各阶级之间的利益博弈是阶级社会道德的根源。而主流的道德,总是占统治阶级地位的阶级的道德。

二、道德规范的形成以因果关系的把握为前提

根据第五章的论述,规范的合理性和有效性不仅来源于规范的广泛的可接受性,而且来源于规范的可行性。这一点也适用于道德规范。如前所述,道德规范是利益博弈(包括非合作性博弈和合作性博弈)与评价的产物,由于其对社会公共利益(包括个体利益的合理部分)的维护和促进,因而能够被广泛接受。这种被广泛接受的道德规范还必须是可行的,也就是说,道德规范所提倡的行

---

[1] 《马克思恩格斯全集》第1卷,人民出版社,1995年,第187页。
[2] 《马克思恩格斯全集》第2卷,人民出版社,1957年,第167页。
[3] 《马克思恩格斯全集》第2卷,人民出版社,1957年,第103页。

第十七章 道德规范

为,只要主体愿意,通常是做得到的。这也就是说,"应该"一般是蕴涵着"能够"的。如果道德规范所期待的行为是做不到的,它就是不可行的,从而也会被广大行为者所放弃,失去它的可接受性。而道德规范的可行性是以对社会生活的规律性的把握为前提的。这里所说的社会生活的规律性与因果必然性或高概率的因果关系是同义的。

我们曾经在"规范何以可能"这一章,以"切勿偷盗"、"切勿乱伦"这两个调整财产关系和两性关系的基本道德规范为例,说明了道德律蕴含着对因果律的把握。而在历史上和现实生活中这类情况也随处可见。"切勿随地吐痰"这一道德规范,就是在认识了随地吐痰与传染病扩散的因果联系的基础上,为了防止这一结果而确立的。"切勿乱丢废电池"这一行为规范,也是在认识了废电池所含有的重金属和电解液对环境的严重污染这一因果性之后提出来的。好的物质生活条件和精神愉快与父母的健康长寿有因果联系(在这种联系之中又蕴藏着营养学、生理学、心理学的规律),顺应着这种因果联系,孝敬父母的道德规范,就既包括"养"的要求,也包括"敬"的要求。说谎(因)有使人们互相猜疑和破坏合作的趋势(果),这种客观的联系和事实使得"不说谎"成为一种道德戒律;而说真话(因)能使人们互相信任,促进合作(果),因而上升为道德规范备受推崇。损人利己对社会生活的危害,利人利他对社会生活的助益,这是人们有目共睹的两种因果联系。人们厌恶前者,赞赏后者,因此就产生了"勿损人利己,应助人为乐"这一人类社会的基本道德规范。

许多思想家都认识到,重整体、重家族的儒家道德规范,如受到极端重视的"孝"德,之所以能够支配中国人两千余年,主要不是因为其本身具有绝对的权威,而是因为它"是适应中国两千余年来未曾变动的农业经济组织反映出来的产物","是中国大家族制度上的表层构造"。(李大钊语)换言之,儒家道德规范与其所处社会的经济基础及其发展规律是相适应的。例如,我国古代的大家庭实行"同居共财"的财产制度,家庭的一切财产归家庭的一切成员共有,而家长又具有对家庭财产的绝对的处分权,这是为了保证家产被集中地用于大家庭的正常运转,促进其兴旺发达(在理想状态下),并防止大家庭因财产分割或纠纷而瓦解。这种财产制度要求突出和维护作为大家庭、大家族的核心的男性家长,因此必须突出和维护父权和夫权。换言之,突出父权和夫权与大家庭的运作、维护和延续之间有因果联系,所以,以孝道为核心的"三纲五常"之类的道德规范的出现,就成了必然的、顺理成章的事情。中国封建社会的道德规范,在其实质上,是小农经济运行的规律性的反映。

西方近现代工商伦理的形成也体现了市场经济运行的规律性。市场经济的运行包含着这样一种基本状况:个体作为独立和自由的主体进入市场,进行自主和等价的交换(价值规律),包括劳动力的交换。在这里,人是作为独立、自主、自由的个体和主体,而不是家族的一员、宗法关系中的一员来互动的。这是市场经济形成和发展的前提,市场经济的形成和发展是它的结果。换言之,市场经济的形成和发展是遵循价值规律的结果。适应着价值规律,尊重个体的自由、平等和权利的道德规范就应运而生了。正因为市场经济的基本道德规范是在适应并利用经济生活的规律性的基础上形成和发展起来的,所以才会对现实经济活动有解释和指导意义。也正因为如此,在当代中国,确立符合市场经济规律的道德规范已成为当务之急。过去的一些道德规范的内容必须重新诠释或转化,才能够与市场经济相配套。

由此可见,对社会生活的规律性或因果性的把握,是道德规范形成的又一必要条件。社会对利益博弈及其结果的评价,对社会生活的规律性或因果性的把握,共同构成了道德规范形成的充要条件。

综上所述,道德规范形成的根据,必须在各种因素的整合中去寻找,去掉其中的任何一个因素,道德规范都将失去存在的基础。如果人类个体是自足的,或者虽然不自足但自然资源极其丰富,那么道德规范的存在就无必要,因为那将不存在对秩序、安全、公平的需求;如果人类是没有社会性情感的动物,如果没有主体的内在情感需求作为推动力,则道德规范对他们甚至不如法律规范那么有意义,也因此成为不可能。此外,道德规范之所以能成为不同人群的共同需要,是因为它在一定程度上包含了对自然规律和社会规律的了解和把握,而不可以是主观臆造。这也解释了为什么历史上的一些行为规范虽然有时因符合统治集团的利益而被强行制定和实施,但是当社会历史条件发生变化之后,最终都逃不了被淘汰的命运。

第十八章　法律规范

社会生活的正常进行,是建立在良好的秩序之上的。而良好秩序的形成,离不开一定的规范。只有以一定的规范为标准来规范人们的行为,进而协调人们之间的关系,社会生活才会形成秩序。在各类规范中,法律规范是日益重要的一类规范。在现代化的进程中,人们交往的范围与领域日益扩大,社会日益由一个熟人社会变成一个陌生人社会,与乡土社会相适应的原有的社会规范逐渐退居次要的地位,而法律规范的重要性则愈加突出,也获得了更广泛的认同。因此,加强对法律规范本身的研究,对于提高立法的科学性和法律规范执行的效果,进而促进法治建设,都有重要的意义。

对于法律规范的研究,分析实证主义法学从实证主义的哲学观出发,对法律规范的构成、类型等形式问题作了深入的探讨,但也有忽视法律的价值问题的明显缺陷。本章将以一般规范论的思想为指导,并借鉴包括分析法学、自然法学及社会法学等学派的方法,对法律规范的性质、结构、类型、功能以及法律规范的形成、法律规范与自由的关系、法律规范的合理性等问题,进行研究和阐述。

第一节　法律规范的性质与构成

一、法律规范的性质

法律规范是法律的基本细胞,是法律的主体部分。甚至在不

第十八章 法律规范

很严格的意义上可以说法律就是法律规范的集合。所以,澄清法律规范的内涵将有助于更好地理解法律的本质。那么,法律规范是什么？这首先要从规范的含义说起。规范是什么？规范是调控人们行为的由某种精神力量或物质力量来支持的,具有不同程度之普适性的指示或指示系统。规范包括法律规范、道德规范、习俗、宗教规范、组织规章等等。法律规范作为其中的一种规范,无疑具有规范的一般特点,如普适性、规范性等。所谓规范性是告诉人们当某一条件存在时,可以做什么（可为）,应该做什么（应为）,不应该做什么（禁为）。即设立行为标准或行为模式,以引导人们的行为。规范一般以祈使句表示[①]。它与规律不同。规律是指当某一条件存在时,某一结果一定会发生。规律一般以陈述句表示。规范可能符合规律,也可能违反规律;所谓普适性是指规范不是针对特定的人,而是适用一般的人,不是适用一次,而可以在有效期间反复适用。因此,一些针对特定的人特定的事作出的法律文件如委任令、逮捕证之类,虽然也有法律效力,但因其不具有普适性,因此不是法律规范,只能看作是法律规范的运用。

法律规范因其具有的规范性与普适性而跟非规范性法律文件区别开来。而它与其他类型的规范如道德规范的区别就在于：首先,法律规范是由国家制定或认可的行为规范。其次,它是由国家强制力予以保证的规范。道德规范可以说是与法律规范关系最密切的规范,有时甚至很难在它们之间划出一条泾渭分明的界限。一方面,不少法律规范就是由道德规范演化而来的,甚至像中国传统社会那样以礼入法,礼法合一。可以说法律规范就是最基本的

[①] 也有用陈述句表示的,如我国宪法55条："保卫祖国、抵抗侵略是中华人民共和国每一个公民的神圣职责"。

道德要求。此外,两者在作用上还可互补。但另一方面,这两类规范依然有本质的区别,不能混淆。康德认为法律关注人的外部行为,而道德关注人的内心世界。这是不够恰当的。因为法律与道德都既调整人的行为,也关注人的内在动机。比如刑法在量刑时就要考虑犯罪动机。道德也会考虑行为的后果。不过,二者的确有不同的侧重。法律更多地关心人的外部行为。马克思就指出,"对于法律来说,除了我的行为以外,我是根本不存在的"[1]。而道德更多的是关心人的内心动机,或者说一个更多靠他律,一个更多靠自律。法律与道德都有强制性,但也不能简单地说法律的强制力比道德要大,因为有时道德的强制性甚至比法律还大[2]。二者的不同在于法律的强制力来自国家,由国家权力予以保证。道德则主要靠舆论压力。另外,道德规范调整的范围要比法律更广。道德规范一般是在人类社会中自发形成的,不是由一个专门的机构来制定的。而法律是由国家制定或认可的,法律规范的形成少不了国家这个中介。道德规范一般是不成文的(官方制定的也可能是成文的),而法律规范大量的是成文的制定法(当然也有不成文的习惯法)。此外,在执行方面也有不少区别。法律由专门的机构来制定,也是由专门的机构如法院来执行。如果谁违法了,则由当事人之外的第三方如法院来实行制裁,而不允许私刑。而道德规范则没有一个专门的机构来实施,违反了道德规范也不可能由一个专门的机构来实施惩罚,而是既可以自我处罚如内疚、惭愧等,也可以由第二方或当事人之外的第三方来实行"惩罚",如谴

---

[1] 《马克思恩格斯全集》第1卷,人民出版社,1995年,第121页。
[2] 如在一些社区,违背道德规范所招致的嘲笑、孤立、名誉损失等制裁恐怕并不比法律制裁给人的压力小,特别是对那些珍惜名声的人来说。

责、鄙视、冷遇等①。区分这两类规范的意义在于搞清它们的适应范围与调整方式的差异。要警惕法律万能论,即把所有道德问题都纳入法律调整的范围。用法律来提升道德水平,效果往往很糟糕。政策有时也可看作一类规范,具有规范性。政策的特点是相对灵活,但稳定性不如法律。执政党的政策不具有国家强制性。法律规范与宗教规范、组织规章等其他规范的区别从根本上讲,也在于法律规范是由国家制定或认可并由国家强制力予以保证的行为规范。综上,可以给法律规范下个定义,即法律规范是由国家制定或认可的并由国家强制力予以保障的具有不同程度之普适性的行为规范②。

二、法律规范的构成

法律规范是一种逻辑严密周全的规范。分析法律规范的结构是法理学的重要任务,将有助于进一步把握法律规范的特点。法律规范的结构问题可以从两个方面来讨论:一为单个法律规范的结构,二为法律规范群的结构。单个法律规范的结构是指法律规范在逻辑上应当由几个部分组成才成为一个完整的法律规范。对法律规范结构的分析,应当以法律规范的性质为前提与标准。法律规范是一种规范,而规范之为规范就应当具有规范性。而要有规范性就必须解决三个方面的问题,即规范谁(对谁的行为要求),在什么情况下规范(行为者做出行为需具备的条件),规范什么(可以或应该做出或不做出什么行为)。因此,一个完整的规范就应当包括三个要素,即规范的适用条件(假定)、规范的承受者(行为主体)、行为模式。法律规范虽然可能规定得更明确,更具有刚性,但

---

① 张维迎:"法律与社会",《比较》2004年第11期,第163-167页。
② 在这里我们对法律持一种较狭义的理解。主张法律多元论者也许会不同意本文的观点。比如他们认为存在于乡土社会的乡规民约也是法的一种即所谓民间法。

也应当包括上述三个要素。可以用逻辑符号表示如下：

$$(R \land C) \to \triangle a$$

这个表达式的意思是,如果某人具有角色 R(Role),并且符合条件 C(Condition),那么△做出行为 a(action)。△是表示执行方式的模态词(道义算子),如"允许、必须、禁止"等,可以用这些道义算子来替代△。[1] 比如,中华人民共和国合同法第 88 条的规定:"当事人一方经对方同意,可以将自己在合同中的权利和义务一并转让给第三方"。这里,"当事人一方经对方同意"就是规范的适用条件(C),即法律规范在什么样的情况下适用;"欲转让自己在合同中的权利和义务的一方当事人"就是行为主体角色(R);"可以将自己在合同中的权利和义务一并转让给第三方"就是行为模式(a);"可以"则是模态词(△)。我们知道,法律规范并不是也不应当在任何情况下都对主体起作用,而必须具备一定的条件,才能适用。这些预设的条件包括时间、空间、客体等方面的条件。其中时间条件包括普通的时间和特殊的时间条件。法律的生效日期就是普通时间。而诸如禁渔期、禁猎期、哺乳期等就是特殊时间。只有这些条件具备,法律规范才是完整的,才能发挥作用。空间也包括普通的空间范围和特殊的空间范围。前者如在一国之内,后者如禁渔区、禁猎区、疫区、少数民族地区等。客体条件包括人的行为方面的条件如情节特别严重、行为恶劣、故意、过失等,以及事件如自然灾害等。行为主体是指规范指令的针对者,即进行规范预设行为的主体。这里要注意把行为主体与法律后果的承受者区分开来。

---

[1] 本文有关法律规范的逻辑结构的表述参考了雍琦先生的观点。不过笔者认为法律后果或制裁并不是法律规范的必备要素。这与雍琦先生的观点有所不同。参见雍琦:《实用司法逻辑学》,法律出版社,1999 年,第 130 – 139 页;雍琦:《法律适用中的逻辑》,中国政法大学出版社,2002 年,第 124 – 168 页。

比如中华人民共和国刑法第 340 条的规定"违反保护水产资源法规,在禁渔区、禁渔期或者使用禁用的工具、方法捕捞水产品,情节严重的,处三年以下有期徒刑、拘役、管制或者罚金"。这里的行为主体是法官,即规范要求法官判决有上述行为的人三年以下有期徒刑、拘役、管制或者罚金。而法律后果的承受者则是有规定的犯罪行为的人。法律规范所指示的行为模式是规定行为主体的权利和义务的内容的部分,它是法律规范的核心内容。法律规范所指示的行为模式可分为三种。一是可为型或授权型,就是说一旦具备法律规范所设定的条件,主体就可以去做规范所设定的行为,或者是说,行为主体有做某事或不做某事的权利。可为型规范命题的模态词有"允许、可、可以、有权、有……的权利"等等。二是应为型,它表示一旦出现法律规范设定的情况,主体就必须按法律规范设定的要求去做,即应当做出法律规定的行为。应为型规范命题的模态词有"必须、应当、应该、有义务、有……的义务、有……的责任"等等。三是禁为型,就是说在某种情况下,某类行为是不允许的。即主体被禁止做出法律规范所反对的行为。禁为型规范命题的模态词有"不得、不允许、禁止、严禁、不准、不许"等等。应为型法律规范要求主体作为,禁为型法律规范要求不作为,二者规定的都是主体的一种义务,因此可合称为义务型规范(人们一般把义务型规范分为命令型与禁止型规范,这是不恰当的。因为严格说来,要求人们不得做出一定的行为,也是对人们的一种命令)。而可为型或授权型模式则是可以作为也可以不作为。结合上面提出的规范逻辑表达式,代入相应的模态词,我们就可以把法律的三类规范用逻辑符号表示如下:

1. 可为型:$(R \wedge C) \rightarrow Pa$

2. 应为型:$(R \wedge C) \rightarrow Oa$

3. 禁为型：$(R \wedge C) \rightarrow Fa$

可为型命题的意思是，如果某人为角色 R，并且符合条件 C，那么可以做出行为 a；应为型命题的意思是，如果某人为角色 R，并且符合条件 C，那么应当做出行为 a；禁为型命题的意思是，如果某人为角色 R，并且符合条件 C，那么禁止做出行为 a。这里的 P、O、F 是模态词，意思分别是"允许、应当、禁止"。

我们在把握单个法律规范的结构时有两个问题必须注意。首先，很多法学著作把法律后果作为法律规范的一个必备的要素，作为法律规范与其他规范相区别的重要特点，并认为法律后果包括肯定性的法律后果与否定性的法律后果。这种看法值得商榷。法律规范之外的其他规范当然没有法律后果，但也有相应的规范后果，以保证规范的执行。如果履行了规范的要求，也会得到肯定或鼓励，违反了也会受到谴责或惩罚。例如严重违反校规就会受到警告、记过、开除等处分。违反了社会公德往往会遭到舆论的谴责，他人的白眼，及名誉上的损失，甚至内心的不安。法律后果同样只是保证法律规范得以实现的措施，虽然它对于保证法律的效力是必不可少的，但它本身并不是法律规范的一个内在要素。它与其他规范的后果的区别只是在于它是由国家强制力来保证，并更确定，因为没有法律后果，法律规范并不失去规范性，而且有大量的法律规范并没有规定法律后果。授权性规范有什么后果？宪法也没有规定法律后果。例如，中华人民共和国宪法第 39 条"中华人民共和国公民的住宅不受侵犯。禁止非法搜查或者非法侵入公民的住宅"。这条宪法条文没有规定法律后果。违反这条宪法规范要承担的法律后果在中华人民共和国刑法第 245 条作出了规定："非法搜查他人身体、住宅，或者非法侵入他人住宅的，处三年以下有期徒刑或者拘役。司法工作人员滥用职权，犯前款罪的，从重处罚。"很清楚,这条规定违宪的法律后果的法律规范不是宪法规范,而是刑事法律规范。另一方面,有一些规定了法律后果的法律条文,其中关于法律后果的部分实际上是另一个法律规范,或者包含了两条或者两条以上法律规范。例如,中华人民共和国治安管理处罚条例第30条第1款规定:"严厉禁止卖淫嫖娼以及介绍或者容留卖淫、嫖宿暗娼,违者处十五日以下拘留、警告、责令具结悔过或者依照规定实现劳动教养,可以并处五千元以下罚款;构成犯罪的,依法追究刑事责任"。有人可能认为这是一个规范。其中"严厉禁止卖淫嫖娼以及介绍或者容留卖淫、嫖宿暗娼"是行为模式,而"违者处十五日以下拘留、警告、责令具结悔过或者依照规定实现劳动教养,可以并处五千元以下罚款;构成犯罪的,依法追究刑事责任"是法律后果。这种看法是不妥的,把行为主体与违法犯罪行为后果的承受者混淆了。实际上这条法律条文包含三个法律规范。其一是"严厉禁止卖淫嫖娼以及介绍或者容留卖淫、嫖宿暗娼";其二是"违者处十五日以下拘留、警告、责令具结悔过或依照规定实现劳动教养,可以并处五千元以下罚款";其三是"构成犯罪的,依法追究刑事责任"。显然,这里并列的两个法律后果本身就是完整的两条法律规范,都有适用条件、行为主体及行为模式。比如其中的第二条规范的行为主体是公安机关及其工作人员,第三条规范的行为主体是司法机关及其工作人员。

其次,把握单个法律规范的结构,还要注意把法律规范应有的构成要素与法律规范的构成要素在法律条文中的实际表现形态区分开来。一条法律规范必须具备适用条件、行为主体、行为模式三大要素。但立法者出于法律表述简洁的需要,往往并不在一条法律条文里一起单列出三大要素,而是将其中某一要素规定于其他法律部门或同部法律的其他条文里,或者将三要素糅合在一起作出规定。因此有时没有单列出来并不意味着某一要素不存在。例如中华人民共和国婚姻法第 24 条第 1 款规定:"夫妻有相互继承遗产的权利"。这里没有单列出适用条件,而只有行为主体与行为模式的规定。但并不能认为这条规范没有适用条件。其适用条件是"夫妻关系具有合法效力,夫妻双方中的任何一方先亡并留有合法的个人财产"。必须看到法律规范与法律条文是有区别的。一条法律条文可能包括一条也可能包括一条以上法律规范。而且法律规范也可能是不成文的。其存在与表现形式是多种多样的。在现代各国主要有制定法、判例法、习惯法等等。在古代如中国唐朝则有律、令、格、式,宋朝则有敕、令、格、式、例等等。

　　单个的法律规范具有严密的结构。各个法律规范也不是彼此孤立、毫不相干的,而是有着直接或间接的联系。例如分析法学派的凯尔森就认为,法律就是由法律规范构成的体系,是一个统一的整体。其中,法律规范是法律的基本单元,每个法律规范不是孤立的,也不是都处在同一等级上,它们依据法律规范创造的动态授权关系构成一个层层授权的有等级的系统的整体,其中上级规范(superior norm)是下级规范(inferior norm)的效力来源[1],而顶点则是作为最终效力理由的基础规范(basic norm)。基础规范不是实在的法律规范,而是为了说明法律规范的效力来源而作的一种先验假定。各个法律规范之间的关系是授权创造与被授权创造的关系。其中决定另一个规范的创造的规范是上级规范,根据这种

---

　　[1] "Superior norm"与"inferior norm"常分别被译作高级规范与低级规范,笔者以为译作上级规范与下级规范更符合凯尔森的本意。可参见凯尔森在下面两书中的相关论述:《法与国家的一般理论》,[奥]凯尔森著,沈宗灵译,中国大百科全书出版社,1996 年;Hans Kelsen, *Pure Theory of Law*. Berkeley & Los Angeles: University of California Press, 1967.

第十八章 法律规范

调整而被创造出来的规范是下级规范。除了处于顶点的基础规范与最底层的规范外，处于中间层次的规范都既是上级规范又是下级规范。这样，因效力来源而相联系的法律规范就构成一个效力链。同一基础规范直接或间接授权制定的法律规范就属于同一法律制度。虽然我们不完全同意凯尔森的观点，但他关于法律规范具有统一性的看法是有意义的。我们认为，以经济关系为基础的社会关系本身的联系性以及社会行为的相关性决定了作为上层建筑的法律规范之间的必然联系。而实现法律规范的社会功能也需要法律规范结合成一个有机的整体。首先，调整某个社会领域的一组法律规范构成一类法律制度即一部法律。一般认为一部法律是由法律原则、法律规则、法律概念及技术性规定组成。法律规则就是具体规定权利义务的法律规范。有人认为法律原则不是法律规范，不具有规范性。实际上法律原则也是法律规范，具有规范性，因为：1.法律原则同样具备一个法律规范应有的要素。例如，中华人民共和国刑事诉讼法第6条第1款"人民法院、人民检察院和公安机关进行刑事诉讼，必须依靠群众，必须以事实为根据，以法律为准绳。"这是我国刑事诉讼的一条基本原则。它的行为主体是"人民法院、人民检察院和公安机关"；适用条件是"上述主体在进行刑事诉讼活动"；行为模式是"必须依靠群众，必须以事实为根据，以法律为准绳"。2.法律原则也是人们应当遵循的行为规范并在实际上发挥着规范人们行为的作用，在没有具体的法律规则的情况下，甚至直接作为法官判案的准则。因为它具有衍生具体的法律规则的作用，但一般又不直接作为判案的依据，所以被称为原则性的法律规范。法律原则在一部法律中起纲领性的统率作用，是一部法律的灵魂。具体的法律规则在法律原则的指导统率下联系起来，并不得与法律原则相悖。法律概念及技术性规定实际上也隐含了一个规范的要求，可以看作是潜在的法律规范。法律概念作为法律的要素之一,本身不具有法律规范结构的表现形态,但因为它对于保证法律规范的确定性并使之得以准确适用具有重要的意义,所以进行法律活动的人们,特别是适用法律的国家机关,对于法律概念的理解和运用,必须符合法律对其作出的规定,否则就是无效的。如法院对被告作出"故意犯罪"或"正当防卫"的宣判时,这两个概念的使用就必须符合刑法的有关规定。因此,对一个法律概念的规定同时隐含着一条规范的要求,即"人们在从事法律活动时,其对法律概念的运用,必须符合有关法律对这一法律概念的规定"。同样,技术性规定如关于法律生效日期的规定也隐含了一个规范性的要求,即"从某法生效之日起,人们必须遵循该法,而执法机关不得以该法追究生效日期之前的行为。"①在文本形式上,一部法律往往由总则、分则及附则组成。其次,若干部法律构成一个法律部门。法律部门又称部门法。它是由若干调整对象或调整方式相同的法律构成。如民法、刑法、宪法等。其中民法就是调整平等主体之间的财产和人身关系的法律规范的总和。它包括物权法、合同法、婚姻家庭法等。最后,诸多部门法律构成一个国家的法律体系。其中宪法居于核心的地位,是一个国家法律体系总的精神的体现,具有最高的法律效力。它与其他法律是母法与子法的关系,其他任何部门法律都不得与之相抵触。

第二节 法律规范的类型与功能

一、法律规范的类型

对法律规范,学者们从不同角度,根据不同标准,作了多种不

---

① 可参见张志铭:"法律规范三论",《中国法学》,1990年第6期,第41-45页。

同的分类。主要有如下几种:(1)根据行为方式的不同把法律规范区分为禁止性规范、义务性规范、授权性规范;(2)根据对行为的强制程度把法律规范区分为强行性规范、相对任意性规范与任意性规范;(3)根据法律规范调整的行为是否先于法律规范而存在,把法律规范划分为调整性规范与构成性规范;(4)根据法律规范的调节方式区分为权利保护规范、义务强制规范、权力控制规范;(5)根据法律规范的权利与义务的内容把法律规范区分为授权性规范、义务性规范、职权性(权义复合性)规范;(6)根据法律规范的内容是否确定区分为确定性规范、委任性规范、准用性规范;(7)根据法律后果的特征把法律规范划分为肯定性规范与否定性规范(有的分为奖励性规范与制裁性规范)等等。① 对于上述分类,限于篇幅,本文不作详细的点评。只想指出,这些分类,有些是有意义的,有些意义不大,有些则值得进一步推敲。比如把禁止性规范与义务性规范并列显然是不妥的,犯了"子项相容"的逻辑错误。因为禁止性规范要求不作为,实际上也是在要求人们履行某种义务,因此也属于义务性规范。而强行性规范与任意性规范的区分意义不大,只不过是义务性规范与权利性规范的区分换个说法罢了。我们认为,对法律规范作出不同类型的区分是有必要的。但是,对法律规范进行分类,应当是为了更好地把握法律规范的特点与精神

---

① 关于这些对法律规范的分类的具体论述可参见下列文章或著作:杨万明:"论奖励性法律规范",《法学研究》,1985年第4期,第1-7页;江必新:"传统法律规范理论刍议",《法学研究》,1986年第3期,第24-27页;罗玉中:"法律规范逻辑结构",《法学研究》,1989年第5期,第16-20页;张文显:"对法律规范的再认识",《吉林大学社会科学报》,1987年第6期,第1-6页;李琦:"法律规范的分类研究",《厦门大学学报》(哲社版),1993年第4期,第93-98页;[美]米尔恩著,夏勇、张志铭译:《人的权利与人的多样性》,中国大百科全书出版社,1995年,第16-17页;赵震江主编:《法律社会学》,北京大学出版社,1998年,第132-136页;赵震江主编:《科技法学》,北京大学出版社,1997年,第65-69页。

实质,以促进法律规范的完善,进而更好地发挥其应有的功能。而不是为了分类而分类。秉承此点,本文对法律规范作出如下的区分。

1.根据行为模式的性质即其中的权利义务关系,可以把法律规范分为权利性法律规范与义务性法律规范。权利性法律规范又称授权性法律规范。它把做或不做某事及怎样做的权利授予当事人,由其选择、决定。因此,授权性规范又称作任意性规范。当事人在其权利的范围内,无论作出怎样的选择,都受到国家法律的保护甚至鼓励,而其他人则负有不得妨碍其行使权利的义务。义务性规范则要求当事人必须做什么或不得做什么。它可分为应为性规范与禁为性规范。应为性规范要求某人必须做某事,强调作为。而禁为性规范要求某人不得做某事,强调不作为。无论作为还是不作为,都是当事人必须履行的义务,否则就要承担法律责任。因此,义务性规范又可称之为强制性规范。权利与义务是不可分的。授予某人权利同时又意味着其他人负有不得妨碍其行使权利之义务,而国家则有保障其权利之义务。同理,赋予某人义务,则意味着其他人享有某项权利。国内有学者把规定国家机关职责的规范称作职权性规范。并且认为这种规范一方面授予国家机关及其工作人员以权力,类似于权利性规范。但它又有不同于一般的授权性规范的地方,即行使这种权力不仅是一种权利,也是一种义务,不得放弃。因此它又兼有义务性规范的特点。据此又把它叫作权义复合性规范。笔者认为所谓的职权性规范并不是与权利性规范及义务性规范并列的另一种规范。从根本上说,它是一种义务性规范。因为授予国家机关及其工作人员以职权,最终目的是促使其履行义务,而不是享受权力。从本质上讲,职权是法律加给国家机关的义务,不得放弃。实际上职权性规定本身隐含了一个对国家机关的义务性要求,即必须在法律规定的权力范围内行使权力,不得越权,也不得滥用。权利与义务规范的划分是对法律规范的最根本的区分。从其他角度所作的划分,包括上面列出的后六种分类,都是在这一分类的基础上进行的。实际上都是从不同角度,根据权利与义务关系的具体内容、特点等所作的分类,因此从根本上是从属于权利与义务规范的。比如像我国环保法第8条"对保护和改善环境有显著成绩的单位和个人,由人民政府给予奖励"。这一条款对那些在保护和改善环境中取得显著成绩的单位和个人而言,是一种激励和奖励,因此可以看作是奖励性法律规范。但从权利与义务的关系的角度来看,这一条款实际上是对各级政府的义务要求,即各级政府应当对那些在保护和改善环境中作出显著成绩的单位和个人给予奖励。如果政府没有这样做,那就是失职。而那些在保护和改善环境中取得显著成绩的单位和个人则享有获得政府奖励的权利。

2. 根据调整的对象或关系可以把法律规范分为三类,即调整人与自然的关系的法律规范,调整人与人的关系的法律规范,调整法律规范与法律规范之间关系的法律规范。调整人与人的关系的规范一般被称作社会规范。它又可分为地位平等主体之间的民事法律规范与地位不平等主体之间的公事法律规范。民事法律规范涉及的多是私人事务,一般实行先行调解原则。而公事法律规范涉及的多是公共事务,一般不适用调解原则。[1] 有不少学者认为法律规范只是调整人与人之间关系的社会规范,而不能调整人与自然的关系。这种看法显然与事实不符。[2] 因为当今各国都制定

---

[1] 赵震江主编:《法律社会学》,北京大学出版社,1998年,第132—133页。
[2] 有些学者从理论和事实上作了有力的论证,说明法律规范可以调整人与自然的关系。可参见蔡守秋:《调整论》,高等教育出版社,2003年,特别是第二章;张志铭:"法律规范三论",《中国法学》,1990年第6期,第38—40页。

了大量的调整人与自然关系的法律。如环境污染防止法、生态保护法等。调整人与自然关系的规范可以叫作自然规范,它包括但不限于技术规范,还包括一些原则性的规定,比如像"一切单位和个人都有保护环境的义务"(我国环保法第 6 条)。国家一般采取下面两种法律方式来调整人与自然的关系:一是直接在法律条文中设定调整人与自然的关系的权利与义务规范。像我国宪法和环保法都直接规定了各级组织和个人负有保护环境,合理利用资源的义务(可参见我国宪法第 9、第 26 条,环保法第 6 条)。二是把遵守某一技术规范设定为法律义务。如我国环保法第 10 条第 3 款就规定"凡是向已有地方污染物排放标准的区域排放污染物的,应当执行地方污染物排放标准。"法律规范除了要调整人与自然和人与人的关系,还要协调法律规范之间的关系。也就是说,各个法律规范之间的关系也需要设立法律规范来协调,以防止法律规范的矛盾冲突,或提供解决冲突的规则。随着法律规范数量的日益增加,特别是成文法的膨胀,这个问题日益重要和突出。调整法律规范之间关系的规范通常在宪法与立法法中加以规定。像我国立法法第 78 条的规定"宪法具有最高的法律效力,一切法律、行政法规、地方性法规、自治条例和单行条例、规章都不得同宪法相抵触。"就是这样的法律规范。

3. 根据法律规范的内容或者说涉及的问题性质可以分为实体性规范、程序性规范、法律选择规范。实体性法律规范是直接规定实体的权利与义务的规范。而为了使实体性法律规定的权利能得到实现,义务能得到履行,就必须有保障的措施。这种法律保障措施我们可称之为保障性法律规范。它包括程序性规范与法律选择规范。所谓程序性法律规范就是指有关实体的权利与义务得以实现的程序的法律规范。这里要注意程序性法律规范包括诉讼法律规范但不限于诉讼法律规范。如立法程序就不同于诉讼程序。而所谓法律选择规范是指在发生法律冲突时,如何选择法律的法律规范,即解决法律冲突的规范。其中解决涉外民事法律关系的法律冲突的规范,一般称之为冲突规范。而对国内的法律冲突,一般采取"上位法优于下位法,后法优于前法,特别法优于一般法"等法律选择规范作为原则来处理。

4. 从法律活动的过程可以把法律规范区分为调整立法活动的**法律规范与调整适用法律活动的法律规范**。法律活动从立法开始,即首先要制定法律规范。而制定法律规范的行为本身也必须依法进行,必须对立法权限、立法程序等问题作出规定。这些就是调整立法活动的法律规范。而适用法律活动的规范又可分为调整国家机关工作人员执法活动的法律规范与调整普通公民用法活动的规范。

5. **根据法律规范的抽象性的程度可以分为法律原则与法律规则**。法律原则是指设定或隐含在法律中起统率与指导作用的,不规定具体的权利义务关系的抽象程度较高的法律规范。从不同角度可以把法律原则分为多种类型。从原则的内容可分为实体性原则与程序性原则。前者像罪刑法定原则,后者像公开审判原则。从原则的性质可分为公理性原则与政策性原则。公理性原则是从社会关系的本质中产生出来的、得到广泛承认并奉为法律的公理。像民法中的诚实信用原则。政策性原则是指国家在某一时期为了达到特定的目标或实现某一任务而作出的政治决策的法律表达。[①] 像我国宪法第 25 条"国家推行计划生育,使人口的增长同

---

① 政策性原则与公理性原则的区分,一般认为是张文显最早提出来的。参见沈宗灵主编:《法理学》,高等教育出版社,1994 年,第 39 页。

经济和社会发展计划相适应"就是这样的法律原则。此外,从原则的适用范围或层次可分为一般原则与具体原则或者宪法与普通法原则等等。法律规则是具体规定法律权利与义务的法律规范。在一部法律中,法律规则是主要部分,但法律原则也不可缺少,它是一部法律的灵魂,起着保障法律体系和谐统一的作用,在缺乏法律规则时还可作为法官判决的直接法律依据。而且法律规则还不得与法律原则相冲突。

此外,还可以从其他角度对法律规范进行分类。如凯尔森根据法律规范的不同功能把法律规范区分为命令规范、授权规范、撤销规范。命令规范的功能是通过对一定行为规定制裁而为某人或某些人设立义务。授权规范是向某个人或某个机关授予创造和适用法律规范的权力的规范。撤销规范是废止另一法律规范的效力的法律规范。[1] 哈特则把法律作为规则体系区分为第一性规则与第二性规则。第一性规则设定义务,要求人们做或不做某事,这类规则具有命令的性质,它又被称为初级规则。第二性规则授予权力,包括公权力与私权力,人们可以行使这些权力,来引进、改变、实施第一性规则。根据其不同功能,第二性规则又分为承认规则、改变规则、审判规则。承认规则的功能在于确认某些义务规则的法律效力。改变规则则是授予个人或群体废除旧的义务规则或引入新的义务规则的权利。审判规则是指授予个人就第一性规则是否被破坏作出权威性决定的权利。第二性规则又被称为次级规则。[2]

---

[1] 可参见:Hans Kelsen, *General Theory of Norms*. Oxford, Clarendon Press, 1991.

[2] 可参见[英]哈特著,张文显等译:《法律的概念》,中国大百科全书出版社,1996年,第81-124页。

二、法律规范的功能

各种不同类型的法律规范,因其不同的性质与特点而具有不同的功能。但作为法律规范,也会有法律规范都应有的功能。而法律规范作为一种规范首先具有规范功能。

1. 引导功能

社会生活需要规范的调整,需要规范来协调各种社会关系。而规范正是通过提供一定的行为模式作为标准,使人们在行为前知道可以做什么或不做什么,必须做什么或不得做什么,以实现对人的行为的引导,指引人们去处理、协调与他人的关系,从而使社会生活变得有序。这就是规范的指引功能。法律规范作为一种由国家制定或认可的行为规范,也是通过设立一定的行为模式作为标准,并以肯定性法律后果和否定性法律后果作为保障,来引导人们的行为的。如果人们按照法律规范的要求行事,其行为就是有法律效力的,并会得到肯定与保护,甚至奖励。从而诱导人们选择合法的行为方式。而如果违背了法律规范的要求,其行为就是无效的,或者会遭到强有力的惩罚。从而防止人们选择违法的行为方式。如果法律能够得到切实的执行,人们一般就会按照法律的要求来行动。在行为中,人们也同样可以根据法律规范,决定是否要继续原来的行为。从而使人们的行为在法律规范预定的轨道上进行,达到立法者通过法律规范引导人们行为的目的。这种引导里包含有约束,或者说规范既是引导又是约束。此所谓"令行禁止",如交通法规中的"红灯停,绿灯行"。

2. 评价功能

规范作为标准、尺度,不仅提供行为模式以引导人们的行为,也作为准则来评价人们的行为。同样,法律规范作为法律意义上的标准,一方面提供行为模式来引导人们的行为,另一方面也作为准则用来评价人们的行为。从这个意义上说,法律规范又可以叫作裁判规范或评价规范。如果说法律规范的引导功能是在人们行为之前、之中起指引和矫正的作用的话,那么法律规范的评价功能则主要在人们行为后发挥作用。人们正是根据法律规范来评价某人的行为是否合法、是否有效的,并进而根据这种评价来决定其是否要承担法律责任及怎样的责任。这种评价包括社会评价与自我评价。所谓自我评价是指人们根据法律规范来评价自己的行为有没有违法,在法律意义上是否有效。所谓社会评价是指其他社会成员特别是执法人员以法律规范来评价某人的行为是合法还是非法的,在法律上是有效还是无效的,是有罪还是无罪,罪大还是罪小等等。如果某人的行为没有违背法律规范的要求,那么就可以断定其行为是合法的,在法律上是有效的。反之,违背了法律规范的要求,没有履行应尽的义务,那么就可以认定其行为是非法的、无效的。并进而认定某人是守法公民还是违法者如罪犯之类。此所谓常说的"以法律为准绳"。

3. 教育功能

从逻辑上讲,法律规范作为规范判断,是由事实判断结合价值判断(评价判断)推出的规范判断,实质上也是一种价值判断。因此可以说,任何法律规范都预设了一定的价值观,都包含有立法者的价值判断。人们按照法律规范的要求从事各项活动,就意味着法律规范所蕴涵的价值观在发挥作用。如果人们对法律的遵循是自觉自愿的,那就意味着对法律规范中蕴涵的价值观的认同。因此,按法律规范行为,本身就是对人们的一种潜移默化的影响和教育。此外,国家对遵守法律规范行为的肯定与奖励,对违背法律规范的行为的否定与制裁,不仅对当事人是一种教育,对其他人也是一种示范性与警示性的教育。

除了引导、评价、教育功能之外,法律规范还有提供激励、进行预测等规范功能。① 在法律规范的这些规范性功能中,引导与评价功能是最根本的。其他方面的规范性功能从根本上讲是由引导与评价功能派生出来的,并从属于这两种功能。因为无论是教育作用,还是提供激励、进行预测等功能,首先都是由于法律规范提供了评价行为的标准,因此才能对人们提供激励、进行预测,起到教育作用。而这些功能作用或者本身就是对人们行为的引导或者最终是为了引导人们的行为。可以说引导功能的实现就是其他规范功能的实现。

根据法律规范调整对象的直接与间接之分,可以将法律规范的功能区分为规范功能与社会功能。首先,法律规范直接调整人的行为,是行为规范,因此具有规范功能。而通过对人们行为的调整,又进而协调了人们之间的关系,又具有社会功能。分析法学家拉兹也主张根据法律的规范性和社会影响而将法律规范的功能区分为规范功能与社会功能。② 规范功能是法律规范作为一种规范

---

① 所谓激励就是俗称的调动积极性。法律规范的激励功能是指通过法律的规定,激发人们按照法律的要求来行为,诱导人们相互合作,使个人效率与社会效率保持一致,从而取得预期的法律效果,形成理想的法律秩序。付子堂把法律的激励功能归纳为外附激励、内滋激励、公平激励、期望激励、挫折激励等五种,并认为法律的激励功能要正常地发挥,就必须处理好模式、操作和实现三大问题。具体的论述可参见:付子堂:"法律的行为激励功能论析",《法律科学》,1999年第6期,第21-28页。张维迎则以信息经济学等现代经济的方法,对侵权法、财产法、合同法、刑法等法律中的激励机制作了深入的探讨。具体的论述可参见"作为激励机制的法律"及"信息、激励与连带责任"两文,载张维迎:《信息、信任与法律》,三联书店,2003年。所谓预测功能,就是人们根据法律的规定,可以预测到相互间将如何行为,并根据这种预测,来安排各自的行为,协调相互间的关系,减少行为的盲目性,避免撞车与无序状态,从而提高行为的效果。实际上无论是激励还是预测都是对行为的引导,因而从属于引导功能或者说是引导功能的具体体现。

② J. Raz, "On the Functions of Law", *Oxford Essays in Jurisprudence*. Oxford University Press, 1993, pp. 278-304.

具有的功能。而社会功能则是指规范作为社会生活的子系统所具有的社会作用。规范功能是手段,社会功能是目的。法律规范的规范功能在社会生活中的实现就是法律规范的社会功能。即立法目的或法律价值的实现。在不同的历史时期,不同性质的法律,其社会功能会有差异,但也有共性的地方,比如像维持秩序,实现正义,促进发展等等。而且法律规范的社会功能有可能是积极的,也可能是消极的。但不管是法律的规范功能,还是其社会功能,都不会自动得到实现。由于立法的粗糙,人们对法律的不了解与不认同等种种原因。法律规范应有的功能与其实际体现出的功能往往有偏差。或者没有起到应有的作用,或者与应有的作用有差距,或者起了相反的作用,或者兼而有之。民间存在的规避国家法律的现象说明了这一点。民间的"私了"现象并不意味着国家法律作为一种正式规则不起作用,因为如果没有国家法律的"公了"威力的存在,也不会出现"私了"。但很显然,国家法律以这样的方式发挥这样的作用,是与立法者的初衷背道而驰的。因此,我们分析法律的功能,不仅要注意条文的分析,关注其应有的功能,更应当注意实际的考察,关注其实效。

第三节　法律规范何以可能

我们知道,立法有时要从零开始,但不必都从零开始,不必都另起炉灶。实际情况是,立法者往往把已流行的习俗、惯例、道德规范、技术规范等其他类型的规范,加以改造,提升为法律规范。像民法中关于债权的规定,在很大程度上就来自民间债务往来的习惯。而道德规范更是法律规范的一个重要渊源。例如,在古代就有所谓的"以礼入法",而在现代民法中,"诚实守信"这一道德规范已成为普遍的法律原则。此外,立法者有时还在本国原先的法律规范的基础上,通过批判继承而设定新的法律规范,或者通过移植他国的法律而建立本国的法律。[①] 但不管是其他类型的规范的法律化,还是对原有法律的批判继承或法律的移植,立法者都不能也不应当为所欲为。马克思指出,"只有毫无历史知识的人才不知道:君主们在任何时候都不得不服从经济条件,并且从来不能向经济条件发号施令。无论是政治的立法或市民的立法,都只是表明和记载经济关系的要求而已。"[②]立法者可以也有必要把一些其他性质的规范如社会习俗、道德规范等纳入到法律的范围,但哪些该纳入,哪些不该纳入,怎样纳入?哪些应加以认可,哪些应予以否定?必须有一个根据。立法者可以也有必要把原先的一些法律继承下来,但哪些该继承,哪些不该继承,怎样继承?也必须有一个根据。立法者可以也有必要移植他国的法律,但移植哪一国的哪一些法律?怎样移植?还是要有所根据。

那么,法律规范形成的根据是什么呢?借鉴康德关于"知识何以可能"的思路,笔者曾把"规范何以可能"亦即"规范形成的根据"问题化归为"使规范从无到有的充分而且必要的条件是什么";并且指出,对与行为相关的因果联系或客观规律的把握和对行为及其后果之利弊的评价,共同构成了规范形成的充分而且必要的条件。[③] 循着这个思路,我们也把"法律规范何以可能"亦即"法律规范形成的根据"问题,解读为"法律规范形成的充分必要条件是什

---

① 法律规范的继承与移植也可看作法律的变迁。本文把它们看作建立新法律的两种形式。

② 《马克思恩格斯全集》第4卷,人民出版社,1958年,第121-122页。

③ 徐梦秋:"规范何以可能",《学术月刊》,2002年第7期,第56-60页;徐梦秋:"规范的基础和自由的中介",《哲学研究》,2001年第7期,第8-11页。

么"。这个问题与法律的起源及立法的过程有联系,但又不同,因为法律的起源问题一般是从历史的角度探讨最早的法律是怎样产生的,立法的过程问题则偏重于立法的程序和技术问题的探讨。而"法律规范何以可能"的问题则是要回答古今中外的所有法律规范形成的充分而且必要条件是什么。法律规范作为规范的一种,当然具有规范的一般特点,但它作为由国家权力机构制定或认可的并由国家强制力予以保障的一种规范,又有不同于其他规范的特点,因此也具有不同于其他规范形成的条件与特点。

一、立法者所制定的法律规范,应建立在对其所规范的行为与其后果之间的因果联系及其蕴涵的客观规律的把握的基础上。这是法律规范形成的一个必要条件。

法律规范主要调整两类关系——人与自然的关系和人与人的关系。调整人与自然的关系的法律规范可称为自然规范,其中有很大一部分是技术规范。从自然规范的形成来看,它是人们在生产与生活的实践中认识到某种行为与其结果之间的因果联系及其所蕴涵的客观规律的基础上形成的。大量的环境保护法规,比如,"放牧强度不应超过草场的允许承载量"、"排污量不应超过环境的自净能力"等,就是在对自然规律如生态规律的认识的基础上建立的。因为任何生态系统承受外来的干扰都有一个限度,如果外来的干扰如人的行为超过了这一限度(因),生态系统就会被损伤破坏,以至瓦解(果)。各国森林保护法都有禁止乱砍滥伐的规定。这样的规定也是建立在对"乱砍滥伐必将导致水土流失"这一因果必然联系的认识的基础上的。这里所说的"因果联系及其蕴含的客观规律"不限于外部自然的因果联系和规律,还包括人自身的心理、生理规律。比如,法律对环境噪声标准的规定就是建立在人体的心理生理特点和规律的基础上的。我国的国家标准《城市区域环境噪声标准》把疗养院等特别需要安静的区域的夜间环境噪声最高值限定为 40dB(A),就是因为实验表明 40dB(A)以上的噪声(因)对人的健康和睡眠有不利的影响(果)。

同样地,调整人与人之间关系的法律规范的形成,也是建立在对行为与结果之间的因果联系及其所蕴涵的客观规律的把握的基础上的。人们正是认识到秘密审判与冤假错案的易发、高发之间的因果联系,为了防止这一不利后果的发生,才制定了要求公开审判的法律规范。同样,人们也正是在认识到近亲结婚与人口质量下降的因果必然联系后,为了防止这一不利后果的发生,才制定了禁止近亲结婚的法律规范。各国法律都有关于表达自由的法律规定。有人认为作这样的规定是为了维护基本的人权,并没有什么必然性可言。其实不然。立法者主要还是基于表达自由与社会进步的必然联系而作出这样的规定的。例如,市场主体的经济利益只有得到自由的表达才能反映生产力发展的要求,文学艺术的创作自由必将带来文学艺术的繁荣,科学研究的自由必将促进科学的进步。就是那些在今天看来已过时落后的封建时代的法律制度,如"宜早婚"、"同姓不婚"、"七出三不去等"[①],也不能简单地斥之为愚昧,而要看到它之所以能够长期存在并发挥作用,也是有其客观基础的。实际上,这样的婚姻制度,是与小农经济以及相关的各种社会条件相联系的,是为了回应人类在这样的社会条件下应如何繁衍生存的问题。在小农经济的条件下,生产力水平、物质生

[①] 这些制度是否可看作法律制度,存在不同的意见。根据中国古代礼法合一的特点,可以把这些制度看作法律制度。实际上中国古代法律都在不同程度上承认这些制度的法律效力。具体的论述可参见瞿同祖:《中国法律与中国社会》,中华书局,2003年,第 97-148 页。另外,"七出"是指如果妻子具有以下七种情况:无子、淫佚、不事舅姑、多言、盗窃、嫉妒、恶疾,丈夫就可以休妻。但如果又有以下三种情况:无家可归、丈夫家先贫后富、经三年之丧,则不能休妻。这叫"三不去"。

活水平、科学技术水平、医疗水平都很低,因而人的平均寿命也很低,大致在35－40岁之间。在平均寿命如此低的情况下,人们必须早婚(因)才能保障种族的繁衍(果),早婚的制度就是建立在这一因果联系的基础上的。同样的,同姓不婚也是在当时那种人口流动性很小的情况下,防止近亲结婚(因)从而防止人口退化(果)的最有效的制度安排。[①] 而允许"三不出"的根据则是,如果在规定的三种情况下休妻(因),就会导致被休的妇女生活无着(果),也会造成比妇道更重要的其他道德规范如"仁"的破坏(果)。

法律对于偶发的行为所导致的偶然的结果是不过问的,只有那种普遍的行为和普遍的行为后果才是法律所应关注的。换句话说法律所关注的是社会生活领域中的普遍的因果关系,而不是偶然的因果关系。某种行为与其自然后果(不是法律后果)的联系之所以能够普遍发生,说明它包含一定程度的必然性和规律性。如法律对全民植树义务的规定,就是以"全民广泛植树与城市绿化率、植被覆盖率之间的因果联系"为基础的,而这又是符合自然规律的。当然,由于社会生活极其复杂,一种普遍的行为模式及其结果的发生会受到各种因素的影响,不可能毫无例外地百分百发生,只是具有发生的高概率。例如,交通法规之所以要禁止酒后驾车,并不是因为酒后驾车一定会发生交通事故,而是因为酒后驾车发生交通事故的概率很高,即酒后驾车与交通事故的易发、高发之间有因果联系。交通法规关于系安全带的规定也出于同样的道理。所以严格地说,社会生活中的因果联系的普遍性和必然性都是相对的。而法律规范的形成,就是以把握这种相对的普遍性和必然

[①] 苏力:"语境论",《也许正在发生——转型中国的法学》,法律出版社,2004年,第243－249页。

性及其规律性为一个前提的。

法律规范之所以必须建立在把握一定的客观规律的基础上,是因为法律规范提出的要求必须是人们能够做到的,这也就是说,法律规范要具有可行性。而法律规范要具有可行性,就必须合规律。不合规律的法律规范是做不到的,勉强去做必然导致不良后果。例如,在我国,关于计划经济的一整套法律制度之所以在实践中导致了种种挫折,就因为它不符合我国当时的经济发展阶段和经济规律的要求。那时的所有法律法规都没有赋予企业为其产品自主定价的权利,几乎所有商品都由政府部门定价,这种违背价值规律的法规扭曲了价格体系,造成了商品的严重短缺。而今天的经济立法就吸收了这一教训,努力做到符合市场规律。例如,我国现行的价格法第3条就规定"国家实行并逐步完善宏观经济调控下主要由市场形成价格的机制。价格的制定应当符合价值规律,大多数商品和服务价格实行市场调节价,极少数商品和服务价格实行政府指导价或者政府定价",而价格法的第6条和第8条则明确规定企业有自主定价的权利。这样的法律法规是符合市场经济规律的。

法律与规律在英语及俄语中是同一个词也暗示了两者的联系。黑格尔更是将法律与规律等量齐观。他认为"规律分为两类,即自然规律和法律"。[①] 马克思也曾指出,立法者应该把自己看作一个自然科学家,他不是在制造法律,不是在发明法律,而是在发现法律,仅仅是在表述法律;立法者只是把精神关系的内在规律表现在有意识的现行法律之中。如果一个立法者用自己的臆想来代

---

① [德]黑格尔著,范扬、张企泰译:《法哲学原理》,商务印书馆,1961年,第14页。

替事情的本质,那么我们就应该责备他极端任性。① 马克思与恩格斯还把拉萨尔、蒲鲁东等人关于"法权起源于'仅以法哲学的发展和反映的意志概念本身'或永恒正义等观念,而不是起源于经济关系"的看法,称为法学家的幻想。② 所以,无论立法者是谁,无论是制定法律、移植法律,还是认可习惯、惯例为法律,都必须也应当从客观实际出发,把握行为与结果之间的因果联系及其所蕴涵的客观规律。

记得 20 世纪 80 年代中期,在关于自由的内涵的争论中,有些学者认为自由是对必然的认识,是相对规律而言的;而有些学者认为应该区分两种自由,一种是哲学意义上的自由,一种是政治自由,前者是相对规律而言的,后者是相对法律规范而言的,不能混为一谈。这场争论最后不了了之,但引发了我们对法律规范和规律的关系的长期思考。现在看来上述这种区分割裂了法律规范和规律的关系,是不妥的。由于法律规范隐含着对自然界或社会生活中的必然性和规律性的把握,因而相对于法律规范而言的政治自由,也是与必然性和规律性相关的。

法律规范的形成,应当建立在对行为与其结果之间的因果联系及其所蕴涵的客观规律的认识的基础上。但是,休谟早就指出,从"是"直接推不出"应该"。③ 的确,从逻辑上讲,由事实是推不出规范的。从"外面在下雨"并不能推出"外面应当下雨"。同样,从"张三杀了人"也无法直接推出"不应当杀人"。规范判断是以事实判断和价值判断为前提推出来的。因此,我们只能说,对事实以及

---

① 《马克思恩格斯全集》第 1 卷,人民出版社,1995 年,第 347 页。
② 《马克思恩格斯选集》第 3 卷,人民出版社,1995 年,第 210 页。
③ [英]休谟著,关文运译:《人性论》下册,商务印书馆,1980 年,第 509－510 页。

第十八章 法律规范

寓于其中的规律或因果性的把握,是法律规范形成的必要条件,而不是充分必要条件。

二、法律规范的形成,还要以对行为方式及其结果的价值评价为另一必要条件。这也就是说立法者在把握与行为相关的因果联系及其规律的基础上,还要对行为及其结果进行价值评价,才能制定出法律规范。

众所周知,规范是适应社会生活的需要而自发形成或人为制定的。社会生活中的各项活动要稳定有序地进行,不能没有规范的调控。而法律规范仅仅是众多规范中的一种,在社会生活中,并不是任何领域任何时候的任何行为都需要法律的调整。在某些时候(如人类的远古时代)、某些领域(如私生活领域)、某些地方(如乡土社会),没有法律,社会生活也照常进行。有时候法律介入的效果甚至适得其反,而更多的立法也不一定意味着更多的秩序、自由和效率,反而可能如布莱克所批评的,因过度依赖法律,患上"吉诺维斯综合症"[1]。所以问题就是:在什么情况下,什么样的行为和社会关系需要法律规范的调整?这就要求立法者对各种行为及其后果作出评价。在此基础上,才能确定哪些行为需要法律来调整,进而决定制定什么样的法律规范。

人们的行为总会产生一定的后果。这种结果包括自然后果与社会后果。社会对这种后果加以评价,就会发现,人的行为会对社会和他人产生三种影响。一是对社会有利,二是对社会有害,三是

---

[1] 吉诺维斯是一位美国小姐。1964年的某一天夜晚,她在自己住宅附近被人强暴,当她大声呼救时,38位邻居只是开灯朝窗外张望,却无人出来制止,最后当警察赶到时,罪犯已逃掉,而吉诺斯小姐也死了。布莱克把这种高度依赖法律导致道德缺失的现象称之为吉诺斯综合症。转引自沈宗灵主编:《法理学》,高等教育出版社,1994年,第217页。

中性(对个人可能有利对社会无害)。于是,对产生第一种影响的行为就加以肯定,确立为应为性规范,如"尊老爱幼";对产生第二种影响的行为就加以否定,确立为禁为性规范,如"禁止偷盗";对那种个人可能有利于社会无害的行为,则把是否作为的决定权交给当事人,确立为授权性规范,如"信仰自由"。但这是就所有规范的共性来讲的,具体到法律规范则有自身的特点。立法者不但要看到行为有利还是有害,而且还要进一步了解是不是有重大的利害且非通过立法协调不可。对那些不会导致重大的利益冲突或者虽然会导致重大的利益冲突,但其他规范可以解决的问题,法律一般就不应介入。毕竟法律规范的运行成本较高。对那些会导致重大利益冲突且非通过立法来协调不可的行为,还要进一步分析行为的性质,然后在此基础上确定设立什么样的法律规范。具体说来就是:第一,对于那些如果"作为"则会对社会产生重大的有利影响,而"不作为"则会产生严重的危害的行为方式,立法者就把它确立为应为性的法律规范,要求人们有所作为,如"公民有依法纳税的义务";第二,对于那些如果"作为"则会对社会产生严重危害,而"不作为"则对社会无害的行为方式,立法者就把它确立为禁为性的法律规范,要求人们不得作为,如"禁止刑讯逼供"。无论是要求人们"作为"还是"不作为",都是要求人们履行一定的义务。因此,这两类规范又通称为义务性法律规范。① 第三,对那些不管是"作为"还是"不作为"对社会都无害且可能有益,但对每一个社会成员又有重大的利益关系的行为方式,立法者就把它确立为权利性法律规范,即把"作为"或"不作为"的权利授予个人,如"婚姻自

---

① 许多法学著作都把义务性规范分为命令性与禁止性规范,这是不恰当的。因为严格说来,禁止性规范禁止人们做出一定的行为,也是对人们的一种命令,也属于命令性规范。因此本文把义务性法律规范区分为应为性法律规范与禁为性法律规范。

由"、"言论自由"。权利性法律规范又称授权性法律规范。由此可见,对与社会关系重大的行为方式的后果的评价,乃是形成各种法律规范的又一必要条件。

但是,面对同样的行为及其结果,人们往往会有不同的评价。首先,人们对行为及其结果的影响程度会有不同的评价。对同一行为,有人可能认为它对社会有重大影响,也有人可能认为它对社会没有重大的影响;其次,人们对行为及其结果的性质会有不同的评价。对同一行为,有人会认为其导致的结果是有利的,也有人会认为其导致的结果是有害的,还有人会认为结果是中性的。而且,行为产生的影响往往不是单一的。比如,燃放鞭炮的行为,可能导致火灾、环境污染、噪音污染,但也会给节日增添喜庆气氛,给人们带来欢乐。那么这究竟是利大于弊还是弊大于利呢?众说纷纭。因此,对某类行为,人们会在要不要由法律来规范及如何由法律来规范上产生分歧。例如,在美国,对于堕胎行为,生命权利派认为胎儿是一个活的生命个体,堕胎就是谋杀,因此应当禁止堕胎。而选择权利派则认为,堕胎是医生与病人之间的私事,允许妇女终止她所不希望的妊娠是对其隐私权的维护,况且,堕胎也不算谋杀,因为胎儿不是一个生命;因此,应当允许堕胎。[1] 前几年关于法律是否应当惩罚婚外恋的争论及交通法规中所谓关于撞了白撞的争论,也都说明这一点。而人们之所以对同一行为及其结果会有不同的评价,首先跟人们的价值观的不同有关。例如,对于要不要立法禁止克隆人,一些科学家的看法就与公众不同,科学家从科学研究的自由出发,反对禁止克隆人的立法;而公众出于人类尊严与基

---

[1] 详细的论述可参阅"堕胎:选择权利与生命权利之争"一文,收入[美]雷蒙德·塔塔洛维奇等选编,吴念等译:《美国政治中的道德争论》,重庆出版社,2001年。

因安全的考虑,则主张立法禁止克隆人。同理,赞同枪支管制的人们可能更重视安全的价值,而反对枪支管制的人们可能更注重自由的价值(持枪的自由)。此外,像我国民事诉讼法对调解制度的广泛强调,也与中国人"和为贵"的价值观有关。对同一行为及其结果之所以会有不同的评价,还与人们的利益有关。正是因为人们的利益的不同,才使人们对同一行为及其结果的评价不同。而人们的价值观的差异主要也是由人们的利益差异造成的。这也就是说价值观的差异和冲突的背后是人们的利益的差异和冲突。美国人在枪支管制立法上的争论说明了这一点。全美步枪协会反对枪支管制。他们认为枪不会杀人,人才会杀人,枪支泛滥并非犯罪根源,公民有持枪的自由,这也是美国宪法规定的公民权利。全美步枪协会的说法不能说没有一点道理,但大家都很清楚,他们极力反对枪支管制从根本上说是为了自身的利益。

事实上,正因为法律的规定关系到人们的利益,法律上的权利与义务的规定实际上就是对人们利益的分配。例如证券法就涉及证券公司、证券交易所、上市公司、股民、证券监管机构等各方的利益。交通法规就涉及行人、司机、交管部门等各方的利益。因此,利益相关的各方就会以各种方式向立法者表达自己的利益诉求,施加压力,影响立法者,以期使法律的规定符合自己的利益。但是,法律不可能对所有人的所有利益都作出同等的规定。一项枪支管制的规定可能有利于公共安全,但同时却限制了一些人购买和拥有枪支的自由。一项禁止排污的法律会使附近的居民拍手称快,但厂家肯定高兴不起来。在交通法规中,规定严格责任可能有利于行人,但司机肯定不乐意。那么,在这种有利益冲突与价值冲突的情况下,立法者将怎样办呢?立法者不可能随心所欲,他将不得不考虑各种不同的利益要求。比如,在我国婚姻家庭法的制

第十八章 法律规范

定上,来自男性公众的意见必须考虑,来自妇联的意见也不能不考虑。立法者应如何在各种冲突的利益与价值中进行取舍?应偏重于哪些人的哪些利益与价值?

在实际的立法过程中,立法者往往首先要对各种不同的价值与利益进行排序,然后优先考虑位序靠前的利益与价值。在不能兼顾的情况下,位序靠后的价值与利益则给予否定。例如,立法者如果认为防止火灾与环境污染的价值高于增加节日喜庆气氛的价值,他就会制定禁止燃放鞭炮的法规。那么,立法者应以什么为根据来决定各种价值与利益的位序呢?立法者当然会考虑各方面的诉求,但从根本上讲,立法机构的成员大多会从自己所代表的群体的利益与价值观出发来排序并影响法律规范的制定。这也就是说,立法机构的成员往往从属于不同的群体,代表不同群体的利益,这就使得立法的过程成为各方利益博弈的过程。因此,最终反映在法律条文上的规定往往就是一个妥协的结果。例如,一般居民的代表和环保人士要求立法禁止排污,而企业的代表则要求允许排污。博弈的结果可能就是二者利益的平衡,如对企业的排污量给予限制,并要其交纳排污费,以补偿居民的损失。当然,最强大的利益群体的利益会在法律上得到更多更好的体现,特别是那些掌握立法权或对立法机构有强大影响力的利益群体,法律的规定往往就是他们的利益的完全体现。且不说国外的一些利益集团对立法的强大游说力,就说国内,由于一些立法主导权掌握在某些行政部门手里,结果是这些部门出台的一些行政法规(如手机双向收费),简直就是部门利益的完美体现,以致被人们讥讽为依法谋私。而一些弱势群体由于缺乏代表他们的利益的组织,缺乏利益表达的渠道,其利益往往被法律所忽视。

总之,对普遍的行为方式与其后果之间的因果联系及其所蕴涵的客观规律的把握,对普遍的行为及其结果的价值评价,共同构成了法律规范形成的充分而且必要的条件。从逻辑上讲,法律规范作为规范判断是由事实判断结合价值判断(评价判断)推导出来的。立法者在事实认定和价值评价的基础上,确立了一个个法律规范。但众多单个的法律规范还必须整合成一个有机的整体,即形成一部法律,才能发挥其应有的作用。在整合的时候,立法者要考虑很多技术性的问题,包括各个法律规范之间的关系,正在制定的法律与其他法律的关系,法律规范的表达形式,等等。严格地讲,只有众多的单个法律规范整合成一部完整的法律,并通过一定的程序公布了,我们才可以说,法律规范最终形成了。

第四节 法律规范与自由

人们制定法律规范是为了过一种有序的生活,并在这种有序的生活中实现包括自由在内的多种良好的价值目标。但在许多人的心目中,法律规范是约束人的行为的,因而是限制自由的。如果谁违反了法律规范的要求,就会受到法律的制裁,其中包括限制自由。从这个意义说,法律的确是对自由的限制。但这只是问题的一个方面。我们更要看到,从根本上说,"法律的目的不是废除或限制自由,而是保护和扩大自由。这是因为在一切能够接受法律支配的人类状态中,哪里没有法律哪里就没有自由"。[1] 马克思也曾指出"法律是自由的存在,在法律上自由的存在具有普遍的、肯定的、合乎人的本性的性质,哪里的法律真正实现了人的自由,哪

---

[1] [英]洛克著,叶启芳、瞿菊农译:《政府论》下册,商务印书馆,1964年,第36页。

里的法律就成为真正的法律,因此,法律不是与自由相悖的东西,更不是压制自由的手段,法典是人民自由的圣经"。① 我们认为,自由是法律所要实现的一个重要的价值目标,尽管不是唯一的价值目标。法律应当确认、保障、实现更多人的更多自由。那么,法律如何来确认、保障自由呢?人们又如何在履行法律规范的要求中达到自由呢?

一、法律通过设置权利性规范来确认与保障自由

法律把自由设定为权利。这样,作为法律意义上的自由,就是做法律所许可的一切事情的权利。在这里,权利成为人们拥有自由的依据与标志。法律规范把自由规定为权利有这么几种方式。第一,把非常重要的自由如人身自由、言论自由等直接规定为权利,甚至规定为宪法权利。如我国宪法第35条及36条就规定中华人民共和国公民有言论、出版、集会、结社、游行、示威的自由,有宗教信仰的自由。把自由规定为法律权利,确认了自由的合法性,为人的行为提供了一个自由度。第二,授予人们可以做或不做某事的权利。这意味着选择的自由或不受干涉的自由。例如,民事法律中规定的姓名权就体现了公民选择的自由,包括决定、使用和按规定改变自己姓名的自由;而他人则不得干涉、盗用及假冒。这样的权利不仅包括实体权利,而且还包括程序权利。例如,当事人可以选择通过和解或调解方式解决合同纠纷,也可以选择向仲裁机构申请仲裁或向法院起诉。第三,授予公民保护自己自由的权利。个人自由可能受到他人或国家权力的干涉,因此,有必要授予公民权利,特别是程序权利,以排除外部干涉,保护自己的自由权利。像法律上规定的请求回避权、控告权、检举权、申诉权、辩护权

---

① 《马克思恩格斯全集》第1卷,人民出版社,1995年,第176页。

等都体现了对包括自由在内的各种权利的保护。

无论是直接把一些重要的自由规定为法律权利,还是授予人们可以做或不做某事的权利,都体现了自由的基本精神即自主、不受强制。因为在法律规定的权利范围内,人们可以自主选择、自主决定。而且无论哪种选择都是允许的,并且是得到保护的,不受外部力量的非法干涉。而自主选择、自主决定、免于干涉和限制本身就意味着自由。因此,只要人们能够切实地享有法律规定的各项权利(不是明赋暗收),人们在法律意义上就是自由的。比如,当一个公民能够充分地享有发表自己的观点的权利时,他在言论上就是自由的。现代法律以权利为本位的理念,体现了自由的精神,也使人们享有更多的自由。

当然,法律规定人们享有什么样的自由并不是随意的。一方面,并不是所有的自由都要在法律中加以规定。法律只对那些特别重要的、基本的且易受侵犯的自由加以规定。例如各国法律普遍都有婚姻自由的规定,但并没有交友自由的规定。另一方面,法律对自由权利的规定,并非仅仅是人性的要求,而且是建立在对社会生活的客观必然性的深刻认识的基础上的,并取决于社会物质生活条件提供的可能性。"并不是人们想得到自由,法律就赋予人们自由。实际上事情是这样的,人们每次都不是在他们关于人的理想所决定和所容许的范围之内,而是在现有的生产力所决定和所容许的范围之内取得自由的。"[1]"权利永远不能超出社会的经济结构以及由经济结构制约的社会的文化发展。"[2]在生产很不发达,交通很落后的情况下,很难想象会有关于迁徙自由的规定,就

---

[1] 《马克思恩格斯全集》第3卷,人民出版社,1960年,第507页。
[2] 《马克思恩格斯选集》第3卷,人民出版社,1995年,第305页。

算有也是空的。在生产力很不发达,科学还没有成为一项独立的社会活动的时候,规定科学研究自由也是可笑的。同样,法律对经济自由权利的规定,实际上也是对市场经济发展规律的内在要求的反映。市场经济作为通过市场来配置资源的经济形式,是通过供求机制、价格机制等市场机制来交换商品、配置各种资源的。它的这种通过市场来配置资源,并以交换为目的的特点,内在地要求各种生产要素的自由流动,以达到资源的优化配置。因此,经济自由所包括的契约自由、贸易自由、择业自由、迁徙自由等不过是市场经济发展的内在规律的要求。而现代的经济法、民法、刑法等所确认和保护的各种经济自由只是对市场经济所需要和已存在的经济自由的确认。这种确认也体现了作为上层建筑的法律对经济发展要求的适应。对此,马克思曾作了很好的说明。他指出,"平等和自由不仅在以交换价值为基础的交换中受到尊重,而且交换价值的交换是一切平等和自由的生产的、现实的基础,作为纯粹观念,平等和自由仅仅是交换价值的交换的一种理想化的表现;作为在法律的、政治的、社会的关系上发展了的东西,平等和自由不过是另一次方的这种基础而已。"[①]

二、法律通过设定义务来确认与保障自由

很多人以为自由仅仅体现于权利规范,而义务性法律规范包括应为性规范和禁为性规范[②],都是对人的约束,没有自由可言。其实并非如此,离开了义务性规范,自我与他人的自由随时都有受

---

① 《马克思恩格斯全集》第46卷上,人民出版社,1979年,第197页。
② 人们一般把义务性法律规范分为命令性与禁止性规范,这是不恰当的。因为严格说来,禁止性规范要求人们不得做出一定的行为,也是对人们的一种命令。因此,本文根据法律是要求人们应当作为还是禁止作为,把义务性法律规范区分为应为性法律规范与禁为性法律规范。

到侵犯的可能,都无法得到确实的保障。黑格尔早就批评了把义务与自由对立起来的观点。他认为,义务所限制的并不是自由,而是自由的抽象即不自由,它限制的仅仅是任性;义务就是达到本质、获得肯定的自由。① 因此,不应当把自由与义务对立起来。事实上,作为法律价值之一的自由,是由法律权利与法律义务共同来建构和实现的,而不仅仅体现于权利性规范。光有权利规范对自由的设定,没有义务规范(包括应为性规范和禁为性规范)对自由的保障,自由依然是空的。权利性规范确认了自由的合法性,而义务性规范则表明了自由的边界。

义务性法律规范确认与保障自由的方式有这么几种。(一)直接规定不得妨碍公民行使自由权利。这在宪法及其他基本法律中都有大量的规定。如果有妨碍自由的行为,就要承担相应的法律责任。义务性法律规范通过这种警示和相应的惩罚达到维护公民自由的目的。如,我国宪法和婚姻法都直接规定了"禁止干涉婚姻自由"的条款,违反此规定者要承担相应的民事责任,甚至刑事责任。(二)通过宪法在分权与制衡上的制度设计,以及程序法对国家权力的行使的严格规定,间接起到保障公民自由不受非法剥夺的作用。作出这样的制度安排极有必要,因为公民的个人自由不仅可能受到其他个人的干涉,更可能受到国家权力的粗暴干涉。(三)给政府设立义务,要求它为公民享有自由权利创造条件,提供机会。公民的自由要从纸面上的权利变成现实的权利,需要各种物质与文化方面的条件。而这些条件的创造往往有赖于政府的努力。例如,公民受教育的自由就离不开政府的责任,义务教育的实现必须由政府来提供条件和实施。(四)只对人们的行为提出一般

---

① [德]黑格尔:《法哲学原理》,第168页。

第十八章 法律规范

性的要求,人们仍然有在一定的范围内自主选择具体行为的自由和决定做某些事情的权利。例如,法律上关于刑期、罚款的数额往往都只规定一个幅度,在此幅度内,执法人员可以根据情节轻重自由裁量。又如,我国婚姻法禁止男性早于22周岁,女性早于20周岁结婚。但年满22周岁或20周岁的人,则有选择在哪一年结婚的自由。(五)通过限制自由来保障自由。自由不是任性,不是想干什么就干什么。"自由是做法律所许可的一切事情的权利;如果一个公民能够做法律所禁止的事情,他就不再自由了,因为其他的人也同样会有这个权利。"① 由于存在滥用自由权利的可能,而滥用自由权利会侵犯了他人的自由和利益,因而有必要对自由权利加以合理的限制。这种限制不是为了压制自由,而是通过适当的限制来保障、实现自由。

法律的这种限制包括如下几种情形:

1. 限制自由的范围。个人自由不是绝对的,不意味着可以为所欲为。每个人的自由应当与其他人的自由兼容,不得在行使自由的时候妨碍他人的自由,侵害他人的利益。因此,它有一定的范围。这个范围是由法律来界定的。马克思说:"自由就是从事一切对别人没有害处的活动的权利。每个人所能进行的对别人没有害处的活动的界限是由法律规定的,正像地界是由界标确定的一样。"② 在法律条文上确定自由权利的范围有两种方式。一是直接设定自由的范围。如我国的合同法一方面授予当事人在订立合同时有选择采用书面、口头等多种形式的权利,另一方面又指出法律、行政法规规定采用书面形式的,应当采用书面形式。二是同时

---

① [法]孟德斯鸠著,张雁深译:《论法的精神》上册,商务印书馆,1961年,第154页。

② 《马克思恩格斯全集》第1卷,人民出版社,1956年,第438页。

设立相应的义务间接界定自由的范围。如我国宪法第51条就规定"中华人民共和国公民在行使自由和权利的时候,不得损害国家的、社会的、集体的利益和其他公民的自由和权利"。

2. 为了个人更重大的自由或利益而限制次要的自由。像要求摩托车骑手戴头盔,开车系安全带,禁止赌博等,这些都是以保护个人的自由或利益的名义对个人自由的限制。由于认识和意志力等方面的原因,人们有时往往会对自己的根本利益和重大自由置之不顾。这时国家法律就有必要介入,以保证人们的积极自由。但是,这种干预应当是必要、合理、谨慎的,并应加以严格控制。具体说来,必须遵循下面的原则:第一,干预应当是为了被干预者的重大利益不受损害。如为了生命健康权而禁止吸毒。国家不能以促进被干预者的利益为由而限制其自由。如不能以某种饮料对个人健康更有利而规定个人必须饮用这种饮料。限制自由只能是为了防止更大的恶,而不能出于增进更大的善。第二,干预的必要性要有严格的科学证明。例如,要证明关于系安全带的立法的必要性,必须以是否系安全带在交通事故中的死伤结果之比为根据。第三,这种国家的强制干预只有在比其他方式如说服教育、组织纪律约束等更经济合理时,才可采用。毕竟,国家强制干预的方式是当事人不能抗拒的,而且是消耗公共资源的。第四,要有严格的程序并加以切实的监督。①

3. 为了优先的价值而限制自由。法律要实现的价值目标并非仅仅是自由,还包括平等、安全等等。这些价值在通常的情况下具有同等的重要性,我们没有理由为了其中的某种价值而牺牲另一

---

① 黄建武:"试论法律对自由的确认与调整",《中山大学学报》(哲社版),2000年第1期,第113-114页。

种价值。但是,在一些特定的情况下,某种价值相比其他价值具有优先性,因此往往有必要为了这种优先的价值而对其他价值予以必要的限制。如在战争等紧急状态下,安全的价值高于自由,于是,为了公共安全而对个人自由加以必要限制如宵禁就是合理的。

4. 为了协调自由而限制自由。人们的自由权利有多种,如人身自由、表达自由、行为自由等等。各种自由相互依存、相互影响,而且各种自由对于人的发展与社会进步都有不可替代的意义。马克思指出,"自由的每一种形式制约着另一种形式,正像身体的这一部分制约着另一部分一样。只要某一种自由成了问题,那么,整个自由都成问题。只要自由的某一种形式受到排斥,也就是整个自由受到排斥——自由的存在注定要成为泡影。"[1]因此,立法者应当对各种自由加以全面考虑,协调各种自由之间的关系,以避免各种自由之间的冲突以至损害全部自由。如,不对中国人的生育自由加以适度的限制就会损害中国人的生存自由;不对公民的游行示威自由加以适当的限制,就会妨碍正常生活的自由如休闲娱乐的自由、公共交通的自由。

义务性法律规范对自由的限制,是建立在对社会生活中的因果联系及其所蕴含的客观规律的把握的基础上的。

首先,义务性法律规范中的禁为性法律规范之所以禁止某种行为方式,就是为了防止人们的行为成为某种规律或因果必然性起作用的原因或条件,从而防止某种规律或因果必然性的有害于人的结果的出现。例如,人类的大规模、无限制的排污行为与环境的严重污染、生态的破坏之间就有因果必然性,而环境污染防治法对人们排污行为的限制或禁止,就是为了防止人的行为成为污染

---

[1] 《马克思恩格斯全集》第1卷,人民出版社,1995年,第201页。

源,从而切断了滥排滥放与环境污染的因果关系。同样的,森林保护法对人们乱砍滥伐行为的禁止,也是为了防止人的行为成为水土流失、生态失衡的原因,使乱砍滥伐与水土流失、生态平衡的因果链失效。法律的这些规定表明,人一方面要受客观的因果必然性的限制与支配,另一方面又能对之加以限制。客观规律是不能违背的,但是规律发挥作用是需要条件的。我们可以通过改变人的行为来消除使因果性及其规律起作用的条件,从而限制不利于人的因果性及其规律发挥作用,实现人的自由。又如,我国的《反不正当竞争法》第七条第二款之所以禁止"政府及其所属部门滥用行政权力,限制外地商品进入本地市场,或者本地商品流向外地市场",就是因为政府及其所属部门的这类地方保护主义行为(因)必然损害部分经营者与消费者的正当利益(果),也不符合市场经济规律的要求。反不正当竞争法对这些行为的制止,说到底是对违反经济规律的行为的制止,是对经济自由的保障。

其次,义务性法律规范中的应为性法律规范对人们行为的规定,也是为了促使人们的行为不仅要合目的而且要合规律;换句话说,是为了促使人们的某种行为成为某种因果必然性或规律起作用的原因或条件(合规律),从而促使某种有益于社会的结果的出现(合目的)(这与禁为性法律规范不同,禁为性法律规范的目的是为了防止不利于人的因果联系及其规律起作用)。例如,我国《清洁生产促进法》第19条规定,企业在进行技术改造过程中,应当采取清洁生产措施,如采用无毒、无害或者低毒、低害的原料,替代毒性大、危害严重的原料;应当对生产过程中产生的废物、废水和余热等进行综合利用或者循环使用,等等。法律作这样的规定就是为了强制企业采取清洁生产措施(原因),达到保护和改善环境、保障人体健康的目的(合目的有益的结果)。又如,我国的《产品质量法》第15条规定,生产商必须在产品或者其包装上标明产品名称、厂名和厂址,以及产品的规格、等级、所含主要成分的名称和含量等信息,标明生产日期和安全使用期或者失效日期等。法律作如此规定,是为了强制生产商披露产品的信息(原因),达到减少生产者与消费者的信息不对称、降低交易成本、保护消费者合法权益的目的(合目的有益的结果)。再如,我国民法通则第4条规定:"民事活动应当遵循自愿、公平、等价有偿、诚实信用的原则。""自愿、公平、等价有偿、诚实信用"和成功、有序、可持续的民事活动如商品交换之间,存在着因果关系,而这一因果关系的深处又存在着价值规律。所以,"民事活动应当遵循自愿、公平、等价有偿、诚实信用的原则"这一规范,就是要通过对民事活动的行为方式的规定,促进这一因果关系的发生,保障价值规律的贯彻(合规律),从而达到保障民事活动有效有序进行的目的(合目的)。

由此可见,义务性法律规范,不管是应为性法律规范,还是禁为法律规范,确实是对人们的行为自由的限制,但这种限制的实质是客观规律的限制和利用。遵守义务性法律规范,无非是顺应客观规律的要求。但这只是一个方面,另一方面,虽然客观规律是不能违背的,但是规律发挥作用是需要条件的,所以我们可以通过法律规范来规定当为或不当为,从而消除或创设相应的条件,促使有利于人的规律或限制不利于人的规律起作用。这表明人一方面要受规律的限制和支配,另一方面又能通过规定行为方式去限制和利用规律。这就是主体的自由。而且由于这种限制和利用是合规律的,因此它就成为达到有效目的,保障更大的利益与自由的前提条件。可见,义务性法律规范在规定或限制人们的行为的同时,又保障和促进了人的自由。这就是辩证法,也贯彻了唯物史观。

总之,法律规范通过对权利与义务的规定来确认、保障与促进自由。这种对自由的确认、保障与促进是法之为良法的必要条件，甚至被一些思想家作为法之为法的必要条件。如马克思就曾认为普鲁士的书报检查令不是法，原因就在于它否定自由，尽管它有法律的形式。如果法律本身的规定就专横地压制自由或者法律对自由没有作出规定或者有规定但不完善，那么人们也就无法期望通过这样的法律规范来实现自由。例如，仅有宪法对表达自由的规定，而没有出版法、新闻法对表达自由的具体规定，这种自由就很难真正得到实现。因此，制定一系列确认与保障自由的良好的法律规范就成了人们获得现实的行为自由的前提。

三、通过对法律的自觉遵循达到自由

制定一系列确认与保障自由的良好的法律规范，的确是人们获得现实的行为自由的前提条件。但是，法律上规定的自由并不等于现实的自由，要把纸面上的自由变成现实的自由需要一系列条件。其中的关键就在于法律规范能够得到切实的遵循。人们正是在对法律规范的遵循中获得自由的。但对合理的法律规范的遵循只是达到自由的必要条件，还不是充分条件。因为对法律规范的遵循有自觉自愿地遵循与盲目地被迫地遵循之别，就像哈特所指出的，对待法律规则有内在观点和外在观点两种不同的态度。持外在观点的人把法律规则视作外在的强迫，因而排斥规则，只是因为害怕遭到惩罚才被迫遵守法律规则。而持内在观点的人则接受法律规则，并自觉依照法律规则来作出行为选择，并认为有义务遵照法律规则规定的行为模式行为。① 显然，一个盲目地或被迫地遵守法律规范的人，一个因为害怕遭到惩罚而遵守法律的人，是

---

① ［英］哈特著，张文显等译：《法律的概念》，中国大百科全书出版社，1996年，第90—92页。

不会有自由的。因为法律规范对他来说意味着一种外在的束缚与强制。只有自觉自愿地而不是盲目地或被迫地遵循法律规范,才意味着自由。这种对法律规范的自觉自愿的遵循就是所谓的自律。即自觉自愿地用法律规范来约束自己的行为。这种自律体现为认识上的自觉、情感上的自愿、行为上的自主。类似采取哈特所说的内在观点的态度。因此可以说,人们是通过对法律规范的自觉遵循即自律而通向自由的。自律是由法律规范达到自由的中介。[1]

自律(autonomy)最初是指"自己的规律"。它是由古希腊语中的"autos"(自己)和"nomos"(规律)两词合成的。康德最早把它作为伦理原则,意即"自己立法自己遵守"。在这里,作为法律规范达到自由的中介的自律有两个基本特征。其一,法律规范是行为者参与制定的,或至少是认同的。很多人之所以对法律持一种抵触的态度,就是因为他们认为法律没有反映他们的利益,体现他们的意志,而仅仅是统治者的治民之术。所以,他们并不认同这样的法律,而视之为外在的束缚与强制。但是,如果法律是大家一起制定或认可的,那么法律规范就成了包含每个人意志的公共意志的体现。于是,我们服从法律就不是在服从他人,而是服从自己的意志,因而我们就是自由的。[2] 一致同意或认可在一定意义上可以通过民主政治的制度安排,如全民公决、代议制、多数决定等,得到直接或间接的体现。如果条件所限无法达到一致同意,也应当通过一定的制度安排,如立法听证制度等,以扩大公众在法律制定过程中的参与度,使制定的法律尽可能反映最大多数人的利益,体

---

[1] 徐梦秋:"规范的基础和自由的中介",《哲学研究》,2001年第7期,第12-14页。

[2] 卢梭著,何兆武译:《社会契约论》,商务印书馆,1980年,第24页。

现最大多数人的意志,从而使法律规范得到更多人的认同。其二,对法律规范的遵守是自觉自愿的。对那些没有认识到法律规范赖以建立的客观必然性基础,也没有认识到法律规范是其行为目标的保障的人们来说,法律规范只是一种外在的束缚和强制,因此其对法律规范的遵循就是盲目的、被迫的,因而也是不自由的。这是一种他律(heteronomy)状态。而当人们认识到了法律规范是对客观规律的反映,并且是达到自己的与社会协调一致的行为目的的保障时,就会自觉自愿地遵循法律规范,使外在的强制变成内在的需要,使他律变为自律,渐渐地达到孔子所谓的从心所欲而不逾矩的自由境界。这也是一个由自律到习惯、习惯成自然的过程。

第五节 法律规范的合理性

法律规范的合理性问题不仅是一个重要的理论问题,而且也是一个重要的实践问题。历史上出现的各种恶法如纳粹时期的法律,给人类带来的灾难性后果,使人们日益意识到法律合理性的重要性。而在现代社会,一方面是不断膨胀的立法,另一方面是法律的效果却没有相应的增长,大量的法律没有得到有效的执行或发挥应有的作用。其原因当然是多方面的。但不可否认的是,法律规范本身的不合理是一重要原因。因此,重视并深入研究法律规范的合理性问题,不仅是理论研究的需要,更是法治建设的迫切要求。而把握法律规范的合理性的标准,可以更好地评判法律规范的优劣,为法律规范的废、改、立确立依据。

法律规范的合理性问题,顾名思义,就是什么样的法律规范才是合理的。任何事物都是内容与形式的结合,法律规范也是内容与形式的统一。法律条文是其形式,而关于权利与义务的规定则是其内容。因此,我们可以从形式与内容的角度把法律规范的合理性分为形式合理性与实质合理性,并以此来分析法律规范的合理性。法律规范的合理与否是通过对法律规范的评价来判定的,而评价总是根据一定标准来进行。评价的标准如果不合理,评价就难以达致正确的结论。因此,无论是评价法律规范的实质合理性,还是形式合理性,都必须以正确的标准为依据。

一、法律规范的实质合理性

所谓实质合理性是指法律规范内容的合理性。因为法律规范的内容体现了法律规范的本质和实质精神,所以称之为实质合理性。[1] 对于法律规范的实质合理性,学者们有不同的看法。有些学者认为对法律的实质合理性,无法根据客观的标准加以评价,因为法律规范的实质合理性属于价值判断,而价值判断是主观判断。这就会妨碍法律的确定性与可预测性,因此应当加以排除。休谟与韦伯都持有这种看法,韦伯就认为法律的合理性就是法律的可计算性、可预测性。[2] 但也有学者不同意这种看法,制度法学的代表人物麦考密克就认为不应当把实质合理性与形式合理性对立起来,法律的合理性应当是形式合理性与实质合理性的结合。[3] 我们认为,法律规范的实质合理性问题的确是价值判断问题,但价值

---

[1] 法律规范的内容即有关权利和义务的规定蕴涵了一定的价值观,体现了立法者的价值追求,因此实质合理性又被称为价值合理性。

[2] 可计算性与可预测性是指法律的规定与结果之间的关系是可估计、可算的,行为主体可以根据法律的规定,预测行为的结果,计算得失,从而决定自己的法律行为。这也是韦伯一再强调的法律的形式合理性。即形式合理的法律是由立法机构根据严格的程序制定的,并由专门的司法机构来适用的,逻辑上严谨的明确的可操作的规则体系。参见[德]韦伯著,林荣远译:《经济与社会》下卷,商务印书馆,1997年,第140页。

[3] [英]麦考密克、[奥地利]魏因贝格尔著,周叶谦译:《制度法论》,中国政法大学出版社,1994年,第248页。

判断并不是主观随意的,它也有其客观基础。因此我们完全可以根据一定的客观标准对其合理性加以评价。而且,在法律规范的合理性中,实质合理性相对于形式合理性具有优先性,内容毕竟是决定形式的,形式的合理不是为了追求外表好看,而是为了更好地服务于内容,实现法律的价值目标。因此,合理的法律规范首先应当是内容合理的,其次才是形式合理的。

那么如何评价法律规范实质上的合理性即法律规范内容的合理性呢?法律规范的内容表现为权利义务的规定。因此,只要权利与义务的设定是合理的,法律规范就具有实质合理性。那么,对权利与义务的规定怎样才算是合理的呢?这要从设定权利与义务规范的目的说起。人们制定法律规范是为了引导人们的行为,协调人们的关系。要达到这个目的,就要求法律规范所设定的权利与义务能为人们普遍认可和接受,从而被普遍遵守。而法律规范要为人们所认可和接受,就必须体现他们的意志,反映他们的利益,而不能光靠强制。否则,法律就很难为大家所接受并得到普遍遵守,从而发挥应有的作用。但是,人们之间的利益并不总是一致的,往往会发生冲突。法律也不可能完全体现所有人的所有利益要求,总会有所取舍,有所偏重。由于法律上的权利与义务的规定,实际上就是人们之间的利益和负担的分配。所以问题就在于,法律怎样来设定或者说以什么原则来设定人们的权利与义务,才会为大家所普遍接受呢?法律通过权利与义务的规定对利益和负担的分配,只有体现了正当性才会得到普遍接受,而正当性就意味着某种行为或制度符合社会道德的底线,即不具有损他性才会为人们所认同。因此:

1. 法律的实质合理性首先在于对权利与义务规定的正当性

那么法律对权利与义务的规定怎样才是正当的呢?

(1)法律对义务与权利的规定都是必要和适度的

首先,法律对义务的规定是必要的和适度的。我们知道,法律义务是为解决由行为的外部性而导致的人们之间的严重利益冲突而形成的。因此,只有在存在严重的利益冲突且非法律介入不可的情况下,对人们提出法律义务要求才是必要的。对于那些不存在严重利益(价值)冲突或虽然存在但完全可以由其他规范来解决或者由其他规范来解决效果会更好的领域,就没有必要为人们规定法律义务。法律介入那些不必要介入的领域,往往会侵犯个人自由,也是对宝贵的立法资源的浪费。有些地方法规对一些完全可以通过说服教育来解决的问题却通过规定罚款来解决,就是法规不合理的例子。同样,鼓吹通过立法来惩罚婚外恋也是不合理的。在很多人看来,婚外恋行为造成了合法的婚姻关系的严重破坏,因此应当通过法律来加以惩治。但是这样的建议是不合适的。法律不该管这类不应当管也管不好的私人生活问题。① 此外,法律对义务的规定还应当是适度的。法律给人们设定义务,目的是为了协调冲突,保障人们的正当权益,特别是为了保障在价值上具有优先性的利益如社会公共利益的实现。只要达到了这一目的就可以了。如果超出了这一目的,过量了,就会损害人们的正当权益,造成对个人自由的过度限制和资源的不必要的浪费。这样的法律义务就是不适当的,不合理的。为了保障市民的生命财产安全这一位阶更高的价值和利益,对市民燃放烟花爆竹的行为加以适当限制是必要的,但是全面禁止燃放烟花爆竹就过头了,是因噎废食。同理,纳税是必要的,但苛捐杂税就不合理。当然,如果法

---

① 李银河:"婚姻法与婚外恋",吴国盛主编:《社会转型中的应用伦理》,华夏出版社,2004年,第384-387页。

律对义务和责任规定得过轻,不足于保障人们的合法权益,也是不适度的。量刑过重不合理,量刑过轻同样也不合理,因为二者都不适度。

其次,法律对权利的规定是必要的和适度的。法律没有必要规定人们所有的权利,法律只应当把那些于个人具有重大利益关系又对社会无害且非由法律保障不可的行为设定为权利。而对那些不具有重大利益关系或者并非一定要由法律保障的行为,就没有必要规定为法律上的权利,只要确认法不禁止即自由的理念就可以。另外,法律对权利的规定也应当是适度的,权利的范围过窄或过宽以至损害社会和他人的权益,都是不适当的、不合理的。

(2)法律对权利与义务的规定是公平的

法律的正当性在于对人们的权利与义务的规定不仅是适当的,而且还是公平的。我们在前面已提到,法律对权利与义务的规定实际上就是对利益与负担的分配。这种对利益与负担的分配应当是公平的,如果该有的权利或利益没有,不该有的义务或负担却有了,那就是不公平。权利和义务应当相匹配。另外,对利益与负担在人们之间的分配也必须是公平的。如果不是基于合理的理由而让一些人比另一些人享有更多的权利,或者让一些人比另一些人承担更多的义务,那就是不公平的。可见,法律对权利与义务的规定还必须是公平的,才是合理的。

这种公平性首先要求法律对权利的设定或分配是公平的。根据权利的重要程度,可以把权利分为基本权利与非基本权利。所谓基本权利是指人们在政治、经济、文化等社会生活中所应当享有的满足生存与发展需要的最起码的权利,也可称之为人权。基本权利通常由宪法予以规定。法律对基本权利的分配应当完全平等才是公平的,即赋予所有的主体同等的权利,不得因人而异。因此,包含种族歧视、性别歧视的内容的法律就是不公平的,也是不合理的。非基本权利就是普通的权利,是为了满足更高的发展需要而享有的权利。普通权利通常由宪法之外的法律予以规定。对于普通权利的分配应当以比例平等为原则,即同样的情况应当同样对待,不同的情况应当不同对待:第一,对同类主体一视同仁。如,同工同酬的原则、罪刑相适用原则;又如,对同类市场主体同等对待,如果对同类市场主体给予不同的市场准入条件就是不合理的。第二,基于正当的理由,对情况不同的主体给以不同的待遇。如对未成年人触犯刑法从轻或免于处罚。

此外,对义务的规定或分配也必须是公平的。根据义务的性质,我们可以把义务区分为基本义务与非基本义务。所谓基本义务是指人们都必须履行的最低的、起码的义务,比如遵守法律,依法服兵役的义务等等。基本义务是作为社会成员的每一个人都必须履行的义务,因此,法律对于基本义务的设定或分配,原则上应当完全平等才是公平合理的。如果因人而异,比如"刑不上大夫,礼不下庶人",那就是不合理的。非基本义务不是人人都同样要履行的义务,是人们因其特定社会角色或享有特定权利(力)而应当履行的义务。比如,法官应秉公办案,高收入者应交个人所得税等义务。同样,对于非基本义务的分配,应当以比例平等为原则,即同样的情况应当同样对待,不同的情况应当不同对待。以个人所得税为例,收入在相同区间的群体,应按相同的税率纳税,收入在不同区间的不同群体则应按不同的税率纳税。

总之,法律规范通过权利与义务的规定实现对利益的分配(权利如所有权属于利益,所以权利的分配属于利益的分配;对负担如税收和劳役的分配,也是对利益的分配,即对负利益的分配),应当体现适当性与公平性,才是正当的、合理的。在理想的状态下,应当达到帕累托最优。① 因条件限制,法律对利益的分配往往很难达到帕累托最优,很难达到一致同意,为所有人所接受。但我们应当通过公正的程序,使制定出来的法律尽可能反映最大多数人的最大利益,为最大多数的人们所接受,从而具有最大程度的正当性、合理性。不可否认,不同时代的人们,同一时代的不同利益群体,对公平会有不同的理解,特别是在应该把什么作为利益按比例分配的根据上分歧很大。有人主张按资分配,也有人主张按劳分配,还有人主张按等级分配,等等。因此不存在抽象的公平,公平及其原则都是具体的历史的。从根本上说,公平是社会物质生活条件的产物。法律通过权利与义务的规定实现对利益与负担的分配所达到的公平也是具体的历史的。

2. 法律的实质合理性还在于对权利与义务的规定具有可行性

法律的实质合理性不仅要求法律规定的权利与义务是正当的、可接受的,而且还应当是可行的。即法律对人们行为上的要求应当是人们能够做到的。罗尔斯就指出"法治所要求和禁止的行为应该是人们合理地期望去做或不做的行为。为组织理性人的行为而向他们提出的一个规范体系涉及他们能或不能做的行为,它不能提出一种不可能做到的义务"。② 因为法律只有具备可行性才能在现实生活中发挥作用。所以,合理的法律规定不仅应是正当的,也应当是可行的。这种对法律的可行性的要求主要有:首先,法律对权利与义务的规定是符合客观条件的。法律是为了适

---

① 帕累托最优是意大利经济学家帕累托提出的,它是指这样的一种状态:在某种状态(资源配置、制度安排等)下,如果不存在另一种可供选择的状态能使一个人的处境变好,而同时又不使其他任何人的处境变坏时,这种状态就是帕累托最优。

② [美]罗尔斯著,何怀宏等译:《正义论》,中国社会科学出版社,1988年,第235页。

应社会生活的需要而制定出来的,它的有效实施需要具备一定的客观条件。因此,我们制定法律不能仅仅从良好的主观愿望出发,必须了解社会生活是否有对将要制定的法律的需要,社会条件是否成熟,包括相关的配套措施是否具备,相关的法律是否配套,是否与人们普遍的行为方式、价值观念相一致,等等。如果违背了客观条件,那么制定出来的法律就会行不通,就是一纸空文。我国1986年制定的破产法长期难以得到执行就是一例。当时,立法者制定破产法的动机当然是好的,如为了加快资金的流转,减少交易费用,保护投资者的权利等。但是,由于没有考虑到当时的社会条件还不成熟,比如,社会保障条件不完善,相关法律如产权、企业责任等方面法律不明确,人们在观念上还普遍难以接受下岗的事实等等。因此,破产法一直难以执行,没有起到应有的作用。其次,法律对权利与义务的规定还要符合客观规律。这里讲的客观规律包括人自身的规律与外部世界的规律。自身的规律主要是指人的生理、心理方面的规律。像法律上关于行为能力、责任能力的规定都是以此为根据的。外部世界的规律包括自然规律与社会规律。例如,生态保护法就是建立在对生态规律的认识的基础上的。经济立法则必须与经济运行的规律相符合。比如不应当立法管制普通商品的价格,因为这违背了价值规律,往往导致价格的扭曲,造成物品的短缺。总而言之,不管是违背客观条件的法律规范,还是违背客观规律的法律规范都是难于通行的,或者效果适得其反的,也是不合理的。

总之,法律规范对权利与义务的规定应当是正当的,又是可行的。只有满足这两个条件,法律规范的内容才是合理的。正当性体现了价值性的要求,而可行性体现了真理性的要求,从这一意义上可以说,法律规范的实质合理性就是合目的性与合规律性的统一。这一点跟法律规范判断是价值判断(评价判断)与事实判断的结合也是一致的。

二、法律规范的形式合理性

法律规范的形式合理性是指法律规范的结构和表达形式的合理性[①]。这是对法律规范的逻辑上和语言上的要求。法律规范的逻辑结构可以看作法律规范的内在形式,对法律规范的逻辑结构的合理性主要有两个要求。一是协调性,即要求各个规范之间层次分明、效力上界限明确、互相衔接、前后照应、没有矛盾冲突和重复规定。具体说来,在一部法律中,具体的法律规则要与法律原则的精神相符。在整个国家的法律体系中,所有法律法规都不得与宪法相冲突,各种法律之间不能有冲突,下位法不应与上位法有抵触。二是完备性,即要求法律规范尽量涵盖必须由法律调整的社会生活的各个方面,不要留有法律漏洞;法律的各种要素,各类条款应当俱全。缺乏法律责任条款以及具体操作细则,都是不合理的表现。像我国婚姻法第3条规定"禁止借婚姻索取财物",但是缺乏规定相应的法律后果的条款,因此这一条款就形同虚设。

法律规范的形式合理性还包括法律规范的外在表达形式的合理性。即法条在用词造句与体例上的合理性。法律语言是法律规范的载体。为了准确地传达法律规范的内容,并为大家所知晓,法律语言应当准确、简洁、易懂、严谨。

准确性要求杜绝模棱两可的词,尽量少用多义词,做到同义同

[①] 有人把法律的公开、不溯及既往、明确稳定等看作法律的形式合理性的体现。笔者认为把这些原则看作法治的要求,或者说是法律规范在形成与运行中的合理性要求更合适。本文讲的法律规范的形式合理性也与韦伯讲的形式合理性有区别。韦伯所讲的形式合理性主要指法律的形式化、理性化。参见韦伯:《经济与社会》下卷,第18页。

词,同词同义。在我国法律中经常出现"国家"这一行为主体,有时所指不明确,不知道是指政府还是指人大。另外词语之间搭配要恰当。像我国刑事诉讼法第218条中的"对于被判处管制、剥夺政治权利的罪犯,由公安机关执行",显然不通,说"执行……罪犯"不妥,而应当在"罪犯"一词后面加上"的刑罚"。

严谨性要求风格的严肃性与一致性,杜绝文学风格与情绪化语言。我国宪法第55条的规定:"依照法律服兵役和参加民兵组织是中华人民共和国公民的光荣义务。"在这里,"光荣"一词用得不恰当。因为光荣不光荣是人的感觉,作为应尽的义务,就算觉得不光荣也应当履行。此外,要用书面语,不用口语,不应当出现"爹娘、老板"等词;而且前后风格要一致。严谨性还包括逻辑上的严谨,没有前后句的矛盾。像我国刑事诉讼法第191条第3项"剥夺或者限制了当事人的法定诉讼权利,可能影响公正审判的",就前后矛盾。因为剥夺或者限制了当事人的法定诉讼权利本身就已经使审判变得不公正了,所以根本不存在可能与否的问题。

简洁性要求言简意赅,避免冗长繁琐、重复累赘。如在表达时间时,用"时"就比用"的时候"更简洁。又如在法律条文中经常出现的"违反国家规定"有时就显得累赘,完全可以删去。比如,我国刑法第288条"违反国家规定,擅自设置、使用无线电台(站),或者擅自占用频率,经责令停止使用后拒不停止使用,干扰无线电通讯正常进行造成严重后果的……"。因为"擅自设置、使用无线电台(站),或者擅自占用频率"就是违反了国家关于"无线电通讯管理的规定",因此,在前面再加上"违反国家规定"纯属多余。

易懂性要求立法语言通俗质朴,容易为老百姓所理解和掌握,避免使用晦涩古僻的词语。像用"信件"就比用"信函",用"都"就比用"均"平实易懂。

体例上的合理性要求规范性法律文件的名称要规范统一,简洁明了,使人们从名称上就可以分清不同立法的效力等级和适应范围。把人大制定的法律与国务院制定的行政法规都叫条例、决定或决议。这就不便人们分清其效力等级与范围,也不利于法律体系的协调统一。

强调法律规范的形式合理性具有重要的意义。因为只有具备一个好的形式,内容才能得到较好的体现,才能较好地实现法律规范的功能。而法律规范的形式不合理,就会影响法律的权威性,破坏法律的确定性与预期性,给法律的适用带来困难,从而对人们的行为失去规范效果。合理的法律规范应当是合理的内容与合理的形式的统一。这种统一性归根到底要让实践来检验,即让法律规范在社会生活中得以实施。如果运行的效果是良好的,达到了预期的目的,如形成了良好稳定的法制秩序,那么就可以说它是合理的。

合理的法律规范总是人们所希望的。但是,由于立法者的认识水平及价值观的局限,立法信息不对称的存在,立法体制上的问题如立法权限的冲突、立法权配置的不平衡,立法民主性的欠缺、公众参与的不足,等等,现实生活中的法律总有这样那样的不合理之处。如权利与义务的规定不当、原则缺乏涵盖力、表述不完整、条文不协调,操作性不强,等等。因此,我们应当在提高立法者水平的同时,完善立法程序,如实现立法听证制度、立法回避制度等(像在行政立法中就应限制利益相关的部门参与起草,至少不能主持起草),从而保证制定出来的法律规范尽可能是合理的,能为大家所认可。另外,随着社会生活的发展变化,原先合理的法律规范有可能失去合理性。因此,我们也有必要随着社会生活的发展、认识水平的提高,在保持法律相对稳定的前提下,对其加以完善,使其朝更加合理化的方向发展。总之,法律规范的合理性是一个具体的历史的过程。我们不能简单地以现在的标准来评价以前的法律规范,而要把它放到特定的社会历史条件下加以评价。

第十九章 技术规范

人的生存与发展,既受到社会规律的约束,受到来自社会关系方面的风俗习惯、宗教规范、道德规范、法律规范、规章制度等等的调控、指导和制约,也受到自然规律的控制,受到人与自然关系方面的、人在认识和实践中形成的技术规范的指导和调整。因此,开展关于技术规范的研究是很有必要的。

关于技术规范的研究,我们是沿着三条基本路径来展开的:一是从其他类型的规范如"科学规范"领域迁跃到"技术规范"领域,以比照、类推的方式开展研究;二是运用一般规范论的范式和方法,以演绎的方式开展技术规范研究;三是从技术规范的现状和形成发展史入手,提炼出关于技术规范的一系列基本问题来加以研究。在此基础上再作整合性研究与阐发。

第一节 技术规范的特征与内涵

要揭示技术规范的性质和特征、技术规范概念的内涵和外延,就必须揭示技术规范与社会规范、技术规范与调整人和自然关系的规范、技术规范与技术本身的联系与区别。

一、技术规范与社会规范

规范是调控人们行为的具有不同程度的普适性和稳定性的指示或指示系统。技术规范是从人与自然的关系方面调整人类行为的具有相对普适性和稳定性的指示系统,它是与社会规范既有本质区别又相互联系的另一类规范。

1.技术规范与社会规范的区别

调整的对象和内容不同。社会规范的作用是调整人与人之间的关系,技术规范的作用则是调整人与自然的关系。人与自然的关系可以分为三类:一是人与外部自然之间的关系,二是人与自己的物质躯体之间的关系,三是上述两种关系中都存在的人与活动工具,如仪器设备、运动器材等物质条件之间的关系。与这三类关系相对应,根据调整对象的不同,技术规范可以分成三类。一是调整人与外部自然之间关系的规范,如"严禁在林区抽烟"、"当金属在火焰中变成蓝色时就进行淬火"等。二是调整人与自己的物质躯体之间关系的规范,如"进行剧烈的体育活动前要做好准备活动"。三是调整人与工具、设备等物质条件之间关系的规范,如我国国家标准中规定的"在制件的尺度允许的情况下,钢铁制件的热浸镀锌层的厚度的测量不应在离边缘少于 10 mm 的区域、火焰切割面或边角进行",就属于这样的工业技术规范。又如,"进入病人口腔中的所有诊疗器械,必须达到'一人一用一消毒或者灭菌'"这个医疗技术规范,也是调整人与工具的关系的规范。这三类技术规范所调整的对象,同以社会关系为调整对象的社会规范,如"近亲不得结婚"、"著作权人行使著作权,不得违反宪法和法律,不得损害公共利益"等明显不同。

调整的手段不同。技术规范对人与自然关系的调整一般要通过以工具为核心的物质中介系统,而社会规范对人与人之间关系的调整,主要是通过信仰、习惯、权威、赏罚等非物质手段来进行。其中的赏罚固然往往以物质的要素(如奖品或体罚)为后盾,但物质要素仍然要通过人的心理因素(如自豪或恐惧)起作用。法律是以强力为后盾的,但它是万不得已才动用强力工具的。而技术规范对人与自然关系的调整,基本上要借助物质中介系统来进行,甚至可以说,技术规范就是指导人们处理人、物质中介系统和自然界三者之间关系的指示或指示系统。

调整的目的不同。技术规范调整人与自然关系的主要目的在于,指导人们更好地适应、改造、利用和保护自然,为人类的生存与发展提供物质资料(包括生产资料、生活资料)和更好的自然环境,而社会规范的目的在于通过合理调整人们之间的利益关系,促进互助合作,构建和谐的社会环境。如我国《固体矿产地质勘查规范总则》规定"煤质采样要根据不同煤类及其可能的工业用途、煤质主要指标的变化程度来确定"等,目的在于利用自然资源以满足人类的物质需要。我国古代工匠总结出"灌钢"冶炼技术规范[1],是为了获得一种含碳量比较高的优质钢,为人们提供更有效率的工具。社会规范通过调整人们之间的关系,虽然也鼓励或者授权人们去追求、维护某种物质价值或精神价值,禁止某些人对公共或他人的物质或者精神利益的损害(前者如"爱护公物"、"舍生取义",后者如"禁止偷盗抢劫"、"禁止侵犯他人署名权"等),但隐藏在这些社会规范背后的促进人们的互助合作、和谐共处,形成文明、公正的社会秩序的意图,才是社会规范的真正目的。社会规范的这种价值目标,通常都表现在它们所隶属的元规范之中,如邓小平的"三个有利于"标准、穆勒的"最大多数人的最大利益"等规范中。

---

[1] 宋应星在《天工开物·五金》卷中,将明代的"灌钢"技术规范描述为:"凡钢铁炼法,用熟铁打成薄片如指头宽,长寸半许,让铁片束尖紧,生铁安置其上,又用破草覆盖其上(粘带泥土者,故不速化),泥涂其底下。洪炉鼓鞴,火力到时,生钢先化,渗淋熟铁之上,两情投合。取出加锤,再炼再锤,不一而足。"宋应星:《开工天物》,广东人民出版社,1976年,第364页。

2.技术规范与社会规范的联系

当然,技术规范和社会规范又是关联密切的。首先,技术规范在内容上虽然以客观的因果关系为基础,但它作为规范,本身就包含着对某种价值如工作效率的追求和评价,包含着某种自然规律通过群体的认知和共同意志转化为群体的合规律的行为模式的环节,从这种意义上说,任何技术规范不仅在形式上是社会性的,而且在内容上也必然包含着社会的评价和选择。

其次,由于现实社会中并不存在纯粹的人与自然的关系,现实的人与自然的关系必然依存于人与人的关系,而人与人的关系往往又以人与自然的关系为基础。因此,技术规范的实施需要以社会规范为辅助,社会规范常常包含着技术规范的内容,许多社会规范本身就是由技术规范转化来的。"近亲不能结婚"这个社会规范就包含着"近亲繁殖必然导致遗传病的高发生率、人种退化"这样的自然事实。而像"不能乱砍滥伐"、"严禁将未经处理的工业废水直接排入自然环境"、"防止水土流失必须植树种草"等技术规范的实现,则依赖于国家制定的相关的社会规范来保障。而且,技术规范,如医学、生物学、海洋、外层空间等方面的技术规范往往采取了法律的形式。

最后,技术规范的确立本身受社会规范的制约。技术和科学不同的一点在于,技术总是体现着一定的社会经济、政治、文化状况。一个国家的生产力水平、经济发达程度、技术发展水平、教育水平、劳动力结构、人口素质等,都是决定其技术战略、技术选择、技术规范的制定的基本因素。这样,技术规范的制定就会受到社会规范的制约,如"技术规范的制定,既要反映技术的先进性,又必须与本国的实际相结合"这个制定技术规范必须遵循的基本原则,就是一个社会规范。

总结起来，技术规范与社会规范既有区别又有联系。作为两大类规范，它们在调整的对象、手段、目的上都存在区别；但作为规范，它们又都具有规范的本质属性，相互联结、相互包含，形成一个规范整体。

二、技术规范与调整人与自然关系的规范

如果把技术规范定义为从人与自然的关系方面调整人的行为的指示系统，那么，所有的调整人与自然关系的规范如"朝霞不出门，晚霞行千里"，就都可以称为技术规范。这合适吗？"朝霞不出门，晚霞行千里"这样的指导出行的规范，能成为技术规范吗？有技术含量吗？

人对自然关系的技术，可以作"狭义"与"广义"两种理解：狭义的自然技术是指专门的生产工艺、操作方法和技能，如电工技术、焊接技术、激光技术、育种技术等等，以及相应的生产工具和其他物质设备。它可以分为实验技术、专业技术、工程技术、生产技术和医疗技术等；广义的自然技术，是人对自然的各种有效用的手段和方法，除了狭义的专门性的技术，还包括人类在长期的生产生活中总结、传承下来的，人类适应、利用、改造和保护自然的传统的农业耕作技术、传统医疗技术、传统的建筑技术，以及在吃饭、穿衣、起居等日常生活方面的方式、方法和技巧等。

所以，调整人与自然关系的技术规范，存在"广义"和"狭义"两种解释：广义的技术规范包括调整人与自然关系的一切规范，狭义的技术规范则专指关于改造自然的专门的生产技术、工艺、操作方法以及生产工具的操作规范。在狭义的意义上理解技术规范，这一般不会引起歧义。而在广泛的意义上，将技术规范等同于调整人与自然关系的规范，可能就有人不赞成。的确，人与自然的关系是各种各样的，有知识形态的关系，其代表是自然科学和自然常

第十九章 技术规范

识;有信仰形态的关系,其代表是拜物教;有实践性关系,其代表是生产劳动和技术。但我们认为,将调整人与自然关系的规范称作技术规范却是合适的。

这是因为,规范调整的是人的行为,人的行为是与具体的"做"相联系的。规范以祈使句的形式告诉人们,可以做什么,不可以做什么,应该做什么,不应该做什么,以及怎样做。规范的这种本质规定,推广到调整人与自然关系的规范时,就会很自然地将从人与自然的关系方面,鼓励、指导、调控、制止、限制人"做"的各种指示或指示系统,称作技术规范。因为根据广义的技术定义,对于自然的一切"怎样做"的有效用的手段和方法都是技术,所以关于人类对于自然怎样做的一切方法和手段的规范都可称为技术规范。这也就是说,调整人与自然关系的一切规范都可括入广义的技术规范。

这同时也揭示了技术规范与生产劳动的规范、科学规范、关于自然的常识性规范等之间的关系。这就是,技术规范是包含在人的生产劳动、科学活动、日常生活中的从人与自然的关系方面调整人的具体行动(做)的规范,它不全等于生产劳动的规范、科学规范、关于自然的常识性规范,但却是它们的有机构成部分。

1. 技术规范与关于自然的常识性规范的关系

自然常识既包括知识,也包括规范。自然常识中的知识,是人们普遍认同的、在共同的生活经验中分享和重复的知识,如"久雨大雾晴,久晴大雾雨"。自然常识中的规范,是关于人类生存的普通的、日常的、基本的指示,是人类生存的一种重要手段,如"饭后百步走,活到九十九"。自然常识中的知识,是人类广泛的、长期的经验的产物,反映了事物间真实的因果关系。当这种知识经过长期的提炼、过滤,转化为指导人的行动的规范时,它就变成了人类便利的生存手段。比如,当人们在长期的生产、生活中发现了动物(如燕子、蚂蚁等)的一些活动、表现与天气(如下雨)之间的因果关系(知识),如"燕子低飞,蚂蚁搬家,雨来到",就将它们转化成了"燕子低飞,蚂蚁搬家,癞蛤蟆叫,要防雨"的规范;当人们掌握了关于庄稼的长势与粪肥之间关系的知识后,就产生了像《荀子·富国篇》中记载的技术规范:"多粪肥田,是农夫众庶之事也"。自然常识中像这样的规范还很多,如"清明前后种瓜种豆"、"早霞不出门,晚霞行千里"等等,这些规范都可以归入广义的技术规范之内。

2. 技术规范与科学规范的关系

和技术一样,科学也表现了人对自然的能动关系,不过这种关系是认识关系、理论关系。如果我们将支配科学活动的各种规范统称为科学规范,那么,它就应该包含三方面的内容:一是调整人与人之间关系的规范,即调整科学共同体的成员之间及其与非共同体成员之间关系的规范;二是调整人与自然的关系的规范,包括调整研究主体与被研究对象及实验仪器等物质条件之间关系的规范;三是协调各种知识,特别是新、旧理论之间关系的规范。"第一类规范是社会性规范,第二类规范是技术性规范,第三类规范是逻辑规范。"[①]科学活动中的实验技术是根据科学理论和科学目的,利用仪器设备,设计实验,在人为条件下控制或模拟自然现象的手段、方法和方式的总和,因此将调整研究主体与实验仪器等物质条件之间关系的规范归入技术规范是不成问题的。例如,"使用完显微镜应以软质布料沾95%酒精擦拭镜头、镜台和聚光镜"、"长时间不用显微镜时要关闭电源"等,就属于具体的实验技术规范;"科

---

① 徐梦秋:"科学规范的内涵、类别、功能、结构和形式",《自然辩证法通讯》,2004年第3期,第15页。

学测量所采用的计量单位、测试设备、技术文件、符号等必须是标准化的"等,则属于一般性实验技术规范。

科学活动中人与自然对象的关系,在现实性上表现为人对自然对象的作用。人对自然对象的作用,既可以形成人与自然对象的直接关系,也在更深入的层次上(微观领域)形成了人操作实验仪器作用于自然对象的关系。在第一方面,指导人作用于自然对象的规范直接就是技术规范。在第二方面,规范则演变成了调整人与仪器、实验的关系的实验技术规范。

总之,科学规范是指导科学活动的各种规范的总称,科学活动中的技术规范是科学规范与技术规范交叉的领域。它是在科学活动中,从人与自然的关系方面(不是从人与人的关系方面),指导、调控科研人员的行为的规范。

3. 技术规范与生产劳动规范的关系

生产"实际上就是借助包括劳动手段、工具及其技能、方法在内的技术,来引起、调整和控制人与自然的物质交换过程"[1]。没有不应用技术的生产,生产劳动中的技术就是生产技术,调控着生产劳动过程中劳动力与劳动对象、劳动工具的结合方式的规范就是生产劳动的技术规范。但生产劳动的技术规范并不等于生产劳动规范,后者是调控人的生产劳动行为的所有规范的总称,包括调整生产者与自然对象关系的规范(如关于自然资源的利用、保护的规范等),调整人与物质设备、原材料、能源等关系的规范(如关于设备的安装与操作的规范、关于原材料的运输、储藏的规范等),调整生产者之间以及生产者与社会的关系的规范(如关于商业竞争的规范)等。在这些规范中,凡是涉及生产者作用于自然对象

---

[1] 黄顺基主编:《自然辩证法概论》,高等教育出版社,2004年,第184页。

(包括工具)的规范,都属于技术规范;而调整生产者与社会关系、生产者内部关系的规范,则属于社会规范。生产劳动规范由生产劳动的技术规范和生产劳动的社会规范组成。

综上所述,技术规范有"狭义"和"广义"之分,狭义的技术规范对应于工程技术、生产技术和医疗技术等专门性的技术,广义的技术规范则包括调整人与自然关系的各种规范。狭义的技术规范是技术规范的典范。技术规范广泛地存在于关于自然的常识性规范、科学规范和生产劳动规范之中。

三、技术规范与技术

技术规范从技术中来,而技术规范又有别于一般的具体技术。技术规范与技术既有本质区别又密切联系。

1. 技术的适用范围相对狭小,技术规范具有概括性和普适性

技术是具体的、实践的、特殊的,相同的技术目标可以由许多不同的技术来实现。桥梁的建造技术不仅在不同企业可能不同,即使同一企业在不同的地点施工,其实施的技术也可能不同。当工匠或个别工人在生产劳动中摸索出某种新技术的时候,当技术人员根据科学原理和技术原理创造了某种新技术的时候,这种新技术仅为个人或少数人所掌握,因而只是技术,而不是技术规范。技术规范指导的范围是一个行业甚至更广。只有在某种技术得到推广、应用,为同行业的人所普遍接受和采用时,它才成为该行业的技术规范。例如,1855年英国发明家贝塞麦发明了炼钢的"转炉吹炼法",1856年在自己的工厂中建造了一座固定式能盛350千克铸铁的熔炉,成功检验了自己发明的新的炼钢法,1857年取得了该技术的发明专利权。之后贝塞麦又于1860年建造了第一个可移动的转炉,但这时的"转炉吹炼法"仍然只是一种炼钢技术,还不是技术规范。当该技术在铁矿石含磷、硫较低的瑞典、美国被广泛推广，并由于1879年托马斯发明用碱性炉衬脱磷的技术，从而在欧洲广泛推广应用之后，该技术就转变成一种近代炼钢的技术规范。[1] 在上述第一种情况中，某种技术只是一种行为方式，只有个人或个别企业采用这种技术。在第二种情况下，这种行为方式已成为一种普遍的行为模式，成为同行所普遍认可而采用的技术模式，是一种集体的行为模式。可见，技术的适用范围和技术规范的适用范围是不一样的，技术的适用范围狭小，技术规范则具有普适性。

国家或行业规定的技术标准这类技术规范也是如此。不同企业建造桥梁的技术可以不同，但桥梁建造技术规范规定的技术要求、试验规则、勘探规范、验收程序等却都是普适的，是所有相关企业都必须遵循的。再如，我国不同企业生产普通照明用钨丝灯的技术可以是不同的、特殊的，但钨丝灯技术规范却在全国范围内是普适的，进入流通领域的普通照明用钨丝灯必须达到我国"家庭和类似场合普通照明用钨丝灯安全要求"这一国家标准。因此，我们说，技术是具体的，技术规范是概括的；技术的适用范围相对狭小，而技术规范则具有普适性。

2. 技术规范是技术选择与技术淘汰的结果

技术规范是各种技术相互竞争，优胜劣汰的结果，是新技术、"好技术"淘汰旧技术、"坏技术"的结果。技术选择和技术淘汰，发生在"共时态"与"历时态"两个层面上。

---

[1] 贝塞麦的"转炉吹炼法"在1857年取得了发明专利权后，1858年首先被引入法国，1862年德国的阿尔福莱德·克虏伯投产了一座转炉炼钢厂。由于除了瑞典和意大利，英国和欧洲其他地区90%的铁矿石都是含磷的，用贝塞麦的专利技术炼的钢太脆，不能用，因此，尽管该技术在欧洲的推广比较早，但只是在1879年托马斯发明用碱性炉衬脱磷的技术之后，才成为欧洲近代炼钢的一种普遍适用的技术规范。

共时态的技术竞争导致技术规范产生,是指为解决某一技术问题出现了几种技术,某种技术在竞争中淘汰了其他技术,不断地改进、成熟,并为同行业普遍接受和采用,从而成为该行业的技术规范的情况。比如,蒸汽机技术规范的形成就是这样。托马斯·纽可门的蒸汽机技术淘汰了托马斯·萨弗里的"蒸汽泵"技术,而瓦特对纽可门的蒸汽机结构作了重大改进,最终形成了近代蒸汽机技术规范。蒸汽机发明前的工业动力,主要是人力、畜力和水力。到17世纪末18世纪初,畜力排水导致的昂贵的排水费用几乎使煤矿的开采失去了价值。1698年英国的托马斯·萨弗里发明了第一种可实际用于矿井抽水的动力机即蒸汽泵,并获得了专利。受到蒸汽压力的限制,萨弗里的蒸汽泵只能适用于扬程较低(如将河水泵到较高的蓄水池等)的场合。以后,对萨弗里的"蒸汽机"进行改进的,有迪斯葛勒斯和帕潘。1705年托马斯·纽可门发明了和萨弗里的蒸汽泵不同的可实用于矿井排水的蒸汽机,并于1712年在英国斯特福德郡的卡斯特列矿山投入使用,同年萨弗里的蒸汽泵被淘汰。到18世纪40年代,纽可门蒸汽机已经有了很多的类型,被广泛应用在奥地利、法国、比利时、匈牙利、德国、西班牙等国家的煤矿。尽管纽可门蒸汽机存在耗煤量大、蒸汽损耗严重,热效率低等缺陷,但它"在煤矿中应用长达60年之久,它是英国开发利用矿产资源的重要动力机,因此它成为18世纪工业发展的技术基础"[①]。在这一例子中,强劲和广泛的社会需求,和萨弗里的蒸汽泵相比所具有的较大效益,使纽可门蒸汽机的技术成为18世纪前半叶欧洲矿产开发的动力技术规范,而瓦特对纽可门蒸汽机结构所

---

① 高达声等:《近现代技术史简编》,中国科学技术大学出版社,1994年,第64页。

第十九章 技术规范

作的重大改进,使相应的技术进一步成为大工业普遍应用的动力机技术规范。这说明,在共时态的角度,新技术成为技术规范,不仅存在一个技术竞争、技术淘汰的过程,而且存在一个新技术不断地改进、完善,不断得到社会认可,在实践中不断提高效用的过程。

共时态的技术竞争导致技术规范产生,还有一种特殊情况,这就是相互竞争的技术实质上是不同发明人创造的同一种技术。如有线电话技术规范的形成就是这样。1876年2月14日,贝尔向美国政府申请专利后的几个小时,另一发明人格雷也提出了专利申请。由于两人的发明有许多相同之处,贝尔又申请在先,美国最高法院判定电话发明的专利权属于贝尔。[①] 同时出现实质的相同(或者说核心技术相同)的几种技术的竞争,说明这种技术已经比较成熟,社会也比较需要,因此比较容易上升为技术规范。

历时态的技术淘汰导致技术规范产生的情形,则发生在不同历史阶段。这是指在某一技术领域出现了新技术,和原有的成为技术规范的技术相比,它的技术手段更先进,具有更好的效用,随着新技术在实践中的成熟、推广和普遍化,新技术就取代原有技术规范成为新的技术规范。由于新技术的不断涌现、不断推广,不同时代就涌现出不同的技术规范。比如选矿,浮选和磁选技术取代重力选矿技术而成为新的选矿技术规范就是这样。在浮选和磁选技术出现之前,重力选矿技术已经沿用了很长时间。直至19世纪,欧洲仍使用重力选矿技术[②],并且设备和技术也获得了很大的

---

① 高达声等:《近现代技术史简编》,第183页。
② 比如德国克劳沙尔矿是当时最大最现代化的企业之一,1871年它的选矿流程包括手选、粗筛、粗碎、再手选、捣碎、分级、跳汰、槽洗等步骤,最后获得铅精矿(见丘亮辉、朱寿康:"冶金技术史概论",中国科学技术史学会技术史委员会主编:《技术史研究》,冶金工业出版社,1987年,第235页)。

发展。① 尽管如此,重力选矿技术的局限性仍然很大,它对不少矿物的选别效果差,选矿回收率低,遇到复杂矿就更是如此了。而浮选和磁选技术的选矿效果就好多了。比如磁选技术,它利用磁铁矿、锌铁矿、钛铁矿等具有较高磁化率的金属矿物容易被磁铁吸起的性质,将有用的矿物与脉石分开,采用适当的设备能从锡石中选出钨矿,从磁铁矿中选出钛铁矿,从红锌矿中选出锌铁矿等。正因为这样,19世纪60-80年代浮选和磁选技术的发明,使选矿技术达到了一个新的高度,它们的应用是新技术取代原来占规范地位的技术的过程。新技术淘汰旧技术,效果好的技术取代效果差的技术,当这种淘汰、取代具有普遍性时,新的技术规范也就形成了。

再如,19世纪后期和20世纪早期,炼钢的技术规范是贝塞麦的"转炉吹炼法"与"西门子—马丁平炉炼钢法"并存,从20世纪50年代开始,"氧气顶吹转炉"炼钢成为新的炼钢技术规范。究其原因,还是由于技术的发展和竞争。贝塞麦的"转炉吹炼法"和"西门子—马丁平炉炼钢法"虽然奠定了钢铁工业发展的基础②,但它们各有优缺点:平炉炼钢质量好,但效率低,投资高;转炉炼钢效率虽高,但即便是改进后的碱性转炉,仍存在吹入空气带来的高氮问题。而20世纪50年代发展的"氧气顶吹转炉"却可以避免上述炼钢技术的缺点。它用纯氧喷枪从转炉顶部或底部把氧气直接吹入,避免了过去的转炉炼钢因吹入空气而出现的高氮问题,具有投资少、效率高、炼出的钢质量好的特点,被看作"20世纪炼钢技术

---

① 1830年有了跳汰机,1850年发明了摇床,有了很多新式的破碎设备。1904年多尔发明的机械耙动式分级机则进一步提高了分离的效率,减少了动力消耗。

② 近代后期,"由于转炉、平炉炼钢方法逐步完善,钢的产量迅速增加,并被大量用于建筑、铁路、桥梁和造船。1870年世界钢的产量为50万吨,1900年提高到2800万吨。其中,美国发展最快,从1870年的2.2万吨猛增到1900年的1140万吨"(高达声等:《近现代技术史简编》,第127页)。

最重要的突破"[1]。于是,这一技术被普遍推广,成为钢铁行业的新的技术规范。

3. 技术具有易变性,技术规范具有相对的稳定性

技术的发展以科学的发展和生产实践为基础,而技术规范的变化以技术的发展和技术的推广应用为基础。因此,一般地,技术规范的变化总是滞后于技术的变化,新技术的出现并不必然引起技术规范的变化。技术是易变的,而技术规范具有相对稳定性。

首先,技术在性质上并不都是一样的,有的技术属于能够导致某一技术体系根本变革的"技术革命",和原有的技术规范相比,它的技术手段更先进,实践效果更好。这种技术的推广、普及会导致技术规范的变化,但更多的技术可能只是对原有技术的局部革新、补充,它不会推翻原有的技术规范,只会使原有的技术规范更加完善和成熟。例如,在史蒂芬逊确立了蒸汽机车的技术规范后,蒸汽机车在使用中仍在不断地发展完善,主要的技术发明有:改进了锅炉补水系统,为了节约燃料、提高蒸汽利用率而研制了各种多级膨胀装置和蒸汽过热装置,为改善配气系统的自动运行而研制了各种阀机构,以及根据列车的性质和线路的特点研制适应各种不同要求的走行机构,如导轮、动轮、从轮的对数和大小等。[2] 正是这些技术,推动着蒸汽机车技术规范不断地完善、发展。

其次,即便是出现了可能淘汰原有技术规范的新技术,也并不必然立即导致技术规范的更替。在引起技术规范变化的诸多因素中,新技术的出现只是其中的一个,新技术推广应用被社会接受的程度、新技术所要求的制造设备和最终决定这种接受进程的社会

---

[1] 高达声等:《近现代技术史简编》,第134页。
[2] 高达声等:《近现代技术史简编》,第232页。

生产力水平等许多因素,也起着重要的作用。此外,由于技术规范的变化往往是和制造设备等联系在一起的,在许多情况下,即使新的技术规范出现了,旧的技术规范也并不立即退出技术领域,往往会出现新旧技术规范并存的情况。此时,旧设备往往是应用新技术规范的障碍。比如,"氧气顶吹转炉"炼钢技术规范在20世纪50年代就已形成,但在我国,"氧气顶吹转炉"一直与"平炉"、"电炉"炼钢并存。我国钢铁工业的局面长期是:老钢厂多用平炉,新建钢厂多用氧气转炉,优质钢和特殊钢多用电炉。2000年,我国钢铁工业提出的结构调整的主要目标之一,就是全部淘汰平炉炼钢。因此,和易变的技术相比,技术规范是相对稳定的。这种稳定性既根源于技术内在的因素,如新技术的成熟与应用、制造设备的更换都有一个过程,也来源于技术的外部,如企业的利益、社会对新技术的承认等。

4.技术规范是技术总体中的一部分

技术与技术规范的关系表现为"历时态"与"共时态"两个方面:从历时态的角度看,技术规范是在技术发展的基础上形成的;从共时态的角度看,技术规范是技术的一部分。

从共时态的角度看,既然技术是人类为了满足自身需要,在生存实践中根据科学原理或实践经验所创造的改造自然的各种手段、方式和方法的总和,那么,技术在定义上就包含着技术规范,因为技术规范也是一种技术,是一种全行业普遍采用的标准化的技术。这种技术不仅是一种行为方式,而且是一种必须普遍遵循的行为模式,所以成为一种规范。技术属于实践范畴,它主要回答"做什么"、"怎样做"。在结构上,技术"由设计方案、规程(规范、规章)、准则、程序、标准等操作单元构成,旨在造成合目的的现实性。设计方案首要的是说明应当去做什么,规程和准则等主要是处理

第十九章 技术规范

应当怎样做"[①]。这里的规程、准则,都是技术规范的存在形式。

从实际情况来看,现代的技术体系也都包含着技术规范的内容,它是标准化技术实施的核心部分。从18世纪开始的标准化运动,成为了工业化时代最典型的特征之一。这里的"标准化",包括技术标准、管理标准和工作标准。我们关注的技术标准,从20世纪中期开始,含义发生了变化。近代和现代早期的技术标准,是对标准化领域中需要协调统一的技术事项所制定的标准,包括基础技术标准、产品标准、工艺标准、检验试验方法标准,及安全、卫生、环保标准等。和当代技术标准的特征相比,这种类型的技术标准最大的不同是,它不包括制造产品的技术。[②] 而当代的技术标准却往往采用了这样的形式,即对一个或几个生产技术设立的必须符合要求的条件以及能达到此标准的实施技术。它将传统的关于产品、工艺、检验试验方法以及安全、卫生、环保等方面的技术标准与制造产品的专利技术捆绑在了一起,技术标准变成了一项系统的知识产权工程。2000年5月国际电信联盟(ITU)确定的3G的三大标准,即WCDMA、CDMA2000和TD-SCDMA,都是这样的技术标准。由于全球性、区域性的许可,不仅技术标准,而且其中的专利技术,也都变成了技术规范。与专利技术捆绑的技术标准,成为了当代技术体系的核心内容。

[①] 陈昌曙:《技术哲学引论》,科学出版社,1999年,第163页。
[②] 比如,国际电工委员会的IEC 60432-1,以及与此一致的我国颁布的"家庭和类似场合普通照明用钨丝灯安全要求"这一国家标准,都是这样的。后者的基本部分有"要求"和"评定",主要内容就是强制性地规定了产品的安全要求及产品评定的方式、方法,如"应与带电部件绝缘的金属部件与灯头接触片上的任何突出物之间的空隙不得小于1 mm"是"卡口灯头"的安全要求,"试验结果可从工作记录中提取,但不能直接作为已检验的依据"则是关于产品评定程序和要求的强制性规范。不论是"要求"还是"评定"部分,都不含实质性的钨丝灯的制造技术。再如,我国颁布的"工业硅技术条件"也是不包含制造技术的国家技术标准。

综上所述,首先,技术规范是一种调控人的行为的指示或指示系统。作为人的行为模式,它以祈使句告诉人们可以做什么,不可以做什么,应该做什么,不应该做什么。其次,技术规范是与社会规范不同的规范类别。它以人与自然的关系(包括人与天然自然的关系,人与工具、对象及自然力的关系)为调整对象;技术规范不具有社会规范具有的意识形态性,它的基本价值目标是为满足人类生存和发展的需要提供物质资料。再次,技术规范是从人与自然关系的方面,调整人对自然物的创造、控制、操作等行为的规范,它是关于自然的常识性规范、科学规范、生产劳动规范的组成部分。最后,技术规范是技术总体中的一部分,但技术规范又是由不同层次的要素构成的结构体。和技术的易变性、具体性、针对性的特点不同,技术规范系统具有相对的稳定性、概括性、普适性。技术规范依赖于技术的发展,是技术创造、技术选择、技术淘汰的结果。

这样,就得到了我们关于技术规范的定义:技术规范是与社会规范相对的调整人与自然关系的规范的总称,它是人类在与自然长期的互动过程中形成的、从人与自然的关系方面调控人类行为的具有普适性、稳定性的指示或指示系统。

第二节 技术规范的类型

上节探讨了技术规范的特征和内涵,我们将技术规范看作是调整人与自然关系的规范的总称,认为它是人类在长期的与自然互动的过程中形成的、从人与自然的关系方面调控人类行为的具有稳定性、普适性的指示或指示系统,确认技术规范是与社会规范不同的另一个规范类别,技术规范有广义和狭义之分,即广义的技术规范对应于广义的技术,它包括了关于人类利用、改造自然的一切手段和方法的规范,而狭义的技术规范则对应于工程技术、生产技术和医疗技术等专门性技术,是专门性调整人类这些专业技术行为的指示系统。在本节中,我们将依据不同的根据,对技术规范进行分类,探讨技术规范的类型,并在这种探讨中展示不同类型技术规范的功能。

一、以自然对人的性质为依据

技术规范从人与自然的关系方面对人类行为进行调整。因此,可以根据自然对人的性质,对技术规范进行分类。我们以人为中心,可以将自然分成"人体自然"和"外部自然",这样,技术规范从整体上就可以区分成两类,即"调整人与人体自然关系的规范"和"调整人与外部自然关系的规范"。

人体自然即人的物质躯体,与人以外的自然同属一个自然。但作为有自我意识的对象性的存在物,人却以自我为中心,将人体自然与外部自然区分了开来,以人与人体自然的关系为基点去感知、领悟、认识、改造外部自然,并最终为认识、维护和改变人体自然服务。在马克思"人直接是自然存在物"、"人是对象性的自然存在物"的说法中就包含着这样的思想。"调整人与人体自然关系"的规范在内容和功能上,表现出和"调整人与外部自然"的规范不同的特点。

调整人与人体自然关系的技术规范,比较集中地体现在"运动技术规范"、"日常保健规范"和"医疗技术规范"中。它们指导和调控的是身体的运动、维护、调养等行为。如"进行剧烈的体育运动前要做好准备活动"、"剧烈运动后要做整理运动"等,就是指导运动行为的技术规范;"不要吸烟"、"脑力劳动者要经常运动、锻炼颈肩背部肌肉"等,是关于日常保健行为的技术规范。我国春秋战国时期扁鹊提出的"病理诊断必须做到望闻问切"就是一个著名的医疗技术规范。其他的医疗技术规范如"进入病人口腔中的所有诊疗器械,必须达到'一人一用一消毒或者灭菌'的要求"等。

调整人与外部自然关系的技术规范,可以外部自然物对人的状态,分为"调整人与天然自然关系的规范"和"调整人与人工自然关系的规范"。

这里的"天然自然",不是直观唯物主义讲的"纯粹的自然",而是"人化的天然自然"。这是在人类出现以前就存在并按照自己的规律演变的自然,虽然进入了人类认识和活动的范围,被打上了人的印记,但它基本还保持着自己的本来状态或者性质。如,高山、江湖、大海、原始森林等,也包括人还没有完全掌握的自然现象,如地震、海啸、台风、雷电等。调整人与"天然自然"关系的规范,包括调整人与作为对象的天然自然关系的规范,通过人的活动调整天然自然物之间关系的规范,以及人类改善人与自然的矛盾,保护自然环境,走可持续发展之路的行为规范等。

和"天然自然"不同,人工自然是人类制造的自然界原来没有的自然物。我们可以根据制造人工自然的环节,将调整人与人工自然关系的规范分成这样几类:

一是关于加工和使用原、辅材料的规范。比如,"炼铁要有焦炭(而不能像早期那样用煤炭)做燃料",是一个关于炼铁用辅料的技术规范;在造纸方面,用人工合成的有机聚合物浆体代替木浆,是关于造纸所用原料技术规范的发展。在现代社会,由于工业对化学原料的大量使用,关于原、辅材料的技术规范对人们的日常生活具有了越来越重要的作用。如我国"危险化学品管理条例"就规定"禁止用剧毒化学品生产灭鼠药以及其他可能进入人民日常生活的化学产品和日用化学品"。除了危险品,关于食品生产所用原材料和添加剂方面的国际、国内技术规范也越来越多。如2004年日本厚生省出台了玩具原料不得使用主要成分以DEHP为原料的聚氯乙烯(PVC)合成树脂的产品规范。在此之前欧盟也出台了类似规定。

二是使用工具、仪器、设备的规范。比如操作车床的技术规范、显微镜的操作规范等等。就数控车床的操作规范来说,"粗车时要选择强度高、耐用度好的刀具,精车时要选择精度高、耐用度好的刀具",是刀具的选择规范;"要尽量选用通用夹具装夹工件,避免采用专业夹具"则是夹具的选择规范。

三是关于产品的技术标准、安全标准、使用说明、回收机制以及包装、运输、储藏等方面的技术规范。这大体上可以分成工业产品规范和日用品规范两大类。前者典型的如"危险化学品的包装、运输、储藏、使用规范";后者则广泛地存在于人们的日常生活,如药品的服用方法和禁忌,电视、音响等的使用说明等等。在现代社会,电子产品的回收技术规范越来越受到了人们的关注。如,欧盟1998年颁布了"废旧电器回收法令",要求制造者必须回收废旧电子电器。日本通产省也于1998年颁布了"家用电器回收利用法",要求电子产品的制造商在产品的策划、设计阶段,就要像考虑产品的制造成本一样,考虑废弃或回收利用成本。

二、以人作用于自然的方式为依据

人作用于自然的不同方式,形成了不同性质的人与自然的关系。人对自然的作用,可以概括为适应、利用、改造和保护四种,技术规范可以划分为与此对应的四种类型。

1. 调整人对自然的适应关系的规范

这是人类在对自然环境变化的规律性的掌握基础上,概括和传承的调整人适应自然变化的规范。例如,"天冷要加衣"、"雷雨天出门要防雷"、"躲避雷阵雨不要待在大树下"、"早霞不出门,晚霞行千里"等等,就是这样的规范。

2. 调整人对自然的利用关系的规范

一是利用自然物的技术规范。比如,"要用鼻(不用嘴)呼吸"、"严禁随地吐痰"、"严禁乱砍滥伐"、"颜色鲜艳的蘑菇可能有毒不能采食"、"严禁将未经处理的工业废水直接排入江河湖泊"等,都是调整人直接利用自然物的技术规范;而将肉用火烤熟食用或者腌制存放的技术规范,近代将煤炭炼成焦炭作为炼铁燃料的技术规范,从石油中分馏出汽油用于内燃机的技术规范等等,都是调整人对自然物间接利用的规范。

二是利用自然能量的技术规范。如我国古代出现的牛耕技术、利用风力张帆行船、用火烧制陶瓷以及水转龙骨水车(利用水力驱动水轮,再用水轮带动水车,实现自动灌溉)等等,都是利用自然能量的技术规范。

三是利用自然信息的技术规范。利用自然信息,是人类生存的一个基本手段。如"燕子低飞、蚂蚁搬家、癞蛤蟆叫,要防雨"、"猪衔草,防寒潮"、"猪筑窝,防大雪"等,都是利用自然信息的规范。对于像地震这样的重大自然灾害,在长期的实践中,人们形成了诸如"听到地声,看到动物惊慌不安、到处乱窜,牛马不进圈等反常现象,要注意预防地震"的规范。随着技术的发展,人类对自然信息的利用,从感官的直接利用走向了以工具为中介的间接利用。

3. 调整人对自然的改造关系的规范

这类规范是技术规范的核心内容,它可以分成关于改造标准的规范和关于改造方法的规范。

改造标准的技术规范一般包括两个内容,一是关于改造自然的结果的标准(即改造结果的规范),二是关于改造结果是否符合这种标准的检验方法的规范。

关于改造结果的技术规范可以分成这样两种情况：其一，改造结果是具有确定内涵的标准化的人工产品，与此相关的技术规范就表现为产品标准，包括产品的技术标准、安全标准、运行规则等等。如我国国家标准"工业硅技术条件"中的"工业硅技术要求"规定："粒度小于 6 mm、大于 200 mm 的工业硅总和不能超过 10％"，又如国家标准"家庭和类似场合普通照明用钨丝灯安全要求"规定："螺口灯头壳体焊点高度不得超出灯头 3 mm 以上"，这些都是关于产品的标准。在经济全球化的背景下，这方面的技术规范的国际化特征越来越明显；其二，改造的结果各有其特殊性，因而还会形成一些具体的技术规范。如跨江大桥的建设就是这样，不仅不同地点的地质状况可能不同，而且在不同的时间也会碰到不同的影响工程的气候。人类对自然的这种改造行为，其规范和标准都是根据一般的规范和标准具体制定的。我国建设的"三峡工程"，规模空前，其质量国运所系，大坝的技术标准，如三峡工程《混凝土搅拌和生产质量控制及检验》等 11 个技术标准和技术规定，就是"中国长江三峡工程开发总公司"参照国家和行业有关质量技术标准制定的，它们都高于国家和行业质量标准。

另一类是关于改造结果是否达到标准的检验方法的规范。它和我们下面要谈的关于改造的方法的技术规范又不同，它一般不涉及人工产品的制造技术，它规范的是人对人工产品的测试方法、检验方法、验证方法，以及科学的分析方法，目的是检验产品是否合乎规范。如我国国家技术标准中的"饲料中维生素 B_1 的测定"就是一个关于试验方法的规范，它没有规定饲料中维生素 B_1 的标准含量，只是"规定了用荧光分光光度仪和高效液相色谱仪测定饲料中维生素 B_1（硫胺素）含量的两种方法"。我国半导体材料"方法标准"中的"硅片弯曲度测试方法"、"硅片直径测量方法"等也都是这样。

关于改造方法的规范,是有关人们改造自然、制造人工产品的制造方法、制造技术的规范。一项技术,当它还只是个人的或者个别性的技术的时候,它虽然也是改造自然的有效的方法、方式,但却不是技术规范。一项技术要成为具有规范性质的普遍适用的方法,必须得到行业的认可,从而对该行业具有普遍的指导性。如氨碱法(即索尔维法)制碱技术,以及我国化工专家侯德榜在索尔维法基础上发明的"联合制碱法",就是关于制碱方法的规范;"灌钢"技术是我国古代炼高碳优质钢的方法性规范,转炉炼钢法和平炉炼钢法是近代关于炼钢方法的规范,而氧气顶吹转炉炼钢法则是当代炼钢的方法性规范;1910年美国通用电器公司的库利奇发明的用耐热金属钨丝制造灯丝的方法,以及1913年兰米尔发明的在灯泡内充入惰性气体氩气以延长白炽灯寿命的方法,都成为白炽灯制造的方法性规范。

4. 调整人对自然的保护关系的规范

我们可以进一步将其分为关于保护目的、保护标准和保护措施的规范。保护自然的根本目的,是实现人与自然的协调发展,促进人类社会的可持续发展,这是关于保护自然的基本规范,是一个元规范。对于具体的保护对象,人们都可以根据这个元标准和具体情况,建立具体的保护标准。如森林的保护规范,就包括原始林恢复和人工林规模的标准;对于自然保护区则有关于动植物存活及其分布的标准。关于保护措施的规范,目前在各国关于环境保护、矿产资源开发、动植物保护等法律中都有比较集中的体现。如《中华人民共和国海洋环境保护法》规定:"海洋石油勘探和其他海上活动需要爆破作业时,应当采取有效措施,保护渔业资源";"海洋石油钻井船、钻井平台和采油平台不得向海域处置含油的工业垃圾。处置其他工业垃圾不得对渔业水域、航道造成污染损害"。又如,《中华人民共和国矿产资源法》规定:"开采矿产资源,必须采取合理的开采顺序、开采方法和选矿工艺。矿山企业的开采回采率、采矿贫化率和选矿回收率应当达到设计要求"。

三、以自然界的基本运动形式为依据

自然界的基本运动形式有机械运动、物理运动、化学运动和生物运动,与此对应的技术可分为机械技术、物理技术、化学技术和生物技术,相应的技术规范就是机械技术规范、物理技术规范、化学技术规范和生物技术规范。

机械技术规范是根据机械运动规律及其力学方法,指导人们在机械运动、创造机器运动过程、改变自然物质的形状和位置的活动中的行为的规范。它广泛存在于人类的日常生活和工程技术实践中。如乘公交车经常听到的"车辆启动,请拉好扶手,注意安全",就是我们在乘公交车时必须遵循的一个规范,它是在车辆的行驶中防止乘客受损害的必要的指示。工程技术领域的机械技术规范,根据技术作用对象的不同,可以分为矿产地质勘探技术规范、采掘技术规范、机械加工技术规范、交通运输技术规范等等。如我国关于矿产地质勘查的技术规范中就规定:"地形测量和勘查工程测量应采用全国通用的坐标系统和最新的国家高程基准点进行"(地形和工程测量),"砂钻严禁超套管采样,开孔、穿矿、终孔应测钻头内径"(探矿工程)。

物理技术规范是根据物理运动规律及其方法制定的,它是指导创建人工物理系统及过程,改变自然物质的物理性质(光、电、磁、热、声)的行为的规范。比如,古人"钻木取火"的技术规范,近代选矿的磁选技术规范,现代工业中的电加工、热加工、超声加工、

激光加工等技术规范。

化学技术规范是指导人类建立人工化学过程，改变自然物质的成分与结构的实践的规范。在古代，我国的化工技术和颜料制作技术曾处于世界领先水平。产生于西汉初的炼丹术已接触到多种金属、非金属及其化合物，炼丹家们通过熔融、溶解、蒸馏、升华、取代、复分解、结晶等方式进行化学转换和无机合成，制定和积累了大量的化学技术规范。如8-9世纪的炼丹著作中记录的"以硫磺、雄黄合硝石，并密（蜜）烧之"就是那个时代制造火药的化学技术规范。在现代工业体系中，化学技术规范可分成冶炼技术规范、化工技术规范及新材料合成（高分子合成材料、光电子材料、新型金属材料等）技术规范等。

生物技术规范是指导人类改变生命活动过程和形态的基因操作、细胞融合、细胞培养、生物反应等技术实践的规范。它广泛地存在于传统农业技术和现代生物工程如遗传工程、细胞工程、酶工程等技术体系中。我国战国时期《荀子·富国篇》中说的："多粪肥田，是农夫众庶之事也"，这就是古代农业的一个基本的生物技术规范。宋应星在《天工开物·乃粒》"稻宜"中记载的"土性带冷浆者，宜骨灰蘸秧根，石灰淹苗足。向阳暖土不宜也"，这是因土施肥的技术规范。国家标准"饲料中维生素 B_1 的测定"中规定的，正丁醇"其荧光强度不超过硫酸奎宁工作液的4%，否则需用全玻璃蒸馏器重蒸馏，取114℃-118℃馏分"，硫酸奎宁工作液"贮于棕色瓶中冰箱4℃保存"等，属于现代生物工程中的技术规范。

四、以技术规范对行为的态度和要求的强弱程度为依据

技术规范作为从人与自然关系方面指导、鼓励、制止、调控人的行为的指示或指示系统，它对人的各种行为的态度是不同的，它所提出的要求的强弱程度也是不同的，从这些方面也可以对技术

第十九章 技术规范

规范作出分类。

以技术规范对人的各种技术行为的态度，可以将技术规范分为：肯定性的技术规范、否定性的技术规范和选择性的技术规范。肯定性的技术规范希望或要求有关人员做某事。如"听到地声要防震"，"对影响矿床开采的主要水文地质、地质工程、环境地质问题要详细查明"等，就是这样的规范。否定性的技术规范反对或禁止有关人员做某事。如我国"固体矿产地质勘查规范"规定"不得混样、错号，严禁选择性采样"，就是一条关于"采样"的否定性规范。这方面还如"禁止捕杀野生动物"等等；选择性的技术规范则把做或不做某事的权利授予行为人，由他自己作出选择。如矿体的"工程间距通常采用与同类矿床类比的办法确定。也可根据已完工的勘查结果，运用地质统计学的方法或用 SD 法确定"，这就是授权行为人选择的技术规范。

以技术规范所提出的要求的强弱程度，可以将技术规范区分为"提倡性的技术规范"和"强制性技术规范"。前者是通过号召、赞扬、表彰、奖励行为人的行为来提倡某种行为，鼓励自然人和企业朝着它所指示的方向努力，并希望有越来越多的人和企业努力去践行；而后者则是强制性的，是行为人必须做到的。如，静脉输液时"必须严格执行无菌操作，输液器及药液应绝对无菌"就是强制性的医疗技术规范。而《世界人类基因组与人权宣言(1997)》中规定的："特别应鼓励进行旨在鉴别、预防和治疗遗传性疾病或受遗传影响的疾病，尤其是罕见病和使全世界许多人感到痛苦不安的地方病的研究工作"，就是鼓励性、倡导性技术规范。2004 年我国颁布的下一代 DVD 国家技术标准——EVD，即《高密度激光视盘系统技术规范》，属于推荐性（非强制性）标准，也就是我们这里说的提倡性技术规范。

五、以技术规范的存在形式为依据

以技术规范的不同存在形式,我们可以将技术规范区分为常规、行规和法规三种。

1. 常规

常识、格言、谚语中存在着作为人类的劳动、生活之总结的各种技术性规范,我们将这部分规范称为"常识性的技术规范"或"技术性常规"(简称"常规")。

常规是经过上百万年的经验积累和有效检验形成的,大多与人类的日常生活、生产劳动、天文气象、手工操作和医疗保健等有密切的关系。"早霞不出门,晚霞行千里"、"蚂蚁搬家,要防雨"、"听到地声要防震",这些是关系到人生活、劳动、出行的气象规范;"饭后百步走"、"坐月子禁食生冷"等,是关于医疗保健的常识性规范;农谚中的"清明前后种瓜种豆",《诗经》中记载的"锄草沤肥",是指导农活的技术规范。以常识、格言、谚语等形式存在的技术规范,是技术规范的第一个历史形态。

2. 行规

我们将职业活动中的技术规范,如技术规则、行业规则、技术标准等统称为"行规"。从共时态的角度,可以将行规分成两类:一类是以历史传承为主要途径形成的民间手工业技术规范,二是由依据科学原理的技术转化来的技术规范。前者是经验的零散的不严格的,属于手工技艺的技术规则;后者则是系统的、严格的,属于以标准化为核心的技术规范。

比如,宋应星在《天工开物》《锤锻》卷中记载的"熟铁锻成,熔化生铁淋口,入水淬健,即成刚劲。每锹、锄重一斤者,淋生铁三钱为率。少则不坚,多则过刚而折",就是我国民间铁匠行业总结、积累、传承下来的一个行业规范的实例。有评价说:这种技术,自从

第十九章 技术规范

明代发明以来,几百年间广泛地流传在民间,几乎遍及全国,至今在农村里还用于小农具的制造上。① 再如,宋应星在《天工开物·燔石》卷中描述的"将巨竹凿去中节,尖锐其末,插入碳中,其毒烟从竹中透上,人从其下施镢拾取者。或一井而下,炭纵横广有,则随其左右阔取。其上支板,以防压崩耳",是我国古代煤炭行业排除瓦斯和巷道支护的技术规范。

现代大工业的技术规范是以标准化为核心的技术规范。在逻辑上,它有三个层次:一是行业标准或规则,二是被普遍接受的普适性的技术和不包含核心技术的标准,三是与专利技术捆绑在一起的技术标准。比如,电工操作规范是行业标准,它要求"导线在接线盒及灯座中应当打个结,使灯具重量不致加在接线螺钉上","电灯的开关必须串接在相线上(必要时还需接入熔断器),开关离地面一般不应低于 1.3 米","当灯具的重量超过 1 kg 时,就必须用吊链或钢管来悬挂灯具"等等。"氧气顶吹转炉"炼钢技术规范、内燃机车技术规范等,是被普遍接受的普适性的技术。我国半导体材料标准中的产品标准,如"工业硅技术条件"、"锗单晶"技术标准等,以及方法标准,如"半导体单晶晶向测定方法"、"非本征半导体材料导电类型测试方法"、"硅片直径测量方法"等,都是不包含产品核心制造技术的规范。当代的 DVD 技术规范(包括播放设备技术、读写设备技术、盘片材料制造技术等)、高清晰度电视技术规范(关键技术有:数字压缩编码技术、复用传输技术、数字传输技术、高清晰度显示技术、大规模集成电路技术、高密度数字记录技术)等,则是与核心专利技术捆绑在一起的技术标准。包含核心技

---

① 凌业勤:"生铁淋口技术的起源、流传和作用",《科学史集刊》,科学出版社,1966 年,第 73 页。

术的标准化,强调技术标准与专利的结合,是当代技术规范发展的基本方向。

3.法规

以法规形式出现的技术标准,即法律体系中调整人与自然关系的技术规范。技术规范的法律形式,有国内法和国际法两种;内容上一般涉及环境保护、矿产资源开采、放射性污染防治、外层空间开发,以及近些年出现的克隆技术的实施等方面。

国内法方面,如我国的环境保护法、矿产资源法、固体废物环境污染防治法、放射性污染防治法等,都包含着大量的技术规范。比如,我国《环境保护法》规定:"开发利用自然资源,必须采取措施保护生态环境";《放射性污染防治法》规定:"放射性物质和射线装置应当设置明显的放射性标识和中文警示说明","禁止利用渗井、渗坑、天然裂隙、溶洞或者国家禁止的其他方式排放放射性废液"等等。这些都是以国家法律形式出现的调整生产者、经营者行为的技术规范。

国际法方面的技术规范也是多方面的。在国际水道污染防治、国际海洋污染控制、国际大气环境保护、外层空间活动、野生生物资源保护等国际法中,包含着比较系统的技术规范。如《指导各国在月球和其他天体上活动的协定》第7条就规定:"缔约各国在探测和利用月球时,应采取措施,防止月球环境的现有平衡遭到破坏"。

在人类基因和以人类为受试者的生物医学研究方面的国际法,集中于《国际人类基因组织(HUGO)关于遗传研究正当行为的声明》、《世界人类基因组与人权宣言》、《赫尔辛基宣言》、《国际医学科学委员会(CIOMS)关于涉及人类试受者生物医学研究的国际准则》等之中。如《世界人类基因组与人权宣言》规定的"用克隆技术繁殖人的做法,是不能允许的","有关人类基因组研究的应用,特别是在生物学、遗传学和医学方面的应用,均应以减轻每个人及全人类的痛苦和改善其健康状况为目的"等,就是关于现代生物学、医学研究的一般性技术规范。这方面,《赫尔辛基宣言》也规定,"只有在某一医学研究被证明是有潜在的预防、诊断和治疗效果时,医生才可以将研究和治疗相结合","一种新方法所带来的利益、风险、负担和效用,应当和现行最好的预防、诊断和治疗的方法所带来的利益、风险、负担和效用进行对照实验"等等。

以常规、行规和法规表现的技术规范,虽然在存在状态、表现形式等方面具有不同,但又都符合规范的一般特征和属性,即它们都是调整人与自然关系的,对人类技术行为有倡导、鼓励、指导、限制等作用的指示或指示系统。美国当代著名科学哲学家瓦托夫斯基在阐述前科学存在形式的普遍性技术的作用时,就明确地指出了这一点。他说:"随着工具制造的专业化和劳动分工,工具制造者的工艺变成了一种近乎宗教的活动,而且它的规定变成宗教仪式般的法令:'只能用这种方式做这件事,不能用别的方法'。"[1]前科学时期的技术规范一般就是以常规和行规形式存在的,虽然它们没有采取明确的法律形式,但却具有了相似于法律形式的技术规范的功能。

第三节 技术规范的形成

技术规范是与社会规范相对的另一类规范,它是人类在与自

---

[1] [美]M.W.瓦托夫斯基著,范岱年等译:《科学思想的概念基础》,求实出版社,1989年,第78页。

然的长期互动过程中形成的、从人与自然的关系方面调控人类行为的规范的总称。技术规范的形成,是技术规范研究的核心问题之一,其实质是要回答技术规范何以可能的问题,它阐释技术规范是如何形成的,它形成的基本路径有哪些,以及形成的条件是什么。

一、技术规范的形成路径

1. 生产劳动经验的总结——技术的形成——示范、模仿、改进——业内普遍的技术行为模式——社会评价——技术规范

技术的来源有两个基本途径,即生产经验的总结和科学原理的转化。在近代中期以前,当科学还落后于技术和生产的情况下,技术主要来源于生产经验的总结,它是在人类生存、生产和生活的经验和试错中确立的。比如,在旧石器时代,为了更好地采集野生植物和猎取小动物,出现了多边砍砸器、大三棱尖状器以及能做投掷武器用的石球等。这种工具和技术上的改进,就是人类在生存和劳动中不断试错和总结的结果。在这里,技术的确立,表现为人类在试错中,在生产、生活经验的积累中,创造了能够提高生存、生产效益的承载了更多的人的目的性和创造性的工具和方法。

个人在生产劳动中以试错的方式确立的个人的技艺、技巧,还只是个人的行为方式,这种个别的行为方式要发展为比较普遍的行为方式,并最终成为具有普遍的指导意义的规范,需要具备一定的条件。其关键是能够以最小的投入获得最大效益(效用原则)且为社会广泛需要。作为个人的行为方式的个人技术,当它符合"效用原则",又为社会所广泛需要,就有可能起示范作用,为同行竞相模仿,从而转化为多数同行的行为模式。从个人的行为方式到许多人的行为模式,必须经过建立在评价基础上的示范、模仿、改进等环节。示范与模仿是人们学会制造、使用先进工具及其技

术的重要的方式。技术发明人以改革的技术行为、操作方式和较大的效用发挥一种示范效应,认识到该技术好处的人们的模仿,是技术扩散的一种原始方式,人们在模仿中体验技术,在模仿中评价、比较技术,在模仿中改进和传播技术。当某种技术被同行所广泛认可、接受和采用时,当某种技术被当作最好的技术,成为同一行业中人人都照着去做的技术时,当同一行业中的所有师傅都要求自己的徒弟学习和掌握某种技术时,这种技术就成为一种人人都必须采用和遵循的操作标准和操作方式,从而也就成为在同一行业中具有普适性的技术规范。

我国古代农耕技术规范的形成就是这样。在农耕技术的发展中,个别的劳作方式向普遍的生产模式的转变,技术的"效用原则",即能否以最小的投入得到最大的产出,是一个决定性的因素。在我国,人们最初使用的整地翻土的工具是石铲、骨铲和尖头木棒,以后有了木耒,在神农时代发明了耒耜,大约距今三千多年以前发明了犁。[①] 与这些农耕技术对应的是不同的耕作方式。以石铲、骨铲和尖头木棒作为农具,人的耕作方式是用手往下按石铲、骨铲和尖头木棒,使之插入土地,翻掘土地。这种最初的耕作方式的特点是,完全靠手下按的力量,不容易深入,也不容易持久。木耒是对尖头木棒的改进,它在距离木棒尖端不远处捆扎了一根短小横木作为脚踏用。与这种农具对应的耕作方式是手持木耒,用脚踏的力量使其尖端深入土地,农业生产的效率得到了提高。耒耜是在木耒基础上发展起来的"复合式"的农耕工具,与木耒相比,一是它增加了耒尖,形成了双齿耒,二是在耒的下端安装了一个平板型的锹头(即耜)。与耒耜对应的耕作方式是"耦耕"。耦耕即两

[①] 赵继栓:"犁的起源和发展",《技术史纵谈》,科学出版社,1987年,第105页。

人为一组,面对面共同使用一个耒耜,一人把握耒,用脚踏横木,使之深入土地,一人用力往自己怀里拉拴在耜上的绳子,使耜向前推块掘地发土而出。在我国的奴隶制社会,"奴隶们耕田的基本形式是耦耕","奴隶们一双双一对对地在田野上排开来,构成大规模的集体劳动的场面,《诗经》上说的'十千维耦'、'千耦其耘',反映的就是大批奴隶集体劳动的景象。"①这种耕作方式进一步提高了农业生产的效率。《易经系辞》说:"神农氏作,斲木为耜,揉木为耒,耒耜之利,以教天下。""耒耜之利"的"利"可作"利益"解,神农氏用新的农具和新的耕作技术所带来的好处,来教化天下,从而使这种新的耕作技术广泛传播,人人采行,成为支配当时农业生产的普遍的技术规范。在这里,我们看到了技术向技术规范转变的一个根本性的方面,这就是,转化成技术规范的技术,必须是高效用的,它能够使人以最小的投入获得最大的产出。

示范、模仿、改进是新技术转变为技术规范的必要环节,甚至可以说,新技术就是在示范、比较、模仿、改进中不断推广、成熟,被全行业所认同,从而成为技术规范的。在上面的例子中,"耦耕"技术效用高,它就起到了示范的作用,引起人们的广泛模仿,于是就成为一种标准的耕作技术即技术规范。

决定技术向技术规范转变的,是对技术的社会评价。对技术的社会评价,主要包括对技术的社会效益和经济效益的评价。技术的社会效益关涉到技术是否满足占主体地位的意识形态的社会需要;技术的经济效益则是新技术的应用能否给技术的使用者或生产资料的占有者以更大的经济利益。在对技术的社会评价中,社会效益评价具有明显的时代特征,负载了浓厚的意识形态性。

---

① 赵继栓:"犁的起源和发展",《技术史纵谈》,第105页。

第十九章 技术规范

比如,对技术的环境影响评价(如环境污染评价)就具有极强的历史性,它在不同的时代及国家可能具有完全不同的内容和意义。对技术的经济效益评价则与此不同。在人类技术的发展史上,它一直是技术社会化、技术普遍化的必要环节。比如,在我国古代农耕技术的发展中,与奴隶制社会的耒耜技术对应的生产方式,有"耦耕",也有早期的"犁耕"。当耦耕连续耕地(如遇到松软的土),就变成了原始的"犁耕"。很显然,犁耕比耦耕效率高,也比较省力,但它在用人做动力的时候,还只能适用于松软的土。经过无数的技术改进,当人们将自上而下蹑入土壤的耒耜变成贴地拖行的新式耕具时,耦耕向犁耕转变的技术条件就基本具备了,转变的决定性条件是动力的改变,即用畜力做动力。根据考证,"我国在殷代的武丁到帝乙之间(公元前1324年—前1155年),就已经发明了牛耕",但是,"从商代到战国时期,牛耕并没有得到推广。"[1]奴隶主宁肯将千百头牛用来祭神,也不愿意用它来减轻奴隶们的劳动。原因是牛耕虽然能够提高劳动效率,但在奴隶社会却不符合奴隶主的经济利益——奴隶主可以通过掠夺得到足够多的奴隶,使用奴隶比使用牛马还合算。这样,在奴隶社会,"耦耕"通过了社会的评价,成为当时的耕作技术规范,而"犁耕"则不然。但是,犁耕技术客观上毕竟比耦耕技术效用高,随着社会的进步,它必定能够取代后者成为新的农耕技术规范。在春秋战国以后,我国社会从奴隶社会进入封建社会,随着奴隶来源的减少、冶金技术的发展和农业精耕的需要,使用畜力比使用人力更合算,牛耕才逐步推广开来。特别是到了汉代,牛耕成为普遍性的农业生产方式。

---

[1] 赵继栓:"犁的起源和发展",《技术史纵谈》,第107页。

通过评价(可行性评价和效益评价)的技术被推广,转变为相应的技术活动的普遍的行为指导,具有了规范的指示功能、调控功能。不过,在技术实践中,上述两种评价的评价主体不尽一致:可行性评价的主体是技术的使用者和同行专家,它评价的是技术的可靠性和实际效用,即新技术能否以较小的投入得到较大的结果;效益评价的主体,特别是社会效益的评价主体,几乎包括了所有的社会成员,如技术的实践者、同行专家、国家机关、社会大众。随着技术从古代、近代到现代的发展,这两种评价总的趋势是,从无组织到有组织、从民间到政府参与的有序化发展。而且,技术通过评价成为技术规范的形式,现代与古代也不一样。现代的技术规范,往往采取了行业规章和政府颁布的法律的形式,而在古代,它则是以世代传承和固化的方式实现的,甚至借助宗教仪式来强化。这种方式,即使在现今的一些传统的技术领域,如农业技术、手工艺技术等领域也存在着。美国当代著名科学哲学家瓦托夫斯基曾明确地指出了这一点,他认为,随着工具制造的专业化和劳动的分工,工具制造者的工艺变成了一种近乎宗教的活动,"它的规定变成宗教仪式般的法令:'只能用这种方法做这件事,不能用别的方法'。"[1]

2. 生产劳动经验的总结、科学原理的转化——技术的形成——专利技术及其推广——技术规范

这是一条以专利技术及其推广为主线的技术规范的形成路径。也就是说,和第一条路径相比,技术向技术规范转化中的"示范、模仿、改进",都是建立在技术的专利权及其许可基础上的。

---

[1] [美]M.W.瓦托夫斯基:《科学思想的概念基础》,第78页。

第十九章 技术规范

在近代中后期,主要资本主义国家先后建立了专利法。[①] 当技术获得受法律保护的专有权利后,技术的推广、扩散往往采取了专利买卖的形式。比如,1856年英国人贝塞麦发明的"转炉吹炼法",1857年取得发明专利权,1858年首先被法国引入,以后在德国、美国转炉炼钢技术也被大规模地引进。被视为与转炉炼钢法一起打下了近代炼钢基础的"平炉炼钢法",也是以专利的形式出现和扩散的:德国人西门子和他的弟弟1856年取得了为制造玻璃提高炉温而发明的用废气预热的蓄热法的专利,他们将其应用于熔化坩埚钢,研究成功了用生铁和铁矿石一起炼钢的方法,即平炉炼钢法,并于1867年取得专利权;同一时间,法国的马丁在得到西门子的蓄热法的专利后,试验成功了用生铁和废铁一起炼钢的方法(因此,平炉炼钢法也被称为"西门子—马丁法炼钢法")。再如,丰田公司的创始人丰田佐吉1891年获得的"丰田式木制人力纺织机"专利,以后改进为木制动力纺织机和自动纺织机,1929年这种自动纺织机被当时世界一流的英国"普拉特兄弟纺织机公司"的技术部门评价为世界第一,并以购买专利权的形式引进。

在这里,专利技术的应用、推广、许可本身具有了技术示范、竞争的性质,技术规范形成的第一条路径中的"示范、模仿、改进"被"专利技术的推广——专利技术的许可、改进——新的专利技术"这一过程所替代。比如,19世纪初蒸汽机车技术规范的形成就是

[①] 1474年的威尼斯的"专利法"是最早出现的最接近现代专利制度的法律。在此之前在一些国家,如英国、意大利等,曾出现过个别性的被授予专有特权的发明,如1331年英王爱德华三世曾授予佛兰德的工艺师约翰·卡姆比(John Kempe)在缝纫与染织技术方面的"垄断权"。但对现代专利制度和世界工业技术发展影响最大的,是1624年英国的"垄断法规",它被认为是世界上第一部现代意义的专利法。此后,美国于1790年,法国于1791年,荷兰于1817年,德国于1877年,日本于1885年,先后制定了自己的专利法。

这样。1800年英国工程师理查德·特里维西克发明了"排气式蒸汽机",获得专利权。1803年左右,特里维西克机车在英国的冶炼厂投入使用。在一次实验中,这种机车"拉着5辆四轮货车,载着10吨铁、70个人,时速约5英里"①。尽管特里维西克机车因为铁轨的原因没有得到很大的发展,但它确立了"排气式蒸汽机"技术,并在19世纪的头10年,通过实际的示范,给人们展示了商用蒸汽机的可能性。此后,蒸汽机车出现了"多管锅炉"和"利用废气排放抽风助燃"等专利技术。联合应用这些技术,再加上在机械方面的创造,乔治·史蒂芬逊父子发明了后来闻名于世一个多世纪的蒸汽机车的原型。这种类型的蒸汽机车的技术规范的形成,在历史上是在比赛中以实际的技术可行性和高效益征服人们的。1829年秋,5台机车在几千名观众面前进行比赛,史蒂芬逊的"火箭号"以绝对的优势获胜,它初试时平均速度已达每小时25公里,在后来几天的示范性运行中达到了56公里的时速。这场比赛,展示出了蒸汽机车牵引的现实可行性,表现出了史蒂芬逊机车的高效率,并赢得了7辆蒸汽机车的订单。从此,人们迎来了铁路时代,"1830年利物浦—曼彻史特铁路正式通车。通车10年以后,英国和爱尔兰的铁路增加到1350公里,又过10年便超过了1万公里。"②总结蒸汽机车技术规范的形成,首先是特里维西克确立了"排气式蒸汽机"技术,并在这种专利技术的推广中示范了这种不同于瓦特蒸汽机技术的现实可行性,"多管锅炉"和"利用废气排放抽风助燃"等专利技术的出现进一步改进了这项技术,综合应用这些技术制造的史蒂芬逊机车示范了火车的效率和速度,相关的技

---

① 高达声等:《近现代技术史简编》,第230页。
② [德]瓦尔特·康拉德著,吴衡康等译:《近代科技史话》,科学普及出版社,1981年,第33页。

术规范影响了铁路交通一个多世纪。

总之,在普遍实现专利制度的工业化时期,"技术——专利技术——专利权的许可、推广——技术规范",不是技术规范形成的个别实例,而是技术规范形成的一种普遍性的发展路径。专利的所有者在专利技术的推广中财富迅速积累,技术的发展有了更直接的刺激和促进。专利技术及其许可,成为了工业化时代技术转化为技术规范的普遍性环节。

3. 科学原理——技术——专利技术——专利技术的标准化——技术标准——技术规范

这是一条以专利技术与技术标准的捆绑为实质的技术规范的形成路径。和第二条路径相比,"专利技术的标准化——技术标准"是这条技术规范形成路径的核心环节。走技术标准路线,是当今世界技术规范最突出的发展趋势。

在第二条形成路径中,我们重点阐释的也是专利技术在技术规范形成中的地位,但在那里,仅仅是以技术的观点来看待专利技术及其推广普及的(在近代和现代早期就是那样),而在这里,强调的是以技术标准的观念来看待专利技术并以专利技术的标准化为突破口。按照国际化标准(ISO)的定义,所谓"技术标准"是指"一种或一系列具有强制性要求或指导性功能,内容含有细节性技术要求和有关技术方案的文件,其目的是让相关的产品或者服务达到一定的安全标准或者进入市场的要求"。简单地说,技术标准的实质,就是对一个或几个生产技术设立的必须符合的要求以及能达到此标准的实施技术。在观念上,"技术标准"比技术要高一个层次:"技术的观点"的着眼点是先进的技术及产品,而"标准的观点"的着眼点是技术标准及产业;在推广和普及技术,使之转化为技术规范这一点上,"技术的观点"着眼于专利技术许可贸易(有的也包括产品贸易),而"标准的观点"则强调专利技术与技术标准的捆绑,将专利技术纳入技术标准之中。它以技术标准的许可和管理的形式,使标准及其包含的专利技术成为某一领域调控人们技术行为的技术规范。

在这里,我们要看到当代的标准化与近代、现代早期的标准化在观念上的差别:后者实质上是机器制造时代提高生产效率的途径,这时的标准是关于产品的标准或者检验相关产品符合标准的方法和尺度,它不包括具体的制造产品的技术;而作为当代技术标准核心的是专利技术与技术标准的捆绑,一方面它为技术和产品确立了标准,不达到此标准的就是不合格的技术和产品,另一方面,技术标准中的技术被认为是完备的,达不到生产的技术标准的企业,可以向标准体系寻求技术的许可,获得相应的成熟技术的使用许可。在这里,我们看到了"标准"与技术的结合形式,那就是,标准的所有者借助于标准所包含的专利技术而拥有了知识产权,而标准的普及以及标准在市场准入方面的作用(即排斥不符合标准的产品)又推动了捆绑在其中的专利技术的许可、应用。我国DVD企业遭受3C联盟(由飞利浦、索尼、先锋组成)和6C联盟(由日立、IBM、松下、三菱电机、东芝、JVC和华纳组成)的收费事件,就是因为我国企业所用的3C、6C的DVD标准包含着大量的专利技术。

在这种生成方式中,技术要是上升为技术规范,首先必须使之成为某一层次的技术标准,"专利技术的标准化——技术标准"是首要环节。一般来说,企业与技术标准的关系有三种:企业是标准所包含的技术的所有者;企业参与标准联盟,是标准的管理者;企业是标准的被许可方,即标准的使用者。一项技术要转化成技术规范,对其拥有所有权的企业就应该成为不同层次标准的发起者和制定者。

第十九章 技术规范

企业制定的技术标准,首先还只是企业标准,这种企业标准及其所包含的专利技术要转化为技术规范,一般有两种途径或方式:一是"法定的"方式,即通过政府的或政府授权的标准化组织,使之成为行业的乃至国家的法定标准;二是"事实的"方式,即企业或者企业联盟,通过扩大标准及其专利技术占用、控制的市场容量,强化自己的专利技术在该技术领域的主导地位,使自己的标准及其技术变成"事实上的"标准,即事实标准。

而技术标准通过"事实标准"转化为技术规范,又可以有两种形式:一是独家垄断式。如果企业具有庞大的市场占有率,在该技术领域长期居于主导地位,这种情况下可能企业并没有刻意追求技术的标准化,但其标准及技术"事实上"就是行业标准、国家标准或者国际标准,因而是该领域的技术规范。这种形式的典型实例,是美国微软公司的 Windows 操作系统和英特尔公司的微处理器标准,人们将之称为"WinTel 事实标准"。二是企业联盟式。即企业为了使自己的技术标准变成行业标准、国家标准甚至是国际标准,从一开始就着眼于技术的标准化,通过标准化管理、标准化许可和技术许可使标准和技术借助标准联盟的形式转化为技术规范。在这种形式中,标准开放的程度、市场的占有率、核心专利技术的数量和质量、技术能力等,是决定技术标准转化为技术规范的基本因素。

当然,技术标准转化为技术规范的"法定的"方式和"事实的"方式并不是矛盾的。法定标准的确立,一般都要考虑技术标准事实上的市场占有率和专利技术的先进性,而事实标准往往最后也可能以"法定的"形式出现。比如,WCDMA、CDMA2000 和 TD-SCDMA 开始都可以认为是企业联盟的事实标准,2000 年 5 月国际电信联盟(ITU)将它们确定为 3G 的三大技术标准,它们先后也被我国确立为中国通信行业标准。

二、技术规范形成的条件

技术规范形成条件的确切内涵是"技术规范形成的充分而且必要的条件"。我们上面阐述了技术规范的形成路径,对这些路径的理解本身就需要结合一定的条件进行。技术规范的形成条件,是揭示技术规范形成规律的关节点。

规范判断是事实判断与价值判断相结合的产物,是真和善的统一。规范中的真即规范的合规律性,规范中的善即规范的价值取向。在一般意义上,"对客观规律或客观的因果联系的把握,对合规律的行为方式及其后果之利弊的评价,共同构成规范形成的充分而且必要的条件。"[①]这个一般结论对于技术规范是否具有普遍性?如果它是适用的,其在技术规范上的表现形式又是怎样的?这些问题,都是我们研究技术规范要具体分析和回答的。

在我们上面对技术规范形成路径的分析中,直观地看,试错中总结生产经验形成的个人的技术行为,所以能起到示范的作用,被别人深切地感到有模仿的必要,从而变成一种比较普遍的技术行为模式的原因,首先是因为它在实践中的行之有效。规范是一种告诉人们应如何作为且希望人们都如此作为的指示,它所指示的行为必须具有达到预期效果的可能性。而行为的可行性及其达到预期效果的可能性,必须以行为的合规律性为前提,不合规律的行为是不可行、无效果,甚至效果相反的。因此,合规律性是社会规范,也必然是调整人与自然关系的技术规范得以形成的前提之一。

比如,由贝塞麦发明的成为炼钢技术规范的"转炉吹炼法",只要在装有熔融生铁的炉子中鼓入充分的空气,不需要加入任何燃料,就可以将生铁炼成熟铁。这看起来不可思议,但却是合规律

[①] 徐梦秋:"规范何以可能",《学术月刊》,2002年第7期,第58页。

第十九章 技术规范

的——锰、硅在高温下均以游离离子形式存在,即二价锰离子和四价硅离子,遇到空气中的氧生成相应的氧化物[MnO]和[SiO$_2$],而碳则生成 CO$_2$ 气体,它们在氧化的同时释放出热量,炉子的温度升高。不仅如此,炼钢技术规范的每一个发展,也都是合乎规律的,即都是用合乎规律的方式解决了某一个重大技术问题,从而推动炼钢技术规范的发展。在贝塞麦"转炉吹炼法"基础上形成的"碱性转炉炼钢法",就是利用化学反应规律解决了"高磷"问题。英国人托马斯发现,在吹入空气后,生铁中的磷被空气氧化后生成五氧化二磷,而五氧化二磷又被炼炉的酸性硅质炉衬还原为磷,重新进入钢中。据此,他用碱性的白云石做炉衬,用碱性石灰石作溶剂,在鼓入空气的同时往炉中添加石灰石,不仅使生铁脱磷,而且由于炉渣含磷丰富可以做肥料。现代的"氧气顶吹转炉"炼钢技术规范,也是利用化学规律,解决了"碱性转炉炼钢法"在吹入空气后带来的高氮问题,改为由顶部吹入氧气。即使是历史上的那些由生产劳动经验转化而来,根据技术效用确立的技术规范,虽然对它们所包含的自然规律,当时人们未必有清晰的认识,但它们也都是合规律的。比如,我国古代炼丹家发明的火药制作技术规范,就是这方面的典型代表。它是典型的在试错中确立有效用的行为,并在技术运用中不断改进,形成普遍的火药制作技术规范的过程(而不是在已知的相关化学反应规律基础上形成的)。唐初炼丹家孙思邈的"丹经内伏硫黄法"已有了硫黄"伏火"及"火药配方"的规则,到了中唐宪宗元和三年《铅汞甲辰至宝集成》中记载的"伏火帆法"已有了防止爆炸的设备要求,到了宋元时期"火药的配方已经脱离了初始阶段,有了比较合理的分量配比"[1]。当然,和古代许

---

[1] [德]陈美东:《简明中国科学技术史话》,中国青年出版社,1990年,第406页。

多发明创造一样,我国古代火药配方的效用规则不是明确阐述的,而只是"暗合"了火药制作的规律性。在我们上面说的"伏火硫黄法"和"伏火矾法"中,人们还没有自觉地意识到用硫黄、硝石等配制的是一种火药或会着火的药,到中唐以后,人们才有了这种明确意识。虽然宋元时期人们已明确了火药的主要成分是硫黄、硝石和木炭,而且硝石和硫黄的比已接近3/4的合理比例,但也还只能说,这种技术规范的合规律性是"暗合",是不自觉地对自然规律的符合。这不是个案的情况,而是近代自然科学系统发生前以生产劳动经验为基础的技术及其规范形成的基本特点。总之,对客观规律或客观的因果联系的把握是技术规范形成必须具备的条件。

然而,并不是所有合规律的技术都能够成为技术规范。在同时出现的多种技术中,只能是少数甚至一种技术普遍化为技术规范,尽管这些技术都是合规律的(它们符合的规律可能不同)。这一点充分说明,在合规律性的背后,还有更进一步地决定技术规范形成的关键性条件。

和科学相比,技术最大的一个区别就是它的实用性、功利性,在技术的评价和选择中,我们不仅要讲技术的合规律性,在此基础上更要讲技术的实用性、效益性(否则,就不能解释电视机从"黑白"到"彩色"再到等离子电视、液晶电视的发展,也不能解释蒸汽机为什么被淘汰)。它们之间的关系是,合规律的技术未必同时都是更有效用、更好的技术,好的有效的技术却必定是合规律的,而且对自然界更深层次的认识往往可能产生更有效率的改造和控制自然对象的技术。比如,重力选矿技术尽管它也是符合科学原理、科学规律,但相对于浮选和磁选技术,它显然是落后、实用性差和效率低的(它不仅选矿回收率低,对不少矿物的选别效果差,而且遇到复杂矿就无能为力了),而比重力选矿效果好的浮选和磁选,

第十九章　技术规范

由于应用了新的科学原理,因而选矿效果也更好。如磁选,就是在重力原理基础上,应用了磁的规律,它利用磁铁矿、铅锌矿、钛铁矿等具有较高磁化率的金属矿物能被磁铁吸起的性质,把矿物和脉石分开。可见,好的技术,不论是应用了更深层次的自然规律,还是使用了更有效、更复杂的技术手段,都是能够以最小的投入得到最大效益的技术。决定技术向技术规范转化的一个直接的因素就是技术的有效性程度。我们用"效用性"来表示技术的实用性、有效性,它的实质是技术的效力和作用,侧重于技术的自然后果。能够普及推广、被同行业所普遍接受,从而成为技术规范的技术,不仅是有效用的,而且必定是效用高的技术,即在当时的条件下能够以最小的投入得到最大效益的技术。效用性高或者高效用性是技术规范形成的关键性条件。

在我们上面提出的技术规范形成的路径中,高效用性条件得到了充分的体现。比如,我国奴隶社会,耦耕技术规范的形成,就是因为正如《易经·系辞》所言,耒耜具有"以教天下"之利;而到了封建社会,我国的农耕技术规范从耦耕转变犁耕,也是因为后者具有更高的效用——畜力比人力大,耐力强,它和能够贴地拖行的犁耕结合,比只能自上而下蹾入土壤的耒耜效用高得多。再如,综合应用了"排气式蒸汽机"技术、"多管锅炉"技术和"利用废气排放抽风助燃"技术的蒸汽机制造技术,所以能够成为蒸汽机车的技术规范,最重要的原因就是应用它制造的蒸汽机比瓦特式蒸汽机更有效用(因为,如果人们用瓦特式蒸汽机作为机车,它自身太笨重,蒸汽压太低,机车牵引力小,若要加大牵引力就要加大活塞面积,从而会使蒸汽机更笨重,输出功率下降)。1829 年包括史蒂芬逊的"火箭号"在内的五台机车进行的比赛,实际上就是对蒸汽机车效用性高低的检验,比赛结果是对高效用机车技术的肯定。

这样,我们就提出了技术规范形成的关键性条件,即高效用性。这和在一般意义上的规范得以确立的合规律性这一条件并不矛盾。技术规范的高效用性标准已将合规律性包含在自身之内。因为,技术的合规律性是技术具有效用的前提和基础。一项具有高效用的技术,必然是合自然规律的。一般地说,决定技术效用性高低的因素有两个方面,一是技术所蕴含的自然规律,二是技术运用自然规律的不同方式。一般地,应用更深层次的自然规律,是提高技术效用性的基础。比如,重力选矿技术只利用了重力规律,而磁选,除了重力规律,还应用了磁的规律。应用同一种自然规律的技术,技术的效用性取决于技术手段的先进性。比如,蒸汽机和内燃机,在利用自然规律方面都是将热能转化为机械能,但它们实现这一技术目的的手段是不同的:蒸汽机采用的是"外燃",内燃机则是"内燃"的方式;"内燃"是比"外燃"更先进的技术手段(燃料在汽缸内直接燃烧,减少了热能的损失,提高了热效率,同时它在结构上更加紧凑)。因此,技术的效用性蕴含了技术的合规律性,具有高效用性的技术不仅合规律,而且具有先进的技术手段。总之,技术具有效用,而成为技术规范的技术必须具有高效用。

现实地使高效用的技术成为技术规范的,是社会对技术效用性的评价。技术的高效用性和评价主体对这种效用的评价,共同构成了技术规范形成的充分而且必要的条件。

社会对技术效用性的评价,是评价主体根据特定的价值观对技术的评价,它体现了评价主体与技术效用之间的价值关系。我们前面在引入"效用性"概念时,说技术的效用性侧重于技术的自然后果,其内涵是技术的效力和作用,但这并不是说,效用性是纯粹的事实性的概念,恰恰相反,它是事实与价值的统一。在事实方面,技术的效用性包含着技术的客观效力和作用,比如热效率高的动力机技术的效用性就高，这是客观的；在价值方面，技术的效用性以技术对人类的一般性价值为背景，它预设了诸如热效率高（如对动力机）、清晰度高（如对电视机）、容量大（如对电脑硬盘）就好，而污染环境、噪音太大等等就不好的一系列价值观念。但这种以技术对人类的一般性价值为背景的情况，与我们所说的社会对技术效用性的评价，是有区别的。前者的价值是一般性的，而后者则是特殊主体，如企业对技术表现出的效用的评价，是相对于特定价值主体而言的价值属性。

制约主体对技术效用性进行社会评价的因素是多方面的，有诸如经济的、法律的、产业的、安全的、环境的、伦理的甚至宗教的等方面的因素。比如，企业与国家的经济利益，自己对被评价的核心技术是否拥有自主知识产权，它是否与国家产业的发展方向一致，是否有利于加强国家产业在国际上的竞争力，以及被评价的技术是否对国家安全和环境产生影响，它与国家和民族的伦理观念之间的关系等等。在技术评价实践中，事实上除了来自评价主体的价值因素，在经济全球化背景下，还现实地包括评价主体面临的来自对被评价标准及技术具有所有权的企业联盟及其国家的压力。

在上述价值因素的综合作用下，拥有不同价值的不同的利益主体，对同一技术效用性的评价，可能会完全不同。比如，信息产业部将EVD确立为我国下一代DVD的指导性的技术标准，认为它具有高清晰性，应用广泛（如支持家庭信息网络、游戏等），向下的兼容性强，成本低廉，在音频压缩等核心技术上具有世界先进水平等等，而很多企业认为，EVD只是改良版的DVD，在和蓝光DVD、HDDVD的竞争中不可能成气候。HDDVD被国际"DVD论坛"确立为DVD技术标准，而蓝光DVD除了有飞利浦、索尼、日立、三星等支持外,还得到了计算机方面的巨头微软、英特尔、戴尔、惠普等的支持。下一代DVD技术标准上的混乱,虽然有技术本身的因素,但主要还是由不同的主体的利益追逐造成的。在以技术标准方式成为技术规范的形成途径中,这种情况具有一般性。

总之,我们认为,技术的高效用和评价主体对这种效用性的评价,构成了技术规范形成的充分而且必要的条件。一项具有高效用性的技术,如果它通过了社会的评价并推广开来,就成为技术规范。在技术规范的形成中,这两个条件的运行,构成两种力量的交织:一是技术的自然效用,这是客观的因素,二是由评价主体引入的价值要素,它的核心是利益。在现代社会,这两种要素演变出四重关系:即技术对对象的合规律性和效用性关系、技术的所有者对于技术的知识产权关系、评价主体对技术效用的评价关系、技术的所有者与评价主体之间的利益关系。技术就是在上面这两个条件的运行、两种力量的冲撞、四重关系的交织中,转化成技术规范的。

第二十章 科学规范

科学工作者的行为和活动,既受科学发展规律的支配,也受科学共同体的规范的制约。科学活动的自由度与成效,取决于科学家如何处理自己与这两个根本性因素的关系。因此,加强对科学规范的研究,无疑是具有重大意义的。而在当今这个大科学时代,科学界频频爆出的失范行为和违规事件,也使科学界痛感加强科学共同体的行为规范建设的重要性。

第一节 默顿的科学规范论的形成

科学社会学的创始人默顿,是最早对科学规范开展研究和阐述的学者,是科学规范论这一领域的拓荒者。早在1942年,默顿就明确地提出了"科学的精神特质"[①]这一概念,把"科学的精神特质"定义为"约束科学家的有感情色彩的价值观和规范的综合体"[②],并提出和阐述了若干基本的科学规范,阐述了科学的规范结构。默顿的科学规范论思想的形成与默顿本人的学术进路、当

[①] "科学的精神特质"的英文是"the ethos of science"。"Ethos"通常被译为"精神气质",鉴于"ethos"是指一定领域或时代的社会或文化的综合特征,其确切含义是"社会的特质";"文化精神";"团体或社会的生活准则",故本文采用"精神特质"这一译名。

[②] [美]默顿著,鲁旭东、林聚任译:《科学社会学》,商务印书馆,2003年,第363页。

时的学术文化背景和社会政治背景密切相关,是多种因素综合起作用的结果。国内对默顿思想的某些误译和误解,与对默顿科学规范的形成过程不太了解,有相当的关系,因此有必要对之作一深入的探究和阐述。

一、从"清教的精神特质"到"科学的精神特质"

默顿受到韦伯的"清教的精神特质对资本主义具有一种刺激作用"的观点的启发,他认为,"既然科学和技术在近代资本主义文化中发挥着如此重大的作用,那么,清教主义与科学之间也很有可能存在着类似的实质性联系。"[1]在其经典之作《十七世纪英格兰的科学、技术与社会》(以下简称《科学、技术与社会》)一书中,默顿提出了著名的"清教—科学假说"——清教无意之中刺激了新科学的兴起。这一假说被库恩、科恩等科学史学家称为"默顿命题"[2]。

宗教本来是与科学相矛盾的,清教为何能促进科学的发展?默顿认为,虽然17世纪英格兰清教各派别的学说种类繁多,但存在着一个为所有教派都能接受的共同的核心价值,各教派都拥有一种共同的宗教伦理或精神特质。由于清教的这种精神特质与科

---

[1] [美]默顿著,范岱年等译:《十七世纪英格兰的科学、技术与社会》,商务印书馆,2000年,第94页。

[2] 早在1954年,美国蒙大拿州立大学的社会学家卡罗尔(James W. Carroll)就在其《关于英国科学的默顿命题》一文中使用了"默顿命题"(Merton's thesis)这个术语。在卡罗尔那里,"默顿命题"只涉及科学与清教的关系。1968年,库恩为《社会科学国际百科全书》撰写的"科学史"条目中,把"默顿命题"作为一个子条目,作了详细的阐述。后来,"默顿命题"作为词条被收录在《科学史辞典》(1981,普林斯顿大学出版社)中。其撰写人夏平(Steven Shapin)认为,"默顿命题"实际上包括两个方面:一是"经济和军事的迫切需要对科学研究焦点的影响",二是,"默顿主张,作为英国新教的一种形式的清教与当时科学的制度化之间有着积极的重要联系"。但是人们感兴趣、争论最多的是"默顿命题"所包含的清教与科学的关系方面,因此,当人们言及"默顿命题"时,通常仅指清教与科学的关系。本文也是在这一意义上使用"默顿命题"这个术语的。

学具有内在的相容性、一致性与亲和性,从而提供了一个动力,促进了英国科学的兴起。清教的这种精神特质是什么呢?默顿从"历史上清教徒的最好的代表人物"理查德·巴克斯特(Baxter)所著的《基督教指南》一书中,发现了关于清教精神特质的主要因素的经典性表述,后来他把它概括为七点:"(1)对功利主义不加掩饰的强调;(2)对世俗的兴趣;(3)相信对世界本质的科学理解表明了自然的伟大创作者上帝的荣耀;(4)挑战各种形式的权威的权利乃至责任;(5)强烈的反传统主义倾向;(6)彻底的经验主义;(7)崇尚理性"[1]。在默顿看来,这些体现在清教精神特质中的价值观念与科学的价值观念在很大程度上是一致的;特别是清教强调经验和理性是行动和信仰的基础,更是与科学精神之核心(求实和尚理——笔者注)相吻合。"可能正是在这一点上,清教主义和科学最为气味相投,因为在清教伦理中居十分显著位置的理性论和经验论的结合,也构成了近代科学的精神实质"[2]。

美国科学社会学家斯托勒认为,默顿提出的普遍主义等四个规范与17世纪新教伦理有着明显的相似性。他在默顿的《科学社会学》一书的"导读"中指出:"非谋利性(disinterestedness)规范[3]会因为其类似于天职或'感召'的观念而得到强化;通过揭示和公

---

[1] Robert K. Merton, "The Fallacy of Lastest Word: The Case of Pietism and Science", in *American Journal of Sociology* 89(1984):1099.

[2] [美]默顿:《十七世纪英格兰的科学、技术与社会》,第133页。

[3] "disinterestedness"是默顿四个规范中最容易引起误解的一个规范,最初译为"无偏见性"、"公正性"或"诚实性",现在多译作"无私利性"。这些译名都从某个方面反映了"disinterestedness"一词的含义,但仍有缺失。因此,我们查阅了大量原始文献,有关默顿本人的上述阐述,以及一些西方学者的理解(如朱克曼、斯托勒、加斯顿、巴恩斯、洛斯曼、本·戴维、麦卡拉、伊兹克威兹等人的讨论),我们已建议把"disinterestedness"译为"非谋利性"或"超功利性"(请参见《无私利性规范的内涵、合理性和适用范围》,《自然辩证法研究》2004年第6期)。

开上帝的杰作来颂扬上帝的心愿具有传播福音的意义,这无疑使科学的公有主义规范合法化;特别是,加尔文主义强调在全能的上帝面前灵魂平等,是对普遍主义规范强有力的支持,人们甚至可以推想,有组织的怀疑主义能从这样一些人的相互怀疑中得到实质的激发:这些人可能永远也无法确定,其家庭和朋友中的哪些人会被'救赎',哪些人会'永世受罚'。"①

默顿在《科学、技术与社会》中论述清教与科学的关系时,多次用到"清教的精神特质"一词(有时用"清教伦理"),"清教的精神特质"已成为"科学的精神特质"和"科学规范论"的理论源头之一。尽管此时的默顿还没有提出"科学的精神特质"一词,但对其内容已有所涉及,有所"预示"。具体体现在:

(1)默顿谈到了科学的制度化价值观与科学家的道德规范。默顿指出:"一旦科学成为牢固的体制之后……社会体制化的价值被作为不证自明、无需证明的东西。"②而作为一种社会活动,"科学需要许多人物的交流,现代的思想与过去的思想相互交流……它预设了科学家的不谋利、正直与诚实,因而指向了道德规范"③。当然,默顿此时对科学的制度化的价值观、科学家的道德规范的阐述是顺带性的,我们还不能把它看成关于科学的精神特质、科学的规范的完备阐述;但是毫无疑问,默顿已经开始在思考"科学的精神特质"这一问题了。换言之,"科学的精神特质"这一概念已处在酝酿与萌芽之中。

(2)默顿阐述了科学的自主性及其与功利标准的联系和冲突。

---

① Robert K. Merton, *The Sociology of Science: Theoretical and Empirical Investigations*. Chicago: University of Chicago Press, 1973, p. 227.
② [美]默顿:《十七世纪英格兰的科学、技术与社会》,第 122 页。
③ [美]默顿:《十七世纪英格兰的科学、技术与社会》,第 279 页。

默顿认为,在科学发展的不同阶段,功利标准具有不同的作用。他指出:在"科学获得作为一种社会体制的牢固基础以前,它需要合法化的外界来源"[①],即科学必须通过自身的有用性来为自己辩护,来获得自己存在的合法性。"当科学尚未获得社会自主性的时候,对功利的强调可以作为对科学的一种支持"[②]。当时作为一种足够强大的社会力量的清教就是因科学的功利价值而赏识和支持科学的。这正如默顿所言:"科学体现了一些行为形式,它们投合清教徒的口味。首先就在于它拥有两种受到高度赏识的价值:功利主义和经验论。"[③]但是,一旦科学被体制化,获得自主性,功利标准的负面作用就暴露出来了,它会"给科学强加一个限制","因为一旦有用性变成科学成就的唯一标准,具有内在科学重要性的大量问题就不再进行研究了"。[④] 显然,默顿已认识到:"在十七世纪,对科学的最有效的支持是功利标准;今天,它却时而对科学起着一种压制的作用"[⑤]。因此,默顿主张,"功利性应该是一种科学可以接受的副产品而不是科学的主要目的"[⑥],科学的主要目的是"扩展被证实了的知识"。默顿赞同科学家拒绝把功利主义应用于他们的工作,认为"寻求真理本身就是报酬",科学家应该不谋利地追求真理。默顿的上述思想,是他后来系统阐述科学的价值目标、提出科学的"非谋利性"这一规范的前奏。

默顿为了验证其"清教—科学假说",详细地考察了英国皇家

---

① [美]默顿:《十七世纪英格兰的科学、技术与社会》,第18页。
② [美]默顿:《十七世纪英格兰的科学、技术与社会》,第287页。
③ [美]默顿:《十七世纪英格兰的科学、技术与社会》,第130页。
④ [美]默顿:《十七世纪英格兰的科学、技术与社会》,第287页。
⑤ [美]默顿:《十七世纪英格兰的科学、技术与社会》,第287页。
⑥ [美]默顿:《十七世纪英格兰的科学、技术与社会》,第287页。

学会①的成员组成和发展历史,广泛利用了斯普拉特(Thomas Sprat)的《皇家学会史》(1667)一书。这对默顿后来提出"科学的精神特质",提出普遍主义等规范,产生了显现的或潜在的影响。以下三个方面的影响是比较容易识别的:其一,在皇家学会成立之初,虽然其成员大多是贵族和绅士,但皇家学会的主要成员很早就意识到了"普遍主义"对于科学的重要性。他们主张防止狭隘的国家利益和宗教利益对科学知识和科学活动的影响,允许来自各种身份、各个阶层的人士进入皇家学会。如同斯普拉特所指出:"他们不加限制地接纳不同的宗教、不同的国家、不同的职业的各种人士。他们必须这样做,否则,就背离了他们学会的宏旨。因为,他们已公开地表明:学会不是基于英格兰的、苏格兰的、爱尔兰的、波兰的,或者新教的哲学,而是基于全人类的哲学。"②在这样一种"基于全人类的哲学"的方针下,皇家学会的成员组成具有广泛的包容性和多样性,其中有士兵、商人、学者、绅士、朝臣、法官、牧师、长老教会员、天主教教徒、新教徒、无教派人士,等等。在学会的活动中,他们的身份、地位被搁置于一边。这无不展现了默顿所阐明的普遍主义规范的要求:"在各种职业上对有才能的人开放"③的基本要求。

其二,与"公有主义"规范有关,皇家学会一直寻求使科学家对

---

① 在17世纪中叶,在英国上层社会人士之中,逐渐出现了以科学实验为媒介的各种定期聚会和组织,被谑称为"无形学院"(皇家学会的前身)。1662年皇家学会得到英王查理二世的特许状而正式成立,次年公布了会章。皇家学会的会章明确了科学活动的社会价值和功能,规定了科学研究的范围、目的和基本手段。英国皇家学会是历史上出现的第一个重要的科学家组织,它的出现标志着科学活动的制度化。

② K. Brad Wray,"Invisible Hands and the Success of Science",in *Philosophy of Science* 67 (March)(2000):170.

③ [美]默顿:《科学社会学》,第368页。

其发现及时公开而不再保密的办法。那时的许多科学家,包括牛顿这样的伟大科学家,因优先权问题而不愿公布他们的新发现。什么样的制度安排才能激励科学家乐于公开交流他们的发现呢?皇家学会早在《哲学会刊》创刊之前,就已采用了一种制度性的方法鼓励科学家公布他们新的研究成果,即通过记录首次收到稿件的日期来正式确认发现的优先权。学会的正式刊物《哲学会刊》的编辑奥尔登伯格还提出,除了登记以外,"及时发表是保护知识产权的另一种措施"[①]。这样就解决了"使新发现公开同时保证其作者荣誉的难题的办法"[②],从而促进了科学信息的交流。对于这些情况,默顿是知悉的。后来默顿还与朱克曼一道详细地考察了期刊文章评议系统的产生,充分肯定奥尔登伯格促使公有主义规范制度化的努力。

其三,斯普拉特在《皇家学会史》一书中,多处谈到质疑和批评对科学研究的作用。例如,斯普拉特认为建设性的批评是防止主观错误,保证科学的客观性、普遍有效性的必要手段。他提出了"眼力的联盟"(union of eyes)的概念,它意指科学家的集体性判断力。在斯普拉特看来,科学家"眼力的联盟"是批判不顾实际的教条和抑制华而不实的作风的最重要方式;通过可靠的实践和范例拒绝浮夸粉饰之言辞,也有赖于"眼力的联盟"作为媒介而发挥建设性的作用。[③] 斯普拉特的观点和阐述与默顿对"有组织的怀疑主义"规范的阐述显然是相吻合的。两人都强调科学批评、科学

---

① [美]默顿:《科学社会学》,第640页。
② 美国科学院等编,何传启译:《怎样当一名科学家——科学研究中的负责行为》,科学出版社,1996年,第12页。
③ Y. Ezrahi,"Science and the Problem of Authority in Democracy", in *Science and Social Structure: A Festschrift for Robert K. Merton*, ed. T. F. Gieryn. New York: The N. Y. Academy of Science, 1980, p. 48.

质疑的作用,不同的只是默顿更加强调了"有组织的"怀疑。默顿熟悉斯普拉特的思想并有所吸取利用是毋庸置疑的。

二、帕森斯的结构功能主义对默顿的影响

20 世纪 30 年代初,默顿成为哈佛社会学专业的首届研究生,师从索罗金。不过,对默顿影响最大的则是当时的年青讲师帕森斯。如默顿自己所说:"对我的社会学思想影响最大的不是已负盛名的索罗金,而是尚未成名的帕森斯。"[1]默顿接受了帕森斯的理论框架,并应用于科学制度的研究,提出了科学规范论。

塔尔列特·帕森斯(Talcott Parsons,1902—1979),是 20 世纪 40 年代-60 年代早期美国乃至世界最有影响的社会学家之一。帕森斯的第一部著作《社会行动的结构》,旨在通过对个人行为和大规模的社会系统的分析,为整个社会学提供一个概念框架。该书虽然到 1937 年才出版,但在 5 年前,帕森斯就通过讲课,演讲、讨论、交流等形式"口头发表"了。帕森斯的理论与方法,对默顿等青年学子产生了深刻的影响,也使帕森斯本人在学生的心目中树起了高大的学术形象。默顿说:"好久以前帕森斯就成为了社会学世界的元老(Grand old Man)之一,他是我们这些学生心目中的了不起的青年元老。"[2]

帕森斯的理论起点是社会行动的理论,他所要解决的问题是:社会秩序何以可能?用帕森斯的话来说就是,"究竟是什么使社会维系在一起?是强制的力量还是各种计谋和策略?帕森斯的回答是:"价值是构成社会秩序的绝对必要的条件"[3],"价值取向的模

---

[1] Robert K. Merton, *On Social Structure and Science*. Chicago: The University of Chicago Press,1996, p. 350.

[2] Robert K. Merton, *On Social Structure and Science*, pp. 69 - 70.

[3] 高宣扬:《当代社会学理论》,中国人民大学出版社,2005 年,第 537 页。

式尤其是社会系统的中心。"①在他看来,社会秩序是一些特定的社会系统互动的产物,这些社会系统为不同的行动者提供了共同的价值目标和价值标准,共同的目标以适当的形式激发行动者的动机,行动者根据共同的价值目标和价值标准对情境作出相似的反应,从而形成有序的行为与社会结构②。换言之,在稳定的社会秩序的形成和维持中,共同的价值观和行为规范的确立是关键,而社会化则保证个体对价值观和行为规范的内化。这表明,共同的价值观和规范是社会系统内的各种行为获得一致性的基本条件,也是社会系统各主要功能稳定发挥的根本保证。

帕森斯特别强调社会互动的系统特征,他所关注的是系统如何控制行动者从而维持那个系统的秩序。帕森斯认为,任何一个互动的社会系统都有四个功能性的需要(AGIL):(1)适应(adaption):一个社会系统必须依赖和适应它的环境;(2)目标的达致(goal-attainment):一个社会系统必须确立和实现它的基本价值目标;(3)整合(integration):一个社会系统必须规定它的各个要素相互关系,以维持其内部秩序,而系统要素之间的稳定的关系和秩序要靠系统的基本价值和规范来确立和维持;(4)模式维持(pattern-maintenance):一个系统必须提供各种行为模式以维持和更新个人的从事各种活动的动机,而行为模式是由行为规范来规定的。③一个社会系统只有满足以上四个基本需要,才能发挥其功能,才能维持其秩序和稳定,才能生存。

---

① Nico Stehr,"Robert K. Merton' Sociology of Science", in *Consensus and Controversy*, New York & London:The Falmer Press,1990, p. 289.

② [英]布赖恩·特纳编,李康译:《社会理论指南》,上海人民出版社,2003年,第143页。

③ Nicholas Abercrombie, *The Penguin Dictionary of Sociology*. Penguin Group,2000,p. 255.

默顿,作为帕森斯的学生,虽然他不赞同帕森斯的无所不包的宏大理论取向,但总的来说,他遵循了老师所开创的结构功能主义传统,帕森斯的理论兴趣和理论方法影响了默顿。这种影响体现于默顿的科学社会学研究,特别是科学规范论的研究上。默顿早期的科学社会学研究,主要关注科学发展的社会背景。《科学、技术与社会》一书虽是对科学的社会研究的经典之作,但是它并没有深入到科学本身的社会、文化结构的研究。"科学社会学,由于缺少思考科学本身的社会文化结构所需要的概念框架而受到了严重的妨碍。"[①]这就迫使默顿"进一步努力去找到一个有条理的思想方式,以便分析作为制度化的精神特质的科学(它的规范方面),以及作为社会组织的科学(科学家之间的互动模式)。"[②]

在默顿力图建构可用以分析科学本身的社会结构的概念框架之时,帕森斯的理论正好派上了用场。默顿采纳了帕森斯的那种强调价值观、规范和行为的社会控制的结构功能主义理论模式,并把它应用于对科学系统的研究之中。默顿认同帕森斯的"价值取向的模式尤其是社会系统的中心"的观点,并认为,"一种新的社会秩序的存在是以一套新的价值体系为先决条件的"[③]。作为社会子系统的科学当然也是这样,科学的价值和规范是科学的社会组织结构的核心,科学的社会秩序的产生和维持是以它们为前提和保证的。为此,要对科学系统的社会组织的特征进行深入分析,就必须首先揭示科学的"价值体系"、"价值取向模式"和"规范结构"。默顿受帕森斯提出的任何社会系统都有四个功能性需要的思想的

---

① Robert K. Merton, *The Sociology of Science: An Episodic Memoir*. Southern Illinois University Press, 1977, p. 22.
② Robert K. Merton, *The Sociology of Science: An Episodic Memoir*, p. 22.
③ [美]默顿:《科学社会学》,第 vii 页。

启发,认为科学是一个既依赖和适应社会环境又具有相对自主性的社会系统(默顿后期的科学社会学强调的是科学的自主性),科学系统的最根本的价值目标就是"扩展被证实的知识";这个制度性目标派生出一套制度性规范;这些规范通过社会化而被科学家所内化,从而激励、控制科学家的动机,调整科学家之间的相互关系,以促进系统"目标的达致"。在默顿看来,科学的"价值体系"或"价值取向模式"就蕴含于"科学的精神特质"之中,科学的精神特质构成了科学系统有序运行的基础。显然,帕森斯所提出的那一套分析一般社会系统和行为的概念,都被默顿采纳,并开创性地用于分析科学系统和科学家的行为。从"社会系统"到"科学系统",从"系统目标"到"科学的制度性目标",从"行为规范"到"科学规范",从"价值和规范的社会化、内化"到"科学的精神特质",从"社会控制"到"科学的社会控制",从"系统的自主与适应"到"科学的自主性",无不体现了默顿的把帕森斯的"一般"运用于科学这个"特殊"。当然,这一过程的意义也是双重的,在默顿获得了分析科学系统的概念框架的同时,也丰富和充实了帕森斯所开创的结构功能主义理论。

此外,默顿与帕森斯都强调以"目的"和"手段"这一对范畴来分析社会行为。在《社会行动的结构》一书的扉页中,帕森斯就引用韦伯的话写道:"要想考察任何有意义的人类行为的根本成分,首先应从"手段"和"目的"这两个范畴入手"[1]。默顿在阐述"科学的精神特质"和分析"价值观与规范的复合体"时,也是采用"手段—目的"的分析模式的(请参见本章第二节)。

---

[1] [美]帕森斯著,张明德、夏遇南、彭钢译:《社会行动的结构》,译林出版社,2003年,扉页。

可以说,帕森斯要解决的是一般社会系统的秩序问题,默顿要解决的是作为社会子系统的科学系统的秩序问题。其实,对于科学系统,帕森斯也有特别的关注,并提出了一些独到的见解。帕森斯视科学为一个特别近代的现象,它的发展和应用要求有一种特定的文化条件和特定社会角色(即科学家角色)的制度化。他认为,只有社会中存在应用经验性知识的合法兴趣,科学的制度化才能成功。科学家角色的专业化,逐渐加大了科学家与外行人的知识交流的鸿沟。结果是,科学家所生产的知识几乎是排他性地只为其他科学家而生产(外行人读不懂深奥的科学文献)。这使得对科学的外部控制变得很困难。这样,对科学的社会控制的机制即制度化的规范系统就只能在也必须在科学共同体的内部产生,控制机制的维持也难以依赖外部的规范。[1] 帕森斯的上述思想,与默顿强调科学自主性的思想,强调科学系统自身的规范和科学内部的奖励系统及其控制功能的思想是完全一致的。在这些方面默顿也受到了帕森斯的影响。帕森斯对默顿的工作提供了研究的基本范式和基本方法。

三、英国的"科学的社会关系运动"对默顿的影响

二十世纪二三十年代,在英国,形成了由 J.D 贝尔纳、J.B.S 霍尔丹、H. 莱维、P.M.S. 布莱克特、J. 李约瑟、J. 赫胥黎、L. 霍尔本等科学家组成的"科学的社会关系运动"(SRS)。他们试图沿着马克思主义路线,对科学与社会的关系进行系统的分析,为时代的重大问题提供解决的方案。他们的分析揭示了科学进步的社会经济根源以及资本主义对科学的种种限制。他们为科学事业的合理

---

[1] Nico Stehr,"Robert K. Merton's Sociology of Science"in *Consensus and Controversy*, pp. 289 - 290.

计划辩护,证明科学的发展需要社会主义。他们有一个重要的口号——"科学应该为人民而安排"。"SRS"的成员们非常活跃,他们在《自然》杂志上,在《科学周刊》上,在诺贝尔奖得主的办公室中,就科学与社会之关系的一系列问题展开争论。他们开讲座、作演讲,撰写论文和著作。霍格本的两本书《为了百万人民的数学》(1936)和《为了公民的科学》(1938)一时非常流行,而贝尔纳的《科学的社会功能》(1938)一书,则代表了"SRS"科学家数十年思索的顶峰。

然而,随着苏联与纳粹德国盟约的签订,"SRS"组织的内部在政治上开始分化。其外部也产生了一个与之对立的"科学的自由协会"组织。该协会由曼彻斯特大学的物理化学家 M. 波兰尼和剑桥大学生物学家 J. R. 贝克发起、领导,他们主张科学家应该从政治的控制下得到自由。1939 年,波兰尼和贝克分别发表了《科学的权力和义务》、《驳贝尔纳主义》等文章,表明了他们与"SRS"运动截然不同的观点和看法。在一系列演讲中,波兰尼抨击了左派知识分子关于"计划科学"(对应于"计划经济")的观点,力主科学的自由、科学的自治。[1] 他首先提出"科学共同体"的概念,认为科学自由是科学共同体的自然法则。他还提出了"独立创造的自我调节运动"的概念,其内涵是要求科学共同体的自我维持、自我管理和自我控制。这一概念在后来关于科学共同体的讨论中,被普遍作为一个出发点。

"SRS"运动的思想及其与"科学的自由协会"的争论,很快传到美国。当时正在从事科学社会学研究的默顿,受到了直接的影响。

---

[1] 波兰尼还把科学活动比作市场的运行,借用斯密的"看不见的手"思想来为科学的自由辩护,参见 M. Polanyi, "The Republic of Science: Its Political and Economic Theory", in *Minerva* 1(1962):54-73.

默顿虽然不是一位马克思主义者(他自称年轻时是一位温和的社会主义者),但他并不反对"SRS"运动成员对于科学与社会关系的分析。例如,"SRS"成员认为,没有一个地方的科学发展能免于政治环境的影响,重要的问题在于社会环境是有利于科学还是不利于科学的发展。这个观点是布莱克特在《科学的挫折》一书中提出的。默顿的研究者门德尔松(Everett Mendelsohn)说,该书"默顿一定是带着兴趣读过的"[1]。默顿的《科学与社会秩序》一文的主要论点:"科学的持续发展只能发生在具有某种秩序的社会中"[2],与布莱克特的上述观点是一致的。而默顿正是在这篇文章中首次提出"科学的精神特质"这一概念,并阐述了"学术诚实、正直、有组织的怀疑、不谋利性、非个人性"等科学规范。

至于"SRS"运动的领军人物贝尔纳对默顿的影响就更加显而易见了。默顿除了在关于科学与经济、人口、军事的关系的研究中多次引用贝尔纳的著述之外,他的科学规范论思想的形成,特别是"公有主义"规范的提出,也吸收了贝尔纳的思想。贝尔纳认为:"科学事业一向是科学工作者的公社,彼此帮助,共享知识,它的个人或集体不追求超过研究工作所需要的金钱或权力"[3]。他还说:"就其奋斗的过程而言,科学便是共产主义。人们在科学中已经学会自觉地服从一个共同目的……自己的工作有赖于前人和同道的工作,而且自己的工作只能通过后人的工作才能开花结果。"[4]不

---

[1] Everett Mendelsohn,"Robert K. Merton: The Celebration and Defense of Science", in *Science in Context* 3,1(1989):274.

[2] [美]默顿:《科学社会学》,第344页。

[3] [英]贝尔纳著,陈体芳译:《科学的社会功能》,广西师范大学出版社,2003年,第376页。

[4] [英]贝尔纳著:《科学的社会功能》,第483-484页。

第二十章 科学规范

久,默顿在论述"公有主义"①规范时写道:"科学上的重大发现都是社会协作的产物,因此它们属于社会所有。它们构成了共同的遗产,发现者个人对这类遗产的权利是极其有限的。"②后来默顿又指出:"一个完全实现的共产主义社会,用马克思的格言来说就是'各尽所能,按需分配'——这就是科学交流系统中的制度化行为。"③默顿的意思是,科学中的制度化已发展到这样的程度,它能够激发科学家根据他们的能力自由地为公共的知识财富作出贡献,同时,他们可以根据自己的需要自由地获得公共的知识财富。默顿也认为,科学的精神特质中的"公有主义"与资本主义经济中把技术当作私人财产的观念是根本不相容的,存在着潜在的冲突。为避免这样的冲突,一些科学家力图确保自己的专利为公众所利用,另一些科学家(指贝尔纳等人)则倡导社会主义。由此,我们不难看到,默顿的观点与贝尔纳是多么的相近。

默顿和贝尔纳都反对科学中的保守秘密,因为保守秘密是违反公有主义规范的。默顿在《科学的规范结构》的一个注中指出:"贝尔纳注意到:'现代科学的增长伴随着对保密观念的明确反对。'"④接着默顿还引用了贝尔纳有关科学的公有性的一段很长的论述:"有人对我发表了不应泄漏的秘密感到惊讶;还有人本来希望:保有这些秘密的只限于那些有可能利用这些秘密的公司,它们不但为自己的利益而工作,而且为整个王国利益而工作。第一

---

① 在英语中,"公有主义"(communism)同"共产主义"是一个词。巴伯认为"该术语不像他(指默顿——笔者注)第一次使用时那样令人满意,因为它具有政治和意识形态的重要意义"(参见巴伯著,顾昕译:《科学与社会秩序》,三联书店,1991年,第108页)。

② [美]默顿:《科学社会学》,第369-370页。

③ Robert K. Merton, "The Matthew Effect in Science, II: Cumulative Advantage and the Symbolism of Intellectual Property", in ISIS 79(1988):620.

④ [美]默顿:《科学社会学》,第371页。

种想法中包含的情绪是不够崇高的,甚至不足以使持有完全相反的意见的人觉得自己有什么可以自豪的地方。这种情绪不是甚至违背了天然的平等吗?我们真的可以肯定我们的发明完全属于自己吗?我们真的可以肯定公众对它们毫无权利,它们也丝毫不属于公众吗?我们大家是不是应该争取为社会的共同利益做出贡献?这难道不是我们的首要义务吗?凡是能够做出一点贡献而没有这样做的人,凡是仅仅说几句话就能做到这点,而却没有这样做的人,都是没有尽一个基本的义务,而且是在最可鄙的情况下没有尽义务。这个原则既然肯定下来,那么还可以根据什么情况说我们是自己发明的绝对主人呢?"[1]这充分表明了默顿对贝尔纳观点的重视和贝尔纳对默顿的影响。

对于 SRS 运动倾向于"科学应对其社会后果负责"的观点,默顿没有完全接受。默顿注意到,"当科学发现的应用,不能被权威机构或利益集团所赞许时,它往往就会成为被人们责备和反对的对象",而"对技术成果的反感又会扩散到科学本身。"[2]但是,在默顿看来,科学家是不能控制其发现的应用方向和影响的,因此不能简单地认为,"只要这些影响被认为不是社会所希望的,科学就要负责任"[3]。如果科学要为提供毁灭人类社会的工具负有责任的话,那么"纯科学和非谋利性信条只会为自己留下墓志铭"[4]。

"SRS"运动强调科学的社会责任,主张"在新兴起的一代科学

---

[1] [美]默顿:《科学社会学》,第 371 页。
[2] [美]默顿:《科学社会学》,第 354 页。译文有两处改动,一是,pressure groups 原译为"控制群体",改译为"利益集团"。二是,The antipathy toward the technological products is projected toward science itself,原译为"对技术成果的反感针对的是科学本身",不妥。
[3] [美]默顿:《科学社会学》,第 356 页。
[4] Robert K. Merton, *The Sociology of Science : Theoretical and Empirical Investigations*, p. 263.

工作者中树立新的社会责任意识"①。但默顿似乎更倾向于强调科学的自主性、科学的超功利性,主张"科学不应该使自己变为神学、经济或国家的婢女"。② 这表明默顿在受到贝尔纳的显著影响的同时,也受到了波兰尼强调科学自主性的思想的影响。

默顿主张"科学家提高纯科学的地位"是维持"科学研究制度的自主性"的集体努力,"任何有关科学与其他社会制度关系的政策,如果不考虑这种对自主性的要求,它就会走向自我失败"③。后来,波兰尼的"科学自主性"的观点在默顿那里得到进一步的阐释,波兰尼的"科学共同体"的概念也被默顿用于对科学这个社会系统、社会制度、社会过程的分析之中。

四、纳粹对科学的威胁及其与科学共同体的冲突对默顿的影响

20世纪30年代初,西方发生了一场关于科学与社会的关系的三角争论。一方强调科学与宗教、意识形态、经济利益画清界限的重要性;另一方主张科学能够且应该为整个社会的合理计划和管理提供蓝图;还有一方则试图让科学从属于政治和意识形态。本·戴维把这三方称之为科学划界主义者(demarcationist)、科学至上主义者(supremacists)和科学从属主义者(subordinationists)。④ 持续多年的三方争论,实际上是一个关于科学和科学家

---

① [美]默顿:《科学社会学》,第355页。
② [美]默顿:《科学社会学》,第352页。译文稍有改动,"economy"原译为"经济学",改译为"经济"。
③ [美]默顿著,林聚任等译,《社会研究与社会政策》,三联书店,2001年,第249页。
④ Joseph Ben-David, "The Ethos of Science: The Last Half-Century", in *Scientific Growth: Essays on the Social Organization and Ethos of Science*. University of California Press, 1991, pp. 486–487.

的社会角色的争论。它又直接地与当时并存的三种政权形式——资产阶级民主政体、共产主义政体、法西斯政体联结在一起。

1933年以后,纳粹德国采用科学从属主义者的立场(科学隶属于政治和意识形态),并大肆鼓吹种族主义,在科学界进行无情的种族清洗,对科学的自主性横加限制,导致了纳粹统治与科学共同体之间的尖锐冲突。纳粹"按照种族纯洁性的信条,在大学和科研机构中强行规定了这样的政治标准,即必须出身于'雅利安'种族并且公开赞同纳粹的目的,实际上所有不能达到这一标准的人,都被排斥在大学和科研机构之外"[1]。在很多情况下,纳粹"要求科学家接受那些对科学一窍不通的政治领导人关于科学事业的决定"[2],甚至主张,利用种族和政治信仰的标准来评价科学理论,人为地区分"新教的或天主教的科学、法国的或德国的科学、日耳曼的科学或犹太的科学、人道主义的或种族主义的科学"[3]。纳粹对科学的敌意并不意味着完全否定科学。例如,化学就因对现实的重要性(如制造军用毒气)而受到极高的称赞。纳粹这种只强调科学服务于国家、工业和战争的做法,极大地限制了纯科学的研究,明显地有害于科学的自主性。

纳粹的上述行为引起了许多有识之士的深切关注,他们对科学的地位和前途深表担忧,并就政治与科学冲突的根源,为何会对科学产生敌意,以及如何捍卫科学、维护科学的自主性,进行了深刻的反思。默顿就是这些有识之士的代表人物之一。本来默顿就一直在研究科学的外部环境对科学发展的作用,他相信"科学的重大的和持续不断的发展只能发生在一定类型的社会里,该社会为

---

[1] [美]默顿:《科学社会学》,第346页。
[2] Robert K. Merton, *The Sociology of Science : Theoretical and Empirical Investigations*, p.259.
[3] [美]默顿:《科学社会学》,第350页。

第二十章 科学规范

这种发展提供文化和物质两方面的条件"①。而 30 年代初以来科学在纳粹德国的遭遇,使默顿更坚定了这一信念。在《科学与社会秩序》一文中,他进一步指出:"科学的持续发展会发生在具有某种秩序的社会中,它受一组特定的隐含性预设和制度因素的制约"②。

为什么会对科学产生敌意?其根源是什么?默顿认为:对科学的敌意可能至少来自两个方面:一类是"逻辑性的",即"认为科学的结果和方法妨碍对一些所谓重要价值的确信(如宗教的价值观或专制政权的价值观——引者注)"③;另一类是"非逻辑性的",即"包含在科学的精神特质中的情感与存在于其他制度中的情感(如对纳粹制度的忠诚——引者注)是不相容的"④。1933 年之后纳粹德国对科学的敌意,就是逻辑与非逻辑的因素共同影响和损害科学的典型表现。

纳粹的所作所为,"使科学在其传统上的自主性及其游戏规则即其精神特质方面,受到了外部权威的挑战"。⑤ 针对这种对科学自主性的威胁,默顿觉得,只有进行适当的防卫,抵制外界强加于科学的标准,科学系统的秩序和稳定性才能得到保障。在这样的政治背景下,出于反对纳粹对科学自主性的威胁的考虑,默顿有针对性地提出了科学的精神特质的概念,并提出"普遍主义"、"公有主义"、"非谋利性"、"有组织的怀疑主义"等规范,来维护科学的自主性和独立性。"普遍主义"主张科学殿堂的准入资格和科学成果

---

① [美]默顿:《科学社会学》,第 349 页。
② [美]默顿:《科学社会学》,第 334 页。
③ [美]默顿:《科学社会学》,第 345 页。译文有改动。原译把"results"译为"结构"有误,应译为"结果"。
④ [美]默顿:《科学社会学》,第 345 页。
⑤ [美]默顿:《科学社会学》,第 351 页。

的评价,不能以个人的属性如身份、种族、信仰等等特殊属性为根据,这显然是针对纳粹的种族主义标准和官方理论家提出的政治信条的。"公有主义"和"非谋利性"主张科学成果为全人类所共有,强调科学应该超功利,应该以追求真理为使命,这显然是与纳粹要求科学为法西斯的事业服务相对立的。而"有组织的怀疑主义"要求对一切思想观点都进行质疑和审查,其矛头针对的是纳粹所要求的愚忠。对此,默顿本人是这样说的:"毫无疑问,那时我对科学的制度结构的关注,如果不是被引起的话,也是被纳粹时期的政治话语所加强"[①]。

综上所述,默顿科学规范论思想的形成,既受学术发展的内在逻辑的支配,也受社会政治环境的影响。可以认为:默顿对17世纪英格兰清教与科学关系的研究是其创立科学规范论的前奏;当科学社会学的发展需要在理论上确立作为一种制度的科学的规范系统时,帕森斯的功能主义在理论、方法、概念上提供了必要的支持;以贝尔纳为首的"SRS"运动及其与以波兰尼为代表的"科学自由协会"的争论,为默顿科学规范论的产生提供了直接的思想养料;而纳粹德国与科学共同体的冲突,引起了默顿对科学的地位和命运的深切关切,并对科学系统本身进行深入思考,从而为科学规范论的提出提供了强有力的催化剂。

第二节 默顿科学规范论的价值要素与行为规范

科学共同体有其不同于其他社会共同体如政党或宗教团体的

[①] Piotr Sztompka, *Robert K. Merton: An Intellectual Profile*. Macmillan Education Ltd, 1986, p. 270.

各种行为规范。科学规范系统的确立,对于实现科学的使命——追求真理,造福人类,具有极其重要的意义。尤其是在学术失范日益严重的今天,这已成为一项紧迫的任务。科学社会学之父、科学哲学家默顿是科学规范论的创立者。1937年,默顿向美国社会学学会提交《科学和社会秩序》一文,次年发表在美国科学哲学学会主办的《科学哲学》上。在该文中,他对科学规范作了最初的勾勒,提出了"科学的精神特质"这一概念,指出"包含在科学的精神特质中的各种情操表现为学术诚实、正直、有组织的怀疑、不谋利性、非个人性等"。① 1942年,默顿撰文《关于科学和民主的一个评论》,发表在《法律和政治社会学杂志》上,第一次系统地阐述了"科学的精神特质"。后来又提出和阐述了"科学的规范结构"与科学的四个基本规范。由于默顿的阐述有模糊不清之处和前后变化,国内外学者在对它的解读和认同上有很大的分歧,误译、误读时有发生,争议也很多。因此,有必要根据原始文献对默顿的科学规范论进行意义的澄清和深入的研究。这对于校正当前学界不断蔓延的失范和越轨现象也是有意义的。

一、从"科学的精神特质"到"科学的规范结构"

在《关于科学和民主的一个评论》这篇范式性的论文中,默顿认为,科学已发展为一种重要的社会制度,其"制度性目标是扩展被证实了的知识"②。类似于其他的社会制度(如经济制度、政治制度、宗教制度),科学有一套独特的历史上形成的规范,它们构成了"科学的精神特质"。

默顿把科学的精神特质定义为:"约束科学家的有情感色彩的

---

① [美]默顿:《科学社会学》,第351页。
② [美]默顿:《科学社会学》,第365页。

价值观和规范的综合体。这些规范以命令、禁止、偏好和许可的形式来表达。它们借助于制度性价值而合法化。这些通过戒律和榜样传达、通过赞许而加强的命令性规范,在不同程度上被科学家所内化,从而形成了他的科学良知……尽管科学的精神特质并没有被明文规定,但可以从科学家的道德共识中找到,这些共识体现在科学家的习惯、无数讨论科学精神的著述以及他们对违反精神特质表示的义愤之中。"①

从上述默顿对"科学的精神特质"的定义中我们可以看到,默顿主张:科学的精神特质包括价值观和规范这两部分;科学规范由于科学的制度性价值而合法化;这些规范通过社会化而传承,通过奖励和处罚而加强,通过内化而形成科学良知。

默顿进一步指出:"科学的惯例(即科学界约定俗成的各种规范——笔者注)具有某种方法论依据,它们之所以是有约束力的,不只是因为它们在程序上是有效的,还因为它们被认为是正确的和有益的。它们是技术上的规定,也是道德上的规定。"②

默顿在最初阐述"科学的精神特质"时,没有用过"科学的规范结构"一词。该词是由《科学的社会系统》(1966)一书的作者、美国科学社会学家斯托勒在编辑默顿的《科学社会学》(1973)一书时,作为《关于科学和民主的一个评论》一文的新标题加上去的。斯托勒认为,原文第一次发表时"为适应杂志的主题,此文被加上了一个相当含糊的标题:《关于科学和民主的一个评论》"③。尽管默顿曾将

---

① Robert K. Merton, *The Sociology of Science: Theoretical and Empirical Investigations*, p. 269.

② Robert K. Merton, *The Sociology of Science: Theoretical and Empirical Investigations*, p. 270.

③ [美]默顿:《科学社会学》,第305页。

该文易名为《科学和民主的社会结构》,收录在他的代表作《社会结构和社会理论》(1949,1957,1968)一书之中,但斯托勒仍对标题不满意,于是征得默顿的同意,再度易名为《科学的规范结构》。

默顿和斯托勒对文章标题的更改,曾引起一些学者的注意。有人认为,默顿关于科学规范的阐述的反法西斯背景,使其内容带有的政治理论和文化批评的色彩,限制了它的科学社会学意义;而默顿及其追随者,为了突出它的科学社会学含义而不得不"去背景化",遂有两易其名的行为。美国学者霍林格(David A. Hollinger)甚至说:"默顿阐述的反法西斯背景,几乎让默顿的《科学社会学》一书的编辑斯托勒感到困窘。"[①]

那么,"科学的精神特质"与"科学的规范结构"又有什么不同呢?我们认为,这两种表达没有根本的不同,在很多情况下是可互换的。"科学的精神特质"一词突出的是科学与其他社会现象的根本区别,即价值观和行为规范的不同;而"科学的规范结构"一词更强调默顿所说的"科学的精神特质"是"价值观和规范的综合体"这个复合结构。而现在首先要澄清的问题是,这一复合体究竟包含哪些要素,是如何构成的。

二、科学的规范结构

基于上述认识,根据默顿的有关论述,我们认为"科学的规范结构"包括科学价值和科学规范两个部分。

1. 科学价值(科学所追求的基本价值)

一般认为,"价值观是决定社会的目标和理想的普遍和抽象的

[①] David A. Hollinger, "The Defense of Democracy and Robert K. Merton's Formulation of the Scientific Ethos", in *Knowledge and Society: Studies in the Sociology of Culture Past and Present*, Volume 4(1983), p. 2.

观念,它为一个人的行为提供正当的理由"①,规范是引导社会行为的期待,是人们如何恰当行为的指针。价值观是确立规范的依据,而规范则是合法地实现某一价值的手段。默顿本人也说过:"跟其他社会制度一样,科学制度也有自己的价值,具体表现在规范形式上"。②

在默顿看来,科学作为一种社会活动,其使命是探求真理,真理会派生实际的应用;追求真理是第一位的,且真理至少是潜在有用的(反之则不必然)。"基本的科学知识是独立的善,无论如何,它将适时导向服务于各种人类利益的结果。"③不过,默顿考虑的主要是科学的认识世界的价值,而略去了科学的实用价值(默顿常称它为"潜在价值"或"价值关联")。默顿认为,"科学的制度性目标是扩展被证实了的知识"④,这一制度性的价值目标为科学规范的形成奠基,使规范得以合法化。他指出:"制度上的规则(惯例)来自这一目标和方法。"⑤为了实现科学的这个价值目标,规范是必需的,"技术性(认知性)规范和道德规范的全部结构在于实现最终目标"⑥。也就是说,为了使科学的价值目标发挥引导科学和科学家的功能,就需要把它具体化为科学规范;科学的价值目标的合法性保证了相应的规范的合法性,或者说使相应的规范合法化,而规范则是达到目标的手段。

---

① [美]戴维·波普诺著,李强等译:《社会学》,中国人民大学出版社,1999年,第69页。
② [美]默顿:《社会研究与社会政策》,第75页。
③ Robert K. Merton, *Social Research and the Practicing Profession*. Cambridge: Abt Books, 1982, p. 214.
④ [美]默顿:《科学社会学》,第365页。
⑤ [美]默顿:《科学社会学》,第365页。
⑥ [美]默顿:《社会研究与社会政策》,第6页。

第二十章 科学规范

那么,科学所追求的基本价值目标所包含的价值要素有哪些?科学的规范结构或科学的精神特质所蕴涵的价值是什么?默顿认为科学的价值目标包含两个基本的价值要素,它们就是与科学知识的本质相连的"客观性"和"原创性"。这两个基本点集中地体现在默顿的一句名言当中:"科学的制度性目标是扩展被证实了的知识"。"扩展"意味着创新性,"证实"意味着客观性。

默顿认为,"客观性是科学的精神特质的核心价值观"[1]。在论述普遍主义这一规范时,默顿指出:"客观性拒斥特殊主义。科学上被证实的过程和关系是客观的,这一情况不容许强加任何特殊的有效性标准。"[2]这表明追求科学的客观性是默顿确立普遍主义规范的基础和依据。

客观性的价值取向追求的是正确的知识,而原创性的价值取向追求的则是新的知识。默顿指出:"科学制度把原创性解释为一种最高的价值"[3];"原创性是现代科学的一个主要制度性目标,有时可以说是至高无上的目标"[4]。与原创性价值观相对应的态度和职业品格是:强烈的好奇心、寻求理解和发现的内在喜悦、创造和革新的意识。如果说客观性价值观强调知识的真实性、实证性,那么原创性价值观则强调发展真理,防止学术停滞。正如默顿所说:"强调原创性的理由是不言而喻的,是原创性大大促进了科学的发展"[5]。

---

[1] Piotr Sztompka, *Robert K. Merton: An Intellectual Profile*: *Theoretical and Empirical Investigations*, p. 51.

[2] Robert K. Merton, *The Sociology of Science: Theoretical and Empirical Investigations*, p. 270.

[3] Robert K. Merton, *The Sociology of Science: Theoretical and Empirical Investigations*, p. 294.

[4] Robert K. Merton, *The Sociology of Science: Theoretical and Empirical Investigations*, p. 303.

[5] Robert K. Merton, *The Sociology of Science: Theoretical and Empirical Investigations*, p. 323.

客观性和原创性的价值观贯穿于科学活动的全过程,两者互相联系、互相补充,又互相制约。比如说,客观性价值反对片面追求新颖性,为新颖而新颖。默顿对此有明确的论述,他提出了"有约束的创新"(disciplined originality)的概念,并指出"科学制度呼唤更好的新型知识,但新的知识必须符合证据规则"[1]。另一方面,原创性的价值不允许在科学的名义下进行无效的重复和抄袭,它引导科学家为获得真正具有原创性的成果而努力。可以说,客观性构筑了科学活动的底线,原创性设定了科学发展的标的。默顿的上述思想犹如黄钟大吕,对于当前学界处处可见的宵小无疑是当头棒喝。

2. 科学规范

默顿指出:"四种制度上必需的规范——普遍主义、公有主义、非谋利性以及有组织的怀疑主义,构成了现代科学的精神特质。"[2]

普遍主义(universalism)。"普遍主义"是关于科学成果的评价标准和科学界的准入资格的规范。这个规范有两重含义:其一,它要求以实证的、逻辑的这种普遍的而非个人性或个性化的标准来评价科学和科学成果——"真理性主张,无论其来源如何,都应该服从于先定的非个人性的标准:即要与观察和以前被证实的知识相一致。对于要进入科学之列的主张,不管是接受还是拒绝,并不依赖于主张提出者的个人或社会属性;他的种族、国籍、宗教、阶级和个人品质都与此无关"[3];反对"同样的行为要根据人的地位和身份的不同而作出不同的评价"[4]。

---

[1] Piotr Sztompka, *Robert K. Merton: An Intellectual Profile*, p. 52.

[2] Robert K. Merton, *The Sociology of Science: Theoretical and Empirical Investigations*, p. 270.

[3] Robert K. Merton, *The Sociology of Science: Theoretical and Empirical Investigations*, p. 270.

[4] Piotr Sztompka, *Robert K. Merton: An Intellectual Profile*, p. 53.

第二十章 科学规范

其二,这个规范要求科学殿堂的准入资格的平等,即科学职业向一切有才能的人开放,反对以任何理由如低微的出身、种族、政治倾向,限制有才能的人从事科学活动。纳粹德国把犹太血统的科学家统统排斥于大学和科研机构之外,就违背了普遍主义规范的这一要求。

可见科学中的普遍主义规范既指科学成果的评价标准,也指参加科学活动的机会平等。普遍主义第二层含义与民主社会重视普遍平等的价值观是相通的,这反映了科学与民主的深层的亲和性。所以默顿说,"科学的持续发展只会发生在具有某种秩序的社会中(即民主社会中——笔者注)。"[1]

普遍主义规范的价值基础和依据,除了平等这一民主社会的普适价值之外,还有科学的基本价值要素——客观性。科学的客观性与根据个人的社会属性来进行评价的"特殊主义"标准是根本不相容的。对此,默顿有生动的描述:"纽伦堡的法令不能使哈伯制氨法失效,仇英者也不能否定万有引力定律。"[2]默顿说"客观性拒斥特殊主义。科学上被证实的过程和关系是客观的,这一情况不容许强加任何特殊的有效性标准。"[3]既然科学只容许普遍主义标准。那么,这个普遍有效的标准又是什么呢?它就是经验证实的标准和逻辑自洽的标准。默顿指出:"知识是经验上被证实的和逻辑上相容的对规律的陈述(它实际是预言)……经验证据要充分可靠这一技术规范是作出的不变的真实预言的一个先决条件;逻辑上要自洽相容的技术规范也是作出系统和有效的预言的一个先

---

[1] [美]默顿:《科学社会学》,第344页。
[2] [美]默顿:《科学社会学》,第366页。
[3] Robert K. Merton, *The Sociology of Science : Theoretical and Empirical Investigations*, p. 271.

决条件。"①

在默顿对科学规范的最初阐述中,普遍主义规范是讲得最多、最明确和最有针对性的一个。起初,在批判纳粹种族主义对犹太血统的科学家的迫害的背景下,默顿强调了普遍主义规范的第二重含义,即从事科学活动的机会平等。随着纳粹主义的消亡和民主的进步,普遍主义规范的第一重含义即科学的评价标准问题更凸显其现实重要性,它与科学的"评价—奖励系统"紧密联系在一起,成为默顿学派研究的重点。默顿等人最关心的问题是,在科学的"评价—奖励系统"中,普遍主义规范在多大程度上得到了遵守。

20 世纪 60 年代,默顿提出了"马太效应"的概念。作为积累优势过程的一个特例,马太效应是指:"对知名科学家的特定贡献的同行承认会夸大地自然增加,而对于那些尚未成名的科学家,这种承认就会受到贬低和抵制"②。这种科学中对贡献的承认的不适当的分配模式,显然不符合普遍主义规范的要求。因为,根据这一规范,应该完全由同行只根据科学家成果的质量、贡献的大小来给与承认和荣誉。默顿指出:"当'马太效应'成为权威偶像崇拜时,它就违背了科学制度所包含的普遍主义规范,并且会阻碍知识的进步"③。70 年代初,默顿与朱克曼系统地研究了"科学中评价的制度化模式"问题,以检验科学制度的同行评议系统是否按照普遍主义的方式运行。他们的研究发现,自然科学杂志和人文学科杂志的稿件拒用率存在着明显的差异——"杂志越偏重于人文方面,对稿件的拒用率就越高;杂志越偏重实验和观察方面,越强调

---

① Robert K. Merton, *The Sociology of Science: Theoretical and Empirical Investigations*, p. 271.

② Robert K. Merton, "The Matthew Effect in Science, II: Cumulative Advantage and the Symbolism of Intellectual Property", in *ISIS* 79(1988):609.

③ Robert K. Merton, *The Sociology of Science: Theoretical and Empirical Investigations*, p. 457.

观察和分析的严密性,对稿件的拒用率就越低"。① 默顿和朱克曼把这种差异部分地归因于,在不同学科中,对于合格的学术成果的标准的共识程度不同。学术标准缺乏共识的学科,普遍主义规范的适用就势必受到影响。

70年代后期至80年代末,默顿、朱克曼又对科学中"积累优势"过程作了全面的探讨。此外,默顿学派的骨干成员科尔兄弟、加斯顿对英美科学界的奖励系统、美国的自然科学基金分配的同行评议制进行了富有成效的实证性研究。默顿等人的这些研究,大大丰富了人们对普遍主义规范的认识和理解。

公有主义(communism)。公有主义规范也有两重含义。其一,它要求把科学知识作为一种公共产品,无偿地交流和使用,反对把科学知识作为创造者的私有财产。默顿说:"科学是公共的知识,而非个人的知识。只有当科学家把他的思想和发现公之于世,他才算作出科学贡献,因而,只有使他的贡献成为科学的公共领域的一部分,他才能真正地要求说,这项贡献归他所有。"②就是说,科学家必须公开其发现,才能获得科学共同体赋予他的"知识产权"。但是,这一"产权"在默顿看来是非常有限的:"科学的重大发现都是科学社会协作的产物,因此,它们属于社会所有。它们构成了共同的遗产,发现者个人对这类遗产的权利是极其有限的"③;"科学伦理的基本原则把科学中的产权削减到了最小程度。科学家对'他自己的'知识'产权'的要求,仅限于要求对这种产权的承认和尊重"④。

---

① [美]默顿:《科学社会学》,第649页。
② Robert K. Merton, *The Sociology of Science: An Episodic Memoir*, p.47.
③ [美]默顿:《科学社会学》,第369-370页。
④ [美]默顿:《科学社会学》,第370页。

其二，要求科学家承认和尊重同行的知识产权。一个科学家的"知识产权"通过发表其成果而确立，对于这样的"知识产权"其他科学家应予以承认和尊重，即在无偿利用这一成果的同时应该注明其来源。也就是说，公有主义规范的一个重要方面是引文和参考文献的规范。默顿指出："在学术领域中，引文和参考文献不是不重要的事。当许多一般读者——科学家和学术界以外的普通读者，认为文章的脚注、尾注或参考文献都是不必要的和令人讨厌的时候，我们要说，这些是激励系统的核心和对知识起很大促进作用的公平分配的基础。"[1]利用人类知识库中的已发表和未发表成果而不加以说明，是窃取人类或他人的精神财富，是违背"公有主义规范"的行为。

公有主义规范体现了科学活动的产物——科学知识的公共性特征，它与科学的交流系统紧密相连并与科学中的知识产权和奖励系统有关。公有主义要求科学成果充分和公开的交流，隐匿科学发现和保守秘密是与这一规范相悖的。但是，不能要求科学家在任何时候都把数据和想法提供给别人。在研究的早期，科学家理应对数据保密一段时间不予公开。这种保密使科学家完善其工作，属于"合理保密"，是允许的。"公有主义与资本主义经济中把技术当作'私人财产'的概念是不相容的"[2]，但该规范与专利权、专利制并不是真正对立的（对此，我们将另文阐述）。

公有主义这一规范的价值基础是"原创性"。原创性要求出新，如果科学家不公开和交流他们的研究成果，就像英国科学家卡文迪许那样，科学新成果就被埋没了，他人的无效劳动和重复劳动

---

[1] 美国科学院等：《怎样当一名科学家——科学研究中的负责行为》，第11页。

[2] Robert K. Merton, *The Sociology of Science: Theoretical and Empirical Investigations*, p. 275.

就会不断发生。只有公开并交流科学的新成果,才能使后人在前人创新的基础上继续创新,从而推动科学的进步与可持续性发展。默顿说:"为了促进科学的进步,仅提出丰富的思想、开发新的实验、阐述新的问题或创立新的方法是不够的。必须有效地把创新与他人交流。"①这也表明,"科学是一种由社会共享的、并由社会确认的知识体系。为了科学的发展,唯有那些能及时被科学家所识别和利用的研究成果才是紧要的"②。

非谋利性(disinterestedness)。这一规范涉及对从事科学研究的动机的制度性控制,它要求科学家为追求真理而工作,要求科学家,以科学本身为目的,"为科学而科学","只问真伪、不计利害"。反对利用科学谋取个人利益,也不以服务他人和公共利益为直接目的。用默顿的话来说就是,科学家"应当只关注其工作的科学意义,而不要关心它的可能的实际应用或它的一般社会影响"③。

"非谋利性"一词是从英文的"disinterestedness"翻译过来的,国内学界最初译之为"无偏见性"、"公正性"或"诚实性",现在多译作"无私利性"。这些译名都从某个方面反映了"disinterestedness"一词的含义,但仍有缺失。我国学者认为"disinterestedness"这一规范反对谋私,因而译为"无私利性"固然有合理的一面,但由此推出这一规范要求科学工作者直接献身公众利益,那也是一种误解。默顿明确地指出,"非谋利性既不等同于利他主义,也与利己主义行为无关"④。所以在翻译"disinterestedness"的时

---

① [美]默顿:《科学社会学》,第620页。

② Robert K. Merton, *The Sociology of Science: Theoretical and Empirical Investigations*, p. 450.

③ [美]默顿:《科学社会学》第353页。

④ Robert K. Merton, *The Sociology of Science: Theoretical and Empirical Investigations*, p. 275.

候,即要把默顿的"与利己主义行为无关"的意见表达出来,也要把他的"不等同于利他主义"的另一层意见表达出来。基于默顿本人的上述阐述,并参考默顿对于科学自主性的强调与功利标准的批评,以及一些西方学者的理解(如朱克曼、斯托勒、加斯顿、巴恩斯、洛斯曼、本·戴维、麦卡拉、伊兹克威兹等人的讨论),我们建议把"disinterestedness"译为"非谋利性"或"超功利性"。

由于默顿对"disinterestedness"没有明确的定义,引起了科学社会学界和科学哲学界包括我国学者的种种误解。例如,西亚伦·麦卡拉(Ciaran McCullagh)就说过:"默顿对非谋利性的讨论是模糊和不精确的。对它的一种解释是,对科学知识的追求不应该被这样的牵连所妨害,即科学知识可为科学家的宗教的、社会的和文化的价值服务。另一些人认为默顿的讨论暗示:科学不能利用其权威和研究发现为非科学目的服务,对科学家来说,研究和发现本身才是目的,利用他们的学科作为社会进步的工具是对这个规范的诅咒。它限定科学家仅仅寻求科学的奖励"。[1] 后来,默顿的学生和夫人朱克曼多次对这个规范进行说明和澄清。早在20世纪70年代初,她就与美国著名生理学家库尔南(A. F. Cournand)共同撰文指出:"这一原则有多种内涵,但其本质是很清楚的。扩展科学知识的愿望应该是科学活动的主要目的,其他目的都应该从属于这一目的"[2];因此,"从他们的职业生涯开始,研究者就被教导要严守非谋利性。他们被告诫自己内在满足的价值要高于他人的喝彩,高于奖励、荣誉和金钱。他们被要求不能根据科

---

[1] Ciaran McCullagh,"Merton's View of the Norms of Science",in *Social Studies of Science* 4(1974):253.

[2] A. F. Cournand and Harriet Zucherman,"The Code of Science:Analysis and Some Reflection on Its Future",in *Studium Generale* 23(1970):952.

学贡献的社会含义,只能根据它们的实质意义来判断其价值。"[①]"它应是相当清楚的,来自科学外部的社会环境中的各个领域的政治、军事和经济利益的压力,可能妨碍科学对知识的传统追求。"[②]

1988年,朱克曼在《科学社会学》中再次指出:"非谋利性,它涉及对科学研究动机的制度性控制,以促进科学知识的发展。换一种说法,发现新知识的内在奖励和与他人共享新知识将会引发出别的奖励,特别是同行承认。该规范不要求科学家是利他的——完全地依赖于利他主义的社会安排是不稳定的。更确切地说,科学的奖励和惩罚系统使得科学家遵循非谋利性规范对他本人是有利的。"[③]在这里,朱克曼重申了,默顿的非谋利性规范并不等于利他主义,它旨在控制科学家的动机,使之纳入追求真理的轨道,从而获得内在奖励(自我实现的成就感、好奇心、求知欲的满足),同时也得到外在奖励(同行的承认和赞扬)。

除朱克曼外,还有许多西方学者有相近的阐释。著名的科学社会学家本·戴维在《"科学的规范"和科学行为的社会学解释》(遗稿)一文中指出:"默顿的观点是,科学的实际应用不能为持续支持科学提供充分的基础。如果没有尊重科学的文化价值观并建立一套适当的规范,科学共同体就会失去它的自主性,对真理的追求会被不断变化的工具性目标所取代"[④]。美国纽约州立大学的

[①] A. F. Cournand and Harriet Zucherman,"The Code of Science: Analysis and Some Reflection on Its Future",in *Studium Generale* 23(1970):952-953.

[②] A. F. Cournand,and Harriet Zucherman."The Code of Science: Analysis and Some Reflection on Its Future",in *Studium Generale* 23(1970): 953.

[③] Harriet Zuckerman,"Sociology of Science",in *Handbook of Sociology*. California Sage Publications,1988, p.515.

[④] Joseph Ben-David,"Sociological Interpretation of Scientific Behavior",in *Scientific Growth*, p.470.

亨利·伊兹克威兹（Henry Etzkowitz）也指出："非谋利性规范表明科学家与社会的关系应该采取的形式是：科学研究的成果免费给与一切想利用它们的人，作为交换，科学研究的发展方向免受外界的影响"。[1]

"非谋利性"规范体现了纯科学扩展实证知识而非解决实际问题的基本宗旨，它的价值基础是"客观性"和"创新性"。当科学为利益所驾驭的时候，科学的客观性就有被扭曲和牺牲的可能。如果科学家为利益所左右，"一心以为有鸿鹄将至，当援弓而射之"，就不可能忘我地、心无旁骛地扑在工作上，科学的创新就会受到严重影响；那些看不到或暂时看不到功利价值但又有重要学术价值的课题，如"哥德巴赫猜想"，就不会有人去做。默顿说："一旦有用性变成科学成就的唯一标准，具有内在科学重要性的大量问题就不再进行研究了。"[2]因此，"功利性应该是一种科学可以接受的副产品而不是科学的主要目的"[3]，科学根本目的是扩展被证实的知识。

主张科学的"非谋利性"，并不是无视或忽视科学的功利价值。默顿知悉"那些最深奥的研究也有重要的应用价值"[4]，科学知识会必然地、自然地带来实际利益。他指出："科学除了知识自身的目的外，它还有助于社会实现其他一些目标：权力、舒适或金钱、利益、健康、名誉、效率，几乎是除知识本身之外的任何其他东西。"[5]

---

[1] Henry Etzkowitz, "Entrepreneurial Science in the Academy: A Case of the Transformation of Norm", in *Social Problems*, Vol. 36, No. 1(1989): 15.

[2] ［美］默顿：《十七世纪英格兰的科学、技术与社会》，第287页。

[3] ［美］默顿：《十七世纪英格兰的科学、技术与社会》，第287页。

[4] ［美］默顿：《科学社会学》，第348页。

[5] Robert K. Merton, "Basic Research and Potential of Relevance", in *American Behavioral Scientist* 6(1963): 86.

但是,这些实用价值并不是科学家的职业活动所应追求的,科学和科学家所应追求的是真理。在默顿那里,科学知识的真理性是"内在价值",实用性是"相关价值"(the value of relevance);前者是"自身的目的",后者是实现其他社会目的的手段。默顿认为,真理与实用二者形影相随,但真理性是本源,功利性只是副产品;真理一旦被发现,它自然会带来实际利益,这是迟早的事,不必要求科学家刻意地去追求它。把功利价值列为科学的首要目标,是舍本逐末,损害了科学的原创性价值和科学的长远发展。

有组织的怀疑主义(organized skepticism)。它既是方法论的要求,也是制度上的要求(mandate)。科学中的"有组织的怀疑主义"规范,根植于西方源远流长的怀疑主义哲学传统。作为科学的一个制度性规范,"有组织的怀疑主义"有两层含义:其一,"质疑和审查",它与哲学上的怀疑论、个人的怀疑精神是相通的,但又有本质区别,主张依据经验和逻辑,对现存的信念和权威持怀疑和批判的态度。它要求对任何科学成果,都根据经验事实和逻辑一致的标准来质疑和审查——"按照经验和逻辑的标准把判断暂时悬置和对信念进行公正的审视"[1],"包括对已确立的常规、权威、既定程序的某些基础,以及一般的神圣领域提出疑问"[2]。鉴于"在科学中没有比盲目地接受权威和教条更危险的事情了"[3],这一规范反对偶像崇拜、拒绝对权威与教条的盲从。任何知识主张如果没有经过科学共同体的严格审查,都不应该被接受。"该规范要求科学家对提出的知识主张的有效性进行公开的批评,无论是别人的,

---

[1] [美]默顿:《科学社会学》,第376页。
[2] [美]默顿:《科学社会学》,第358页。
[3] [美]巴伯著,顾昕译:《科学与社会秩序》,第107页。

还是自己的"①。"自我批评"的要求也许是该规范的最苛刻之处,默顿说,"对自己的工作与对同行的工作至少一样地进行批评,是有组织的怀疑主义规范最困难的方面","一个真正的学者和科学家所持的信条要求我们,必须随时准备抛弃自己的构想(brainchildren),不管它们对我们是多么珍贵,否则它们将毁于溺爱。"②

其二,这种怀疑和批判是"有组织的",是一种制度上的安排,而不仅是个人行为。在《科学的规范结构》一文中,默顿对"有组织的怀疑主义"规范讲得较为明白,但没有过多地强调和说明"有组织的"(organized)这个定语。但后来一有机会,他就会强调"有组织的"这个形容词的含义。例如,在《托马斯命题与马太效应》(1995)一文中,默顿指出:"社会性的有组织的怀疑主义(原文用的是斜体——笔者注)是指科学和学术中对知识主张的批判性审查的制度化安排,其运行不依赖于这个或那个个体的怀疑倾向的偶然表现。科学文化中的社会化过程与这样的社会安排(像对出版和未出版的论文的'同行评议')的结合,充当着社会控制的中介"③。

朱克曼也多次强调"有组织的怀疑主义"规范的第二层含义:"有组织的怀疑主义规范具有态度上的含义,也具有科学家活动的社会组织的含义。有组织的或系统的怀疑主义规范与对确信的质疑的哲学立场的区别在于,前者鼓励确立各种制度化的评价程序。不但每个科学家应该对他本人和同事的研究成果持批判态度,不仓促下结论,而且应该建立一套完善的组织程序,例如对科学论文

---

① Piotr Sztompka, *Robert K. Merton: An Intellectual Profile*, p. 54.
② Piotr Sztompka, *Robert K. Merton: An Intellectual Profile*, pp. 54-55.
③ Robert K. Merton, "The Thomas Theorem and the Matthew Effect", in *Social Forces* 74(1995):389.

的评议制度及对科学课题的评审制度。"[1]"在对科学的规范结构的这一解释中,我再一次说,强调的是其制度性安排。称之为'有组织的'怀疑主义,就在于有同行评议制和其他形式的合格同行对科学家工作进行批判性评估的安排;而对个体科学家而言,他们不必是一致怀疑的。"[2]

有组织的怀疑主义和普遍主义都是关于科学成果评价的规范,但是二者是有严格区别的。如果说普遍主义强调的是科学成果评价的客观根据——经验的证实和逻辑的自洽,那么,有组织的怀疑主义强调的则是评价程序和方式的有组织性和公正性。前者关乎实质公正,后者关乎程序公正。实质公正的实现,有赖于程序公正的保障。有组织的怀疑主义规范和普遍主义规范又是互补的。

默顿学派对"有组织的怀疑主义"规范的阐述,与他对其他科学规范的阐述一样,所强调的是它的制度层面。当然,制度层面与个人的心理层面也是互补的。一旦"有组织的怀疑主义"规范被不同程度地内化,就形成科学家较稳定的心理倾向:怀疑的精神、批判的态度、对他人或自己的偏见的觉察、证据的全面审查、谨慎地下结论,放弃错误观念的学术诚实,等等。通过制度层面的规定和个人心理的相互作用,"有组织的怀疑主义"规范发挥着它特有的认知和社会的功能。

在"有组织的怀疑主义"这个规范中,默顿强调的是"有组织的"(organized)的这个定语;但国内有很多文献把"organized scepticism"译为"有条理的怀疑主义"或"合理的怀疑主义",这是

---

[1] Harriet Zuckerman,"Sociology of Science",in *Handbook of Sociolog*, p. 515.
[2] Harriet Zuckerman,"Sociology of Science",in *Handbook of Sociolog*, p. 515.

不对的。我们认为,根据默顿对于这一规范的论述,"organized scepticism"应译为"有组织的怀疑主义",也可以意译为"组织化的质疑"。默顿在他的《社会研究与社会政策》一书的中译本(2001年版)序言中,对"organized skepticism",特别向我国读者作过这样的解释:"'organized skepticism'是一个社会过程,而不是心理过程,它包括对那些批评性地评价公共知识观点(以及自己的知识观点)的行为提供鼓励和奖赏制度性机制。……它所代表的是一种早已形成的对期刊论文和科学专著进行评价的制度化的同行评议方式,它极不同于简单的个人性的怀疑主义方式。而且,它是一种不断发展的、有规范限定的认知警惕系统。"[①]在此,默顿一方面指出,organized skepticism"不同于个人性的怀疑主义方式",另一方面又强调它"是一个社会过程","是制度化的同行评议的方式","是社会性怀疑的认知系统"。所以 organized skepticism 应译为"有组织的怀疑主义",因为在默顿对这个规范的上述解释中,根本就没有"有条理的"和"合理的"这两个形容词的意思。(遗憾的是《社会研究与社会政策》一书的中译本仍然把"Organized Skepticism"译为"有条理的怀疑主义",但译者在后来翻译出版的默顿的《科学社会学》中,已把它译为"有组织的怀疑主义"。)

"有组织的怀疑主义"是以客观性和原创性为价值基础的,它以检验科学家是否真正"扩展被证实的知识"为总目标,以检验科学成果是否真正具有客观性和原创性为两个子目标,并通过一定的组织程序特别是同行评议制来作出中肯的评价。"有组织的怀疑主义"规范强调的是制度性的质疑、批判与挑剔,但它发挥的是建设性的功能——促进新的正确的知识增长。可以说,"有组织的

---

① [美]默顿:《社会研究与社会政策》,第 7 页。

怀疑主义"是科学系统所特有的一种"纠错机制"和"肯定机制",因为它,科学知识得以持续增长。

强调"有组织的"怀疑主义,在我国目前的学术环境下,具有特别的意义。因为,总的来说,我国学术界还没有形成一种有效的学术批评与反批评的社会性机制,关于科研基金、论文著作、成果鉴定、科研奖励的同行评议制度仍不健全,这严重地制约着我国学术事业的发展与繁荣。因此,必须加强学术制度建设,使"有组织的怀疑主义"规范制度化、完善化。

如果我们的上述分析是正确的话,那么默顿提出的科学的规范结构——"价值观和规范的复合体",就可图示如下:

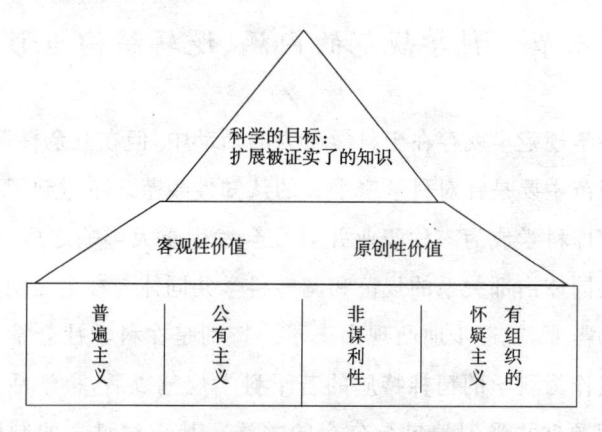

图 20-1 科学价值和科学规范的结构关系

科学的规范结构包括价值观和规范两个方面。价值观与规范相互联系,相互渗透。价值观意味着适当的行动目标,规范意味实现这些目标的适当手段。科学的最根本的价值目标是"扩展被证实了的知识",这一根本的价值目标包含两个基本的价值要素——客观性和原创性。而科学规范则源于科学的最根本的价值和两个基本的价值要素,并从属于它们,是实现科学价值的手段。客观性和原创性这两种价值是互补的,四个规范也呈互补关系。非谋利性规范引导科学家的动机服从于科学目标;普遍主义要求科学成果的评价和科学殿堂的准入不以个人的社会属性为依据;公有主义要求科学家及时公开其发现,自由交流;而有组织的怀疑主义要求科学家集体审查科学上的发现。这些规范的发生或设定都有利于维护科学的自主性,有助于实现科学的目标——追求新的客观的或实证的知识。必须指出的是,默顿对科学的规范结构的描叙是高度简化和理想化的,这就为后来的发展及批评留下了很大的余地。

第三节　科学规范的内涵、逻辑结构与形态

科学规范早就存在于科学研究的活动中,但在业余科学时代,科学规范主要是针对科学家个人的认知性规范。不过到了科学建制化亦即科学成为一种职业并对社会发生重大影响之后,对调整科学共同体内部关系的规范和调整科学共同体与社会之间关系的规范的需要,就逐步地凸现出来了。特别是在科学社会学之父默顿提出作为科学的精神特质的若干科学规范以后,科学活动中的规范问题日益受到学界与公众的关注。基于对科学的制度性目标——"扩展被证实的知识"的强调和维护科学自主性的考虑,默顿提出了"公有主义、普遍主义、非谋利性、有组织的怀疑主义"等四个规范。他认为这是科学活动所特有的区别于其他社会活动的规范,它们被科学家所认同、内化,就成为科学的精神特质。默顿规范的提出在科学规范问题的研究上无疑具有里程碑的意义。不过,默顿的观点也受到马尔凯等学者的质疑、批评。而默顿学派中

人则对默顿规范加以辩护与发展,提出了一些新的科学规范。比如,巴伯就提出了两条新的规范——"信仰理性"、"感情中立"。毋庸置疑,默顿规范并没有涵盖所有的科学活动,囊括所有的科学规范,而且也只是一些原则性的规范。科学活动中还有大量的具体的规则需要揭示和梳理。而且,随着科学活动领域的扩大,科学对社会生活影响的加深,还会有一些新的科学规范出现。因此,有必要在默顿规范的基础上作进一步的研究。这也就是说,默顿学派开拓了科学规范研究这一新领域,但他们并没有穷尽这一领域的一切研究。接着他们的工作往下做,往下说,是很有必要的。

科学规范论所要研究的问题很多,主要的可概括如下:

1. 什么是科学规范?科学规范与其他类型的规范如行政伦理有什么区别和联系?

2. 科学规范是怎么形成或制定的?某一科学规范从无到有的充要条件是什么?

3. 如何判定科学规范的合理性,或者说,判定科学规范是否正当,是否合理的标准是什么?

4. 科学规范的功能

5. 科学规范的类别

6. 科学规范系统的逻辑结构

7. 科学规范存在或表达的形式

8. 科学规范与科学规律

9. 科学规范与科学价值

10. 科学规范与科学自由

11. 科学规范与科学创新

12. 科学规范与科学革命

以上这些问题的每一个,都可派生出一系列从属的问题,从而

形成一个科学规范研究纲领。因此,科学规范的研究,仍大有可为。本节从上述12个问题中选取若干有所思考的问题,阐述如下:

一、科学规范的内涵

科学规范是以祈使句来表达的,它们告诉或告诫科学家:应该做什么(如,"应该以追求真理为使命"),不应该做什么(如,"不应该剽窃他人的研究成果"),可以做什么(如,"可以根据自己的兴趣来选择学术方向"),不可以做什么(如,"严禁把科技成果运用于危害人类的活动")。所以,科学规范是对科学工作者的一种指示或指示系统。默顿提出的一组科学规范都是以一个词或一个词组,如"公有主义"、"非谋利性"、"普遍主义"、"有组织的怀疑主义"来表达的,可以用广义模态逻辑中的规范逻辑的方法,加上"道义算子"("必须"、"允许"、"禁止"等),把它们恢复为规范命题。如,"公有主义"这一规范,可恢复为"科学的成果应该由全人类共享";"有组织的怀疑主义"可完整地表达为"科学领域的任何思想观点都应接受同行专家的有组织的严格审查"。由于科学规范是包括"应该"、"不应该"、"必须"、"严禁"、"可以"、"不可以"等道义算子的祈使句,所以,它是对科学工作者的指示或指示系统。但并不是对科学工作者的任何指示都可以成为规范的。希特勒对德国科学家的训令,上级管理部门对科研机构的特定要求,尽管都是指示,但并不能成为科学规范。只有为科学共同体的全体或多数成员所一致认同,而且具有普遍适用性和长期有效性的指示或指示系统,才能成为科学规范。例如,"有组织的怀疑主义"这一规范就是整个科学界都应该一贯坚持的基本准则,所以,它就成为公认的科学规范。而那种偶发的、暂时性的,针对特殊情况而发布的指示,不管来头多大,都不能成为科学的规范。

至此,我们可以给科学规范下一个初始的定义:科学规范是指导和调控科学共同体成员行为的、具有普适性和长效性的指示或指示系统。这些指示告诉科学家可以做什么,应该做什么,不应该做什么,对科学家的行为起到引领、纠偏和授权的作用。

科学规范又能转化为一种标准,为科学共同体和社会各界评价科学活动和科学家行为的正当性、合理性与创新性提供评价的尺度。例如,"严禁抄袭、剽窃和低水平重复"这一学术规范,在学术杂志评审科学论文的工作中,就转化为一个最基本的评价标准。而"科学研究必须提供创新性成果"、"科学假设必须符合科学实验和科学观察,必须同已证实的科学原理逻辑一致"等基本的科学规范,在科研课题的验收过程中,就成为专家对科研成果进行鉴定的基本标准。

默顿曾经把科学的规范系统称为科学的精神特质。这与我们的上述定义似乎是矛盾的,其实不然。作为指示的科学规范一旦被科学家所认同并自觉遵守养成习惯以后,就内化为科学家的素养和品质,成为科学界和科学家区别于其他人群的精神特征。所以,默顿经常称科学规范为科学的精神特质。用"规范"来表达,强调的是"他律";用"精神特质"来表达,强调的是"自律",后者展现了科学家严于律己的境界。科学的精神特质还有一层意思,即科学区别于与其他精神现象如宗教、艺术的特质,而科学特有的科学规范系统正是科学借以和其他精神现象区别的重要特质。

科学规范的形成,有的是约定俗成的,有的是科学共同体制定的,还有的是权力机关制定的。

二、科学规范系统的逻辑结构

复数的科学规范不应是一大把由绳索扎起来的筷子,而应是一个有内在联系、有层次的网络系统。从逻辑的角度来看,科学规范是由规范命题来表达的,规范命题之间应有确定的、或交叉或并列或从属的逻辑关系。在确定了作为规范系统的逻辑起点的若干元规范之后,其他的规范应能从元规范中结合具体场景推导出来,从而形成一个科学规范命题的演绎系统。

如果对此没有异议,那么,这个演绎系统的元规范是什么呢?只能有两个:一个是"追求真理",另一个是"造福人类"。前者是指导科学认知的元规范,后者是指导科学应用的元规范。这两个规范应是科学规范系统的逻辑起点,其他的规范都可以结合具体场景,从它们中推导出来。元规范与后续规范的关系是一般与个别、蕴涵与被蕴涵的关系。

例如,科学假设的证实必须遵循的两个基本规范——"假设必须经由观测或实验检验"、"假设应同已证实的知识在逻辑上一致",就是从属于"追求真理"这一元规范的;而"科学成果的应用必须符合可持续发展"的规范,则是"科学应造福人类"这一元规范,应用在人类当前利益和长远利益的关系这一具体场景时的具体体现。至于"科学无国界"这一规范,在"科学成果的价值无国界"的意义上,从属于"造福人类"这一规范;在"科学研究无国界"的意义上,则从属于"追求真理"这一规范。

由此反观默顿提出的四种科学规范,我们就会发现它们都不是元规范。"公有主义"这一规范规定了科学成果的"所有制"性质,是从属于"造福人类"这个规范的。"有组织的怀疑主义"规定的是科研人员对待权威和知识的态度,因此从属于"追求真理"这一认知的元规范。"普遍主义",反对在科学殿堂准入资格审查上和科学成果评价上的各种歧视,所以应从属于认知性规范。而"非谋利性",既涉及科研人员的动机又涉及何种制度安排才能使科学家无私的工作得到合理回报这一问题,因此它蕴含于"科学应造福

第二十章 科学规范

于人类(包括科学家个人)"这个元规范之中。

如果我们仔细地审查科学领域的各种规范之间的关系,就会发现,与其他的领域一样,科学的各种规范在内容上和逻辑上,往往是不一致,甚至自相矛盾的。如,"公有主义"和保密制度之间,"非谋利性"和专利制度之间,从"普遍主义"引申出来的子规范——"价值中立"和"科学家应热爱自己的国家"之间,就存在着矛盾。有的科学社会学家称之为规范和"反规范"的矛盾。这种矛盾是在一定条件下可以统一的"辩证矛盾"?还是非此即彼的"逻辑矛盾"?这是必须运用辩证逻辑和道义逻辑才能澄清和解决的问题。

此外,有些规范的内涵和外延可能有交叉重叠之处,也需要理清。例如,默顿所提出"普遍主义"和"有组织的怀疑主义"这两个规范,就未必是两个并列的规范。"普遍主义"按默顿的解释,包括两方面的内容:一是,在科学的入口处,不应在针对拟进场者的个人属性和社会属性,设置歧视政策,科学的职业应该向一切有能力的人开放;二是,在科学成果的审查和评价上,不应以该成果的研发者的个人属性和社会属性为根据,"真理性的学说,不管其来源为何,都服从于限定的非个人性标准,只要求与观察和早已被证实的知识相一致。"[1]而对于"有组织的怀疑主义",默顿是这样说的:"我称此规范为社会性的有组织的怀疑主义,是因为它所代表的是一种早已形成的对期刊论文和科学专著进行评价的制度化的同行评议的方式,它极不同于简单的个人性的怀疑主义方式";[2]它是"借助于经验与逻辑的标准对观念的客观审视"[3]。显而易

---

[1] [美]默顿:《社会研究与社会政策》,第6页。
[2] [美]默顿:《社会研究与社会政策》,第7页。
[3] [美]默顿:《社会研究与社会政策》,第14页。

见,有组织的怀疑主义的内涵是与"普遍主义"的第二层含义重合,至少是交叉的。又如,默顿提出的"公有主义"和"非谋利性"这两个规范,从字面上看,意义相近,其内涵是否交叉重合,也是必须澄清的。

总之,科学规范不应是一盘散沙,而应是一个有条有理、逻辑一贯的演绎系统。只有形成了这样一个严整的系统,才能够顺利地实现对科学活动的合理调控。

三、科学规范的形态

科学规范的存在和表达有各种各样的形态:

有些科学规范是以法律规范的形态存在的,如:科技法。

有些科学规范是以职业道德的形态出现的,如:"非谋利性"这一规范就是对科学工作者的道德要求。

有些科学规范是以行政规章的形式出现的,如:教育部2002年颁发的《关于加强学术道德建设的若干意见》,科技部等机构共同制定的《关于科技工作者行为准则的若干意见》。

有些科学规范是以科学这个行业的行规的形式出现的,如:1945年成立的美国"原子科学家联盟",在其章程的序言中提出:"原子科学家联盟的成立是为了承担科学家愈益明显的社会责任,促进人类福利,稳定世界和平。"[1]这一条文是美国原子科学家联盟这个科学共同体和它的每一个成员都必须遵循的基本准则,是一个行规。

有些科学规范是以群体的习惯性行为方式存在的。如:在国内外比较规范的学术研讨会上,主题发言之后,与会的同行都会向发言者提出各种各样的问题或质疑。这一习惯性的程序就是"有

---

[1] [美]巴伯:《科学与社会秩序》,第141页。

组织的怀疑主义"这个规范的一种存在方式和实施方式。

还有些科学规范是以杰出科学家的表率作用或传奇故事来体现的。如：古希腊学者阿基米德在敌人破城之日刀戟加身之时仍专心致志地演算几何题，中国数学家陈景润数十年如一日废寝忘食地破解"哥德巴赫猜想"，他们都是体现了"追求真理、献身科学"这一规范和崇高境界的"不败金身"。

上述各种形态的科学规范并不是彼此绝对分立的，有许多规范的内容可以同时体现在上述的多种规范形式之中。如"严禁抄袭"，就既是道德规范，又是行规，也往往是行政规章。

第四节 科学规范的类型与功能

科学规范作为指导和调控科学共同体成员行为的、具有普适性和长效性的指示或指示系统，是保证科学的使命——"追求真理、造福人类"实现的前提条件。而科学活动中的违规行为却严重地妨碍了科学使命的实现，也损害了科学在公众中的形象。科学界的违规行为产生的原因是多方面的，科学规范的缺失或不健全就是其重要原因之一。因此，全面深入地揭示科学活动中的各类规范的性质、特点与功能，对促进科学规范的制定和完善，对防范科学活动中的违规行为，从而保证科学事业的健康发展，都具有重要的意义。

近几年中国学界对科学活动的规范问题越来越重视，可以看到很多与此问题相关的讨论和文章。但这些讨论基本上是从科学伦理的角度论述科学界的不端行为的成因和防范，很少全面、系统、细致地论述科学规范系统本身。这给人一种印象，好像科学规范就是科学伦理规范，这显然是以偏概全。那么，科学规范究竟包括哪些类型？每一类科学规范又有什么特点与功能？这是一个仍需深入研究的问题。

我们根据科学活动的特点和科学规范的性质，从多个角度把各种各样的科学规范区分为如下几种类型。

一、根据科学规范所调整的对象的不同，可以把科学规范分成：调整科学活动中人与人之间关系的规范、调整科学活动中人与物之间关系的规范、调整科学活动中各种知识或理论之间关系的规范。

调整科学活动中的人与人之间关系的规范。这一规范还可分为：(1)调整科学共同体成员之间关系的规范，如，科技部等机构共同制定的《关于科技工作者行为准则的若干意见》第2条规定："对不同的学术观点，应当进行平等的讨论"；《中科院院士科学道德自律准则》第8条要求："发扬科技协作和集体主义精神"；(2)调整科学共同体成员与非共同体成员之间关系的规范，如《赫尔辛基宣言》第10条规定："在医学研究中，保护受试者的生命和健康，维护他们的隐私和尊严是医生的职责"；又如《中科院院士章程》第1章第2条指出："院士对国家科技重大问题的决策有建议权"。

调整科学活动中的人与物之间关系的规范。这一规范也可以分为：(1)调整研究者与研究对象如动物之间关系的规范，如"在动物实验中要人道地对待动物，遵循3R原则"。所谓3R就是Replacement(代替)、Reduction(减少)、Refinement(改进)[①]；(2)调整研究者与研究的工具如仪器设备之间关系的规范。如"禁止使

---

① "三R"最早是由英国动物学家拉塞尔·罗素和微生物学家伯奇于1959年在《人道试验技术的原则》一书中提出的，后被公认为指导动物实验的基本准则。

用酒精灯直接加热烧杯"等。

调整各种科学知识之间关系的规范。调整各种知识之间关系的规范亦可分为:(1)协调理论内部各个要素之间关系的规范,如"构成理论体系的各个概念和各个命题之间不应当有逻辑矛盾";(2)协调理论与理论之间关系的规范,如"新理论不应当与被证实的既有理论相矛盾"等。

这三种科学规范的功能都是调整科学活动中的各种关系,以保证科学使命的实现。但由于调整的对象不同,因此又有不同的性质与特点。第一类科学规范调整的是人际关系,属于社会规范,第二类科学规范调整的是物我关系,主要是技术规范,第三类科学规范调整的是思想关系,为逻辑规范。

二、根据科学活动的阶段,也可以把科学规范分为:指导科学研究的规范、指导科学成果评价的规范与指导科学成果应用的规范。

科学活动的一个完整的周期,可分为三个阶段:科学研究阶段、科研成果评价阶段、科研成果应用阶段。相应地,科学规范也可分为三大类:指导和调控科学研究的规范、指导和调控科学成果评价的规范、指导和调控科学成果应用的规范。

指导和调控科学研究的规范。科学研究阶段还可以分为三个小阶段:确定研究对象或课题的阶段、实施研究的阶段、发表科研成果阶段。科学始于问题,提出一个有意义的问题作为研究的对象或课题是科学研究的起点。但是,研究课题的确定不能随心所欲,而应遵循一定的规范。如,"所选课题应具有可行性和创新性"就是选择科研课题的基本规范之一。违背客观规律、不可行的课题(如永动机研究),或不具有创新性的课题(如在基础研究中重复国外已有成果的所谓"国内首创"),就是无科学价值的,不应作为科研课题。此外,"不应危害人类的生存和发展,不得违背人类的基本道德观念",也是选择课题所应遵循的基本规范。所以,我国科技部和卫生部制定的《人胚胎干细胞研究伦理指导原则》第 4 条就规定:"禁止进行生殖性克隆人的任何研究"。

科研课题确定后,就进入研究阶段。这一阶段的任务包括文献调研、观察实验、提出假说、验证假说等。完成这个阶段的任何一项任务都要遵循一定的规范。比如,"调研文献必须采用追溯法或纵横法以全面了解与所研究课题相关的文献";"提出假说必须以一定的科学事实为基础";在进行科学实验时"要严格遵循操作规程",如 WHO《实验室生物安全手册》第 3 章关于操作规范的规定:"严禁用口吸移液管"、"严禁将实验材料置于口内,严禁舔标签"等。在对假说进行验证时,要遵循"实验必须具有可重复性"等要求。"实验的可重复性"是指一项新的科学发现要获得科学共同体的承认,必须满足该发现在同样的条件下可被其他科学家重新发现的要求,如果不能则不被承认。美国物理学家韦伯根据自己的观测,宣称捕捉到来自宇宙的引力波,但别的科学家至今都没有通过观测发现引力波的踪迹。因而,韦伯的所谓发现是不被承认的。①

研究完成后,就进入科研成果发表阶段。这个阶段又可分为论文写作与论文发表两阶段。指导论文(研究报告)写作的规范包括对论文内容的要求和对形式的要求。对内容的基本要求是"如实地报告研究结果,不得捏造、篡改、拼凑数据(样品)"。对形式的基本要求是遵循论文写作的一系列技术规范,如参考文献的著录

---

① 刘大椿:《科学活动论互补方法论》,广西师范大学出版社,2002 年,第 55 页。

格式应遵循 GB7714-87《文后参考文献著录规则》。指导论文发表的规范则有"未经同行评议,不得随意在大众媒体发布研究成果"[1]、"不得一稿多投"等。

指导和调控科学成果评价的规范。研究成果发表后就进入对之进行评价的阶段。由于信息的不对称,外行很难对科学成果作出中肯的评价,所以成果的评价只能采取同行评议的方式。同行专家必须遵循成果评价活动的各种规范,总的要求就是遵循科学社会学之父默顿提出的"普遍主义"与"有组织的怀疑主义"这两大原则。具体说来,首先,要遵循有关评价程序的规范,如,"评审专家如果与被评审人有利害关系,应当回避"[2]、"应当遵循双盲原则"等。其次,要根据合理的标准来评价。科学研究成果的评价可分为客观性评价和创新性评价,亦称真理性评价和价值性评价。真理性评价是对科学成果是否正确的判定,价值性评价是对科学成果的创新价值的有无及大小的判定。所以,有关评价标准的规范又分为客观性或真理性标准与创新性或价值性标准。爱因斯坦提出的"一个希望受到应有的信任的理论,必须建立在有普遍意义的事实之上"[3]、"理论不应当同经验事实相矛盾"[4],和默顿提出的"不应当与被证实的理论相矛盾",就是客观性或真理性的基本标

---

[1] 参见科技部等部门制定的《关于科技工作者行为准则的若干意见》第3条的规定和中科院上海生命科学研究院《科研行为规范条例(试行)》中关于研究结果的发表的相关规定。英国的《自然》杂志也表示不发表任何已在媒体公开宣传过的论文。

[2] 例如中科院上海生命科学研究院《科研行为规范条例(试行)》中就有这样的规定,即"同行评议时应实行必要的回避制度。如参加评议的专家与所评的项目有直接竞争、合作研究或其他紧密的联系(如亲属)时,应主动回避"。

[3] 许良英、范岱年编译:《爱因斯坦文集》第1卷,商务印书馆,1976年,第106页。

[4] 《爱因斯坦文集》(第1卷),第10页。

准。而"科学研究应当扩展了人类已被证实的知识"[①]、"新理论应当具有更高的解释力与预言力"等,则是创新性的基本标准。有些贴上"国内首创"、"填补国内空白"的标签的科研成果,只是对国外已有研究的模仿[②],并不具有创新性。

指导科学成果应用的规范。在大科学时代,科学既耗费了大量的社会资源,又对社会生活产生了巨大的影响,渗透到公众生活的方方面面。对这种影响的性质与程度,科学家往往比公众有更清楚的认识。因此,科学家不但要关心自己的研究,也应当关心自己研究成果的应用,肩负起自己的社会责任。科学家在涉及科学成果的应用时,应当遵守关于科学成果应用的规范。1946年成立的世界科学家协会的宗旨就规定"充分利用科学,促进和平和人类幸福,尤其要保证科学应用有助于解决当代的迫切问题";乌普斯拉规范[③]也规定"科学家应该保证科学成果的应用不会引起严重的生态破坏","科学成就不应该应用于或有助于战争和暴力"。

三、根据科学活动的目标即"追求真理与造福人类",可以把科学规范分为求真的规范与求善的规范,即科学认知规范与科学伦理规范。

首先,作为一种以探索客观世界、发现真理为目标的活动,科学研究有它自身特有的认知性规范。求真的规范是服务于发现科学真理的规范,而发现科学真理的过程其实就是认识自然现象及其规律的过程,因此求真的规范又可称作认知性规范,即关于科学研究

[①] 这被默顿看作科学的制度性目标。可参见默顿著,林聚任等译:《社会研究与社会政策》,第6页。

[②] 邹承鲁:"清除浮躁之风,倡导科学道德",《光明日报》,2002年4月10日。

[③] 乌普斯拉规范是一批科学家1984年在瑞典的乌普斯拉大学联名制定的关于科学研究的伦理问题的规范。可参见刘大椿:《在真与善之间》,中国社会科学出版社,2000年,第243—244页。

第二十章 科学规范

本身该如何进行的规范。像"在天文观测时,要避免选择直接在水泥地面上进行观测","使用量筒量取液体的体积,在读取数据时,视线要与液面最低处保持水平","在使用托盘天平时,取用砝码,移动游码必须用镊子而不能用手"等,就是指导科学研究包括科学观测和科学实验的认知性规范。认知性规范贯串于科学研究的全过程,它建立在科学研究活动规律的基础上,是科学研究正常进行的必要条件。为什么"在天文观测时,要避免选择直接在水泥地面上进行观测",就是因为在水泥地面上,夜间温度下降很大,容易产生气流的剧烈变化,而气流变化过大,会造成图像的抖动和变形,使望远镜的分辨率降低。所以,遵守这一规范是天文观测正常进行的必要条件。

其次,科学不仅是一项追求真理的活动,也是一项造福人类的活动。科学活动并不是一项独立于整个社会生活之外的求知活动,在科学与社会的互动中,科学活动已具有了善恶的成分。因此,为了使科学能够造福人类,就要求科学工作者遵循求善的规范。求善的规范其实就是社会对科学工作者道德上的要求,所以求善的规范又可称作科学伦理规范。求善的规范可分为调整科学共同体内部关系的伦理规范和调整科学共同体与外部关系的伦理规范。比如"禁止剽窃他人科研成果"就是调整科学共同体内部关系的求善的规范。而调整科学共同体与外部关系的规范又可区分为科学研究与评价过程中的求善规范与科学成果应用中的求善规范。前者如"在人体实验中要遵循知情同意原则"[1],后者如"科学

---

[1] 所谓知情同意是指在人体试验中,受试者在作出是否参与实验前,有权全面了解实验的有关信息,并在此基础上自主作出是否参与实验的决定。研究人员在任何时候不得有任何形式的强迫、威胁、欺骗及利诱。如果受试者同意参与实验,则应当与其签订知情同意的书面协议。知情同意原则是人体实验中的核心原则,《纽伦堡法典》和《赫尔辛基宣言》对此都作了明确规定。

成果的应用应当有利于社会进步与人类和平"等。

求真的规范与求善的规范的区分是相对的,有些规范同时具有两类规范的意义。比如"在动物实验中要善待动物",就既是求善的规范,又是求真的规范。具体说来,在动物实验中人道地对待动物,既出于人道主义的考虑,也是为了保证科研结果的正确;因为以捆绑、鞭打、电击等不人道方式对待动物,往往使动物产生应激反应,从而影响实验结果的可靠性和试验数据的精确性。又如"应当在文末列出参考文献"这一规范就既体现了对他人科研成果的尊重,也便于他人作进一步研究。

求真的规范的功能是为了保障和促进科学真理的发现,求善的规范是为了保障和促进科学造福于人类。两类规范共同保障科学使命的实现。在当前,科学界不时爆出的学术失范行为,主要是学术道德方面的失范,违背了求善的规范。学界因此对科学的伦理规范问题给予了更多的关注,这是必要的。但我们也要看到非学术道德方面的失范,科学活动中的违背认知性规范的行为也是不可忽视的。这对科学研究的新手来说,尤为重要。因为掌握认知性规范的过程,就是学会如何进行科学研究的过程。

四、根据科学规范规定的是实体性权利义务还是具体的操作步骤,可以把科学规范分为实体性规范与程序性规范。

实体性规范是直接规定科学工作者实体权利与义务的规范,如"科学工作者有科学研究的自由"、"科学工作者有传播科学知识,抵制伪科学的义务"等。程序性规范是保障实体权利得以实现,义务得以履行的有关程序的规范。由于科学活动中的程序分为研究的程序与评审的程序,因此程序性规范又可区分为研究的程序性规范与评审的程序性规范。

如我国《药品临床试验管理规范》第3章第10条的规定:"临

床试验开始前,试验方案需经伦理委员会审议同意并签署批准意见后方能实施。在试验进行期间,试验方案的任何修改均应经伦理委员会批准后方能执行;试验中发生任何严重不良事件,均应向伦理委员会报告。"这就是关于试验的程序性规范。又如,WHO,《实验室生物安全手册》第3章的有关条文规定:"在进行可能直接或意外接触到血液、体液以及其他具有潜在感染性的材料或感染性动物的操作时,应戴上合适的手套。手套用完后,应先消毒再摘除,随后必须洗手";国家气象局制定的《地面气象观测规范》第9章关于使用轻便风向风速表的操作要领规定:"(1)观测时应将仪器带至空旷处,由观测者手持仪器,高出头部并保持垂直,风速表刻度盘与当时风向平行;然后,将方位盘的制动小套向右转一角度,使方位盘按地磁子午线的方向稳定下来,注视风向标约二分钟,记录其摆动范围的中间位置。(2)在观测风向时,待风杯转动约半分钟后,按下风速按钮,启动仪器,又待指针自动停转后,读出风速示值(m/s);将此值从该仪器订正曲线上查出实际风速,取一位小数。(3)观测完毕,将方位盘制动小套向左转一角度,固定好方位盘。"这些也是研究的程序性规范(试验、观测的程序性规范)。而像"回避原则"、"双盲原则"等则是评审的程序规范。程序性科学规范在科学活动中的作用不亚于实体性规范。研究的程序规范不仅是科研人员顺利获得研究成果的前提条件,也是防止仪器设备遭到破坏,保障研究人员甚至公众的健康与安全的前提条件。而评价的程序性规范则是评价的客观性和公正性的重要保障。

五、根据行为模式的性质或者说根据科学活动中主体的权利与义务关系,可以把科学规范分为权利性的科学规范与义务性的科学规范。

权利性的科学规范又称授权性科学规范,即把科学活动中做或不做某事的权利授予当事人,由其自主地选择和决定。科学是追求真理的事业,它不但需要社会的支持,更需要一个宽松、自由、自主的研究环境。这就需要相应的规范赋予科学家一定的自主自由的权利,以排除外界及科学共同体内部不当的干涉,从而保证科学研究的顺利进行。这样的权利包括科学的自主性与科学研究的自由,也包括科学家在科学活动中得到公正待遇的权利等等。

当然,科学家在享有权利的同时,也必须履行一定的义务,遵守相应的义务性的科学规范。只有这样才能保证科学事业走在正确的轨道上,并且顺利地达到其应有的目的。义务性的科学规范规定科学工作者在科学活动中应当做什么或不应当做什么。义务性的科学规范又可分为应为性的义务性规范和禁为性的义务性规范。应为性规范要求科学活动的当事人应当(必须、有义务)做某事。如"必须把科学假说付诸观测或实验检验",强调的是作为。禁为性规范要求科学活动的当事人不应当(不得、禁止)做某事。如"严禁伪造实验数据",强调的是不作为。禁为性的科学规范是科学工作者的行为底线,不得突破。无论是作为还是不作为都是对科学工作者的义务性要求,因此通称为义务性科学规范。

当前,针对学界泛滥成灾的违规行为,大家着重强调义务性规范,这是可以理解的。但同时也不应忽视科学家的权利,毕竟在不少地方特别是在社会科学领域还存在干涉甚至严重干涉科学研究自由的现象。我们应当在权利性规范与义务性规范之间保持合理的张力。

六、根据科学规范的抽象性程度或在整个科学规范体系中的位序,可以把科学规范分为科学原则与科学规则。

科学原则是科学规范中起统率与指导作用的,具有较高位序的,规定基本权利与义务关系的抽象性程度较高的科学规范,如默顿提出的"普遍主义"、"公有主义"、"非谋利性"、"有组织的怀疑主义"等四个规范,英国社会学家齐曼提出的"诚实性"原则等,就可视为科学原则;科学规则则是由科学原则结合具体场景推出来的,是规定科学工作者的具体权利与义务的科学规范。科学规则其实就是科学原则的具体化。像"不得伪造申报材料"、"不得捏造实验数据"、"不应当在没有参与的论文上署名"等具体的科学规范就是"诚实性"原则的具体体现。而像"数据共享"则是"公有主义"原则的具体体现。在科学规范体系中,科学原则与科学规则都是不可少的。科学原则起着保障科学规范体系和谐统一的作用,而科学规则则有助于强化科学规范的可操作性。

七、根据科学规范所提出的要求的强弱程度,可以把科学规范分为提倡性规范与强制性规范。

提倡性规范是对科学工作者的一种倡导、呼吁,而不是强制性要求。像"非谋利性"规范就是提倡性规范。强制性规范则是所有科学工作者都必须遵循的科学规范,具有强制性。像"不得作伪和抄袭"、"利用他人成果必须标注出处"就是这样的规范。虽然提倡性规范与强制性规范都是对科学工作者的义务性要求,但是两者又在规范的执行方式、所起的作用等方面区别开来。提倡性规范通过赞扬、表彰、奖励等方式来倡导,目的是为科学家展示一种比较高的境界和奋斗的方向,鼓励科学家朝着这个境界和方向努力,从而提升科学工作者的道德水准;而强制性规范则通过批评、谴责和惩罚等方式来推行,目的是为科学工作者设定行为的底线,严禁科学工作者逾越,从而起到防止科学工作者学术与道德水准下滑的作用。两类规范的作用相反相成、相得益彰。

以上我们从不同的角度把各种科学规范区分为七个大类。这七大类规范有着紧密的联系。人们制定科学规范是为了调整科学活动中的各种关系。而科学活动中的各种关系无非是人们行为的产物,因此科学规范实际上是通过直接调整科学工作者的行为进而来调整各种关系的。而调整科学工作者的行为,无非就是提出一个行为模式,告诉他们可以做什么或应当做什么或禁止做什么,这就是权利性规范和义务性规范。而实体性规范与程序规范的划分就是对权利与义务的内容的进一步说明。科学原则与科学规则则是根据规范对权利与义务要求的抽象程度所作的进一步细分。而提倡性规范与强制性规范无非是根据义务的强制程度所作的划分。通过设定行为模式以调整科学工作者的行为,进而调整科学活动中的各种关系,都是为了实现科学活动的最高目标即追求真理和造福人类,因此,从科学活动的特点与目标来看,科学活动中的规范无非就是两类规范即求真的规范和求善的规范。

总之,各种不同性质的科学规范,其功能会有差异,但也有共同之处。从根本上讲,各类科学规范都是为了保障和促进科学的进步及其成果的合理运用。但是,正如"徒法不足于自行",科学规范的功能不会得到自动的实现,它取决于科学工作者对科学规范的认可和切实遵循。美国法学家伯尔曼说"法律必须被信仰,否则它将形同虚设"。[1] 同理,科学规范如果不为科学共同体成员所认同,并得到切实的遵循,它也将毫无用处。但令人忧虑的是,在中国科学界,抄袭、剽窃、炒作、低水平重复、为伪科学张目等违背科学规范的现象时有发生。甚至连一些成名人物也卷入其中。发生这些现象的原因是多方面的。其中对科学规范的内容和功能的认识不足,以及缺乏配套的奖惩机制是重要的原因。比如有些研究生由于缺乏指导,连什么是合理的借鉴与抄袭剽窃都分不清楚,也

---

[1] [美]伯尔曼著,梁治平译:《法律与宗教》,三联书店,1991年,第28页。

缺乏详细列出参考文献的习惯。有些制度安排,则无形中逼迫出违规行为。比如很多高校都有要求研究生必须在核心刊物发表若干篇论文才能毕业的规定。此外对违规行为的从轻发落,甚至百般包庇,更是纵容了此类行径。因此,在科学共同体中,强化对科学规范的认同,建立奖惩机制,加大违规的成本,是发挥科学规范的功能,促进科学事业的健康发展的重要举措。

第二十一章 宗教规范

宗教是围绕生与死的辩证法(dialectic)而展开的人类精神的超越向度,它通过预设超自然的情境,试图帮助信仰者从世俗存在的有限性而导致的罪恶或痛苦状态中,获得解脱或救赎。[①] 因此,宗教规范无非就是帮助设定这样的超自然情境的规范。以及使得通过此类情境而展开其精神的超越性关怀的人们,置身在由此关怀来界定的共同体之中的各种规范,就是"宗教规范"。

第一节 宗教规范的类型

那些能够相对独立识别的宗教要素,大致可以划入两个领域:其一是观念或体验,其二是外化的行为表现、仪轨或制度。宗教规范主要体现在第二个领域,换言之,宗教规范必然是对宗教行为的规范。这就意味着:围绕着人与神灵或者某种神性的关系而展开的行为规范是其核心,也是定位其他宗教规范的基础。

"宗教规范"是指在某个宗教共同体中所实施的那些围绕或直接基于宗教信仰而产生的规范。由宗教规范所构成的某一维度或一系列维度的整体则可以称为"宗教制度"(institution of religion)。这两个概念的涵义侧重点有所不同。前者是一个泛指的

[①] 吴洲:《中国宗教学概论》,台北:中华道统出版社,2001年,第8页。

概念,适用于任意数目与级别的此类规范。然而我们在现实中所接触的总是调整行为的一系列规范的具体整体,而任意抽取的若干规范仅仅是我们的理论抽象。后者是指由某一层次或维度上相互制约、相互影响的某些规范所构成的总体,甚至是指将若干层次与维度扭合在一起的整体。

宗教规范的类型可以从很多的角度进行划分。各民族的日常语言中,就有很多用来指涉其各个类型的普通词汇,例如仪式、禁忌、戒律、宗教伦理、教团制度、修持等[①],也有源自不同宗教传统的极为专业的术语,如佛教方面的羯磨、犍度[②],犹太教和基督教传统中所说的律法,伊斯兰教的五功,即念、礼、斋、课、朝。[③]

各种词汇特别是其中较为通用的部分,为宗教规范类型的划分提供了重要的线索。主要是因为这些普通的词汇可以适用和涵盖各种不同的宗教文化圈。然而还应该就那些特殊的范畴与普通的范畴之间的关系进行某种等价性的分析,即将特殊的范畴视为或是与某一个普通范畴等价、或被包容于其中、或可分解到若干普通范畴之中。例如穆斯林作为表白信仰的证言的"念"功,就往往是其礼拜中所结合的一个因素,即应被视为通常所说的"仪式"的

[①] 但这些词的涵义,在各个具体宗教那里,往往对应着一些特殊的术语,如中国佛教宗派禅宗的教团制度,就称为丛林清规与两序制等,参见[宋]宗赜:《禅苑清规》,中州古籍出版社,2001年,第1—69页。

[②] 羯磨是一种民主的议事程序,犍度,梵语 Skandha 巴利语 Khandha,在各部律本中此部分主要是关于僧人团体生活的规定,如关于夏安居、布萨、处理犯戒情况与内部纠纷等,乃至僧团生活的诸多细节的规定,此在《十诵律》、《四分律》、《摩诃僧祇律》等佛教戒律中有所反映。

[③] "五功"是伊斯兰教对其基本规范的一个习称,涵盖了仪式、戒律、修持、宗教伦理等不同的方面。念即念诵;礼即每天、每星期、每年的各类礼拜仪式;斋主要指伊斯兰教9月的斋戒;课指布施;朝指去圣地朝觐,参见郑勉之:《伊斯兰教常识答问》,江苏古籍出版社,1992年,第122—138页。

一个部分。

宗教规范的类型大致包括：仪式、禁戒、伦理、教团制度、修持法等。这些类型分化的大致理由如下："仪式"与"禁戒"是围绕人—神（包括超自然情境）之间的沟通而直接展开的作为与不作为所作的划分；宗教伦理则是指协调人与神或人与人的关系的若干原则或德性，当然其中包括部分具有伦理意味的戒律；教团制度虽然同样涉及人际关系的调整，但并不是依靠伦理上的协调，而是诉诸某种权力结构，换言之，教制是指由人—神关系得到定位的人—人关系中的某些政治性安排；修持法则是围绕某种理想的人与超自然情境的关系而展开的调整人与自身关系的规范，其中就含有很多身心调整的技术或规范。以下对它们的涵义及其在宗教制度整体中的地位一一给予说明。

一、仪式：人与神沟通的表演性程式

宗教制度的细胞是仪式（ritual）与禁戒（taboo and mitzvah）。[1] 毫无疑问，"仪式是积极的方面，是规定何者应该做和必须做"，而"戒律和禁忌则是消极的方面，是规定在一般或特定的条件下何者不应该做"。[2] 理论上，如果特定的戒律和禁忌得到了严格的实行，那么在其所属的宗教共同体中便不应该观察到其所宣布禁止的内容。

---

[1] 有学者将宗教的组织与制度区分为"宗教信徒的组织化与教会科层制度"、"宗教观念的信条化、教义化与信仰体制"、"宗教理想境界的追求与修行体制"、"宗教礼仪"四个方面（吕大吉：《宗教学通论新编》，中国社会科学出版社，1998年，第1编，第2—5章），但是，其一，信仰体制的提法与把宗教要素总体上划分为内在观念与外在行为的初始思路不太吻合；其次，禁忌与戒律等否定性的制度因素却在这里没有位置；再次，宗教组织的功能是根据它对规范化行为的保障和调节来界定，无论从逻辑推演还是从历史进化的角度来看，它都不是绝对独立和必要的宗教元素。

[2] 吴洲：《中国宗教学概论》，第75页。

第二十一章　宗教规范

仪式是宗教的行为表现方面最直观、最常见的一种因素，它可以服务于祭祀、祈祷、忏悔和修行等不同目的，这些目的通常是贯穿在仪式中的宗教意识的重要部分，当你要界定一种仪式的性质时，完全不可能把此类目的排除在外。因为纯粹动作的程序本身毫无意味，就好像某些神经质的重复行为，使其成为宗教仪式的恰好是特定观念和目的在其中的注入。如果在某种体系内特定观念与特定动作程式或其他仪式牵涉物的关联总是稳定和一贯的，那么就可以把这样的仪式视作建构更加繁复的制度的细胞。

大致上可以将仪式活动按照施行者期待达到的目标和相应的时间特征划分为两大类：过渡仪式（rites of passage）和巩固仪式（rites of intensification）。标志一个人从一种自然的或社会的身份过渡到另一种自然的或社会的身份，或者从世俗境界超拔至神圣境界的仪式，都可称为过渡仪式。后世的许多过渡仪式，往往能在全民性的原始宗教那里找到它的原型。譬如今天已经逐渐淡出历史舞台的成年礼在初民社会中就非常引人瞩目。在非洲的恩德姆布人（Ndembu）中，便有一种长达4个月之久的被称为姆坎达（Mukanda）的成年礼，在此期间，受训的孩子被带到某个被称为"死地"的营地，过隔离的集体生活，然后再返回社区，通过表演一种战争舞，显示其已成为真正的男人。[1]

可纳入"过渡仪式"范畴的生活的阶段性过渡，一般包括一个人的出生、青春期、缔结婚姻、生育乃至逝世。而从缺乏信仰的俗人过渡到宗教信徒甚至神职人员的身份，往往可以配合相应的仪式。成熟的宗教也有很多过渡仪式，例如在天主教所规定的七项

---

[1]　参见［美］F. 普洛格（Freg Plog）、D. G. 贝茨（Daniel G. Bates）著，吴爱明等译：《文化演进与人类行为》，辽宁人民出版社，1988年，第569页。

圣礼当中，竟有洗礼、坚振、神品、婚配、终傅五项应该算典型的过渡仪式。

顾名思义，巩固仪式的目标在于巩固某些对行礼者具有重要价值的事态或观念，如促成或维护某一自然过程——而无论它的功效是否仅止于心理暗示的范畴；或者重申个人或群体对某些宗教观念或价值的信奉等等。在北美易洛魁印第安人中，便有很多庆祝仪式与农业耕作的周期有关，比如枫树产汁、草莓采摘、玉米黄熟、庄稼收割等等。在举行巩固仪式的前后，个人或群体的神性特征即宗教身份，及作为仪式主题所涉及的那些事态或观念对行礼者所具有的重要性并未改变。这是它与过渡仪式最根本的不同。在天主教的七项圣礼中，圣餐和告解则属于巩固仪式的类型。

过渡仪式在特定个人的一生中往往只能举行一次，然而巩固仪式却可以根据需要或参照某一固定的周期而反复地举行。当然对于仪式完全还可以有其他形式的分类，如有祭品和牺牲的崇拜仪式与没有祭品和牺牲的崇拜仪式，或者也可以按仪式中主导的宗教感情划分为忏悔的仪式、祝福的仪式等。

1. 过渡仪式的阶段性特征

通常，过渡仪式包括三个阶段：隔离、过渡和回归。第一阶段的程式与安排，意在象征个体或群体脱离其先前在社会体系中的定位，例如在前工业社会的各种成年礼中，男孩们往往在正式成礼之前先被送到与外界隔离的处所，甚至伴随着苦行的考验。在这个阶段的仪式中时常有一些激烈的举动，如割去包皮、敲牙削发、猎头习俗等，用以将神圣的与世俗的时空，予以清楚的区分，或用以表示先前自我及其社会身份的死亡。

第二阶段无疑是此类仪式的核心，即是一种具有特别紧张意味的"阈限期"，相对其前后，它是一种特别模棱两可的状态，它既不同于前一阶段的自我,又不同于后一阶段的自我,这时受礼者融入一种神圣时空,世俗的行为方式往往被置诸一旁,或者相形逊色,因为世俗性恰是过渡仪式前后日常生活的特征。据说这样的过渡时期一般会呈现三个要素:

> 阈限期最好被看成一个过程而不是一种状态。阈限过程有三个主要的方面或要素,它们在具体的、实际活动中相互渗透,但又依稀可辨。这就是(1)交流 sacra(拉丁词,意为圣事)——我们所谈的有象征性的器物和行为,它们代表着种种宗教的奥秘,往往指有关世界和社会,自然和文化是如何诞生的种种神话……(2)鼓励奇拼怪凑的组合游戏(拉丁词 ludus,意为"游戏"、"玩耍"、"运动"、"打趣"、"玩笑"),因为在阈限期……仪式的参加者们所遇见的,是种种面具、肖像、古怪的玩意、奇装异服之类的东西,它们所表现的游戏性的再组合,把诸种文化特征或要素,拼组成世俗生活中所没有的种种不同寻常的,甚至是古怪而又荒诞的事物。(3)培养共同的情谊。它是一种直接的、自发的、平等的社会关系,不同于具有一定社会地位和社会角色的人们之间的等级关系。①

第三阶段则是受礼者回归其所属日常社会,所涉之一切失去神秘性,回复世俗的常态。在这一阶段的仪式上总是展示新生或再生的象征物,并洋溢着节日庆典的气氛,主题是秩序和生命力对混沌和死亡的扬弃。

2. 巩固仪式的周期性特征

巩固仪式包含着与过渡仪式颇为不同的时间感受和节奏。过渡仪式对于个人来说是一种突变和转折,而巩固仪式无论对于个

---

① [美]特纳编,方永德等译:《庆典》,上海文艺出版社,1993年,第256-257页。

人,还是对于集体来说,都是某一价值的重现。过渡仪式针对的是特定的"到时",即一种旧的身份的死亡和新的身份的诞生,或者是直接的生死过渡,因而本质上并不要求在某种循环的节律内有固定的时间安排,即便有也可能是出于集体的一种便利等外在因素;然而通常巩固仪式倾向于一种循环性的节律感受和在某一周期内固定的安排。

地球绕太阳公转而形成年复一年的循环,这是大多数宗教仪轨的安排所遵循的自然节律,基督教也不例外。基督教的礼仪周期分为星期和年度两个刻度。星期是古代西方民族的一种时间计量法。《旧约·创世纪》讲上帝用前六天辛勤工作,创造了世间万物,第七日休息。犹太人主要是因此特别立第七日为安息日(Sabbath),即今天公历的星期五日落至星期六日落,《新约·福音书》记载,耶稣在犹太教安息日前一天受难,三日后即安息日后第一天复活,基督徒即把一星期中这一天称为"主日"(Lord's Day)。主日是整个基督教礼仪周期包括更高刻度上的周期的基础与核心。

主日的活动主要是做礼拜,并围绕耶稣复活的信仰展开。基督教认为可赋予信徒某种恩宠的"圣事",很多也安排在主日举行。所谓"基督徒的礼拜"是一项较为综合的崇拜活动,其程序大致为:唱圣诗,主要采自《旧约·诗篇》;读经,主要是诵读《新约》之《福音书》、《旧约》之摩西五经及部分先知书;讲道,内容多为规劝性的;祈祷,按性质又可分为恳求、代祷、祝谢等。这些活动真心诚意的望教者亦可参加;但圣餐和洗礼等只允许已受洗入教或即将受洗入教者参加。[1]

---

[1] [美]W.沃尔克著,孙善玲等译:《基督教会史》,中国社会科学出版社,1991年,第106页。

第二十一章 宗教规范

基督教的年度周期即是地球绕太阳公转的周期。这一刻度上的礼仪周期一般包括圣诞和复活两个节期,及其间的两个常规时期。这样以节期的角度审视一年又一年的循环,故称"礼仪年"。[①]基督教历(Ecclesiastic Calendar)又称教会瞻礼单,力图与太阳年保持一致。[②] 众所周知,儒略历(Julian Calendar)是现今大多数国家通行的阳历的前身,也是各派教会编定教历的基准,直到1582年教皇颁布格列高利历法即今所谓的"公历",包括新教在内的西部教会这才采用它作为编定礼仪年的基准。

基督教的礼仪年依序是:圣诞期、第一常规期、复活期、第二常规期。圣诞期包括将临期或降临节、圣诞节、主显节等,其持续时间从降临节的第一天开始,在主显节后的主日结束。将临期更明确来说,是从圣诞节前溯四个星期内的首个主日,即一般是从11月30日左右开始的,而圣诞节就在公历或儒略历12月25日。而到圣诞节前结束。教会选定1月6日为主显节(Circumcision)或称显现节、主领洗节等。根据这两个节期可确定圣诞周期的跨度。随后是第一常规期,即主显节后期,但是它的截止日期要由复活周期的开端来确定。

复活周期是从四旬期开始,至圣灵降临节(Pentecost)结束。公元325年的尼西亚会议规定复活节的时间为每年春分月圆后的第一个主日,若月圆当日恰好是主日,则顺延至一周后,故而一般是在3月21日至4月25日之间。复活节前四十天为四旬期,是复活节前的准备期。复活节后(含复活节当日)第四十天为耶稣升天节,第五十天即为圣灵降临节,又称"圣神降临瞻礼",或据犹太

[①] 严格来说,此概念为近代教会所行用,乃是因郎热神父的《礼仪年》一书而流行起来。参见康志杰:《基督教的礼仪节日》,宗教文化出版社,2000年,第136页。

[②] 太阳年有365天5小时48分45.5秒,阴历则每12个月当有354天。

教习惯则称为"五旬节"。随后是第二常规期即圣灵降临节后期,截止到基督君王节的星期六。

另一个世界性宗教伊斯兰教礼仪的年度周期是依照三个不同刻度而安排的:随昼夜而重现、随星期而重现、随年度而重现,它们的意思是,在每个昼夜、星期或年度中重复的宗教活动。昼夜的周期实即五番拜,由日落至拂晓共四次,依次称为"晨礼"、"晌礼"、"晡礼"、"昏礼",最后是"宵礼",时间限定在晚霞消失到次日拂晓前,五番拜可在公共场合如清真寺,也可在家;可以集体,也可个别举行。

第二种刻度上则是"主麻"或"聚礼",指星期五午后举行的集体礼拜,规定是要在有建筑物的大型场所,在伊斯兰国家有的规定人数要在40人以上[1],而在中国有说只要4人以上即可。[2]

第三种刻度主要是由斋戒和各种节日来体现。斋戒是在伊斯兰教历每年的9月举行,斋月过后第一天就是"开斋节",每年伊斯兰教历12月10日即朝觐麦加的最后一天则是要庆祝"古尔邦节"或称"宰牲节",每逢此二节日,男女老幼都要沐浴、更衣,到清真寺参加集体的"会礼"。加上纪念穆圣的"圣纪",是为伊斯兰教的三大节日。[3]

但是与其他民族或宗教重视日地、月地关系、在此基础上的气候循环,及据此调较其历法的现象颇为不同,伊斯兰教历每年只有约355天,与公历相差十天左右。所以伊斯兰教的斋月等,比照公

---

[1] [阿拉伯]安萨里著,张维真等译:《圣学复苏精义》,商务印书馆,2001年,第97页。

[2] 郑勉之:《伊斯兰教常识答问》,第127页。

[3] 另有所谓八大节日之说,还包括白拉提节、盖德尔夜、阿术拉节、登霄节、法蒂玛忌日等。

历就无法予以固定,伊历中也不固定春夏秋冬的时令;因而一位穆斯林至少可在36年的生涯中,分别体验到在任何一个季节举行斋戒的感受。

二、禁戒:否定性的宗教行为规范

通常,否定性的宗教规范应包括两类:禁忌(taboo)与戒律(discipline)。我们使用"禁忌"一词来指那些极其繁复或琐碎、缺乏一贯理据的否定性规定,并用"戒律"来指那些体现较为一贯的原则(如神圣与凡俗的分界),通常有伦理意味或者与宗教修持的目的相关联的否定性规范。禁忌与戒律之间的界限虽然模糊,但仍然存在。禁忌在先民的图腾崇拜、自然宗教和巫术信仰中运用得比较普遍。它的内容则包罗万象、漫无程式;其所以如此规定,常常是源于牵强附会、神秘的交感、互渗、一些偶然事件、头人的一场梦境等。戒律则是信徒修身养性所需要的一些约束,某些基础的部分甚至可以转化为一个社区普遍遵循的伦理规范,并更多是出现在对人生的思考渐臻成熟的宗教之中。

在原始宗教当中,禁忌极为常见,并且表现得相当重要。例如国际学术界通用的"塔布"(taboo)一词,就是南太平洋波利尼西亚汤加岛土著的语汇,意指某种含有被限制或被禁止而不可接触等性质的东西,并被广泛用来配合图腾的崇拜。而在文明社会中,主要体现在宗教习俗或具有宗教意味的习俗领域。例如在中国普遍存在的灶神禁忌、岁时禁忌、衣食住行的禁忌、建舍禁忌、蚕桑禁忌、海事禁忌等。所谓禁忌的纷乱和缺乏理性,是相对而言的提法,它可能有符号体系上的合理性等等。[①]

[①] 参见[法]列维—斯特劳斯著,李幼蒸译:《野性的思维》,商务印书馆,1987年,第88-94页。

至于戒律的伦理特征及其与修行之密切关系,可以拿佛教"戒"的体系为例。在此,主要的戒的法数有五戒、八戒、十戒、二五〇戒等,前三类戒的具体内容见下表:

五　戒	八　戒	十　戒
1.不杀生	1.不杀生	1.不杀生
2.不偷盗	2.不偷盗	2.不偷盗
3.不邪淫	3.不邪淫	3.不邪淫
4.不妄语	4.不妄语	4.不妄语
5.不饮酒	5.不饮酒	5.不饮酒
	6.离非时食	6.离非时食
	7.离歌舞视听,离香油涂身	7.离歌舞视听
	8.离高广大床	8.离香油涂身
		9.离高广大床
		10.离金银宝物

五戒针对所有佛教徒。第一杀生戒,不但是不杀人,也不消灭鸟兽虫蚁等一切动物形态的生命。不仅自己不能动手杀,指使杀人、谋划杀人、咒杀、对杀而予以赞赏,都跟杀是一回事。而中国佛教的素食传统便是这种戒杀精神的具体体现。第二偷盗戒,是指未经物主同意而无论用何种手段改变该项财物的隶属关系的行为,均属该戒律的禁止之列。第三邪淫戒,对于在家居士主要是禁止夫妻之外的性关系,对出家僧尼则严禁任何性活动。第四妄语戒,针对的妄语凡有四种,一妄言(欺诳不实),二绮语(花言巧语),三恶口(辱骂诽谤),四两舌(搬弄是非)。第五饮酒戒,这是为了让信徒保持神气清爽而制订的。

五戒本来就是针对以在家的身份奉佛的男女信众即优婆塞、优婆夷所设的。再为优婆塞、优婆夷每月在固定的日期体验出家生活设立的戒,则称八关斋戒,汉地佛教规定可以在农历每月初八、十四、十五、二十三及月底最后两天的"六斋日"受持。十戒是预备僧人即沙弥和沙弥尼之戒。二五〇戒则是比丘之戒,比丘尼则有三百四十八戒,二者又称具足戒。

汉地又流行依据大乘精神而制订的"十善恶戒"或"菩萨十戒":(1)不杀生,(2)不偷盗,(3)不邪淫,(4)不妄语,(5)不两舌,(6)不恶口,(7)不绮语,(8)不贪欲,(9)不瞋恚,(10)不邪见。前三为身戒,中四口戒,后三意戒。遵循以上的内容为十善戒,若肆意而行,一一犯规,则称十恶戒。菩萨十戒与五戒有异曲同工之处,具有严肃的伦理意味,而一般所说的八戒,则有很多内容是为佛教修行的特殊目的服务。

三、宗教伦理:人神关系下的人际关系

毫无疑问,宗教伦理是宗教规范这一大家族中的重要成员。其实在宗教戒律甚至禁忌当中,就有那些除了巫术的魔法以外的纯粹的伦理内容。一般而言,即便是单纯对礼仪和禁忌的信仰,也会赋予它自己所接受的惯例以不可摧毁的神圣和庄严,从而肯定这些惯例是善的或者与"善"相关的。信徒在避免神的发怒或者神道失序的同时,也担心因践踏准则所带来的种种恶果。因此从制度的层面来考察,善恶首先是对仪式行为合乎规定性与否的一种辨别,以及是否违犯禁戒的判断。

但在"伦理"的名义下,某些类型的规范的涵义比较微妙,例如"德性"是对实施某种规范或惯例的心理基础的体认,但也可能同时淡化了规范的刻板性。其实,可将实质的伦理区分为两类:规范的与德性的。规范伦理就是围绕"应该做或不做什么"而设定的一系列有关言行的确定的规范;德性伦理则是围绕"应该成为什么样的人"而确认的一系列禀赋、品质、性格、气质和才能,这些因素和特性由于被指认了正的价值,可以被视为"美德"。

无论规范伦理抑或德性伦理,在宗教史上都有一些经典的例

子。例如基督教的《旧约》和《新约》的不同精神分别是两种伦理类型的渊薮。《旧约》的《摩西五经》，尤其《出埃及记》以下，记载了很多犹太民族的风俗和禁忌，其中的许多成分具有规范伦理的特色，其中最核心的就是著名的"摩西十诫"。《新约》里的耶稣则是围绕信仰、希望、爱和谦卑等德性展开其布道，甚至有意识地强调了德性与规范之间的张力。那些刻板遵循犹太律法的拉比及其追随者，被贬称为"法利赛人"，耶稣就是被这些人钉上十字架的。①

宗教伦理大体上可以包括两个方面的内容：人对神或者对某种超验存在所负有的伦理上的义务；处理人与人之间——信徒之间以及信徒与非信徒之间关系的伦理规范。前者即常说的人神之道，后者即人际之道。观念上对神的敬畏、挚爱和崇拜，以及与拜神的宗教生活有关的礼仪、禁忌和戒律等都属于"人神之道"的范畴。②

拿基督教的"摩西十诫"来说，其中前四条是关于人—神关系的，即：

一除耶和华神以外不可有别的神；

二不可雕刻和崇拜偶像；

三不可妄称耶和华神的名；

四当记念安息日，守为圣日，即六日要劳碌作一切的工，但第七日不可作工，而须尽宗教的义务。

后面几条则是针对人—人关系的，即：

五当孝敬父母；

六不可杀人；

---

① 耶稣的事迹，主要见于《新约》中四部《福音书》的记载。
② 吴倬："宗教道德与世俗道德的融通与分殊"，罗秉祥、万俊人编：《宗教与道德之关系》，清华大学出版社，2003年，第40-41页等。

七不可奸淫；

八不可偷盗；

九不可作假见证陷害人；

十不可贪恋他人的房屋,也不可贪恋他人的妻子、仆婢、牛驴,并他一切所有的。①

其实,人际之道是伦理中真正核心与重要的部分。对于宗教伦理的主观的观念来说,其中的人神之道是人际之道的基础和前提,换言之,对于信徒而言,遵循人际之道的目的恰是为了更充分地贯彻人神之道,因为人际之道被认为只是人神之道的必要的补充和延伸。

四、教团制度:宗教共同体的建构

宗教组织(religious organization)则是由上述那些宗教仪式、规范和制度的体现者或执行者所组成的机构,通常,神职人员及其机构是普通信众与神或超自然力交往过程中不可缺少的媒介。最早的宗教组织——如果可以这样称呼的话——事实上就是巫师群体。而韦伯(Max Weber)称"神职人员"是一种"对神施加影响的有规则的、有组织的、经常性的运作机构的干部"。② 在有了专业的神职人员和神职人员的联合体之后,宗教制度便进一步包括了神职人员的组织体系。

原始宗教并不存在如后世所见的各类教阶,也不存在专门分化出来的宗教组织,而在这一阶段,事实上只有礼仪与禁忌所构成的一种习俗。严谨的组织确实是相当后起的因素。特别是,伴随着神职人员的科层等级制的形成,也就有了与之相配套的行政管

---

① 参见《旧约·出埃及记》第 20 章,《旧约·申命记》第 5 章。
② [德]韦伯著,林荣远译:《经济与社会》上卷,商务印书馆,1997年,第 479 页。

理制度。但是这些不能被视为宗教制度的不可缺少的要件。当然，对于那些成熟的宗教，如各大世界性宗教来说，教团制度(institution of religious group)的类型、特征是促进或制约其发展，或使其发展遵循特定轨道的基本因素，几乎和它的教义、教理的影响一样重要。

教团制度通常包含四个部分：其一，关于一般情况下其成员在某些场合应做什么不应做什么的规定；其二，此教团成员集体生活包括其物质上的保障等方面的安排，有可能形成许多不成文的惯例等；其三，对前述规范或惯例的监督、执行或实施情况及相关人员的进一步规定，以及相应的惩罚措施；其四，在超出各类实质性规范所针对的场合的情况下，关于决疑者的资格和决疑程序的规定。

其实，宗教的仪轨、禁忌、伦理训诫、集体生活的惯例或规章等，都是教团成员共住、共事的前提，均属广义上的教团制度的范畴。但是，如果"组织"区别于个体的简单聚合的特征，即在于明确的等级分化和职责分担，那么在以组织为取向的这一制度层面上，侧重点就在不同身份的成员的职责、权限的划分，以及有关惩罚措施的完整规定。具有特定职责的成员通常便具有在相应范围内的决疑者资格。

倘若要比较各派宗教的教团制度，首要的着眼点便是教团与世俗组织的界限与关系，在这方面可以把宗教区分为两种基本形态：制度型的(institutional)与扩散型的(diffused)。[①] 制度型宗教，是指其在宗教仪轨与组织等方面自成一体，与世俗制度的界限

---

① 这是美籍华裔学者杨庆堃提出的一组区分，参见［美］杨庆堃(C. K. Yang)著，范丽珠等译：《中国社会中的宗教》，上海人民出版社，2007年，第268－307页。

第二十一章 宗教规范

非常明确；并有独立的神职人员来负责诠释教义并组织祈祷、祭献等活动，甚至可能有出家僧侣的团体。世界性宗教里面，基督教和佛教都是制度型的。在这样的类型当中，宗教生活与世俗领域有着明显的区别。

所谓扩散型宗教，则是指其宗教思想、崇拜制度甚至祭司等仪式性的角色，这些要素密合无间地融入世俗制度之中，是后者观念、仪轨及结构的一部分，没有明显的独立存在。例如数千年绵延不绝的中国传统宗法性宗教，唯有作为最高祭司的天子有郊祀上天的权力，其他如有时在地方上较为重要的祈雨之类，主祭角色可由世俗国家的官吏来担任，但这些角色显然不是由专职人员担任，堪称扩散型宗教的典范。大多数扩散型宗教缺乏独立的教团和这方面相应的制度型规范。

此外，神职人员的专门化程度、隐修士团体的地位，是研究教团制度类型需要注意的重要方面。缺乏专门神职人员的宗教或多或少带有扩散型的特征，因为其宗教活动必须由其他的社会权威角色来担当。隐士团体的存在，意味着禁欲活动的专门化，并与世俗活动保持相当程度的分离。

五、宗教修持法：自我超越的向度

宗教伦理以及对于根本的宗教真理的实践，需要一定的身心状态上的配合。一般情况下，安宁、祥和、稳定、泰然的心态是宗教徒所向往的境界，也是感染其他人的人格魅力所在。这些对于部分信徒来说并不是与生俱来的禀赋，是需要修持和改善的。即便是具有杰出的慧根或灵性的人，也需要将这些心态稳定、持久地融入到他们的生命中，并且升华到更高的境界。这就需要一定的宗教修持的规范来促进其灵性生命的提升。

典型的并且在各方面都显得极为系统和严谨的修持法，并非贯穿于各派宗教的极为普遍的现象。大多数宗教,甚至像犹太教、基督教、伊斯兰教这样的宗教的修持法,在可以观察到的对相关宗教行为的规范方面都较为简单,主要是配合一些禁欲的规定,而以沉思静念中的祈祷为主,其核心是:表达人对神的无限的敬爱,使人的心灵与神的意志相沟通以臻于两者的合一。其更具体的方法无非是默念神的名号,排除任何与人、神沟通的目标无关的杂念,心注一境而渐趋于恍惚入神的状态等。

大多数宗教的这种做法正是基于其"他力拯救"之理念。换言之,实现其宗教理想而把个人从世俗的罪恶或痛苦状态中拯救出来的途径,并非源自个人内在的善性和他完全自主的转变能力,而是必须借助绝对的他者即神的至善、全能。所以对于这样的信仰来说,正确地甚至反复地念诵神的荣名,便是沉思默想的修持的一个必不可少之环节。据说伊斯兰教中颇具有神秘主义色彩的苏菲派,就倡导信徒在静修的状态中反复赞念真主的99个美名,还设计了一套富有象征意义、并遵循一定路线和程式的舞蹈动作来配合这种想与"安拉"合一的愿望。而作为佛教修持法的一个重要的例外,侧重他力论的净土信仰也是把主要的精力放在念诵作为西方极乐世界教主的"阿弥陀佛"的名号上。

其实,拥有系统的修持法不如说是印度宗教传统或者深受其影响的宗教文化圈的一个特例。此类传统按印度的习惯称为"瑜伽",而按佛教的习惯则一般称为"禅定"。这些堪称是将其他宗教只是不自觉地实践着的某种冥想的、趋于静定的技术发展至极为细致、复杂和高度成熟的境地。后来,中国金元时期发端的道教全真派,便在其以人体为想象中的炉鼎的所谓"内丹术"中,吸收了佛教禅定法门的精华。

倘若以瑜伽或禅定的方法为典型来描述宗教修持法的一般特

第二十一章 宗教规范

征,似可作出如下的一些概括:(1)以禁欲生活为前提。几乎所有的修持法都强调以一定形式的禁欲的生活为进入实质的修行的前提;并且通常伴随整个过程的始终。这是因为他们认为,世俗的欲望会干扰人的心境,令其充满狂悖、暴躁、贪婪、执著等各类烦恼,而妨碍其心境的入定,以至无法达到期待的效果。

(2)让身心处于调适状态中的各种技术。在所有这些技术中最基本的一条是调息,不管采用什么身体姿势,或者包含什么宗教目的,都要配合一定的呼吸训练,这是调控心猿意马的必不可少的手段。然后是盘腿的坐姿,这也是很多的修持体系都尽力提倡和推广的一项基本方法。在某些瑜伽术以及印度传来的密宗佛教中,还会推荐各种身体的姿势。密宗所谓的"手印",强调在站立或打坐的时候,配合各种各样由手指的相互缠结而形成的手的姿势。某些印度的瑜伽,以及道教的导引术等,设计了一些类似体操训练的程式。在调身和调息已经有相当根基之时,有些瑜伽术还会让人去尝试一些极其高难度的全身性的姿态。

(3)心境和意念上的配合。这包括两方面的步骤:排除纷纭杂念的干扰,令心念趋于专注、静定;接受各种与其宗教拯救或解脱的目的相关的良好意念的暗示。所有的坐姿、手印或者体操的训练都要求在静定、安祥的心态下进行,否则它们的效果就会大打折扣。借助一定意念上的暗示,使其宗教伦理的训诫或者宗教拯救、解脱的宗旨得以在身心上有落实的基础。因为敏感的宗教徒常常会认识到:柔软而非坚硬的、宽容而非狭隘的、安宁而非躁动的心态,更容易使人认识到人生的真相和实践宗教的终极真理。在这样的实践中,慈悲心、宽恕心以及与神合一或者契应真理的超然的感觉是值得期待的,而这些恰恰需要心念上的配合。

(4)其他一些训练手段。如佛教密宗强调"三密相应",即身密、口密与意密的配合。口密是指运用一些咒语作为辅助手段,而道教的内丹术,也讲究各种方术如饮食、堪舆、符箓、咒术等方面的配合。

六、宗教制度的整体结构

宗教规范是有机地结合在一起的。在某一循环内(通常是一年)举行某些仪式的时间规定,是属于更高层面上的构架因素,经由对时间、地点、人员构成和其他各式各样情景的规定,就可以把那些相对简单的仪式与禁戒贯穿起来、组合起来,成为宗教制度的基本构架。从这个角度来说,巩固仪式尤其周期性仪式便是相当重要的类型,因为它是上述构架的引人瞩目的主导的构建因素。跟仪式总是体现为特化行为的程式不同,某些禁戒是针对特殊情境的消极规定,另一些则属于普遍的原则。即便有些禁戒异常重要,它们也不是独立的构架因素,它们或者是制度构架的限定性前提,或者是构架中某些被考虑的单元,前者如基督教的反偶像崇拜,后者如伊斯兰教的斋月。无论如何,宗教的制度总是在神圣的时间和神圣的地点展开。

在上述类型中,仪式、禁戒以及它们的构架,在所有宗教当中都能观察到。例如基督教的"礼仪年"周期、佛教的朝暮课诵以及不同节期的法会、伊斯兰教的三种刻度,都是属于这种基本的构架。宗教仪式对于其程序安排、承担者资格、身份以至于对将它们综合起来的时间、地点和适用范围等方面的规定,或者宗教禁戒所针对的被禁止事物的选择、有关其适用人员、适用期限等的规定,可以认为是受到了仪式或禁戒所涉崇拜对象,其试图契应、诠释和调整之神性,相应仪式的目的或象征价值等多种因素的调节,甚至可以在这些因素与仪式、禁戒之间建立某种函数关系。表面上,它们处在仪式和禁戒自身的规定之外,可又往往是这些规定得以呈

第二十一章 宗教规范

现一定的规律性和可理解性的关键。

宗教伦理实际上是对宗教仪式、禁忌,特别是戒律等初级质料予以扬弃的结果。可以说,戒律是它的发端,朴素而深刻的人生智慧则是其结局。它对自我与他人关系的某种认识和调整,总是聚焦在生死问题上,聚焦在人神关系上,并伴有超自然界情境的设定。如佛教的轮回观念,天主教的末日审判等。教团制度则是对于具有相同信仰的人们的共同体的组织。它的关键是基于职责分化而产生的人事制度。它是宗教共同体的其他各项规范得以实施的具体保障。毫无疑问,仪式周期需要召集人,需要安排司仪和表演的受众,禁忌或戒律的遵奉则需有人监督等。

任何宗教规范的存立和变迁,必然是受制于一定的"制度的"或者"制度性的"背景。这是两个层面上的机制:前者指在特定的历史阶段上,诸规范彼此制约的整体性,以及类型相同或者某些方面参数相同的各个规范的演变所具有的齐一性、规律性,构成某一单个规范起源和演变所受制约的背景。后者是指宗教氛围、体验、观念与思想等内在要素以及宗教行为中的非规范因素,其要么对于规范的有机演化颇具引导和推动作用,要么对于规范的有意制订具有指导意义。

宗教思想等内在要素和宗教规范等外在要素之间,并无不可逾越的鸿沟。例如仪式可能要演绎某些头脑中的戏剧性场景,具现那些神话中的对象和情节;[1]同时宗教规范中所体现的某些普遍特征,也可能上升为特定的观念和思想。

---

[1] 仪式常常是为了表现神话而设计的,但也有神话附着于仪式,专为赋予仪式神圣性而演绎的,参见[美]克莱德·克拉克洪著,宋立道译:"神话和仪式:一般的理论",载于史宗主编:《20世纪西方宗教人类学文选》上卷,上海三联书店,1995年,第142-167页。

第二节 宗教规范的起源与演变

如同其他任何历史现象,宗教规范也有其起源、演变乃至消亡的过程。但是将各个不同时空坐标下的宗教规范相互比较之后,断言它们可以被划归到不同的发展阶段,与断言任何宗教规范都有其本身的演变历程的动力机制,显然是两种类型的探讨。就后者而言,像澳洲土著与美洲印第安人各自的图腾仪式、乱伦禁忌等,虽然地域上相隔遥远,甚至也并未发生历史上的接触或交流,彼此之间却有很多形态上的相似性,因此可将它们视为处在同样的原始宗教或图腾崇拜的发展阶段等等。

因而探讨宗教规范之演变须基于两种意义:一种是指在某一宗教或宗教派别内的某项具体规范的起源与演变,这可以称为"实质性的演变";另一种则是将若干文化圈作为考察的总体范围,探讨其间通过比较可以总结出的宗教制度之整体演变趋势(在具体某个文化圈中,则存在教派的更替或蜕变等),并涉及对于相应宗教规范所属历史阶段的判断,故而这一考察的对象,可称为"阶段性的演变"。如果说前者要参照制度的或者制度性的背景,那么后者就是关于宗教制度的总体特征或制度性背景及其合理更替序列的探讨。

一、宗教规范的实质性演变

关于宗教规范演变的实质性方面,不妨提出一些原则性的见解来说明其中最一般的合理根据。而将宗教规范与其所满足的功能状态之间的联系视为一个必不可少的验证环节的构想,始终对于起源的研究具有一定指导意义。我们的目的并不是解释历史的细节,而是提供关于宗教规范起源的理性重构。

第二十一章 宗教规范

基于两个理由的考虑,可以说不管对于提出原则性构想还是其他的研究途径来说,原始宗教的规范都是一种不能忽略的现象。其一:原始宗教规范处在宗教发展的第一个阶段,即宗教规范作为规范的一个类型的从无到有的原初阶段;其二:原始宗教规范既然渗透于其他一切规范当中,因而必然与由这些规范所调节的人类生产、生活的领域存在着相互作用。针对第一个理由,如果能够说明原始宗教规范是如何起源的,也就证明了作为一个类的宗教规范的起源;基于第二个理由,可以说原始宗教规范的起源的动力机制跨越了最广泛的领域。

在此,针对一般意义上的宗教规范的起源,不妨提出一条略带思辨色彩的原则性见解:宗教规范的核心是起源于一定时代条件下由于人类生活的悲剧性缺失而导致的精神危机。

如果"神"或者超自然力量的概念是宗教的核心,那么从类型上看宗教规范的核心无疑是仪式与禁忌,因为比起伦理、教团制度这些以调整人与人的关系为重点的规范来说,体现人与神的沟通的仪式与禁忌才契合宗教最本质的特征。"神"是虚幻的——至少在经验世界中。最需要解释的就是这种虚幻性以及围绕它而产生的一系列许诺。原则上,只有现实的事物才可能解释虚幻的事物的起源,而不是相反。神在现实中并不存在,但却为现实所需,它的价值和功能就在于以非现实的方式提供了现实所不能提供的解决方案,这样它才显得圆满。现实世界有着偶然的或者根本的缺陷,并被强烈地意识到,这才是神的概念的根源。各种缺失在宗教中都有所反映。但是对于觉醒着的个体来说,死亡的现实却是根本上的缺陷,其他一切缺失都不过是它的注脚。

觉悟到自身死亡的可能性,由此而感到恐惧和希冀,以及产生对死后生命去向的探讨,这是理所当然的,也可以说是由最核心的精神危机所引发的宗教关怀。关于死后生命的信仰从人类历史的最初时刻就开始了,在仪式中以红赭石替代血液,而往尸体上撒红赭石的习惯在世界许多地方都曾存在,大体上可以肯定,红赭石是被当作了生命的象征来使用的。虽然可能早就有了保存颅骨和下颌骨的习俗,但关于它是否属于宗教仪式的范畴以及它的意义,却存在相当广泛的争议。①

而在距今约5万到7万年前的莫斯特文化(Mousterian)中②,已经可以肯定有了对死者的埋葬。在法国南部圣沙拜尔附近的山洞遗址中,发现一具完整的尼安德特男性的骨架,随葬的有发达的莫斯特石器、加工过的燧石、石英块,以及烧过的野牛骨和驯鹿的尸骨。学者还从兽骨的堆放进而推论尼人在埋葬时有丧葬会餐的习俗。从那时开始的人们为什么要煞费苦心地去掩埋尸体呢?可以说,葬礼的存在更加证明了对灵魂不死和死后世界的信仰。因为随葬食物和其他器物的目的,无非是为了让所谓的死者在另一个世界中享用或使用它们。③ 而葬礼可谓是比较能够得到肯定的人类最早的宗教规范的遗迹。

对死亡的恐惧以及由此引发的种种幻想,其实是从反面衬托出对生命的珍视。而对于人类来说,对生命的珍视便意味着以经过符号中介的个体间相互协作的方式,来更多地获取个体生命的延续、发展和种族繁衍的机会。在这样的过程中,人类必须要面对和处理好人与自然、人与人以及人与自身的关系。这三个领域都必然由于精神危机而产生一系列的宗教规范,即一种笼罩着人神

---

① 参见[美]米尔恰·伊利亚德(Mircea Eliade)著,晏可佳等译:《宗教思想史》,上海社会科学院出版社,2004年,第15-18页。
② 莫斯特文化是一种发现于欧洲、北非和近东的旧石器时代中期的文化。
③ 参见[美]米尔恰·伊利亚德:《宗教思想史》,第11-15页。

第二十一章 宗教规范

关系的规范。"神"的概念以及围绕着它的许诺,抚平了人们的焦虑,给他们信心和生活下去的勇气。

作为适应自然进而改造自然所需的手段,任何原始民族都有一套可以和现代科学技术相比拟的经验知识。在人们的知识和技巧完全可以应付裕如,因而其目标的实现近乎十拿九稳的场合,原始人便很少会感到焦虑。但是当一个掘土播种的人尽量想种好地时,一场干旱或虫害就可能使他颗粒无收,这些情况他已经屡次遭遇到了,每每想到这些便会使他焦虑不已,因而要施行某些**巫术仪式**,以保证他的好运。特罗布里恩德岛上的土著居民围绕捕鱼的仪式和禁忌,提供了一组典型的例子。据说在岛上内陆的村子里,毒杀捕鱼的方法在技术上是绝对有保障的,无需冒什么额外的风险就可以有大量的捕获,因此常常没有伴随什么特别的仪式或禁忌。但是在海岸边上居住的土著,由于经常要出海捕鱼而面对海上的各种风险,捕获量又很不稳定,所以为了祈求安全和好的收获而广泛采用仪式或禁忌。[1]

对于人类来说,从自然物种向社会共同体的跨越,在最初的阶段必然是异常艰难而又必需的一步。在这个阶段,几乎所有用来调节人际关系和塑造社会结构的规范都处在萌芽状态,远未达到后来那样成熟定型和高度分化的程度。在这样筚路蓝缕的草创阶段,对于社会整合的目的来说,大体上社会规范都处在一种令人不安的缺失状态。之所以不安,因为包括集体围猎的方式在内的各方面的实践已经给予这时候的人类一种强烈的印象:他们力量的源泉在于彼此的协作;但是这种需要又缺乏有效的实现手段。于

---

[1] 见[英]马林诺夫斯基著,谷玉珍译:"巫术与宗教的作用",史宗主编:《20世纪西方宗教人类学文选》上卷,第82-99页。

是宗教规范便充当了弥补缺失,即进行社会整合的角色。例如在澳洲,氏族、部落或地域集团的体制,建立在一整套图腾崇拜的仪式与禁忌的基础之上。这种制度的主要表现包括在仪式中以巫术的观念来繁殖植物和动物、有关成年礼的仪式、图腾圣餐礼等。这些仪式的功能是多样的,但正是借助这些仪式划分了部落、氏族等各个社会单位,并在一定程度上规定了它的结构。①

社会关系的塑造与维系,不止是依靠、甚至主要不是依靠来自外部的强制压力,而往往需要个体之间的相互依赖和忠诚。这种关系最初形成于家庭和亲友之间,之后则变得越来越广泛和丰富。在这中间就有宗教规范产生和成长的土壤。例如祖先崇拜强化了具有血缘关系的人们在精神上联为一体的感觉。定期举行的图腾仪式则往往能将属于同一个外婚制单位的人们聚集在一起,赋予他们前所未有的集体认同感。②

宗教仪式往往具有这样一些特征:它们使得参与仪式的人,不管他是一个互动参与的、热情地融入剧情的表演者,还是一个安静

---

① 涂尔干的宗教理论或被讥为"社会学形上学"。根本上,他的立论依赖于对图腾崇拜的实质的看法及由此所作的关键性的然而仍属思辨的引申。他提出"图腾崇拜是一种原发的宗教"(史宗主编:《20世纪西方宗教人类学文选》上卷,第67页);然而涂氏理论面临诸多的难点,譬如怎样解释像安达曼人(Andamanese)那样缺乏图腾崇拜的狩猎—采集型的土著民族,然而他们却有宗教信仰和仪式,据此就不能断言其他的宗教形式皆为图腾崇拜的派生,而在本来用以支持其理论的关键证据上,进一步的人种志调查,也表明情况并非如原先认为的那样,此即:涂氏关于澳洲的社会组织乃是建立在氏族基础上的判断受到了质疑。因为在澳洲土著中,"首先是小群、然后是部落,而不是广泛分布的氏族,才是社团性的群体"([英]埃文斯—普理查德著,孙尚扬译:《原始宗教理论》,商务印书馆,2001年,第78页)。此外,据说澳洲人的图腾崇拜完全不具典型性,因而其概括不能被认为是普适的。但涂尔干引发我们去关注宗教被用于组织一个社会、提供道德压力的层面,这是其理论的主要贡献。

② [法]涂尔干著,渠东等译:《宗教生活的基本形式》,上海人民出版社,1999年,第285-294页、548-576页。

的接受仪式程序安排的观众,在神的面前,并借助于对神的共同信仰合为一体。如果禁忌有可能与黑巫术配合而分裂、腐蚀人们间的团结,那么仪式至少对于它的共同参与者来说,是有这样明显的凝聚作用。为了达到协作的目的,常常需要限制人们的欲望、压抑生命的强度,彼此间作出让步和妥协,宗教伦理中关于人际关系的部分弥补了这方面的缺陷。信仰的力量,甚至先知的恐吓,则提供了相应的保障。

显然过渡仪式的基调是围绕个体生命危机,即某些特殊的过渡性时刻而设计的。每一个这样的时刻都会让人感到迷茫、怅然若失、甚至是前所未有的恐惧,因为一旦跃过这样的门槛,他就要面对自己从来未曾经历过的生命的阶段,这对他来说意味着要面对一个充满冒险和挑战的全新的世界,因此在这样的时刻难免产生强烈的情感波动、精神冲突与精神危机,为此人们必须努力跟各种焦虑和凶兆作斗争。将人类生活中的危机时刻神圣化,进而引发了宗教里的很多规范。怀孕、婴儿诞生、成年、结婚、临终与丧葬就是这样的危机时刻。虽然在后来的文明社会中,此类宗教礼仪有不少逐步演变为民俗,但是在各个宗教当中,临终关怀与丧葬仪式的普遍存在,恰恰印证了"死亡"这一最根本的精神危机具有贯穿一切宗教规范的核心意义,是宗教规范形成的一个缘由。

但是这些仪式与禁忌的心理价值与其社会价值是难舍难分的。如在出生礼中强调个人对于群体的价值、关注其道德力量的发展等因素,而在成年礼中则较多地出现了文化英雄、祖先神灵等形象。而婚姻这种神圣契约,原本就是要接纳新娘进入某个既定的巫术与宗教群体之中,并且这类仪式的表演大多包含着若干对于维系社会的存在而言非常基本的伦理观念。

宗教规范满足各个层次的社会整合与心理整合的需要这两方

面往往是缠绕在一起的,难舍难分的,因为人根本上是一种群居性的物种,所以甚至连他的最根本的精神需要也是通过某种社会化的途径呈现出来的。马林诺夫斯基说道:"个人之间牢固的相互依赖与死亡的现实——对人来说最使人烦恼的又是最具破坏性的——正是产生宗教信仰的主要来源。"[1]而信仰总得纳入一定的规范轨道,在仪式和禁忌的体系中得到具象的表现。其实,社会整合的需要与个人的精神危机的结合,是原始社会中产生宗教规范的温床。

对于不同社会中的人们来说,缺失的类型及其在人们心目中引起的关注度都会发生变化。但是由于特定的悲剧性缺失而引发精神上的渴望的倾向对人来说却始终如一。对死亡的现实可能性的认知,是人类觉醒的标志,却因此引发了不可能根除的精神危机,为了克服它而预设的超自然情境,虽然在今天并不是必须跨越的一步,但却如同过去一样始终保持着近在咫尺的距离。

宗教规范的核心是调整人与神的关系的规范,其他的类型是围绕着它渐次展开的。所以首先产生的肯定是仪式与禁忌。神是不可能与人发生现实中的接触的,因此为了要和这个大写的他者沟通,向它表达敬畏、依赖,向它祈助和感谢,就只能借助表演性的动作程式这种象征性的途径,即所谓的"仪式"。为了营造某种神圣、洁净的氛围而配得上神的眷注与恩典,要避免与世俗的、污浊不堪的东西发生接触,就产生了宗教意义上的禁忌。

其次是明确的宗教伦理。它在原始宗教当中还处在隐而未显的阶段。仪式与禁忌执行得恰当与否便引来某种舆论的评价,而具有一定的伦理意味,但这不过是仪式、禁忌的一种附属的因素,

---

[1] 史宗主编:《20世纪西方宗教人类学文选》上卷,第98页。

第二十一章 宗教规范

并非独立的伦理形态。当宗教史发展到这样的阶段：已经提出一些针对人神关系或人际关系的明确义务的时候，宗教伦理便应运而生。其中关于人神关系的部分通常是原则性地申述了信徒具有履行某些宗教仪式和禁忌的义务，如犹太教、基督教的"不能拜偶像"，人际关系的部分则笼罩在人神关系的氛围之下。

再次是系统的教团制度。在全民性的宗教当中，如在原始宗教和文明社会初期的宗教中，当信仰者共同体中发生了围绕各种宗教义务的纠纷时，可以依据整个社会的权力结构的渠道来解决。教团制度是伴随着与世俗社会相分离的独立的教团而产生的。根据宗教史的判断，独立的教团主要是中世纪的产物。

苦行的磨炼是在原始阶段的仪式与禁忌中已经被运用的因素，但是像佛教的禅定那样系统的修持法却是比较后来的产物，甚至只有在特定的宗教流派中它才得以充分发展。因为必须有高度的精神上的觉悟和某种反观内省的智慧方能使修持法建立起来。不同类型的宗教规范的合理起源，所依据的关系脉络可表示如下：

人与神的沟通的需要——仪式、禁忌

人与神、人与人关系的协调——宗教伦理

人神关系笼罩下的人与人关系的政治性安排——教团制度

人神关系笼罩下的人与自身的关系——宗教修持法

其中的"神"也可以理解为不一定具有明确的人格神意味的某种超自然力量或情境。然而围绕这些不同类型的宗教规范的进一步演变，有待解释的方面还包括：

(1)宗教规范的各个类型在满足其所属宗教共同体基本的生态、社会与心理的功能方面呈现出怎样的差别；为什么是围绕这些功能状态而不是那些功能状态，要创造出一些规范来促成它们？

(2)仪式和禁忌这两类规范的程序性细节如何建构起来？仪式所包含的动作程式如何满足其相应的宗教目的，仪式又是依靠什么力量延续和发展的？禁忌为什么要针对某些类型的行为，为什么要有对其适用时间和空间的相关规定？

(3)宗教伦理中包含相对概括性的用于调整人际关系的规定，这个部分并不需要总是参照有关具体事物的象征价值的解释。特别有意义的问题仍然是：这个部分如何在一定的历史条件下上升为伦理上的自觉意识，并且一定程度上从人神关系的笼罩下挣脱出来？当然，合理的解释未必需要完全契合信仰者的主观的观念。

(4)教团的组织架构以及宗教修持法的特征，是如何契应一系列制度和制度性背景的需要而产生和演变，并和这些相互影响的？

以下只能就上述问题稍作一些注脚。关于(1)，首先，在原始社会中，那些先民们并不能在技术上完全掌控其自身命运的领域，潜在的都是滋生有关仪式和禁忌的温床，当然实际上并不都是这样，而稳定举行的、最重要的仪式仍然是和他们的实践方式所引起的关注焦点有关。

尽管生存于其中的物质环境一样，但那伐鹤印第安人的宗教仪式主要关心疾病，而在普韦布洛人中则流行着一些围绕祈雨和生殖的仪式。这并不能用普韦布洛人中的病要少一些来解释，因为在普韦布洛人聚居的人口稠密的镇子上，受流行病侵袭的可能性甚至要大于那伐鹤人。这种区别只能从两个部落不同的历史经验和对立的生态模式及经济、社会组织方面去寻求合理的解释。可以看到，那伐鹤人主要是依赖自己的力量四处狩猎和采集，因而疾病与健康的问题就成为感受上严重得多的危险；然而普韦布洛人则是从事农耕并储存谷物的部落，所以对于跟农业收成相关的天气以及农业人口的来源更为关注。①

关于(2),宗教仪式的表演程式是象征性的,是为了象征人们与神取得沟通的过程,而为了配合不同类型的神的特点、向神祈求的目的等方面的不同,而配备了不同的动作。仪式的程式或者禁忌的规定,广泛地运用了象征,并到处渗透着巫术的思维。如果"巫术"诚如弗雷泽的区分有两大类型,即遵循"同类相生"原则的模仿巫术或者顺势巫术,以及遵循接触原则的"接触巫术"②,那么在宗教仪式和禁忌中便也时常交替地运用这两个原则。例如,要向神祈求获得某种结果,这结果在当时必然是缺失的,在仪式中便选择一事物,这事物与产生所期待的结果的事件在某些方面具有引人瞩目的相似性,甚至也极为常见的是:以象征性的方式去表演这个事件的完整过程。

历史上的宗教仪式或禁忌,有些随着时代条件的变化而逐步地消亡;有些则以各种变形在后来的阶段上得到继承和发展。例如基督教中的圣餐礼(The Lord's Supper or Holy Communion)③,即相垺于中东地区古代宗教里的献祭和祭后吃掉祭品的风俗,而它的直接前身是犹太教的逾越节晚餐。逾越节始于犹太历法的尼散月(当公历3、4月间)14日,整个庆祝活动要持续七至八天。按照《旧约·出埃及记》的记载,逾越节是为了纪念摩西率领犹太人胜利逃出埃及的历史事件。据说当日上帝降灾祸于埃及人,击杀其长子及头生的牲畜,并命令犹太人宰杀羔羊,涂血于门以为记号,

---

① 参见[美]克莱德·克拉克洪著,宋立道译:《神话和仪式:一般理论》,《20世纪西方宗教人类学文选》上卷,第162页。
② 参见[英]弗雷泽著,徐育新等译:《金枝》,中国民间文艺出版社,1987年,第19—70页。
③ 圣餐礼,在天主教称为"领圣体",其礼仪则称"弥撒";东正教称"圣体血",新教则称"圣餐",参见康志杰:《基督教的礼仪节日》,宗教文化出版社,2000年,第91页等。

凡见有血记之家即越门而过,故称"逾越",遂立此日为逾越节。节日前一天,人们要以满周岁的健全羔羊献祭,同时将羊血洒在门上及帐篷的木桩上。实际上,宰杀羔羊本就是迦南地方为向土地神供献所行的宗教礼仪,后来犹太的祭司把它和出埃及的事件联系在一起。在逾越节期间,人们将献祭后的羔羊烤熟,要把它的头、腿、五脏全部吃光,随后则是吃无酵饼和苦菜。据说当年犹太人在仓促离开埃及时,来不及做发酵的食物,一连吃了七天的无酵饼。逾越节晚餐涉及吃饼和洒血的礼仪要件。这就不可能不对最初主要在犹太人中传播的基督教产生影响。

宗教规范都具有一定的神圣性、保守性、沿续性。神圣性是指它在信徒心目中所具有的地位,这一特征无疑强化了紧接着的两个特征。所谓保守性是指这样的规范一经产生以后,便极不容易被破坏和颠覆,因为打破一套先前已为大众所接受的规范而创设另一套,总是需要更广泛、更深刻的社会动员。所谓沿续性则是指宗教规范的发展通常会表现出明显的连贯性,新的规范即使顺应了新的时代而表现出新的特征,但在形式上也会尽可能地利用原有的仪轨、制度的框架,以及在精神的脉络上尽可能去契合原有的教义、戒律、伦理,而不会完全另起炉灶,打翻了重来。因此很多更高阶段上的宗教仪式都能追溯其早期的原型。

关于(3),佛教的五戒或者基督教的摩西十诫,确立了人际交往的伦理底线。或许应该承认:这些伦理戒条在过去已经被不自觉地实践着,但是没有作为一贯的规则被明确提出来。在世界性宗教之中,据说都有类似于儒家"恕道"那样设身处地的着想;[①]

[①] 参见王庆节:《解释学、海德格尔与儒道今释》,中国人民大学出版社,2004年,导论。

"己所不欲,勿施于人"一类的原则可以为一系列的伦理底线提供论证的理据。像佛陀与耶稣那样的创教者所倡导的宽容、忍让和利他主义在历史的进程中具有不可磨灭的功绩:这种崇高的奉献精神把世俗社会陷于争斗、分裂的人们重新凝聚在一起,努力塑造一种和谐、合作、互利的社会氛围。利他精神和恕道原则,在许多文化圈中普遍存在。这足以证明它们的功效。

关于(4),对于信徒来说,必须适当地履行包括一定形式的禁欲在内的各方面的宗教义务。这些义务是由其宗教伦理、教团制度、修持法等方面的规范共同指明的。所谓教团可以是指出家僧侣的团体,也可以是依宗教事务的需要把一切信徒组织起来的更大规模的共同体。独立的僧侣团体起源于宗教徒的修持与世俗生活的矛盾。因为这一类的修持需要禁欲和长时间的冥想训练等,这就决定了怀有这样愿望的人们无法过正常的家庭生活,无法较多地投入为衣食谋的世俗活动。无论从基本生存的保障,还是从修持的相互促进来说,把含有这等愿望的人组织起来,都远比让他们单独地修行更为有利。

教团制度和系统的修持法一经产生之后,便有一部不间断的漫长的演变史。宗教,尤其世界性宗教,在其不断传播和扩散的过程中,在不改变根本宗旨和教义的前提下,必须适当地改变和调整其部分的宗教规范,适应它传播所及的地域的文化传统,这其中当然也包括教团制度。拿佛教来说,从南亚次大陆来到中国,为了适应其文化土壤,不得不作出很多调整。隋唐时期的禅宗便是推动其教团制度本土化的关键。其丛林制度堪称后来中国佛教僧团制度的范本。这种制度的系统确立,当推六祖慧能的三传弟子百丈怀海。除了僧团管理方面的革故鼎新,特别值得一提的,就是推行所谓的"普请法",一种包括耕作在内的集体劳动。禅师们禀承百丈"一日不作、一日不食"的教诲,积极引领徒众集体劳动的情景,如黄檗开田、沩山摘茶、石霜筛米、临济栽松、仰山牧牛、雪峰斫槽、云门担米、玄沙砍柴等,在公案中可谓俯拾皆是。① 这样的普请法,与印度僧团的戒律却有所背离。如《佛遗教经论疏节要》上说:"持净戒者……不得斩伐草木、垦土掘地。"②

拿中国的国情而论,僧人如果像在印度那样以行乞为生,实在是行不通的而必遭社会的唾弃。又如其他宗派只是依附于朝廷的援助、寺院名下的田产收入或者檀越的布施。可是寺院的经济规模一旦膨胀起来,触动了朝廷的根基,则不光是寺产,连整个佛教都可能遭到来自后者的压制或剪灭。在风向转变、失去依靠之后,其他宗派的存立都难以为继,遑论发展,唯独禅宗能久盛不衰,其农禅并作的教团制度的革新,居功至伟。

以上围绕宗教规范实质性演变的林林总总,尝试着作了一些粗线条的勾勒。

二、宗教规范的阶段性演变

宗教的阶段性差异,既体现在宗教思想、宗教体验这些内在要素的方面,也体现在调节宗教行为与宗教组织的宗教规范方面。然而考察宗教规范和宗教制度的发展阶段,就是考察不同阶段上的宗教规范呈现什么样的总体结构和特征,或者各种规范之间具有怎样的共性。宗教规范总体演变的阶段性特征是与宗教的阶段性发展相吻合的。其实,可以把宗教划分为如下的阶段,原始宗教(Primitive religions)、古典宗教(Classical religions)、中世纪宗教(Middle ages religions)、现代初期的宗教(Initially modern reli-

---

① 参见[南唐]静、筠著,吴福祥、顾之川点校:《祖堂集》,岳麓书社,1996年,第351-414页等。

② [宋]净源编:《佛遗教经论疏节要》,《大正藏》卷40,第846页下。

gions)和现代宗教(Modern religions)。①

1. 原始阶段

原始宗教指史前文化中的自然崇拜、祖先崇拜、图腾崇拜以及相当广泛的某些有关灵力或者灵魂的信仰。此期的宗教规范或宗教制度,大体上呈现这样一些特征:在宗教规范与世俗规范之间缺乏明晰的分化,换言之,调整人与人、人与自然之关系的规范,到处受到调整人与神之关系的规范的渗透性影响。自然与社会的种种范畴免不了被神化,相关的规范亦被赋予神圣的涵义。规范形态的差异主要体现在宗教仪式和禁忌本身的纷繁多样上;高度概括性的伦理较为欠缺,取而代之的主要是一些针对人际关系的具体方面予以调整的禁忌等。有一些独立地担当精神导师的萨满,教团组织尚未高度定型。②

众所周知,此期的物质文明非常落后,人征服自然以满足自身需求的能力不足,遵循人与人之间和谐、合理的相处方式的自觉的责任意识尚未树立。人们往往以幻想中的、替代性的满足来平衡内心的焦虑,即以这种方式表达自身的需求和愿望。于是自然崇拜的仪式、基于灵力信仰的巫术与禁忌便应运而生。

在各种围绕不同原型的崇拜活动中,图腾现象具有引人瞩目的特殊位置。这是一种在社会单元(主要为外婚制单位的"氏族")

---

① 美国学者罗伯特·贝拉赫(Robert Bellah)在1964年的著作中提出的宗教演变序列,即原始宗教、古代宗教、历史时期的宗教、现代初期的宗教直到现代宗教;参见[美]F·普洛格(Freg Plog)、D. G. 贝茨(Daniel G. Bates):《文化演进与人类行为》,第567页等。

② 有关原始宗教的概述,参见[法]涂尔干:《宗教生活的基本形式》,第2卷、第3卷;[法]列维—斯特劳斯:《野性的思维》,第3-86页;[英]帕林德著,张治强译:《非洲传统宗教》,商务印书馆,1999年,第59-118页;[英]埃文斯—普理查德:《原始宗教理论》,第3章等。

的命名和确立与围绕动植物的崇拜之间建立直接联系的规范体系,即图腾崇拜在自然物种与人类单位之间建立了一种符号性的对应关系。

图腾崇拜(totemism)其实是一类非常歧义和令人困惑的现象。在北美的印第安人中:汤姆森河流域的土著有类似的图腾标志,却没有氏族;易洛魁人以动物来称呼氏族,但此类动物却不是信仰的对象;尤卡吉尔人有氏族结构,动物精灵对其信仰亦有相当作用,可是这一切体现于萨满的活动,而不是以社会群体为中介。[1] 图腾崇拜既非原始宗教的全部,亦非其必然阶段,甚至不能贸然断言它是已知宗教的最早形式。但在世界范围内,这种崇拜极其广泛、通常也极为重要。

在此阶段,在各种规范的因素中,巫术的影响非常普遍,并且在形态上与各种宗教仪式和禁忌难舍难分。不妨认为巫术就是:"以夸诞的、神经质的对于影响自然过程的因果关系的想象为基础,并包含着某种明确功利目的的主观化的表演。"[2]

原始人缺乏进行概括和把握抽象范畴的能力,因而不擅长用若干统一的规范来调整相近类型的宗教活动,又面临处处受挫的窘境,因而要根据各种情境来创造一些仪式和禁忌给予心灵上的补偿。所以这个时期的宗教规范不免显得琐细和庞杂。

原始的宗教规范属于全民,就是说没有哪些规范是为了象征等级地位的差异而刻意创造的;在执行和遵奉这类规范的过程中,每个人都可以平等参与,由萨满或巫师等业余的或者半职业的人员所从事的宗教方面的服务,向一切适宜的人开放。

---

[1] 参见 [法]列维—斯特劳斯著,渠东译:《图腾制度》,上海人民出版社,2002年,第6页。

[2] 吴洲:《中国宗教学概论》,第9页。

2.古典阶段

古典宗教是指古代阶级社会的国家宗教,通常是伴随着氏族制的解体和文明的诞生,原有部族所崇拜的偶像升格为城邦的守护神,或在战争中获胜的部落将其所崇奉的神灵扩大为整个国家的崇拜对象,因此而形成一种其崇拜与权力的象征紧密相连的宗教类型。在亚欧大陆的历史上存在过很多该阶段上的宗教,如中国的传统宗法性宗教、日本的神道教、印度的婆罗门教、古希腊、罗马的宗教、古代巴比伦、埃及的宗教。

此期宗教规范的主要特点是:宗教制度仍然围绕整个社会的框架建立起来,但是突出了以人与神的沟通为核心的祭祀仪式的作用,禁忌的影响却有所退化;并有专门的祭司集团从特定社会中分化出来,成为一种宗教的特权等级,但祭司们通常并没有组成严格摒弃家庭生活的僧侣集团,因而也没有针对修道团体的规章制度。

祭祀礼仪与社会的等级制划分相适应。一方面,祭司本身就是社会中的一个地位尊贵的等级,他们或是服务于国王,而对祭礼的细节规定的熟稔既属于他们的专业范畴,也是他们的特权,他们的地位甚至可能高于世俗的统治阶层,例如古代印度的婆罗门;另一方面,在祭祀的制度中常常规定了不同等级身份的人拥有不同的祭祀仪轨、祭品的配置以及其他差异化的祭祀的要素。祭祀权力的等级式划分恰恰是其社会中的等级式的权利、义务差别的象征。在很多文化中,在最隆重的场合,一般正是由国王本身担任最高的祭司。例如中国的传统宗法性宗教[①],逐渐将祭祀昊天上帝

[①] 这种宗教的确凿存在,可以从《史记·封禅书》、《汉书·郊祀志》以及之后历代正史的《礼仪志》等的"吉礼"部分得到印证。但能否称为"儒教"则仍有较大的争议。

的权利垄断于"天子"即最高的集权统治者手中,而对这种祭祀的冒犯便被视为挑战其政治权力的大逆不道。

与祭祀的重要性的提升相配合的,便是祭祀方法上一系列精细的规定。例如《礼记·祭法》上说:"燔柴于泰坛,祭天也;瘗埋于泰折,祭地也;用骍、犊。"①《集解》引郑玄注曰:"坛、折,封土为祭处也。"又孔颖达疏曰:"燔柴于泰坛者,谓积薪于坛上,而取玉及牲置柴上燔之,使气达于天也。瘗埋于泰折者,谓瘗缯埋牲,祭地祇于北郊也。阴祀用黝牲,祭地宜用黑犊,今文承'祭天'之下,故连言'用骍、犊'也"。② 也就是说,祭天的方法是在南郊的泰坛上将玉器和牺牲放在柴上燃烧,使烟气上达于天;祭地则是在北郊封土而成的泰折,乃将缯布和牺牲瘗埋其中。

从原始宗教规范的全民性特征,过渡到作为等级制象征的古典宗教的规范体系,虽然是一种重大的转折,但其间仍有明显沿续性。原先的宗教仪式或禁忌的传统中有很多因素仍然被此期宗教所吸收,成为整个社会所接受之习俗,但宗教气氛却有所淡化。各类生命过渡礼、周期性的庆贺丰收的仪式等,就属于这一类总体上未受到等级制侵蚀的习俗。

3. 中世纪阶段

中世纪宗教则是指那些强调禁欲主义的实践并将这类实践建立于伦理思考之上的宗教,甚至像中世纪的天主教那样确立了隐修的传统。近代以前的世界性宗教都可划归到这个阶段。这样的划分主要是着眼于宗教气质和制度形态上的差别,而与世界史的分期不必完全吻合。例如佛教由于将系统的、发达的僧侣隐修制

---

① [清]孙希旦:《礼记集解》,中华书局,1989年,第1194页。
② [清]孙希旦:《礼记集解》,第1194页。

度,建立在对于古代印度流行的轮回观念予以透彻的哲学和伦理学的思考之上,所以应该归入到这一阶段。

此期的宗教规范体系,不复祭祀牺牲的血腥气氛,而注重有关仪式和禁忌的精神内涵。伦理上觉醒的标志就是普世性伦理的各种版本的诞生,但此时的伦理毫无疑问仍然是典型的宗教伦理,禁欲主义色彩鲜明;遵奉它的目的是为了宗教上的奉献,为了获得拯救或解脱,而不是为了满足世俗社会中的功利目的。

关于三大世界性宗教的制度形态的最重要的方面,大体上可以勾勒出如下的轮廓:佛教(Buddhism)是发源于印度次大陆而最早形成的世界性宗教,它由大约活跃在公元前6世纪到前5世纪的释迦牟尼创立。[①] 依据"随犯而制"的原则,佛陀在戒律与教制方面为他的教团留下了丰富的遗产。佛陀并不是事先已就各种错误的行为开列出清单,明确地禁断之,而是在传教和实际修行的过程中,针对各种教团中随时随地出现的错误行为,灵活而及时地制订了一系列相关的"戒律"。这些戒律在佛陀死后则被逐步固定下来。僧团由依靠供养的托钵僧组成,他们摒弃家庭和世俗的享乐,专事修行,以求远离烦恼,解脱出生死轮回。

基督教(Christianity)相传是由公元1世纪罗马帝国境内的以色列人耶稣(Jesus)创立,这个先知否认了刻板遵循摩西律法(一种民俗法)的宗教价值,而把神对世人罪恶的拯救的起因归结为内心的信仰和爱。[②] 天主教中的弥撒(Mass)和基督新教中的圣餐

[①] 关于佛诞生和灭度之年代,异说甚多,参见吕澂:《印度佛学源流略讲》,上海人民出版社,2002年。

[②] "因信称义"的思想对于理解基督教的伦理和制度来说,至关重要。可参[德]马丁·路德著,马丁路德著作翻译小组译:"基督徒的自由",《马丁·路德文选》,中国社会科学出版社,2003年,第1-33页。

礼,就是为了契合耶稣被钉十字架而替世人付了赎价的信仰而创立的。虽然"摩西十诫"仍然是基督教伦理的基本准则,某些圣礼也是基督徒必须履行的宗教义务,但从耶稣的布道、使徒保罗的书信、最重要的一些教父哲学家、新教徒的观点以及从中世纪和近代的实践来看,任何伦理的信条或神圣的礼仪都不是保证信徒得救的根据,这种根据只能是超验的上帝的自由决定。所以对于基督教而言,并没有任何成文的规范体系具有绝对的效力。不过在宗教规范和世俗规范相互影响的领域,《旧约》和《新约》一起奉献了"契约"的观念。[①]

伊斯兰教(Islam)于公元7世纪初在阿拉伯半岛的部落中兴起。伊斯兰教的"神法"实际上是以宗教生活为出发点而涵盖民俗、伦理、政治、经济、家庭和社会生活诸多领域的规范大全,即所谓的"伊斯兰教法"。其依据大体上包括:《古兰经》中的律例、穆圣的言论、他的行为、他在场时所默认的那些弟子的言行(《古兰经》以外或可统称为"圣训")。既然神法包罗极为广泛,其具体涵义的界定常常有极其执著的态度的配合,并且覆盖当今世界大多视为"世俗"的领域。在这一点上伊斯兰教更像基督教的母体犹太教(Judaism)。

世界性宗教还有一个引人瞩目的特点:创教者的生平事迹和生前所订立的保留在其神圣经典中的规范,常常成为相应宗教的规范之渊薮。很多的仪轨与节日安排,是对其创教者生平某一重要片断的表演性的纪念;很多规范的权威性可以追溯到创教者对其信徒的教诲和对一些事务的裁断。并且这些规范在其整个宗教规范体系中具有核心的地位。例如在佛教的节日法会中,始终是

[①] 这个约最主要的内容就是恢复人与神的关系,契合其间的正义,但是对于人间的关系来说,这个概念也提供了有益的一面。起初宗教上的约就是摩西十诫,遵循它们,上帝就会引领和赐福于犹太人,参见《旧约·出埃及记》等。

第二十一章 宗教规范

那些纪念释迦牟尼的诞生、出家、成道与涅槃的庆典最为重要。各地佛教均极为重视的"浴佛节",就是根据释迦诞生时有九条龙口吐香水洗浴其身的传说而创立的,汉地佛教徒定下农历四月初八为佛诞日,每逢这一天,便在大殿或露天下设一水盆,内有高数寸、作童子站立状、右手指天、左手指地,一派唯我独尊架势的释迦诞生雕像,然后以各种名香浸水灌洗它。①

基督教的礼仪年周期,则是按照传说中的耶稣生平事迹在一年中的发生时刻来安排的。圣诞节、复活节是两个关键的刻度,分别纪念耶稣诞生(即道成肉身)与耶稣在受难三日后的复活。主日活动的礼拜同样是围绕耶稣复活的信仰而展开。作为基督教圣礼中最常见亦可谓是最重要的一项,圣餐礼的直接来源就是在逾越节期间耶稣与其门徒的"最后晚餐"。根据由耶稣门徒的回忆而编定的《福音书》的记载,那天的情形是:

> 他们吃的时候,耶稣拿起饼来,祝福,就擘开,递给门徒,说:"你们拿着吃,这是我的身体。"又拿起杯来,祝谢了,递给他们,说:"你们都喝这个,因为这是我立约的血,为多人流出来,使罪得赦。"②

因而圣餐礼即是将麦面饼祝圣为基督的圣体,将酒祝圣为基督的圣血。耶稣受难之后,教会根据"最后的晚餐"而设立了"圣餐礼"。

伊斯兰教的规范虽然融入了较多阿拉伯部落的民俗,但仍有一些关于穆罕默德生平的节日极受重视,与开斋节、古尔邦节并列为伊教三大节日的"圣纪",就是穆罕默德诞辰纪念,又如登霄节是

---

① 参见杨维中、吴洲等:《中国佛教百科全书·仪轨卷》,上海古籍出版社,2001年,第3章等。
② 《新约·马太福音》26章26节,《路加福音》和《马可福音》亦有相似之记载。

纪念传说中穆圣的遨游七重天。

其实,对于历史上曾经与普通人共同生活的那些创教者的崇拜,特别是对其道德品质和生活方式的模仿,恰恰意味着真正意义上的"个人"成了制度或规范要努力塑造和维护的目标。这样的个人不再是原始社会中那些均质化的个人,也不再是束缚于特定等级、阶层的个人,而是虽有职业、阶层和个性上的分化但在伦理的本质上完全平等的个人。

4. 现代阶段

现代初期的宗教规范,在经历了工业化和资本主义发展的挑战,也遭受了理性和启蒙精神的洗礼之后,不得不作出相应的调整。在现代初期,由于各种特殊的历史机缘,能够以制度和伦理上的原创性来应对现代化挑战的宗教,大概主要是基督教。其中,基督教的契约意识是一个不可忽略的文化因素,它与高度发达的商业文明颇为投契。新教(Protestantism)的改革运动,在仪式上要求回归圣经的权威,即通常只认可洗礼和圣餐两种圣礼,日常的礼拜趋于简朴;在伦理上强调个体性自我的价值,注重克制消费欲望,以及倡导获取世俗成功的天职观念,其中的一些因素可能成为催生资本主义精神的温床。[①] 其他的宗教体系,在现代初期大多在一定程度上经受过社会—历史的转型对于原有宗教制度的冲击,有时候不得不以一种被动的姿态来应对和调整。但是在现代性的制度和价值确立其地位之后,又重新回归某种稳定的轨道。

现代宗教是指对古典有神论形式采取象征解释的"道德的宗教",关注的焦点是"善恶"这一对范畴所透露的人类生存境遇的问

---

① 参见[德]韦伯著,于晓等译:《新教伦理与资本主义精神》,三联书店,1987年,第1章。

题。这个阶段的宗教制度,即便在某些方面作出一些调整以适应形势的变化,却未曾触及本身制度的硬核。在多元价值共存的现代社会,仍然活跃着的宗教大多扮演着禀承和维护传统文化和传统制度的角色。大部分仪轨和禁戒仍由旧时代沿续下来,只是趋于简炼,以适应现代生活的节奏。

宗教制度的形态特征显示出明显的历史阶段性。由于不同阶段在社会经济背景、宗教共同体或者宗教组织的规模、传播范围、礼仪和信条的系统化程度、宗教体验的深度等各方面的差异,宗教规范必然呈现出不同的面貌。宗教规范并不是完全自律的现象,反而深受各种制度或制度性背景的影响。因而宗教制度的阶段,必然在总体上对应于世界史的阶段。在上述四个阶段中,原始宗教和中世纪宗教的规范体系更值得关注。因为这些阶段乃是宗教在各方面颇具创造性活力的时期。

第三节 宗教规范的功能

如果人类的活动可以区分为人面对非人的策略性活动、人面向与自身同类的他者的协调性活动、或者人反向自身并塑造其形象的戏剧性活动。[1] 那么,按照理想型的区分[2],宗教规范的功能

---

[1] 在《什么是普遍语用学》一文中,哈贝马斯认为语言的认识式运用、相互作用式运用与表达式运用,分别对应的现实领域是关于外在自然的"那个"世界、关于社会的"我们的"世界,关于内在自然的"我"的世界,此处的划分虽涉不同领域,但思路颇为接近。参见[德]哈贝马斯著,张博树译:《交往与社会进化》,重庆出版社,1989年,第67-70页等;另外哈氏提出的目的论(策略)行动、规范调节的行动与戏剧行动的划分,亦给予一定的启发,参见[德]哈贝马斯著,洪佩郁等译:《交往行动理论》第1卷,重庆出版社,1994年,第125页等。

[2] 这是一个韦伯式的工作方法,参见[德]马克斯·韦伯著,朱红文译:《社会科学方法论》,中国人民大学出版社,1992年,第46-105页。

基本上可以分为生态功能、社会功能与心理功能三种。围绕个体自我的视角,又可将这三种功能视为针对自我与非人,自我与他人、自我与自身这三个理想型的领域。

在此,考察的对象是宗教规范,即如果这规范涉及个体或者由若干个体组成的人群等对自然资源的影响与调节,那么其功能就是生态的;如果这规范涉及个体之间的关系的架构与调适,涉及必然是在此基础上产生的一系列复杂的过程,那么其功能就是社会的;又如果这规范能够诱发或直接导致个体的体验(哪怕这种体验有赖于群体性的氛围与情境,但体验本身仍然无法由他人来替代),那么其功能就是心理的。

几乎所有宗教要素都可能通过一定的中介,表现出上述三种功能。这样的划分与人们通常的思路有所不同,许多人们经常谈论的宗教规范的功能可能是其中的一些子功能,或是一些综合的形态。例如某些宗教规范在经济上的作用,可能分别隶属于两个功能领域:当它涉及人类与自然界的物质与能源的交换时,属于生态功能;当它涉及物权的分配、流通、交换时,则属社会功能。

一、生态功能:人与自然关系的调节

任何一个现代智人(homo)的群体都毫无例外地参与了一个生态系统。[①] 人类的活动始终含有这样的维度:对其栖息地的物质与能源的组织与利用,而这显然受制于某些同样束缚着其他物种的生态法则。这里既有服从于整个地球生态圈乃至太阳系的大尺度的规律,也有不同地域内独特的生态特征。在文明演化的进

[①] 一般而言,生态系统由植物、动物等生命体的分布状况和包括土壤、水和空气在内的非生命的环境所构成。在这样的系统中,物质—养分之间是可以循环再生的;而能源流动则是不可逆的,它由太阳不断地供给,另一方面又以无法回收的方式——主要是热量——给消耗掉了。

第二十一章　宗教规范

程中,环境参数本身就是受到了文明体系的调节和过滤,即对于人类,自然始终是"人化的自然"。

虽然人类文化的生态层面,在形态和功能各方面都极为广泛和复杂,但如果要对包括宗教在内的人类行为的因果链条予以生态层面上的分析,"获食模式"仍是其中不能忽略的基本环节。特定阶段上的技术状况和栖息地的资源状况,限制了相应人群的获食模式,并在一定程度上决定了人口与资源的比例关系的优化与恶化,人们必须在这样的框架下选择和调整自己的行为方式以适应环境和改变环境。基本的获食模式有五种:狩猎和采集、粗耕农业、畜牧业、精耕农业以及工业化的食物加工,每一种基本模式又都受到了特定人群的栖息地的具体生态特征的影响,并通常给出了更具体的选择。其实,获食模式的选择也可以看作是对一个特殊地域的环境问题的反应,这其中就可能涉及资源的规模、质量、资源供应的起伏波动,争夺相同资源的其他群体的活动以及技术现状等各种参数。

如果宗教制度中的某个作用环节牵涉到相应共同体的获食模式或者其他与环境相互作用的方面,那么包括了或者直接导向这个环节的宗教规范的集合就可视为具有某种生态功能。宗教仪式可能在其配合着一定言语的重复性动作中,保存和传递着关于如何利用环境的信息。而周期性的仪式实际上已然将人群的生产、生活划分为了若干阶段,对于什么时候应该去从事什么样的生产活动给予了一系列的规定或建议,禁忌则告诫人们在什么时候针对什么样的物种或资源应该予以保护。这些知识可能对于人群的生存斗争具有重要价值。

遵循原始宗教规范的民族,一方面是无文字的民族,另一方面又大多对其生存的环境适应得很好。生活在北极圈附近的爱斯基摩人和非洲卡拉哈里沙漠的布须曼人,都在文明人感到难以生存下去的环境中如鱼得水。在不可能提供任何正规教育的情况下,这些土著却能把有关当地环境以及有效利用的方法这些关乎其生存的头等重要的信息,一代又一代地传递下去。这必然是借助了某些有效途径。宗教仪式往往扮演了非常关键的角色。[1] 原始社会的很多仪式,常常作为其中不可或缺的一部分,必须扼要地叙述世界创始的神话,并在这类神话中把一连串的名称赋予各种各样的人、地域、动植物或其他自然现象。甚至,"在原始社会中,全部知识都被压缩在一组可记忆的形式化了的动作和相关联的短语之中"。[2] 换言之,仪式的表演性质和短语相结合,起到了一种浓缩地传递有用信息的作用,这其中当然包括有关生态方面的信息。

一般来说,表演性仪式的过程本身对于生态的影响微乎其微。但是周期性的仪式会通过唤起人们去履行不同阶段上不同的规则或义务,来对环境产生这样或那样的影响。宗教仪式在此所起的中介作用是:赋予由此仪式来标示其起点、终点等时间刻度的阶段性的规则或义务以某种神圣性,进而推动人们对此类规则或义务的自觉、自愿的履行。因而就其效果来说,此类周期性的宗教仪式也在参与调节人群与其环境和资源的关系。

新几内亚高原的马林人(Maring)在一个比较长时段的周期内要举行某些围绕种下或拔除槟榔的宗教仪式。马林人的部落之间战争频仍,战争期间断断续续要打上好几周,直至其中的一群被赶出祖居地。胜利者就要举行种槟榔之仪式。仪式上,每个男子都把手放在槟榔树上,对其祖先念诵报谢的祝词,并提到"我们植

---

[1] [英]埃德蒙 R 利奇:"从概念及社会的发展看人的仪式化",史宗主编:《20世纪西方宗教人类学文选》,第503—511页。

[2] 史宗主编:《20世纪西方宗教人类学文选》,第510页。

第二十一章　宗教规范

下槟榔,也将我们的灵魂寄托于此,祈求你们照看它。"附带要举行一个被称为"开口"的杀猪节,意在将这些猪祭献给祖先,随后猪肉要分给此前战争中的盟友。

此后则是一段相当长的休战期,直至根除槟榔。禁战之戒律可避免该地区人口锐减乃至濒临灭绝之危险。在此期间,该部落须饲养足够数量的猪。马林人认为,如果一个地方风水好,达到此目的只需耗去 5 年,否则就要 10 - 20 年。但不管怎样,猪最后增加了,这就得消耗更多的饲料和花费妇女们更多的精力去照料。情况严重时,猪甚至会与人争食。这样人们便决定举行又一个"开口"仪式,整个仪式始于根除槟榔,占了一年的大部分时间,并伴随着频繁的宴会、婚礼、部落联盟会议等。仪式全部结束后,便可肆意地重新发动战争或者迁徙等,即进入新一轮的种植槟榔和根除槟榔之周期。

这种围绕宗教仪式的生态调节机制,被认为是在一个稳定的环境里,把战争的频率控制在危害该地区人们的生存的限度内,足以调节人、地比率,促进贸易,并在人们最需要高质量蛋白之时保障供应等。比如任何时候只要部落成员生病,部落均要举行一定的仪式,再给这些成员及其家属一些猪肉。[1]

通常,宗教的规范和伦理中的某些禁止性规定与虔诚的信仰结合在一起,会对某些消耗资源的生产活动予以一定程度的限制,来保护某种重要的自然资源,亦即调节生产活动和资源配置的关系。其例可谓不胜枚举。哇斯哇尼比克利人(Waswanpi Cree)是一支生活在加拿大北部的印第安部落,由于居住在靠近北极的环

---

[1] [美]F.普洛格等:《文化演进与人类行为》,第 577 - 579 页;[美]马文·哈里斯:《文化　人　自然》,浙江人民出版社,1992 年,第 574 页等。

境里,为了生存就必须精心管理资源,譬如他们在一定的年份里,只狩猎特定的猎物,而且每个季节都在不同的地区捕猎,这样就可使得驼鹿和水獭这些物种的数量在每期捕猎之后的数年内得以恢复。一般狩猎、屠宰和享用猎物还得举行某些公开的宗教仪式,这些做法是基于这样一些伦理上的信念:不滥杀,不用尽猎取来的动物,以示尊重它们的肉体和灵魂。这些被认为是促成狩猎成果丰硕所需履行的道德责任。[①]

另外,印度教中有杀牛和食牛的禁忌,这竟能流行于遍地饥荒之国度,颇令人觉得不可思议。然而不遵循此类禁忌,却可能导致更严重的恶果:因为牛是被用作不可或缺的燃料和肥料的牛黄的来源,而且也是耕地的动力。所以这条禁忌其实是很实用的。在很多情况下,正如这个例子所显示的,宗教规范只是无意间对调整人类和生态环境的关系起了作用,然而影响却不容低估。

越是早期的宗教规范体系,越是会在某些方面深刻地影响到人口、获食模式或者人群与环境的持久的相互影响。在以狩猎、采集或农耕为主导的社会中,人们的生产活动必须直接和自然环境打交道,处理资源的方式是否有效地利用了环境,是否引起环境的反弹乃至惩罚都会很直接地反馈给人群。因此就需要以包括宗教规范在内的方式对行为影响环境的方面进行调节,何况在越是早期的社会中,宗教规范越是渗透在各个领域,因而在这些方面的影响也就越大。但是随着与世俗规范逐渐分离,宗教规范在生态方面施加的直接影响也在逐渐地减弱。

二、社会功能:人与人关系的调节

至少在某些阶段和某些社会里,与宗教规范的本质相联系的

---

① [美]F.普洛格等:《文化演进与人类行为》,第575-576页。

第二十一章 宗教规范

社会功能,确实在发挥重要的影响,在使得人们精神上的联系更加紧密的同时,也使得社会的组织更为紧密和有序。但是宗教规范发挥其社会功能,受到其类型和宗教制度的阶段性特征这两个基本参数的中介和制约。并且这两个参数彼此之间也表现出一定的映射和制约的关系。

绝大部分宗教仪式都是集合了很多人来共同举行的,并且具有同样的目的和同样的现场气氛,面对同样的神灵,这便赋予仪式整合个体差别和塑造集体意识的社会功能。在仪式中,人们不再感到自己是孤立的,而是置身于一个可以成为他们的依靠的集体当中。因为共同参与和分享这个仪式的人,觉得在神的面前联结为一体,成为负有相互援助义务的兄弟。无论仪式的气氛是癫狂夸张,还是庄严肃穆,融入集体之中的气氛,都在行礼的当下消解了日常状态下人与人之间彼此的漠视和隔膜。对于那些分享了共同的现场气氛的人们来说,仪式是一种强有力的黏合剂,他们聚集在一起并转而意识到他们在生命素质和道德本质上的一致性。借助于仪式,社会集团定期地重新肯定自身。[1] 相同的宗教仪式和宗教制度促成了个体对于某一共同体的归属感。这"共同体"可以是局限于宗教的职业团体内部,也可以扩展到整个社区。

通过周期性仪式的相对固定的安排,人们仿佛置身于一种有序的时间框架中。他们多少懂得了该在什么时候做什么事情,而不是在时间的安排和计划性上茫无头绪。关键在于:这种有序性是在具有相同宗教信仰的个体间共享的,因而是构成他们的集体身份的标志之一。何况大部分周期性的仪式都在重申某种对于集体极为重要的价值。

---

[1] 参见[法]涂尔干:《宗教生活的基本形式》,第285-294页。

就其调整人神关系的类型来说,又可以把宗教仪式分为献祭、祈祷或者礼忏等等。但是这些仪式似乎都表现出人对神的崇敬、虔诚、爱慕、谦卑或者畏惧。在这类仪式中,人们不像在巫术行为中那样时常渗透着功利心和贪欲,也没有自以为是的傲慢、自大;相反的,信徒在神面前总是自居渺小的位置,这有可能使得他在一切的事业上都不至于狂悖和放肆,而是取一种普遍的审慎、谦卑的姿态,因为"神是监临一切的"——这正是仪式中的祷词所传递的信息。同时他又不愿受制于人,因为世人和他一样都是渺小的。总之,在献祭或祈祷等仪式中所表现的这种人—神关系,会产生和固定下来一种积极的人—人关系,一种自我与他人在神的面前达成团契,同时又保持审慎距离的关系。这在相应的时代既有助于培养成熟的人格,也有助于营造安定、和谐的社会秩序。

在其发挥重要影响的共同体中,宗教禁忌在发挥着与仪式相似的塑造集体认同感的作用。宗教禁忌在神圣与世俗、洁净与污秽之间划出一系列的界线,其中世俗的或者污秽的东西在很多时候都是不可接触的,那些共同遵奉这些禁忌的人,就会认为彼此有一种身份和社会属性上的同一。对于前文字的社会来说,禁忌尤其是对外用以隔离,对内用以认同的社会身份的标志。此外,一系列严酷的禁忌和戒律使得人们的动物式欲望受到限制,有助于自制意识和伦理意识的培养,从而有助于协调人际间的关系。甚至在伦理实践仍处蒙昧状态的原始社会中,宗教禁忌对确保财产不被偷盗、树立外婚制规则的神圣性,以及保护和尊重人的生命,可能是唯一具有实质性影响的因素。

在一个宗教气氛浓厚的社会中,很多社会秩序都是以神的名义固定下来的。显然在此人们之所以求助于神的名义,乃因神或者本身即服从一种秩序,或者它被认可为制度的真正奠基者。借

第二十一章 宗教规范

助信仰的权威力量使这些规则看上去好像是有超自然力量的保障一样,而这样的认定正是发生在人们的内心里面,所以才会有明显的作用。

随着生活合理化程度的提高,宗教伦理方面的原则性要求也日益显得重要。新的社会情境需要塑造新型的人际关系。有时候这意味着:人们越来越多地摒弃琐细的禁忌和纷乱的惯例,越来越多地受到原则性的"义务"的约束和调节。宗教伦理则帮助人们实现这种伦理上的跨越,因为在很多社会中,它是先前笼罩着宗教氛围的禁忌与惯例向理性的规则和义务过渡的一种历史性的中介。而且它本身常常就代表着某种历史的进步趋势。世界性宗教就有不少这样的伦理信条。例如天主教的教会法所规定的由男女双方经自由同意而缔结的一夫一妻制的婚姻,在中世纪西方原本多配偶制、童婚、妇女地位低下的社会氛围中,这无疑是一种了不起的进步。[1]

按照某种集体的形态对宗教生活予以组织,是所有宗教派别共通的地方。但在我们研究宗教组织的社会功能时,实际上必须区分一系列相互联系而又有所区别的概念:宗教生活的组织化、宗教组织(有出世型与救世型的差异)、国家宗教的组织体制等。可是比起"宗教生活的组织化"这个概念来说,"宗教组织"就是一个外延要小的概念。质言之,在扩散型宗教的形态中,就没有与世俗领域截然分开的"宗教组织"。只有个别的萨满或巫师角色的原始部落、由各种地方势力所主持的民间信仰、中国传统宗法性宗教的官方崇拜,均属这样的形态。但是这并不意味着这时的宗教生活

---

[1] 参见[美]哈罗德·J.伯尔曼著,贺卫方译:《法律与革命》,中国大百科全书出版社,1993年,第6章。

处在随机的无序状态之中,礼仪和禁戒等因素通常仍有章可循。例如中国古代的官方祀典,后来就是由儒生参照历代的记载和包括《周礼》、《仪礼》、《礼记》在内的礼典加以确定的,且年度周期内的祭典安排,也是由最高当局的行政权力予以确认和颁布,执行和保障。[①]

与扩散型宗教相比,制度型宗教则具有以神职人员为核心而组成的宗教组织。在政教合一体制下确认的"国家宗教",并不一定是缺乏宗教组织的扩散型宗教。例如在英国国教的基础上产生的安立甘宗教会,虽以英王为宗教领袖,却也有自己系统的教阶制即专门的神职人员的科层制。[②] 但在国家宗教的体制中,当这个国家确认其全体国民或者绝大多数为其所奉宗教的当然信徒时,宗教组织大致上就是国家机器本身,而不是围绕宗教奉献的目的而形成的一种特殊的专业机构。这种扩散型的国家宗教的例子,除了中国传统宗法性宗教,历史上的一些伊斯兰文明也具有这种特征。

由于独立的宗教组织的核心成员,即一般所说的神职人员,主要是从事各项宗教事务,世俗活动则交由广泛的平信徒,因而通常并不存在所谓入世型的独立宗教组织。但是可以按照宗教组织对于世俗社会的关注程度、介入情况和发挥的功能,来区分两种基本类型:出世型与救世型的。[③] 出世型完全将信徒的个人得救或者解脱的希望的重心置于禁欲主义的实践当中,而较少关注世俗的

[①] 参见[唐]杜佑:《通典》,中华书局,1988年,卷42—卷55。

[②] 参见 [美]W.沃尔克著,孙善玲译:《基督教会史》,中国社会科学出版社,1991年,第509-530页。

[③] 参见吕大吉:《宗教学通论新编》,中国社会科学出版社,1998年,第372-374页。

第二十一章 宗教规范

事务；救世型虽然认为世俗活动对于宗教的宗旨而言，并非究竟的领域，但却对世俗社会倾注更多的关怀，将重心置于对它的改造而非根本的漠视之上，期待着它更符合宗教伦理的理想，以便为来世的拯救等铺平道路。

出世型的宗教组织所发挥的社会功能，尤其是对于政治领域所具有的影响常常是间接地造成的。这样的宗教团体为了在世俗社会中生存下去，乃至于有所发展和壮大，常常不得不依附于世俗政权的力量，或者期待通过信仰的力量唤起社会各阶层的广泛支持。由于它对俗世漠不关心的宗旨使然，这样的组织在倾向于维护现存社会、政治秩序的同时，却也失去了进行改革的动力。不管哪种社会秩序，只要保证其信徒能与世无争地潜心修行，它似乎都能够欣然接受。并且它教导其信徒要忍耐和顺从，要将改变现实社会中的苦难的希望转移到精神生活的修炼上来。① 这就注定使它在消极对待现实社会的同时，也成为人们躲避苦难的庇护所。

救世型虽然也对世俗社会保持一定批判性的距离，但是它不像出世型那样采取近乎撒手不管的态度和做法。总体上，救世型的宗教组织，力图直接干预社会生活的各个层面，使它们往符合宗教理想的方向上发展，而在地上建立"神的"或"类神的国度"。中世纪的罗马教会就一度是这样的典型，教皇甚至可以发动十字军东征，对皇帝或国王人选的问题指手画脚等。又有革命型的宗教组织，看来并不是持久存在的组织形态，而是一定历史条件下的应激反应的产物。彼时，群众对现存的统治秩序、政策或制度感到异常绝望，便有人利用宗教救世的名义，以宗教组织作为纠集群众的

---

① 印度教对于种姓制的态度就是一个很好的例子，参见［美］伊利亚德著，晏可佳等译：《宗教思想史》，上海社会科学院出版社，2004年，第17章。

纽带,从而掀起以暴力为背景的社会变革运动。东汉末年的太平道、元末的白莲教,便都是这样的宗教组织。

无论出世型,抑或救世型,很多宗教组织建立了它们的慈善机构。这是"博爱"或"慈悲"等利他主义道德在社会制度渠道上的体现。慈善机构或许不能从根本上解决某个时代的社会问题。但它至少可以起到缓解矛盾、为贫弱无助者提供基本物质生活保障的作用。

三、心理功能:人与自身关系的调节

宗教规范的所有类型都能发挥一定的心理功能,总体上有三种显著的心理功能:

(1)在人们面对无能为力、挫折或逆境时,提供精神安慰,成为祈求命运转变的手段,其中焦虑是面对逆境时必然会产生的一种基础性的情绪,也是有待克服的情绪;

(2)通过宗教伦理的训诫、或者通过仪式、禁忌的力量,强化人们内心关于遵奉道德和社会秩序的责任意识;

(3)自我人格完善的重要途径,这同宗教修持法等契入生死体验的心灵深处有着内在的关联。①

任何一种宗教都要通过仪式来为内心的信仰寻找现实的表达,并进一步强化它。就其心理功能而言,宗教仪式可以帮助个人减轻价值选择的焦虑和增强他的归宿感,哪怕这种行为只在孤立的或者极少数人的场合实施,但他知道很多人都曾经或正在实施类似的行为,因而他不必为其价值的合理性殚精竭虑。群体或个人也可以通过仪式充分表达自身的愿望,祈求神赐给好运,避免恶运等等。但是在巫术或者宗教的仪式与制度契应实际需要的范围

---

① 这种对宗教要素(含宗教规范)的心理功能的分析,参见吴洲《中国宗教学概论》,第98-102页等。

第二十一章 宗教规范

内,仍然可以就它们缓释焦虑(anxiety)这一重要的心理功能区分这样一些递进的作用:

其一,基础的焦虑。任何时候,一个人要实现某个目标,而又缺乏有把握实现它的技术或途径,或者不能掌握相关的规律,那么他就会感到"焦虑"。

其二,基础的仪式。在导致上述焦虑的场合,他会倾向于采取通常被称为仪式的、没有实际效果的行动。然而他并非只是个体,他还是一个融入传统的社会成员,因此,总是社会的压力在塑造和维持仪式的形式,并期待他在恰当情境中举行它们。并且,一旦仪式传统趋于薄弱,直接面临基本焦虑的人们仍会发明新的仪式,去缓释基本的焦虑。

其三,次级的焦虑。若是一个人遵循他所掌握的技术程序和相关过程的规律,并且举行了传统的仪式,其基本焦虑就会潜伏起来,——是仪式给了他信心。在类似的情境中,他只有在仪式未予恰当举行的时候才会焦虑。事实上,当基本焦虑与基本仪式之间的联结纽带变成相当规律的情况时,仪式的传统的任一方面未被遵守,已然保有此种对于传统之崇敬心理的个体就会感到焦虑。这里所说的针对基本仪式的"焦虑",可称为次生的或替代的焦虑。甚至通往原有目标的实践在按部就班地进行,而没有任何不良的征兆,次要的焦虑也可能存在。

其四,次级的仪式。这是一种净化或祓除的、有助于解除次要焦虑的仪式。其形式的各个方面均类似于基本的仪式,其塑造和维系相当程度仍是由社会来决定。[①]

[①] 参见[美]霍斯曼著,宋立道译:"焦虑与仪式:马林诺夫斯基与拉德克利夫—布朗的理论",史宗主编:《20世纪西方宗教人类学文选》上卷,第121–130页。

当然,原始人的能力尚不能保证他们能够控制其生存所依赖的各种自然现象,但是当他们完成了自己的实际能力可以掌控从而必须做的事情,以及履行了他们认为有效用的仪式或禁忌之后,他们就几乎不再表现出明显的焦虑。可是如果这些仪式和禁忌已经成为传统,它们若是没有被履行,那么就会担忧仅仅由于这种缺失而带来的噩运。这时,没有被履行的宗教规范就会由于自身的理由而成了新的焦虑的源头,为此而要举行某些补救的仪式。

在安达曼群岛,一位妇女在怀孕时便给尚未出生的孩子取了一个名字,直到婴儿出生之后的数周内,作为一种禁忌,任何人都不准提及孩子父母的名字;当人们必须称呼他们时,只能用他们与小孩的关系来表示,即用"某某的爹"、"某某的妈"来称呼。在这个阶段他们还必须遵循某种他们在平时根本无需顾及的食物禁忌,即不能吃儒艮、猪肉等。即便在我们的社会中,对女人来说,生小孩的过程也总是带有一定风险的,而对于医疗、保健的体系和技术相当落后的原始社会来说更是如此,由于说不清的什么原因,悲剧随时都可能发生。在这样的情况下,妇女会感到焦虑,而丈夫自然也会为母子的命运担忧,所以夫妇俩就会举行某种他们认为能够有效地规避生育风险的仪式,并以同样的心理履行某些禁忌。在履行了一些相关的仪式和禁忌之后,安达曼岛的父母往往在孩子的产期临近时反而不再对这个事实觉得焦虑,他们担心的倒是小孩的生育仪式举行得不合规范。人们在全世界很多落后民族中都能观察到这种针对生育仪式而不是针对生育过程本身的焦虑。[①]

虽然宗教氛围会强化人绝对服从于神的意识,进而有助于塑

---

① 参见[英]A. R. 拉德克利夫—布朗著,金泽译:"禁忌",史宗主编:《20世纪西方宗教人类学文选》上卷,第114-120页;以及前引霍斯曼"焦虑与仪式"对它的进一步阐释。

第二十一章 宗教规范

造人们遵循神所颁布的伦理戒条和其他社会规范的责任意识，但在这些方面，东、西方宗教有着明显的差别：在西方，一神教的道德自制力是与典型的强迫症型或者理性的宰制紧密相随；而在东方，人们更注重身心的平衡和需要默契意会的象征。

精神分析学派的创始人弗洛伊德在《图腾与禁忌》、《摩西与一神教》两书中，通过对属于西方宗教传统的同一个核心故事的解读，而把宗教的某些礼仪和禁忌规范归结为某种神经官能症的产物。他指出，在兄弟群体、母权制、族外婚和图腾制度交错建立起来之后，历史上出现了一个称为"被压抑意识的再现"的缓慢的发展过程。事实上，儿子们对父亲怀有某种强烈的矛盾情绪，这是因为一方面父亲或舅舅等成年男性，代表着以家庭暴力为基础的习俗或道德秩序的强制性特征，另一方面这种秩序又是生活中不可或缺的，正如父辈的抚育对于幼童的成长不可或缺一样。某种动物被定为图腾来代替长辈和由他们建立及强制实施的超我的秩序。然而在许多严格实行针对该图腾动物的食物禁忌的原始部落中，每年都要举行一次定期的集会，在进入集体性癫狂的宴会上，平日受尊崇的图腾动物被宰杀和吃掉，通过这种想象中的谋杀程序，一方面被超我秩序长期压抑的情绪得到了正当宣泄，另一方面又象征着祖先精神在其体内的再生。

后来，至少在某些"闪米特语系"的部落中，图腾动物被绝对唯一神废黜。在基督教那里，与图腾宴类似的象征体系得以保存下来，这便是"圣餐礼"。而犹太教与基督教的区别，及反犹主义的心理根源，被弗洛伊德大胆地解读为，"可怜的犹太人，他们怀着常有的执拗和倔强劲头，继续否认谋杀了自己的'父亲'。"[1]而基督徒

---

[1] ［奥］弗洛伊德著，李展开译：《摩西与一神教》，三联书店，1989年，第80页。

以及那些极端的反犹主义者却竭力谴责这一点,"他们还说:'确实,我们干了同样的事,但是我们承认了,并且从那时起,我们就已经涤除了罪孽'"。① 在弗洛伊德眼中,上帝的原型既是强制性的道德秩序,也是心理上代表权威人格的"父亲",但我们更愿意像涂尔干那样,指出它本质上是社会关系异化为绝对的他者的结果。

按照弗氏的推论,"原罪"就是对某种他们赖以团结起来的道德规范和社会规范的父辈化身的矛盾情绪,弗洛伊德所说的这种心理症结,对于我们观察西方宗教的心理特征,并非毫无价值。但我们无法认同其理论的简化倾向,正像我们不认为俄狄浦斯情结(Odipus Complex)也典型地存在于东亚社会中那样。

宗教规范不只是提供给人们克服焦虑和孤立无助的感觉的手段,也不只是弗氏所说的那种自欺欺人的心理上的防御机制——人们靠它来克服对罪的恐惧,以及控制本能的力量以达到社会整合的目的等。宗教规范也铺平了通向自我人格完善的途径。对恐惧与焦虑的神经过敏的病态反应和包含着仁慈、宽容、安宁诸般心理品质的自我人格完善之间,并没有横亘着绝对的、一清二楚的界线。礼拜之后的一次有力的布道,或者借助某种宗教修持法而获得的一次照彻身心的体验,都有可能使人产生一种难以名状的欣悦和获得一种神圣的心灵上的转变,并为通向人格的自我完善架设桥梁。而作为人格协调与完善的必不可少的环节,成熟的伦理实践就意味着要落实到个人心性的基础上,即转化为一种自觉自愿的行为倾向,但这绝不是轻而易举的事情。也许宗教氛围的熏陶和宗教修持的实践,会在其中产生意想不到的效果。

很多宗教都包含禁欲苦行。但精致的个人修持法方面,要数

---

① [奥]弗洛伊德:《摩西与一神教》,第 80 页。

第二十一章 宗教规范

佛教等来自印度次大陆的宗教,最为看重,也积累了最多的经验。这些修持法整体上都包含着推动伦理意识的内化并臻于人格完善的一系列身心调整的技术。佛教的"五停心观"就是这样的例子,这只不过是佛教修持法中极为普通的一种法数。五种观法即数息观、不净观、慈心观、因缘观、念佛观。

在修习的规范上最容易落实的要算"数息观"和"不净观"。两者在身体的姿势上并没有什么特殊的要求和规定,一般只要结跏趺坐即可,但对观想的内容有明确的要求,并要遵循严谨的规范步骤。数息观主要是通过数出入息来帮助收摄心猿意马,令心念既不散乱、亦不昏沉,逐渐明净入定,忘却身体,心境则豁如虚空。不净观的修习是在"人生皆苦"的宗教认识的指导下,观想身体的种种不净之处,而生出厌离之心。具体的步骤有的是以观想自己的脚拇指为起点,由下而上,依次观想身体各部位、各脏器和组织,若屎溺脓痰洇涕之类,充斥其间,遍是污秽不净之处,从而断除对身体的贪爱。而在《清净道论》等南传上座部的典籍中,为了突出观想"不净"效果,更以尸体作为观想的对象。[①]

慈心观就是要修行者观想由愤怒、憎恨的情绪引发的各种恶果,对自己作慈、对可爱可敬之人修慈,对一切人修慈,进而再专门对怨敌修慈。因缘观就是井然有序地观想人生的"十二缘起"[②],即这样十二个人生不可缺失的环节,前一个环节推动后一个环节而不断地生起。念佛观则以达到佛教修行、解脱之最高果位的佛陀作为自己的人格模范而予以观想,既要观想他的端庄圆满的相

---

① 参见[印]觉音著,叶均译:《清净道论》,中国佛教文化研究所内部印行,1991年,第161-175页。

② 即无明缘行、行缘识、识缘名色、名色缘六入、六入缘触、触缘受、受缘爱、缘爱取、取缘有、有缘生、生缘老死。

貌,而令观想者的心灵相应变得清净、圆明;也要观想佛得以解脱的各种宗教真理上的根据。佛教的修持法可以有各种不同形式的组合,但是基本内容却大同小异。不难看到,这五种观法是以结合呼吸训练的身体调适为起点,以心性上的磨炼和觉悟为中介,而以人格的完善为宗旨的。

宗教规范为自我人格完善所设置的种种程式和情境,例如祈祷的仪式等等,都包含着一系列微妙的身心调整的手段。在对尘世生命的离弃或保持悖反的张力这一点上,宗教实践洞悉其中的奥秘,这也是其发挥高级心理功能的关键。此时宗教规范所能调动的心理能量相应地达到了它的顶点。当你对一切都可以舍弃的时候,那么在人际关系中保持一种谦卑的姿态自然就会变得容易,乃至臻于博爱或慈悲之境界。

参 考 文 献

中文部分:

《马克思恩格斯全集》第1卷。
《马克思恩格斯全集》第3卷。
《马克思恩格斯全集》第4卷。
《马克思恩格斯全集》第25卷。
《马克思恩格斯全集》第46卷。
《马克思恩格斯选集》第2卷。
《马克思恩格斯选集》第3卷。
王力:《诗词格律》,中华书局,1977年。
金泽:《宗教禁忌》,社会科学文献出版社,1998年。
[德]哈贝马斯著,郭官义译:《重建历史唯物主义》,社会科学文献出版社,2000年。
[德]哈贝马斯著,刘北成、曹卫东译:《合法化危机》,上海人民出版社,2000年。
[德]哈贝马斯著,李安东等译:《现代性的地平线》,上海人民出版社,1997年。
[德]哈贝马斯著,洪佩郁等译:《交往行动理论》第1卷,重庆出版社,1994年。
[德]哈贝马斯著,张博树译:《交往与社会进化》,重庆出版社,1989年。
[德]哈贝马斯著,童世骏译:《在事实与规范之间》,三联书店,2003年。
[日]青木昌彦著,周黎安译:《比较制度分析》,上海远东出版社,2001年。
[瑞士]索绪尔著,高名凯译:《普通语言学教程》,商务印书馆,1980年。
[日]饭野春树著,王利平等译:《巴纳德组织理论研究》,三联书店,2004年。
[美]曼瑟尔·奥尔森著,陈郁等译:《集体行动的逻辑》,上海三联书店,2006年。

[美]约拉姆·巴泽尔著,钱勇等译:《国家理论:经济权利、法律权利与国家范围》,上海财经大学出版社,2006年。

[美]詹姆斯·马奇、马丁·舒尔茨、周雪光著,童根兴译:《规则的动态演变:成文组织规则的变化》,上海人民出版社,2005年。

[德]马克斯·韦伯著,朱红文译:《社会科学方法论》,中国人民大学出版社,1992年。

[英]渥德尔著,王世安译:《印度佛教史》,商务印书馆,1987年。

[法]谢和耐著,耿昇译:《中国5-10世纪的寺院经济》,上海古籍出版社,2004年。

[日]大庭脩著,林剑鸣译:《秦汉法制史研究》,上海人民出版社,1991年。

[德]韦伯著,林荣远译:《经济与社会》上、下卷,商务印书馆,1997年。

[法]卢梭著,李常山译:《社会契约论》,商务印书馆,1997年。

[日]仁井田陞:《唐令拾遗》,长春出版社,1989年。

[加]迈克尔·豪利特等著,庞诗等译:《公共政策研究:政策循环与政策子系统》,三联书店,2006年。

[美]乔·萨利斯著,冯克利等译:《民主新论》,东方出版社,1998年。

[德]柯武刚、史漫飞著,韩朝华译:《制度经济学:社会秩序与公共政策》,商务印书馆,2000年。

[德]威廉·冯·洪堡特著,姚小平译:《论人类语言结构的差异及其对人类精神发展的影响》,商务印书馆,1997年。

[美]布龙菲尔德著,袁家骅等译:《语言论》,商务印书馆,1997年。

[美]爱德华·萨丕尔著,陆卓元译:《语言论》,商务印书馆,1997年。

[法]海然热著,张祖建译《语言人:论语言学对人文科学的贡献》,三联书店,1999年。

[英]朱利安·荷兰主编,刘源译:《简明世界历史大全》,三联书店,2004年。

[美]爱德华·考文著,强世功译:《美国宪法的"高级法"背景》,三联书店,1996年。

崔连仲主编:《世界史·古代史》,人民出版社,1983年。

朱寰主编:《世界中古史》,吉林文史出版社,1986年。

[美]伯尔曼著,贺卫方等译:《法律与革命:西方法律传统的形成》,中国大百科全书出版社,1993年。

[美]伯尔曼著,梁治平译:《法律与宗教》,三联书店,1991年。

[美]安德鲁·肖特著,陆铭等译:《社会制度的经济理论》,上海财经大学出版

社,2003年。
[英]霍布斯著,黎思复等译:《利维坦》,商务印书馆,1985年。
瞿同祖:《中国封建社会》,上海人民出版社,2003年。
李峰:《西周的灭亡:中国早期国家的地理和政治危机》,上海古籍出版社,2007年。
杨宽:《西周史》,上海人民出版社,1999年。
[英]弗雷泽著,徐育新等译:《金枝》,中国民间文艺出版社,1987年。
周枏:《罗马法原论》上、下册,商务印书馆,1994年。
[清]孙希旦:《礼记集解》,中华书局,1989年。
丁凌华:《中国丧服制度史》,上海人民出版社,2000年。
梁治平编:《法律的文化解释》,三联书店,1994年。
[美]约翰·B.诺斯等著,江熙泰等译:《人类的宗教》,四川人民出版社,2005年。
[英]韦尔斯著,吴文藻等译:《世界史纲:生物和人类的简明史》,广西大学出版社,2001年。
许倬云:《西周史》,三联书店,1994年。
柳诒徵编著:《中国文化史》,东方出版中心,1988年。
[法]马塞尔·莫斯著,汲喆译:《礼物》,上海人民出版社,2002年。
[英]雷蒙德·弗思著,费孝通译:《人文类型》,商务印书馆,1991年。
[德]马克思著,自然科学史研究所译:《机器、自然力和科学的应用》,人民出版社,1978年。
鲁迅:"伪自由书",《鲁迅全集》卷五,人民文学出版社,1981年。
[美]道格拉斯·诺斯、罗伯特·托马斯著,厉以平等译:《西方世界的兴起》,华夏出版社,1989年。
黄宗智:《华北的小农经济与社会变迁》,中华书局,2000年。
[美]彭慕兰著,史建云译:《大分流——欧洲、中国及现代世界经济的发展》,江苏人民出版社,2003年。
[英]G. E. 摩尔著,长河译:《伦理学原理》,商务印书馆,1983年。
[美]包筠雅著,杜正贞等译:《功过格:明清社会的道德秩序》,浙江人民出版社,1999年。
[美]M. F. 桑德尔著,万俊人译:《自由主义与正义的局限》,译林出版社,2001年。
[美]罗尔斯著,何怀宏等译:《正义论》,中国社会科学出版社,1988年。

［英］麦金太尔著，龚群等译：《德性之后》，中国人民大学出版社，1995年。
［美］格尔茨著，纳日碧力戈等译："作为文化体系的宗教"，《文化的解释》，上海人民出版社，1999年。
［英］斯密著，蒋自强等译：《道德情操论》，商务印书馆，1998年。
［英］马林诺夫斯基著，费孝通译：《文化论》，中国民间文艺出版社，1987年。
［美］R.M.昂格尔著，吴玉章等译：《现代社会中的法律》，译林出版社，2001年。
［古希腊］亚里士多德著，吴寿彭译：《政治学》，商务印书馆，1965年。
［古希腊］亚里士多德著，苗力田译：《尼各马科伦理学》，中国社会科学出版社，1990年。
［古希腊］《亚里士多德全集》第10卷，中国人民大学出版社，1997年。
［美］列奥·施特劳斯等著，李天然等译：《政治哲学史》，河北人民出版社，1993年。
［美］卡尔·弗里德里希著，周勇等译：《超验正义：宪政的宗教之维》，三联书店，1997年。
［美］列奥·施特劳斯著，彭刚译：《自然权利与历史》，三联书店，2003年。
［古罗马］查士丁尼著，张企泰译：《法学总论》，商务印书馆，1989年。
［美］刘易斯·科塞：《社会学导论》，南开大学出版社，1990年。
［美］丹尼斯·朗著，陆震纶等译：《权力论》，中国社会科学出版社，2001年。
［英］埃文斯·普里查德著，褚建芳等译：《努尔人：对尼罗河畔一个人群的生活方式和政治制度的描述》，华夏出版社，2002年。
徐扬杰：《中国家族制度史》，人民出版社，1992年。
肖唐镖等：《村治中的宗族——对九个村的调查与研究》，上海书店出版社，2001年。
［法］安德烈·比尔基埃等著，袁树仁等译：《家庭史》，三联书店，1998年。
［法］列维—斯特劳斯著，渠东译：《图腾制度》，上海人民出版社，2002年。
［法］涂尔干著，渠东等译：《宗教生活的基本形式》，上海人民出版社，1999年。
［法］米歇尔·福柯著，佘碧平译：《性经验史》，上海人民出版社，2002年。
［美］霍贝尔著，严存生等译：《原始人的法》，贵州人民出版社，1992年。
［法］列维—斯特劳斯著，谢维扬等译：《结构人类学》第1卷，上海译文出版社，1995年。
［法］列维—斯特劳斯著，李幼蒸译：《野性的思维》，商务印书馆，1987年。

［英］马凌诺斯基著,梁永佳等译:《西太平洋的航海者》,华夏出版社,2002年。
［奥］维特根斯坦著,汤潮等译:《哲学研究》,三联书店,1992年。
［美］杨联陞著,彭刚等译:《中国制度史研究》,江苏人民出版社,1998年。
程汉大主编《英国法制史》,齐鲁书社,2001年。
［德］韦伯著,康乐等译:《法律社会学》,广西师范大学出版社,2005年。
吴云贵:《伊斯兰教法》,中国社会科学出版社,1994年。
金宜久主编:《伊斯兰教史》,中国社会科学出版社,1990年。
［德］茨威格特·克茨著,潘汉典等译:《比较法总论》,法律出版社,2003年。
［美］M. E. 泰格等著,纪琨等译:《法律与资本主义的兴起》,学林出版社,1996年。
［美］斯塔夫里阿诺斯著,吴象婴等译:《全球通史:1500年以前的世界》,上海社会科学院出版社,1988年。
［美］罗伯特·B. 马克斯著,夏继果译:《现代世界的起源:全球的、生态的述说》,商务印书馆,2006年。
［美］W. 沃尔克著,孙善玲等译:《基督教会史》,中国社会科学出版社,1991年。
［阿拉伯］安萨里著,张维真等译:《圣学复苏精义》,商务印书馆,2001年。
［法］利奥塔著,谈瀛洲译:《后现代性与公正游戏:利奥塔访谈、书信录》,上海人民出版社,1997年。
［法］福柯著,刘北成等译:《规训与惩罚》,三联书店,1999年。
［英］吉登斯著,赵旭东等译:《现代性与自我认同:现代晚期的自我与社会》,三联书店,1998年。
［德］韦伯著,于晓等译:《新教伦理和资本主义精神》,三联书店,1987年。
［美］拉维奇编,林本椿等译:《美国读本——感动过一个国家的文字》,三联书店,1995年。
［英］密尔松著,李显冬译:《普通法的历史基础》,中国大百科全书出版社,1999年。
朱景文:《比较法社会学的框架和方法》,中国人民大学出版社,2001年。
［英］迈克·费瑟斯通著,刘精明译:《消费文化与后现代主义》,译林出版社,2000年。
［美］斯蒂文·贝斯特等著,张志斌译:《后现代理论:批判性的质疑》,中央编译出版社,1999年。

[法]利奥塔著,罗国祥译:《非人:时间漫谈》,商务印书馆,2000年。

[德]乌尔里希·贝克、[英]安东尼·吉登斯、[英]斯科特·拉什著,赵文书译:《自反性现代化——现代社会中的政治、传统与美学》,商务印书馆,2001年。

[意]斯奇巴尼选编,黄风译:《民法大全选译·学说汇纂》I,中国政法大学出版社,1992年。

[英]阿萨·勃里格斯著,陈叔平等译:《英国社会史》,中国人民大学出版社,1991年。

沈宗灵:《比较法总论》,北京大学出版社,1987年。

[法]马克·布洛赫著,张绪山等译:《封建社会》,商务印书馆,2004年。

[美]康芒斯著,于树生译:《制度经济学》,商务印书馆,1962年。

[奥]哈耶克著,邓正来译:《自由秩序原理》,三联书店,1997年。

[美]诺齐克著,何怀宏等译:《无政府、国家与乌托邦》,中国社会科学出版社,1991年。

[美]罗伯特·古丁等著,钟开斌等译:《政治科学新手册》,三联书店,2006年。

[英]休谟著,关文运译:《人性论》,商务印书馆,1980年。

石元康:《当代西方自由主义理论》,上海三联书店,2000年。

[英]宾默尔著,王小卫等译:《博弈论与社会契约》第1卷《公平博弈》,上海财经大学出版社,2003年。

[英]麦金太尔著,万俊人译:《谁之正义?何种合理性?》,当代中国出版社,1996年。

韩少功等主编:《是明灯还是幻象》,云南人民出版社,2003年。

[冰岛]思拉恩·埃格特森著,吴经邦等译:《经济行为与制度》,商务印书馆,2004年。

[美]罗纳德·科斯等著,盛洪等译:《论生产的制度结构》,上海三联书店,1994年。

[美]罗纳德·科斯等著,刘守英等译:《财产权利与制度变迁:产权学派与新制度经济学派译文集》,上海三联书店,1994年。

[美]道格拉斯·C.诺斯著,陈郁等译:《经济史中的结构与变迁》,上海三联书店等,1997年。

潘伟杰:《制度、制度变迁与政府规制研究》,上海三联书店,2005年。

[美]考特等著,张军等译:《法和经济学》,上海人民出版社等,1994年。

[美]奥尔森著,陈郁等译:《集体行动的逻辑》,上海三联书店等,2006年。
[美]科斯、诺斯、威廉姆森等著,刘刚译:《制度、契约与组织:从新制度经济学角度的透视》,经济科学出版社,2003年。
[美]R.科斯、A.阿尔钦、D.诺斯等著,刘守英等译:《财产权利与制度变迁》,上海三联书店,1994年。
[美]丹尼尔·W.布罗姆利著,陈郁等译:《经济利益与经济制度:公共政策的理论基础》,上海人民出版社,1996年。
[德]滕尼斯著,林荣远译:《共同体与社会:纯粹社会学的基本概念》,商务印书馆,1999年。
[法]列维—斯特劳斯著,周昌忠译:《神话学:生食与熟食》,中国人民大学出版社,2006年。
[德]汉斯—格奥尔格·伽达默尔著,洪汉鼎译:《真理与方法》,上海译文出版社,1992年。
[美]马斯洛等著,林方等译:《人的潜能和价值:人本主义心理学译文集》,华夏出版社,1987年。
[美]弗兰克·戈布尔著,吕明等译:《第三思潮:马斯洛心理学》,上海译文出版社,1987年。
[法]罗兰·巴特著,孙乃修译:《符号帝国》,商务印书馆,1994年。
[英]马克斯·H.布瓦索著,王寅通译:《信息空间:认识组织、制度和文化的一种框架》,上海译文出版社,2000年。
[美]斯特伦著,金泽等译:《人与神:宗教生活的理解》,上海人民出版社,1991年。
[英]亚当·斯密著,郭大力、王亚南译:《国民财富的性质和原因的研究》,商务印书馆,1972年。
[德]雅斯贝尔斯著,魏楚雄等译:《历史的起源和目标》,华夏出版社,1989年。
[瑞士]让·皮亚杰:《发生认识论原理》,商务印书馆,1981年。
[瑞士]让·皮亚杰著,傅统先译:《儿童的语言与思维》,文化教育出版社,1980年。
[瑞士]让·皮亚杰著,傅统先译:《教育科学与儿童心理学》,文化教育出版社,1981年。
[瑞士]让·皮亚杰、英海尔德著,吴福元译:《儿童心理学》,商务印书馆,1980年。

[英]玛·博登著,胡刚译:《发生认识论创始人——皮亚杰》,湖南人民出版社,1988年。

[英]布罗尼斯拉夫·马林诺夫斯基、[美]索尔斯坦·塞林著,许章润、么志龙译:《犯罪:社会与文化》,广西师范大学出版社,2003年。

[美]B. J. 瓦兹沃思著,徐梦秋、沈明明译:《皮亚杰的认知和情感发展理论》,厦门大学出版社,1989年。

[美]B. F. 斯金纳著,谭力海等译:《科学与人类行为》,华夏出版社,1989年。

[美]弗朗西斯·福山著,刘榜离、王胜利译:《大分裂:人类本性与社会秩序的重建》,中国社会科学出版社,2002年。

[美]詹姆斯·S. 科尔曼著,邓方译:《社会理论的基础》上、下,社会科学文献出版社,1999年。

[美]班杜拉著,林颖等译:《思想和行动的社会基础》,华东师范大学出版社,2001年。

[美]班杜拉著,陈欣银、李伯黍译:《社会学习理论》,辽宁人民出版社,1989年。

[美]R. M. 基辛著,甘华鸣、陈芳、甘黎明译:《文化·社会·个人》,辽宁人民出版社,1988年。

[美]艾伦·格沃斯等著,戴杨毅等译:《伦理学要义》,中国社会科学出版社,1991年。

[美]R. M. 利伯特等著,刘范等译:《发展心理学》,人民教育出版社,1983年。

[美]查尔斯·霍顿·库利著,包凡一、王源译:《人类本性与社会秩序》,华夏出版社,1999年。

[美]多萝西·罗吉斯著,张进辅、张庆林等译:《当代青年心理学》,湖南人民出版社,1988年。

[美]A. 塞森斯格著,江畅译:《价值与义务》,中国人民大学出版社,1992年。

[美]乔治·赫伯特·米德著,霍桂桓译:《心灵、自我与社会》,华夏出版社,2003年。

[美]理查德·T. 德·乔治著,李布译:《经济伦理学》,北京大学出版社,2002年。

[美]简·卢文格著,李维译:《自我的发展》,辽宁人民出版社,1989年。

[美]墨顿·亨特著,李斯译:《心理学的故事》,海南出版社,2000年。

[美]拉瑞·P. 纳希著,刘春琼、解光夫译:《道德领域中的教育》,黑龙江人民出版社,2003年。

参考文献

[美]弗兰克·梯利著,何意译:《伦理学导论》,广西师范大学出版社,2001年。

[美]约翰·马丁·费舍、马克·拉维扎著,杨韶刚译:《责任与控制:一种道德责任理论》,华夏出版社,2002年。

[德]米歇尔·鲍曼著,肖君、黄承业译:《道德的市场》,中国社会科学出版社,2003年。

[德]哈贝马斯著,徐崇温主编,洪佩郁、蔺青译:《交往行动理论》,重庆出版社,1994年。

[捷]弗·布罗日克著,李志林、盛宗范译:《价值与评价》,知识出版社,1988年。

朱智贤:《儿童心理学》上、下,人民教育出版社,1980年。

朱智贤著,钱曼君、吴凤岗、林崇德选编:《儿童心理学史论丛》,北京师范大学出版社,1982年。

朱智贤著,钱曼君、吴凤岗、林崇德选编:《儿童心理发展的基本理论》,北京师范大学出版社,1982。

朱智贤:《儿童发展心理学问题》,北京师范大学出版社,1982年。

朱智贤、林崇德:《思维发展心理学》,北京师范大学出版社,1986年。

朱智贤、林崇德:《儿童心理学史》,北京师范大学出版社,1988年。

雷永生等:《皮亚杰发生认识论述评》,人民出版社,1987年。

[英]莫里斯著,李桂林等译《法理学》,武汉大学出版社,2003年。

[英]洛克著、关文运译《人类理解论》,商务印书馆,1982年。

[美]黄仁宇:《万历十五年》,三联书店,2004年。

[德]阿列克西:《法律论证理论》,中国法制出版社,2002年。

[英]约瑟夫拉兹著,吴玉章译:《法律体系的概念》,中国法制出版社,2003年。

周超、朱志方:《逻辑历史与社会——科学合理性研究》,中国社会科学出版社,2003年。

谢晖:《法律的意义转向》,商务印书馆,2004年。

周祯祥:《道义逻辑》,湖北人民出版社,1999年。

[美]加塔罗著,印鉴、刘星成、汤庸译:《专家系统原理与编程》,科学出版社,2001年,第53页。

陈嘉明:《知识与确证——当代知识论引论》,上海人民出版社,2003年。

金岳霖:《知识论》,商务印书馆,1983年。

[英]黑尔著,万俊人译:《道德语言》,商务印书馆,1999年。
雍琦:《实用司法逻辑学》,法律出版社,1999年。
雍琦:《法律适用中的逻辑》,中国政法大学出版社,2002年。
[奥]凯尔森著,沈宗灵译:《法与国家的一般理论》,中国大百科全书出版社,1996年。
[英]米尔恩著,夏勇、张志铭译:《人的权利与人的多样性——人权哲学》,中国大百科全书出版社,1995年。
赵震江主编:《法律社会学》,北京大学出版社,1998年。
赵震江主编:《科技法学》,北京大学出版社,1998年。
蔡守秋:《调整论》,高等教育出版社,2003年。
[英]哈特著,张文显等译:《法律的概念》,中国大百科全书出版社,1996年。
瞿同祖:《中国法律与中国社会》,中华书局,2003年。
[德]黑格尔著,范扬、张企泰译:《法哲学原理》,商务印书馆,1961年。
沈宗灵主编:《法理学》,高等教育出版社,1994年。
[英]洛克著,叶启芳、瞿菊农译:《政府论》下册,商务印书馆,1964年。
[法]孟德斯鸠著,张雁深译:《论法的精神》上册,商务印书馆,1961年。
[英]麦考密克、[奥地利]魏因贝格尔著,周叶谦译:《制度法论》,中国政法大学出版社,1994年。
李银河:"婚姻法与婚外恋",吴国盛主编:《社会转型中的应用伦理》,华夏出版社,2004年。
黄顺基主编:《自然辩证法概论》,高等教育出版社,2004年。
高达声等:《近现代技术史简编》,中国科学技术大学出版社,1994年。
陈昌曙:《技术哲学引论》,科学出版社,1999年。
[美]M. W. 瓦托夫斯基著,范岱年等译:《科学思想的概念基础》,求实出版社,1989年。
赵继栓:"犁的起源和发展",《技术史纵谈》,科学出版社,1987年。
[德]瓦尔特·康拉德著,吴衡康等译:《近代科技史话》,科学普及出版社,1981年。
[德]陈美东:《简明中国科学技术史话》,中国青年出版社,1990年。
[美]默顿著,鲁旭东、林聚任译:《科学社会学》,商务印书馆,2003年。
[美]默顿著,范岱年等译:《十七世纪英格兰的科学、技术与社会》,商务印书馆,2000年。
美国科学院等编,何传启译:《怎样当一名科学家——科学研究中的负责行

为》,科学出版社,1996年。

高宣扬著:《当代社会学理论》,中国人民大学出版社,2005年。

[英]布赖恩·特纳编,李康译:《社会理论指南》,上海人民出版社,2003年。

[美]帕森斯著,张明德、夏遇南、彭钢译:《社会行动的结构》,译林出版社,2003年。

[英]贝尔纳著,陈体芳译:《科学的社会功能》,广西师范大学出版社,2003年。

[美]默顿著,林聚任等译:《社会研究与社会政策》,三联书店,2001年。

[美]戴维·波普诺著,李强等译:《社会学》,中国人民大学出版社,1999年。

[美]巴伯著,顾昕译:《科学与社会秩序》,三联书店,1991年。

许良英、范岱年编译:《爱因斯坦文集》第1卷,商务印书馆,1976年。

刘大椿:《在真与善之间》,中国社会科学出版社,2000年。

[美]特纳编,方永德等译:《庆典》,上海文艺出版社,1993年。

[美]米尔恰·伊利亚德著,晏可佳等译:《宗教思想史》,上海社会科学院出版社,2004年。

史宗主编:《20世纪西方宗教人类学文选》上卷,上海三联书店,1995年。

[英]埃文斯—普理查德著,孙尚扬译:《原始宗教理论》,商务印书馆,2001年。

康志杰:《基督教的礼仪节日》,宗教文化出版社,2000年。

王庆节:《解释学、海德格尔与儒道今释》,中国人民大学出版社,2004年。

[美]F.普洛格、D.G.贝茨著,吴爱明等译:《文化演进与人类行为》,辽宁人民出版社,1988年。

吕澂:《印度佛学源流略讲》,上海人民出版社,2002年。

[德]马丁·路德著,马丁·路德著作翻译小组译:《马丁·路德文选》,中国社会科学出版社,2003年。

吕大吉著:《宗教学通论新编》,中国社会科学出版社,1998年。

[奥]弗洛伊德著,李展开译:《摩西与一神教》,三联书店,1989年。

英文部分:

[1] Nicholas Abercrombie, *The Penguin Dictionary of Sociology*. Penguin Group, 2000.

[2] Joseph Ben-David, "The Ethos of Science: The Last Half-Century" and "Sociological Interpretation of Scientific Behavior", in *Scientific Growth: Essays on the Social Organization and Ethos of Science*, edited by Gad Freudenthal, 1991.

[3] A. F. Cournand and Harriet Zucherman, "The Code of Science: Analysis and Some Reflection on Its Future", in *Studium Generale* 23, 1970.

[4] Y. Ezrahi, "Science and the Problem of Authority in Democracy", in *Science and Social Structure: A Festschrift for Robert K. Merton*, ed. T. F. Gieryn. New York: the N. Y. Academy of Science, 1980.

[5] Henry Etzkowitz, "Entrepreneurial Science in the Academy: A Case of the Transformation of Norm", in *Social Problems*, Vol. 36, No. 1(Feb), 1989.

[6] Hans Kelsen, *Pure Theory of Law*. Berkeley & Los Angoles: University of California Press, 1967.

[7] Hans Kelsen, *General Theory of Norms*. Oxford: Clarendon Press, 1991.

[8] Krabbendam and John-Jules Meyer, "Contextual Deontic Logic", in P. Mcnamara and H. Prakken(eds.), *Norms, Logics and Information Systems* 326–362. IOS Press, 1999.

[9] McCullagh, "CiaranMerton's View of the Norms of Science", in *Social Studies of Science* 4, 1974.

[10] J. J. Meyer, R. Wieringa & F. Dignum, "The Role of Deontic Logic in the Specification of Information Systems", in J. Chomicki & G. Saake(eds.), *Logic for Databases and Information Systems*, pp. 71–115. Kluwer: Dordrecht, 1998.

[11] Everett Mendelsohn, "Robert K. Merton: Celebration and Defense of Science", in *Science in Context* 3, 1989.

[12] Robert K. Merton, "Basic Research and Potential of Relevance", in *American Behavioral Scientist* 6, 1963.

[13] Robert K. Merton, *The Sociology of Science: Theoretical and Empirical Investigations*, edited by Norman Storer. Chicago: University of Chicago Press. 1973.

[14] Robert K. Merton, *The Sociology of Science: An Episodic Memoir*. Southern Illinois University Press, 1977.

[15] Robert K. Merton, *Social Research and the Practicing Profession*. Cam-

bridge: Abt Books, 1982.
[16] Robert K. Merton, "The Fallacy of Lastest Word: The Case of Pietism and Science", in *American Journal of Sociology*, Vol. 89, No. 5, 1984.
[17] Robert K. Merton, "The Matthew Effect in Science, II Cumulative Advantage and the Symbolism of Intellectual Property", in *ISIS*, 1988.
[18] Robert K. Merton, "The Thomas Theorem and the Matthew Effect", in *Social Forces*, Vol. 74, No. 2, 1995.
[19] Robert K. Merton, *On Social Structure and Science*, edited and With an Introduction by Piotr Sztompka. Chicago: The University of Chicago Press, 1996.
[20] M. Polanyi, "The Republic of Science: Its Political and Economic Theory", in *Minerva*, 1:54 – 73, 1962.
[21] J. Raz, "On the Functions of Law", *Oxford Essays in Jurisprudence*. Oxford University Press, 1993.
[22] Royakkers, *Extending Deontic Logic For The Formalisation of Legal Rules*. Kluwer Academic Publishers, 1998.
[23] Nico Stehr, "Robert K. Merton's Sociology of Science", in *Consensus and Controversy*, ed. by Jon Clark, ect. The Falmer Press, 1990.
[24] Piotr Sztompka, *Robert K. Merton: An Intellectual Profile*. Macmillan Education Ltd., 1986.
[25] K. Brad Wray, "Invisible Hands and the Success of Science", in *Philosophy of Science*, 67(March), 2000.
[26] Von Wright, *Practical inference*. Basil Blackwell Publisher Limited, 1984.
[27] Harriet Zuckerman, "Sociology of Science", in *Handbook of Sociology*, ed. by Park Newbury. California: Sage Publications, 1988.

后　　记

　　五十多万字的《规范通论》，终于完稿了；历时近二十载，其间甘苦难以言表。但此时，我的心情，却出奇的平静。既无达致目标的喜悦，也无如释重负的轻松。为什么如此？可能是因为磨得太久了，一切体验都归于平淡。

　　做哲学一般有两种方式。一种是对哲学名家的思想进行阐释和发挥，起到传播、传承和发展的作用。还有一种是从历史和现实中提炼出哲学问题，运用某种范式与方法，开展独立的研究，提出有创见的思想、观点，甚至理论体系。第一种方式的工作我在做，但更多的精力是用在尝试第二种方式的工作上。关于规范的研究，就是后者的成果。是否有创意，留待时贤和后人评说。我经常对我的学生说："写文章不能随意，一定要有一得之见才动笔。要努力为人类的思想库和知识库增加颗粒。"有个同学不服气，反问我："你自己做得到吗"？我是这样回答他的："我在主观上确实是这样要求自己的，但客观上是否达到了这样的要求，获得了相应的效果，那不能由我自己来断定。"

　　我要感谢参加本课题的研究和写作的所有同志。如果没有他们的心血灌注，这个课题是难以完成的。我也要向他们道歉，由于我的苛求，他们受尽了"折磨"。本书的所有章节都经过反复的讨论和修改，有些章节竟十数易其稿。对此，曹志平教授、欧阳锋教授、王云萍教授和李永根副教授都有深切的体会。用欧阳锋教授的话来说就是，"与您合作，没有吃亏，但吃了苦"。

本书的多数章节此前已作为论文发表在《哲学研究》、《哲学动态》、《自然辩证法通讯》、《自然辩证法研究》、《科学技术与辩证法》、《学术月刊》、《厦门大学学报》、《天津社会科学》等一系列学术刊物上。感谢刘奔、鉴传今、董谊思、贾红莲、强乃舍、李醒民、李伯聪、邢润川、田卫平、翁美琪、陈嘉明、洪峻峰、赵景来等各位主编、主任对我们的研究的支持，使我们的成果得到了学界的评价、鼓励和引用的机会，得到了社会检验的机会。这对推进我们的工作起到了巨大的作用。还要感谢中国价值哲学研究会的李德顺、陈新汉、马俊峰、孙伟平等学长和同仁的支持与鼓励。作为这个学会的成员，我关于规范研究的成果，有一些首先是作为会议论文提交给研究会的学术研讨会的。这使我获得了聆听批评与建议的机会，同时也感受到了研究会里浓郁的学术氛围和兄弟般的情谊。本书的许多章节承蒙我的学生薛孝斌看过，他提出了许多独到和中肯的意见。心理学博士、副教授赵梅审阅了第三篇，提出了宝贵的意见。中华书局的翁向红副编审牵线搭桥，使得本书得以在商务印书馆出版。在此一并表示感谢。

最后，还要感谢商务印书馆。他们欣然接受了作者出版《规范研究文库》的申请，牺牲了一些经济效益，而且还准许作者为完善书稿而几次推迟交稿时间。这使我深切地感受到一个历史悠久、声誉卓著、始终以弘扬学术为使命的出版社的传统和风范。

本书各篇的作者分别为：第一篇，徐梦秋、张爱华；第二篇，吴州；第三篇，吴荣梅、徐梦秋；第四篇，周祯祥；第五篇，徐梦秋、吴州、曹志平、欧阳锋、王云萍、李永根、张爱华。徐梦秋拟定本书的写作大纲和基本思路，与各章作者反复讨论，形成了各章的观点、结构或思路，并负责全书各章最后的修改、润色和统稿。

后 记

本书虽然是多年思考和写作的结果,但由于课题的难度大、学科的跨度大和学识的限制,还有许多疏漏和未达究竟之处,错误也在所难免。这一切都有待于今后的努力来弥补,也恳望时贤多多批评指正,帮助作者提高、纠错与完善。

徐梦秋
2009 年 3 月 5 日